顧頡剛等 主編

禹貢半月刊

8

第六卷一至五期

中華書局

禹貢半月刊第六卷總目

第一期

第二期

第三，四合期東北研究專號

第五期（後套水利調查專號）

第六期

第七期

八，九合期南洋研究專號

第十期

第十一期

第十二期（康藏專號）

出版者：禹貢學會。
編輯者：顧頡剛，馮家昇。
出版日期：每月一日，十六日。
發行所：北平成府蔣家胡同三號禹貢學會。
印刷者：北平成府引得校印所。

禹貢

半月刊

價目：每期零售洋貳角。豫定半年十二期，洋壹圓伍角，郵費壹角伍分；全年二十四期，洋叁圓，郵費叁角。國外全年郵費叁圓陸角。

The Chinese Historical Geography

Semi-monthly Magazine

Vol. VI, No. 1, Total No. 61. September, 1st, 1936.

Address: 3 Chiang-Chia Hutung, Cheng-Fu, Peiping, China

第六卷 第一期
民國二十五年九月一日出版
（總數第六十一期）

內政部登記證警字第叁肆陸壹號　中華郵政特准掛號認爲新聞紙類

本刊啟事

（一）

本刊封面圖樣，向例每卷更換一次，蓋圖樣更新，可免陳陳相因之弊，或能增加讀者之興趣。長城爲世界最大建築之一，而在中國歷史上之關係亦至重大，是以取用爲本卷封面之圖樣。

（二）

本刊五卷十二期，因在出版之時，編者未在北平，不能親自校對，以致內中錯字及標點錯誤之處甚多，有負讀者雅意，特此聲明道歉。

贈書致謝（十五）

本會自本年八月十七日至八月廿五日收到下列贈書，謹載書名，藉伸謝悃。計開：

王振名先生贈：

伊斯蘭教概論一册　馬鄰翼著　萬有文庫百科叢書本

張胥厲先生贈：

平度縣全圖一幅　李金澤測繪　民國二十四年六月出版

劉詩孫先生贈：

巫來由部落志一卷　張美翊撰　抄本

蘇門答剌島志一卷　張美翊撰　抄本

婆羅洲志一卷　張美翊撰　抄本

檳香山羣島志一卷　張美翊撰　抄本

黃囂筠先生贈：

犍爲縣全圖一幅（十二萬五千分之一）附街市圖，各區場特產戶口表　陳汝弼縮編　陳啓迪監製

成都協美印刷公司代印　民國十八年實測

柳彭齡先生贈：

中國地理學教科書三卷一册　屠寄纂　商務印書館發行　光緒三十一年八月初版

顧斗南先生贈：

金陵古今圖攷一册　陳沂撰　民國十八年中社影明刊印本

洪武京城圖志一册　洪武時禮部奉敕撰　民國十八年中社影明弘治中王鴻儒翻雕本印

胡繩勛先生贈：

大清帝國全圖一幅（五百萬分之一）附世界交通圖

禹貢半月刊第六卷第二期目錄豫告

兩漢之縣令制度

瞿昭旂

序

凡一種制度之起也，其初必盡美盡善，日久而其弊叢生，以漸趨於潰壞。郡縣之制，漢因之於秦，而益加精密，其良方美意，可爲後世矩則者，不勝枚擧。前人論循良之吏，以西京爲最多，推原其故，蓋以職權專一，地位崇高，易於爲政也，及至桓靈之際，與賣官鬻爵之法，賄賂公行，令長多不得其人。降至三國，尙征伐不務民事；地方官吏以能親戎馬爲急，而忽於生息教訓。且其時令長之略有名望者，辟召無時，在位之時旣促，何能有所建樹。以此治國，縱能定亂於一時，然終不能復西京之盛治也。漢初制度之善，旣經破壞，欲求恢復，實非易易。由是縣令之權輕位卑，爲人所忽，專以奉行公文塗飾耳目爲事，無所建樹矣。迄於近日，皆知地方行政人才之難得，而不知古代制度之良者，已破壞無餘，縱有少數人才，何得擧全國地方行政而盡理之哉？史書關於漢代地方之行政制度，紀載多不能詳，非廣加蒐羅，難窺眞相。今悉取班范陳三書中與此有關之事，排比鈔纂，以類相從，庶供研究吾國古代地方行政制度者之初步資料耳。

第一章　名稱

漢之縣乃因秦制，置令長以治之，令長秦官也。漢縣因其所治之不同，而有國，邑，道諸異名，漢書百官公卿表云：

……列侯所食縣曰國，皇太后皇后公主所食曰邑，有蠻夷曰道。……

縣之長官有令有長，乃以其縣之戶口多寡而定。前後漢書記載略有不同，大概萬戶以上爲令，萬戶以下爲長。漢書百官公卿表云。

……萬戶以上爲令，秩千石至六百石；減萬戶爲長，秩五百石至三百石。……

後漢書百官志云：

……每縣邑道大者置令一人，千石，其次置長，四百石，小者置長，三百石。……

雖然，戶口多寡，有時亦不能爲令長分別之一定標準。往往縣戶數百而置令，或縣戶數萬而爲長。亦有縣不足

萬戶，因賜爲公主邑，故改爲令，至主薨而復其故者。後漢書百官志注云，

……應劭漢官曰：「前書百官表云：『萬戶以上爲令，萬戶以下爲長』。三邊始孝武皇帝所開，縣戶數百而或爲令。荊陽江南七郡，唯有臨湘南昌吳三令爾。及南陽穰中，土沃民稠，四五萬戶而爲長。桓帝時，以江南陽安爲女公主邑，改號爲令，主薨後復其故」。……

第二章　縣令之職守

縣令之職守，兩漢書之百官表志中，皆未加以說明，僅後漢書注中略有記載，茲引之於下：

本注曰：「皆掌治民，顯善，勸義，禁姦，罰惡，理訟，平賊，恤民時務；秋冬集課，上計於所屬郡國。」……

吾人又可由兩漢書三國志之列傳中，考得縣令之職權。此時縣令雖官秩卑微，然有生殺之權，如下列數端。

……時槐里令朱雲殘酷，殺不辜，有司舉奏未下。……（漢書卷六十五陳萬年傳）

……瑯琊海曲有呂母者，子爲縣吏，犯小罪，宰論殺之。……（後漢書四十一劉盆子傳）

可見當時縣令之以喜惛爲殺戮之標準，而不尊重法律。然有縣令之初到任，對地方之土豪猾吏之不守法者，亦常施以刑戮，藉以厲風俗而寒豪猾之膽，如：

……茂陵守令尹公新視事，涉未謁也，聞之大怒，知涉豪家，欲示衆厲俗。……（漢書九十二原涉傳）

……拜陽平令。時趙魏豪右往往屯聚，清河大姓趙綱，遂於縣界起塢壁，繕甲兵，爲所在害。章到，乃設饗會而延謁綱，綱帶文劍，被羽衣，從士百餘人來到。章與對讌飲，極歡。有頃手斬綱，伏兵亦悉殺其從者，因馳詣塢壁，掩擊破之，吏人遂安。……（後漢書卷一〇七李章傳）

……補南行唐長，到官曉吏人曰：「朝廷不以長不肖，使牧黎民，而性讎猾吏，志除豪賊，且與相試」。遂殺縣中尤無狀者數十人，吏人大震。……（後漢書卷一〇七周紆傳）

……膠東多賊寇，復令脩守膠東令。膠東人公沙盧，宗彊自爲營壍，不肯應發調。脩獨將數騎，徑入其內，斬盧兄弟。公沙氏驚愕，莫敢動。脩撫慰其餘，於是寇稍止。……（三國志魏志卷十一王脩傳）

……爲朗陵長。縣多豪猾，無所畏忌，儼取其尤甚者，收縛案驗，皆得死。儼既囚之，乃表府解放，自是威恩並著。……（三國志魏志卷二十三趙儼傳）

……守剡長，縣吏斯從輕俠爲奸，齊欲治之，主簿諫曰：「從縣大族，山越所附，今日治之，明日寇至」。齊聞大怒，便立斬從。從族黨遂相糾合衆數千餘人，舉兵攻縣，齊率吏民開城門，突擊大破之。……（三國志吳志卷十五賀齊傳）

漢時縣令因出身高，頗重氣節，不畏權勢，不阿附上司，而自行其意，如：

……爲茂陵令。頃之，御史大夫桑弘羊客詐稱御史止傳，丞不

以時謁，客怒縛丞，相疑其有姦，收捕案致其罪，論棄客市。……（漢書卷七十四魏相傳）

……爲茂陵令，會課育第六，而涞令郭舜殿，見責問，育爲之請。扶風怒曰：「君課裁第六，何暇欲爲左右言」。及罷出，傳召茂陵令詣後曹，當以職事對。育徑出，曹書佐隨牽育，育案佩刀曰，「蕭育杜陵男子，何詣曹也？」遂趨出，欲去官。明旦，詔召入拜爲司隸校尉。育過扶風府，門官屬掾數百人，拜謁車下。……（漢書卷七十八蕭育傳）

……遷圉令。……時他郡盜賊徒五人來，入圉界，吏捕得之。陳留太守馬嚴疾惡，風縣殺之。褒勅吏曰：「夫絕人命者天亦絕之，皐陶不爲盜制死刑，管仲遇盜而升諸公，今承旨殺之，是逆天心順府意也」。……遂不爲殺。嚴奏褒耎弱，免官歸。……（後漢書卷六十五曹褒傳）

……參夫人疾前妻子，投於井而殺之，參素與洛陽令祝良不平，良聞之，率吏卒入太尉府，案實其事。……（後漢書卷八十一龐參傳）

……稍遷繁陽令。時魏郡太守諷縣求納貨賄，球不與之，太守怒，而撾督郵，欲令逐球。……（後漢書卷八十六陳球傳）

……陶謙爲舒令、太守張磐同郡先輩，與謙父友，而謙耻爲之屈。嘗舞屬謙，謙不爲起，固强之，乃舞，舞又不轉，磐曰：「不當轉邪？」曰：「不可轉，轉則勝人」。……（後漢書一〇三陶謙傳注）

……除下邑長，時郡守以貴戚託之，遂棄官去。……（三國志吳志卷四賀邵傳）

漢時縣令對當地之惡風陋俗，常以德化之。對百姓之疾困，亦常撫邺之，如：

……遷圉令，以禮理人，以德化俗。……（漢書卷六十五曹褒傳）

……拜宛令，時南陽郡吏好因休沐游戲市里，爲百姓所患，拂出逢之，必下車公謁，以愧其心，自是莫敢出。……（後漢書卷八十六种拂傳）

……遷雍丘令，以禮讓化之，其無孝義者皆感悟自革。民有爭訟，矩常引之於前，提耳訓告，以爲忿恚可忍，縣官不可入，使歸更尋思。訟者感之，輒各罷去。其有路得遺者，皆推尋其主。……（後漢書卷一〇六劉矩傳）

……遷下蔡長，邵陵令。天下未定，民皆輕剽，不念產殖，其生子無以相活，率皆不舉。渾所在奪其漁獵之具，課使耕桑。又兼開稻田，重去子之法，以後稍豐給，無不舉贍。……（三國志魏志卷十六鄭渾傳）

……以爲牛鞞江原長，成都令。蜀土富實，時俗奢侈，貨殖之家，侯服玉食，婚姻葬送，傾家竭產。和躬率以儉，惡衣蔬食，防遏踰僭，爲之軌制，皆移風變善，畏而不犯。……（三國志蜀志卷九董和傳）

……除餘姚長，往遇疫癘，穀食荒貴，桓分部良吏，隱親行醫藥，飧粥相繼，士民感戴之。……（三國志吳志卷十一朱桓傳）

漢時縣令有守城討寇之責，此等事惟喪亂之世始有之。如：

……爲信都令，與太守任光都尉李忠共城守，迎世祖。……（後漢書卷五十一萬脩傳）

……昱至東阿，東阿令棗祗已率厲吏民拒城堅守。……（三國志魏志卷十四程昱傳）

……守絳邑長，郭援之攻河東，所經城邑皆下，逵堅守。……（三國志魏志卷十五賈逵傳）

……以爲西部鄠長，縣濱南境，寇賊縱橫，時長吏皆斂民保城郭，不得農業，野荒民困，倉庾空虛，畿自知恩結於民，乃遣老弱各分散就田業，留丁彊備守，吏民歡悅。……（三國志魏志卷廿三杜畿傳）

……公孫瓚使豫守東州令，瓚將王門叛瓚，爲袁紹將萬人來攻，衆懼欲降。……（三國志魏志卷廿六田豫傳）

……江陵令姚泰領兵備城北門，見外兵盛，城中人少，穀食欲盡，因與敵交通謀爲內應。……（三國志吳志卷十一朱治傳）

……後領宛陵令，討破丹陽賊。……（三國志吳志卷十一呂範傳）

漢時縣令之有材幹者，長官得使之兼領數縣，甚至郡守之事，亦兼而理之。如：

……初元中遷虢令，守槐里，兼行美陽令事。……（漢書王尊傳）

……爲涿令，有文武才用，太守以其能，委任郡職，兼領六縣。……（後漢書卷六十八，滕撫傳）

……劉表以爲臨沮長。……先主定江南，使朗督秭歸，夷道，巫山，夷陵，四縣軍民事。……（三國志蜀志向朗傳）

漢縣令若遇國家有事，急需車馬，須從民間徵購，若不備，有重責。如：

……匈奴渾邪王帥衆來降，漢發車三萬乘，縣官亡錢，從民貰馬，民或匿馬，馬不具，上怒，欲斬長安令。……（漢書卷五十汲黯傳）

漢律對官吏之貪汚者，法至重，臧至十金，即罰重罪（見漢書薛宣傳顏師古注）。然貪汚者，初不因法峻而斂迹，故有漢一代，縣令之受刑去職者，數見不鮮。如：

……稍遷爲被陽令。武帝末，軍旅數發，郡國盜賊羣起，繡衣御史暴勝之，使持斧逐捕盜賊，以軍興從事，誅二千石以下，過被陽，欲斬訢。……（漢書卷六十六王訢傳）

……爲左馮翊，歲餘而池陽令並素行貪汚，輕野王外戚年少，治行不改。野王部督郵掾祋祤趙都，案驗得其主守盜十金罪，收捕並，不首吏，都格殺，並家上疏陳寃事，下廷尉，都詣吏自殺，以明野王，京師稱其威信。……（漢書卷七十九野王傳）

……入守左馮翊，滿歲稱職爲眞，始高陵令楊湛，櫟陽令謝游，皆貪猾不遜，持郡短長，數案不能竟。及宣視事，詣府謁宣，設酒飯與相對接甚備。已而陰求其罪臧，具得所受取。宣察湛有致節敬宣之效，廼手自牒書，條其姦臧。封與湛曰：「吏民條言君如牒，或議以爲主守盜，馮翊敬重令，又念十金法重，不忍相暴章，故密以手書相曉，欲君自圖進退，可復伸眉於後」。湛自知罪臧皆應記，而宣辭意溫潤，無傷害意，湛即時解印綬付吏，爲記謝宣，終無怨言。而櫟陽令游自以大儒有名，輕宣，宣

獨移書顯責之。……（漢書卷八十三薛宣傳）

當時縣令尙有因事受髡刑者，亦可見其法之嚴矣。三國志魏志卷廿八王淩傳注云：

……爲發干長，魏略曰，「淩爲長，遇事髡刑，五歲當道掃除」。……

其時官吏之貪汚者，每假罰金爲聚斂之法。後漢書卷八十八虞翊傳云：

……是時長吏二千石聽百姓讁罰者，輸贖號爲義錢，託爲貧人儲，而守令因以聚斂。……

光武中興，當兵亂之後，百官離散，往往有官而無人，置太守令長，而令其招還流民，此爲縣令職守之特殊情形也。日知錄云：

……光武中興，海內人民，可得而數，裁十二三。郡塞破壞，亭燧絕滅，或空置太守令長，招還流民。……

第三章　權限系統

漢因秦制，分天下爲郡縣，縣有令，郡有守，皆秦官也。而秦有監御史監諸郡，漢初無之，但遣丞相史分刺諸州，且非常官。武帝時始設刺史（或名牧），使監察州郡焉。漢書百官表云：

監御史，秦官，掌監郡，漢省，丞相遣史分刺州，不常置。武帝元封五年，初置部刺史，掌奉詔條，察州，秩六百石，員十三人。成帝綏和元年，更名牧，秩二千石。哀帝建平二年，復爲刺史，元壽二年復爲牧。……

刺史之職責，爲周行郡國，省察治狀，黜陟能否，斷治冤獄，及報告中央。後漢書百官志云：

……諸州常以八月巡行所部郡國，錄囚徒，考殿最，歲盡，詣京都奏事；中興但因計吏。……

漢武帝遣刺史刺察州郡，問事以六條爲限，其六條曰：一條，強宗豪右，田宅踰制，以強陵弱，以衆暴寡。二條，二千石不奉詔書，倍公向私，旁詔牟利，侵漁百姓。三條，二千石不恤疑獄，風厲殺人，怒則任刑，喜則任賞，煩擾刻暴，剝削黎元，爲百姓所疾。山崩石裂，妖祥訛言。四條，二千石選署不平，苟阿所愛，蔽賢寵頑。五條，二千石子弟怙倚榮勢，請託所監。六條，二千石違公下比，阿附豪強，通行貨賂。（見漢書百官表顏師古注）日知錄卷九云：

漢時部刺史之職，不過以六條察郡國而已，不當與守令事。（原注：三國志司馬宣王報夏侯太初書曰：「秦時無刺史，但有郡守長吏，漢家雖有刺史，奉六條而已。故刺史稱傳車，其吏言從事，居無常治，吏不成臣，其後轉更爲官司耳。）故朱博爲冀州刺史　勅告吏民欲言縣丞尉者，刺史不察，黃綬自詣郡。鮑宣爲豫州牧，以聽所察過詔條，被劾。而薛宣上疏，言吏多苛政，政教煩碎，大率咎在部刺史，或不循守條職，舉錯各以其意，多與郡縣事。翟方進傳言遷朔方刺史，居官不煩苛，所察應條輒舉。

自刺史之職下侵，而守令始不可爲，天下之事猶治絲而棼之矣。

漢刺史秩才六百石，尙不及一大縣縣令，蓋用其秩卑而治高，法至善也。迨至西漢末年，刺史位卑，漸不能鎭懾所治，故改名牧，增秩二千石，權亦遂重。然州刺史之權秩既增，於是弱者不思進取，強者專權裂土，反失其初意矣。日知錄卷九云：

漢武帝遣刺史，周行郡國。……夫秩卑而命之尊，官小而權之重，此小大相制，內外相維之意也；本自秦時遣御史出臨諸郡。史記言秦始皇分天下以爲三十六郡，郡置守尉監，蓋罷侯置守之初，而已設此制矣。成帝末，翟方進何武乃言春秋之義，用貴治賤，不以卑臨尊。刺史位下大夫，而臨二千石，輕重不相準，請罷刺史，更置州牧，秩二千石。而朱博以漢家故事，置部刺史，秩卑而賞厚，咸勸功樂進。州牧秩其二千石，位次九卿，九卿缺，以高第補，其中材則苟自守而已。恐功效陵夷，姦軌不勝，於是罷州牧，復置刺史。（原注漢書劉焉傳：「靈帝政化衰缺，四方兵寇，焉以刺史威輕，建議改爲牧伯，請選重臣以居其任，從之」。州任之重自此而始。）劉昭之論，以爲刺監糾非法，不過六條，傳車周流，匪有定鎭，秩裁六百，未生陵犯之釁，成帝改牧，其萌始大。合二者之言觀之，則州牧之設，中材僅循資自全，強者自專權裂土，然後知刺史六條爲百代不易之良法。……

至三國時，制度便壞，刺史因位尊秩高，但多因循，鮮能建樹。三國志魏志卷三賈逵傳云：

……逵曰：「本以御史出監諸郡，以六條詔書察長吏，二千石以下，故其狀皆言嚴能鷹揚有督察之材，不言安靜寬仁有愷悌之德也。今長吏慢法，盜賊公行，州知而不糾，天下復何取正乎」？兵曹從事，受前刺史假，逵到官數月乃還，考竟其二千石以下阿縱不如法者，皆舉奏免之。帝曰：「逵眞刺史矣」。布告天下，當以豫州爲法。……

州之下爲郡，郡置守，漢書百官表云：

郡守秦官，掌治其郡，秩二千石，有丞一人。邊郡又有長史，掌軍馬。……（此點與後漢書百官志略有不同，云：「……郡當邊戍者，丞爲長史。……」）

郡守職責，在兩漢書百官表志中，皆未說明，唯後漢書百官志注中，略有記載，大致均與縣令相同。其注云：

凡郡國皆掌治民，進賢勸功，決訟檢姦，常以春行所主縣，勸民農桑，振救乏絕。秋冬遣無害吏，案訊諸囚，平其罪法。論課殿最，歲盡遣吏上計。並舉孝廉，郡口二十萬，舉一人。典兵禁，備盜賊。……

漢初因秦制，郡縣相統率，州刺史直至武帝時始立爲常官；且秩甚卑，僅司監察而已。後刺史權漸重，直奪郡守而代之；東漢爲尤甚。故有主張廢郡守，而直接以州統縣。三國志魏志卷九夏侯玄傳云：

……今之長吏皆君吏民橫，重以郡守，累以刺史。若郡所擇，唯在大較，則與州同，無爲再重，宜省郡守，但任刺史。刺史職存，則監察不廢，郡吏萬數，還親農桑，以省煩費，豐財殖穀。一也。大縣之才，皆堪郡守，是非之訟，每生意異，順從則安，直己則爭。夫和羹之美，在於合異，上下之益，在能相濟，順從乃安、此琴瑟一聲也，蕩而除之，則官省事簡。二也。又幹郡之吏，職監諸縣，營護黨親，鄉邑舊故，如有不副，而因公掣頓，民之困弊，告生於此，若皆幷合，則亂原自塞。三也。今承衰弊，民人彫落，賢才鮮少，任事者寡。郡縣良吏，往往非一郡受縣成，其劇在下，而吏之上選，郡當先足，此爲親民之吏，專得底下。吏者民命而常頑鄙，今如並之，吏多選清良者造職，大化宣流，民物獲寧。四也。制使萬戶之縣，名之郡守，五千以上，名之都尉，千戶以下，令長如故。自長以上，考課遷用，轉以能升，所牧亦增，此進才效功之敘也。若經制一定，則官才有次，治功齊明。五也。若省郡守，縣皆逕達，事不擁隔，官無流滯，三代之風，雖未可必，簡一之化，庶幾可致。……

前所述者爲縣令以上之官，縣令以下，則有鄉官，如亭長，三老，有秩，嗇夫，游徼，里魁，及障塞尉數種，皆見漢書百官表，及後漢書百官志。

……大率十里一亭，亭有長；十亭一鄉，鄉有三老，有秩，嗇夫，游徼。三老掌敎化，嗇夫職聽訟，收賦稅，游徼徼循，禁盜賊。……　漢書百官公卿表。……

……里有里魁，民有什伍，善惡以告。……

……邊縣有障塞尉。（劉注曰：「掌禁羌夷犯塞。」）

……又有鄉佐屬鄉，主民收賦稅，……　後漢書百官志。

……亭長主求捕盜賊，承望都尉。……後漢書百官志劉注。

……漢家因秦，大率十里一亭，亭留也，蓋行旅宿會之所。…

…後漢書百官志注引風俗通

漢律亭長不得受民餽遺，蓋防其擾民也。後漢書卷五十五卓茂傳云：

……遷密令。……人有言部亭長受其米肉遺者，茂辟左右問之，曰：……「亭長素善吏，歲時遺之，禮也。」人曰：「苟如此，吏何故禁之？」……

然仍有亭長倚勢欺壓平民者。後漢書卷五十五魯恭傳云：

……拜中牟令，……亭長從人借牛而不肯還之，牛主訟於恭，恭召亭長，勑令歸牛者再三，猶不從。恭歎曰：「是敎化不行也」，欲解印綬去。掾史涕泣共留之，亭長乃慙悔還牛，詣獄受罪。……

縣令雖爲親民之官，而其影響於民，或尚不如一嗇夫之深，鄉官之重要，可想見矣。日知錄卷八云：

漢時嗇夫之卑，猶以自舉其職，故爰延爲外黃鄉嗇夫，仁化大行，民但聞嗇夫，不聞郡縣（見後漢書卷七十八爰延傳）。而朱邑自舒桐鄉嗇夫，官至大司農，病且死，屬其子曰：「我故爲桐鄉吏，其民愛我，必葬我桐鄉，後世子孫奉嘗我，不如桐鄉民。」

……」

漢世對於三老，頗爲重視，而三老亦頗能各舉其職。日知錄卷八云：

漢世於三老，命之以秩，頒之以祿，而文帝之詔，俾之各率其意，以道民當，曰「爲三老者，多忠信老成之士也」。上之人所以禮之甚優，是以人知自好，而賢才亦往往出於其間。新城三老，遮說漢王爲義帝發喪，而遂以收天下。壺關三老茂，上書明戾太子之冤。史册炳然，爲萬世所稱道。……

第四章　縣令之品秩俸祿及機關組織

漢縣令之俸祿，係以縣邑大小而爲等差，約以千石至三百石之間。漢書百官公卿表云：

……其縣萬戶以上爲令，秩千石至六百石；減萬戶爲長，秩五百石至三百石。……

後漢書百官志云：

……每縣邑道大者置令一人，千石；其次置長，六百石；小者置長，三百石。……

縣令屬下有丞尉，以爲輔佐，是爲長吏。丞署文書，尉主盜賊。丞縣各一人，尉則視其縣之大小，一人至二人。丞尉以下，倘有斗食佐史，是爲少吏。漢書百官公卿表云：

……皆有丞尉，秩四百石至二百石，是爲長吏。百石以下者，有斗食佐史之秩，是爲少吏。……

後漢書百官志云：

……丞各一人，尉大縣二人，小縣一人。……各署諸曹掾史。……

劉注曰：「丞署文書，典知倉獄。尉主盜賊，凡有賊發，主名不立，則推索行尋，案察姦究，以起端緒」。

雖前言縣各有丞一人，然有特別大縣，丞亦有多至三人者。後漢書百官志云：

漢官曰：「雒陽令秩千石，丞三人。……」

第五章　縣令之出身與遷轉

欲明瞭漢代之縣令制度，非先研究其出身與遷轉不可。茲將班范陳三書列傳中之縣令出身及遷轉，分類列舉如下：

第一節　縣令之出身

綜觀漢縣令之出身，可分爲以下七類：（一）由中央官吏爲令者；（二）由州郡縣吏爲令者；（三）由州郡高級武職爲令者；（四）由薦舉爲令者；（五）由左轉爲令者；（六）特殊情形者；（七）出身不詳者。

（一）由中央官吏爲令者。

汲黯……黯爲謁者，……遷爲滎陽令。
朱雲……由是爲博士，遷杜陵令，……爲槐里令。
平當……當少爲大行，治禮丞功，次補大鴻臚，文學察廉，爲順陽長。……
趙廣漢……舉茂材，平準令，察廉，爲陽翟令。……
何並……爲大司空掾，事何武，武高其志節，舉能治劇，爲長陵令。……
朱博……爲大將軍王鳳幕府，……舉博櫟陽令。……

以上皆見漢書本傳。

卓茂……爲侍郎給事黃門，遷密令。……
杜林……除子喬爲郎，……以喬爲丹水長。……
魯丕……除爲議郎，遷新野令。……
蘇章……爲議郎，……出爲武原令。……
杜詩……爲侍御史，……拜成皋令。……
虞延……仕執金吾府，除細陽令，……光武二十年東巡，……拜公車令。明年遷洛陽令。……
度尚……拜郎中，除上虞長，遷文安令。……
周磐……拜謁者，除任城長，遷陽夏重合令。
法雄……辟太傅張禹府，舉雄高第，除平氏長，……遷宛陵令。……
鍾離意……辟大司徒侯霸府，……後除瑕丘令，……遷堂邑令。……
周榮……舉明經，辟司徒袁安府，……自鄖令擢爲尚書令。……
崔駰……竇憲辟駰爲掾，……爲主簿，……因察駰高第，出爲長岑長。……
种暠（子拂）……爲司隸從事，拜宛令。……
楊賜……辟大將軍梁冀府，……出除陳倉令。……
虞詡……辟太尉李脩府，……乃以詡爲朝歌長，……遷懷令。……
韓韶……辟司徒府，……以韶爲嬴長。……
孔昱……拜議郎，補洛陽令。……
衞颯……除侍御史，襄城令。……
童恢……辟公府，除不其令。……
李章……光武定河北，召章置東曹屬，……拜陽平令。
周紆……少爲廷尉史，補南行唐長，遷博平令。……
陽球……補尚書侍郎，出爲高唐令。……

雷義……拜侍御史，除南頓令。……

以上皆見後漢書本傳。

董卓……拜郎中，……遷廣武令。……

臧洪……舉孝廉爲郎，……洪補即丘長。……

袁渙……遷侍御史，除譙令。……

何夔……太祖辟爲司空掾，……出爲城父令。……

邢顒……更辟司空掾，除行唐令。……

荀彧……拜守宮令，……求出補吏，除亢父令。……

鍾繇……除尚書郎，陽陵令。……

華歆……爲尚書郎，……歆求出爲下邽令。……

王朗……拜郎中，除菑丘長。……

程昱……太祖臨兗州，辟昱，……以昱守壽張令。……

司馬朗……太祖辟爲司空掾屬，除成皋令，……爲堂陽長，……遷元城令。……

鄭渾……太祖召爲掾，復遷下蔡長，邵陵令。……

陳羣……太祖辟羣爲司空西曹掾屬，……除蕭贊長平令。……

衞覬……太祖辟爲司空掾屬，除茂陵令。……

陳矯……太祖辟矯爲司空掾屬，除相令。……

徐宣……太祖辟爲司空掾屬，除東昏發干令。……

王觀……太祖召爲丞相文學掾，出爲高唐陽泉酇任令。……

田豫……太祖召豫爲丞相軍謀掾，除潁陰朗陵令。……

滿寵……太祖辟爲從事，及爲大將軍，辟署西曹屬，爲許令。……

諸葛誕……初以尚書郎，爲滎陽令。……

以上皆見三國志魏志本傳

劉焉……辟司徒府，歷雒陽令。……

呂乂……爲典曹都尉，乂遷新都綿竹令。……

郤正……遷郎至令。……

以上見三國志蜀志本傳

劉繇……爲郎中，除下邑長。……

步騭……孫權爲討虜將軍，召騭爲主記，除海鹽長。……

黃蓋……董卓拜盖別部司馬，……長石城。……

周泰……署別部司馬，補春穀長，復補宜春長。……

朱桓……孫權爲將軍，桓給事幕府，除餘姚長。……

吾粲……孫權爲車騎將軍，召爲主簿，出爲山陰令。……

呂岱……應問甚稱權意，召署錄事，出補餘姚長。……

虞翻……翻旣歸策，復命爲功曹，……出爲富春長。……

潘濬……劉表辟爲部江夏從事，……復爲湘鄉令。……

胡綜……權以綜爲金曹從事，……拜鄂長。……

韋曜……從丞相掾除西安令。……

以上皆見三國志吳志本傳

(二)由州郡縣吏爲令者

王訢……以郡縣吏積功，稍遷爲被陽令。……

陳萬年……爲郡吏察舉，至縣令。……

尹賞……以郡吏察廉，爲樓煩長。……

以上皆見漢書本傳，

馬成……少爲縣吏，……以成爲安集掾郟令。……

張堪……帝嘗召見諸郡計吏，……蜀郡計掾樊顯，……拜顯爲魚復長。……

滕撫……初仕州郡，稍遷爲涿令。……

張況……況爲郡吏，謁見光武，……以爲元氏令。……

虞延……京兆尹閻興以爲主簿，以爲扶夷長。……

劉平……王莽時爲郡吏，守菑丘長。

陳寔……太守高倫署爲文學掾，……補聞喜長，……除太丘長。……

黃昌……仕郡爲決曹，拜宛令。……

以上皆見後漢書本傳，

司馬芝……芝以郡主簿爲兵，遷廣平令。……

王脩……孔融召以爲主簿，守高密令。……

杜畿……爲郡功曹，守鄭縣令。……

賈逵……初爲郡吏，守絳邑長。……

胡質……仕州郡，太祖即召質爲頓丘令。……

龐淯……初以涼州從事別駕，守破羌長。……

閻温……以涼州別駕，守上邽令。……

劉備……爲高唐尉，遷爲令。……

龐統……統以從事守耒陽令。……

黃權……少爲郡吏，……爲廣漢長。……
蔣琬……琬以州書佐隨先主入蜀，除廣都長。……
鄧芝……芝爲郫邸閣督，……擢爲郫令。……
蔣欽……調授葛陽尉，歷三縣長。……
賀齊……少爲郡吏，守剡長。……
以上皆見三國志本傳。

(三)由高級武職爲令者

曹操……除洛陽北部尉，遷頓丘令。……
倉慈……以慈爲綏集都尉，……爲長安令。……
以上皆見三國志魏志。

(四)由薦舉爲令者

賈禹……舉賢良爲河南令。……
龔勝……州舉茂才，爲重泉令。……
魏相……舉賢良以對策高第爲茂陵令。……
劉輔……舉孝廉爲襄賁令。……
薛宣……幽州刺史舉茂材，爲宛勾令，大將軍王鳳聞其能，薦宣爲長安令。……
以上皆見漢書本傳。
牟融……以司徒茂材爲豐令。……
魯恭……太傅趙熹聞而辟之，……熹後舉恭，待詔公車，拜中牟令。……
郎顗……（父宗）安帝時徵之，對策爲諸儒表，復拜吳令。……
王堂……舉光祿茂才，遷穀城令。……
賈琮……舉孝廉，再遷爲京兆令（原注：劉攽謂多「兆」字，是河南京縣。）
張霸……（子楷）司隸舉茂才，除長陵令。……
桓鸞……太守乃舉鸞孝廉，遷爲膠東令。……
陸康……舉茂才，除高成令。……
段熲……舉孝廉，爲憲陵園丞，陽陵令。……
袁安……舉孝廉，除陰平長，任城令。……
李雲……初舉孝廉，再遷白馬令。……
周舉……後舉茂才，爲平丘令。……
蓋勳……舉孝廉，爲漢陽長。……
劉祐……初察孝廉，除任城令。……
宗慈……舉孝廉，……後爲脩武令。
巴肅……初察孝廉，歷慎令，貝丘長。……
賈彪……舉孝廉，補新息長。……

王渙……州舉茂才，除溫令。……
孟嘗……後策孝廉，舉茂才，拜徐令。……
劉寵……舉孝廉，除東平陵令。……
以上皆見後漢書本傳。
陶謙……舉茂才，除盧令。……
董昭……舉孝廉，除癭陶長，柏人令。……
張既……舉茂才，新豐令。……
溫恢……舉孝廉，爲廩丘長。……
常林……後刺史梁習薦州界名士林及楊俊王淩王象荀緯，太祖皆以爲縣長，林宰南和。……
陳羣……舉茂才，除柘令。……
王淩……淩舉孝廉，爲發干長。……
楊俊……舉茂才，安陵令。……
張裔……舉孝廉，爲魚復長。……
馬忠……舉孝廉，除漢昌長。……
張翼……舉孝廉，爲江陽長，徙涪陵令。……
士燮……舉茂才，除巫令。……
顧雍……州郡表薦，弱冠爲合肥長。……
周魴……舉孝廉，爲寧國長。……
闞澤……察孝廉，除錢唐長，遷郴令。……
以上皆見三國志本傳。

(五)由左轉爲令者

申屠剛……遷尚書令，……以數切諫失旨，數年出爲平陰令。……
郅惲……再遷長沙太守，……後坐事左轉芒長。……
鄭興……使監征南積弩營……，坐事左轉蓮勺令。
周榮……出爲潁川太守，坐法當下獄，和帝思榮忠，左轉共令。……
任延……拜會稽都尉，……以病稽留，左轉睢陽令。……
董宣……累遷北海相，以多殺人，左轉宣懷令。……

(六)特殊情形者

卜式……式數輸財，……上奇其言，欲試使治民，拜式緱氏令。
見漢書卜式傳。
馮魴……爲縣邑所敬信，故能據營自固。……建武二年，徵詣行在所，見於雲召，拜虞令，……遷郟令。……

鄭弘……楚王英謀反，發覺，以疏引太守焦貺，……貺被收。……諸生故人懼相連，……弘獨詣闕上章，爲貺訟罪。……由是顯名，拜爲騶令。

虞詡……鄧騭兄弟，以詡異其議，因此不平，欲以吏法中傷詡。後朝歌賊甯季等數千人，攻殺長吏，屯聚連年，州郡不能禁，乃以詡爲朝歌長。……

鮑昱……建武初，太行山中有劇賊，太守戴涉聞是鮑永子有智略，乃就謁請守高都長。……爲泚陽令。

以上皆見後漢書本傳。

郤正……後主東遷洛陽，……正捨妻子，單身隨侍。……賜爵關內侯。泰始中，除安陽令。……

見三國志蜀志本傳。

孫權……策既定諸郡，時權年十五，以爲陽羡長。……

朱然……甞與權同學，權統事，以爲餘姚長。……

以上見三國志吳志本傳。

（七）出身不詳者。

馮魴……建武三年，徵詣行在，……拜虞令。……

後漢書本傳，

李典……典從父乾，……初平中，以衆隨太祖破黃巾於壽張。……太祖使乾子整，將乾兵擊蘭封。……從平兗州諸縣有功，稍遷青州刺史，整卒，典徙潁陰令。……

見三國志魏志

董和……劉璋以爲牛鞞江原長，成都令。……

李嚴……璋以爲成都令。……

王連……劉璋時爲梓潼令。……

向朗……劉表以爲臨沮長。……

費詩……劉璋時爲綿竹令。……

以上皆見三國志蜀志本傳，

濮陽興……孫權時除上虞令。……

三國志吳志本傳

第二節　縣令之遷轉

縣令之遷轉，可分爲遷爲中央官吏，及遷爲地方官吏二類，茲列舉之如下：

(一)遷爲中央官吏者。

汲黯……遷爲滎陽令，黯耻爲令，稱疾歸田里，上聞，乃召爲中大夫。

見漢書本傳

平當……爲順陽長，栒邑令。……遷丞相司直。

……

貢禹……爲河南令，……後去官，……徵禹爲諫大夫。……

龔勝……爲重泉令，病去官，……哀帝徵爲諫大夫。……

劉輔……爲襄賁令，……上美其材，擢爲諫大夫。

……

薛宣……爲長安令，治果有名，以明習文法，詔補御史中丞。……

王訢……爲被陽令，……徵爲右輔都尉，守右扶風。……

牟融……爲豐令，……入代鮑昱，爲司隸校尉。……

鍾離意……遷堂邑令，……顯宗即位，徵爲尚書。

……

周榮……自鄢令，擢爲尚書令。……

卓茂……遷密令，……遷茂爲京部丞。……

魯恭……拜中牟令，……遭母喪去官，復拜侍御史。……

陳球……遷繁陽令，……復辟公府，舉高第，拜侍御史。……

宗慈……爲脩武令，……棄官去，徵拜議郎。……

种暠（子拂）……拜宛令，……累遷光祿大夫。……

巴肅……歷愼令貝丘長，……辟公府，稍遷拜議郎。……

王渙……除溫令，徵拜侍御史。……

鮑昱……爲沘陽令，……拜司隸校尉。……

桓鸞……後爲己吾汲二縣令，……復徵辟拜議郎。

……

以上皆見後漢書本傳。

……

邢顒……除行唐令，入爲丞相門下督，遷左馮翊。

鍾繇……除陽陵令，以疾去，辟三府爲廷尉。……

司馬朗……遷元城令，入爲丞相主簿。……

梁習……累轉乘氏，海西，下邳令，……還爲西曹令史。……

鄭渾……遷下蔡長邵陵令，……辟爲丞相掾屬。……

張既……除新豐令，……以旣爲議郎，參繇軍事。……

溫恢……爲廩丘長，鄢陵廣川令，入爲丞相主簿。……

陳羣……除蕭贊長平令，……後以司空掾舉高第，爲治書侍御史。……

曹操……遷頓丘令，徵拜議郎。

司馬芝……遷廣平令，……遷大理正。……

胡質……爲頓丘令，……入爲丞相東曹議令史。……

賈逵……除澠池令，……以喪祖父去官，司徒辟爲掾，以議郎參司隸軍事。……

衛覬……除茂陵令，尚書郎。……

陳矯……除相令征南長史。……

王觀……出爲高唐陽泉酇任令，……入爲尚書郎。……

諸葛誕……爲榮陽令，入爲吏部郎。……

李典……典徙潁陰令，爲中郎將整軍。……

趙儼……以儼爲朗陵長，……入爲司空掾屬主簿。

以上皆見三國志魏志本傳

李嚴……璋以爲成都令，……署嚴爲護軍。……

馬忠……除漢昌長，……丞相開府，以忠爲門下督。……

黃權……出權爲廣漢長，……先主假權偏將軍。……

蔣琬……爲什邡令，……先主爲漢中王，琬入爲尚書郎。……

費詩……劉璋時爲綿竹令，……以詩爲督軍從事。……

以上皆見三國志蜀志本傳。

濮陽興……除上虞令，稍遷至尚書左曹。……

孫權……爲陽羨長，……行奉義校尉。……

步騭……除海鹽長，還辟車騎將軍，東曹掾。……

朱桓……除餘姚長，遷盪寇校尉。……

吾粲……出爲山陰令，還爲參軍校尉。……

呂岱……出補餘姚長，……以岱爲督軍校尉。……

闞澤……遷郴令，孫權爲驃騎將軍，辟補西曹掾。

……

虞翻……出爲富春長，……漢召爲侍御史，曹公爲司空，辟皆不就，……權以爲騎都尉。……

胡綜……拜鄂長，……召綜還爲書部。……

韋曜……除西安令，還爲尚書郎。……

以上皆見三國志吳志本傳

（二）遷爲地方官吏者。

趙廣漢……爲陽翟令，……遷京輔都尉，守京兆尹。……

卜式……遷成臯令，……拜爲齊王太傅轉爲相。……

何並……爲長陵令，……遷並隴西太守。……

朱博……以高第入爲長安令，京師治理，遷冀州刺史。……

以上皆見漢書本傳。

魏相……爲茂陵令，後遷河南太守。……

陳萬年……至縣令，遷廣陵太守。……

王吉……遷雲陽令，舉賢良，爲昌邑中尉。……

王尊……遷虢令，轉守槐里，兼行美陽令事，……以高第擢爲安定太守。……

尹賞……以三輔高第，選守長安令，……以賞爲江夏太守。……

魯恭……遷新野令，……擢拜青州刺史。……

虞延……遷洛陽令，……遷南陽太守。……

法雄……遷宛陵令，……黃巾亂起，乃徵雄爲青州刺史。……

滕撫……爲涿令，……三公舉撫，有文武才，拜爲九江都尉。……

張禹……以爲元氏令，遷涿郡太守。……

袁安……除陰平長，任氏令，……拜楚郡太守。……

第五訪……補新都令，遷張掖太守。……

黃昌……拜宛令，遷蜀郡太守。……

王堂……遷穀城令，……拜巴郡太守。……

賈琮……爲京兆令，……有司舉爲交趾刺史。……

馮魴……遷郟令，……遷魏郡太守。……

鄭弘……拜爲騶令，……遷淮陰太守。……

段熲……爲陽陵令，……遷遼東屬國都尉。……

劉祐……除任城令，……遷揚州刺史。……

以上皆見後漢書本傳。

陶謙……除盧令，遷幽州刺史。……

董昭……除癭陶長，柏人令，袁紹以爲參軍。……

王脩……守膠東令，……袁譚在青州。辟脩爲治中從事別駕。……

杜畿……守鄭縣令，舉孝廉，除漢中府丞。……

賈逵……以逵爲鄴令，月餘，遷魏郡太守。……

倉慈……爲長安令，……遷燉煌太守。……

滿寵……爲許令，……以寵爲汝南太守。……

公孫瓚……遷爲涿令，……幽州賊起，……假瓚都督行事，……遷騎都尉。……

徐宣……除東昏發干令，遷齊郡太守。……

常林……林宰南和，……超遷博陵太守。……

田豫……除潁陰朗陵令，遷弋陽太守。……

楊俊……舉茂才安陵令，遷安陽太守。……

崔林……除鄔長，……於是擢爲冀州主簿。……

以上皆見三國志魏志本傳。

董和……爲牛鞞江原長成都令，……轉和爲巴東屬國都尉。……

張裔……劉璋時爲魚復長，還州，署從事領帳下司馬。……

向朗……使朗督秭歸夷道巫山夷陵四縣軍民事，以朗爲巴西太守。……

劉焉……歷雒陽令冀州刺史南陽太守。……

呂乂……遷新都緜竹令。遷巴西太守。……

郤正……除安陽令，遷巴西太守。……

張翼……徙涪陵令，遷梓潼太守。

龐統……守耒陽令，……以爲治中從事。……

鄧芝……擢爲郫令，遷爲廣漢太守。

以上皆見三國志蜀志本傳。

朱然……後遷山陰令，加折衝校尉督五縣，權奇其能，分丹陽爲臨川郡，然爲太守。……

黃蓋……後轉春穀長尋陽令。凡守九縣，……遷丹陽都尉。……

周泰……後補宜春長，拜泰漢中太守。……

朱桓……除餘姚長，遷盪寇校尉，……

士燮……除巫令，遷交阯太守，……

顧雍……爲合肥長，轉在婁曲阿上虞，……孫權領會稽太守，不之任，以雍爲丞行太守事，……

周魴……爲寧國長，……遷丹陽西部都尉，……

蔣欽……歷三縣長，討平盜賊，遷西部都尉，……

賀齊……以齊爲永寧長，……齊又代韓晏領都尉事，……

潘濬……後爲湘鄉令……劉備以濬爲治中從事，……

以上皆見三國志吳志本傳：

又前漢時，每對地方官吏之有治績者，輒就其位增秩賜爵，而暫不與升遷，漢書卷八宣帝紀云：

三年春三月詔曰，……今膠東相成勞來不怠，流民自占八萬餘口，治有異等，其秩成中二千石，賜爵關內侯。……

四年……潁川太守黃霸，以治行尤異，秩中二千石，賜爵關內侯，黃金百斤。……

卷七十五京房傳云：

……治易事梁人焦延壽，壽字贛，贛貧賤好學，……爲郡史察舉，補小黃令，以候司先知姦邪，盜賊不得發，愛養吏民，化行縣中，舉最當，遷三老，官屬上書，願留贛，有詔許增秩留任，卒於小黃。……

第六章　當時人之意見

西漢地方官制度，至東漢已漸敗壞，識者憂之，上疏匡陳改善之法者甚衆，而朝廷鮮能用其言。吾人可由當時人之意見中，看出當時此種制度，所發生之弊病，茲列舉之如下：

東漢時，地方官吏，任期太短，黜免太速，令長屢易，迎新送舊，勞擾無已，故上疏言此事者亦最多，如：

……帝以二千石長吏多不勝任，時有纖微之過者，必見斥罷，交易紛擾，百姓不寧，六年有日食之異，浮因上疏曰，「……陛下哀愍海內，新離禍毒，保宥生人，使得蘇息。而今牧人之吏，多未稱職，小違理實，輒見斥罷，豈不粲然黑白分明哉？然以堯舜之盛，猶加三考，大漢之興，亦累功效，吏皆積久，養老於官，至名子孫，因爲氏姓，當時吏治何能悉理，議論之徒，豈不喧嘩？蓋以天地之功，不可倉卒，艱難之業，當累日也。而間者守宰數見換易，迎新相代，疲勞道路，尋其視事日淺，未足昭見其職，既加嚴切，人不自保，各相顧望，無自安之心。有司或因睚眦，以騁私怨，苟求長短，求媚上意，二千石及長吏，迫於舉劾，懼於刺譏，故爭飾詐僞，以希虛譽。……願陛下游意於經年之外，望化於一世之後，天下幸甚」！自是牧守易代頗簡。舊制，州牧奏二千石長吏不任位事者，皆先下三公，三公遣掾史案驗，然後黜退。帝時用明察，不復委任三府，而權歸刺舉之吏。浮復上疏曰，「……竊見陛下疾往者上威不行，下專國命，即位以來，不用舊典，保刺舉之官，黜鼎輔之任，至於有所劾奏，便加退免、覆案不關三府，罪譴不蒙澄察，陛下以使者爲腹心，而使者以從事爲耳目，是爲尙書之平，決於百里之吏。故羣下苛刻，各自爲能，兼以私情，容長憎愛，在職皆競張空虛，以邀時利。故有罪心不厭服，無咎坐被空文，不可經盛衰遺後王也，……（後漢書卷三十二朱浮傳。）

……至於宣帝興於仄陋。綜覈名實，知時所病，刺史守相，輒親引見，考察言行，信賞必罰，……以爲吏數變易，則下不安業，久於其事，則民服教化。其有政理者，輒以璽書勉勵，增秩賜金，或爵至關內侯，公卿缺，則以次用之。是以吏稱其職，人安其業，漢世良吏，於茲爲盛。故能降來儀之瑞，建中興之功。漢初至今三百餘載，俗浸彫敝，巧僞滋萌，下飾其詐，上肆其殘，轉動無常，各懷一切，莫慮長久。謂殺害不辜爲威風，聚斂整辨爲賢能，以理己安民爲劣弱，以奉法循理爲不化。髡鉗之戮，生於睚眦，覆尸之禍，成於喜怒。視民如寇讎，稅之如豺虎。監司項背相望，與同疾疢，見非不舉，聞惡不察。觀政於亭傳，責成於期月。言善不稱德，論功不據實。虛誕者獲譽，拘檢者離毀。或因罪而引高，或色斯以求名。州宰不覆，競共辟召，踴躍升騰，超等踰匹。或考奏補案，而亡不受罪，會赦行賂，復見洗滌。朱紫同色，清濁不分。故使姦猾枉濫，輕忽去就，拜除如流，缺動百數，鄉官部吏職斯祿薄，車馬衣服一出於民。廉者取足，貪者充家，特選橫調，紛紛不絕，送迎煩費，損政傷民，和氣未洽，災眚不消，咎皆在此。今之墨綬，猶古之諸侯，拜爵王庭，輿服有庸，而齊於匹豎，叛命避負，非所崇憲明理，惠育元元也。臣愚以爲守相長吏惠和有顯效者可就增秩，勿使移徙，非父母喪，不得去官；其不從治禁，不式王命，錮之終身，雖會赦令，不得齒列。若被劾奏，亡不就法者，徙家邊郡，以懲其後。鄉部親民之吏，皆用儒生清白，任從政者，寬其負算，增其秩祿。吏職滿歲，宰府州郡乃得辟舉。如此，威福之路塞，虛僞之端絕，送迎之役省，賦斂之源息，循理之吏得成其化，率土之民各寧其所。追配文宣中興之軌，流光垂祚，永世不刊。帝感其言，申下有司，考其眞僞，詳所施行。雄之所言，皆明達政體，而宦豎擅權，終不能用。自是選代交互，令長月易，迎新送舊，勞擾無已。或官寺空曠，無人案事，每選部劇，乃至逃亡。……（後漢書卷九十一左雄傳）

……昶陳略五事，……其三欲令居官者久於其職，有治績則就增位賜爵，……（三國志魏志卷廿七王昶傳，）

地方中擾民最甚者，莫過於蠹吏，假公濟私，擅作威福，故左雄主張鄉官部吏，概以儒生清白者任之，（見前）亦有主張能省之者，三國志吳志卷七步騭傳云；

……因上疏獎勸曰，……若令郡守百里，皆各得其人，共相經緯，如是庶政豈不康哉？竊聞諸縣並有備吏，吏多民煩，俗以之弊，但小人因緣銜命，不務奉公，而作威福，無益視聽，更爲民害，愚以爲一切可罷省。……

三國時各務征伐，地方官但取其能知兵，遂多忽於民事，故有主張守令之外，別置將守，以盡治理之務，三國志魏志卷十六杜恕傳云：

……上疏曰……州郡牧守，共忽恤民之術，脩將率之事。農桑之民，競干戈之業，不可謂務本。帑藏歲虛而制度歲廣，民力歲衰而賦役歲興，不可謂節用，……臣前以州郡典兵，則專心軍功，不勤民事，宜別置將守，以盡治理之務。……

結論

綜觀以上諸章，吾人可知漢代縣令，特點有五。

(一)職權統一——一縣之中，以令爲主，軍事財政民權集中一人，無掣肘之弊。

(二)佐官衆多——漢縣令以下，有丞尉掌文書軍事；除此種佐吏之外，尙有鄉官如三老，有秩，亭長，游徼，里魁，障塞尉，鄉佐多人。縣令之政令，得達於地方最低級機關，上下相通，事不壅隔。

(三)任期長久——漢對於地方官吏，多假以時日，蓋以吏數變易，則下不安業，久於其事，則民服教化。其有政理者，則以璽書勉勵，增秩賜金或爵至關內侯，而暫緩其升遷。

(四)出身高尙——漢時令長出身有自州郡之賢才，由薦舉爲之，有自中央高級官吏爲之，有自州郡縣吏之有奇才異能者爲之，品望既高，人知自愛，而威重亦增。

(五)遷轉優厚——當時縣令升遷優厚，可超擢至九

卿，非如後世一爲牧令，沈淪終身，故人懷自勵。

反觀今日，則縣長有虛名，而少實權，僅能奉行命令，而實際不能有所興作。自隋文帝廢鄉官之後，上下之情尤爲扞格，猶諸人患痿痹，心有所使，而手足莫能動也。今之縣長，人人懷五日京兆之心，朝不保夕，不能有所建樹。又其出身較之後漢尤濫，廝養走卒，忝膺民社者比比皆然，行政之淸明，焉可得哉！

政治良否首在制度，有良好之制度，則優秀人才自出；反之，無良好之制度，雖有少數優秀人才，無能爲也。漢初制度，其可爲後世法乎？

史地新書

商務印書館出版

中國經營西域史 曾問吾著 一册二元五角

本書分上中下三編。上編述自漢至明之經營西域，中編述清朝之經營新疆，下編述民國以來之新疆，對於歷朝何故經營西域？經營之策略如何？得失成敗如何？結果及影響又如何？均有精密之探討，詳明之敘述，眞確之判斷，明顯之答案。下編史料，採自公牘，最近發行之報章雜誌及譯自回文刊物，均未經他書引用者，尤足珍視，凡研究中國史地者，研究邊疆問題者，及從事於邊區工作者，均宜人手一編，以供參考。

中古及近代文化史（漢譯世界名著） M. C. Seignobos著 陳建民譯 二册一元二角

本書起自日耳曼人侵入羅馬，迄於十七世紀，緊接原著者所作之「古代文化史」（本館譯本已於去年出版）於當時拜占庭及德法英各國文化特徵，皆分別說明，其他影響一般文化之重要文物制度，如中世紀之教會，城市，封建制度，近代之文藝復興，宗教改革等，亦詳敘其始末。

現代文化史 上册（中山文化教育館中山文庫） E. Friedell 著 C. F. Atkinson 英譯 王孝魚重譯 一册二元二角

是書以哲學的眼光，將歐洲最近六百年來，由黑死病起至世界大戰止，文化之演變，作一綜合的敘述與闡明。不特重大之哲思，科學與藝術宗教，皆可以得一貫之了解，即日常之生活狀況，衣食住行等極普通瑣碎之形態，亦可以揭發其內含的深義，與時代精神相適應。書共五卷，分訂三册。上册為第一卷，敘述文藝復興與宗教革命，由黑死病起，至三十年戰爭止。

金文世族譜（國立中央研究院歷史語言研究所專刊） 吳其昌撰 二册二元

是書根據海內外著錄金文之書八十餘種，銅器七千餘器之銘文，上所記載之姓，氏，名，系，職，爵，……等，精密搜集，仔細剖析，分類綜合，以考覓我中華民族種姓之根源，而得一正確詳細之系統。自「世本」以後，以至清顧棟高「春秋爵姓表」「世系表」，陳厚耀「春秋世族譜」諸書，本譜皆可予以補充，修正，與之相輔而行，而為之先導與根據，實開中國氏族學上的新紀元。

太平天國叢書 第一集 蕭一山編 十册四元五角

本書搜集太平天國欽定頒行之書凡二十三部，其中二十部均在旨准頒行詔書總目內，其餘三部，皆未見於詔書總目，而為太平天國末年所刊布者。全書除最近揚州發現之「欽定英傑歸眞」一種外，均係倫敦不列顛博物院所藏，為外間不易多得之史料，研究太平天國史事者，允宜人手一編。

中國青銅器時代考（史地小叢書） 一册二角五分

梅原末治著 胡厚宣譯 書分十章：（一）緒言，（二）銅利器及銅容器之產生，（三）銅利器之性質，（四）銅利器之時代，（五）尊彝之性質，（六）尊彝之性質及花紋，（七）尊彝之款識，（八）銅利器與銅容器之關係，（九）由化學分析所見之銅利器，（十）中國之青銅器時代。為著者十餘年來精力會萃研究所得之結果。其於自來學者對於青銅器時代等觀念之錯誤，皆一一辨正；對於中國銅利器銅容器之特殊色彩，皆明為指出；對於銅利器銅容器形製花紋款識之演變，皆詳為說明，勝文又提供甚多在中國古代文化史上極重要之問題，而示以研究之正當途徑。

西南亞細亞文化史（史地小叢書） 一册四角五分

中原興茂九郎 彬勇著 楊鍊譯 西南亞細亞在地理上包括伊蘭高原，亞美尼亞高地，小亞細亞山岳地帶，底格里斯，幼發拉的兩河阜原，及敘利亞，巴勒士登地方阿刺伯沙漠地等。它的文化的歷史，假如從歷史的黎明期計算起，下至西元七八世紀，足足有五千年的長時期。在這一百數十頁的小册內，我們可以看出牠的民族的文化活動的輪廓。

印度古代文化（史地小叢書） 武田豐四郎著 楊鍊譯 一册八角

印度為世界古國之一，其古代文化之發達，為世界各國所公認。本書首敘印度的人文地理，印度在古代文化史上的地位，以及印度文化史的區分，文化的眞相，學藝的發達，次即分述三十二明中最重要之四種吠陀，四種續吠陀、六種吠陀分及五種之見。於此數章中，即可窺見印度古代文化之如何優越矣。

征途訪古述記（史地小叢書） 滕固著 一册三角五分

本書為著者受中央古物保管委員會之委托，作二次長途旅行之筆記，歷經豫陝兩省及大同雲岡。作者以犀利之筆鋒，描述目見之古物古蹟，窮源竟委，娓娓動人。而對於洛陽，白馬寺，龍門石窟，安陽寶山石窟，渭水古陵墓，西安寺塔，敘述尤詳。於徵文考獻之外，復重藝術形式，為本書之特色。

近世中西史日對照表（國立編譯館出版） 一册七元

鄭鶴聲編 本書將近四百餘年來史日排格對照，並列甲子、節氣、星期等項，極便檢閱。為讀史者不可不備之參考材料。

魏咸熙中開建五等考

陶元珍 1

漢魏之際，復古思想極盛：有主復井田者，有主復肉刑者，有主復五等者。井田肉刑卒不可復，而開建五等則於魏末見諸實行。自是以至遜清，歷代封爵，王以下公侯伯子男之號皆備，非復秦漢之制矣；而斯亦言爵制沿革所不可忽者也。作魏咸熙中開建五等考。

一　總述

魏志三少帝紀：『咸熙元年……夏五月庚申，晉王奏復五等爵』。

晉書文帝紀：『咸熙元年……秋七月，帝奏，司空荀顗定禮儀，中護軍賈充正法律，尚書僕射裴秀議官制，太保鄭沖總而裁焉。始建五等爵。冬十月丁亥……』

晉書斠注：『紀文在七月之下十月之上，魏志三少帝紀作夏五月庚申，相去數月，不免乖舛』。愚案：當係具奏在五月，而實施在七月以後，魏志與晉書似不牴觸。

魏志裴潛傳注引文章敍錄：『咸熙中，晉文王始建五等，命秀典爲制度』。

晉書裴秀傳：『魏咸熙初，釐革憲司。時荀顗定禮儀，賈充正法律，而秀改官制焉。秀議五等之爵，自騎督已上六百餘人皆封』。

晉書地理志：『晉文帝爲晉王，命裴秀等建立五等之制，惟安平郡公孚邑萬戶，制度如魏諸王。其餘：縣公邑千八百戶，地方七十五里；大國侯邑千六百戶，地方七十里；次國侯邑千四百戶，地方六十五里；大國伯邑千二百戶，地方六十里；次國伯邑千戶，地方五十五里；大國子邑八百戶，地方五十里；次國子邑六百戶，地方四十五里；男邑四百戶，地方四十里』。

斠注：『晉書校文二曰，上載侯伯子封地，皆有大國次國之分，不應男獨無區別。考御覽（百九十九）引魏志，咸熙元年，晉王奏建五等，男地方三十五里，邑四百戶，次國男方二十五里，邑二百戶。則知男國本亦分大次，此志蓋有脫文也。惟志載公侯伯子分地，皆以五里遞殺，以此推之，則大國男應四十里，而次國男當三十五里。今御覽引魏志謂男三十五里，次國男二十五里，恐亦有訛字』。

太平御覽卷一百九十九封建部二公封：『魏志咸熙元年，相國晉王奏建五等：諸公地方七十五里，邑一千八百戶；置相一人，典祠，典書，典衛，典禮，各一人，妾六人，車前司馬十人，旅賁四十人』。

同前侯封：『魏志曰：「……又：咸熙元年，晉王奏建五等：諸侯地七十里，邑千六百戶；官屬同諸公，妾五人，車前司馬八人，旅賁三十六人」』。

同前伯封：『魏志曰：「咸熙元年春，晉王奏建五等：伯地方六十里，邑千二百戶；妾四人，車前司馬八人，旅賁二十八人」』。（愚案：車前司馬應爲六人）。

同前子封：『魏志曰：「……又曰：咸熙元年，相國晉王奏五等：諸子地方五十里，邑八百戶；相一人，典祠令，典書丞，典衛丞，各一人，妾三人，車前司馬四人，旅賁二十人」』。

同前男封：『魏志曰：「咸熙元年，相國晉王奏建五等：男地方三十五里，邑四百戶；相一人，典祠長，典書丞，各一人，妾二人，車前司馬二人，旅賁十二人。又次國男方二十五里，邑二百戶」』。

潘眉三國志考證：『御覽一百九十九引魏志云……今魏志無之，此必當時奏議之文也』。

晉書斠注：『地理志有大國侯，次國侯，大國伯，次國伯，大國子，次國子之別，與此異』。愚案：御覽引魏志侯伯子封地及戶數與晉書地理志大國侯伯子全同，知此二種紀載初無大異。御覽所引魏志無次國侯伯子，當係脫略，亦猶晉書地理志無次國男耳。二者互補，足見咸熙五等爵制之全。

二　公

晉書地理志：『晉文帝爲晉王，命裴秀建立五等之制，惟安平郡公孚邑萬戶，制度如魏諸王』。

魏志后妃傳注引晉諸公贊：『咸熙初，封郭建爲臨滑縣公，惪廣安縣公，邑皆千八百戶』。

沈欽韓曰：『晉志略陽郡治臨渭，廣安縣無考，或有誤』。

三　侯

魏志裴潛傳注引文章敘錄：『咸熙中，晉文王始建五等，命秀典爲制度，封廣川侯』。

晉書裴秀傳：『於是秀封濟川侯，地方六十里，邑千四百戶，以高苑縣濟川城爲侯國』。
酈注：『廣川蓋隋人避諱改爲濟川，唐初猶承之也』。
愚案：六十里應爲六十五里。
晉書扶風王駿傳：『咸熙初，徙封東牟侯』。
晉書齊獻王攸傳：『五等建，改封安昌侯』。
晉書王沈傳：『五等初建，封博陵侯，班在次國』。
晉書荀顗傳：『咸熙中，遷司空，進爵鄉侯。……及蜀平，興復五等，命顗定禮儀。……咸熙初，封臨淮侯』。
晉書賈充傳：『五等初建，封臨沂侯』。
晉書武陔傳：『初封亭侯，五等建，改封薛縣侯』。

四　伯

晉書李胤傳：『後爲河南尹，封廣陸伯。泰始初，拜尚書，進爵爲侯』。
晉書鄭袤傳：『五等初建，封密陵伯』。
晉書華表傳：『五等建，封觀陽伯』。
晉書和嶠傳：『父逌，魏吏部尚書』，『襲父爵上蔡伯』。
晉書濟南惠王遂傳：『五等建，封祝阿伯』。
晉書平原王榦傳：『進爵平陽鄉侯。五等建，改封定陶伯』。
晉書琅邪王伷傳：『五等初建，封南皮伯』。
晉書良吏傳魯芝：『五等建，封陰平伯』。

五　子

魏志荀彧傳：『咸熙中，開建五等，顗以著勳前朝，改封愷南頓子』。
魏志王朗子肅傳：『咸熙中，開建五等，以肅著勳前朝，改封恂爲承子』。
魏志蔣濟傳：『咸熙中開建五等，以濟著勳前朝，改封凱爲下蔡子』。
魏志劉放傳：『及咸熙中開建五等，以放資（劉放孫資）著勳前朝，改封（劉）正方城子，（孫）宏離石子』。
魏志傅嘏傳：『咸熙中開建五等，以嘏著勳前朝，改封祗涇原子』。
魏志陳泰傳：『咸熙中開建五等，以泰著勳前朝，改封溫爲慎子』。
魏志高柔傳：『咸熙中開建五等，以柔著勳前朝，改封渾昌陸子』。

魏志郭淮傳：『子統嗣；統官至荆州刺史，薨；子正嗣。咸熙中開建五等，以淮著勳前朝，改封汾陽子』。

晉書王覽傳：『五等建，封即丘子，邑六百戶』。

晉書羊祜傳：『五等建，封鉅平子，邑六百戶』。

晉書劉寔傳：『封循陽子。……泰始初，進爵為伯』。

晉書山濤傳：『咸熙初，封新沓子』。

晉書太原烈王瓌傳：『封固始子。武帝受禪，封太原王』。

晉書高陽元王珪傳：『歷河南令，進封湞陽子。……武帝受禪，封高陽王』。

晉書常山孝王衡傳：『進封汝陽子，為駙馬都尉。武帝受禪，封常山王』。

晉書梁王肜傳：『及五等建，改封開平子。武帝踐阼，封梁王』。

晉書荀勗傳：『封安陽子，邑千戶。武帝受禪，改封濟北郡公；勗以羊祜讓，乃固辭為侯』。

晉書魏舒傳：『封劇陽子。……文帝深器重之』。

六　男

晉書傅玄傳：『五等建，封鶉觚男。武帝為晉王，以玄為散騎常侍』。

晉書譙剛王遜傳：『五等建，徙封涇陽男。武帝受禪，封譙王，邑四千四百戶』。

晉書河間平王洪傳：『封襄賁男。武帝受禪，封河間王』。

晉書下邳獻王晃傳：『改封西安男，出為東莞太守。武帝受禪，封下邳王，邑五千一百七十六戶』。

二十四年六月二十七日

南運歷代沿革攷

陳雋如

1

南運河漢名白溝，又名屯氏河（見水經，今水經）。西漢爲大河故瀆，東漢以後爲清濁二漳所經。魏建安九年，遏淇水入白溝以通糧道，即指此（見魏志）。亦曰宿胥瀆。水經注云：淇水又合宿胥故瀆，立石堰遏水，令更東北注，魏武開白溝，因宿胥故瀆，而加其功也。隋開衞河爲永濟渠。大業四年，發河北諸郡百餘萬衆，開永濟渠，引沁水南達於河，北通涿郡（見文獻通攷）。攷煬帝穿永濟渠通涿郡，蓋自白河入丁字沽，由易水而達於涿也（見新通志）。杜佑通典于魏縣云：有白溝水，煬帝引通濟渠，亦名御河。按此乃誤筆，河南通志通濟渠在開封府西南二里，隋煬帝所鑿，以引汴水，從城西中牟縣開琵琶溝而入。本秦漢運路，後廢。是通濟渠乃汴水，在大河之南開封境內，與此永濟渠爲御河，在河北衞輝境內者迥別；故知通濟爲永濟之訛也（見畿輔通志）。後周世宗爲薊燕漕運計，開浚御河（見山東通志）。宋河決商胡合永清渠，所云永清亦永濟之訛（見河南通志河防引宋史）。皇祐初仍爲大河所經，南渡後大河南徙，而衞河如故。元至元二十年，李奧魯赤自任城開穿河渠，分汶之西北流，至須城入清濟故瀆，通江淮漕，經東阿至利津入海，由海道至直沽。後因海口沙壅，從東阿舍舟陸運，抵臨清下漳御至京。陸運道經茌平，地勢卑下，夏秋霖潦，艱阻萬狀，公私病之。至元二十六年，用壽張尹韓仲暉及太史邊源相繼建言，請引汶水以轉漕。起於須城安山湖西開河，由壽張西北，過東昌至臨清達御河，長二百五十餘里，決汶流以趨之。舟楫連檣而下，建堰牐以節蓄洩，完隄防以備盪激，賜名會通（見山東運河備覽）。明洪武二十四年，河決原武，絕安山湖，會通遂淤。濟寧之南陽西暨周村，亦爲泥淤窒塞。乃於濟寧西二十里開耐牢坡口，引曹鄆黃河水，由牛頭河九十八里，至魚臺之塌場口，出穀亭以爲運道。永樂初糧道由江入淮，由淮入黃，河運至陽武，發山東河南丁夫由陸運至衞輝，下御河達京師。夫御河即衞河，自臨清州經故城，景州，吳橋，東光，南皮，交河，滄州，興濟，青縣，靜海，下直沽入海，共長一千一百里。今爲運河，成祖定鼎燕都仰給焉（見明會典）。九年以濟寧州同知潘叔正言，命尚書宋禮，以會通之源，必資汶水，役丁夫一十六萬，濬會通河。並用汶上老人白英策，築剛城及戴村玲瓏石壩，橫亘五里，俾汶水滙諸泉之水盡出汶上，至南旺中分爲二道，南流接徐沛者十之四，北流達臨清者十之六，相地置牐，以時蓄洩。自分水口至臨清，地遞降九十尺，置牐十有七，而達於衛，即今汶河之入運者也。並於德州西北隅之哨馬營，開泄水支河一道，東北至舊黃河一十二里，內五里係溝渠，五里係古路，二里係平地，開通入海豐之大沽河入海，凡四百五十七里，即所謂之哨馬營減河焉（見明史，山東通志，直隸河渠志）。永樂十三年，始罷海運，而專事漕河。今之衛河，自臨清北至天津是也（見河間府志）。永樂末年仍元舊，用平江伯陳瑄策，別令官軍接運，由會通河以達京師（見漕運則例纂）。弘治間於山東恩縣之南四女寺鑿裡河，至九龍口歸老黃河入海，即所謂四女寺減河焉。復於滄州捷地開減河，即所謂捷地減河焉。嘉靖時於四女寺減河口建牐，以時啟閉（見畿輔水道管見）。清康熙四十五年，山東濟寧道張伯行，以衛河水弱，議詳河撫二臣，請引漳水入衛以濟漕運。撫臣趙世顯並未具題，即批飭館陶縣，並咨直隸撫臣轉飭挑濬；蓋欲分漳之有餘，以濟衛之不足，初不意全漳之歸衛也。乃自康熙四十五年以後，漳河故道歷久漸淤，漳水全歸衛河。漳衛合力並馳，排山倒峽而來，一綫衛河，勢難容受。山東德州適當衛河之衝，不但漕艘經臨，波撼浪湧，每有沖激損壞之虞，而且水勢泛漲，廬舍民田，難免淹沒，德州首受其害，直隸吳橋，寧津，東光，南皮，滄州等處，亦皆波及，以雍正八年十一年爲最甚（見白鍾山籌復漳河故道疏）。以後籌及分減之法，於山東恩縣四女寺原有之減水壩，改爲滾水壩，引河北行，五十六里入直隸吳橋縣境，遶城南玉泉莊東，會鈎盤河；又由寧津，鹽山，慶雲諸縣達山東海豐縣入海。於德州城北哨馬營，建有滾水石壩，即用其舊也。當時怡賢親王大學士朱軾奉旨興修水利，於滄州之捷地汛，青縣之興濟汛，疏濬減河，洩水東流。捷地減河東流遶八里屯，風化店，大寺，小吳家莊，鄭家口，折而東南流，二十里入母豬港，會石牌河，穿大溝窪，長港，小西河入海。興濟減河東北流遶蔡家莊，入滄州東北境，又東北遶乾符城南，又東北遶桃園，又東折南轉，凡二十里，其流散漫，入小西河，會捷地減河入海。並於捷地與濟兩減河口，各建石牐，以減運河之異漲，而保隄岸之鞏固。自此以後，運河始免於潰決之虞。在運河已受減河之益，而兩減河屢有潰決，總緣減河河岸甚窄，兩隄夾束，隄係土所築，末用夯硪，自牐至海百有餘里；其水雖云歸海，而近海之區，層層窪泊，河水至此四散積淤，不能一直歸海。該管官以爲水已入海，而其實離海尚遠（見陳宏謀天津運河疏）。道咸年間，減河皆就淤廢。光緒初，直隸總督李鴻章以爲前開減河四道，皆就淤廢，迄未重開，全河之水悉歸天津三岔口一隅。上游數百里隄防既甚危險，下口更不能容洩。若欲挑濬捷地與濟舊有減河，其下游久已淤成平陸，工大費鉅，無此財力。當飭統領盛軍天津鎮總兵周盛傳，天津道吳毓蘭，候補道史克寬，往復相度。查得津城東南相近海口地面，業經盛軍自開引河一道，以爲軍民營田灌溉之用，上自興農鎮，下至西大沽出海，計長九十里，並有減河六道，各長數里，順流分洩，而入海河尾閭；又有無數溝渠，左右縈帶，大可因勢利導。爰議自上游靜海之靳官屯南運河東岸起，至興農鎮六十餘里，開成一河，即可直接盛軍營田之河，分洩南運盛漲入海，免致全注天津三岔口，壅遏爲患。光緒六年，於靳官屯河頭建石質雙料五孔橋牐一座，以資啓閉，沿河分建石鐵柱板橋四道，以便行人。又以庫欵極絀，勢難全僱民夫辦理，不得不借資兵力。當抽調盛軍步隊十一營，銘軍步隊十營，古北口，保定，大名，正定，河間等處練軍步隊十三營，共合三十四營，挑挖減河。自靜海縣南六十五里靳官屯南運河東岸引出，由釐子營土河至常劉莊，凡六十里。又東入天津縣界，逕北塘窪，富民閘，至興農鎮，凡三十里，接入盛軍所開營田之河。又東逕觀稼橋，福潤閘，又東逕新城營田南，又東逕西大沽至砲臺，凡九十里入於海，通長一百八十里（見李鴻章奏擇地挖開南運減河疏，畿輔通志水道）。民國六年夏秋之間，雨澤過多，山洪暴發，以致河流泛溢，各河隄岸潰決相尋。南運河之大蔣莊等處隄岸，自九月二十一日，紛紛潰決，不及一晝夜，洪流波及津埠。翌年省當局以南運抵津，流經大王廟前，至三岔河口，與諸河會合，時有頂托衝擊之虞，而北河經省公署前折而北流，復由東而南，始抵三岔河口，河形過於灣曲，宜洩不

3

暢，飭經全省河務籌議處及督辦處，河工討論會，迭次開會議。僉以為急則治標，計宜由大王廟前南運北岸，向省公署前測勘一綫，與北河挖通；再由省公署前至三岔河口，開一直綫西來，使西來之水，直入海河。議既定，遂由曹省長，熊督辦，籌辦購地開工各事宜，另於督務處內設立濬河築埝事務所，以籌進行（見直隸河防輯要）。當時復以九宣閘舊式閘板，啟閉不便，有礙宣洩，決定改建新式閘門。七年落成，提閘放水，水勢猛殺，運河正溜大半為減河所奪，以至每屆五六七三月間，流斷水枯，深不沒脛，影響於沿河民生及津埠商業者，殊非淺尠。救弊補偏，不可不積極規劃。二十一年建設廳雖擬具疏濬計劃，而迄未實行。本年春，冀察政務委員會以疏濬此河，關係綦重，實不容再事延緩，遂組設河北省南運河下游疏濬委員會從事疏濬焉。

申氏族之遷徙

劉德岑 1

周語曰：「齊，許，申，呂由太姜」，又曰：「申，呂雖衰，齊，許猶在」，知申爲姜姓之後。然姜姓民族起自西土，與周民族世爲婚姻（余另有姬姜婚姻篇），故申之最初地望，亦當於西土求之。晉語曰：「申侯召犬戎以伐周」，太史公史記據其說，是以周本紀曰：「幽王廢申后，去太子，申侯怒，與繒，西夷，犬戎，攻幽王，遂殺幽王驪山下」。此所謂申侯者，後之治古代地理者，率以邑謝之申當之，陋矣！崔東壁曰：「申在周之東南千數百里，而戎在周西北，相距遼遠，申侯何緣越周而附于戎！」崔氏之疑誠是，而亦未知申之有二也。近者，錢穆氏以申在南陽，定犬戎與繒亦居於周之東。其說雖辯，亦未有是處。余意，宣王以前之申，其居概在陝西。宣王之季，西土民族曾有大規模之東徙者，而申之一族亦於是時播遷于東南，即所謂邑謝之申，今河南南陽縣北之故申城也。後人僅知邑謝之申，又知犬戎之在西北，遂致疑於不能共攻幽王驪山下。其實與繒人犬戎共殺幽王者，乃居於陝境之申而非邑謝之申。明乎此，自可迎刃而解矣。

後漢書西羌傳：「戎人滅姜侯之邑」，此姜侯與申自屬同族。又曰：「王征申戎」，稱申曰戎，其與西戎雜處可知。姜侯與申人相處陝境，勢必甚強，且與周爲敵，故周人屢懲之。推而上之，孝王之時有申侯；申侯之先驪山氏之女，在殷周間且爲大國。秦本紀曰：「申侯之女，爲大駱妻，生子成爲適。申侯乃言孝王曰：『昔我先驪山之女，爲戎胥軒妻，生中潏，以親故歸周，保西垂，西垂以其故和睦。今我復與大駱妻，生適子成，申駱重婚，西戎皆服，所以爲王。王其圖之』。於是孝王邑非子於秦，亦不廢申侯之女子爲駱適者，以和西戎」。申與秦亦累世婚姻，其居必相近，此申侯決不在於謝也。由申秦之爲鄰，則知申人之必在陝而不在豫。由申駱重婚，西戎皆服，則知申人與西戎蓋有深長之淵源。按左昭二十六年傳，正義引汲冢紀年曰：「平王奔西申」，言申而曰西，則亦非在東南邑謝之申也。以此證之，與繒人犬戎共殺幽王者，西申也；平王所奔者，西申也；幽王申后之母家，西申也。再推之，宣王所伐之申戎與宣王元舅之申侯，皆西申也。自申伯東遷，申析爲二，申伯以前，申人皆居西土。豈非西申爲本支，而東遷之申爲其別支乎。

東西二申之辨既知，再言申別支之所以東遷。蓋宣王時，承厲王殘破之餘，雖號稱中興，然外有玁狁之禍，觀詩小雅六月出車等篇可知也；內則飢饉荐至，民卒流亡，而旱災之酷尤爲西土民族所難堪。大雅雲漢曰：「旱既太甚，滌滌山川，旱魃爲虐，如炎如焚；我心憚暑，憂心如熏」。他如小雅鴻雁之詩，言人民流離之苦，亦至可憐。此種災難至幽王時而未已；詩小雅之雨無正，苕之華，谷風，漸漸之石，何草不黃，十月之交，大雅之召旻，及周語可證。此種農業民族處于天災之饑餓線下，只有遷移求生之途，而西土民族之東遷以避災，從此開幕矣。小雅采芑之詩曰：

薄言采芑，于彼新田。于此菑畝，方叔涖止；其車三千，師干之試，方叔率止；乘其四騏，四騏翼翼，路車有奭，簟笰魚服，鉤膺鞗革。

薄言采芑，于彼新田。于此中鄉，方叔涖止；其車三千，旂旐央央，方叔率止；約軝錯衡，八鸞瑲瑲，服其命服，朱芾斯皇，有瑲葱珩。（下略）

又黍苗之詩曰：

芃芃黍苗，陰雨膏之；悠悠南行，召伯勞之。

我任我輦，我車我牛；我行既集，蓋云歸哉。

我徒我御，我師我旅；我行既集，蓋云歸處。

肅肅謝功，召伯勞之；烈烈征師，召伯成之。

原隰既平，泉流既清；召伯有成，王心則寧。

寫西土民族遷移之情狀歷歷如繪矣。其詳言申氏族遷移者爲崧高，其詩曰：

崧高維嶽，駿極于天，維嶽降神，生甫及申。維申及甫，維周之翰，四國于蕃，四方于宣。

亹亹申伯，王纘之事，于邑于謝，南國是式。王命召伯，定申伯之宅；登是南邦，世執其功。

王命申伯，式是南邦，因是謝人，以作爾庸。王命召伯，徹申伯土田；王命傅御，遷其私人。

申伯之功，召伯是營，有俶其城，寢廟既成，既成藐藐。王錫申伯，四牡蹻蹻，鉤膺濯濯。

王遣申伯，路車乘馬，我圖爾居，莫如南土。錫爾介圭，以作爾寶，往近王舅，南土是保。

申伯信邁，王餞於郿，申伯還南，謝于誠歸。王命召伯，徹申伯土疆，以峙其粻，式遄其行。

申伯番番，既入于謝，徒御嘽嘽，周邦咸喜，戎有良翰。不顯申伯，王之元舅，文武是憲。

申伯之德，柔惠且直，揉此萬邦，聞于四國。吉甫作頌，其詩孔碩　其風肆好，以贈申伯。

此詩敘述申人南遷之事，至爲詳備。所謂王餞于郿者，郿即漢右扶風之郿縣，亦即今陝西之郿縣。想申人之遷，由郿沿渭水東下，至今陝西省城附近而轉東南，逾藍關，循丹江，經紫荊關而後至于南陽。非但此也，即宣王時西土民族與荊楚徐淮諸民族之戰爭亦多由此而東下。試觀大雅江漢，常武諸詩，一則曰「江漢之滸」，「如江如漢」，再則曰「省此徐土」，終則曰，「徐方既同」，「徐方來庭」。先江漢而後徐淮，起于西而成于東，則亦由丹入漢，順流而下也。宣王時西土民族之南遷概由此道，當非評語；申氏族不過此大規模民族遷徙中之一小部落耳。

總之，申之本土在陝，申伯之遷而王餞于郿，與秦本紀，汲冢紀年諸條可證。平王所奔者爲西申，知平王時申尙有二。所謂與周人秦人締婚姻，及宣王之所伐，與夫殺幽王驪山下者，皆西申之事，與謝之申無關也。

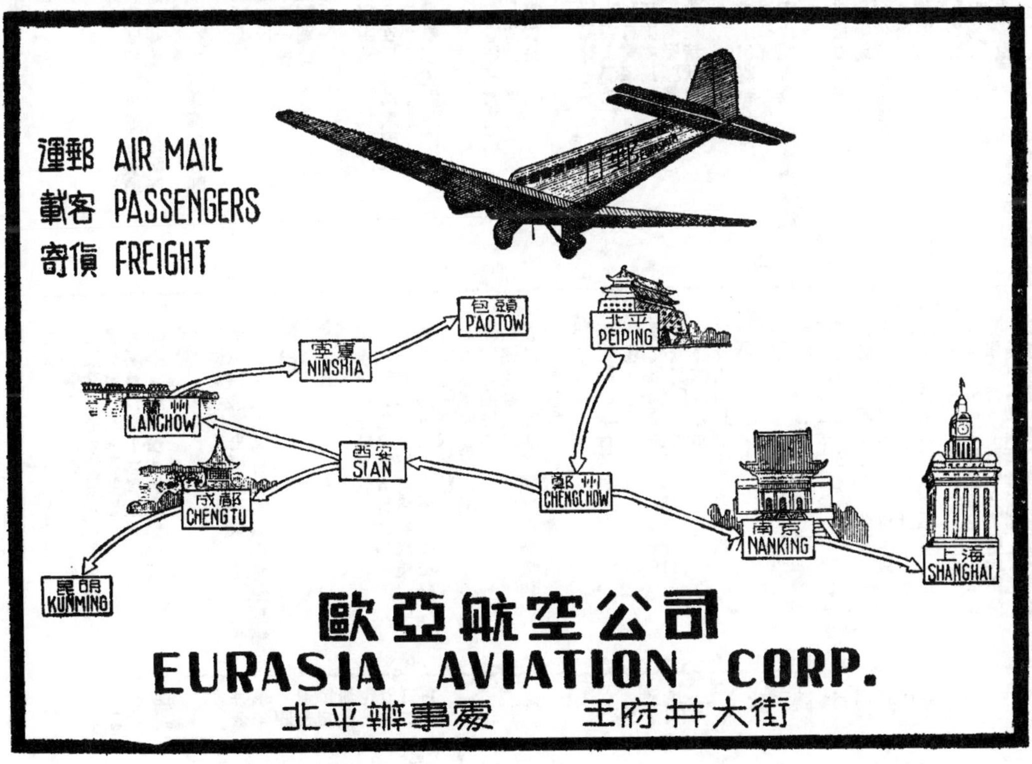

川邊季刊

第二卷　第二期　民國二十五年六月出版

目錄

定價　每季一册每册定價三角　全年四册定價一元二角

發行者：重慶中國銀行

餘姚志略

毛健爽 1

一　沿革

餘姚命名，始見於漢書地理志。漢以前，在唐虞時代，本屬荒服，該時漢族尚未移殖其地，文化未啟，歷史殆不可攷。夏少康封少子無餘於會稽，以奉禹祀；明萬曆紹興府志，据此謂無餘封會稽，姚乃其屬邑，故曰餘姚云云。是則餘姚在夏代，乃屬揚州，始有歷史可稽。商因夏制，周隸越國；越亡，入於楚。秦迄五代，屬會稽郡，而餘姚之名始著。隋省入句章縣，至唐武德四年，析故句章縣，置姚州；七年州廢，復置餘姚縣，屬越州。長慶初，廢上虞，併其地入餘姚。吳越北宋時，一仍唐制，不稍損益。南宋高宗紹興元年，升越州爲紹興府，餘姚仍屬焉。元屬紹興路，元貞元年，以戶餘四萬升爲州。明清循稱餘姚縣，隸紹興府。民國建元，府廢，仍置餘姚縣。

二　地理

餘姚位於浙江東部，東隣慈谿，西接上虞，南連鄞奉，北濱海灣，爲甬紹交通要道。地形：東西橫廣，南部最狹，成銳角形，中部廣五十五里，北部則達一百四十里；南北袤一百九十六里。羣山簇擁於東南，姚江橫貫於胸臆。北部則平原廣衍，一望無際。面積達四千四百四十方里，固浙東一大縣治也。

餘姚原有四十四鄉，中分十區。民十八年，依省頒劃區條例，照原有鄉區，重行分配，劃爲七區，共有一百九十一鄉鎮，爲區自治行政範圍。二十四年區公所裁撤，鄉鎮組織重又釐定，經一度合併之結果，現在共有五十四鄉鎮，爲地方自治最低之行政範圍。

惟餘姚地理之構成，實爲一個有趣味之研究問題。攷餘姚疆域，代有增漲，因其北枕杭州灣，錢塘江巨量之流沙，以水力關係，在海中沉澱，日積月累，變成陸地，故餘姚北部沿海一帶，實爲錢塘江之沖積平原。在唐宋以前，無文獻可徵，其增漲程度，不得而知。宋以後，歷史之記載，事實之證明，在在均足爲增漲之證据。攷光緒縣志卷二第三十四頁引乾隆府志所載：

水經注：餘姚故城，背巨海，縣至海四十里。

然現在自邑城至海，相距達百有餘里，足證餘姚疆域之擴展，乃屬極明瞭之事。又如現在第七區之吳山及僊居山，在南宋時，尚在海中。吳山在縣東北六十里，光緒縣志卷二第十三頁引嘉泰會稽志所載：

（吳山）面滄海，巨浸激搉，巖石嵌空，旁產牡蠣。

實則現在自吳山至海，尚有三十餘里，不過在宋時，吳山固尚在海中也。僊居山在吳山之東，一名栲栳山，光緒縣志卷二第十四頁引康熙縣志所載：

（僊居山）峰之下，有盤礧石，卓立三四丈，上覆方石，可坐數十人，俗呼釣魚石。

釣魚石之名，由於父老相傳，雖不知起於何時，要之亦足爲僊居山在過去時代，曾在海中或海濱之左證。而勝山鄉之縣泥山，在南宋時，亦孤縣海中，光緒縣志引卷二第十三頁嘉泰會稽志所載：

縣泥山，在縣北七十里，孤縣海中，其上多橘，下有湧泉，冬夏不竭。

自嘉泰至明萬曆，在此三百餘年中，陵谷又呈變遷狀態。該時山之南向，已與大陸相接；而北面仍爲洪濤所浸。縣志全上又引萬曆府志所載：

（縣泥山）山北浸於大海，今俗呼爲勝山。嘉靖中，屯兵備倭，有營房。

自萬曆迄光緒，又三百年，海更北徙，沙磧化爲膏腴，勝山已成爲大陸之一角矣。光緒縣志全上在縣泥山下注：

案勝山嘉泰時縣海中，萬曆時尚北浸於海，今則距海十數里矣。

据上所述，餘姚疆域之自然擴展，乃屬不可掩之事實。滄海變爲桑田，固不盡屬齊東野語也。除山谷方位，因受錢塘江流沙沉澱關係，發生變化外，更足爲本文之左證者，莫如餘姚北部之海塘。餘姚海塘，共有十二線，自南宋以來，代有興築，要皆受自然環境之支配，而始有此偉大之工程，永垂不朽。茲据光緒縣志卷八『水利』所載，節錄如下：

海在治北四十里，東起上林，西盡蘭風，七鄉一十八都之地，悉漸於海，……前代苦之，於是作隄禦海。宋慶曆七年（公元一〇四七），縣令謝景初自雲柯達於上林，爲隄二萬八千尺。其後有牛秘丞者，又嘗爲石隄。已乃潰決，於是歲費六千人，人役二十日，費緡錢萬有五千，僅補罅隙，民疲而害日甚。慶元二年（公元一一九六），縣令施宿，乃自上林而蘭風，又爲隄四萬二千尺，其中石隄五千七百尺……。至寶慶及元大德（公元一二二五——一二九七）以來，復潰決，海壖日移，八鄉之地，悉漸於海。至正元年（公元一三四一），州判葉恆，乃作石隄二萬一千二百十一尺，下廣九十尺，上半之，高十有五尺，故土隄及石隄缺敗者，盡易以石。盖沿海壖之南，東抵慈谿，西接上虞，袤一百四十里。初名蓮花塘，今俗呼後海塘……。及海塘漸固，潮浸卻，沙壖日墳起可藝。永樂（公元一四〇三）初，始於舊海塘之北，築塘以遮斥地，曰新塘，以別於舊塘云。已而沙壖益起，海水北卻十里許，其中俱可耕收。成化（公元一四六五）間，水利僉事胡，復於海口築塘以禦潮，曰新禦潮塘。自是斥地之利歲登，而國家重鹽法，亭民苦煮海。天順（公元一四五七）間，寧紹分司胡琳，請以新塘至海口之地，盡給於灶，永爲鹽課……。而豪强愈益爭不解，羣灶苦之。其明年，紹興府推官周進隆……：，於新塘之下，築塘界之……，因稱塘曰周塘。今按沿海共七塘：（一）大古塘；（二）新塘；（三）周塘；（四）夜塘；（五）潮塘；（六）二新潮塘；（七）三新潮塘，……。

至國朝……，舊志所載沿海七塘，皆離海闊遠矣。雍正二年（公元一七二四），周塘下增築榆柳塘……。十二年（公元一七三四），於榆柳塘外，民灶按丁捐築利濟塘……。

按大古塘新塘周塘潮塘，今名稱如舊。夜塘俗名界塘，二新潮塘俗名二塘，又名坎塘；三新潮塘俗名三塘，實即榆柳塘；利濟塘俗名四塘……。嘉慶（公元一七九六）以來，增築晏海塘，俗名五塘。又築永清塘，俗名六塘……。近又築有新六塘。保障重重，而禦潮以永清塘爲最要。（卷八水利第十八頁至二十六頁）

据上所述，自大古塘以北，縱橫百里間，盡爲錢塘江所挾流沙之沖積地，乃毫無疑義。深信自今而後，因錢塘江亘量流沙之不斷沉澱，餘姚之疆域自屬仍在繼續擴展中！

三　土地與人口

餘姚置縣，始於唐武德四年；而土地畝數，至宋紹興十六年，始略可考見。元至元間，邑侯劉輝，憫土籍燬於火，胥吏增虧田畝以厲民，乃制『鳥由畫』圖形，詳加整理，積弊漸除。至明萬曆時，日久玩生，田主胥吏，復互爲奸利，飛灑實田，虛懸絕戶，民始以田爲累。邑侯周伯谷乃履畝丈田，次別糧額，刻石紀事，以垂久遠，而弊始絕，賦始清。沿至清初，復大加整理，製有『魚鱗圖册』，而邑志不載其事。据故老相傳，曾耗四五十人之心力，竭五六年之光陰，始底於成。中經兵燹，圖籍散失，識者惜焉。自國民政府成立後，十八年，奉省令辦理土地陳報，原屬治標辦法，敷衍蒇事，功績毫無。二十一年土地清丈局成立，以科學方法，按畝實測，製成圖照。截至現在，測量完竣者，已達十分之八九。惟縣南沿山一帶，山嶺重叠，測量較難，尚未完竣耳。

餘姚土地畝分沿革表

（註）本表宋元明清各欄數字均依据各時代末年計算

時代	田	地	山	蕩	合計
宋	五五〇九二三畝	一四四三〇七畝	四二五三八四畝	——	一一二〇六一四畝
元	五五〇九二三畝	一〇四二〇七畝	四二五三八四畝	——	一〇八〇五一四畝
明	五九五八一七畝	七九六六八畝	一九〇二二一畝	三七〇畝	八六六〇七八畝
清	六〇九一七〇畝	九二五〇三畝	一九〇二二一畝	八五六畝	八九二八五一畝
民國	六〇八五二六畝	九二五七九畝	一九〇三五八畝	八五六畝	八九二三二一畝

餘姚戶口記錄，斷自元代。在元貞初年，餘姚以戶餘四萬，升爲州，即其明證。元代以前，殊少記載，東鱗西爪，不足置信。自後明清兩代，滋生日蕃，人口大增。惟康熙五十二年以後之記錄，有戶而無口，每年戶數，係胥吏於造册時，信手增減，未可据爲實錄。玆据民國十七年分區戶口調查，計戶爲十三萬八千四百十一，丁口爲六十四萬〇五百六十一，視元代增三倍焉。

惟在此六十餘萬之人口中，有一特殊之階級，即墮民是也。墮民散居各鄉，任里巷猥下雜役，其婦女則爲人櫛髮，及婚姻事執保嫗諸職，如吳中伴婆者然。男女自相配偶，不與良民通婚姻，階級森嚴，懸爲厲禁。然墮民是否自甘墮落，抑係另有別故，言人人殊。玆据光緒縣志引康熙志所載：

宋南遷，將卒背叛，乘機肆毒。及渠冠以勦捕就戮，其餘黨焦光瓚等，貶爲墮民，散處浙東之寧紹。其類有二：一曰丐戶，一曰郎戶。良家吉凶之事，男女皆來供役。衣服居處，特異其製，狗頭帽，橫布裙，低屋小房，子孫不得考取入學仕進，良民不通婚姻。

据此，始知墮民實始於宋代，而墮民又不盡屬土著，不過分佈區域，僅限寧紹一帶而已。然餘姚墮民，究有若干，惜無精確數字，可資參攷。因墮民二字，已成爲歷

4

史上之名詞，故近年每屆戶口調查，不再另行記錄，吾人已認爲平等而不以下賤視之矣。

除墮民外，餘姚大多數之所謂良民者，亦不盡屬土著。蓋餘姚各大氏族，攷其宗譜，其祖先又盡爲中原人士。至於移殖年代，大概在趙宋南渡以後。當時黃河流域各省淪於異族，先民不忍長此受其蹂躪，爲女眞之順民，避難南來，寄籍於此；而餘姚原有土著，除曾被金人大肆屠殺外，所遺留者，蓋已寥寥無幾矣。

四　防務與交通

餘姚故城，在今址之東隅，僅及今城四分之一，築於吳將朱然。元至元順帝間，故城圮，時方國珍据浙東，復城於今址，縣政府在焉。延袤九里，高一丈八尺，其廣二丈；設陸門五，水門三。明嘉靖三十六年，以比歲患倭，各鄉避兵者衆，邑城不能容；邑人少保呂本，疏請於朝，在邑城之南，復城南城，學宮在焉。設陸門六，水門三。南北二城間，姚江蜿蜒如帶，東流入海，有通濟橋以利行人。橋爲石建，凡三洞，成於元至順三年，有浙東第一橋之名。

邑城外，尚有衞城二：曰臨山衞，在縣之西北，曰觀海衞，在縣之東北；所城一：曰三山，在縣之北偏東，皆爲明洪武時大將軍湯和所建，以備倭寇者也。至今沿海一帶，烽燧炮台，猶有存者。

盧永祥督浙時，建一新式陸軍營房於新湖，能容兵士萬餘人。新湖在餘姚之西境，五夫之南，東南西三面，羣山環繞，北面則滬杭甬鐵路通過之，形勢險要，爲浙東要地。

餘姚交通便利，有滬杭甬鐵路，東通鄞縣，西達曹娥，橫貫中部。而北部沿海一帶，有汽車道，東由慈谿通鄞縣，西與蕭紹汽車道聯絡，以達杭縣；另築支線二，一達縣城，一達五夫營門，以利軍事之進行。姚江水運，有小汽輪，東通鄞縣，西達上虞；至於快船航船，各鄉每日均有往返，皆以縣城爲中心。故餘姚之交通，水陸均甚便利也。

此外交通之建設，首推電話。由餘姚電話公司經營之，各鄉鎮均可直接通話；而長途電話，除本省各縣已經通話外，即京滬等地亦均能直達云。

五　物產

餘姚以地狹人稠之故，農產物產量稀少，吾人日常所資以養生之食米，乃不足以自給。据二十年縣政府之調查，餘姚種植穀米之稻田，爲六十一萬二千八百四十畝，佔平地總面積百分之四十四強。平均每年穀米之收穫量爲一百七十五萬担，而消費量則爲二百十六萬担，相差達四十一萬担之巨。如此巨大之差數，須由隣縣或外埠運入以抵補之。故餘姚之穀米，乃爲入超者。

第二區全境，山嶺重疊，盛產竹筍，每當暮春時節，產量驟增。除由本縣勝笙如生等三四家筍廠，製成罐頭筍，運銷外埠外，其餘過剩竹筍，由火車運往申甬，爲數頗巨。至於茶葉，楊梅，水蜜桃，每年運至外埠銷售者，爲數亦巨。

餘姚對外最大之輸出，當推棉，荳與食鹽。餘姚北部，自大古塘以北，至永淸塘之間，盡屬沙地，其面積計有二十七萬五千九百三十五畝，土性鹹濇，不宜種稻。前淸季年，盛種罌粟，姚漿亦頗有名。禁種後，改植棉花與大荳；每年棉荳之收穫量，棉花爲三十七萬餘担，大荳爲三十九萬餘担，如此龐大之產量，均以上海爲推銷尾閭。近年餘姚縣立農業試驗塲，爲改良棉花品質，提高產量起見，勸令沙地農民，改植『百萬棉種』。一面提高改良棉花價格，以示提倡。惟將來有無效果，尙屬疑問耳。

至於永淸塘以北，沿海之地，盡屬鹵沙，宜於晒鹽，有餘姚鹽塲知事管理之。沿海共有鹽板五十三萬餘塊分給鹽民，每板年繳食鹽三百斤，由官督商運之公廒收買之，是謂官鹽，運至浙西銷售。鹽民繳出額定鹽後，如有餘剩，則爲私鹽。公廒既不收買，私銷又屬違法。此種『餘鹽』，爲數甚巨，實爲餘姚鹽民之嚴重問題，而亟待解決者也。

六　人文

邑志載先賢，始於東漢之嚴。三國以後，虞氏獨隆。迄乎唐宋，人文物采，彪炳史册，代有其人。降及朱明，衣冠獨盛，文献尤著。而王氏陽明朱氏舜水黃氏棃洲三先生者，其豐功偉績，學術思想，孤忠壯節，抑尤炳乎簡册，豈僅一省一邑之名賢，實爲中國近代文化之魁碩，而爲中外學者所推重焉。

陽明之學，以『良知』爲主。良知二字，本於孟子。然孟子以良知良能並稱，陽明則總握其樞紐於良知，而攝良能於良知之內。故即知即行，合知行於一，即是致知格物，即是『致良知』。陽明又認良知爲人心所固有，先天所自具，苟能發見此良知而保養之，事事不欺此良知以行，自能爲善而去惡，則意自誠，心自正，身自修，家自齊，國自治矣。然陽明不唯能發見之，保養之；且能施行之，充實之，故能居蠻夷之境，入瘴癘之鄉，使三苗九黎之族，翕然向化，如家人父子者，原只依此良知，實落做去而已。『良知』『致良知』『知行合一』，實爲陽明人生哲學之眞實工夫。

舜水則主張實踐，排斥玄虛，生平痛恨結黨標榜，著作釣名，故其一生著作甚少。時値明社傾覆，中原板蕩，恥腥膻之徧乎國土，毅然以復興祖國爲己任。於是隻身萬里，輾轉海外，終身顚沛流離，置其個人生命於不顧。其理想中之事業雖未成功，然其精誠熱烈之民族思想，與夫崇高偉大之氣節人格，已大足使吾人感興奮發者也。

梨洲生與舜水同時，負絕世之學，抱經濟之才，而身遭國家變亂，投身戎行，募義兵，抗清師，奔走東南，力圖匡復，其偉大之民族精神，可與舜水同垂不朽。及明統既絕，乃矢志不仕異朝，奉母鄉居，從事著述，以垂後世。其所著明儒學案，明夷待訪錄，爲其一生心血之結晶，開浙東史學之先聲。而原君原臣原法諸篇，獨抒己見，開千古不敢開之口，尤爲治政治社會史者盛道不置。蓋明季學術衰頽，學者囿於性理，好爲游談，梨洲起而挽其頽風，於是考究致用之術，欲以爲一旦之用也。是時海禁開，歐化東漸，西人曆算之學尤爲當時士大夫所欣賞。故梨洲曆算之學，亦有獨到處，著有授時曆故，大統曆推法，授時曆假如，西曆回回曆假如，勾股圖說，開方命算，割圜八線解，測圜要義等書，尤多發明。

七　社會狀況

餘姚以地狹人稠，生產有限，而新興工業，猶未發達，人浮於事，生活困難。幸密邇滬杭，交通便利，於是羣作向外發展，以求生存。故經營工商業於外埠者，達七萬人以上。近數十年來，因商業之日益發達，遂使一部份民衆，在優良之生活條件下，習於奢靡，輕浮，喜歎撑場面，求虛榮，其生活日趨都市化；與鄉村固有之樸實，循良，耐苦之善良習慣，予以極大之打擊，成爲一個新舊對峙之局面。此種新舊對峙之現象，尤以一，三，四，五之四區爲最顯著。在此上述幾區中，因其民衆類多經營商業，不乏因而起家者，故奢侈相沿，成爲風氣，遇有婚喪等事，場面務求濶綽，恒有舉債以爲之者，蓋不如是，意謂有辱門楣也。第二區則以萬山重疊，交通阻塞之故，風氣蔽塞，自成一區，與都市接觸之機會較少，尚能保持本來之面目，而不爲與人同化，故民衆皆勤儉樸實，毫無嗜好，即婦女亦爲家庭中生產之一員；以視其他各區之婦女，扠麻雀，趕廟會，唯知浪費者，眞有天淵之別矣。

餘姚教育，尚稱發達，計有公私設立之小學二百八十餘所，縣立短期小學九十餘所，計入學兒童爲四萬餘人。學童男女之差率，大約爲三與一之比例，男女教育平等，似尚未能達到也。縣無中學，有志求學者，須負笈至滬甬，不便殊甚。現在地方有識人士，爲提高餘姚民衆文化水準起見，發起刱建餘姚中學；不過際此不景氣陰霾任普遍籠罩之下，籌募基金，實非易事，在最近期內，恐無實現之可能耳。

餘姚風俗，與鄰縣亦無大異，不瑣述。

二十五年六月二十六日脫稿。

天台山遊記

李書華 1

民國二十五年四月下浣，在京與吳稚暉蔡孑民兩先生約定於是月二十八日同經杭州，出遊天台雁蕩。吳蔡兩先生，早歲奔走革命，足跡幾遍全球。近十年來吳先生已遍遊國內名山大川，行踪所至，東極於海，西暨川陝，南入雲貴，北抵蒙古。就名山而言，凡五嶽及黃山匡廬天目三峽峨眉諸勝，均已先後登臨，其未至者獨天台與雁蕩耳。往者數約余同遊，然皆未果，及今乃得重提舊事，相偕一往。吳先生今年七十有二，碩壯無朋，喜山行，日行七八十里，仍毫無倦容。蔡先生少於吳先生兩歲，精神矍鑠，遊興至濃。余此行得隨二老之杖履，增加遊山之經驗，為至幸也。

第一日 二十五年四月二十七日

由滬搭火車赴杭

廿五年四月廿七日，蔡先生及蔡夫人由滬逕乘汽車赴杭。余則與吳先生於是日下午三時，由滬乘京閘特快通車赴杭，車中遇熊秉三先生及夫人。七時抵杭，適值天雨，徐季蓀先生（錫驎）到站相接，告以蔡先生及蔡夫人已至其宗，及相偕去站，同至徐宅，晤蔡先生，始知季蓀先生已為余等備妥住室。晚餐畢，聚談至夜十時半始寢。是夜大雨不止。

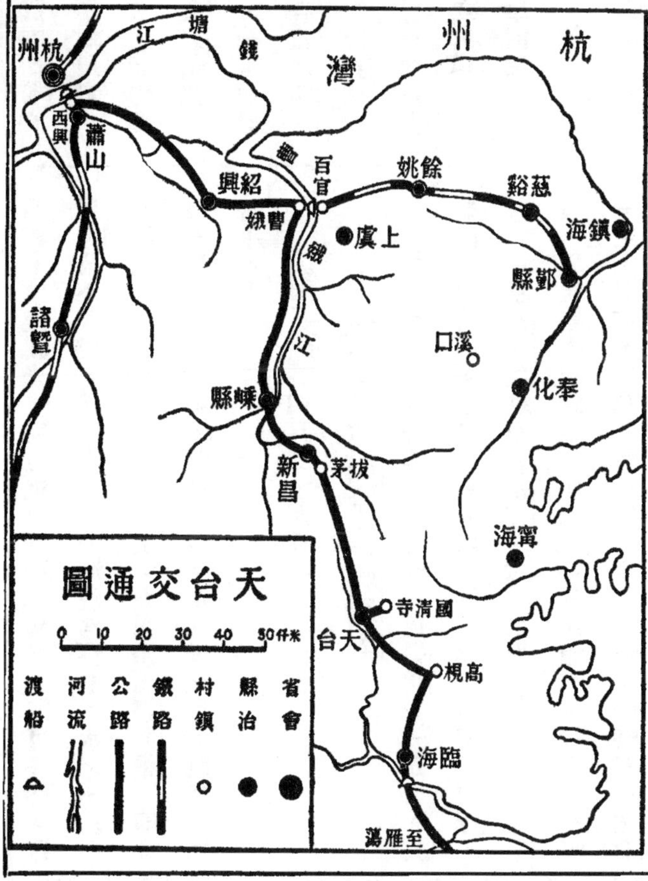

季孫先生乃烈士徐錫麟先生介弟，少歲留學日本，治藥學，歸國後，自製藥品極多，蓋能以所學致用者。暇時輒喜遨遊山水，聞其自天台雁蕩歸來未久，而仍願作導遊同往，盛情至可感也。徐宅在杭州大方伯銀鎗巷，即廣濟醫院之後。曾憶民國廿三年二月，余與翁詠霓先生同遊西安，出席北平研究院與陝省府合組之陝西考古會第一次會議事畢，余回平，詠霓赴京，於京杭國道中覆車受重傷，即在廣濟醫院療養。余於是年四月間，與任叔永高曙青兩先生，由丁在君先生之引導，曾一視詠霓傷。今舊地重遊，而在君逝矣，往事回思，不禁有鄰笛山陽，黃壚再過之感。

第二日　四月二十八日

因雨留杭

晨六時起，本擬於此時起程赴天台山，因雨仍未止，遂不果行。是日稍涼，氣溫攝氏表一六度。稚暉先生因眼疾小作，偕余至廣濟醫院對門之杭州藥房購硼酸水一瓶，用以洗眼。旋即回徐宅，因雨大，未再出門。

下午雨仍未止，蔡先生仍留寓中。吳先生與余乘人力車，至西湖湖濱第二公園散步。信步至西園茶社樓上品茗，俯臨湖光，至足悅目。遊興驟發，不可遏抑。遂與吳公下茶樓，覓小舟徜徉於煙波浩蕩中，水天一色，直視無際，此身如在圖畫中矣。及蕩舟至樓外樓，即舍舟登岸，巡返徐宅，時已傍晚，萬家燈火矣。飯後，九時半就寢。

第三日　四月二十九日

由杭赴天台山晚宿國清寺

晨六時起，天仍微雨，室外溫度攝氏表一五度。吳蔡兩先生暨同遊諸君，以天晴無期，遂決意冒雨前行。

今晨杭州報紙載有稚暉先生遊杭新聞，文長至半頁，所記事亦極詳盡；如云在某某茶館吃茶一杯，小洋一毛，又在某地吃麵食一碗，小洋三毛，同時又遊靈隱寺等詞，蓋皆出之臆造，迥非事實也。

晨八時四十五分，余等由徐宅動身，分乘汽車兩輛，一係蔡先生自用車，一係賃自浙省公路局。是日同遊者六人，蔡先生及蔡夫人，吳先生，徐先生，陳仲瑜(政)先生及余也。仲瑜為北大舊同學，曾服務鐵部，時正寄居杭州。

留杭兩日，徐宅菜蔬異常豐美，點心亦極講究，因之兩日口腹工作，極爲緊張；而季蓀先生更殷勤款待，使余等有如歸之樂。出發時，更爲備精美食品，以爲山行之需，其用心周至，使余今日思之，猶覺不能忘情也。

晨九時至浙江第一碼頭，即錢塘江之杭州碼頭。時雨漸止，余等汽車乃登至渡船上渡至彼岸。按渡船係兩個大木船平列接連而成，其前則以汽船拖之而行，此種渡船，乃浙江建設廳所主辦。余於民國廿一年由杭赴紹，曾於此處坐渡船一次，此爲第二次矣。現時第一碼頭之上流，正在建築錢塘江大橋，此橋築成，行旅當極便利。

晨九時半，渡船開行；九時五十分，即達錢江東岸之錢江義渡碼頭。此處爲浙贛鐵路之始點。十時汽車由碼頭向東開行，經蕭山縣城，至衙前，有沈定一先生紀念塔及其造像，巍然獨立。更前爲阮村，柯橋，西郭，過此乃達紹興城西站，時爲上午十一時零五分。紹興爲春秋時越國國都，浙東之名城也。紹興有汽車站三：西站居其一，餘二站，曰北海，曰五雲。蔡先生舊居在城內筆飛弄，距北海站甚近。蔡先生謂：『筆飛弄相傳爲王右軍擲筆處。昔王右軍以書名，求書者踵相接，王頗厭之，擲筆於地，筆旋飛去。此亦齊東野語，無可徵信，以之作茶餘談料可也』。出紹興城東行，過東湖，爲昔時鑿山開石所成。陶心雲先生濬宣別號稷山者，就湖築別墅而居之，別構仙桃陶公諸洞。復創東湖書院，後改稱通藝學堂。以建築精巧，別具匠心，又饒天然風趣，故近日已成紹興名勝，爲遊旅所樂道。今主管其事者，爲心雲先生之孫，陶緝名先生；克紹箕裘，上繼心雲先生之志，亦可爲此名勝慶矣。余於民國廿一年六月，來紹遊蘭亭禹陵諸勝蹟，曾居東湖三日，得從容領略佳勝，至今猶感賢主人不置。

紹興，業酒之肆甚多，盛酒之罈纍纍，觸目皆是。附近水上多小船，船夫坐船尾上，以足搖左右兩船杆，其行甚速。城外野間坟墓頗多，據言棺木皆係平放地面，外包石槨，或覆以土，或露地上。凡此種種皆紹興之特點也。

再東進，達曹娥江西岸之娥江站。車至此暫停，余等至江邊，遙見水天一色，三五小艇，錯雜於緩流之上，如孤雲出岫，任其所之，心胸爲之一爽。江之東岸爲百官，火車由百官可通寧波。江上無橋，汽車過江，須用渡船截渡。此時季蓀先生取出所帶來之點心，牛肉乾，糖菓，豆腐乾，蜜橘等物，與余等分而食之。

正午十二時，乃開車向南行。公路距曹娥江甚邇，與江平行，路直且坦，其寬可容兩汽車並行。浙省公路四通八達，洵爲各省之冠。由娥江站起身後，天忽陰雨，但未久即止。沿路多黃杜鵑花，田中多烏桕樹林。烏桕樹果實之油，可以用之製蠟燭及肥皂。用此油所製之燭，純係眞素，故寺廟祭神咸購用之。

過三界站後，即有往來竹排及皮龍。竹排爲竹所製之筏，放之水上，其行極速。皮龍爲長方形之轎，以兩人抬之。

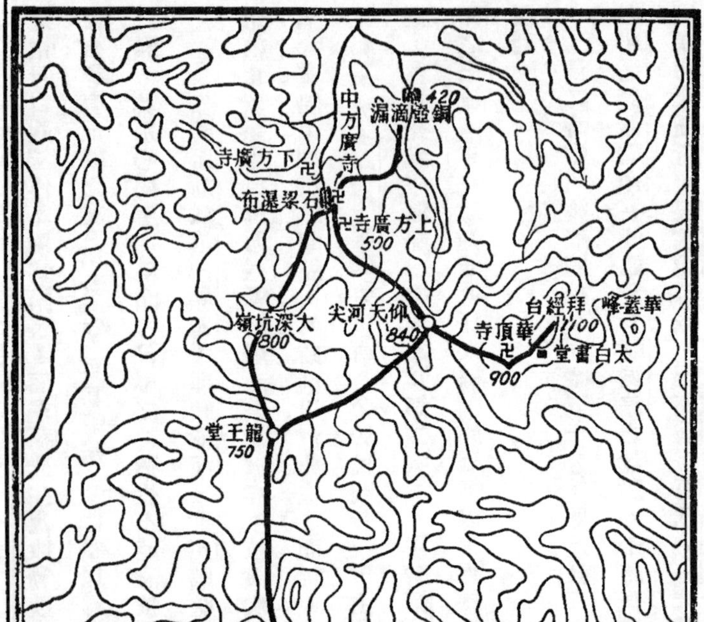

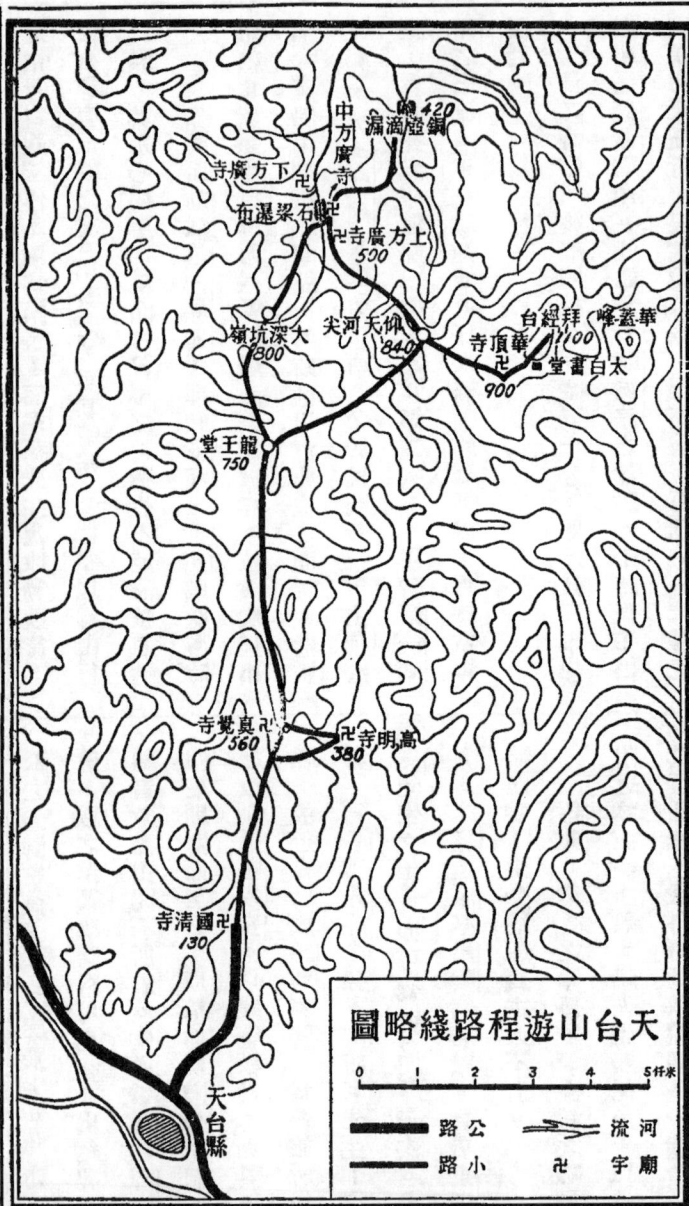

下午一時二十分至嵊縣，渡剡溪橋（在曹娥江上游）。一時四十分抵新昌，稍憩。一時五十五分復前行。二時五分至拔茅；此處公路有岔道二，東道可達溪口寧波，東南道可達天台。二時半至會墅嶺，因連日天雨，公路旁土坡之石子及土塊，被雨冲下，車行至此，大感不便。是時，司道工人，正在修理，因道不平坦，汽車至此，發生阻碍，修路工人，幫同推行，得以勉強通過。經會墅亭而達會墅嶺之最高頂，海拔三六〇米。嶺上多紅色杜鵑花，燦爛眩目，亦足以啟發遊興也。旋達關嶺，海拔三一〇米。過關嶺而下，漸次至平原。三時四十五分過天台縣城，旋向左轉灣，取道支路，於三時五十五分抵天台山之國清寺，海拔一三〇米。此時氣溫爲攝氏表一八度，寺門則南向者。

考國清寺建於隋開皇十八年，寺圖爲智者大師所勘定。隋煬帝爲晉王時，始命王弘督工監修，時智者大師已於二年前圓寂矣。按智者大師爲天台宗始祖，名智顗，字德安，潁川人；年十五入沙門；陳宣帝太建七年入天台，度石梁，宿定光禪師庵中；隋煬帝爲晉王時，最崇奉之。居天台山二十三年，慕修道場凡十又二，國清寺其一耳。

國清寺前報恩塔及七星塔

（圖一）

國清寺前山坡上有隋煬帝所建之報恩塔，塔爲九級，高約十餘丈，爲六邊形。距大塔不遠，列于道旁有小塔七，蓋皆寺僧墓也，俗呼七星塔。

國清寺大門（圖二）

寺之四圍，古木參大，濃陰匝地。寺前左右兩深澗，山水流過，潺潺有聲。其上石橋曰豐干橋，過橋即達寺門；所謂『雙澗廻瀾』之勝，即稱此景。又橋南照壁上，有『教觀總持』四字，爲王震先生所書。

余等於豐干橋畔下車，即見寺僧來迎。余等信步登橋，縱目所之，山光水色，頓使車塵一滌。度橋入寺，首進爲雨花殿，鐘鼓兩樓，分峙於左右，而大雄寶殿居其中；殿前柏樟各二株，均極蒼老。寺僧引余等至寺左新建之待客室中，余等分居於樓下。聞邵翼如先生及夫人張默君女士，昨已到此，居於樓上，本日晨已入山矣。樓上下房間極寬闊，能容二三十人，余等居之，亦甚覺舒適。寺中方丈越德(字可興),人極誠篤,相待亦甚殷勤。

稍憩片刻,即由寺僧引導,繞全寺一週。其伽藍殿前,有古梅一株,幹已枯而枝葉尚茂盛,寺僧謂為隋代所植,然在植物家未證明以前,亦惟姑妄聽之而已。次至方丈院,橫額題曰『晉唐古方丈』,為嘉慶時阮元所書。過香積廚,見有大漏沙鍋,直徑丈餘,亦奇觀也。三賢祠在大殿之右,內奉豐干,寒山,拾得三子;三子者,皆唐代高僧也。旁為羅漢堂,奉五百羅漢像。前為三聖殿,祀勢至,釋迦,觀音三像。殿旁嵌有王右軍書『鵝』字石刻,乃曹掄選補書者。寺前一院,亭池宛然,有石刻『魚樂國』三大字。復前行,過豐干橋左轉,沿溪岸行半里許,始返寺。時已天晚,季孫先生已預將所帶來之各種食品,分置棹上,每人一份;並購

國清寺前院　自左至右
徐季蓀　吳稚暉　蔡子民
蔡夫人　李潤章　陳仲瑜　(圖三)

得大新竹筍二根,烹以佐餐,其味鮮美異常,聞此筍即產自此山中云。

進餐時,談及食桌所用之筷子歷史。蔡先生云:『漢張良時已有箸,箸即筷子。筷子之流行普遍,係在六朝時。南方行船要快,而古時「箸」字之讀音,與「者」「遲」同,故後改「筷」從「快」。又如行酒令之「快喝酒」取喝酒之酒與「九」同音,但「九」與「久」又同音,恐船遲到,故加以「快」字。蓋均船上尋常所說之語』云云。筷子本為每人所用之物,但知其歷史者甚鮮,因特為記錄。飯後已九時,稍憩即寢。

第四日　四月三十日

遊高明寺真覺寺拜經台晚宿華頂寺

晨六時半起,氣溫攝氏表一六度。昨夜小雨纏綿,今晨仍未放晴,寺僧已代雇妥籐轎六乘。早餐後,已七時半,同乘轎出發,吳先生亦破例坐轎同行。近七八年來,余與吳先生遠近同遊,不下數十次,從未見吳先生坐轎,且每次均在他人之前,健步急行,同遊者或為中年人,或為青年人,有時在途中力盡聲嘶,叫苦不置,而吳先生則步履從容,無少倦容。尤憶民國二十二年六

月中旬，吳先生與褚民誼先生及余同遊南嶽衡山，同行尙有胡庶華，余籍傳，張仲鈞諸先生。當時頗蒙湘省主席何雲樵先生盛情招待，事先曾爲備妥轎子，吳先生仍步行上山下山，轎夫不得不抬空轎隨行，吳先生則始終未乘。此次吳先生乘轎遊山，眞破天荒之創舉也。

過豐干橋後，沿溪向北行，水流甚急，而地則漸行漸高。山中樹木頗多，而以杜鵑花爲尤夥，花分紅黃兩種。九時十分抵高明講寺，海拔三八〇米；寺後即高明嶺，故名。考此地亦爲智者大師所開，建於唐昭宗天祐七年，初名高明寺，宋眞宗大中祥符時，易名淨名寺，後又復舊名；明淸兩朝，均復重葺。

高明寺正殿奉鐵佛三尊，高均逾丈。寺僧見余等至，乃出寺中傳代之珍品四種與觀：(一)袈裟，係絲製品，據云：爲隋煬帝所賜物。(二)紫金鉢，係銅製，徑約及尺。(三)貝葉經，係梵文，計十餘頁，長均尺許，寬均二寸。(四)陀羅尼經，據云：舊者爲智者大師所手抄，今已遺失，現存者爲元通和尙所補抄。寺僧又云：此四物除陀羅尼經已散失外，其他三物，皆智者大師之遺澤，至可寶也。

九時四十五分，由高明寺起程。十時二十五分抵眞覺講寺，海拔五六〇米。寺前有唐憲宗元和四年智者大師道場碑，蓋由大慈寺中移來。按大慈寺故址，在東岡，今僅存破屋數椽，亦淪爲民居。眞覺寺正殿中，一塔矗立，高約二丈，通體石製，雕刻精巧，油飾亦麗，即智者大師之墓。蓋大師於隋文帝開皇十七年圓寂於新昌之大佛寺中，其徒葬之於此，建此塔院；至宋眞宗大中祥符元年，始稱眞覺寺，又名塔頭寺。

十點四十分，由眞覺寺動身。正午十二時抵龍王堂村，海拔七五〇米。此村附近多稻田，蓋平地多也。村有岔路二：一東向，可至華頂寺；一西北向，可至方廣寺及萬年寺，蓋龍王堂村實爲天台山諸路交會處。村中有小飯舖，轎夫在此用午餐。季蓀先生又取點心，分與同遊，以代午飯。

衆進食畢，稍憩，復東行，就華頂道蜿蜒嶺上，頗平坦易行。下午二時至華頂講寺，海拔九〇〇米。是時氣溫攝氏表一二度半。按華頂寺昔稱善興寺，門略向西南。寺肇自晉代，智者大師曾於此禮禪。寺凡數遭大刼，剎落幾盡；近又重修，尙未竣工。已修成之客堂，

華頂寺大門前（圖四）

至爲寬闊，兩旁寢室可容二三十八之譜。住持興慈出而招待，略進飲食，即準備赴拜經台，一遊天台絕頂。

下午三時四十五分，由華頂寺赴拜經台，蔡先生及蔡夫人乘轎，餘者均步行。路雖漸高，而道則平坦易行。夾路多婆羅樹，亦此間特產。途經太白堂未停，準備下山時再遊覽，蓋急欲先登峯造極也。

吳先生至此遊興益豪，大步前行，衆隨其後。吳先生遊山，每喜由險路而行，尤喜于荆棘中攀登而上，一般遊人所行之山路，先生則不欲行也。此次由華頂寺至拜經台之路，逐漸登高，然却平坦易行，直如康莊大道，即道旁之山坡，亦無險峻難行之處。吳先生至此，亦無由償其宿願，惟以其自然之大步，與其習慣之急行，先衆人到絕頂而已。季蓀先生謂：『吳先生無所爭，必也走乎』！而同遊亦覺無能對此下句者。

下午四時十五分，抵拜經台，即華頂峯，爲天台山之絕頂。相傳此地爲智者大師拜經處，故以是爲名。以高度表測之，知其地爲海拔一一〇〇米。山頂有庵。入門有『隋智者大師拜經處』題字刻石，又有石刻『天台第一峯』數字。庵前有短石碣，刻『拜經台』三大字，已破一角。余等至此石碣上，置大碗一，滿盛以水，使一眼在碗後與水面齊，沿水面之延長線（水平線）對準周圍各峯測視之，則見羣峯皆略低于此水平線，以是知此峯確爲最高。居高遠眺，曠然四望，俯視諸山，層疊羅列，心神

拜經台（天台山絕頂）之石碣

（圖五）

拜經台後之降魔塔　自左右：至
吳稚暉，徐季蓀，蔡子民，蔡夫人
李潤章，陳仲瑜（圖六）

爲之一快。庵後有塔名降魔塔，乃新建者。余等在拜經台短碑及降魔塔兩處，皆曾合攝一影。

舊傳：『天台山高一八〇〇〇丈，周圍八〇〇里』。若周圍有八〇〇里，則自山脚至山頂，當有百餘里之數，故有一八〇〇〇丈之說。蓋古人所謂高者，殆指緣山坡由脚至頂之距離而言，與今人之所謂高度或海拔者絕對不同也。

考天台山之名，始自內經山記。天台縣志云：『天台頂對三辰，或曰當牛女之分，上應台宿，故曰天台』。至於台之爲郡，推原於漢，唐改台州，而天台故始豐地，至宋太祖建隆時，始改爲天台縣，蓋均以天台山而得名也。

遊畢，旋即下山，過太白書堂，以其無甚可觀，稍留即去。傳李太白昔曾遊此，後人附會，爲建此堂。堂前有池二：一稱龜池，以池中有石隆起如龜形，因以得名；一稱墨池，相傳爲王右軍洗筆處。殆皆虛設之詞，非史實也。

回華頂寺，進晚飯，於寺中又得許多鮮筍，蔡夫人與季蓀先生同任烹調，菜味至美，大飽口福。吳先生笑謂：『不但遊山，今且吃山矣』！語頗解頤。飯後，九時就寢。

第五日 五月一日

遊方廣寺，石梁飛瀑，銅壺滴漏，晚宿國清寺。

晨六時，天晴，室內温度攝氏表一二度。七時起程赴石梁，下山之路，甚易行。時滿山紅杜鵑花盛開，如笑臉相迎，使余等頓起美感，精神爲之一振。

八時二十分，抵方廣寺。晉時曇猷尊者曾在此結茅庵，宋徽宗建中靖國時建寺。初有上方廣下方廣二寺，石梁介乎其中，曇花亭則在石梁旁，後改稱曇花亭爲中方廣，自是方廣乃有三寺。

上方廣寺坐西向東，附近樹木甚多。寺前金溪，水由南向北流。僧塔七座，排列於寺前。過橋入寺，殿中十八羅漢像，雕塑至工且巧。正殿之後爲方丈，其左爲羅漢堂。余等略一瞻仰，即步行循金溪，赴中方廣寺。金溪隄上綠陰蒙密，鮮花雜綴，溪水激盪，其聲甚大，景之清幽，信足以娛悅耳目也。

過橋右折而下，至中方廣寺，海拔五〇〇米。沿寺

石梁飛瀑（吳稚暉先生攝贈）　坐溪石上者：徐季蓀，李潤章。

10

外之石級而下，即至石梁東端，俯觀深潭，淸冽逼人。上流金溪至此，與西來之大興坑合流洶湧，從石梁洞瀉下而爲大瀑布，即石梁飛瀑，高約二十丈。而飛瀑上之

石梁及其西端之銅龕（邵寶如寄贈）（圖八）

石梁，乃一天然巨石，東西向，架於兩岩之間，長約三丈，厚約丈許，寬約一尺，其狹處僅五寸。石梁西端有銅龕，高三尺餘，銅龕後有大石壁立。

石梁之南，鐫『前度又來』，下方刻『萬山關鍵』。旁有康南海所書『石梁飛瀑』，挺秀可喜。餘字尙多，已不復憶及矣。

中方廣寺坐東南，略向西北。寺中客廳旁有客房三間，各有寢榻四五具，可容旅客十餘人。客廳對面正東懸『曇花亭』額。客廳西窗，下臨石梁，推窗一覽，則全景皆入眼簾中矣。壁上懸傅沅叔先生所書橫條，中有『奇情壯采，冠絕宇內』之句，即爲石梁瀑布而頌也。

余與吳先生順石梁左側之小路而下，過竹林，登溪石，仰觀石梁，如橫懸空中；而瀑布飛流，從空而下，聲振耳鼓，水花四濺，如細雨然。少頃蔡夫人，季蓀，仲瑜兩先生亦至，蔡先生則獨留中方廣寺未來。余與吳先生在此攝影多幅，以誌印痕。

石梁前對仙筏橋，余等登橋仰望，益見石梁飛瀑之奇偉。吳先生謂余等曰：『此橋若名之曰觀瀑橋，似覺名實相符。倘橋旁再建一觀瀑亭，以爲遊人品茗觀瀑之所，則更完美矣』。下方廣寺距此甚近，亦爲東向者；余等以將近飯時，過門未入，即回中方廣寺，用午餐。

十二時半，由中方廣寺動身赴銅壺滴漏。出寺門東轉，越嶺而下，沿溪行，過銅壺村；復前行，則一峻嶺峙前，下轎行，即達所謂銅壺滴漏者，時已下午一時半矣。此地海拔四二〇米。水由石崖絕頂之石縫流下，成大瀑布，高約四至五丈，直注入潭；由潭中流出，復折而下降，又成瀑布，高約十餘丈，注入又一潭中，由潭再瀉至坑底。由頂至底，凡成三級，絕崖石縫，宛似無嘴水壺。蓋以水流摩擦，而痕跡日深，名之爲銅壺滴

漏，不過取其形似，而實不相似也。飛瀑直下，稍類石梁，但雄偉稍遜，不能與石梁爭奇。旋下至澗底觀水珠簾。所謂水珠簾者，以水下落，變爲泡沫似珠簾。余等乃据石而坐，玩賞久之。復由原路至一茶亭，稍進茗。於一時五十五分，復乘轎動身。

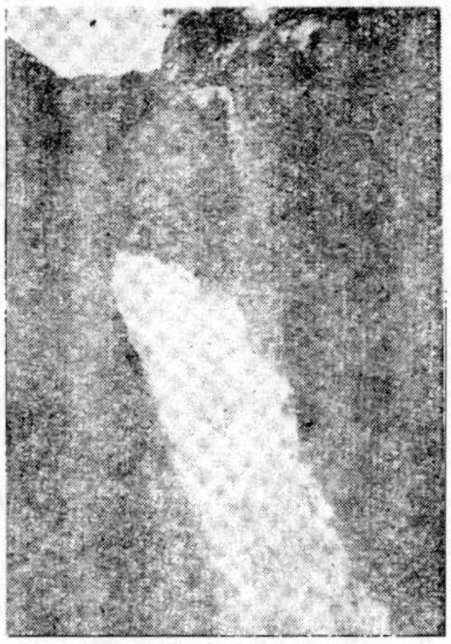

銅壺滴漏之上部（圖九）

二時五十分回抵中方廣寺，略用茶，三時五分又動身。越橋向西南沿大興坑山溝而行，左右皆山。三時五十分，至大興坑嶺。稍憩，復前進登至嶺之最高點，海拔八〇〇米。復下嶺南行，過龍王堂。再南行，於六時二十分回至國淸寺。邵翼如先生夫婦，已先余等而歸，見面暢談，互道山中所見。晚飯後，九時就寢，並準備明晨偕遊雁蕩。

餘論

總余此遊所見，以石梁飛瀑之雄奇，堪稱此山之絕勝；風景則以方廣寺一帶爲佳，寺宇以國淸寺規模最大。按山中諸廟，僧寺爲多；惟桐柏宮則爲道士廟，惜以時間太逼，未獲一遊。此外赤城山螺溪石笋萬年寺桃源亦未一至，留俟異日。

此遊承季蓀先生熱誠招待，轎金及寺廟膳宿與小包車各費均爲代付，令人銘感不已。

天台山交通便利，逐日由杭州至臨海（台州）有直達之公共汽車，經過天台縣城，下車轉國淸寺，至爲捷近。

此記承張江裁先生整理稿件，李至廣先生參照北平研究院及地質調査所所存地圖，繪成天台交通圖及天台山遊程路線略圖，并此誌謝。

二十五，八，十二，北平。

12

坊間通行一般本國地圖的錯誤

郭敬輝

1

一　引言

坊間一般通行本國地圖，內所勘繪，多失之未確。蓋其選材，旣非精審，而整理又少斟酌，亦不過互爲抄襲，輾轉相因而已。故其結果，畫圖旣未能完全確切，而人地關係，又不明顯，每予讀者以誤謬觀念。地理之觀念不眞，國民思想亦因之多謬，言其甚者，如近人侈言建設，竟有欲馳汽車於長城遺址，引渭水於陝北高原者。諸如此類，生於其心，害於其政，凡如鐵道路線之妄畫，沙漠墾殖之空言，皆由不明地理所致，圖學不精，其害可勝言哉（註一）。再就另一方面言，人地關係不明，教學者多失之無徵，而就學之士又復淸淆不明，是非莫辨，以致一誤再誤，使多數初學地理者，日成其誤。故地圖不精，乃教學上之一嚴重問題，其有害於學子，非可以尋常比也。爰將坊間通行之一般本國地圖，僅就管窺所及，謬誤之昭昭者指摘一二：

二　山的錯誤

中國昔日堪輿家，龍脈之說，在一般舊頭腦中，印象極深，誤人亦甚，外人謂華地理學者，窮於水而輕於山，即據此也。如『兩山之間，必有一川』，『兩川之間，必有一山』，『山之所趨，水亦從之』，『不審龍脈，不辨江源』，『連山之側，衆水所匯』等語之誤會，每遇一分水界，卽施以暈滃，取其一著名之山峯而名之，幾成爲製圖的原則。彼不知山脈自山脈，分水自分水，絕非理想可武斷。蓋近世以來，科學昌明，治地學者，側重實驗，山脈硏究，漸歸重於地質構造。故今之地學，大都就山之成因，分爲1.褶曲2.拗褶3.斷層4.噴積5.侵蝕等五大類。分水構成之山脈，僅限於侵蝕山岳一種，若褶曲拗褶及斷層所成之山岳，大多爲流水所橫斷，則與分水之說，大相背謬。如秦嶺固屬江河之分水嶺，而太行山脉則有滹沱漳淇沁諸水橫斷之，此現像乃人人所共知者。今就坊間一般本國地圖，錯誤之點，舉之如次：

（一）四川岷江大渡河間之卭徠山脈，岷江涪江間之鹿頭山脈，涪江嘉陵江間之劍門山脈，與河流成平行狀，皆出於理想。按四川山脈，多自東北走向西南，與河流作交截狀。翁文灝云『四川地形最可貴之規律，即紅色沙岩盆地中，屢生由東北走向西南之背斜構造，每一背斜皆成一脈；每一背斜與河流交截之處，即成一峽。反之，每遇一峽，即爲山脈與河流交截之處。凡此公律，百驗不爽。……從此更可明瞭，如嘉陵江河流，自西北流向東南，其方向實與山脈相交截，而不平行。由此可見，坊刻地圖所繪，若干西北方向與河流平行之山脈，實皆向壁虛構；曾遊四川者，當不難深明其誤也』（註二）。

（二）坊間地圖西康省之東半部，與雲南省之西北部，有六條平行的橫斷山脉，和幾條順谷而行的大川，觀之甚爲整齊。但按之實際，西康山脉，極爲雜亂，且橫斷山脉，爲昔龍脉時代之傳統遺名，故山之組織，尙欠研究。近人任乃強之橫斷山脉辨，駁之極詳，其大概：1.西康高原，東南邊際爲一大褶曲帶，其褶曲軸由東北向西南，凡數大支，約略平行，在高原邊際構成若干雪峯。2.西康高原西北部偉大山脉，皆由自西北走向東南之褶曲帶所成，在北者爲巴顏喀拉山脉，在南者爲當拉山脉，中間爲噶拉山脉，三脉並行，至高原中心；巴顏喀拉折向東，當拉山脉折向南，噶拉山脉擴爲帚形，直抵理塘草原。3.西康高原西南諸山，爲包繞喜馬拉耶東端之弧形褶曲帶所構成。4.西康主要山脉，皆成於地殼之褶曲與斷層，雖亦有成於侵蝕者，但卑小不著名。5.西康內部有三個穩定區，即理塘草原，俄洛草原及納奪草原是也。此三部分無顯著之褶曲，亦無偉大之山岳，所有山陵，皆由侵蝕作用而成。6.西康高原，北高南低，故高原之水，平行南流，非地殼之褶曲軸皆南北向也。世所謂之橫斷山脉，只能代表西康之分水線，不能代表西康山脉之構成。大雪山脉素龍山脉寧靜山脉或雲嶺山脉等名稱，尤不妥當（註三）。由斯以觀，則坊本地圖之六條與水平行之橫斷山脉，皆誤以分水線爲山脉者也。

（三）普通地圖陝西省渭北一帶，渭水與涇水之間，作一山曰隴山，或曰岐山山脉，涇水與洛水之間作一山曰橋山山脉，洛水與黃河間作一山曰梁山山脉，諸水方向，皆自西北流向東南，故以爲山脉之方向亦稱是。按之實際，則地層走向，及地面形勢，皆作東北趨西南，

2

或東北北至西南南，或南北方向；獨自西北趨東南之方向，則未之有也（註四）。蓋陝北高原，有許多地方，因爲受了連續不斷的侵蝕作用，造成了深谷縱橫，行旅極端不便的地形，但一登山頂，則又恍如平地，所以陝西人稱原而不稱山，就是此意。有些地方，因爲剝蝕進行較緩，或土性較堅，整個的原野地形，還保存不壞。（註五）以其西北部地勢較高，故陝北之水，大多皆自北而南流，或自西北而東南流，中經崎嶇不平之邱陵地，實無脈絡可尋。故所謂梁山橋山者，山則有之，山脈未可據也。

（四）喀喇崑崙山脈，國人向指爲崑崙山脈之一部，坊本地圖亦將二者合而爲一，但經德人費里比氏(Dr de Filippi)之調查，謂喀喇崑崙山脈與崑崙山脈，並不爲同一山脈，二脈之間，尚夾有四五千公尺之高原，喀喇崑崙之主峯與崑崙山脈之主峯，二者相距尚有四百餘里，且前者自西趨東，後者自西趨東南。但坊間地圖所繪，崑崙山脈，上接喀喇崑崙山脈，與實際不合，當不適也（註六）。

（五）湖南江西之間，中國通常地圖，多畫一南北向之山脈，以爲湘江流域與贛江流域之分水，延長直至長江附近，名之爲羅霄山或幕阜山脈。在地勢上言之，惟崇義桂東之間，向北至寧岡以西，蓮花以南，確有南北行之崇山，高至一千五百公尺至二千公尺左右，屹峙於湘贛二流域間，並爲二省分界，勢極險峻，此即羅霄山或萬洋山也。但自此以北，在贛則有禾袁錦修諸水自西東出，在湘則有攸淥瀏汨諸流，自東西行，二省間實多東西互通之谷道，而最高峯實際並不在二省界上。例如高至一千五百公尺之武宮山脈，實在宜春萍鄉以南，略成東西方向，而貫通二省之萍鄉醴陵間大道，則高度無過三百公尺者。自此以北，間有一千公尺上下之幕阜山爲二省界，然形勢已較爲散漫，蜿蜒而爲湖北東南部及江西西北部之邱陵。其中較爲雄峻者，如星子之廬山，高一三五五公尺，孤挺於鄱陽湖畔，自湖中仰望，彌形峻拔。由上約述，可見江西諸邱陵，實與羅霄山脈不必連爲一脈也（註七）。實則江西湖南之間，地層走向，皆作東西或東北西南，湘東之汨瀏淥攸，贛西之修蜀吉章諸水，皆循此方向，惟因湘贛二巨流，自五嶺而南下洞庭鄱陽二湖，匯集衆水，侵蝕較淺，二省之間，遂有分

3

水，然殊未有南北走之山脈也。而此等地圖竟以分水誤作山脈，誠爲可哂。

（六）外蒙肯特山，坊本地圖所繪多作南北延長，爲圖拉河及克魯倫之分水嶺。按之實際，其地形及地層走向，顯爲東西排列（註八）。其南有阿爾唐烏蘇桂山，由東北向西南行，與肯特山脈構成一丁字形，圖拉河及克魯倫河各在其一腋中出之。是則此等地圖嘗有誤也。

（七）嘗觀多數坊本地圖，圖之末每書有中國山脈系表，將全國山脈，總之於一，極爲誤人。如昔之學者，以爲泰山連於秦嶺，今人則以爲連於長白，而坊間圖表即就此說繪製。實則泰山之成因，由於泰山與蒿里山之間，有一道斷層，東昇西降，將蒿里山底下之變質地層提昇上來，成爲泰山。坊間地圖所以錯誤者，蓋因泰山可連於秦嶺，自無不可越海而聯於長白。前清帝王，遂亦創泰山導源長白之說，以自尊其發祥地，一時學者，亦殊無以難之。蓋山東半島與遼東半島形勢相接，人所共知，而自千山摩天嶺，以達長白山，亦固似若相聯也。在今日地質學觀之，則長白與泰山，岩石時代及成因，蓋無一相同者（註九）。此種誤謬，完全誤於群山一祖之說，簡而言之，『大地上如何構成有祖，有系，有脈之有如生物系統的山岳』，此乃略具科學頭腦者所必發生的疑議。就今日地質學上所發現之已往舊說的錯誤，如泰山不連於長白，已如上述；他如嵩山屬於秦嶺，實則成因時代，各不相同；長白完達聯於陰山，其實長白完達與陰山殆如風馬牛不相及；此皆製圖不依地質，誤於群山一祖之說所致也。

三　水的錯誤

水系不明，對於參考者，有許多不方便處。且河流在地文圖中據有重要之位置，故河流之正確與否，尤當注意。西人嘗謂中國之研究地理者，每忽於山而窮於水；吾則以爲山既忽略，水亦多誤。試就坊本地圖所繪之誤點言之：

（一）長江上源，多數坊本地圖之編輯者，不明其究竟，以致各備一格，多不相同，使讀者不知孰是誰非，殊非合適。按中國自古言江源者，皆泥於禹貢岷山導源之文，謂大江源出岷山，即四川松潘之西北。其後漸知岷江之西，尚有大渡江。至明季崇禎十三年（一六四〇），徐宏祖遊歷滇邊後，著江源考，始斷定金沙江爲大江最遠之源。但中土學者，注意者少。清康熙間，派人偕天主教士，測繪西部地圖，又稱發現江源。其後復經英俄探險家探勘，金沙江源分數支，皆在青海境內。南源出於五千公尺以上之蘇爾根山(Zurkannla，約當北緯三十四度)，其自山北出者曰烏蘭木倫(Ulanmuren)，山南出者曰木魯伊烏蘇(Muriussu)。北源出於近六千公尺之庫庫西里山脉(Kokoshili，在北緯三五度以北)曰楚馬河(Chuma)。二源相會曰狄楚(Dichu)，猶高四二〇〇公尺。東南流與黃河上流，巴顏喀喇山脉爲其分水；折向南入西康境，經巴塘西而南下。此乃長江上源之實際情形也。

(二)羅布淖爾之地位，頗爲近代地理學討論之問題。蓋中國古書早有蒲昌海鹽澤諸名，其在塔里木之下游，亦爲中國所已知。但至十七世紀，清帝命西洋教士測定輿圖，始定其經緯位置。一八七六年俄國普什華爾斯塞(Przewalsky)氏，發表此湖在北緯三十九度以上，與中國舊圖之位於四十度以上者，適差一度，矜爲發見。其後斯文赫定等乂多所考察，始証其隨時代而南遷，因氣候而縮小。二千年前，其地位確在北緯四十度以北，元季遷至三十九度以北，至民國十三年後，因塔里木河之改道，與庫魯克河之復活，又向北移，復其原地(註十)。但觀近來坊本地圖之新疆圖，則多仍本元時之舊，實應改善者也。

(三)廣西遷江永淳二縣間，坊本有清水江武陵水，南北貫通紅水江及鬱江。其實絕無其事。按內府一統輿圖，紅水江及鬱江間，有一東西方向之山脉，武陵水在其北，北流經清水江，入遷江東北之清水江；南流入永淳縣北鬱江者爲東班江，與武陵水南北分流。桂測量局十萬分之一地圖，兩江亦不相通。實則紅水鬱江之間，山脉橫亘，兩江無互通理(註十一)；坊本地圖，當有誤也。

(四)廣東省海豐縣之汕尾，本在海島；坊間通行之地圖，則多誤連於大陸。按之實際，汕尾與海豐陸豐間，應有一江相隔。此江兩端通海，東入碣石灣，西入媽宮之海灣，內府圖名麗江，測量局十萬分之一地形圖，及英海軍部海岸圖，俱有此江，是汕尾本在海島而不連大陸明矣(註十二)。然坊本地圖無之，當有誤也。

(五)青海甘肅間之南山山脈(即祁連山脈)實際並不似牆似壁，將青海省之北境圍得水洩不通。如黨河疏勒河弱水等，皆源出青海省之北部，折曲北行，橫斷祁連山脈，入甘肅境。然通常地圖所繪，上述諸水，皆未敢涉青海省境一步。覩之最近所出中華民國新地圖，不難明其涇渭也。

(六)寧夏省之玉海，本在北緯三十八度五十六分與東經一百零三度十一分相交之地，接近甘肅邊境，有郭河入之。但坊刻地圖，誤繪於北緯四十一度處，與事實相差數百里；郭河亦隨之延長。此皆爲與實際不相謀者。

(七)西康之號爲大川者之博藏布江，實無此水。按此地帶，有阿蘭多河(註十三)，在西康嘉黎西之康藏界上源出之，東南流至雅魯藏布江彎曲處之北，有博楚河源麥科之西北，向西北流來會之，南下於北緯二十九度五十一分與東經九十一度相交之處入雅魯藏布江，全長亦不過八百餘里。而坊間地圖反名之曰雅魯藏布江，下經雲南省，入伊拉瓦底江。而伊拉瓦底江，其最北源尚在西康界之南，但坊本地圖，竟又以博藏布江爲其上源。此皆與事實相差過遠，想係製圖時未加審查與參考可靠之材料，而只互相抄襲以成之乎？

(八)其他如岷江之源，並非遠在四川青海界上，乃在北緯三十三度左近，與黃勝關相去不遠。大渡河在西康境內，由丹巴之北入蜀境，丹巴即居其濱。但坊刻地圖大渡河在丹巴之南，即入四川境，丹巴反距此水甚遠，與實際情形不合。並青海省及康藏高原之水系，編者亦不知探其究竟，因之各具一形，多不清晰，更非正確。更有妄作虛線，以示無可無不可者，頗逆製圖原則。蓋科學精神貴在確實，知之爲知之，不知爲不知，絕不可妄作虛線，誤己誤人也。

四　方位之錯誤

坊間通行之一般本國地圖，其方位多根據於清季所出之舊圖，然此等地圖之各地方位，多爲西洋教士所測定，其弊在當時所用測量器械不精，與測繪時貴量而不貴質，故其勘繪，多不正確。而後起者復不據可靠新材料之參考，而只輾轉承襲，陳陳相因，故其製圖尤難確切。如：

(一)新疆省新設立之耳里櫃設治局，本在本省之最北境，約當東經九十度與北緯四十八度半相交之地。有些地圖竟繪於新疆北部之中央，烏倫古河之北岸，與實際相差六七百里。麥盖提位於葉爾羌之北，在葉爾羌河之東岸，約當北緯三十九度與東經七十七度四十五分相交之地；然坊間本地圖，位置各異。布耳根原在新疆與蒙古邊界附近，而一般坊間地圖，不明所在，位置亦各自不同。甘肅新疆大路上之星星峽，本在新疆境內，距甘新界尚有四十里（註十四），而通常地圖有繪於甘新界上者，或竟繪於甘肅境內，其不可靠如此。其他如和闐臨玉瓏哈什河之西，並未臨哈喇哈什河之東，而與墨玉隔河相望。莎車在葉爾羌之西南，未在其西北。烏魯克恰提在克什噶爾河之北岸，未在其南岸。凡此等等誤點，皆一般坊本地圖所常見者。

（二）寧夏省之陶樂設治局，在平羅東南，隔黃河與之相對；坊本地圖則太偏北，與事實相差多至二百餘里。寧朔在省城之西偏北；坊間地圖則多繪於其南。紫湖設治局，按申報館出之中國分省新圖，在北緯三十九度以下，接甘邊之地，吉蘭泰鹽池即在其南；然觀一般坊本地圖，則將紫湖多繪在定遠營，吉蘭泰鹽池反在定遠營之西北，不知孰是？

（三）四川省之洪雅，在青衣江之南岸，並未在其北岸。懋功縣濱小金川。理潘縣在茂縣之西南，與汶川縣相距甚近，並不在茂縣正西。坊本地圖，每多誤之。

（四）貴州省之后坪縣，當北緯二十八度四十五分與東經一百零八度十五分相交之地，在新設道眞縣之東北；坊間流行地圖，有在其西南者，常有誤焉。

（五）西康之石渠縣，在雅礱江之西南岸；然坊本圖多繪於其東北岸。嘉黎在博藏布江（卽實際之阿蘭多河）之西南岸，不在其東北岸。此皆通常地圖中所常有之錯誤也。

（六）其他綏遠省之武川縣，本在大青山之陰，坊刻地圖，則多繪於其陽。江西省之永修，坊本所繪，太偏於西，致南潯路本爲直線，成爲弓形。陝西之靖邊定邊二縣，逼近長城，然此等地圖，靖邊於長城之間，有白於山脈橫過之，更屬妄造。凡此種種弊端，皆一般坊刻地圖所常見者。

五　省界之錯誤

作圖本貴分界，尤以政治區域圖，無須自然區域圖之設有漸移帶，故其境界，尤宜正確明達。如是則各區境域，方合實際，各區面積，有所估計。但坊間通行之一般本國地圖，對於各省邊界，既少精細考察，尤欠詳密研究，故多所錯謬之點。如：

（一）青海省本為 圓形，西部較寬，正西有新疆之一部突入之。其西北角略成方圓形；西南境域，突入西藏境內，向南成一大弓形，將西藏之前藏，擠得形如一把切菜刀狀，刀頭向南，刀把向北。而坊本地圖反東寬於西，全省成一海棠葉形，西藏之前藏，反成南北長之平行四邊形，與實際情形相差太遠，可謂大謬。

（二）西藏與新疆之界限本西部向南，東部向北，但通常地圖反多西部向北，東部向南。計西部界限，起於三十五度半之處，與實際尚合，然東部界線，本在三十六度半之處，該等地圖竟繪於三十四度以下，與實際相差六七百里，可謂誤人甚矣。

（三）蒙古寧夏綏遠三省交界處，寧夏省境，有在蒙古與綏遠省間突出之一部，其南有綏遠向寧夏突出之一部成交錯狀。並不似坊間一般地圖所繪之整齊，蒙古寧夏界，與寧夏綏遠界，竟各成直線，或蒙古境域向南突出一部，皆不正確。此皆閉戶造作，不加實際探勘，或不據實際之參考材料，只顧妄自抄襲之弊也。

（四）寧夏省僅黃河東岸極狹之一帶為其省地域，餘概屬綏遠省。但坊本地圖，有將綏遠省鄂爾多斯沙地之西部繪入寧夏境者，與實際不合。

（五）陝西北與綏遠界，普通坊本地圖、多以長城為界。實則界限尚在長城外數百里，尤以東北角，竟直抵北緯四十度以上，與黃河折曲處相去甚近。並且長城之外，黃河之西，尚有一小部分，轄之於山西省，而坊本地圖多無之，甚誤也。

（六）察哈爾省北與蒙古界，本中央凹下，並不整齊。又熱河省最北境，本在北緯四十五度半之處，去黑龍江省尚遠。然坊本地圖，則多繪至索岳爾齊山，將其最北端與黑龍江省相連；索岳爾齊山，遂為熱察遼黑與蒙古之界山，一峯孤立，省界四出，觀之甚有趣也。

六　結論

話說到這裏，我又想到地圖之為物，乃是描畫地面上之普通形狀的東西。換句話說，也就是表明地形的樣張。地形圖之要素，不外二則：一為平面圖，即將地面物件，投影於某一比較表面上，而現其位置，形狀，種類者；一為水準圖，為現其地面之高低者；合此二者謂之地形圖。如此，方能觀察某一地域之立體，及全部之配置，此乃地表之眞面目也。但反觀一般坊本地圖，只有平面圖，而少水準圖，山澤原濕，既不能辨，而平面所繪，復乏精細審察，因之其圖多不正確。最顯著者，如江西廣東二省界上山脈，成爲長江與珠江分水之大庾嶺，其地形大部份皆在一千公尺以下，遠不及長江流域以內武宮羅霄諸山之高峻。其東之九連山，更低小渙散，殆不成脈。故尋常之所謂南嶺山脈者，在一般坊本地圖中，誠若甚顯，細察之實甚散漫，遠不及北嶺山脈之整齊，此蓋其侵蝕程度已較深故也。而此等地圖，雖用暈滃線法，以山脈盡括地形，但蜿蜒滿紙，妄自造作，既不能顯示眞相，反導讀者入於歧途。此坊間地圖之不精，影響於讀者一也。

坊間地圖，地形既不明顯，自然環境不易識別。然自然環境之與人民生活，其間又有交相之因果關係，非孑然而孤立者也。自然環境之影響於人類生活，或爲直接的，或爲間接的。而其各種要素，又復自相因果，有連帶之關係。例如吾人之言地形，大致可分爲平原山岳與高原，其影響於溫度之寒暖也，水道之緩急也，土壤之瘠沃也，各不相同。又如氣候之對於世界之文化，人類之行爲，一身之健康，以及溫度對於物產，雨量對於人口，其影響之深切，實爲自然勢力中之最偉大者。又如江海之發展交通與都市，水利之貢獻與工業，言水道在地理學上之重要，實與地形氣候，鼎足而三。夫貿易之盛衰，繫乎水路之交通；人烟之疏密，繫乎富源之開發；而水陸轉運貨物，集散之處，又必有都會興起焉。凡大都會，皆有其經濟之基礎，交通之孔道，街市之建築，風俗之流衍，而其所以致此者，皆有其自然之趨勢，可以往復推尋者也。是故精細之地文圖與人文圖，須各具一副，參互對照，深密考究，則人地關係，不難由圖中觀察而得。然試觀坊本地圖，人文地文不分，又復粗具大略，人地關係之發生，藉圖觀察，自不容易。此坊本地圖之不精，影響於讀者二也。

1 參看翁文灝中國分省新地圖序，載於中國分省新圖，廿二年申報館出。並載方志月刊六卷九期，廿二年九月出版。

2 參看翁文灝四川遊記，載於地學雜誌廿二年。

3 參看任乃強西康圖經地文篇，載於新亞細亞八卷六期，廿三年十二月出版。

4 參看翁文灝中國山脈考，載於科學九卷十期，十四年十月出版；收入錐指集。

5 參看謝家榮陝北盆地和四川盆地，載於地理學報一卷二期，二十三年十二月出版。

6 參看鍾皝龍著新中華本國地理，下册第一〇八頁，十八年中華書局出版。

7 參看實業部中國經濟年鑑地理篇，第B二十二頁，二十三年商務印書館出版。

8 參看翁文灝中華民國新地圖序，載於中華民國新地圖，二十二年申報館出版；並載方志月刊六卷十期。

9 同註四。

10 參看郭維屏著新疆之河流與湖泊，載於天山一卷三期，廿三年十二月出版。

11 同註八。

12 同註八。

13 同註七，第B五十三頁。

14 參看林競著西北叢編，第二二二頁，廿年四月神州國光社出版。

10

追悼馬培棠先生

哀馬紹伯君

馬殿元

紹伯既逝世三四月，王崇武君以書來，謂顧頡剛先生以其爲禹貢撰稿最勤，出力極夥，當敘其生平以紀念之，因約余爲文以記其事；君在培德任教凡六年，余與君過從亦密，論公私情誼，又烏得無一言。

君家於滿城，性恭謙孝友，幼入私塾及滿城高小，聰穎篤實，極知用功，故每試輒冠羣兒。年十八，考入北平市立師範，在後期師範時，習文科，是時君年既稍長，讀書較多，益矢志爲學，日埋首於圖書館中。輓近學風浮靡，中學課程繁複，欲求一沈潛用功學生，蓋若麟角，而君獨岸然爲之，殆鐵中之錚錚者；以故校長李泰棻先生，國文教員施天侔先生，均於君特垂青睞。

君在北師卒業於民國十八年，時余方掌教保定培德中學，慨學風之日漓，哀文運之不作，每思羅致英俊，期於諸生國文，在中學時植其基，則他日入大庠後可引其緒，遂邀君講學培德，授初中一年級國文，吾與君之交遊，遂亦於是開始焉。

君來培德凡六年，循循善誘，教督有方，諸生來請益問難者，莫不字釋句析，反覆啟廸，必疑難盡釋而後已；以故諸生均欣然向化。又於同事中獲交繆彥威先生胡厚宣先生，後又以厚宣之介，結交顧頡剛先生。君課餘恒手不釋卷，間有造述，雖醇疵互見，然時多雋思。自識顧先生後，更稍稍以文字因緣，表暴於世。

君體質素弱，復以操心過勞，遂於二十四年四月染慢性腸結核症，同人力勸其休養，遂解去教職，然仍留校養疴。君自患病後，神經感覺異常，每懼病勢沉重，因而於病況亦諱莫如深。同人中如有以病重勸其靜養者，適足以增其病勢，故見之者莫不以溫語存問，而君於己病則淡然若忘，反不留意。復不信西醫，又性躁急，服中藥一二劑不瘉，輒另就他診，以是荏苒經年，病勢轉劇，亦君自致之也。迨今年四月間，君病骨支離，修立若鶴，望之惟兩目炯炯而已；然仍諱病如故。吾知君將不起，因婉勸其返里，俟小住數日後再返校，果歸不數日而竟以病逝聞，嗚呼哀哉！

君兄弟共三人，家況極清苦，夫人金女士，以君之書籍均贈送培德圖書館，遺一弱女僅八月耳。文人困厄，何世無之，而如君者，尤可哀已。

馬紹伯墓誌銘

繆鉞

君諱培棠，字紹伯，滿城馬氏。祖某，父某，世業農。君幼頴銳而多病，居小學時，嘗患目疾累月，日坐講舍中，默聽潛識，年終課試，猶冠其曹。升學北京師範，士方悅新奇，君獨志古學，取校中經史恣讀之，假中或留不歸。民國十八年卒業，任保定私立培德中學國文教員，士經其指授者，讀書爲文，皆得途徑。中學校課勞，君獨於餘暇治學不怠，一燈靜讀，恒至夜分。性孤介，不善酬對，稠人廣座，訥無一言，肆應俗務，多見目爲迂闊。然當其考覈古史，辨章舊聞，羣籍紛陳，精思銳入，如大禹之治水，得其脈絡；及乎發抒心得，飛辯騁辭，義據通深，枝葉條暢，聽者不能難也。民國二十五年四月卒於家，春秋三十，葬東固店村之祖塋。妻金氏，無子，一女尚幼。晚近三百年中，樸學昌明，皖南吳越之間，大師踵生，流風遠被，而燕趙帝畿，反聲塵闃寂；惟大名崔東壁崛起僻鄉，與當代勝流，絕少還往，而精思孤詣，遂成考信古史之絕業，可謂卓爾之士矣。君覃研冥索，開徑獨行，與崔氏爲近，所著禹貢編製考六篇，奇思橫溢，咸有據依，使天假之年，所就殆不止此。君少喪父，家貧母老，有兩兄，天倫乖忤，非人所能堪。而君性柔厚，茹辛忍痛，內損日深，雖體弱不克永年，抑亦境遇所厄也。君於世寡合，而獨善鉞，治學旨趣，雖有異同，艱卓之操，實所心折。民國二十四年秋，鉞將遊粵東，君已臥疾，強起置酒爲別。君厭苦教課，思得閒職，肆力於學，鉞舊窺其隱，心許未言，方冀君疾稍瘥，得當以報；而一辭祖道，竟至撫棺，遺稿散亡，孤孥孑立，斯亦人世之至哀已。銘曰：苦心專壹，大樸含眞；生今之世，乃與古親。胡豐其才，而厄其身？千載考德，視此貞珉。

清代文史筆記子目地理類索引第一輯稿（續）

國立北平圖書館索引組編

1

晉書地理志

晉書地理志之誤　錢大昕十駕齋養新餘錄中・四下
晉書沿襲之誤（地理志）　錢大昕十駕齋養新錄六・一五下
晉書地理志脫誤　孫志祖讀書脞錄三・一一下
晉地志與漢志異　王鳴盛蛾術編三八・五下
晉僑置州郡無南字　錢大昕十駕齋養新錄六・一四下
濟陽乃濟陰之譌（兗）　錢大昕十駕齋養新錄六・一六上
任城國西晉嘗爲郡（兗）　洪亮吉曉讀書齋初錄下・一六下
西郡非漢置（涼）　錢大昕十駕齋養新錄六・一七上
青州脫北海郡　錢大昕十駕齋養新錄六・一七上
濟岷郡（青濟南注）　錢大昕十駕齋養新錄六・一八上
樂安國鄒縣（青）　錢大昕十駕齋養新錄六・一六下
湘州（荊敘）　王鳴盛蛾術編四三・六上
秦始皇并天下置郡會稽九江三郡項羽封英布九江王盡有其地（揚敘）
　梁玉繩瞥記四・一下
吳興郡脫一縣（揚）　錢大昕十駕齋養新錄六・一六下
吳興郡屬縣脫陽羨（陽羨條）（揚）　沈濤銅熨斗齋隨筆五・四下
陽羨（揚敘）　沈濤銅熨斗齋隨筆五・四下
交趾郡安定縣漢志作定安（交）　梁玉繩瞥記三・一八上

宋書州郡志

宋書（州郡志）　顧炎武日知錄二六・一六下　黃汝成刊誤下・一八上
武陵郡黚陽（郢）　洪亮吉曉讀書齋三錄上・一下
邵陵縣下誤（湘邵陵）　洪亮吉曉讀書齋二錄上・一四上
興古（寧）　沈濤銅熨斗齋隨筆五・九上

南齊書州郡志

南齊書州郡志殘闕（諸史殘闕條）　錢大昕十駕齋養新錄六・二一下

魏書地形志

魏書地形志殘闕（諸史殘闕條）　錢大昕十駕齋養新錄六・二一下
槀城（槀條）（定州鉅鹿郡）　沈濤銅熨斗齋隨筆四・一七下
兒寬碑（兗州魯郡魯）　桂馥札樸九・二三下
鄒山嶧山（兗州魯郡鄒）　桂馥札樸九・四上

剛城（兗州東平郡剛）　桂馥札樸九・三上

舊唐書地理志

街東街西（關內道京師）　王鳴盛蛾術編四〇・一四上

新唐書地理志

金蒲蒲當作滿（羈縻州隴右道北庭都護府）　洪亮吉曉讀書齋三錄下・四上

宋史地理志

宋地理志據元豐　王鳴盛蛾術編三八・一一上

地理志之誤　錢大昕十駕齋養新錄七・四上

宋史地理校誤　王鳴盛蛾術編三八・一三上

分天下爲路　錢大昕十駕齋養新錄一一・三下

祥符（京畿路開封府）　沈濤銅熨斗齋隨筆六・三上

東明（京畿路開封府）　沈濤銅熨斗齋隨筆六・三上

拱州（京畿路開封府考城）　沈濤銅熨斗齋隨筆六・三上

昌化（兩浙路臨安府）　沈濤銅熨斗齋隨筆六・三下

威州（成都府路）　沈濤銅熨斗齋隨筆六・四上

建福（廣南東路韶州）　沈濤銅熨斗齋隨筆六・四上

恭州（廣南東路梅州）　沈濤銅熨斗齋隨筆六・四上

眞陽（廣南東路英德府）　沈濤銅熨斗齋隨筆六・四下

肇慶府（及屬縣沿革）（廣南東路）　沈濤銅熨斗齋隨筆六・四下

博羅（廣南東路惠州）　沈濤銅熨斗齋隨筆六・五上

海康（廣南西路雷州）　沈濤銅熨斗齋隨筆六・五上

遼史地理志

灤州之誤（宋史條）（南京道）　顧炎武日知錄二六・二六下

金史地理志

地理志與百官志違異處（凡條）　錢大昕十駕齋養新餘錄中・一三下

地理志失載肇昌府　錢大昕十駕齋養新錄八・二二下

元史地理志

元史不諳地理　錢大昕十駕齋養新錄九・一〇上

興德字誤（中書省上都路順寧府保安州）　錢大昕十駕齋養新錄九・一三下

威寧字誤（中書省興和路）　錢大昕十駕齋養新錄九・一三上

史部地理

總志

張晏地理記　洪亮吉曉讀書齋初錄下・九上

2

元和郡縣圖志　王鳴盛蛾術編一二・一二下
元和志京兆府盩厔縣周康王説　洪亮吉曉讀書齋三録下・六下
元和志潁州沈邱縣説　洪亮吉曉讀書齋初録上・八下
元和志陳州説　洪亮吉曉讀書齋初録上・八下
元和志儀州後漢于涅氏縣地置陽河縣説　洪亮吉曉讀書齋二録下・一六上
元和志定州深澤縣本漢南深澤説　洪亮吉曉讀書齋二録下・一六上
元和志沔州漢陽魯山非大別山　洪亮吉曉讀書齋四録下・一六上
元和志邵州邵陽縣改名説　洪亮吉曉讀書齋二録上・一四上
太平寰宇記　錢大昕十駕齋養新録一四・一上
寰宇記宋州宋城箕子冢　林春溥開卷偶得九・一〇上
寰宇記泗州盱眙所屬説　洪亮吉曉讀書齋二録上・一二上
寰宇記兗州曲阜九山（嶮水條）　桂馥札樸九・五下
寰宇記懷州懷侯　林春溥開卷偶得九・一〇下
寰宇記貝州武城縣夏禹七代孫芸封公子武　林春溥開卷偶得九・八上
寰宇記黔州沿革所本　洪亮吉曉讀書齋三録上・八上
寰宇記黔州引蜀志黔安郡説　洪亮吉曉讀書齋三録上・八上
方輿勝覽　洪頤煊讀書叢録二四・一七下
輿地紀勝　錢大昕十駕齋養新録一四・一下
禹貢山川地理圖　錢泰吉曝書雜記下・一二下
大明一統志　顧炎武日知録三一・一二上　黃汝成刊誤下・三〇下　黃
侃校記・一八上

張公素（明一統志之誤）　顧炎武日知録二二・二七上
王亘（明一統志之誤）　顧炎武日知録二二・二八上
明一統志思南府治西明漢牂柯郡誤　洪亮吉曉讀書齋三録上・六上
虎嘯城（顧氏方輿紀要四川）　錢大昕十駕齋養新録一一・九上

地方志　附京師宮闕

八府一州志書（江，鎮，常，蘇，松，太，嘉，湖，杭）　王鳴盛蛾術
編一二・一三下
吳郡圖經續記（八府一州志書條）　王鳴盛蛾術編一二・一六下
嚴州重修圖經　錢大昕十駕齋養新録一四・四下
乾道臨安志（八府一州志書條）　王鳴盛蛾術編一二・一九上
乾道臨安志　錢泰吉曝書雜記中・一二上
吳郡志（八府一州志書條）　王鳴盛蛾術編一二・一六下
吳郡志　錢泰吉曝書雜記下・九下
吳郡志沿革之誤　錢大昕十駕齋養新録二〇・一上
豫南知蘇州年月（吳郡志牧守題名）　錢大昕十駕齋養新録二〇・七下
程師孟無知蘇州事（吳郡志牧守題名）　錢大昕十駕齋養新録二〇・八
下
楊景略（吳郡志牧守題名）　錢大昕十駕齋養新録二〇・九下
曹僾（吳郡志牧守題名）　錢大昕十駕齋養新録二〇・一〇上
剡録　錢泰吉曝書雜記中・九上
紹熙雲間志（八府一州志書條）　王鳴盛蛾術編一二・一七下

3

附

水道（以下各條均水經注）

5

水經注避諱處（魏書條） 顧炎武日知錄二六・一七上
犄絕（河二） 洪亮吉曉讀書齋三錄下・一〇上
河水四注引左丘明國語疑非 洪亮吉曉讀書齋四錄上・五下
沙音蔡（河五渠水） 桂馥札樸七・二一上
壺關三老公乘興誤（濁漳） 梁玉繩瞥記三・二一下
拘河（濁漳） 洪亮吉曉讀書齋三錄下・一一上
水經注大梁靈丘之誤（滱） 顧炎武日知錄三一・一〇下
鄆聚（伊） 洪亮吉曉讀書齋二錄上・一三上
千秋亭圭頭碑（穀） 汪中舊學蓄疑・一六上
阿陽郡（渭一） 洪亮吉曉讀書齋初錄下・一五上
太史儋言合七十歲而霸王者出焉（渭三） 梁玉繩瞥記三・三上
水經注（汝下灈水） 勞格讀書新雜識七・二上
馬援墓（睢） 洪亮吉曉讀書齋二錄上・二下
東平王雲（汶） 盧文弨鍾山札記三・一下
山陽橐縣（泗）●盧文弨鍾山札記三・二下
漢武帝元朔二年封城陽共王子豨爲侯國（沂） 洪亮吉曉讀書齋四錄上・七下
潍蕩（巨洋） 梁玉繩瞥記三・二七下
義熙十五年銅鐘事失實（沔一） 洪亮吉曉讀書齋四錄上・一四上
項伯冢（沔一） 洪亮吉曉讀書齋初錄下・八上
海鹽縣改名誤（沔三） 洪亮吉曉讀書齋初錄下・一八下
潛水 桂馥札樸七・七上
富陂縣誤（淮） 洪亮吉曉讀書齋二錄上・一三下
漢武帝分穀熟置亳誤（淮） 洪亮吉曉讀書齋二錄上・一三下
淯水下注引傳記雜說之譌 洪亮吉曉讀書齋初錄上・一二上
龍令（江一） 盧文弨鍾山札記三・三上
宜都記（江二） 臧琳經義雜記一九・七下
鹽縣注誤（延江） 洪亮吉曉讀書齋初錄下・一五下
九德究（溫） 洪亮吉曉讀書齋初錄上・一九下
贑水注引劉澄之說誤 洪亮吉曉讀書齋初錄上・一八上

古迹

吳地記（八府一州志書條） 汪鳴盛蛾術編一二・一六上
吳地記 錢大昕十駕齋養新錄二〇・一下
鹽官改縣誤（吳地記） 洪亮吉曉讀書齋二錄上・八下
茅山志 洪頤煊讀書叢錄二四・一八下

雜記遊記

南方草木狀（明放宋百川學海本） 孫詒讓札迻一一・二三上
會稽三賦 錢泰吉曝書雜記下・九下
中吳紀聞（八府一州志書條） 王鳴盛蛾術編一二・一七上
中吳紀聞 洪頤煊讀書叢錄二四・一八上
耐得翁（都城紀勝） 沈濤銅熨斗齋隨筆七・一三下
夢粱錄 錢大昕十駕齋養新錄一四・一四下

地理二

通論●

通論歷代地理

山名考釋（依筆畫繁簡爲序）

豹子崮　桂馥札樸九・五上
勞山　顧炎武日知錄三一・四九上
焦山　劉寶楠愈愚錄六・一九下
華山仙掌　陳祖范掌錄上・三七下
葛嶧山　洪亮吉曉讀書齋四錄下・一六上
龍山　桂馥札樸九・四下
羅平山　桂馥札樸一〇・二下

水道及水名考釋（除前七條外，餘依筆畫簡繁爲序）

河渠　顧炎武日知錄一二・三〇上　黃汝成刊誤上・二一上，續刊誤上・一二下　黃侃校記・七上
潮信　顧炎武日知錄三一・三一上　黃汝成刊誤下・三二上
三江　陳祖范掌錄下・三上
四瀆　洪亮吉曉讀書齋初錄上・九上
五湖　洪亮吉曉讀書齋初錄上・七上
九河　孫志祖讀書脞錄一・八下
魯國諸水　洪亮吉曉讀書齋四錄下・一一上
三岔河　洪亮吉曉讀書齋三錄上・二下
『上江』下江　錢大昕十駕齋養新錄一一・一上
下江（上江下江條）　錢大昕十駕齋養新錄一一・一上
丹江　洪亮吉曉讀書齋三錄上・三上
布爾噶西淖爾　洪亮吉曉讀書齋三錄下・五下
氾水之陽　臧庸拜經日記七・八上
氾澤　臧庸拜經日記七・六下
伊瀍河　洪亮吉曉讀書齋三錄下・八下
『曲江』漢時本名曲紅　姚範援鶉堂筆記重刻本四九・一一下
『曲江』濤　劉寶楠愈愚錄六・二〇上
氾水　臧庸拜經日記七・四下
汾水橋梁（太原條）　顧炎武日知錄三一・三九下　黃汝成刊誤下・三二下
『沂』泗交流　桂馥札樸九・二下
『沂』泗合流　洪亮吉曉讀書齋四錄下・七上
『沅水』一名清江　洪亮吉曉讀書齋初錄上・一三下
沌口　錢大昕十駕齋養新錄一一・一一上
秀水　錢大昕十駕齋養新錄一一・一三上
和州麻湖　洪亮吉曉讀書齋初錄下・二下
松江　錢大昕十駕齋養新錄二〇・二下
泗（淮泗入江條）　惠棟松崖筆記一・九上
『泗』沂合流　洪亮吉曉讀書齋四錄下・七上
泠水　洪亮吉曉讀書齋二錄下・一一上
出河之『沸』　王鳴盛蛾術編四八・一五上
孟瀆河　洪亮吉曉讀書齋初錄上・五上

通訊一束

一〇〇

頡剛吾師大鑒：敬啓者，來敎誦悉。東三省沿革表當如期做出。玆將檔案自開始選擇以來所得，舉其最重要而可爲單獨問題之研究者，爲吾師言之：

一邊疆檔：　此項檔案包括東三省，熱，察，綏，外蒙古，新疆，西藏，雲南，四川，廣西等地域，約二三千件。

一海防檔：　此項檔案包括奉天，直隸，山東，江蘇，浙江，福建，廣東等省分，皆係太平天國亂後，甲午戰爭敗後，中國政府對於沿海等省分籌新布置海防之檔册，亦有二三千件。

一遣犯檔：　有淸一代人命決於帝王，以故每年死於法律之死刑案件爲數並不多，因之對於囚犯多半採取充軍實邊之政策。此種檔案頗值得吾人注意：一則對於吾民族如何向外發展之歷史有關，二則各省解犯往邊地時之月數及道里皆有紀錄，於地理頗有參攷之價值。

一糧價檔：　中國物價史，以生所知，尙無有也。在某一時代，中國全國各省之糧價的地理分別如何，渺不可知。今光宣兩朝居然有此種檔案，至可注意。一則此種檔案皆係各省根據府州縣向地方政府呈報之件，故至少有地方性存在；二則不但內地十八省皆備，甚至於邊疆各省亦皆有之，甯非幸事！此種檔案爲數甚多，約三四千件。

一機器檔：　歐洲地窄人多，激起工業革命；中國地大物博，與物無競，工業落後。至淸季始覺悟機器之重要，中國欲不亡，非與工業不能與列强競。今者我國之工業已略有可觀，其嚆矢即淸季之西洋機器也。然此種史料甚爲缺乏，友人某君研究中國工業史七八年矣，曾爲此種史料南訪關於曾文正張文襄所創辦之江南製造局及所購置之西洋機器等遺聞，然所費不貲，所得蓋寡。今此項檔案中不但江南製造局册甚多，且又發現各省之機器製造局檔案，豈非希有之材料！

一鐵路工程檔：　鐵路亦發於淸季，此項史料頗不易得。今日研究鐵路者，甚至對於淸季各種鐵路借欵尙聚訟不決，何況其他！今者此種檔案不僅包括有淸各種鐵路之工程，而且皆一一開明經費暨借欵之來源，地段之置購，各種工程之設備，以及行政開支等項，殊爲貴重之參攷史料。

一洋藥釐金檔：　以武力售鴉片毒物於華人，此歐人與中國正式發生關係之開始也。中國旣力不能維持正義，鴉片戰後國力已虧，太平天國又乘之，於是產生釐金等稅。惟淸季洋藥之地理的分布情形，各省釐金之實際數目，實在狀況，至難得正確之解決。今檔案中此種問題皆得其解決之途，亦爲稀有之材料。

一陵寢寺廟檔：　帝制統治一國，亦必有如何使人民對其起尊敬及馴服之政策。皇帝，皇后，妃嬪，公主，侯王等之陵寢，與夫京師暨各省之廟宇，寺觀等類，卽此項政策之一。吾人欲明瞭此種政策的各種設施之實際制度，解答其玄妙之關係，又非有此種眞實檔案之參考不可。此類檔册約有三四百册左右。

以上各類檔案皆比較特有者。此外普通之檔案如各省所有之田賦，戶口，漕運，白糧，雜賦，雜稅，各項課稅（如茶課，鹽課等），河工，倉儲，暨中央各衙門之各種奏底稿簿，皆爲一有遠大計畫，而對於地理問題作進一步研究之學術團體所必須有者。

由是觀之，此項檔案之價値實出乎吾人意想之外，其爲稀世之珍品無疑。且前項所舉不過就其大者而言，倘吾人再分析言之，則其可以研究之題目不可以勝計。如蒙古之馬市（各省赴口北邊地買馬之檔册），東北各省之貂獺，人參，鹿茸，新疆之中俄貿易（陳懋恒女士現已整理一半），西南各省之土司制度，四川與西藏之交通及地理（青海，西藏檔案約有三四十册左右），不可以勝計也。

或謂清季財政敗壞，從而對於此項檔案價値似有懷疑之意。然吾人以爲中國之重大變遷始於鴉片戰爭以後，此重大時期之檔案自有重大性，所不待言。且所謂財政腐敗者，或但就其國家貧窮之一點而言也。倘就財政而言，則困窮而思所以開源節流之道，仍不失其重要性。況清季如德宗者，乃一勵精圖治之君，而吾人之所重者又不僅限於財政耶！

檔案之價値，吾人既無疑，惟生尙有一愚昧之見，欲爲吾師言者，卽檔案必須多購是。一者書本可以在圖書館參考，可以在書舖購得，檔案則失此良機，不可再得。二者此項檔案爲故宮文獻館，北大研究院，歷史語言研究所所無。三者爲本會地位計，上述三機關爲今世學術界所重者亦因其有檔案也，則本會得此檔案亦將與三機關並重。且生之所以必須多購之理由，尙在於研究問題之一點。以邊疆海防而言，省分如是之多，一省不選卽感不全；以其他有關問題之檔案而論，一件不選卽不能窺見其問題之全豹。以此之故，願吾師多籌的欵，卽行購置。不知吾師之意如何？

生自本月二日下午開始選擇以來，已有二旬，至今尙未選完。雖生早出而暮歸，仍不能求速達（再須三四日才能完）。其理由一則選擇之標準力求其有用，故選擇時不得不細心。二則選擇之方法必以類的分析，時的分析，每完一省，然後對於每一類之檔案加以細心之考察，以觀其是否可以作某項問題之研究。此種方法自稍費時，而爲有用計，不能不如此。例如海防檔案，初視之不過各省兵馬册，普通皆以爲無用，而生分省分類分時以後，始發現其爲太平天國之亂平後，中日戰爭以後，整頓海防之檔。又如各省遣犯檔，馬市檔，西藏檔（西藏檔多在四川檔中發現之），不用此種方法卽不能覺察。三則自生開始選擇一星期後，卽有其他機關以四毛一斤之高價來與我方競買，以是又不得不費時與書舖方面交涉，使此種工作得以順利進行。（競買之團體有三處，現已約定，非待本會選定後，他方不得參加選擇，以我方與書舖成交在前爲理由也。）

檔案已搬回紅羅廠一部。三四日選定後總共有若干斤，現尙不可確知，約計之當在三千五百斤上下，需欵九百四十餘元（每斤二毛七分），

2

超過吾師所允許一千斤之數目實多。希吾師竭力籌欵備購，不勝期望之至。

檔案搬入會中時，存於北房，南房漏濕，深恐浸漶（北房近來時常漏雨）。同時並請吳先生保管，任何人（當然生亦包括在內）皆不許將檔案借出院外，吾人尤須以身作則。一切皆待吾師北旋後決定之。

檔案搬來後第一步工作卽爲做卡片（每一件檔案一張），以分類編目。其卡片如何寫法，用何方法分類編目，生前在中央研究院時曾做出一種比較有系統之方法，現在社會科學研究所所有檔案分類卡片目錄皆生所做者。此種方法曾得歷史語言研究所檔案管理人李光濤先生之稱許；其後故宮文獻館方面亦採用之。生意在目前未有更良善之檔案分類編目法以前，不妨仍採用生之方法，做卡片分類編目。其法只需吾師指定書記一人，高中程度，聽生指示，卽可進行。生於檔案至感興趣，深願在師訓導之下負全責，使其盡善盡美，以期不負吾師之期望。

匆此，敬請教安。

學生趙泉澄敬啓。七月二十三日。

一〇一

頡剛我師：

業近日對于東北移民史之研究，甚感興趣（因探究墨姓之來源而起），惟對于箕子封朝鮮一事，頗生疑問：謂此說絕不可信邪，則箕氏朝鮮之箕姓從何而來？且殷人之神話傳說何以與東北諸族之傳說甚相似（再徵以『相土烈烈，海外有截』之語，則殷固與海外民族有關）？謂此說可信邪，又何以不見于先秦書？曾以此點，詢問繆鳳林先生，繆先生答書頗詳，茲錄其說如左：

易載『箕子之明夷』，與『箕子封朝鮮』至多僅有或然之關係（此或然之程度且極淺）。當商之被滅于周也，因周人興于西北故，商人子遺逃或退而至東北，此極自然之事。然箕子是否在內，又初至東北時，是否卽渡鴨綠江而入朝鮮境，則其事無從斷言。今所可斷言者，箕子卽不在內，而此至東北之殷民後裔實嘗懷念箕子，且奉箕子爲遠祖，此其一。殷民初至東北，縱不出今遼寧省之外，而數傳或十數傳之後，則確已移入今朝鮮之北部境內，而朝鮮原有之土著，則受其壓迫而退處半島南部，此其二。惟然，故漢人傳箕氏王朝鮮，箕子去而至朝鮮，及箕子化朝鮮之說。（此種傳說皆由漢通朝鮮後由朝鮮傳入，戰國之前，中國並無此種記載。）觀殷人尙白，今朝鮮尙白之俗猶然。他種證據尙多，上之推論，理或然也！至在朝鮮境內發現之古物，無西周時代之物，商代遺物更絕無發現（當李朝中葉，箕子裔曾掘地得石函，函內有鮮于氏所述帝王遺事記一書，載箕子以後五十王之統系事業，僞造不可信）。自戰國以降則頗有之，漢代遺物則稱極盛焉。又戰國時代之物，發現于遼寧省之境者亦較在朝鮮境內者爲多。皆足證中國境內人民與文物之至東北，及由東北而入朝鮮，爲一繼續不斷之潮流（因避亂故，因謀發展故，因謀生故，其因亦不一）。世徒執一箕子封朝鮮之說，歷史事實初不爾爾也。

據繆先生說，箕子封朝鮮事不甚可信，但周代時殷民蓋已有移至東北者。中國境內人民與文物之至東北，及由東北而入朝鮮，爲一繼續不斷之潮流。其說合于歷史演進之例，似可信！則箕子封朝鮮之事雖或僞，而中國人民在甚古時代已至東北入朝鮮則不僞。日人謂『朝鮮古與中國無關』，『東北不得爲中國領土』，其說何其武斷邪！又考北周書怡峯傳謂怡峯本姓默台，祖居遼西。默台卽墨台，亦卽目夷，而目夷氏爲宋公子目夷之後；是春秋以後尙有宋人至東北之事。又孤竹國君姓墨台之說或可信，因墨子或爲齊人，故墨子書載其『南遊使衞』，魯在衞東，宋在衞南，並不得云『南遊』也。考齊國卽墨有墨山，墨水，九州要記云，『墨子居墨山』，或墨氏本居東北，其一支越海而至齊也。上兩說無論從何一說，皆可證殷民與東北有關。

草此，敬請尊安！

童書業拜上。八，十四。

一〇二

頡剛師：

拙作盟津補証（載禹貢第五卷第二期）引尙書大傳引逸僞泰誓曰，『太子發上祭于畢，下至于盟津之上』。今檢陳壽祺輯本尙書大傳『盟』作『孟』，陳輯文本太平御覽一百四十六所引。又御覽三百三十九引桓譚新論亦曰，『維四月，太子發上祭于畢，下至于孟津之上』，『盟』亦作『孟』；蓋皆後人妄改古書之文，决非大傳新論原文如此。趙岐孟子注引書卽曰，『太子發上祭于畢，下至于盟津』，『盟』不作『孟』，此蓋逸僞泰誓之本文。史記周本紀亦作『盟津』，並可爲証。惟前文應改『尙書大傳引』作『孟子趙岐注引』耳。艸呈，敬請尊安！

童書業拜上。八，十八。

一〇三

道齡先生：

相距咫尺，未獲聆敎，爲歉。

在禹貢通訊欄中，兩讀閣下之文，議論甚確，至佩。

鄭和七使西洋之原因，一爲宣揚國威，一爲蹤跡建文，本屬事實。若謂爲發展國際貿易，未免附會。明太祖經營天下三十餘年，國內早已富庶，靖難師抗戰三年，雖稍損元氣，然未遽至四海困窮。成祖即位後，討安南，征北虜，營建北京，力役邊遐，未見困窘而罷，何曾藉國際貿易而謀救濟？且鄭和七使西洋，多齎金幣賜諸番，金爲金銀，幣爲綺帛（如此解釋不錯），旣以金銀綺帛賜諸番，但不聞鄭和曾取諸番重貨捆載而歸，代價安在？此項國際貿易，徒見賠本而已，何利之可圖？其非當時國家所采政策可知也。

至後來市舶司之設，乃海外諸國多藉進貢爲名而邀賞賜，往往貢物所値無幾，而賞賜者則數倍其値，于是外夷以有利可圖，相率而來，貢使眞僞難辨，生事啓釁，實繁有徒，不得已乃頒勘合以辨其眞僞，設市舶司以驗其貨物，此乃當時嚴禁外夷邀利之制也。若以市舶司之設爲當時國際貿易之制，則反賓爲主矣。以爲然否？關于此事討論，一時不能盡，容有便，當詳陳之。

專此，敬頌箸安。

弟李晉華謹啓。七月十八日。

本會紀事（二六）

國立中央研究院歷史語言研究所此次南遷，所餘北海靜心齋大批木器，承所長傅孟眞先生厚意，慨然借與本會應用，予本會發展上許多方便。若此熱心幫忙，殊爲感激。除將件數開列於後外，敬此致謝！計開：

書架	大小十七個
考古大木架	十九個
舖板	二付
面案	一付
圓棹	二個
衣架	一件
三屜棹	六個
籐心木椅	六個
籐心圓椅	七個
籐心轉椅	二個
冰箱	一個
長方棹	一個
茶几	一個

（二七）

本會鑒於國難深重，疆土日削，邊疆問題研究之不可緩，遂於本年六月間，具呈管理中英庚款委員會請求補助金，以爲研究之資。嗣於七月十五日收到該會一九三〇號公函，內開

前准貴會函送研究邊疆計劃，請每年補助經費壹萬五千元一案，業經交由教育委員會彙案審查，建議第卅九次董事會議議決，廿五年度內補助國幣壹萬五千元，指定專充編製地理沿革及邊疆圖籍之用。相應錄案函送，并檢同本會息金支配標準及處理請款規則各一份，隨函附送，即希備查。……

等語、本會得此的款，對於工作進行自較便利，故已按照預定計劃積極進行矣。

（二八）

本會小紅羅廠會址，係由本會監事張國淦先生捐贈，院落尙屬寬敞。近因會務增繁，職員增多，頗感原有房屋不敷應用；且新購大宗檔案，亦需較大之房屋藏貯。凡此等等，均有添築新房之急需。茲議定起建南房六間：翻修三間，新築三間，爲職員宿舍之用。北房六間：翻修三間，爲辦公室之用；新築三間，爲圖書室之用。並復由張國淦先生捐贈黃琉璃底瓦七百五十片、黃琉璃筒瓦五十二片，黃琉璃筒瓦頭六片，足敷三間房頂之用，熱心慷慨，深可感勒。茲正鳩工庀材，從事興作，旬日後，即可落成也。

（二九）

八月二十二日上午十二時，本會假同和居飯莊，舉行理監事會議。計出席理事：顧頡剛，馮家昇，譚其驤，唐蘭，徐炳昶，王庸（朱士嘉代），錢穆（張維華代）；監事：于省吾，容庚，洪業，李書華（顧廷龍代）。討論事項，第一爲分別選舉理監事長，其選舉結果如下：

（一）理事長

顧頡剛　六票

徐炳昶　一票

（二）監事長

于省吾　三票

洪　業　一票

當選舉顧頡剛爲理事長，于省吾爲監事長。第二項爲分別討論理監事會辦事細則，草案大體已定容於下期發表。下午三時，始討論完畢，散會

出版者：北平西四牌樓小紅羅廠八號禹貢學會。
編輯者：顧頡剛，馮家昇。
出版日期：每月一日，十六日。
發行所：北平成府蔣家胡同三號 禹貢學會發行部。
印刷者：北平成府引得校印所。

禹貢

半月刊

價目：每期零售洋貳角。豫定半年十二期，洋壹圓伍角，郵費壹角伍分；全年二十四期，洋叁圓，郵費叁角。國外全年郵費叁圓陸角。

The Chinese Historical Geography

Semi-monthly Magazine

Vol. VI, No. 2, Total No. 62. September, 16th, 1936.

Address: 3 Chiang-Chia Hutung, Cheng-Fu, Peiping, China

第六卷 第二期

民國二十五年九月十六日出版

（總數第六十二期）

內政部登記證警字第叁肆陸壹號 中華郵政特准掛號認爲新聞紙類

本刊啟事

本會于本年七月組織河套水利調查團，到薩拉齊，包頭，五原，臨河等縣調查，已載前報。近日整理材料，均已成篇，决定將本刊第六卷第四期定爲「後套水利調查專號」，目錄如左：

尚有王樂愚先生允作之文及允寄之圖，一俟寄到，再行宣佈。此啓。

贈書致謝（十六）

本會自本年八月二十六日至九月十六日收到下列贈書，謹載書名，藉伸謝悃。計開：

福建嘘風社贈：

李秀成供狀　上，下二册　重印同治三年木刻本　福建嘘風社叢書

顧起潛先生贈：

蒙藏院調查內蒙沿邊統計報告書　上，下二册　蒙藏院總務廳統計科編

蒙藏院統計表（民國六年）一册　蒙藏院總務廳統計科編

蒙藏院統計表（民國七年）一册　蒙藏院總務廳統計科編

全國經濟委員會水利處贈：

水利工程設計手册一册　全國經濟委員會水利處編　民國二十五年七月出版

中國河工辭源一册　全國經濟委員會水利處編　民國二十五年七月出版

黃亦平前中先生贈：

東三省畜產誌一册　黃越川著　民國十九年一月出版

東三省水出誌一册　黃越川著　民國十九年一月出版

趙琪先生贈：

掖邑鄉賢考記一册　東萊趙永厚堂刊

慈幼危言一册　李柳溪書　東萊趙永厚堂刊

方紀生先生贈：

東洋歷史地圖一册　石澤發身編輯　明治三十九年二月删修訂正十五版

鍾鳳年先生贈：

國策勘研一册　鍾鳳年著　民國二十五年二月出版

本刊六卷三期——東北專號——目錄豫告

野人山攷

一　緒論

現時背山面海，易固封守者，莫吾國若。無如海疆越萬里，旣無可恃之軍艦軍港堪以戰守，而陸地沿邊逾三萬里，雖十之九高山巀嶭爲天然長城，而東北外興安嶺淪入於俄，已崩一角，西南野人山又泰半爲英所強占，復陷一隅，殘缺不完，殊難恃天險以自衛。試一追溯厥因，幷非戰敗喪失，實緣邊地不重，或劃出晉然，或置之度外，未能早爲之所而自壞之。以致任人巧取豪奪，礙及整個之國防，思之能無扼腕！雖然，陰山克復，胡馬不介飛渡，祁連奪得，匈奴頓減顏色，此類健兒，如能復生，還我河山，亦自易易，焉得不及是時聚米畫沙，一譚形勢而詔告之？不過外興安嶺位交通較便之處，其形勢爲國人所深知，野人山在地域最僻之區，國人深知其形勢者，恐不多覯。余旅滇歷年久，欲洞悉該山狀況，凡遇居近該山或經過該山人士則詢之，欲厚儲該山資料，則設法向接近該山之官署私團以蒐之。久之略有所獲，特提要草成此攷，以供留心該山形勢者之參稽焉。

童振藻

二　名稱

苗族謂其遠祖係寒國住民，故子孫多愛清涼而喜宅山嶽。而峰崇嶺峻，氣候尤爲清涼，羣居萃處，繁殖更勝於他處。以故吾國西南部凡拔地摩空之山脈，多爲該族所盤踞，其山脈遂以該族之名名之。即如廣西東部之大傜山，因爲傜人所盤踞，遂以傜人之名名之；貴州中部之苗嶺，因爲苗人所盤踞，遂以苗人之名名之；雲南西部之野人山，因爲野人所盤踞，遂以野人之名名之，此皆吾國之通例也。是則以上三山，均在吾國境內，故定名之例，不謀而合。惟大傜山苗嶺距中原較近，人多重之；野人山僻處滇西，距中原較遠，人多忽之。故清以前之史乘，不乏記載野人之事實，若山名則未著錄。即如元代馬哥波羅遊記卷二，第四十三章，曾將自吳昌(即永昌)至緬城，中間經過長林凡十五日，罕見居民，自係野人山一帶之地；然因以前志乘未著錄野人山之名，遂未敘明爲野人山。明代徐霞客遊記，滇遊日記八，雖在姊妹山麓，聞山後有野人出沒，然亦未敘明姊妹山西北爲野人山。余以目寓之載籍言之，野人山之著錄實始於王芝之海客日譚，其第一卷備載經過野人山之情形。是書雖刊於清光緒十年，而書成則在同治十年，卽英滅緬甸前十五年。黃懋材西輶日記卷三亦載有野人山道路之概況，是書雖重校刊於光緒十二年（此書有兩本，一係光緒初年刊本，一係光緒十二年重校刊本），而書成則在光緒四年，英滅緬甸前十一年，或係沿王氏之書而稱之。厥後薛福成出使日記續刻，姚文棟雲南勘界籌邊記等書，亦均有野人山形勢之記載。執是以觀，凡滇西極邊各山至清季始有野人山之稱，其前史志僅有招搖山摩零山南牙山沙木籠山等名稱耳。

三　山脈及形勝

野人山係岡底斯山脈之山，岡底斯山脈自西藏西南之岡底斯山東迤，轉南至西康境，其幹脈爲伯舒拉嶺。南行分一支入雲南境，轉東南至怒江西爲高黎貢山；又分一支入雲南，由恩梅開江上源俅江西，駝洛江東，向南至恩梅開江東爲板廠山扒拉山；再南爲高良工山八台山琅牙山，轉西爲尖高山瓦崙山；自高良工山西南張家坡分支向東南爲姊妹山習降山，又自八台山分支向東南爲龍嵸山；又自姊妹山分支向南爲老烏山。

伯舒拉嶺幹脈在西康境，轉西南，分一支入雲南，至恩梅開江上源駝洛江西，邁立開江上源木里江東爲擘莫苦山；再南至江心坡，在恩梅開江邁立開江之間爲恩康嶺松板山東坡嶺。

伯舒拉嶺幹脈又向西南，至西康雲南接界處爲康藏嶺；轉南至邁立開江上源南得康河之西爲龍最山，再南至邁立開江西爲枯門嶺摎模拉姆坪嶺；轉東南，穿過伊洛瓦底江，再東南至大盈江北爲猛戛山獅子山猛弄山息馬山巒哈山；至大盈江南，龍川江北爲南牙山盞西山等練山布嶺山；分一支向西南爲邦杭山邦欠山；分一支向東北爲杉木籠山。

自龍最山分一支向西南，至更的宛河西北爲納軋山丕可山；再西南爲孟力坡。

幹脈自布嶺山再南，入緬甸，在薩爾温江（卽怒江）下游之西，西當江之東，經北撣喀倫尼等處爲朋龍聯山；再南爲擺古約馬山，至馬爾達般海灣之北而止。

以上幹脈及支脈中，如高黎貢山山脈縱貫雲南西部，長約千里，海拔五千五百尺至一萬二千尺，當片馬東爲八千尺；板廠山海拔一萬零八百尺；恩康嶺東坡嶺諸山最高峯海拔七千五百尺；龍最山海拔九千尺至一萬三千五百尺，當坎底西北爲九千尺；枯門嶺海拔六千尺至一萬一千四百尺；姊妹山海拔一萬一千三百尺；尖高山海拔一萬零四百尺；琅牙山海拔三千尺；八台山海拔二千五百尺；巃嵸山海拔一千二百尺；若丕可山則與枯門嶺海拔之高度相等。

又猛弄山海拔三千尺，息馬山海拔五千尺，南牙山海拔一萬二千尺，盞西山海拔一萬尺。

若在西康之伯舒嶺，海拔一萬七千尺；在緬甸之朋龍聯山，最高峯海拔六千尺。

右列各山，如龍最山枯門嶺猓模拉姆坪嶺猛戞山猛弄山息馬山蠻哈山南牙山盞西山等練山布嶺山邦杭山邦欠山杉木籠山爲野人叢集處，故均有野人山之稱。即恩康嶺東坡嶺扒拉山琅牙山尖高山姊妹山中，間有野人分布，與野人山脈不相連屬，故無野人山之稱。若納軋山丕可山中野人較多，故與枯門嶺等同有野人山之稱耳。

就上敘野人山幹脈及支脈衡之，野人山之範圍已可概見。本文係野人山攷，自當僅就野人山支幹各脈中之山攷之，其餘因英人誤謂高良工與高黎貢爲一山，前有人議在高良工山分界，英人遂藉口強在高黎貢山頂樹界椿界牌，欲將野人山北段之全部，攘爲己有。尖高尾崙兩山，前清時已在山頂劃界，故附敘之。若扒拉山巃嵸山姊妹山等均係著名之山，故亦附敘之。

野人山支幹各脈既已分出，雖其海拔高度前已敘明，而重要各山之形勝等項應再詳敘於下。

龍最山　龍最山一稱龍岡多山，位坎底之西，山嶺有路，東經南闖通坎底，西通緝捕，爲滇省西北第一重要之門戶。

枯門嶺　枯門嶺雖較龍最山稍低，南北綿亘約三百餘里，爲野人山幹脈中最大之山。嶺之東西一帶，縱長六百餘里，橫寬四百餘里至五六百里不等，均稱爲野人山地。茲將前人所論野人山地之情形，撮錄於下：

薛福成續瀛寰誌略世增野人山地誌：其地東界騰越維西兩廳邊外之雪山，西界更的宛河西境之孟力坡，南界八莫孟拱，北界西藏米納蕃隆南之曼渚。其緯綫約起北緯二十四度至二十七度半，京師西經十九度至二十三度有奇。全境據金沙江及更的宛河上源西偏之地。又溯邁立開江而上，更北爲格古斯野番，爲最莽野，赤體無服。格古斯之北，即爲坎𡾊（即坎底），以樹㮺著名，是爲野人山北境矣。

薛福成出使日記續刻卷三：緬北野人山地在厄勒瓦諦江（即伊洛瓦底江）以東者，四分之一與雲南接境，除八莫一處外，其餘野人山地距赤道北二十四度以上；在厄勒瓦諦江以西者，四分之三距赤道北二十四度二十五分以上。中英如將野人山對分，似可以適中之地距北京西五十度（五字疑錯）三十八分爲界，即英界六十（六字疑錯）五度五十分。

揆模拉姆坪嶺　揆模拉姆坪嶺在枯門嶺之南，位北緯二十度十五分之間，東距邁立開江一百餘里，南距八莫五百餘里。

丕可山　丕可山一名巴開山，或稱拉脫可山嶺，在野人山北幹之西，爲野人山支脈之山。

薛福成出使日記續刻卷六：野人山地，據厄勒瓦諦江及更的宛河上游。更的宛河源多號珀鑛，地名烘貢（即戶拱）。距此西北約三百英里爲柏脫可山嶺（一譯爲丕可山），嶺北納軋山英厄薩密（即阿薩密）邊吏管理之區也。循嶺西南，即孟力坡，是爲野人山極西之境。循嶺而北至嵴子山峯，野人分境即在此峯。

猛戛山　猛戛山在盞西之西，爲南甸所轄。山外有通茶山古永里麻威緬及大金沙江之路，甚爲扼要，故明陳用賓建神護關于此。關南爲高立岡，海拔在萬尺以上。

英人德斐雲南遊記：神護關向南有極高極巨之尖圓山，名曰高立岡，高一萬二千尺。下披有經小猛街往盞達之路，距小猛街八英里餘，當伊洛瓦底江太平江合流之處，其地有老關城，爲中國官王上秀所築。

猛弄山　猛弄山在盞達西北，猛戛山之西南，爲盞達所轄。綿亘至大盈江畔，山外有路通大沙江及孟養孟拱等處。明陳用賓建萬仞關于此。關在山脊，門圈尙存，與銅壁神護巨石鐵壁虎踞等關已毀爲平地者不同。

息馬山　息馬山在息馬東北，猛弄西南，前爲盞達所轄。此山盤亘于戶岡之間，山外有道通孟拱蠻暮八莫等處。明陳用賓建巨石關于此。關舊在石崖上，鐫有『天朝巨石關』五字，今廢。關西有𧒀送河源山，仍在野人界內，現與巨石關併淪于緬。

尹藝登巨石關望緬甸詩：立馬峯頭望眼空，振衣颯颯舞天風。雖分內外華夷界，總在乾坤覆載中。一掌中原看隱約，幾條遠水望冥濛。普天皆是皇家土，何日車書會大同。

蠻哈山　蠻哈山在息馬東南，山形如象鼻，爲南甸所轄。明陳用賓建銅壁關於此，并置守備戍守之。關舊在土阜上，左右均屬平野。現通蠻哈蠻暮八莫之路，均在關之東西，不由關門出入。其上有兵書峽，甚爲著名。

清一統志卷三百八十永昌府：蠻哈山，猛卯司治在山下，明時嘗令守備戍守其地。

岑毓英修雲南通志卷二十三地理志山川永昌府上：蠻哈山設銅壁關，其山有峽揷空，名兵書峽。

南牙山　南牙山，一名鳳凰山，又名火燄山，在大盈江南岸，周袤四百里，延入千崖盞達界。上有石棧，野人據以爲險。明王驥再征麓川，遣陳用儀開之。楊愼詩，「說有南牙山更惡，帕頭漆齒號蠻莫」，即此山也。現山間村寨，有二十餘處。

大明一統志卷八十七南甸宣撫司：南牙山在司西一百八十里，亦甚高，延袤一百餘里，樹木陰翳，官道經之。上有石梯，夷人以此據險。又有清泉，下流入南牙江。

淸一統志卷三百八十永昌府：南牙山上有石梯，夷人據以爲險。正統間王驥遣將陳用儀開是山，斷賊走路。

盞西山　盞西山在盞西之西南，山北接猛蚌山，南至大盈檳榔兩江相會之處。山北有峽，稱爲盞西山峽。

阮元等修雲南通志卷二十三地理志山川永昌府上：盞西山自猛蚌南行，由山峽中曲折蛇行，仰不見天，至盞西，忽然開朗，其山臨江，在騰越西南五十里。

5

等練山　等練山在猛卯西北漢董之北，爲隴川所轄。山有鐵壁關，爲明陳用賓所建。關內外有緬甸貢象之故道。現往來隴川蠻暮八莫間者，尙取道於此。關後有孔明營。東西有山緊抱，亦扼要之地。

淸一統志卷三百八十永昌府：等練山在猛卯司北。

阮元等修雲南通志卷二十三地理志山川永昌府上：南牙大山西南走千崖戶撒，又走臘撒河南，西走鐵壁關爲等練山。

王芝海客日譚卷一：野人山紆繞滇邊，如衣裳之緣，陰峽窮崖，幽谷叢莽，最爲嚇緊之區。山向設八關九隘，置撫夷千戶十七員，帥土兵分防關隘，以控馭緬野諸夷。東北曰滇灘隘，明光隘，通怒求道也。北曰神護關，猛豹隘，只那隘，古永隘，麻栗隘，通茶山廝里道也。西北曰銅壁關，巨石關，萬仞關，通寶井猛拱道也。西曰霸竹隘，猛本隘，通野人山麓道也。西南曰鐵壁關，虎踞關，天馬關，通緬甸貢道也。南曰漢龍關，邦掌隘，通木邦道也。凡由滇西南通徼外者，莫能舍野人山而由他道，滇邊要害，天設中國之險也。野人山有上中下三道：上曰火炎山（即南牙山），中曰石梯，下曰河邊。上道由銅壁轉行，下道由霸竹隘，中道即鐵壁關，緬甸貢象故道也。上道較迂遠，而行李多由之，蓋中下二道雖逕捷，得粟草則甚艱，頗不便于人馬，故皆舍之而趨迂遠者。自蠻允陟野人山而南百數十里，岩巒偪壓，山途詰曲，一騎纔通，較秦蜀棧道，險仄何止百倍，殆天限西南徼而設此山與？鐵壁關尤岸然雄隘，一夫當之，萬軍束手，鐵壁之名，夫豈誣哉？惜自滇亂以來，邊防不飭，竟使往還各官道，固不征亦不譏矣。

姚文棟雲南勘界籌邊記卷上論騰越關隘碉堡：任騰越事者，莫不知有八關九隘。夫陳用賓築關之始，設兩守備，又開二十二屯田以衛之，非如今日之空關孤懸而無藉者也。神護築未久而旋圮，用賓遂不再築，故知其意本一時權宜之策，未嘗以爲經久可行也。士人吳宗堯論曰：「夷路雜出，非可以八關之設而禁止。先年思正內奔，瓦酋追逐，長驅而來，有一關能當之否？康熙乾隆時，各關皆有守，今則關已盡圮，兵亦久撤」。又道光初知州胡啓榮以騰越四面環列野夷寨落，因仿楚南成例，築沿邊碉堡七十餘處，以屯練丁守之。士人何自澄論曰：「騰越多山，山多則嶺多，今有碉堡之地十二三，而野匪便於出搶之嶺十七八」。試合兩說觀之，則關隘碉堡，皆無當於設險之義。然則若何而可？曰，昔日之關隘碉堡，皆在山內，今宜移之山外，沿江屯紮，以護諸山要隘之口，庶乎得其地爾。

布嶺山　布嶺山一名布嶺，在千崖西銅壁關下，延入蠻暮境內。其形與蠻哈山同，亦如象鼻。在昔曾築堡於此，以禦野人。

清一統志卷三百八十永昌府：布嶺，千崖雖冬月衣葛，猶汗如雨，其西布嶺稍涼。

邦杭山　邦杭山在等練山西南，前爲隴川所轄。山有虎踞關，亦明陳用賓所建，關位長約二三里之隘口中。關東十里之岔千，爲由騰至關必由之路。關西距八莫約四十餘里，亦有路通來往。現此關淪入於緬。

薛福成出使日記續刻卷六王燮石（時官雲貴總督）電：虎踞關在邦杭夾谷，坐東向西，南爲瞻撒河，北爲卓濟河，東至南碗河八千里。

邦欠山　邦欠山在猛卯西南，邦杭山之東南，前爲猛卯所轄。明陳用賓建天馬關於此山兩峰之間。現在關已淪於緬，故關內有英人所築由八莫通南坎之路。

薛福成出使日記續刻卷六玉燮石電：天馬關在邦欠兩峰間，坐東北，向西南，營盤基址洞門均存。關東至隴川江邊六十里，過江至南坎四十里；西至邦侖寨四十里，寨外卽孟密屬；東北至蠻允六十里。

杉木籠山　杉木籠山一稱小沙摩弄，又稱沙木籠山，在南甸之南，隴川之東；山高入雲，上下幾及百里。明王驥征麓川，曾破思任發於此。清乾隆間設汛，控制隴川三關。

大明一統志卷八十七南甸宣撫司：沙木籠山在司南一百里，上有關，立木爲柵，週圍一里。

清一統志卷三百八十永昌府：沙木籠山在南甸司南一百里，明正統中，王驥破土酋思任發於此山。元志平緬路有小沙摩弄，即此。

岑毓英修雲南通志卷二十三地理志山川永昌府上：杉木籠山，自防務起時，即安營於此，又設撫夷二，督督手防禦。

野人山北部幹脈，南北直亘，頗少彎曲，故著名者不過數山。南部幹脈迂曲盤繞，以致群山糾紛，與北部不侔。騰越州志卷三謂：「自杉木籠山至息馬山凡十五山，在土司境內，然其境跬步皆山，不能更僕數。王驥傳中所載馬鞍山七門皆昔戰爭處，今亦不錄。其沿邊山密箐深，均爲波龍（即崩龍）野人栗粟等所盤踞，諸峯羅列如兒曹，巨細難悉究也」。觀此可見南部幹脈中山甚複雜，不似北部幹脈之單純矣。至姚文棟雲南勘界籌邊記卷上野人山說：「騰越發源之大盈江合檳榔江橫出于羣山之間，故在江南者有南牙山等練山，在江北者有蠻哈山布嶺山，又有猛弄山息馬山曩送河源山猛戞山，其名實繁，未可枚舉」。亦可爲南幹山脈甚爲複雜之一證也。

又野人山北幹峯高，秋冬時常積雪，以雪景勝。南幹峯雖較低，然瀑多林密，青白競奇，其風景較北幹爲佳。王芝海客日譚曾詳言之，茲摘錄于下，并將王氏野人山雜詩擇要附之：

海客日譚卷一：野人山峭岩飛瀑，古箐沈林，有畫不如者。又野人山蒼怪而多樹，樹皆橫蟠當逕，野水洶激而多石，石皆岌嶪亂流，野性然也。又野人山水石林壑，蒼古有別趣，是脫盡烟火氣者。

野人山雜詩五首錄二：

華西西去路彎環、黑箐蒸雲黯午天。野砦祀神惟畫木，竹竿要客扱花鉛。斷崖板綴窄于綫，老樹癥生圓似錢。二百里間無舍館，宵來常抱月光眠。

野山蒼萃鬱佳哉，野水喧豗攪夢回。霜氣鏤空槐眼細，月光偷上枕頭來。炊烟裊竹留餘火、荒㵎飛泉激古苔。清露滿衾渾不覺，沈宵猶自重敲推。

由是觀之，山野人野，而景物亦野，是宇宙間荒怪異境之一。吾輩文人好奇，雖身不能至而心嚮往之矣。

附野人山圖（見下頁）

四 位置及河流

野人山在雲南境內，北部幹脈位于吾國西經二十度左右，其支脈東迤于十九度五分之間，西迤于二十二度十分之間。南部幹脈，位于西經十九度左右，其支脈東迤于十八度五分之間。全脈北起北緯二十七度五十五分，南達二十三度三十分。山之幹脈，盤亙既遠，支脈又多，故發源之河流，難以枚舉。茲將其最要者分臚于下：

邁立開江　邁立開江，一稱麻里卡江，流于北部幹脈及支脈之東，有木里江浪不冷江兩源，浪不冷江支流

野人山圖

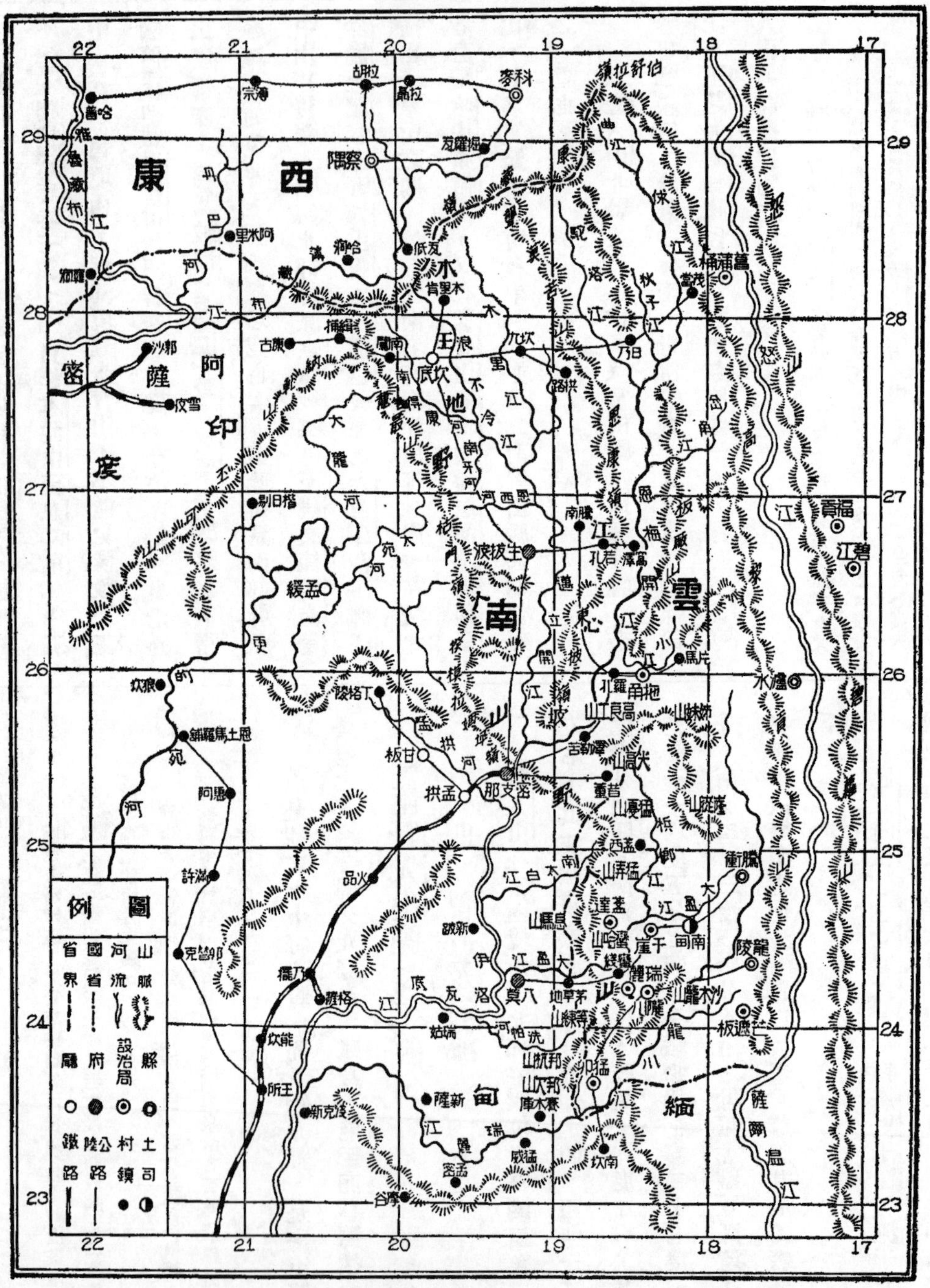

比例尺　二百八十萬分之一

100 50 0 100 200 300

南得康河係自龍最山發源。江自木里浪不冷兩江合流後，南流。其西岸支流之大者，如南牙河恩西河，均源出枯門嶺。下游支流之朋因河，源出揆模拉姆坪嶺。江自納朋因河後，再南流，與恩梅開江合流爲伊洛瓦底江，長約八百餘里。江甚彎曲，且多險灘急湍，不利舟行，僅兩岸間有竹筏撑渡。此江上源木里江浪不冷江流域爲木王地；中下游與恩梅開江夾流之處即江心坡。

恩梅開江　恩梅開江因在幹脈中部之北，邁立開江會流爲伊洛瓦底江，故附叙之。此江上源爲俅江駝洛江，均自康藏嶺流出。兩江相會後向西南，東會岔角江，再西南，東會流經片馬之小江，稱碧卡江。又西南與邁立開江合流爲伊洛瓦底江，江長八百餘里，灘石遍布，舟楫難通。僅上源俅江，有溜渡以通往來。

南太白江　南太白江源出神護關南獅子山，稱美利江。西北流轉西，經憂乳北，再西入伊洛瓦底江，長二百餘里。

大盈江　大盈江上游或稱大車江，或稱馬邑河安樂河，源出騰衝城東之赤土山。西南流經南牙山北，伏流，再西南，至千崖西，會源出尖高山之檳榔江。又西南至盞達東南，會源出猛弄山之盞達河。又西南經蠻允南，至第草地，東北會源出邦杭山之紅蚌河。又西南出滇境至緬甸，經舊蠻暮南至八莫，入伊洛瓦底江。此江長七百二十里，在騰衝境內，僅有竹筏行駛。水大時蠻允以上，可通小舟；平時僅舊蠻暮以下，刳木爲船，轉運貨物。

龍川江　龍川江下流爲瑞麗江，源出騰衝之大塘明光兩隘，南流經龍陵西北，轉西南流經沙木籠山東，遮放西南，會源出猛弃之芒市河。又西南至漢龍關東北，會源出沙木籠山之南碗河。又西南，流至漢龍關西十里，天馬關東南二十里，入緬境，爲莫勒江。又西南入伊洛瓦底江，長一千二百里。江在騰衝境內，可溉田畝，離通舟楫。

更的宛河　更的宛河一名後江。正源爲大宛河，源出枯門嶺，曲折西南流，會源出揆模拉姆坪嶺西至大納河及源出丕可山之大龍河；向西北折西南，至卡列買東，轉東南，至排改塞東南，入伊洛瓦底江，長一千三百餘里。上游水急灘多，難通船舶；下游自會霧露河後，可駛小輪。

伊洛瓦底江　伊洛瓦底江一稱大金沙江，其源爲恩梅開江邁立開江，兩江在猛色特西北相會後，始稱伊洛瓦底江。曲折西南流，穿過野人山，經密支那東，再西南，西會孟拱河。又西南轉南，至打羅東北，會南太白江。再南至八莫西，東會大盈江。又西轉南，至淺克新西北，東會龍川江。再南，至蠻得勒南，東會抹能江。經阿瓦北，轉西南，西會更的宛河。再西南，轉東南，至仰光，分十餘派爲三角江，入印度洋，幹流共長四千餘里。自密支那以下，通木筏。自會孟拱河以下通帆船，自八莫以下通輪船（八莫蠻得勒間二千二百餘里，輪船上行五日，下行四日。蠻得勒仰光間一千二百餘里，輪船上行六日，下行五日。），自仰光以下通大輪船。現在北緯二十五度三十五分以南之界已劃，不但伊洛瓦底江中游多已屬緬，而南沿美利江，穆雷江南奔江（即紅蚌河）南碗河瑞麗江（卽龍川江）劃達薩爾温江，即南太白江大盈江龍川江下游一部分，亦爲緬有。

姚文棟雲南初勘界記論大金沙江形勢下：試以大金沙江形勢言之，自阿瓦而上，以瑞姑新街（卽八莫）兩處，爲瀕江要地。瑞姑雲南通志作尼孤，乾隆時經略大學士傅恆征緬，探得此路由天馬關出，五百九十五里，至此下船，約三百里，即至阿瓦，較諸路尤爲近捷者是也。此處江道，上有大葫蘆口，下有小葫蘆口，夾江皆高山，江面窄而底極深，兩端皆似葫蘆口，故名。張機南金沙江考所云大莒蒲山峽小莒蒲山峽也，爲上游江道最險之處。論者謂不得瑞姑則新街難守，不得新街則騰越難守，蓋恃此兩峽以爲險也。昔日蠻暮土司，都于新街，而扼瑞姑以禦緬甸，瑞姑新街皆蠻暮屬地，大金沙江上游形勢要害之所在也。龍川江入金沙江在瑞姑之南，小葫蘆口之北，新街在大葫蘆口之北。而大盈江入金沙江之口，則又在新街之北，皆爲水道旁出之地。異時與英勘界，如能收回瑞姑及兩葫蘆口，則龍川江一路可以無虞，最爲上策；其次亦須至大盈江入金沙江之口而止，以保全南甸舊日之分地。

童振藻雲南與國防（登圖書展望第八期）第三節雲南在國防方面之地位：仰光密支那間二十二百餘里鐵路之幹綫築成，通蠻得勒臘戍間五百餘里之支綫亦成，由密支那東北至片馬，北至坎底，東北至茂當，西至阿薩密，由臘戍東北至班況西境，北至南坎之公路，多能行軍用汽車。幷積極築坎底至西康察偶之路（其詳見後第八節交通內），而八莫仰光間伊洛瓦底江二千九百餘里之航路，又有該江航運公司汽船來往；有事則分駐上下緬甸及阿薩密之三萬餘軍隊，易於集中以襲擊。

五　氣候

野人山北部支幹各脈中之山，最高峰爲一萬三千五百尺，南部支幹各脈中之山，最高峯爲一萬二千尺，其餘亦三千尺至一萬尺不等。而北部龍最山東枯門嶺西之地，高者不過一千五百尺；南部天馬關南之地，高者五千五百八十尺；虎踞關東北之地，高者三千四百六十四尺；紅蚌河西之地，高者五千二百零九尺；盞西之地，高者一千九百二十九尺；大盈江與伊洛瓦底江會流處北面之地，高者二千七百三十尺。是則高下之度，相差頗多，因之溫度高低，相差甚遠。即如北部龍最山東之坎底一帶，南部龍川江流域之灣甸一帶，春夏秋三季頗熱，夏季最熱時，約達華氏表百度以上，冬季最冷時亦有六七十度。而千崖冬季僅衣單葛，猶揮汗如雨，隴川平地，最熱時達一百零七八度，最冷時亦五十度。凡各最熱之處，頻年不降霜雪，草木亦四時不凋，甚至冬季亦開蓮花。其低窪處因山脈環繞，如在鍋底，空氣難以流通，釀爲瘴癘，南北各部之山地均有。北部如木王地及野人山地，入夏瘴癘殊盛，木王地僅有耐瘴之擺夷居之。更的宛河上游各地，入夏無論何人，均難居住。南部如芒遮板烟瘴甚大，五月至十一月間，有紅綫瘴，白瘴，黑瘴，突起如烟，故名。猛卯瘴氣蒸騰，有五色斑爛之狀。隴川亦有啞瘴，觸之致疾，不能言語。王芝海客日譚卷一至南甸詩，曾描寫瘴景，茲錄於下：

> 西風吹客識南蠻，宣撫牙旗落照間。更望大盈江外路，瘴雲繚繞野人山。

若最高及次高之峯，入冬雪覆其巔，一望皚皚，與麗江玉龍山菖蒲桶高黎貢山無異，其溫度約在華氏表零度下二十度左右。

六　物產

野人山地在木王地南境及孟拱西北一帶，盛產橡樹，故均有樹漿廠之稱。以前緬甸及南洋羣島未種橡樹時，野人多取漿出售；近則銷路已絕，不再採運。其山石有戴土處，刀耕火耨，可種雜粮；然所獲不豐，故野人粮食不足者，食完即至有餘之家共食之，稱爲幫食。一切飲食，主客一律，主人不能稍爲異視而侮慢之，否則即起爭端。食完則同至他處覓食，與淮水下游一帶，年荒饑民挨食者相似。如人民之粮食盡，土司家尚有餘粮，則至土司家共食。食罄，則向山中覓樹果草根以果腹，必待新粮登場而後止。此外如棉麻漆樹茶樹藥材均有，茶味甚爲濃厚，黃連亦屬佳品，若麻栗紅木松柏杉竹等林，則到處皆是。而木王地土質肥沃，所產旱穀果品，繁碩異于他處。茲將余著木王地得失之關繫中所敍者摘錄于下：

旱穀　旱穀一穗達四百餘粒，爲他處所罕見。

瓜　香櫞　瓜大者如甕，香櫞大者如斗。

至特種植物，據王芝海客日譚所載，產于盞達者，有以下數種：

擺芽　擺芽，僰夷（卽擺夷）上蔬也，葉似棠棣而無刺，生有糞臭，一經烹調則鮮矣，土司以之供貴賓。

酸筍　臭筍　酸筍，臭筍亦土司供貴賓者，臭筍尤在酸筍上，然不烹調則臭不可暫入鼻，烹之調之，猶不能盡其臭，惟食之甚香，酸筍雖香弗若也。

又董紹文干崖地誌天產門，載有廝郎果，廝猛果，羊乳果三種，幷附圖說。茲將其圖說摘錄于下：

廝郎果　廝郎果，又名牛肚果，產沿邊熱帶之下及有瘴氣之地，形似牛肚，皮靑黃色，有斑點，味甚甘。

廝猛果　廝猛果，卽芒果，緬名箏頗擠，夷名廝顆甫，亦產沿邊地方，春花夏實，皮黃微紅，味甘且香。

羊乳果　羊乳果，形似羊乳，故名。成熟時，皮色淡紅，味甘而略酸。

又段文逵猛卯地誌天產植物門，載有紅藤一種，按山中野人腰骰均纏此藤。茲將段氏地誌所載紅藤一節，摘錄於下：

紅藤　紅藤，臘撒特產，劣者削篾搓繩，佳者可取爲杖，唐白樂天有紅藤杖詩，明裴夷直亦有紅藤杖詩云：六節南藤色似朱，拄行階砌勝人扶，會須將入深山去，倚看雲泉作老夫。

以上係植物之概略也。動物則箐雞，家畜，及虎，豹，豺狼，鼉，熊，鹿，猿，犀，象均有，野人多恃採售獸皮，麝香，熊膽，鹿茸，犀角，象牙以爲生。而蜼及黑猿，野干，荼首，尤爲特產。茲將王芝海客日譚所載者，分錄於下：

蜼　野人山有獸，似獼猴而尾修半丈，滇人謂之長尾猴。按山海經，鬲山，其獸多猿蜼；注：蜼似猴，尾長四五尺。又侯鯖錄宗彝類，猴出貴州思南，有山曰甑峰（余按貴州飯甑山尙有此猴，詳載余著中國地理敎程貴州省），盤亘數百里，宗彝巢於樹，老者居上，子孫以次居下。子孫得果，卽傳遞至上，上者食，傳遞而下，下者始食；先王用繪袞衣，取其孝也。注疏，以宗彝爲虎蜼；自今斷之，虎自虎，蜼自蜼也。子石子（王芝別號）見此獸於雪列崒北十里許崖際，詳視之，實與山海經所謂蜼者無異；而野人竟以爲山之神，每見相率而膜拜。

黑猿　駐蠻允，偶遊市中，見獵人持黑猿皮來市者，白眉長二寸餘，云得之戶撒山中。王氏幷有戶撒黑猿歎云（節錄）：戶撒山，何歸藥，山中舊有猿公在，吐氣納息不計年，能令三十六萬玄毫生精彩。偶貪鳳尾果，因下巉崖采；詎知巉崖阿，先有虞人待，毒弩乘風來，飅然洞其類。將刳其皮充表衣，且截其肉作醃醢。嗂醢亦果腹，持皮入夷匯，夔夷老子爭問直，直方玄狐昂十倍。夷盡重猿皮，我獨重猿罪，爾亦數千百歲通靈物，一朝不愼等朽骴，死亦無知則已矣，有知當亦增慚悔。

野千　犛慶有獸，狀類木猴，頭正方，類人，髮長尺餘，覆其面，欲有視，則搖頭以手披之。產騰犴嶺，名曰騰犴，野人山有之，佛書所謂野千是也。

茶首　博物記南部有茶首，其音蔡茂，是兩頭鹿名也，野人山亦有之。

鑛物則木王地各大河中產金沙，各大山中蘊鉛鑛，坎底東南之普猛產鹽。中南兩部山脈中則銀銅鐵鑛均有，大金沙江中亦產金沙。而最可寶貴之翠玉，則產中部山西之孟拱；寶石產於南部山西摩谷。至北部山西之戶拱，產琥珀，亦爲特產。茲將各該處產銷情形，撮列於下：

翠玉　翠玉，一稱翡翠，產孟拱之西霧露河上游，沿岸地中之石層下。河爲大金沙江支流，師範滇繫四之一賦產內，所謂玉出南金沙江者即此也。產玉區域，縱橫約百餘里，帕甘等處爲老廠，東摩爲新廠。老廠開採已數百年，華人緬人野人均往開採，鑛工約二萬人，華人籍隸閩粵者爲多。開獲玉石，納百分之十之稅於當地頭人爲出地稅，再納百分之三十三於英政府爲國家稅。惟因地有瘴氣，僅於秋末至夏初開之。新廠亦開採數十年，採玉者先向頭人購地，每方丈數千元至數萬元不等，獲玉後僅納國家稅一次。鑛工約五六百人。惟玉之水色，較老廠稍嫩，有新山玉之稱。至新舊廠每年產玉，約值銀百萬元。在昔採獲搬至大金沙江岸出售，估客多購運雲南大理及省垣，由玉作坊解琢；現因滇市銷路不暢，多轉運香港及粵垣解琢矣。

寶石　寶石產摩谷之摩谷河畔，多出於變質石灰石及河流沙條中，即後漢書西南夷哀牢傳所謂光珠，元時謂之凸凹石，明成代間孟密曾取以入貢。據師範滇繫四之一賦產門，檀萃滇海虞衡志卷二金石門所載，其石以紅剌爲上品，其次淡紅色嬌曰剌，深紅色薄色嬌曰避者達，黑白曰苦剌泥，紅帶黑黃曰古木蘭。又有碧霞玭，五色俱備，以深紅透水者爲最。又有印紅，豪豬牙，印紅較爲貴重。自緬甸入英後，改用新法採之，每歲產額約值八十萬元，數逾世界總價值之半數。蓋紅寶石暹羅錫蘭皆產，然皆遜摩谷產額之鉅。

琥珀　琥珀，係松柏科植物所化，產孟拱西北之戶拱。昔人謂地產琥珀，則旁不生草，掘地八九尺即得，有外皮裹之，故有琥珀爲茯苓所成之說。其種類有血珀，金珀，石珀，水珀，蠟珀之分。血珀色紅爲上，金珀色黄次之。雲南騰衝大理昆明各市中，兩類爲多，多係來自戶拱。至採琥珀之擺夷野人，因該地瘴氣甚盛，僅能于冬季入內採之，工人不過數百。惟採時每人須納印洋三元與頭人，作爲稅欵。

上列翠玉寶石琥珀產地，如孟拱前爲吾國孟拱土司所轄，麼谷前爲吾國孟密土司所轄，近均劃入緬甸。惟戶拱在野人山地中，因界未劃定，仍屬吾有，不過暫爲英人所強占耳。

七　人種

野人山脉中住民，野人占大多數，次爲擺夷，次爲栗粟崩龍；若阿昌係野人之一支，可併入野人之內。擺夷與野人甚爲接近，語言旣通，情意亦洽。野人傳說，其祖先與擺夷同出一脉，野人長居爲大哥，擺夷次之爲二弟，視同手足，故平時樂與擺夷工作，亦不搶刼擺夷；如欲收服野人，可以擺夷爲媒介。若栗粟崩龍，惟南部山脉中與野人雜居，然爲數甚少。至山外附近各地，亦間有野人散布其間。茲將野人擺夷栗粟崩龍之形態性情風俗等項以次分叙于下：

野人　此種人漢人通稱爲野人，其有過于兇悍者則稱爲野蠻，稱爲蒲蠻普蠻山頭者亦間有之。若野人自稱曰青頗，緬人稱爲開欽，擺夷稱爲赫康，喇傒稱爲噗克。惟野人稱于明時，見徐霞客遊記，前第二節名稱中已叙之。蒲蠻之稱，在元代已然，見于元史，其詳在後第八節隸屬中言之。清代如職貢圖鄂修雲南通志等書，尚沿蒲蠻之稱。現美教士刱字母以教野人，仍稱爲蒲蠻文。又近人謂野人分布于恩梅開江東小江一帶者爲茶山野人，分布于小江之北者爲浪速野人，分布于恩梅開江邁立開江間之江心坡者爲阿普（一稱卡苦又稱卜滿）野人，分布于伊洛瓦底江東大盈江龍川江流域者爲小山野人，分布于邁立開江伊洛瓦底江以西更的宛河以東者爲大山野人，分布于更的宛河之西納軋山丕可山之東者爲森泡野人。觀各支之隨地異名，其實均可以野人賅之。至有生野人熟野人之稱，係以馴悍分之，與海南島生黎熟黎及臺灣生番熟番之稱無異。又稱爲大野人小野人者，係以貴賤分之，與清代稱高官爲大人，平民自稱爲小人者相似。又野人中有阿昌一種，亦有大小之分，其粗獷類熟野人，較生野人爲稍馴善耳。

人口合各支計之，約有十餘萬。其在山外與各民族接近者大半髮黃睛黑，面尚平善；其在深山之內，不與各民族接近者，大半髮赤睛黃，相貌醜惡。惟其膚均含褐素，顴高眼凹者，則十居五六。若齒如漆，唇如血，係塗染而成，與越南人同，并非出於天然。

裝束則男子盤髻於頂，不薙髮，四周以布纏之。女子翦髮蓬頭，與曲人女子同。婦人則蓄髮纏頭，與處女異，惟髮歷三年始梳一次。男子凡接近漢人緬人者，多仿製漢緬之衣服着之，其餘短衣大褲，多類擺夷，惟項下或懸紅豆料珠串，或懸瑪瑙寶石，腰股纏藤，與擺夷不同。又有少數之人，不着衣褲，僅用圍裙以掩其下體，頗似南洋羣島之土人。婦女地位稍高者，着短衣，繫開口裙，耳墜大銀筒，或琥珀筒，衣綴料珠貝殼，腰束藤圈；普通者或備衣裙，或胸背腿部皆露，僅中部裹布一大幅，與古猓玀之人相近，此係山外與各民族接近之野人也。若居深山，不與各民族接近之野人，以樹皮毛布爲衣，長及膝下，首帶骨圈，插雞毛，與貴州夭苗身披木葉，黑脚苗頭插白羽者相似。又有頭纏紅藤者，與瀾滄邊境卡瓦以紅藤束髮者無異。是則卉服如見島夷，戴羽如遇紅種矣。騰越廳志卷十九藝文志載王衢堯野人詩，於衣木葉樹皮事，略爲叙述。茲錄於下：

野人無甑竹筒炊，採取蛇蟲佳饌奇。木葉蔽身林作屋，披衣刮盡樹頭皮。

野人山極北之一部分，稱格古斯野番，或稱大蘢，疑即森泡野人，僅下體以獸皮掩之，依然爲太古原人。野人山中南兩部之土官，頭插雞尾，身着蟒袍，項掛珊瑚珠，則與前清之官服相似。土官之婦，或着花緞緊衣，繫花短裙，裹花護腿，或頭戴雜花而衣綴碎玉，多屬奇裝。王芝海客日譚卷一，記宿雪列野人頭人廬四家，以妻女行饌進酒，妻女衣裳不固蔽，而碎玉綴體，插花盈頭，有似風狂者，欲使客知其野而知禮也。其所作野人山竹枝詞中曾詠之，茲錄一首于下：

野草山花亂插頭，夫君尊重野人酋。竹筒軟飯葫蘆酒，短袖當筵解獻酬。

食則凡務農者，雜用五穀及玉蜀黍薏米蕎麥芋頭等品。炊以竹筒，熟則用樹葉或蕉葉裹而食之，人各兩包，不用碗箸。惟祭祀始宰牲牢分食，平時鮮用以佐餐。不務農者，採草木及動物而食，甚至茹毛飲血，猶有太古遺風。而肴具蛇鼠，與粵民之嗜好同，與廣西猓人，澳洲土人，非洲黑人喜食蛇蟲者亦相若。

住則單村獨戶者多，其有萃處者，不過數戶至數十戶爲一寨，如卡瓦數百戶或近千戶一寨者甚少。屋多長方之平房，最長者達四五百尺，深二三十尺；數房則上層住人，下養牲畜。結構係架竹木而覆茅，牆以篾片編之，門窗亦具。內隔多間，置火堂一，中挖火炕，炊食寢處皆在其內。惟居野人山北部者，間有棲息樹間，猶存巢居之古俗。

身體多矯健，上下山嶺，如履平地。其住高山之巔者，往往架木如梁，攀登後即撤去，以防仇人追躡。性情亦多慓悍，無職業者，則生覬刼掠；如刼掠數次無失敗者，社會中稱爲出色人物，女子多爭配爲妻。茲將海客日譚天南雜誌所載預防刼掠之情形摘錄：

王芝海客日譚卷一：野人或數十砦或數砦立一頭人，或一大官，共尊其約束。過野人山者，必于蠻允倹大官頭人來與議，大官頭人曰可過，則每人輸銀三元，謂之「保頭錢」，集衆衞之以行，至蠻暮始與之銀。中間有失，惟大官頭人是償，如北道保鑣者然。苟大官頭人曰不可過，則生野人出山矣，蓋生野人不甚知耕種，每饑甚則出擄人以果腹。或生野人出山者衆，所擄不足充饑，則熟野人亦間爲擄取以供食。故生野人出山，雖倍輸之銀，大官頭人不敢保也，且恐其出山者衆而不能自保也。

天南雜誌第一期希伯滇邊野人山部落之風俗：野人見客商入境，即鳴銃止之。客商聞銃聲，卽將貨物約住，入寨與之交涉，納銀若干，以爲買路保護之費，在彼所轄區域內，可以長行無阻。若聞銃不理，即以武力刼之，不但全貨沒收，人亦拘囚。如先有保家，亦可向之交涉，納贖欵若干，視物之多寡而定；倘無保家，不惟全沒其貨，而人亦且爲奴，或賣至他處；若賣與卡瓦，則取頭祈穀，不能生還矣。

語言則各支小有差異，有不能與漢人及他族通語者，則用擺夷譯之，蓋擺夷中間有通野人之語言故也。

惟無文字，用木刻以代之，與卡瓦倮人同。凡欲入該山貿易者，先以禮物認親戚，給木刻，則招待而保護之；若彼此通信，則以木葉包鹽茶等物，受者即知爲某事，不用木刻。近美教士漢孫夫婦，剏爲蒲蠻文，係用羅馬字製成字母。茲將李生莊雲南第一殖邊區域內之人種調查（見雲南邊地問題研究上卷）所載者摘錄於下：

野人原無文字，其記事則以刀刻木，蓋原始的紀錄法也。十餘年來，有美教士漢生（即漢孫）夫婦者，以羅馬字拚爲野人文，編撰課本，行之頗有成效，今野人用此通信者已不少。其字母只二十二字，加以短音長音促音各一個，共爲二十五音。其讀音與英文字母微有不同，其排列亦不同於英文。茲錄之如下：

字母	讀音	字母	讀音
I	Ī	È	ă
L	lá	O	o
T	tá	C	Shá
A	á	G	gá
H	há	S	Sá
K	ká	Ă	ä
N	ná	U	uu
Y	yá	J-	já
Z	gá	P	Pá
E	ā	B	bá
W	wá	R	rá
M	má	D	dá
Ê	â		

宗教最重祭天祭鬼，然畏鬼程度，甚於畏天。蓋野人歲一賽天，必以太牢，賽畢食肉而榜其首於門，多寡以階級之高下為等差。凡大官頭人，門前牛首甚多，故王芝海客日譚卷一野人山竹枝詞有云：

蕭瑟陰風扶白驄，野人山上俯烟霞。蓬門密榜毛牛首，知是頭人盧四家。

畏鬼如寨有前後門，前門走人，後門為鬼出入，無論何人，不能踐履。又日將晡，則閉門深匿。人病事逆，塵飛髮結，皆謂鬼祟，必祭之。生計大半為祭鬼所耗，蓋每祭必宰牲跳舞宴客，所費不貲故也。

野人除賽天祭鬼外，其信仰尚有最高之神，即諸葛孔明王驥是也。茲將李生莊雲南第一殖邊區域內人種調查所載信仰孔明王驥之情形摘錄之：

野人於諸鬼之上，惟信孔明與王尚書（即王驥），諸物之神曰鬼，惟孔明與王尚書則為神。嘗謂孔明乃其阿公阿祖，開闢天地，為制禮立法之最高神人。而王尚書則為之設營安邊，使上下得所，不遭兵燹，與孔明同為彼輩之阿公阿祖。故凡祭祀之時，必先請孔明，次及王尚書，呼孔明為五布底，呼王尚書為王官獨，然後始遍及諸鬼。五布底者，蓋土語譯意為禮法與人格為一體，含有不可解脫之威權也。今野人山地隨處皆有孔明墓，不啻作為紀念碑。而江心坡王尚書營盤，為土人所保守，視為聖地。我漢族之神威，印入該族腦海中，固如是之深而且遠也。

近自耶教士深入該族中傳教，利用其畏鬼及信仰孔明王驥之心理，用種種甘言誘惑，俾轉移其視聽。甚至謂耶穌即孔明轉世，信仰耶穌，不必再信仰孔明及奉祀其他鬼神，多所糜費。並設有宏大教堂，召收野人與緬人擺夷入內，分組宣講。各教士熟習各該族語言，即用各該族語言以宣傳，深入人心，故沿邊野人入耶教者已不少。一入耶教，則奉祀孔明王驥之典禮盡廢，久之久之，野人向之信仰華化尚有一線之繫念者，必將信仰歐化而入其彀中，不復再思震旦曙光之照臨矣，思之可為浩歎耳！

比外如婚姻或主於父母，或完全自由，或於寨外建宴房，與貴州八寨黑苗及天苗之驗郎房，用以擇配者相似。惟野人有官民之分，不能相混。迨生子女後議婚，聘禮甚重，男貧難咄嗟立辦，可懸欠後償，並可由子孫慣之，又與貴州八寨黑苗向子孫索乃父乃祖之頭錢（聘禮）者相同。若結婚，有翁種壻種之分，則爲他族所無。茲將吾友胡作霖隴川地誌第十三節種類所載者，摘錄於下：

野人結婚，有翁種壻種之界線，如甲娶乙姓之女，而乙姓之子不得再娶甲姓之女以爲妻。丙姓之女婿于乙，而乙姓之女丙姓不得娶以爲婦。甲對乙，乙對丙，均爲壻種；乙對甲，丙對乙，均爲翁種，歷世相承，不容紊亂。

若同姓不婚，與貴州青苗木老同，惟子妻父妾，翁納子媳，較峒奴僅子娶父妾者，尤乖倫理。而土官中有父死子死，一人納父妾子妻達二十九人，連本身妻十四人，共四十三人，是亦有古八百媳婦之遺風焉。

喪葬則人死後用棺或木槽裝屍，多用土葬，立墓，環以深濠，謂爲孔明所教，必如此，子孫始昌熾耳。若孕婦及產死或夫在妻孕中死者，均火葬，與擺夷僅貴族壽終用火葬者不同。

此外有尚義復讐兩事，雖爲西南各種種人所共具之特性，而野人尚義復讐之舉動，間與其他種人不侔。即如尚義一項，據希伯濱邊野人山部落之風俗所載，雖生客偶臨，亦竭誠款待；客去，贈木葉之飯包，設中途遇刼，雖僅執空包回告主人，主人必代爲追究，謂係刼我之客，是欺我也。若復讐一項，據胡君作霖隴川地誌所載，野人秋收嘗新之日，必延請戚隣，取祖宗所遺木刻，一一追述，如記有讐怨事，則所延者乘酒與報復，謂之拿事。據上之所載觀之，尚義復讐之情形，已可見一斑。惟野人公戰則能堅持，私鬥不能耐久。例如外敵來攻，則山官頭人，宰牛割肉，連毛分送各寨，謂之散毛肉，各寨接到，即持械助戰。其械利者，前有長刀毒弩（刀之錬製法，與苗人同，係生時錬親朋所贈之鐵，至成人始製爲刀，快能削鐵，佳者鞘柄飾銀，爲餽人厚禮。弩箭藥毒水，見血即斃。又有回堂藥，中獸雖逸，仍回原處而死，較貴州仲家之弩毒製法尤精），近亦有銅帽槍快槍。戰法不列爲大陣，是路徑熟而善埋伏，敵來以冷槍擊之，與湘西之苗人同。若係緊急集合時，則如卡瓦辦法，加以雞毛火炭，各寨之人，一經接到，即持械飛奔而至。如勢力不敵，暫避其鋒，伺間出而狙擊，此勇於公戰之佐證也。平素私人械鬥，亦分毛肉於親友，親友亦如公戰時赴之；惟非切己之戰事，滿一日後，即紛紛若鳥獸散，以爲人情已盡矣，此怯於私鬥之佐證也。所惜社會組織，僅具家族部落之觀念，在政治方面，不能有擴大之結合，故每家各個獨立，不願置土司山官而受約束者有之。即或每寨置一山官，數寨置一土司以約束，而土司山官遇事不獨裁，皆謀之羣衆，頗具有民治之精神；然亦各自爲政，不相聯絡。平時處理爭議械鬥事務，戰時號召一部分之野人，聚而禦侮，若大敵當前，未聞合全部之野人，傾巢而出，拚命抵抗，故往往逐漸擊破而被征服，此其最大之弱點也。惟自唐內附以來，久沾漢化，現在仍念念不忘，凡土司山官以前受有札委者，尙什襲珍藏。一遇漢官至其地，則簞食壺漿以郊迎，而致其欵曲。其中有稱優秀者，常謂其祖先爲漢族，在昔隨孔明征蠻，流落邊地，子孫遂竄宅于斯。故雖名爲野人，而同姓不婚，待人曲盡禮義，謂非含有漢化而能若是乎？是則祖先隨孔明征蠻之說，似非全出于假託而謂爲無稽。不過漢人未利用此說，與之聯絡而善爲轉導，俾堅其內嚮之心，而不受外誘，永爲吾國忠實之邊氓耳。

右因野人爲野人山重要之種人，故敘述獨詳，其攙雜野人羣中之擺夷栗粟崩龍三種，略敘于下：

擺夷　擺夷有水擺夷旱擺夷之分，凡野人山之東西卑濕烟瘴之地均有之，最與野人接近。志稱驃越隴川間有大小伯夷，即係擺夷，爲古西南僰國之遺民，故又稱僰夷，木王地江心坡及孟拱戶拱一帶之耕地採鑛等項，皆有擺夷攙雜其間。面目淸秀，膚黃白，身刺花紋，其性質亦聰頴和善。惟旱擺夷則稍爲兇悍，然尙與野人不同。男子以綢布裹頭，靑藍布衣，頸圍白布。女子未嫁者蓄辮盤于頂際，科頭，短衣着褲。已嫁者盤髻，纏以布帛，其衣短與處女同；但無褲而繫桶裙。耳肘及頸帶有銀筒銀圈銀鐲。喜食米穀，飲酒，嗜檳榔，蔬菜多冷而後食，類越南人。其在木王地者，用竹筒煮飯，裂傾蕉葉，再爲入口（見外交評論第五卷第二期余著木王地得失之關係第四節），與野人以竹筒蒸飯蕉葉包飯者無異。居多傍水結寨，以竹茅構成平房。生業則男多農牧，間或漁獵經商，女多紡織。有文字，字母十九，與普思沿邊擺夷字母有五十三者有別。茲將李生莊雲南第一殖邊區城內之人種調查所載十九字母，迻錄于下：

字母　另一寫法
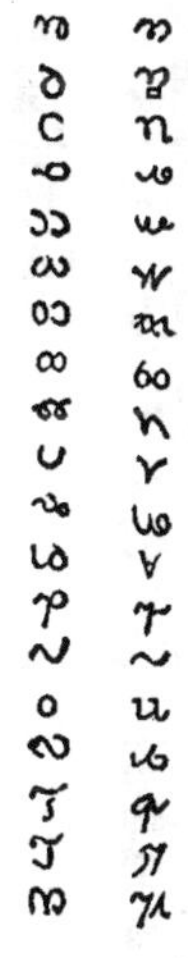

英文讀音：gá　ká　ngá　ja　sá　ya　dá　tá　ná　bá　Pá　má　wá　ná　wá　lá　há　há　á

據原文謂第一欄爲干崖盞達一帶之寫法，第二欄爲猛板遮放芒市一帶之寫法。余査木王地擺夷字母，亦係十九，惟拚音有三十字。僅以字母而論，木王地擺夷，恐係由干崖等處而來，亦未可知。擺夷迷信佛教，隨在建有佛寺，寺皆貯有佛經，係用擺夷文譯成。英人德斐雲南遊記謂擺夷文分二種，一爲普通之用，一係經文用之（見余著木王地得失之關係）。上列字母之兩種寫法，是否普通及經典所用之兩種，俟詳考後再定之。此族既遍建佛寺，廣爲布施，幼年先出家而後還俗者固多，晨起先誦經而後作事者亦不少，與緬俗同。惟爲慈悲戒殺之教義所漸漬，化爲柔懦，亦與緬人同。又除信佛外，尙奉一神，曰寨猛寨蠻，謂可造禍福，主吉凶，信之甚篤。若畏鬼尊巫，亦頗與野人相若。至聚族而居，結爲村寨，數寨合爲一吭，置吭頭外，又置撫夷。吭頭撫夷之上，土置司，土司世襲。吭頭撫夷由漢官委任，或由土司保舉（撫夷間有世襲者，實居少數）；由漢官委任，年限無定。此南部之制度也。北部擺夷，每寨設一頭目，畀治一寨之權，其上則有土司，土司之大者，擺夷尊之爲王，如坎底前有木王，即其一例。現擺夷多通漢語，喜與漢人往來，而土司撫夷吭頭等，又爲漢官所委，故其嚮漢之心不亦亞于野人。

栗栗　栗栗，一稱力些，又稱栗較。高鼻深目，膚含棕素，沿邊如舊蒲桶騰衝盞達干崖孟卯芒遮板均有，分生熟兩種，與野人同。人甚短小精悍，男子挽髻裹首，亦有戴小帽者，衣則麻衣，或披毡衫，富者喜着優人舊衣，與貴州之清江黑苗同。婦女亦挽髻包巾，耳帶大環，長衣長裙，衣邊喜飾貝殼。種蕎稗爲食，或獵以充饑。獵善弓弩，在百步內發無虛矢。住依岩穴，近傍山地墾熟，即去而之他，自係飄泊民族；有時饔飧不繼，即學野人之伺僚刼掠。在昔無文字記事，如野人之用木刻；近英教士仿蒲蠻文之製法，用羅馬字拚成栗粟文以教之。宗教則受野人影響，最爲畏鬼。其受漢化薰陶者，則信仰孔子關聖及觀音。近爲英美教士感化，多爲耶教信徒矣。其社會組織，凡分布于南部者，一如野人擺夷例，寨置頭人，惟由人民推舉排解爭議之事。分布于北部者，無頭人，以致紛亂毫無系統。

崩龍　崩龍雜居於干崖猛卯境內，男女膚含黑素，身材較栗粟尤小。男子裝束似栗粟，婦女傚野人剪髮，長五寸許。惟喜裝飾，耳穿銀筒，頸套銀圈，頗似傜人。凡包巾衣邊裙邊，均鑲紅色呢布。腰膝皆用紅藤或黑漆藤纏之，又類野人。性畏暑，昔多山居，近則爲野人逼迫，退宅原野。平素以農爲本業，兼營工業貿易，以資補助；而所製草席，花紋精緻，英屬南坎歐人住宅，多購以鋪地。爲人誠實少奸詐，并好佛，通擺夷文字，因佛經係擺夷文故也。但出入必佩刀槍，亦係沾染野人之習俗焉。

八　交通

野人山正幹左右交通之路綫，前有航路公路，近則鐵路亦築達山旁。除航路已于前第四節位置及河流中言之，不再複敘。茲將重要之公路鐵路，分敘于下；其未築公路而爲往來之通道者，亦附敘之。

(甲)公路　公路有下之縱橫貫穿之各綫：

(一)由密支那通坎底之路　此路在野人山正幹之東，係英人所築，南自密支那起，向北，經維習生拔波等處，達坎底。計寬十餘尺，長七百八十餘里。生拔波南至密支那，約合全綫三分之二通行汽車：北至坎底，約合三分之一暢通馬車。由坎底向北至木里肯之路，近亦築通。此爲野人山東第一主要之幹路也。

(二)由片馬通坎九之路　北路在野人山正幹之東，英人所築，南自片馬起，向西南經拖角羅孔至石灰卞過恩梅開江，北至江心坡，轉北經騰南拱路等處，達坎九。寬五六尺不等，長約八百餘里。此野人山東第二主要之幹路也。

(三)由孟拱通孟緩之路　此路在野人山正幹之西，亦英人所築。自孟拱向西北，轉北經甘板丁格陵等處，達孟緩。現孟拱至丁格陵之路已築成，約長四百餘里。丁格陵至孟緩之路，亦將築通。

以上三綫，係縱貫南北之公路。若東西橫貫之路，或全部或一部分已築成者，有下之四綫：

(一)由騰衝通八莫之路　此路在野人山南幹之中，由騰衝向西南，經南甸干崖弄璋街蠻綫茅草地等處，達八莫，長五百餘里。滇緬間近時往來，多由此路，爲南幹中第一孔道。若由騰衝向西，轉西北，經盞西神護關昔董允冒等處達密支那；由干崖向西，轉西南，經盞達巨石關息馬半山蠻威等處達八莫；由弄璋街向南，折西，經隴撒猛卯虎踞關等處達八莫，亦有路可通。惟在緬甸境內，均築公路，我國境內，仍屬崎嶇難行，概未修理。

(二)由片馬通密支那之路　此路并在野人山南幹之中，由片馬向西南，經拖角羅孔澤勒苦兎宋等處，達密支那，計長五百七十餘里。近由英人築成公路，爲南幹中之第二孔道。

(三)由龍陵通南坎之路　此路亦在野人山南幹之中，由龍陵向西南，經隴川章鳳街猛卯等處達南坎，計長三百七十餘里。在滇境路未修築，緬境已築成公路，并由南坎築通臘戍。

(四)由坎底通康古之路　此路係在野人山北幹之中，由坎底向西，轉西北，經南闍紺捕等處，達印度阿薩密之康古，約長四百餘里。係英人築成，爲北幹中第一孔道。

(五)由坎底通茂當之路　此路西段係在野人山北部支脈之東北，由坎底向東，轉東北，經龍那坎九日乃等處，達高黎貢山西麓之茂當(茂當與菖蒲桶隔山相對)，已由英人築成公路，長約四百餘里。爲英人侵略滇省西北部重要之路綫，余著木王地得失之關係中曾言之。

(六)由生拔波通窩澤之路　此路在野人山北部支脈之中，由生拔波向東，經江心坡之林麻若孔等處，達恩梅開江東岸之窩澤。由英人築成公路，長約二百餘里。

(乙)鐵路　鐵路僅接近野人山南幹之間有之，分爲下之兩綫：

(一)由密支那通仰光之路　此路由南幹西南之密支那起，向西南，轉南，經孟拱孟養蠻得勒擺古等處，達仰光，長二千二百四十七里，係英人築成。

(二)由臘戍通蠻得勒之路　此路由南幹南之臘戍起，向西南，經許跑委廷等，達蠻得勒，長五百四十里，由亦英人築成，爲密支那仰光間幹路之支綫。

以上皆野人山幹脈支脈中重要之公路鐵路及陸路，其餘如公路陸路之支綫尚多，難以縷述，故略而未叙。第就上列各路論之，其中一由木里肯向西北，通西康察隅之路，英人現正積極查探，擬再築通，爲侵略康藏之計。一由孟緩向西北經楷日剔通印度阿薩密之雪皮火車站，與阿薩密之鐵路相接，俟丁格陵孟緩間之路築通後，再爲展築，俾印緬之動脈聯絡，增厚北緬邊防之勢力。若南闍通阿薩密康古之路，聞已鋪設鐵軌，究竟已否築有鐵路，俟查明再爲補入。而滇爲將來收復片馬江心坡木王地及鞏固西部西南部邊防計，亦應將昆明至大理九百餘里將成之公路，迅速築成。由大理西南至騰衝，西北營蒲桶均長一千六百餘里之公路，分別速築，以資應付。此事余在杭州浙江中華史地學會講雲南與國防時曾詳言之（見第一卷第八期圖書展望）。如由大理經漾濞永平漕澗等處，至瀘水之公路，計長七百八十餘里，再能築成，則瀘水片馬相距不過一百一十五里，爲應付片馬江心坡發生變動之預備，亦屬合宜。

九　隸屬

英人將滇西片馬江心坡木王地及恩梅開江上源俅江駝洛江一帶，次第侵占，無非因前有人擬由高良工山劃界，遂謂高良工與高黎貢係屬一山，不與我方共同商議決定，竟在高黎貢山頂之搬瓦了口及大喋哀本等處，樹立界樁界牌。高黎貢山與高良工山截然不同，前于第三節山脈及形勝中固已敘明，而民國十三年余著片馬小誌登孟晉雜誌第一第二第三各期，曾援引明史地理志，明楊慎雲南山川志滇載記，鄭邦浩高黎貢山証譌，清鄂爾泰雲南通志，清一統志及顧祖禹讀史方輿紀要所載高黎貢山隸屬我國之事實，詳爲証明，不再複列。現因余素主張滇緬北段之界必須在野人山幹脈中劃分，以斷葛藤，則片馬江心坡木王地等處，自能光復故物，不必枝枝節節與之爭論（民國十九年六月，蘇州中學校長汪君典存等邀余在靑年會講滇省北段界務會詳爲論列）。故將蒐獲之資料，擇要整理，纂爲本文，以申論之。是則隸屬一節，爲異日劃分之証據，尤關重要。特就史乘所載關于野人山隸屬吾國之証據，以次摘列于下：

山海經第一南山經，南山經之首曰䧿山，其首曰招搖之山，臨于西海之上，多金玉，有獸焉，其狀如禺而白耳，伏行人走，其名曰狌狌，食之善走。麗麐之水出焉，而西流注于海，其中多育沛，佩之無瘕疾。又東三百里曰堂庭之山，多白猿，多水玉，多黃金。

按郭璞注，臨于西海之上，謂在蜀伏山山南之西頭，濱西海也。有獸焉，其狀如禺而白耳，謂禺似獼猴而大，赤目長尾。育沛，未詳。多白猿，謂今猿似獼猴而大，臂脚長，便捷，色有黑有黃，鳴其聲哀。畢沅新校正，招搖之山，謂大荒西經有招搖山，即此。郝懿行箋疏，猿色有黑有黃，謂後漢書班固傳注引此，注竝云，色黑，無黃字。今野人山在吾國西南部荒服之中，即係招搖之山。況招搖山產長尾猴，今野人山產蜼，即長尾猴（見前第六節物產中引海客日譚之文），堪爲野人山即招搖山之一證。至麗磨之水，西流注海，中多育沛一節，章鴻釗石雅卷上琥珀內，謂育沛，即琥珀也，育沛與琥珀音相近。本草綱目引宋大明本草云，琥珀破結瘕，則功用並同。琥珀後漢書謂出哀牢，博物志謂出益州永昌，華陽國志謂出博南，唐書謂出南詔三濮及環玉，本草綱目謂今金齒麗江亦有之，考之並在今雲南或其徼外地，是與育沛所出，其地望若相準。余在滇詢明琥珀係產戶拱，戶拱在野人山幹脈之西，支脈之東野人山地之內。其地有更的宛河源，出野人山幹脈之枯門嶺，戶拱位于河之上游各支流間。此河西南，轉東南，入金沙江，前已于第四部位置及河流中敍明。古時因地屬荒遠，不明其下游之所在，故謂爲直接注海，是則更的宛河即山海經麗磨之水。又經文謂其東有堂庭之山，多白猿，郭注郝氏箋疏，均有色黑之說；現野人山南幹中產黑猿白眉（見前第六節物產中引海客日譚之文），又即古堂庭之山。加以戶拱東南孟拱產玉，大金沙江上游產金沙，亦與招搖山多金玉之說脗合。招搖山確爲野人山，古屬永昌博南，故後漢書華陽國志謂永昌博南產琥珀耳。

新唐書卷二百十二南蠻列傳上：安祿山反，閤羅鳳西降尋傳驃諸國，尋傳蠻者，無絲纊，跣履榛棘不苦，射豪猪食其肉，戰以竹籠頭，如兜鍪。其西有裸蠻，亦曰野蠻，漫散山中，無君長，作檻舍以居，男少女多，無田農，以木皮蔽形，婦或十或五共養一男子。

樊綽蠻書雲南城鎭第八：西渡麗水至金寶城，從金寶城西至道吉川，東北至門波城，北至廣蕩城接吐番，北對雪山鎭西城，西北渡麗水而南，至祁鮮山，西有神龍河柵，祁鮮以西，卽裸形蠻也。管摩零都督城在山上，自尋傳祁鮮以往，悉有瘴毒，地平如砥，冬草木不枯，諸城鎭官懼瘴癘，或在他處，不親視事，南詔特於摩零山上築城，置心腹，理尋傳長傍摩零金𣊤城等五道事云。凡管金齒漆齒繡脚繡面彫題增書等十餘部落。

按續瀛寰志略世增野人山地誌，邁立開江上游格古斯野番，赤體無服，自係新唐書所載之裸蠻。又胡作霖隴川地誌第十三節種類，野人俗尚多妻，即係新唐書所載婦或十或五養一男子之裸蠻。余著木王地得失之關係文中，謂木王地擺夷無絲纊，男女皆衣布氈，又均跣足，不着履，即係新唐書所載無絲纊，跣履榛棘不苦之尋傳蠻。現查野人山東木王地之坎底，爲低平原，氣候炎熱，草木長春，與蠻書所載地平如砥，冬草木不枯之說，固屬相符。而野人山西當木王地西南亦有一平地，瘴癘甚盛，與木王地同，已於前第五節氣候中言之，亦係蠻書所載地平如砥，悉有瘴癘之地。且此地在野人山幹脈枯門嶺西，枯門與摩零音相近，又即蠻書所載之摩零山，南詔置城即在山嶺上。查現在野人山中之野人齒多染黑，擺夷亦身刺花紋，而北部幹脈東之曲人傈人，婦女面鼻嘴唇，均刺花紋，南部幹脈間土人，以金包齒，又為南詔所管金齒漆齒彫題繡面之部落。南詔閣羅鳳于唐玄宗天寶七載即位，唐遣使册封襲雲南王，彼時野人及擺夷等既隸南詔，其山亦為南詔所有。是在唐時該山及山旁各地，已隸吾國。

元史卷二十六仁宗本紀：皇慶六年二月，永昌蒲蠻阿八剌為寇，命雲南省從宜剿捕。

又卷三十泰定帝本紀泰定四年十一月，雲南蒲蠻來附，置順寧府寶通州慶甸縣。

按續修順寧府志卷三十四雜誌一種人引清職貢圖：「蒲蠻，相傳為百濮苗裔；元泰定間內附，以土酋猛氏為知府，明初因之，宣德中改土歸流。今順寧滇沅普洱永昌景東等府有此種，男子衣布披毡，佩刀跣足」。又引舊雲南志：「蒲蠻，即古百濮，周書與微盧彭，春秋傳與巴楚鄧并為南土，在永昌西南徼外。又在順寧沿瀾滄江居者，號普蠻，亦曰樸子蠻，性尤悍惡，專為盜賊，善槍弩。男子以布幅掛身，婦人織布，搭右肩，結于左脇，以蔽胸，另以布一幅蔽腰。平居刀耕火種，好漁獵，住山寨茅屋中」。是蒲蠻在元時已隸于吾國。沿邊如永昌順寧等屬，均有蒲蠻分布為我庶民。況蒲蠻即濮國苗裔，濮在周時，已附周伐紂，書經牧誓曾載之，後至元明又內附。且觀上圖志所敘蒲蠻服裝習俗，與今野人無異，洵為今之野人。宜乎美教士拟字母教野人，稱之為蒲蠻文耳。蒲蠻既係野人，野人多係生聚于野人山，野人在元時內附，隸于永昌，故元史稱為永昌蒲蠻。永昌之地，元時隣近緬甸，馬哥波羅遊記卷二曾言之。永昌既隣近緬甸，其境域西達野人山外，野人山必有一部分為永昌所轄，故野人隸于永昌。況據元史卷六十一地理志第十二雲南諸路行中書省所載，野人山外平緬麓川等地，悉為元有，則野人山隸屬于元，亦無疑義。

明史卷三百十四雲南土司二麓川土司列傳：正統十四年，驥（王驥）率諸將自騰衝會師于千崖，造舟至南牙山，舍舟陸行，至沙壩，復造舟至金沙江。機發（即思機發爲麓川宣慰司思任發之子）于西岸埋柵拒守，大軍順流下，至管屯，——攻破其棚寨，——至鬼哭山築大寨於兩峰上，——分道並進攻拔之。——思機發奔遁，時王師踰孟養至孟那，孟養在金沙江西，去麓川千餘里。——驥還兵，其部衆擁任發少子祿據孟養地爲亂……與思祿約，許土目得部勒諸蠻，居孟養如故，立石金沙江爲界，誓曰，「石爛江枯，爾乃得渡」，思祿亦懼，聽命，乃班師。

又麓川土司列傳，隴川宣撫司多士寧記室岳鳳鴆士寧投緬，代士寧爲宣撫。劉綎鄧子龍各舉勁師至，環壁四面，鳳懼來降。以送鳳妻子還隴川爲名，分兵趨沙木籠山，先據其險；而自領大軍馳入隴川。復率兵攻蠻暮，蠻暮賊降，招撫孟養賊，賊將走，獲之，隴川平。

南牙山爲野人山南部正脈之山，王氏征麓川，曾越此山，是野人山南部正脈，在明時全屬我國。又逾金沙江而西，至鬼哭山；金沙江爲大金沙江，即今伊洛瓦底江，鬼哭山即鬼窟，在孟養境內。其後立石以金沙江爲界，是金沙江東之地全爲我有。野人山在金沙江東，自應一併爲我所有。至沙木籠山即今杉木籠山，爲野人山南部支脈之山，明時劉綎據之，收復孟養蠻暮各地。孟養蠻暮各地，皆在野人山中南兩部幹脈之外，又足証野人山中南兩部幹脈，悉爲我有。況劉氏在蠻暮建立威遠營之碑，近年出土，碑文鐫有「洗甲金沙，藏刀鬼窟，不縱不擒，南人自服」諸語，并注明授誓者，有孟養孟密木邦諸土司。孟養在野人山中部幹脈之西，孟密木邦皆在野人山南部幹脈之南，此三土司既均內附，更可爲野人山屬我之一証。

鄂爾泰修雲南通志卷二十四種人內載：野人居無屋廬，夜宿樹顚，赤髮黃睛，以樹皮毛布爲衣，掩其臍下，首戴骨圈，插雞毛，纏紅藤，執鈎刀大刃，採捕禽獸，茹毛飲血，食蛇蟲，性兇悍，登高跳險如飛，住茶山里麻之外。

阮元等修雲南通志卷一百八十七南蠻志種人六野蠻引姚州志：化外野夷，不聽教化，饑則刼掠，漢人至則避跡，蓋因地在極邊，故習遂難遽革。明通志，雲龍州三崇山後有野蠻，距郡五百里，一言不合，白刃相向。騰越州志，今臘撒後山野人有生尾者。

劉毓珂等纂永昌府志卷五十七羣蠻志種人內載：野人居多茅棚，好遷移，有離騰千餘里者，有離騰三百里者，設防處名滇灘關，有兵把守。

陳宗海等修騰越廳志卷十五諸夷志二種人內載，金寶城以北，大賧周迴百餘里，悉皆野蠻，無君長，其地有瘴毒，河賧人至彼中瘴者，十有八九死。閣羅鳳嘗使領軍將于大賧中築城，管判野蠻。其山土肥沃，種瓜瓠長丈餘。又多槃豉，無農桑，收此充粮。三面皆占大雪山，其高近天，往往有吐番至賧貨易，云此山有路，去贊普牙帳不遠。

鄂志所叙野人之生活，與前第六節種人中所叙野人之生活，多屬相同。此志係雍正間所修，彼時野人悉爲滇有，故記入志內。阮志所載野人地在極邊，及在三崇山後五百里，又腊撒後山有之，自係指野人山之野人而言。此志修于清道光間，是道光間野人山及野人，仍隸于滇省，故此志載之。至劉氏永昌府志係清光緒十年所纂，既載明野人在離騰千餘里或三百里之處，亦係指野人山之野人而言，是彼時野人山爲永昌府所屬，故將該山野人記入永昌府志。陳氏騰越廳志係清光緒十三年所修，志內不但載有野人，并將野人山地有瘴毒，產瓜肥碩，及南詔之經營情形，與該處接近西藏，三面皆占大雪山之狀況詳叙之。又與前第三節山脈及形勝內所載野人山地瘴氣甚盛，接近西藏，北東及西北爲野人山支幹各山環繞之形勢，適相符合。是野人山地在昔曾隸於騰越，故騰越廳志特載之。

薛福成出使日記續刻卷五：「舊議英雖滅緬甸，而野人山地數千里，本非緬屬，勘界時尚須兩國均分，夏間向沙侯申此議，沙云頗有道理。」

又卷六：「野人山地爲西路屏藩，形勢所在，陸抗所云如有警，當傾國以爭之者也。山內外多膏腴沃饒之地，或以兵屯田，或招佃開荒，野人本樂爲我用，可行保甲之法。所惜事機已失，全山盡爲英占，非以公法力爭不可。」

姚文棟雲南界務邊記卷下上王制軍說帖一：「謹案野人山本係中國土司所分轄如隴川孟卯土司之地，以野人山外之洗帕河爲界，麻湯（即鐵壁關撫夷）漢董兩隘，尚在其內，噴干（亦作崩崗）一隘，亦爲隴川孟卯兩土司之屬地。其外山麓有野人墓碑，上書「皇清特贈淑德楊盤同老太君之佳城」，爲地屬中國之明證。允搯一地，据古永昔董兩隘之口，在野人山外，爲盞達土司之屬地。是以英政府曾有以老八暮歸我中國之說，又許中國共享大金沙江之利。蓋中國土司屬地，本跨有大金沙江以外，直瀕大金沙江者也。惟南甸土司與舊時蠻暮土司，以野人山中間之洪蚌河（即紅蚌河）分界。然蠻暮土司本內屬，乾隆五十八年曾換給印信（文曰「蠻暮宣撫司印」，存騰越廳署，不知何年爲緬甸竊去），故蠻隴蠻馬打羅戛鳩一帶地方，凡在野人山以外，大金沙江以內者，實皆中國舊地。英所稱老八暮者，即指此處。」

觀右薛氏所記，野人山爲滇西屏藩，雖爲英占，不可不以公法力爭。既然力爭，不但幹脈應歸我有，即幹脈西支如不可等山，同稱爲野人山者，亦當爭之。惟薛氏因該山已爲英占，擬遷就在野人山分界，故該日記卷六記咨總理衙門云：「查滇緬分界，并理論分劃野人山一事，曾電達在案。英外部于索問野人山地之文，遲遲不覆，意存延宕；經迭次催促，來文語意多含混，足徵理屈詞窮」。是則英人無野人山屬緬之証據可持，故遲遲不覆，意存延宕，已可概見。至姚氏說帖所敘野人山隸屬吾國，更有確實之証據。況薛氏咨送姚氏稟陳滇邊及緬甸情形文內，又聲明乾隆時，西抱孟拱孟養蠻暮，南包孟艮木邦孟密六土司在內；其後六土司潛爲緬甸所誘，中國不復過問，于是以現屬騰越之南甸隴川孟卯干崖盞達等土司爲新界，新界西至大金沙江而止，永昌騰越諸志，班班可考，野人山蓋在新界之內也。執此以爲野人山隸屬我國之證據，更信而有徵。

王先謙五州地理志略卷七上：野人山地，騰越維西之西，亞薩密（即阿薩密）之東，喀木桑阿吹鐘城之南，北緬之北，有曠地名野人境，卽一統志及和寧西藏賦所言之羅喀布占國，滇竇志略謂爲貉貐野人。明代有茶山麻里兩長官司，卽今野人境。師範云，茶山麻里，前明設有兩長官司，明季爲野人所驅，奔入內地。西人稱其種爲格古斯藏人，呼其爲老卡止。藏人犯死罪者解赴其間，群老卡止分而啖之。其疆域大約南起大盈江兩岸，西蘸爲新街（卽八莫），東北六七十里之蠻隴，東蘸爲盞達，西南三四十里之蠻允，卽騰越西南邊也。自此北迤於怒江伊洛瓦底江之間，此種人爲拉閒伯陽麥命，蓋半化之熟番也。再北傍恩梅開江而居者爲薩騰種；薩騰種之西，傍邁立開江而居者爲格古斯種，蔓延北及喀木，西及更的宛河與亞薩密接。此種最野，卽藏人所謂老卞止分啖人肉者。其北有地曰坎底，產橡樹甚著。近邁立開江更的宛河發源處，均產琥珀。

觀王氏所敘野人山地南北情形，凡野人山幹支各脈及左右近山各地，皆在其中，較前第三節山脈及形勢內引列世增薛福成所敘野人山之情形稍詳。其謂爲明代茶山麻里兩長官地，雖據師範滇繫所言，其實大明一統志卷八十六所載雲南地理之圖，茶山位麗江府西，係在麻里之北。永昌府志卷五十六羣蠻志，孟養軍民宣慰使司居金沙江（即大金沙江）上游，北極吐番（即西藏），西通天竺（即印度）；又茶山長官司土目姓早，舊屬孟養，後早章不附，明永樂授早章爲茶山長官司，其北與麗江野人接境，余著木王地之得失曾言之。是則野人山地之北部，凡在山之東西者，確爲我國孟養茶山兩土司所屬，自應完全爲我所有。其南部爲隴川孟卯盞達南甸蠻暮等土司轄地，前引姚文棟之說已詳言之，故不再贅論。

總之，上引各史乘所載關於野人山隸屬吾國之證據，可見自古迄淸，均爲我有，幷非屬於緬甸。而明代徐霞客遊記謂野人即茶山之夷，昔亦內附，淸嘉慶間伯麟奏進雲南種人圖，凡百種，野人亦在其內（按此圖副本，余在滇時，有人持以求售，其圖不但種人之頭足各部製飾，悉依原狀繪成，即衣服顏色，亦依原色繪之。裱成尺頁百開，裝於紅木盒內。惜裘價過昂，未能購獲），亦可為野人山之野人，全為我屬之一證焉。

十　結論

自東北四省國防疏忽而未加備豫，穴空風入，倏忽脆折堅摧，河山易色，鑒往察來，不得不籌畫西南國防，免蹈覆轍。而滇東鐵軌，貫入心腹，不殊安奉之易於進取。不知法對滇尚取半攻勢，英對滇全取攻勢，余在浙江中華史地學會講雲南與國防時曾詳言之。而滇西北段界務之糾紛未了，英尤得隴望蜀，節節內侵，勢將由此插足川康，為囊括西南三省之計。如再不設法解決，必致為東北四省之續，而不為我有。解決之道，執証先與交涉，交涉無効，惟有將來訴諸武力。無論交涉或訴諸武力，均非洞明北段之地勢不可，欲洞明該段地勢，尤非洞明野人山之形勢不可。蓋野人山就地理而論，為我國天然長城之一隅，在國防上占重要位置。若就歷史而論，確係吾國所有之山，山之南部，照清光緒二十年所訂中英續議滇緬界商務條欵第一二三四五六各條及後總理衙門擬定中緬條約附款一二三各條所定，自尖高山至薩爾溫江之界，中間經瓦崙山薩伯坪大郎坪嶺及萬仞關巨石關息馬鐵壁關西境，虎踞關天馬關東境，并順瓦蘭嶺孟哥山以定之。凡猛夏猛弄息馬蠻哈等練布嶺杉木籠各山，尚為我有；邦杭邦欠等山淪入緬境，野人山南部幹脈已劃去一小部分。所幸北段之界未劃，雖英方因前清洋務局及石鴻韶擬勘界綫時，有在高良工山劃界一節，堅持高黎貢山即高良工山之說，強豎高黎貢山之界椿界牌。然古今無片面定界之先例可援，凡有片面造成侵略之局勢，為國際所不能公認，受侵略者儘可隨時而推翻之。是則高黎貢山以西，如片馬江心坡木王地等處，英雖築路設官，儼為己有，如我有野人山確屬我國之鐵証，應當全部收回。萬一不能全部收回，可照南段在野人山劃界之案，一小部分劃與英方，其大部分仍為我有，以全與英素敦親睦之厚誼；并免將我國固有之地全部拱手送人，致惹世界史地學者之譏評，而耽耽虎視者亦不至援例要求，受剜肉饜人之苦痛。本文前第九節所引史乘中紀載各節，即野人山為我有之鐵証也。野人山峯之高者達一萬三千尺以上，較其東高黎貢山碧蘿山為高，實係滇西第一重要之屏蔽。不但我國姚文棟前陳邊務情形文內，有野人山之天險可以限隔中外，若為英所得，則英可長驅而入雲南，有高屋建瓴之勢；即以前西報之論野人山者，亦謂此山如在華界，則英兵雖滿萬，不能敵華軍之百，苟英得此山，則百英兵亦可勝華萬兵矣（見雲南勘界籌邊記卷下）。此余在滇留別諸生詩所為有「蹙疆莫劃野人山」之句也。雖山外之地久為英占，且琥珀翠玉諸鑛得屬珍品，開發徵稅，收入甚豐，英人勢難放棄，然苟劃山為界，幷生聚教訓我國界內之野人，以守山內各地，更擇建要塞以固封守，猶可恃武裝以祈和平。昔東人嘗謂元代末在亞西烏拉山定界以守之，殊為可惜，余謂清代未在滇西野人山定界以守之，亦殊可惜。今後若能在野人山劃界，為亡羊補牢計，較前清任人強占野人山而不顧者，猶為彼善於此。萬一一時不能以口舌爭回，亦必蓄我武力，與之周旋，為最後之應付焉。

30

冶不在今福州市辨

葉國慶 1

往年草古閩地考（燕京學報第十五期）一篇，以爲古閩地跨有浙南，漢閩王冶都不在今福建，冶非東冶，而東冶即東候官。今春讀勞榦先生漢晉閩中建置考（國立中央研究院歷史語言研究所集刊第五本第一分），悉中間於拙文頗有批評。勞先生於冶地望之意見，以爲冶都在今福州市，古冶地盡在今福建境內，冶即東冶，即東候官；與鄙意相反。細考差異之因，則由作者信續漢志『章安故冶』一語不誤，而勞先生則不信也。竊以勞先生之意，尚有未是，不敢苟同，略抒所見，以資切磋。中間於冶非東冶一項，自以古閩地考所論理由尚是，故不再辨。至冶都確在今何地，作者以爲吾人所獲史料尚少，不能斷定也。

一　閩地望之觀察

世人習以閩地望限在今福建省內，其實古書所載不盡然也。

山海經海內南經曰：『閩在海中，三天子鄣在閩西海北』。注曰：『在新安歙縣東，今謂之三王山，浙江出其邊也』。海內東經曰：『浙江出三天子都，在其東，在閩西北，入海』。注曰：『按浙江出新安歙縣南蠻中，東入海，今錢塘江是也』。三天子鄣在歙縣，恰居浙西，是以浙南爲閩地。又寰宇記永安縣下云：『石城縣在縣南一十四里，張氏土地記云：「東陽永康縣南四里有石城山，即三天子鄣也」』，是亦見浙南爲閩地，此一證也。獻帝春秋曰：『孫策率軍如閩越討朗』（魏志王朗傳引），時朗在會稽，是會稽爲閩越地，二證也。酈道元水經注云：『浙江又東注於海，故山海經曰：「浙江在閩西北入海」』，是酈氏亦視浙南爲閩地，其證三也。嘉泰會稽志曰：『古冶在州東南』（卷十八頁九）、東冶下又云：『嚴助傳閩王舉兵於冶南，注，「會稽山名也，今名東冶」』（卷十八頁九），餘姚縣下曰：『冶山在縣東北二里』（卷九頁三七），是冶在浙地，其證四也。

由是觀之，浙南舊爲閩疆故冶地甚明。閩爲無諸王號，冶爲無諸都城。今若信章安爲回浦，以冶即東候官，盡以冶所分置地置之今福建省內，則何以閩疆故冶之蹟乃見於浙地耶？

二　冶不得更名爲東部候官

勞榦先生述漢冶縣建設之源曰：『閩越爲冶，東甌爲回浦』，又曰：『冶縣故地，置東部候官』，又曰：『冶亦稱東冶』，此以冶縣即東冶，即東候官，即東部候官。推其意蓋以前漢之冶縣，後漢改爲東部候官，故續漢志無冶縣名也。

按冶不得改爲候官，請先說候官之義。洪頤煊云：『東部候官，會稽東部之候官也。張掖屬國，上郡龜茲屬國，皆有候官城，後省稱東候官』（後漢書集解卷二十二郡國志引）。揚雄云：『東南一尉，西北一候』。前漢志敦煌下有步廣候官。王國維云：『近日敦煌塞上所出漢木簡，知敦煌中部都尉下有步廣平望兩候官，玉門都尉下有玉門大煎都兩候官』（後漢會稽郡東部候官考，觀堂集林卷十二）。就候官所在地觀之，候官乃設於邊境，或以統理蠻夷，或備警戒者也。又按王先謙所考：『候官與縣道同，不爲縣道，則別立候官以領之。續志張掖屬國有候官，後總云涼州刺史部縣道候官九十八，是其明證』（前漢書補注卷二八）。是候官爲縣之小者，或爲警備邊事之城也。

今冶縣立於漢武帝元鼎五年，至後漢已歷百有餘年，中間不聞有叛變割據之事，何故由縣降爲東部候官乎？

勞先生又以後漢之候官，即吳，晉，宋之候官。按候官於後漢屬會稽郡，於吳屬建安郡，於晉宋屬晉安郡。每退一代，則所屬之郡即南退一著。吾人將謂候官歷代固定不移，在今福州市（勞君意）乎？抑將謂隨設郡南拓而移乎？謂候官固定在福州市，則後漢會稽郡十三縣皆在今浙江省內，獨一候官遠置於今福建中部，謂之合理可乎？

是故冶不得改名爲候官，漢之候官不能在今福州市，冶亦不得在今福州市，實矣。

三　泉山不在今福州市

漢書朱買臣傳曰：

> 是時東越數反復，買臣因言故越王居保泉山，一人守險，千人不得上。今聞東越王更徙處南行，去泉山五百里，居大澤中。今發兵浮海，直指泉山，陳舟列兵，席卷南行，可破滅也。上拜買臣爲會稽守。……居歲餘，買臣受詔將兵，與橫海將軍韓說等俱破東越。

按買臣武帝時人，韓說等破東越在武帝元鼎六年（史記東越傳），時東越王爲餘善，居保泉山者自當爲餘善。餘善與無諸孫丑並處（史記東越傳），無諸都冶，自無諸至丑，史不載有遷都之事，是泉山當爲距冶不遠之地。冶地今不能定，當先求泉山。泉山在何處，諸書所記，有下列數處：

（一）在今永嘉縣

泉山，從永寧南出三十里，東北枕海。永嘉記泉山頂上有湖，中有孤巖獨立，皆露密房。漢書朱買臣上書云：『越王居保泉山，一人守險，千人不得上』。（寰宇記卷九十九永嘉縣條）

大羅山，一名泉山。祝穆曰：『此卽朱買臣所云越王居保之泉山也』。（方輿紀要卷九十四永嘉縣條）

（二）在今衢縣

泉嶺山，在縣南二百里。漢朱買臣曰：『東越王保泉山，一人守險，千人不得上』，即今信安縣之北界也。（寰宇記卷九十七衢州西安縣條）

（三）在今浦城縣

泉山，在縣東北六十里。記云山頂有泉，分爲兩派，一入處州，一入建溪。卽漢書朱買臣言『東越王居保泉山，一人守險，千人不得上』，卽此山。（寰宇記卷一百一浦城縣條）

泉山記曰山頂有泉，分爲兩派，一入處州，一入建溪。即漢書朱買臣所謂『東越王居保泉山，一人守險，千人不得上』，卽此山也。（大平御覽卷四十七）

泉山，頂上有二派，一入建溪，一入處州。（古今圖書集成方輿彙編浦城縣條）

泉山，在縣東北六十里，一名泉嵩。或曰漢書朱買臣言『東越王居保泉山』，盜謂此山云。（方輿紀要卷九十七浦城條）

泉山，一名福羅，亦曰覆釜，距城八十里。寰宇記山頂有泉，分爲兩派，一入處州，一入建溪。漢朱買臣言『東越王居保泉山』即此。（續修浦城縣志卷三）

（四）在今福州市

越王山，在城北，其東麓曰冶山。蘇林注嚴助傳曰：『冶山名，今名東冶』，三山志云『今甌冶池是也』，漢書閩越王無諸都冶者是也。冶乂名泉山，三山志：『朱買臣傳「故東越居保泉山」，師古曰：「即今泉州之山」，謂福州也』。（福建通志卷五山川福州府條）

（五）在今晉江縣

清源山一名齊雲山，在郡北，又名北山。有孔泉，亦名泉山。寰宇記朱買臣傳謂東越王所保之山是也。（泉州府志卷六）

清源山亦名泉山，或引朱買臣傳以此山爲東越王所保之泉山，非也。按朱買臣在漢武時，東越王所保之山斷以福州爲是。（晉江縣志卷一）

按泉州府志引寰宇記云云誤也。寰宇記言東越王所保之泉山有三處，無指泉州者。卷百零二晉江縣載有泉山，然不云是東越王所保。府志之誤，當由誤解唐顏師古注。師古注漢書兩粵傳云：『泉山，泉州之山也』，師古所謂泉州，乃今之福州市也。

福建通志泉山說本自三山志（宋淳熙間晉江人梁克家撰），三山志本自師古注。師古注文含糊，似析字爲訓。且古籍不載此山，其說令人懷疑。

寰宇記永寧之泉山，本永嘉郡記，永嘉郡記之泉山未必指此。永嘉郡記云：『甌水出永寧山，行三十餘里，去郡城五里入江。昔有東甌王都城，有亭，積石爲道，今猶在也』（清孫詒讓輯本）。東甌與東越建都之地不同，東甌王都城在永寧，則東越王之泉山不得在永寧。

寰宇記又載衢縣浦城縣俱有泉山。衢縣一條不知據何書；浦城縣一條，試參閱太平御覽可知所據者爲泉山記。太平御覽撰於宋太平興國二年，其所引書，似爲宋以前之著作。御覽梨嶺條又引泉山記曰：『梨嶺因梨以名之，記云南嶺下道東有種梨古亭跡存焉』（卷四十七），是梨嶺當是泉山之一脈。

圖書集成梨嶺：『路通衢之江山，厥土宜梨』。（方輿彙編浦城條），續修浦城縣志（光緒丁酉本）亦云：『泉山距城八十里，寰宇記山頂有泉分爲兩派，一入處州，一入建溪。漢朱買臣言東越王居保泉山，即此』。又云：『梨嶺在安樂里，距城六十五里，其土宜梨』（均見山川條）。更按縣志山川圖所載，縣東北之黃檗山，柘嶺，小羅福山，大羅福山，統曰泉山。山脈北連浙江江山境，東北達遂昌龍泉境。是泉山者，當爲今仙霞嶺之脈，爲浙江福建之界山，兩省交通必經之路也。

浦城，劉宋時屬建安吳興縣。梁書江淹爲景素所搆，黜爲吳興令（卷十四江淹傳）。江淹稱吳興地在東南嶠外，閩越之舊境也（自序，江文通文集卷十）。其集中詩篇亦稱浦城爲閩城，謂遷陽亭爲漢使吳兵往來之孔道。

遷陽亭詩

擥淚訪亭候，茲地乃閩城。萬古通漢使，千載連吳兵。…（江文通文集卷三，案續修浦城縣志文藝下收入此詩）。又古蹟下云『六朝遷陽亭，在今長樂里仙陽，劉宋江淹令吳興時有詩』。

黃檗山詩

長望竟何極，閩雲邅越邊。…（江文通文集卷三）案續修浦城縣志山川下『黃檗山在縣西三十五里』。

又有渡泉嶠出諸山之頂云：

岑崟蔽日月，左右信艱哉。萬壑共馳騖，百谷爭往來。…行行詎半景，余馬以長懷。南方天炎火，魂兮可球來。（江文通文集卷三，案續修浦城縣志圖以泉嶠即泉山之柘嶺。）

泉嶠即泉山，是則浦城昔日果有一泉山。浦城爲古閩城，東越王所保之泉山，試假設即在此間，當較可信。浦城縣志方輿紀要並云浦城有越王餘善宮城，證以江淹『萬古通漢使，千載連吳兵』語，則志所云亦似不謬。

縣城亦東越王餘善創築，後廢（方輿紀要卷九十七浦城下）。越王餘善行宮在縣東隅越王山下，今勝果寺即其遺址（續修浦城縣志卷三十）。

總計之，泉山凡有五處，二在浙江，一在浙江福建界，二在福建。今捨棄地名之考證，更就大體而論之，假泉山若在福州，依漢書云東越王更徙處南行，則泉山名若有移動，當依東越王行動南下。福州之南得有若干泉山名，福州之北便不應有。今何以福州之北，遠至浙江，竟有三處泉山；泉州之泉山，吾人竟可絕對指其爲謬；福州之泉山歷史上之證據竟亦較薄弱？福州以北之泉山，歷史上之證據何以竟較可信？中國江南疆土之開闢，由北而南。秦始皇之平百越，漢之平兩粵，吳之平山越，其勢均然。更就州郡建立之形勢而言：今之浙江南部，漢時僅一會稽郡，至三國吳太平二年分會稽東部都尉立臨海郡，永安三年以會稽南部置建安郡，寶鼎元年以會稽西部都尉置東陽郡（依洪亮吉說），其開拓亦自北而南。故吾人與其謂泉山之名由福州北上傳入浙省，無寧謂泉山之名乃隨疆土之開展由北而移南。故就大勢論之，東越王居保之泉山當以福建北部浙江南部之山爲適合閩越王之都城——治亦當於此域內求之。

四　章安故冶說可信

續漢書郡國志『章安故冶，閩越地，光武更名』，疑之者以錢大昕廿二史考異，沈欽韓後漢書疏證之說最爲有力，然其言未盡是也。錢氏引後漢書鄭弘傳東冶云云，謂弘爲章帝時人，其時尚稱東冶，續志云光武更名，有誤。案冶非東冶，見余前著古閩地考；章帝時稱東冶，不能證明『章安故冶，光武更名』有誤。沈氏云：

會稽典錄朱育對太守濮陽興云：「元鼎五年除東越，因以其地爲治，立東部都尉，後徙章安，陽朔元年又徙治鄞」，……如育言，章安與冶不得爲一縣甚明。……　朱育漢末人，比彪生於晉代者，爲得其實。

意以章安與冶兩縣竝在，不得謂『章安故冶』。然依育言『東部都尉後徙章安，陽朔元年又徙治鄞』，是必陽朔之前已有章安矣。陽朔爲前漢成帝年號，前漢若有章安縣，漢志何不載耶？朱育之誤如此，其語未可爲信。

更若必信朱育之言，是以漢末人之說推翻前漢人矣。爲彪說最大勁敵者，厥爲晉太康記。晉太康記云：『章安本鄞縣南之回浦鄉，漢章帝章和中立』。其書已佚，雖有輯本，作者已不可考，料當爲晉人之作。然彪亦晉人，就史料價值而言，彪志並不低於太康記。且太康記云『本鄞縣南之回浦鄉』，語有可疑。按回浦縣前漢已有，若果章安爲回浦改稱，何不直云，而曰『本鄞縣南之回浦鄉』乎？余故曰章安故治說可信。

廿五年六月初旬草完。

新青海

第四卷　第七期

◉目錄◉

定價

每月九角　半年五元　全年九元

新青海社出版

社址

南京和平門外曉莊

地質論評

第一卷　第四期

民國二十五年八月出版

目錄

發行：北平西城兵馬司九號地質學會

定價：零售每冊四角　預定全年六冊二元

6

東畫與灉

董作賓 1

甲骨文中地名多可考者，東畫與灉即其一。東畫在殷時，因地名爲國名，灉即畫水，濱臨畫地之河流也。畫國在殷之東，故曰東畫。卜辭中東畫凡三見：

(一)甲午卜亘貞：翌乙未，昜日。王固曰「㞢祟，丙其㞢來嬉」。三日丙申，允㞢來嬉，自東畫。告曰「兒……」。（前七·四〇·二）

(二)癸未卜，貞：旬亾𡆥。三日乙酉，㞢來，自東畫，乎𠂤告旁戓……」（後下·三七·二）

(三)東畫告亾𢦏。（戩二·二）

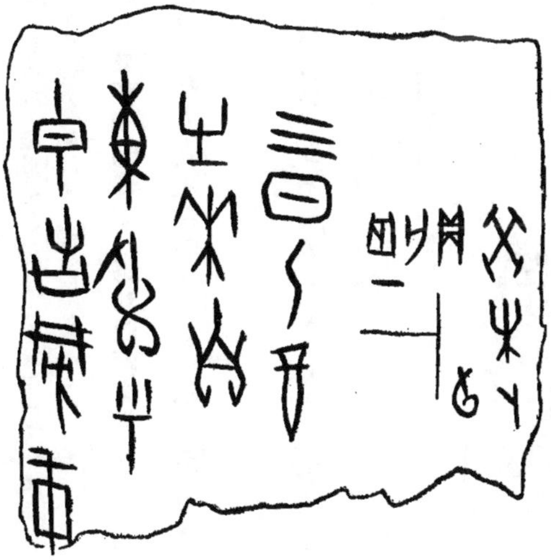

亦但稱畫，又稱田畫，如下之四辭，皆可見其爲國或地名：

(四)癸巳貞：畫亾𡆥。（戩三一·四）

(五)「……貞……晝……弓」。(前五・七・三)

(六)「……田晝令……」。(前二・二八・七)

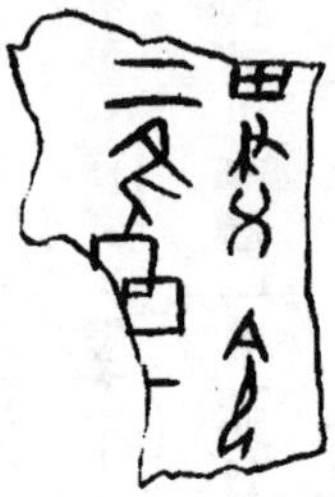

(七)叀晝田，亾𢦏(戩一一・六)。拓本不清，據王國維釋文。

據以上七版，可知晝在殷之東，爲其時有信使往還之屬國；王亦常往田獵之地也。

晝之地果何在？今日可考者，則爲臨淄西南之一小邑。孟子：「孟子去齊宿于晝」，即其地。閻若璩四書釋地云：

晝當作畫，不待言。「齊西南近邑」，集注本趙氏及劉熙來。但括地志以畫即𢧵里，城在臨淄西北三十里，一南一北，殊判然。余謂孟子去齊歸鄒，鄒實在齊之西南，上云南者是。

史記田單列傳贊：

燕之初入齊，聞畫邑人王蠋賢，令軍中曰：「環畫邑三十里無入」。集解引劉熙曰：「齊西南近邑」。

據此可知，晝在戰國時，爲齊西南之近邑，其地當甚古。殷稱東晝，齊正在殷之東，是即戰國時晝邑無疑矣。

晝之地近齊，更有澅水可証。甲骨文有澅字，正是水名，亦即地名。卜辭中澅字凡三見：

一，𡆥王𠛱澅𡆥。(戩一一・四)

二，四在囗貞四灉衣，四亾巛。（龜二·二〇·九）

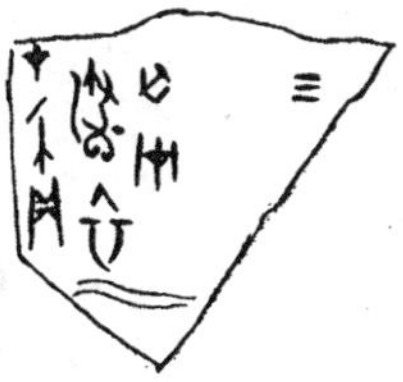

三，戊寅卜貞，今日王其田灉，不遘大雨。茲御四。（前二·二八·八）

「灉」字見于第四五期，爲後起之字，當爲畫水合文，亦「畫」之繁寫。灉水在齊臨淄附近，畫之地當因此水而得名。

灉之記載，見于風俗通義：

孟嘗君逐于齊，見反，譚子迎于灉。

孟嘗反齊，譚子遠迎之，其地自當在齊之附近。齊乘稱：

灉水，俗謂之泥河，北經臨淄城北，系水入焉。

水經淄水注云：

又有灉水注之。水出時水東，去臨淄城十八里，所謂灉中也。俗以灉水爲宿留水，西北入于時水。孟子去齊，三宿而後出灉，故世以此而變水名也。水南山西有王歜墓，昔樂毅伐齊，賢而封之，歜不受，自縊而死。

此可證灉水即畫地所在，孟子去齊宿畫，酈氏引正作「灉」，而王歜墓在灉水南，亦即畫邑所在。

由此可知，在卜辭中，武丁時爲畫國爲東畫者，即殷末畫水合文之灉地矣。

3

一個回教學術團體

易　君

追求學會是個不聞名的學術團體，僅是一些朋友爲了彼此勉勵「不墮落」和在學術上下點功夫，才有這一個小的組織。性質不限於宗教，不過因爲會員多半是回教徒，所以對於回教的事也去注意。朋友們都有自己的職業，有些是小學教員，有些是機關的職員，有些是大學生，都是終日忙忙碌碌。在研究的工作上很少有成績，祇有一個時期繙譯過幾本關於回教的小本書籍（如和平的宗教、穆罕默德、穆斯霖的祈禱等，都在清眞書報社出版），因此竟引起回教圈內一部分人的注意，甚至於嫉視，更進而誣衊。

北平牛街是個很特殊的地方，兩三千戶人家簡直可說百分之百是回教徒。這裏有個市立小學（第二十小學，現在叫牛街小學）是借用淸眞寺的房屋開設的，牛街上有機會入學的兒童大半是都來這裏上學。因爲大家聚居在一塊兒，更加上同學的關係，所以友情十分篤厚。從小學升到中學和到大學的朋友們，彼此常常來往，關係也不易斷絕。民國十五六年正當中國的革命高潮達到頂點的時期，一些朋友們決定回到北平（那時還是北京）辦個學校，結果成立了中才小學校。因爲中才小學校，才產生了追求學會。

中才小學校的教員一大部分是追求學會的會員，追求學會時常在計劃上幫助中才小學，因此而有顯著的進步，外間的人很少能分淸這個會和學校的界線。

這些青年們對於宗教上種種的積弊，持着必當改革的態度，於是在宗教圈內引起不少的懷疑和忌恨。

這些人因爲有機會與淸眞書報社合作，所以民國二十五年五月發行了正道雜誌，發表一些自己的見地。雜誌內容的材料都是那裏來的呢？中國文的回教舊書可參考的極少，阿剌伯文的道路又走不通，於是找些英文的東西來繙譯，光報和阿哈馬的亞的出版物便作了藍本。追求同仁譯文章的動機是絕對純正的，沒有偏見，不爲個人利益，根本在派別上的觀念全沒有。譯的東西總比一般宗教師講的話新穎合理，文辭也通順，因此那時一些回教的刋物都想登些這類繙譯的東西。附屬於成師的月華竟向光報聲稱正道是他們的東西，而請求在材料上的供給（正道一卷八號有否認的中文和英文的啓事）。不知怎的交易未成，他們又說追求領有阿哈馬的亞派的津貼。至於阿哈馬的亞究竟是否爲一邪教派，請看他自己的出版東西好了，我們不必替他辯護，更犯不上替他辯護。追求和阿哈馬的亞的關係是交換出版物，派不派根本談不到。

中才小學於民國二十年被西北中學（卽淸眞中學）接收去了。民國二十一年正道雜誌不再由追求主編，追求的會員因爲忙於社會上其他建設的事務，至今也少在教上有所供獻了。

浙江省地理述略(續)

張兆瑾

六　交通

本省交通可分爲陸，水兩部分言。陸道方面可分爲鐵道，公道，驛道。鐵道有滬杭杭江杭甬三綫，滬杭鐵道於淸末借外資之力建設，沿路地基堅固，車行速率甚速，爲江浙交通之要道。杭江路爲內地交通之主要幹綫，建自民國十九年，成於民國二十二年，爲官商合辦。惟路基不甚穩固，春夏山水暴發，路軌每易損毀；且路軌較窄，通稱爲「小輕便鐵道」，與滬杭車軌不相啣接。車站設南星橋二郎廟，過江至西興車站爲杭江鐵路之起點，經諸暨，義烏，金華，湯溪，龍游，衢縣而達江山，全線計長三百八十公里，長於杭滬路三分之二。現杭江鐵路繼續西展，已達江西之南昌，年內即已通車，爲浙贛交通之孔道。聞將來擬由南昌西展至湖南之長沙，現正竭力建設中，將來由浙入贛湘之交通定便利多矣。杭江路之支線僅有金華至蘭谿一段，長約二十餘公里。杭甬鐵路建設甚早，自寗波至百官已早通車，百官以西，因曹娥江鐵橋尙未完竣，在歐戰期中已形停頓，現尙未有繼續建設之擬議。曹娥江以西，至紹興一段無汽車可通，僅紹興至西興有長途汽車以通行駛耳。此外鐵道之方始築成者有蘇嘉鐵路，從此由嘉興至蘇州可不經上海而直達矣。公道大部爲汽車而設，在革命軍未入浙以前，杭富公道即已成立；十五年通車，自杭州至富陽循江西行約五三•六二公里，汽車往返需三小時。此外若餘杭公路自杭州至餘杭長二六•〇七公里，十三年通車，爲杭徽線之一段，商辦。十七年後，杭紹公路築成，於是由紹興至杭州大都捨內河運而就汽車矣。他若杭徽線餘臨段爲由餘杭至臨安，計長四三•八五公里，商辦，與杭餘路同在十三年通車。杭福線蕭紹段經西興蕭山紹興五云門，計長四八•八五公里，官築，民十四年通車。杭武路爲商辦，長二五•九二公里，經餘杭西門彭公嶺雙溪，亦爲民國十四年通車。民國十五年通車者有五：一爲杭福線嵊新段，自嵊縣至新昌，計長一四八•九公里；二爲杭福線黃澤段，自黃岩路橋澤國，計長一五公里；三爲杭福線永嘉支線，自永嘉至廖符鎮，計長一七•二八公里；四爲杭廣線，即已成之杭富段，前已言及；五爲瓶湖雙路，經瓶窰雙溪橫湖，計長一八•六二公里。以上五路，前三路爲省辦，後二路爲商辦。十六年完成者有兩路，均爲商辦：一爲杭福路嵊杉段，自嵊縣至杉樹澤，長七公里；二爲滬杭線胡長支線，自胡家兜至長安，長六•八五公里。十七年完成者有三路：一爲杭福線紹曹段，經紹興五云門曹江萬霸，計長三六•六九公里；二爲滬杭線袁閘支線，自袁化至閘口，計長四•四九公里；三爲杭塘路，經杭州臨平塘棲，長二三•七〇公里，三路俱爲商辦。十八年完成者約有九路：一爲京杭線杭長路，經杭州，武康，吳興，長興及父子岑，長一三六•八二公里；二爲京杭線三莫支線，經三橋埠莫干山，長七•〇七公里；三爲杭福線蕭紹段紹興接線，經紹興，長三•七七公里；四爲上臨線鄞奉段，自鄞縣至奉化，長三〇•一二公里；五爲上臨線鄞奉段江入支線，自江口至溪口入山亭，長一九•二三公里；六爲滬杭線杭乍段，經杭州海寧海鹽乍甫，長約一七七•六八公里；以上六路俱爲省辦；七爲杭瓶線，經杭州小河瓶窰，長一六•二二公里，已入杭長路線之內；八爲嵊永線嵊長段，自嵊縣至長樂鎮，長二五•七公里，商辦；九爲常玉段，自常山草萍至玉山，計長二一•四公里，亦爲商辦。民國十九年完成者有二，均爲商辦：一爲滬杭線乍黃支線，自乍浦至黃山，長三四五公里；二爲杭徽線臨昌段，自臨安化龍鎮至昌化，長三八•二六公里。民二十年完成者亦有二路，均爲商築：一爲商築杭廣線衢廣路，自衢縣至江山賀村及新塘邊，長八九•九一公里；二爲衢常路，自衢縣至常山，長四二公里。民國二十一年完成者，計有十五路，省築者十二，商築者三：一爲杭福線路椒支線，自路橋至海門，長一五•九九公里；二爲衢蘭線，自衢縣至龍游及蘭谿，長七一•一四公里；三爲滬杭線乍金段，自乍浦至金線娘橋，長二一•一三公里；四爲平嘉路乍平段，自乍浦至平湖，長一三•四一公里；五爲江常開路常桐段，自常山華埠至桐村，長三六•二八公里；六爲賀楓路保安街支線，自楊楓岑至保安街，長四•二公里；七爲龍永線金武永路，自金華，武義，上菱道以至永康，長六二•三公里；八爲龍永線永縉路，自永康至縉雲，長三三•八八公里；九爲杭徽路昌昱段，自昌化至昱岑關，長四四•二四公里；十爲長泗路，自長興泗安至界牌，長三八•二八公里；十一爲平善路嘉王段，自嘉興至王江涇，長一四•二九公里；以上爲省築；十二爲滄樟路，自清溪橋至樟樹潭，長一四公里；十三爲杜黃路，自杜澤至黃山甲，長一四•七五公里；十四爲浦鍾路，自浦江經楊家至浦城，長二四•七公里；以上爲商辦；此外十五爲湯溪支線，爲省築，自湯溪至羅埠，長一一•三公里。二十二年省築完成之公路有十一，合計三七三•二三公里：一爲上臨線鄞鎮慈路，自鄞縣懈浦淞浦至觀海衛，長四四•一八公里；二爲龍永線縉麗路，自縉雲至麗水，長四一•一一公里；三爲麗龍線麗雲路，自麗水大港頭至云和，長五七•六公里；四爲杭筧路，自九堡筧橋至半山，長一〇公里；五爲江常開路桐濠段，自桐村十八跳至濠岑關，長二二•八七公里；六爲江常開路華開段，自華埠星口至開化，長二二•五公里；七爲淳遂路，自淳安至遂安，長二八•一公里；八爲杭廣線建壽路，自建德楊村橋至白沙埠壽昌，長四七•三九公里；九爲建淳路建白段，自淳安至白沙埠，長四二•六公里；十爲賀楓路峽楓段，自江山峽口廿八都以迄楓嶺，長三八•八八公里；十一爲義東路，自義烏至東陽，長一八公里。二十三年省築之公路頗有可觀，路線計五十二，總長一四三三•〇八公里：一爲江常開路白沙支線，自十八跳至白沙關，長一一•四公里；二爲嵊永線東長段，自東陽經嵊縣及長樂，長五三•三公里；三爲杭福線蒿杉段，自蒿霸至杉樹潭，長三七•〇二公里；四爲杭廣線富新段，自富陽至新登上江口，長三九•一二公里；五爲杭廣線桐建段，自桐廬至建德楊村橋，長五一•六九公里；六爲杭福線新天路，自新昌，三溪，拔茅至天台，長六三•四一公里；七爲杭福線天臨路，自天台經仙人橋兩頭門以迄臨海，長六三•五九公里；八爲建淳路淳威段，自淳安經威平至界口，長三五•七九公里；九爲奉新路溪新段，自奉化新昌至溪口拔茅，長五一•一九公里；十爲平嘉路平嘉段，自平湖新豐至嘉興，長二七•八公里；十一爲寧穿路，自鄞縣育王岑穿山至柴橋，長四〇公里；十二爲杭廣線杭富段梵云支線，自梵村至雲棲寺，長二•〇六公里；十三爲雲龍路，自雲和赤石至龍泉，長七四•四公里；十四爲縉仙支線，自縉和至仙都，長約七•七九公里；十五爲大目山支線，自藻溪至天目山，長一八•七一公里；十六爲茶魏支線，自茶塲至魏山，長一•九六公里；十七爲釣臺支線，長六•二四公里；十八爲天台山支線，長二•二六公里；十九爲臨海穿城支線，長三•八公里；二十爲壽蘭路，自壽昌檀村至蘭谿，長三八公里；二十一爲東永路，自東陽至永康，長五五•五六公里；二十二爲方岩支線，自世稚至方岩，長六•七七公里；二十三爲觀周段，自觀海衛經滸山至周巷，長二六•二三公里；二十四爲周曹段，自周巷曹娥至百官，長三四•三五公里；二十五爲奉海路，自奉化至寧海，長四五•一一公里；二十六爲鄞江橋支線，自橫漲橋至鄞江橋，長八•○四公里；二十七爲鎮駝段，自鎮海至駱駝橋，長一三•六一公里；二十八爲寧橫路，自寧波至橫山，長三三•六五公里；二十九爲象西路，自象山至西澤埠，長一八•六四公里；三十爲臨黃路，自臨海至黃岩，長三七•七二公里；三十一爲澤清段，自澤國樂清至清江渡，長五一•五五二公里；三十二爲清館段，自清江渡至官頭鎮，長一五•六二公里；三十三爲永館段，自永嘉對江至館頭鎮，長一五•六二公里；三十四爲青温路，自青田至永嘉對江，長五一•八四公里；三十五爲麗青路，自麗水至青田，長七二•二四公里；三十六爲浙段龍浦路，自龍泉至花橋，長九一•五七公里；三十七爲餘周路，自餘姚至周巷，長一四•九七公里；三十八爲餘滸路，自餘姚至滸山，長一二•六四公里；三十九爲金蘭路，自金華至蘭谿，長三一•七四公里；四十爲北山支線，即由金華至北山，長七•六一公里；四十一爲金華接線，長二•二四公里；四十二爲嵊縣接線，長二公里；四十三爲玲瓏山支線，長一•九八公里；四十四爲雁蕩山支線，長三•三公里；四十五爲龍遂松路龍溪段，自龍游至松口，長二三•五公里；四十六爲龍遂松路遂松段，自遂昌至松陽，長三七公里；四十七爲汶駱路，自汶溪至駱駝橋，長八•一五公里；四十八爲慈龍路，自慈谿至尤山衛，長一九•四八公里；四十九爲桐徐路，自開化桐村至徐村，長八•六五公里；五十爲桐岩路，自開化桐村至岩村，長五•七九公里；五十一爲三岩寺支線，自麗水至三岩寺，長一公里；五十二爲南明山支線，自麗水至南明山，長一•八五公里；五十三爲球萍路，自球川至草萍，長九公里。

以上總計浙省自民國十三年起至二十三年止，已成公路約達三一二三・二九公里，內有省築二六四四・〇三公里，商築四七九・二六公里。建築中之公路有三：一爲開遂路，自開化至遂安，長六七公里，預計二十四年六月完成；二爲餘安孝路，自餘姚之横湖鎭，經安吉及孝豐，長五五・二六公里，亦預定二十四年六月間完成；三爲嘉湖路，自吳興經南潯以迄江蘇之平望，長五八・二三公里，預計二十四年七月間完成。測量及計劃中之公路有六：一爲永遂平路，自永嘉經遂安至平陽而達浙閩邊界之橋墩門，長一〇八・二公里；二爲雲景路，自雲和至景寧，長三七公里；三爲臨嘉路，自杭州臨平經崇德桐鄉嘉興嘉善至楓涇，長九五・五公里；四爲桐分路，自桐廬至分水，長四二公里；五爲臨仙路，自臨海至仙居，長四五公里；六爲三門灣路，自天臨路之高梘經海游至三門灣海口止，長七〇公里。

本省驛道四通八達，通福建者由杭州出發，溯浙江而上，經富陽桐廬建德蘭谿龍游衢縣江山，經保安越仙霞嶺，過廿八都而跨楓嶺以達浦城。是道自江山以上，越山過嶺，行旅匪易。自溫州入閩東者，則取道於平陽以至福鼎。入江西者，僅有江常二道。自江山至玉山約八十里，道路大致平坦，然有時越數崗陵起伏之小阜。由常山至玉山爲一冲積之原野，行旅均甚便利。通安徽者普通亦有三道：一自建德沿徽江而上至歙縣；二自杭縣西行，經餘杭臨安於潛昌化以達徽州；三自吳興經泗安以至廣德，此道交通較其他二道爲便。

至於水道交通可分爲汽船帆船兩種。汽船交通視水面之昇降爲轉移，就普通言之，自杭州至海寧海鹽以出長江口均有輪船往返；自杭州至富陽桐廬亦有輪船可通，水大時可由杭縣直達建德，間有至蘭谿者。自汽車路及鐵路先後告成，杭桐段之輪船業將日見凋零矣。甌江流域通輪船者自溫州灣以達永嘉，航運均稱便利。至若靈江流域，水流湍急，輪航不宜。內河通航者自紹興至西興，每日均有小汽船往還。長安至海寧海鹽，嘉興至蘇州無錫，嘉善至嘉興，拱宸橋以迄德淸吳興，均有小汽輪船往返。是浙省之內河航運雖不能說甚發達，然可稱有相當之便利云。通帆船者，以浙江主流言，婺江可通至金華，徽江可由建德通壽昌淳安以迄歙縣。衢江自杭州達衢州分兩道：一道循常山港而上，過常山以迄華埠；一道沿江山港而上，過江山而達淸湖鎮。甌江則可由溫州以達靑田，靈江則可由海門達臨海；水大時更溯江而上可通天台及仙居。其他內河航運亦甚便利。運河自杭州至北京，昔爲航運要道，今鐵道通車，捨水運而就陸，故運河日漸淤塞，直無航運之便可言。此浙省之交通大概也。

七　物產

本省物產之最有名者，以紹興之酒，金華之火腿，杭州之綢緞，皆爲手工業製品。以農產言，首推稻米，棉；麥次之，豆黍芝麻又次之。產稻之區最富者爲錢塘江下游，如杭嘉湖寧紹一帶，其他若浙江上游亦盛產稻米，甌江靈江甬江等處所產稻米亦不少；惟處屬高山地帶及溫台沿海一帶，因土壤與水分關係，頗不相宜。棉產大半以在餘姚上虞者爲最佳，且質量亦最豐，其他各處亦略有種植耳。麥黍多產於乾旱地帶，凡水利之不宜稻者，但有若干區內，以豆麥爲副產物。以林產言，大半爲竹松杉茶爲最。松杉俱爲高山地帶之產物，尤以在火成岩風化之土壤區域者爲最宜。竹茶往往在瘠土之不宜穀者見之，然在平原中亦能自然滋長。舉凡浙省崇山峻嶺之地，松杉成林，茶竹成堆。按近年調查，蕭山，諸暨，浦江，金華，龍游，衢縣，常山，江山，於潛，遂昌等處，皆爲產竹之大本營，其他各處亦盛產毛竹，故每年紙料及筍類出產皆頗富。至於魚鹽之利，多半皆在湖濱及沿河一帶。若寧波海門及永嘉三處皆爲魚業繁盛之區，每年產額亦不貲云。鑛產分金屬與非金屬兩種：金屬鑛產，直無經濟上之價値可言，如鐵鉛鋅等；非金屬之鑛產，如平陽之礬鑛及散佈全省之螢石鑛，靑田一帶之圖章石，於潛昌化一帶之鷄血石，每年輸出外埠甚多；他若長興之無烟煤每年產量亦不少，近年並發見該煤層石岩中含有汽油量不少，現正在試探中。

八　工商業概況

本省工商業以歷來調查統計，依各公路所在地，舉其重要者而分述之，如京杭路之杭州武康吳興長興。其商業以杭州爲中心，蓋以省會所在。杭州商業以綢緞，布疋，茶葉，米，木，南貨，藥材等爲大宗，每年輸出綢緞，紗羅，綢紡，布疋，香粉，杭煙，藕粉等類，價値在二千萬元以上。商辦工廠以三友棉織工廠，華豐造紙工廠，元昌，泰安，緯成等織綢工廠爲最大。近年以農村衰落，外貨充斥，市場停滯，絲綢兩業損失極大。武康位居山鄉，其手工業出品有織布紡蕊，每年運銷江蘇一帶甚多，竹筷每年輸出亦不少。吳興商業以絲綢米爲甚，生絲一項每年輸出約在一萬三四千包，綢亦在三千萬疋左右，近年則相形見絀矣。長興本無甚商業可言，自絲繭價格低落後，商業益形凋敝；惟該縣鑛產蘊藏甚富，開採者有長興煤鑛，廣生及大有石鑛等數家。杭滬路一帶之商業，與京杭路相彷彿，大半紡織均尚發達，惟海鹽手工業所製之盤香及澉浦所織之夏布銷路頗廣。其挑心竹編製之竹襯衫遐邇聞名，炎暑禦汗，最爲適宜。平嘉路一帶之工商業，以平湖言，頗見清淡；以嘉興言，雖其地當滬杭路之中心，然頻年以來，農村破產，絲綢布疋之業亦見退化。工業以緯成絲廠，民豐紙廠，嘉禾布廠範圍爲最大；其餘規模較小之襪廠亦不少。餘杭臨安昌化於潛商業均不甚發達，貿易品以米糧布疋絲茶紙毛竹爲大宗，工業極幼稚，絲棉黄千紙，黄元紙，桑皮紙，桃花紙等手工業，每年運銷外地不少。浙江流域各縣，其商業之繁榮除省會杭垣外，以蘭谿爲最，工業亦然。蘭谿工廠有火柴公廠，織機廠。手工業品如建德之五茄皮酒，富陽之紙，龍游之粉乾，衢縣之皮箱，江山之麥桿辮，常山之藤器，金華之火腿。蕭山商業甚繁榮，每年輸出絲繭，棉花，紙貨，菸，茶，麻，藥材等；手工有西法布。紹興商業甚旺，每年以紹酒京莊暢銷國內外頗鉅，其次錫箔綢緞棉花絲繭亦產不少。嵊縣，新昌，天台，臨海，海門，黄巖，溫嶺，永嘉，平陽等處除永嘉工商業較爲繁榮之外，直無足述之處。鄞縣爲浙省三大商埠之一，商業繁盛，工業亦甚發達。工廠規模之較大者爲機械工廠，和豐紡織廠，通利源榨油廠，正大火柴廠等，其次爲織布織席翻砂等廠耳。此外尚有諸暨，浦江，義烏，金華，蘭谿，衢州，常山，江山之桐油，柏子油，茶子油業，全年總產額約值三百餘萬元。其他各處工商業不值一言，良以兵匪連年，水旱疊接，農村之經濟破產巳至極點，向所稱爲江南富庶之區，在目前情況看來，竟呈名不符實之狀況，亦足悲矣！

九　教育

浙江教育之發達，除江蘇外，在國內首屈一指。就高等教育之學府而言，在省會中有國立浙江大學，分文理學院工學院農學院及法學院。私立大學有之江文理學院，省立專門學校有醫學專門，國立藝術專門學校。省立中學有十二處，省立高級中學有五所。市立中學在杭垣一處已有市立中學及市立師範二所，其他各市亦有若干所。私立中學則數不勝數；縣立中學亦甚多。他若鄉村師範，農科職業中醫及其他各校，五花八門，亦應有盡有。至於小學，無論是區立或市立均甚普及，甚至若平民夜校亦到處皆有。按實際調查，每縣文盲較以前要少若干倍。浙省雖稱富庶之區，然貧寒子弟之求學者佔大半數，富貴子弟以生活寬裕，不思以讀書爲其謀生出路也。按近年統計，本省縣市立中學凡二十六校，每年經費約二十餘萬，學生人數計八千餘人。又已立案之私立中學凡三十九校，學生凡八千餘人，每年經常費六十萬左右。初等教育分幼稚園，初級小學，高級小學，完全小學四類，合計一萬一千七百餘所，共有男女學生，計七十萬人，每年經費約五百萬元左右。中等教育分初級，高級，完全，師範，職業五類，合計一百二十餘所，學生二萬餘人，每年經費二百萬元。高等教育學校凡入學生共有一千餘人，每年經費一百餘萬元。此種統計，係合公私立而言。

十　政治與民生

浙省政治自來多爲軍閥所包辦，革命軍未入浙以前，各縣苛雜捐稅種類甚少，當時錢糧一兩每年須納二元四角左右，其中包含南米在內。革命軍入浙以後，每兩錢糧須納銀由四元而六元以迄十元，其中所含附捐不勝其數。在農村破產下之中國，水災旱災兵匪浩劫相繼而起，小地主既不足以自給，又焉能負此巨額之捐稅？即大地主亦奔走呼籲，乞告無門。號稱爲富庶之江南，在此情況之下，實難生活。此外如增加鹽稅，民國十五年以前，每元可買食鹽二十餘斤，十五年以後，則每元由十五斤減至十斤。處此生活程度日高之年，一般人日常所不可缺之食鹽如此飛漲，實由政治之不良而擅增鹽稅，以充省稅國稅之不足。查各國之政府從未有徵鹽稅若中國之劇者。吾浙爲濱海產鹽之地，其價昂若此，不產鹽之內地，其價之昂益可想見矣。其他若淸丈土地，開各省之先例，其淸丈之費，槪由田賦捐項下所抽出。又若於每城市鄉鎭之各要塞建築碉樓及辦保衛團，其經費亦由糧戶與商家分担。按之實際，則碉樓之設徒爲點綴而壯觀瞻；保衛團丁之設，亦徒有其名而無補於實際。如二十三年八月間，江山南西東各鄉爲紅軍所陷，居民大受損失。當地政府既不防患於前，又不請軍力抗，僅知隔岸觀火，魚肉人民；而上級政府不特不加以懲辦，且又益加獎勵。舉此一端，已足知政治之一斑矣。此外尚有爲吾人所當注意者，年來吾浙受旱災之損失甚大，政府雖名義上辦理賑災之事，其實所得賑災之款，皆由各縣長保管。聞江山某縣長竟以私人名義存貯此救濟災民之巨款，其用意之妙，可謂無微不至矣。關於建設方面，年來進步之速，斐然可觀，較諸他省，不啻有天淵之別。關於教育，則學校之數量加增，而質方面亦稍有改進。惟教育經費嫌不穩定，屢有積欠之虞，此實爲教育界之不幸；如能永久保障，則教育事業之推進，必可得一相當之收穫。作者雖爲浙江人，十餘年來負笈四方，足涉南粵北燕，東海西鄂，對于本省之政治不甚熟識，未能得一確實之調查；但聞鄉里諸先輩及各處之新聞，咸謂現在的浙江反不如盧永祥孫傳芳時代之浙江，推想當時人民所應納之捐稅少於現在數倍。今所確實削減者僅釐金一項，此種捐稅病民害商，雖經削除，然復以營業等稅代之矣。

十一 風俗及言語

浙省交通較爲發達，故風俗甚爲開通，而不似內地諸省之閉塞與守舊。近年以來各城市鄉鎮之婦女纏足與蓄髮爲辮髻者，寥若晨星。人民多勤儉樸誠，尙浮華之風亦不多見。惟山地居民性較剛強，但亦能隨機應變；平地居民，性較圓滑，賭博好訟之風甚熾，富豪之家傚而傾家蕩產者時有所聞。迎神賽會，則甚爲普偏，大而繁華城市，小而窮鄉僻里，莫不有定期之盛舉。當春秋佳節，男女老幼赴廟宇進香者擁擠於名山勝地之途上，如定海之普陀山，杭州西湖之靈隱寺兩處，其最著者也。鬬牛之風亦常見於東陽義烏一帶，似每年定期舉行者。至於宗教觀念，隨地而異，大致言之，信奉佛教道教者較多，而耶穌基督教者略少。論慶弔酬酢之事，以近年農村破產之影響，較爲簡省。宗祠家祠最爲發達，實江北各省所少見，冬節春節均爲祭祖宗之期，大陳其豬羊丁餅之類。祠有祠產，其多寡視各祠後裔之貧富而定，若富家可隨時捐出或抽立爲祠租若干，每年由族長派人管理之；貧者則本無捐抽之可能，故祠產甚少。現鄉村大半爲聚族而居，多以男耕女織爲生活；惟交通稍便之鎮城則完全雜居，蓋四方遷徙以謀生也。此外尚有畬民專以船爲家，散佈於浙江流域甚多。清代制度森嚴，閘不許畬民登陸，亦不准其受科舉考試之權利，此種法律當係帝制時代設下之限制。近來畬民已不常見。在温州處州高山地帶，尚有一種風俗可注意者，即女人常操作農事生活，而男人則專司家事；此等婦女之身體甚爲健康，較諸平原大城市鄉鎮之婦女強多矣。

論及語言，至爲不一，概括言之，即與江蘇南部同屬於吳方言，此係近年中央研究院語言研究所調查研究之結果。然詳細分之，最通行於本省者爲杭州話；嘉興及湖州一帶大致類似吳語；寧波紹興一帶則又成一種語言。其每語之重音在前，往往多用鼻音，喉音次之。温處台三處亦係多用鼻音，每語亦多重音在前。但此三處雖瀕東海，以山脈與交通關係，語甚複雜。金華一帶之語言，亦自成一系，與建德衢縣各處截然不同。建德處山地之中心，與安徽之婺源爲隣，故有若干語言與徽州相類似。衢屬各縣之語言大都以江山語爲標準，而江山語中以二十八都之官話爲最易聽。金華一帶之語言，聲音變化甚大，且人民講話之速度甚快，外地人頗不易聽懂。是浙江之語言，欲究其詳，非經調查而比較研究之不爲功。名雖爲吳語方言，實則殊甚複雜也。

一〇

雁蕩山遊記

李書華

第一日（二十五年五月二日）

由天台赴雁蕩

二十五年五月一日晚，余與吳稚暉先生，蔡孑民先生夫婦，徐季蓀，陳仲瑜兩先生，遊天台山既畢，回抵國清寺，適與邵翼如先生暨其夫人張默君女士，許師慎先生相值，乃相約於翌晨同遊雁蕩。明日及初四日，余本應到杭出席一會議，以冤車不便，且不欲失此遊山機會，因即電杭請假。此雖余遊興過于濃厚，而亦天台雁蕩風景足以引人入勝之所致也。

五月二日晨六時起，天晴，七時由國清寺動身。同遊九人，分乘汽車三輛，追風逐日，向雁蕩而進。浙東一帶，鄉民多在樹幹上結圓錐形之草堆，其下部距地面三五尺許，形狀頗奇特，此北方之所無也。

晨八時過貓嶺，其地海拔二六〇米。八時四十分到臨海（即台州），進望華門。汽車站在舊天寧寺（臨海至杭州每日有直達之公共汽車），余等在此稍息。復由汽車站步行出南門，過靈江浮橋，吳邵陳諸先生先行，季蓀先生與余隨其後。汽車則由汽車路馳至江濱，搭渡船過江，因靈江兩岸公路之終點，尚未築通行之鐵橋也。余與季蓀先生在臨海南門外一小飯鋪，各進麪食一碗，此麪乃季蓀先生親手烹調，故鮮美可口。南門一帶，商戶櫛比，尚稱熱鬧，稍一流覽，即相偕過靈江浮橋。江面甚寬，橋係以木船多隻順水流方向浮於水面，兩船相連，鋪以木板，人行其上，極為穩便。台州南門內有小山，兩峰之

台州寶塔及靈江浮橋　潤章攝

（圖一）

靈江渡船　潤章攝　（圖二）

巔各築寶塔一座，隔江遙望，風景絕麗。過浮橋後，即步行至公渡口。是時余等所乘之汽車，渡江者僅一輛，餘者尚在彼岸未渡。蓋渡船，乃一木製大船，汽車由岸邊移至船上，船夫數人，用力搖動，始能抵岸。今台州渡口止有大木船一隻，往返一次僅能載汽車一輛，而費時則需半小時之久，故直至十點二十五分，三輛汽車，始全行渡過。衆人乃相偕登車，向黃岩前進。

晨十時三十五分，抵長石嶺，海拔八〇米。十時四十五分抵楊梅嶺，海拔一〇〇米。沿途見黃紅色之杜鵑花，燦爛盛開。次過大豆嶺，前岙嶺，馬頭嶺。十一時十五分，乃抵黃土嶺，其地海拔一四〇米。據汽車機師（浙公路局汽車夫稱機師）云，此嶺所產之筍，遐邇馳名。

十一時二十五分抵黃巖縣城對面之永寧江北岸。江上無橋，余等下車步行，由浮橋過江。浮橋之構造，亦與台州靈江之所見者相同。汽車由渡船過江，法亦如前。余等曾到黃巖城內，巡視街衢商肆，覺其繁盛，遠勝台州。余等在黃巖渡口一小飯館內用午膳。季蓀先生在城內購活魚一大條，鮮竹筍二根，携至飯館內，與蔡夫人共任烹調，鮮美適口。

下午一時二十分動身。黃巖附近，橘樹成林，多植於稻田中高崗上。至路橋鎮，有义道：一東北至海門，一南至雁蕩，余等向雁蕩進發。二時過澤國，二時半抵小溪嶺，其地海拔二〇〇米。

二時五十五分至水漲，前臨深溪，水面雖不寬，但因無橋，汽車仍用渡船拖過。三時二十五分渡溪後又開行。三時二十八分過黃泥嶺，海拔一三〇米。至白溪，有义路：一西南至樂清，永嘉（即溫州），一西北至雁蕩山。抵雁蕩汽車站後，下車向南，步行轉東過橋至雁山旅社，時已下午四時矣。下車時天正落雨，少刻即止。

雁蕩在浙江樂清縣東北部，山之西隅有峰名雁湖，蘆葦叢生，所謂湖者，實即蕩也。秋雁嘗宿於此，因以雁蕩名全山。相傳雁蕩爲晉時十八大阿羅漢第五位尊者諾詎那所開。唐杜審言遊大龍湫，有題名。明徐霞客兩度來遊，留有遊記。今人蔣叔南先生，對于雁蕩建設，極爲熱心，皆足爲此山之知己也。

雁山旅社位向東南，海拔五〇米，乃甌海實業銀行，杭州及上海通易公司黃旭初先生所創者，開設未久，

2

而布置頗雅潔。房價尤廉，特別房費每客每日僅國幣一元五毛，普通房費每客每日一元；特別膳費每客二角五分，普通膳費每客一毛五分，隨從人房膳費每人每日五角；旅客在十歲以內者半價。

是日下午即在旅社休息，不再出遊。值雁蕩山名勝建設委員會常務委員潘耀亭先生亦住此旅社中，來談雁蕩山之形勢頗詳。傍晚，蔡夫人同季蓀先生入廚烹調，余等又得飽餐一頓，眞口福也。蔡先生喜麪食，獨進麪一碗，餘人則用米飯。飯後，大家開會討論遊程，决盡三日時間，遍遊諸勝。日初出遊，日落仍宿於此。又擬定遊程路線，始寢。

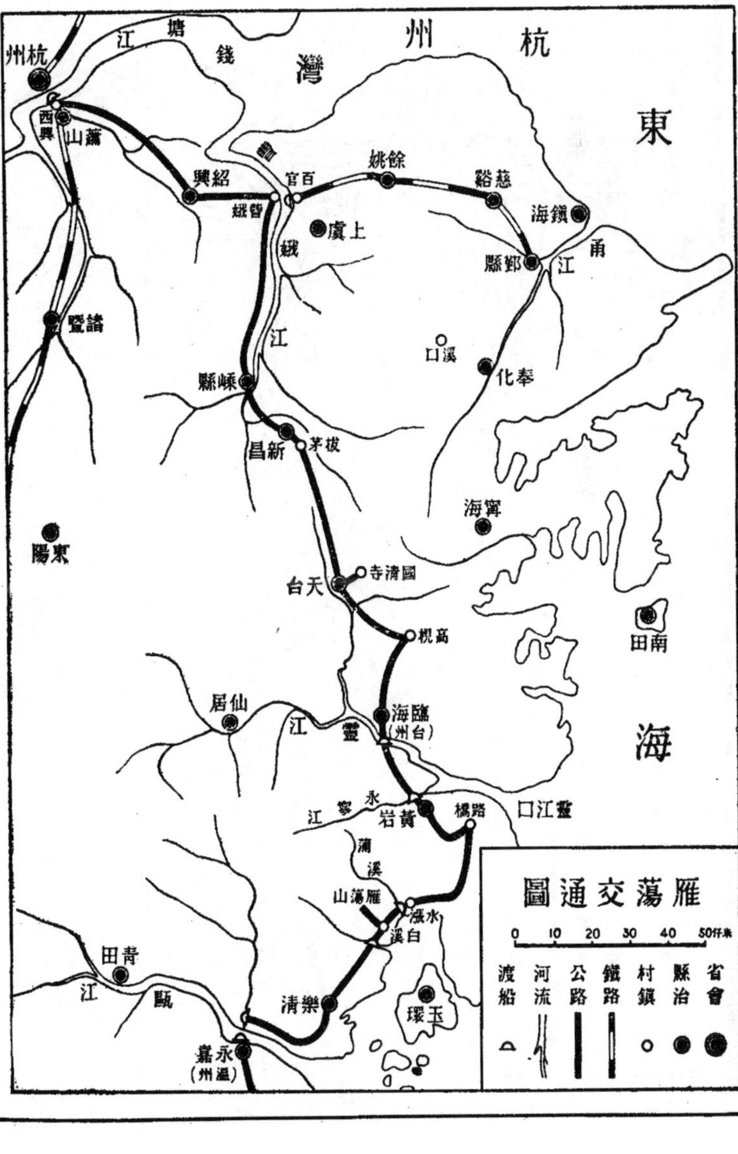

第二日（五月三日）

遊靈岩，三折瀑，東石梁，靈峯。

晨六時起。昨夜雨甚大，天微明，又雷電交作。此時雨雖停，陰雲滿布，室內氣溫攝氏表一八度半。旅社已代雇妥肩輿，余等一行九人，每人一乘。

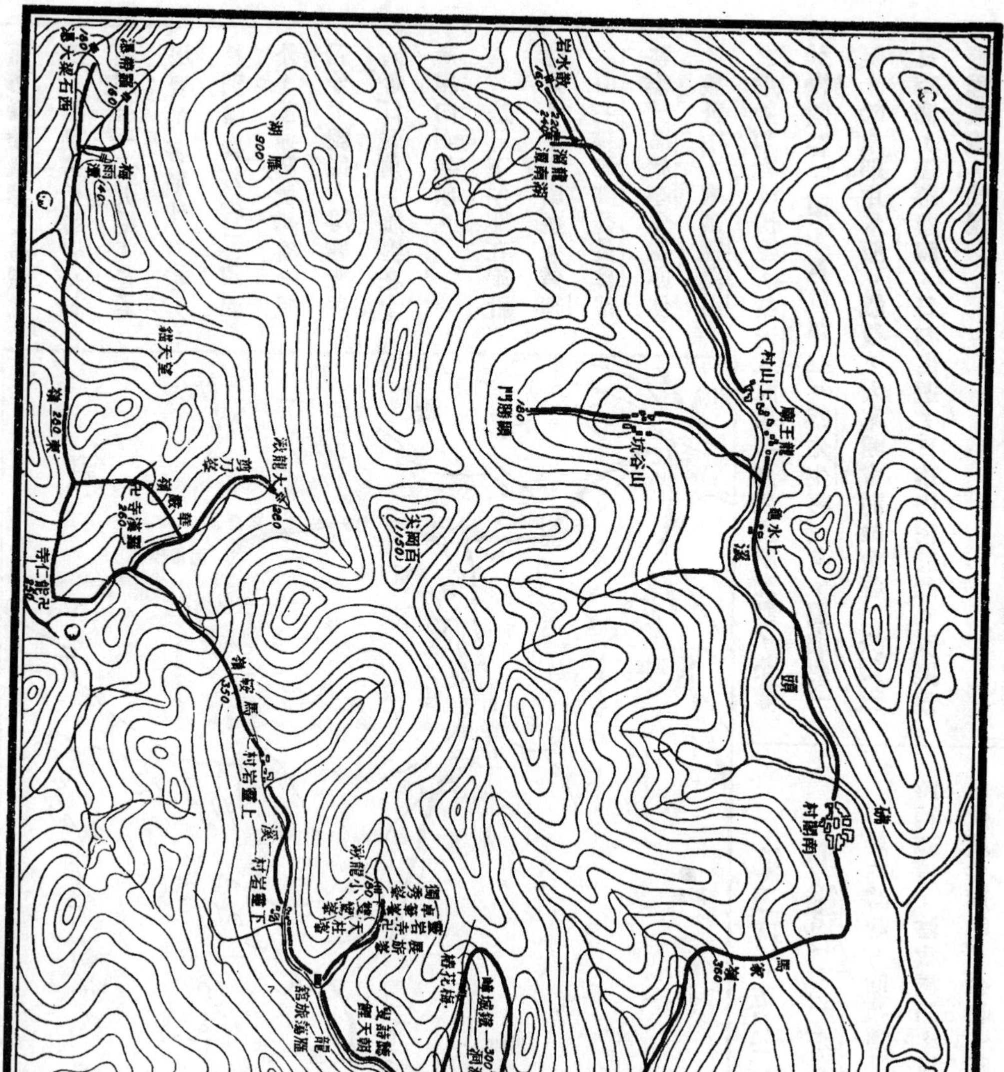
雁蕩山遊程路綫略圖
500 0 500 1000 1500米
記號
公路
小路
村莊
旅館
廟宇
瀑布
巖洞
山峯
河流

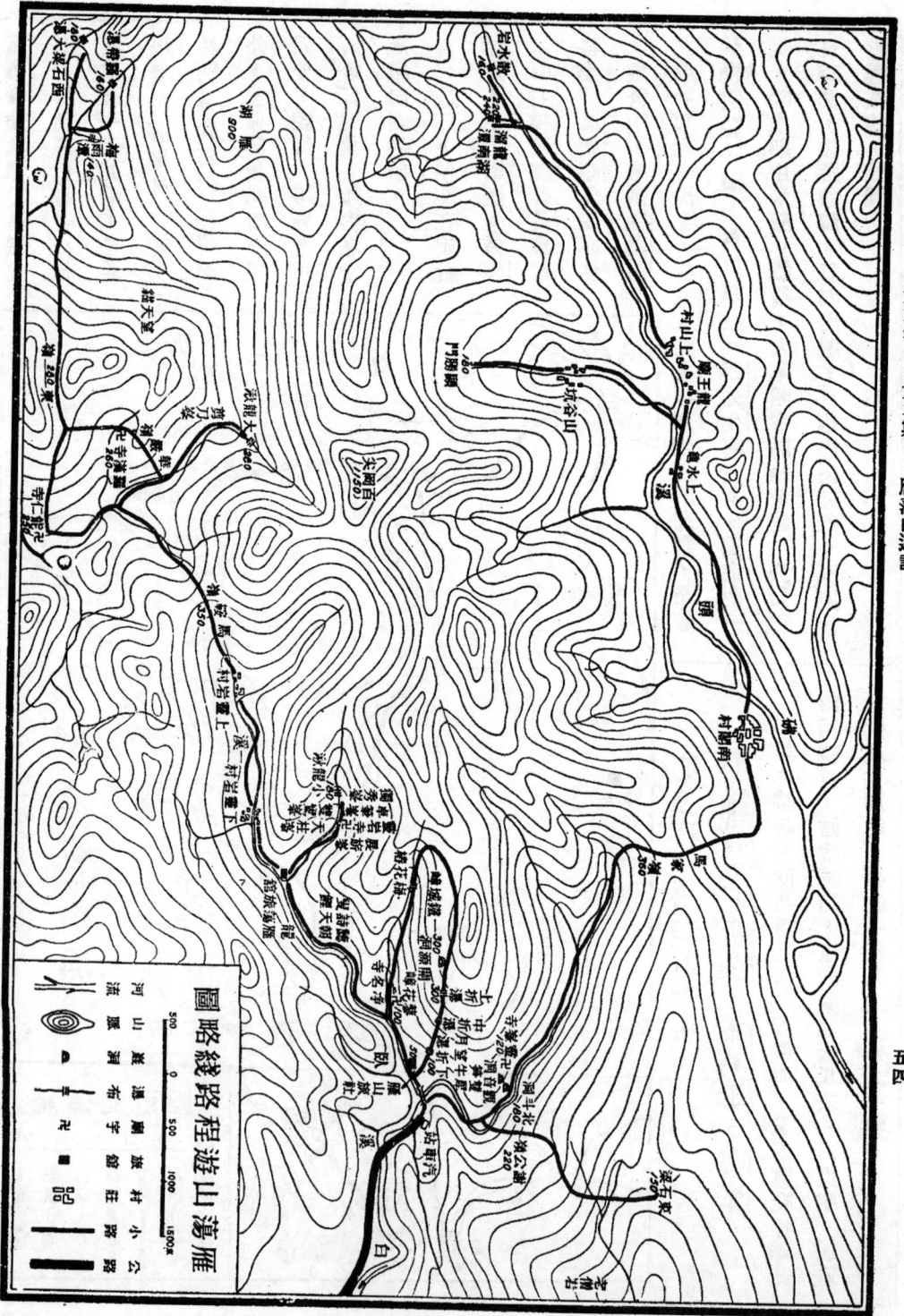

晨七時二十分出發赴靈岩。出旅社向西南行入山，沿臥龍溪岸逆行而上，沿途看『猴睡』，『將軍抱印』，『聽詩叟』，『朝天鯉』諸奇石。此間各名勝，皆以木牌標其名稱，並用紅色箭頭指其方位，遊山者頗以為便。是時天忽變陰，雷雨交作，來勢極猛，乃急行，七時五十分至雁蕩旅館避雨。

雁蕩旅館北向為入靈岩谷口，較雁山旅社規模稍小，房價亦較廉。計房價：特等每宿大洋八毛，頭等每宿大洋六毛，二等每宿大洋五毛；膳費：特等每客大洋二毛五分，普通每客大洋一毛五分。

少時，雨稍停，由雁蕩旅館動身折向西北，入山漸深，景物更勝。近靈岩寺，則見『獨秀』，『卓筆』，『天柱』，『雙鸞』，『金烏』，『玉兔』諸峰，拔地而起，矗立雲中，非人跡所能至也。

靈岩寺 由右至左

邵翼如 徐季蓀 吳稚暉

張默君 陳仲瑜 蔡夫人

李潤章 蔡子民

潤章攝（圖三）

八時五分抵靈岩寺。寺久失修，蔣叔南先生毅然復其舊觀。寺南向，三面環山，如別一天地。『靈岩寺』三字，為南海康有為先生所書。寺前左展旗峰，右天柱峰，皆斗峭絕壁。登聽瀑廬，上有梁寒操先生所書額。在此可遙望小龍湫瀑布，如長條絲紬，懸諸岩際。旋與吳先生及仲瑜先生步行至小龍湫瀑布之前，瀑布面西，高約二十丈，飛泉由山巔越絕壁怒吼下瀉，水聲如雷。瀑布之前，對者為絕壁，在入口處，可望『龍鼻』『天窗』二嶺，其右則『捲閑峰』在焉。

小龍湫 潤章攝（圖四）

靈岩附近，奇峰怪石，壁立峻削，雄壯偉大，光怪陸離，直非筆墨所能形容。徐霞客遊記中謂：『銳峰疊嶂，左右環向，奇巧百出，真天下奇觀』，信不虛也。

十時由靈岩赴淨名寺，仍由原路過雁蕩旅館，旋右

5

轉向西入淨名寺谷口，見『老猴披衣』石絕奇特，且酷肖眞猴。十時二十五分抵淨名寺，寺南向，其地海拔一〇〇米，寺後倚蓼花障。入

『老猴披衣』潤章攝　（圖五）

寺，住持出迎，詢吳先生貴姓，答曰：『姓王，人呼爲王老頭子者即是』。嗣後方知此寺住持，乃老談之姪。

蔡邵徐三先生及蔡邵兩夫人，由住持導觀寺內各殿。吳先生及陳許與余等四人，因喜觀山景，不欲久留寺中，遂出寺沿溪岸而上，步行至鐵城障，開展若屏。觀梅花樁瀑布，自石壁下注，高約十餘丈，水流而下，散成細絲。吳先生指此而言曰：『此瀑花大似新娘子所披之白頭紗』，眞絕妙詞也。又觀維摩洞，洞南向，約四丈。旋上至鐵城橋（一名石梁橋），寬僅三尺餘，長十餘丈，兩旁皆深崖。由此愈登愈高，十一時三十分抵餐霞洞（即開源洞），其地海拔三〇〇米。時忽大雨，余等在洞中避雨，約十五分鐘，雨稍止，仍前行。按此段山路爲新修者，左則障峰綿延，削壁陡立，右則下臨深澗，直視無底，清奇秀麗，嘆觀止矣。

十二時十分，至上折瀑，其地海拔三〇〇米。入洞口，周圍直似圓筒形之石壁，高數十丈，瀑布由絕壁下瀉，澎湃洶湧，聲似雷鳴，瀑花四濺，寒風逼人。出洞口東望，可見樂清海灣。旋循石級下山，十二時五十分抵中折瀑。再下山，則至下折瀑，海拔一〇〇米。兩瀑布亦均可觀。上折瀑，中折瀑，下折瀑，總稱三折瀑，以上折瀑爲最勝，而以下折瀑距雁山旅社爲最近。

下午一時回抵旅社，蔡先生諸位早已由淨名寺歸來多時矣。稍息即進午飯，準備下午遊東石梁及靈峰。

下午二時十分離旅社，乘肩輿向東石梁洞前進。沿溪水西北行，登謝公嶺，其最高點海拔二二〇米。西北遙望『接客僧』（亦名『老僧

『接客僧』購于雁山社　（圖六）

6

岩』）袈裟禿頂，道貌岸然。折而北至東石梁洞，時已下午二時五十分。東石梁洞海拔一五〇米，洞雖深廣，惟覺平淡無奇耳。

下午三時零五分，由東石梁循原路而歸，過謝公嶺折向西北，已至靈峰道上。三時四十分抵靈峰亭，亭在雙笋峰（一名蠟燭峰）旁，於亭前可望『鬥鷄』『犀牛望月』，『仰天龜』諸勝。崇巖怪石，夾溪林立。渡溪北折步行十分鐘，抵靈峰寺。寺東向，其地海拔一二〇米。寺乃新葺，有樓二級，登樓左望『金鷄』，右望『犀牛看月』，惟樓簷甚低，遮掩風景，殊可惜也。寺前山峰皆奇峭，高聳無寸土，使人見之，頓生豪氣。旋至西南白雲庵，庵之西南為積善堂，堂之西南則紫竹林也。

雙筍峯　許師愼攝　邵翼如寄贈　（圖七）

下午四時三十分抵北斗洞，海拔一八〇米。洞為道士廟，有樓四級。四時四十分至觀音洞，兩峰相倚，夾而成洞。循石級而

靈峯寺　許師愼攝　邵翼如寄贈　（圖八）

7

上，洞口東向，正對『雙笋』。洞中就石岩而建樓九層，上層每層有房五間，中層四間，下層三間。三層樓品茗處，海拔一八〇米。五樓石壁間，有天然小石像，頗肖土地神像。下午五時四十分，由觀音洞回旅社。

觀音洞及北斗洞　章渭攝　（圖九）

雁蕩二靈風景最勝，靈岩以峰勝，靈峯以洞勝。邵先生與其夫人張女士皆嫻吟詠，賦詩甚多，在二靈尤多

佳作。余等回旅社後，稍息，蔡夫人及季孫先生仍任調味，飯後就寢。

第三日（五月四日）

遊大龍湫，西石梁，梅雨潭，羅帶瀑，梯雲瀑。

晨五時半起，天陰有霧，氣溫攝氏表一八度半。六時四十五分，一行九人分乘肩輿赴大龍湫。七時十分過雁蕩旅館後，向西南行，遙望可見『上山老鼠』，『下山貓』諸勝。過下靈岩村，及上靈岩村，即登馬鞍嶺，嶺上遍植小松樹，青翠可愛。八時至息征亭，爲嶺上最高點，海拔三五〇米。下嶺折向西北，迎面爲『剪刀峰』，卓立雲表。

剪刀峯　許師愼攝　邵翼如寄贈（圖十）

八時四十三分至大龍湫，其地海拔二八〇米。大龍湫瀑布向西南，高約三十丈，闊亦數丈。自山巔凹處，順絕壁而下，注入碧水潭中，飛流雄健，如江河倒懸；其聲似馬奔騰，動人魂魄。大龍湫之對面，亦成絕壁。右側山麓有蔣叔南先生之別墅，中有龍壑軒，東向，現爲道士居住。在『剪刀峯』之東北遙望，該峯形似天柱，故又曰『天柱峯』；若在峯之西望之，則又似帆形，故又名曰『一帆峯』。因觀察者所處之方位不同，而峯之形態隨之亦異，天然構造之奇，令人叫絕。

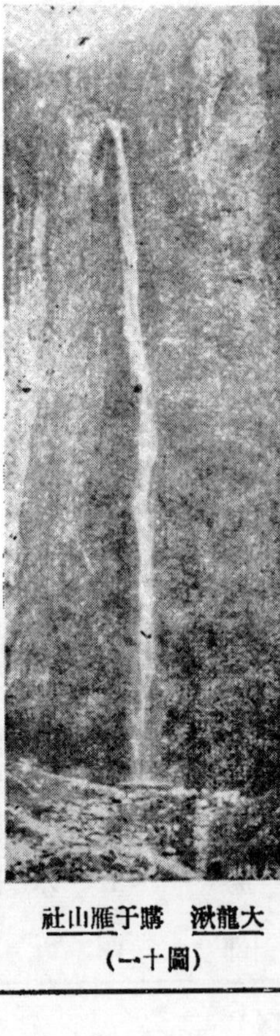

大龍湫　攝于雁山社（圖十一）

九時三十分由大龍湫動身，時天漸放晴。同原道，折向西南，過華巖嶺。九時五十分抵羅漢寺，寺南向，其地海拔二六〇米。十時八分到東嶺，海拔二八〇米。此時太陽始破雲而出，觀『望天猫』，向西前進。十一時抵西石梁大瀑，其地海拔一八〇米。

西石梁大瀑，在一垂直之半圓筒中傾下，半圓筒在山岩絕壁中穿成。瀑布面南，高可三十餘丈，由上而下，飛奔降落，勢若怒濤，聲震山谷。對面有一亭，曰澄心亭，坐亭觀瀑，心曠神怡。亭旁有屋五楹，東向，亦蔣叔南先生所建。叔南謝世，有蔡旅平先生繼爲主持。對屋有巨石一方，上刻『西石梁大瀑』五大字，惜距瀑布較遠，且與瀑布之方向不同；若移之於瀑布旁絕壁上，則更佳矣。

余等在西石梁午餐後，下午十二時四十五分起程，約行二里許，一時五分至梅雨潭，海拔一四〇米。梅雨潭瀑布面西南，高約二十餘丈。余等在此盤桓片刻，即向羅帶瀑而來。此時黑雲又起，將日遮蓋。

下午一時半抵羅帶瀑，海拔一六〇米。循石級而上，路漸狹窄，崎嶇難行，攀登巨石，雖有鐵欄，亦極險峻。過一小石橋，名駱駝橋。此橋一邊接連一巨石，一邊略鑿絕壁而架于其上。橋長僅五尺。過橋則經絕壁上所架之石版，高懸空中，橋及石版下均爲深澗。由此乃達瀑布下之水潭。蔡先生夫婦及張默君女士亦均攀登至潭邊攬勝焉。

在羅帶瀑前，勾留約十分鐘，即下嶺赴梯雲瀑。入梯雲谷後再進，路滑難行，肩輿已不適用，須步行。下午三時至梯雲瀑，海拔一六〇米。周圍皆石壁，入口後，豁然開朗，瀑流其下，注入潭中。余等九人，皆至此觀瀑。

駱駝橋　許師愼攝　邵翼如寄　（圖十二）

下午三時半，由羅帶瀑赴能仁寺，沿路得見村民刈穫夏麥，又見稻田插秧。此時京滬一帶尚未插田，而平津農田麥未及尺，於此以見南北氣温之不同也。四時半到能仁寺，寺東向，海拔二五〇米。寺右有大鐵鍋一，

能仁寺大鑊　許師愼攝　邵翼如寄贈　（圖十三）

周五人圍之有餘，上覆一亭。四時二十五分又動身，經馬鞍嶺，由原路回抵雁山旅社，時已七時十分矣。

晚間會餐時，復議及次日遊程。邵先生夫婦，擬偕許先生再遊靈岩一次，並擬次日赴溫州。蔡先生夫婦，與徐陳兩先生則仍照前日所定辦法，遊顯勝門及散水岩。余則擬隨吳先生同登百岡尖，即雁蕩之最高峯（據參謀本部陸地測量總局地圖，百岡尖海拔一一五〇米）。吳先生向來遊山，喜登絕頂，余與有同好，故又決定同往。潘耀亭先生雖先時登過百岡尖者，今亦欣然相陪，余等深以得此嚮導為最慶幸之一事。談次，潘先生並出示其所監製之滑杆。滑杆係以竹製，用代肩輿，甚輕便。其式為兩平行之竹杆，中間置一竹蓆，前懸一橫棍，前後各以一人抬之。乘客坐於竹蓆上，足登橫棍，居中即坐，靠後即臥，極為舒適。吳先生曰：川黔滇頗盛行此類滑杆，在此殊不多見。潘先生允于明日預備滑杆三乘，以為登山之用，以余等均在健行之列，亦不過半乘滑杆，半由競步耳。

晚十時就寢，時氣溫為攝氏表二一度。

第四日（五月五日）

遊顯勝門，散水岩

晨五時半起，天陰雨，氣溫攝氏表二〇度。潘先生謂登百岡尖，無道路，須從草中或荊棘中覓道上山，天雨則不能登，且山頂為雲霧所遮，亦難遠望，雖吾等堅決欲行，而滑杆抬夫亦必不願前往云云。吳先生見天氣如此，乃不得不變更計劃，遂改同蔡先生諸位同遊顯勝門及散水岩。

七時二十分由雁山旅社動身。七時四十分至靈峰，折向西北，抵馬家嶺山麓，拾級而上。八時三十分抵嶺之最高點，海拔二六〇米。時雲霧大作，四顧茫茫；移時方見四面雲海，變幻無窮，亦偉觀也。旋拾級下嶺，曲折盤旋，始達平地，折而西向。九時十五分過南閣村。九時五十五分抵上水龜，明禮部尚書吳綸墓在焉。墓道旁翁仲及石獸兩兩成行，墓前石牌坊矗立。余等在此稍息，仍沿溪逆行而西，復折而北。十時四十分過山谷坑，山景漸勝。十一時抵顯勝門。

顯勝門向西北，其地海拔一八〇米。門為兩崖直立，一缺一段，其形似門，高約七十至八十丈，厚僅二丈餘，狀極偉大。門下正中有蔣叔南先生所書『天下第

顯勝門　贈于雁山旅社　（圖十四）

一門』石刻。入石門，別有洞天，惟巨石迎門而立，且路狹幾不能容足，既滑且濕，尤難於行也。吳先生已先由石隙攀登，余等隨後，蔡先生及夫人僅在門下盤桓。余等上至隙地，仰可觀石佛洞中鐘乳石像。洞前爲飛湫瀑，倒懸而下，景亦絕奇。顯勝門無

散水岩　潤章攝　（圖十五）

廟宇，亦無其他房屋，余等出門後，席地稍坐，藉資休憩。

十一時三十五分由顯勝門起身。天晴。仍由原路向北行，旋折而西，下午一時十分抵散水岩，海拔一六〇米。此地多竹。

雁蕩山諸瀑布皆在深谷之中，必入山深處，始得而見；惟散水岩瀑布則亦裸外露，遠望可見。瀑布由絕壁上，怒吼下降，高不及十丈。瀑瀉石上，分而四散，故以此名。岩下有潭，潭旁有新建樓房上下各三楹，尚未竣工，一道士居焉。瀑面東南，而樓亦東南向。余等在此進午餐，蔡夫人與季蓀先生仍親任烹飪。

二時四十分，由散水岩動身。天又微雨。東行折而南，三時廿分抵龍湫，海拔二二〇米。一瀑布面北，由上端石溝流下；石溝彎曲光滑，故名龍湫，狀亦奇特。

順半山之石岩上，向龍湫之上流進行，約行十分鐘，抵一潭，名湖南潭，潭上又有一瀑布。

三時四十分由龍湫動身，下午六時五十分回抵雁山旅社，知邵先生夫婦暨許先生已赴溫州矣。晚飯後就寢。

11

第五日（五月六日）

由雁蕩回抵拔茅轉溪口

晨三時四十五分起，天雨，略進早點。五時五分由旅社起程。五時五十分至水漲，候渡船至十五分鐘之久，兩汽車先後渡過。六時十分又開車。七時抵澤國，稍息。七時十分又行。七時四十分抵黃岩，候渡船過江之時，吳先生入城訪求大竹，不久即歸，謂某舖店夥告渠，距黃岩縣城四十里之豐岩產竹，有直徑達一尺者，一株之價有値十八元者，但此種大竹可遇而不可求也。兩汽車渡江費時兩小時餘，九時四十五分始由彼岸再進。

十一時四十分抵臨海，一面汽車由渡船過江，一面余等步行入城，用午飯。一時廿分又前進。二時十分抵貓嶺。三時五分至天台，休息約十分鐘。三時十五分又行。三時三十五分到拔茅，下小包車。吳先生及余等換乘由新昌開來之公共汽車，轉赴溪口，蔡先生及夫人與徐陳兩先生仍回杭州。四時二十分公共汽車抵拔茅，余與吳先生登車赴溪口，往遊雪竇山。

餘論

雁蕩之奇，以水以石，惜山中樹株甚少，爲美中不足。余等漫遊三日，得見瀑布十餘，大者高三十或四十丈，小者亦約十丈，均係由絕壁垂直落下，形狀大略相同。此山瀑布之多而雄壯，絕非他山可與比倫。山中之奇峰怪石，或爲石嶂壁立，或則孤峰入雲，或成洞穴，或似人物，千形萬態，美不勝收。楊龍友所謂：『奇不足言幾於怪，怪不足言幾於誕』，誠非虛語。惟雁蕩諸勝，多散在山中各地，非聚諸一處，此則與黃山華嶽不同也。吳稚暉先生云：

『散而爲雁蕩；
聚而爲黃華；
列而爲三峽；
蹲而爲桂林。』

吳先生又詳言諸山之勝云：

『奇峰怪石，不可勝數，散布於平疇雜嶺之間，占廣大之區域者，雁蕩是也。

『奇峰怪石，不可勝數，高下錯峙，翕聚而爲崇高之大山者，黃山與華嶽是也。

『奇峯怪石，不可勝數，夾江列陣，亘數百里，如岳家軍之不可撼者，三峽是也。

『奇峯怪石，不可勝數，如泰西之象戲，植高蹲之子棋，布局於郊原者，桂林陽朔是也。

『關外與滇邊不與焉。域中山邱之至奇者，盡於此五處矣。

『若夫號稱名山者，固莫不有其一得之奇，如天台石梁之崩瀉，匡廬五老之屹峙，峨眉之蛇倒退，房山之雲水洞。諸如此類，在他山亦不能有兩，然皆不能稱爲「奇峯怪石，不可勝數」也。』

以上兩段形容山勢文字爲吳先生親筆寫入余之日記本中者，對於國內名山作一綜合比較之批評，已足道盡諸山之靈妙，眞千古不易之論也。 12

計此行也，由蔡夫人與季蓀先生屢任烹調，口腹無所苦；而季蓀先生熱誠招待，使客有如歸之樂，此皆令余感戴不已者。而又時聆同遊諸公之宏論，使余于遊山之外又增長許多知識，何幸如之！

此文承張江裁先生整理稿件，李至廣先生參照北平研究院及地質調查所所存地圖，繪製雁蕩交通圖，及雁蕩山遊程路線略圖，敬以誌謝。

廿五年八月廿五日，北平。

商務印書館 特價圖書

一百五十種

期限 二十五年九月一日起至十月三十一日爲止上海發行所四支店及各地分館一律舉行

種數 精選一百五十種

折扣 除下面列舉之十六種照定價八折發售外其餘各書概照七折計算

郵費 先照定價加收一成

目錄 承索即贈

附則 特價書以現款交易爲限

七折特價書（摘錄）

重編日用百科全書……黃紹緒、江鐵主編 三冊定價九元
國學基本叢書簡編……一百二十冊定價三十元
國學小叢書五組（書名定價詳見目錄）
中國哲學史（大學叢書）……馮友蘭著 平裝二冊定價四元八角
近代思想導論（漢譯世界名著）……Joad著 蕭贛譯 定價一元三角
社會學原理（大學叢書）……孫本文著 平裝二冊定價三元二角
中華民國統計提要……定價十八元
統計學大綱（大學叢書）……金國寶著 平裝二冊定價二元三角
英文中國年鑑（創刊號）……桂中樞主編 定價三十元
內政年鑑……四冊定價十六元
政治學概論（大學叢書）……李劍農著 平裝定價一元八角
中國經濟年鑑……第一回三冊定價十五元 二十四年續編三冊定價十四元
財政年鑑……二冊定價十元
法律大辭書（附補編）……鄭競毅、彭時編 三冊定價七元
實用法律叢書……王雲五、徐百齊主編 廿三冊定價十二元
中華民國憲法史……潘樹藩著 定價一元
比較憲法（大學叢書） 王世杰著 精裝定價四元六角
民衆基本叢書第一集第一組……呂金錄主編 八十冊定價一元五角
王雲五小辭典……王雲五著 紙面本定價七角
王雲五小字彙……王雲五著 定價二角八分
求解作文兩用英漢模範字典（增訂本） 張世鎏、平海瀾等編 定價二元五角
雙解實用英漢字典……李登輝、郭秉文等編 定價二元五角
日本現代語辭典……葛祖蘭編譯 定價二元五角
少年自然科學叢書……鄭貞文等編 十三冊定價七元二角
生命之科學……H. G. Well等著 石沱譯 第一冊定價四元 第二冊定價三元五角
化學戰爭通論（國立編譯館出版）……曾昭掄、吳屏譯 定價四元
工學小叢書六組（書名定價詳見目錄）
白話文學史（上卷）……胡適著 定價一元二角
英漢對照名家小說選第一集、第二集……伍光建選譯 各二十冊各定價十元
歐美名劇選（十二種）……方樂天選註 十二冊定價五元七角
中國近代史（大學叢書）……陳恭祿著 平裝二冊定價三元七角
新製中國地圖……陳鐸編 定價一元七角六分
中學教科適用最新世界地圖集 譚廉編 定價一元七角六分

八折特價書（十六種）

萬有文庫第一集……王雲五主編 全部二千〇十二冊 定價六百六十元
胡適論學近著第一集……胡適著 平裝二冊定價二元
小學生分年補充讀本……徐應昶主編 六百冊定價六十元
幼童文庫第一集……徐應昶主編 二百冊定價廿五元
小學生文庫第一集……王雲五、徐應昶主編 五百冊定價七十元
新生活掛圖……甲種每套定價九角 乙種每套定價三角五分
生理解剖圖（附說明書一冊）……衛生署編製 十幅定價五元
參加倫敦中國藝術國際展覽會出品圖說 （一）銅器 （二）瓷器 （三）書畫 （四）其他 定價（一）三元 （二—四）各五元
文學研究會創作叢書（十種）……定價七元
文學研究會世界文學名著叢書（十種）定價七元
山東通志……五冊定價十三元
湖北通志……三冊定價十元
畿輔通志……八冊定價二十二元
湖南通志……五冊定價十三元
廣東通志……五冊定價十三元
中國分省圖……劉季辰、李慶長繪製 定價一元二角

本會最近得到之淸季檔案

趙泉澄 1

本會近得大宗淸季檔案，爲數不下四五千斤，三四萬卷。其中有年代較早者，有咸同各朝及民國初年以後者，然以淸季光宣兩朝之檔案爲大宗。茲敍其經過如下：

本年六月間，顧師頡剛來函，謂有大批淸季檔案出現於某肆（下稱甲肆）。余聞訊往觀，見文卷山積，爲數約三四萬斤左右。略加檢閱，頗多可取。惟以數量過多，需款甚鉅，故初頗望有力之學術機關購置之。顧事甚不易，當余初履其地，該肆已先與一商成交，工役五六人，正忙于捆載；問買主何人，則又皆諱莫如深。嗣探知係受某國圖書館之委託，余深惜之；乃與該肆再三交涉，許以高價，並聯合其他學術機關，擬請政府予以制止。然以華北情形複雜，又値暑假，各機關負責乏人，終無所成。所差可慰者，該肆因利益所在，允停止售於該商，然綑載而去者，已近萬斤矣。然事有出人意料者，所留三萬餘斤，突因該肆發生問題，無從接洽，而所售出之萬斤，反發現於乙肆，同時又於丙肆發現五六千斤。至是，凡發現檔案三家，交涉兼旬，終以各肆索價過高，雖有力之機關，亦感困難，且各肆又均願全部出脫。故未數日，甲丙兩處皆爲還魂紙商（一）所得，乙肆亦將步其後矣。吾人目擊史料之淪亡，不勝扼腕！會本會得庚款之助，乃與顧師商定，决由本會選購，遂與乙商再度接洽，稍增其値，雙方交易遂定。尤可幸者，在選擇期間，復探悉紙商售去之甲丙兩宗檔案，尙未下水造紙，乃以高價轉託乙肆向紙商選擇購歸。是爲本會此番獲得檔案之經過。

此種檔案，多屬淸季各部司及各省督撫司道之呈報案宗，故與國計民生，最有關係。其物原存檔案保管庫，此番出現，蓋受時局影響。以原則言，此類檔案，內閣大庫中應有複本（二），無如大庫至光緒初業已貯滿，尋經滲漏，後來者不復儲入。今文獻館（三）北大，史言所，於兩朝之檔冊，所以如鳳毛麟角者以此。夫淸代內閣檔案種類之繁，價値之大，世所共知。近年來，學術團體或個人研究近代史，不論社會地理經濟財政等等，對於檔案，莫不競相傳抄。獨缺乏歷史上極重要之光宣兩朝，實爲憾事。今本會於萬劫之中得保存其精華，可謂幸矣。爰略舉其內容於左，或亦爲社會人士所亟欲一覩也。

關於此點，可分爲四大項目言之。

第一，有關國防大事，暨民族發展之檔册，其類有九：

1.海防檔　此類檔册，包含兩種，一種爲太平天國及甲午戰爭以後政府對於山東江蘇浙江福建廣東等沿海省分重新布置海防軍備之檔册；一種爲清末沿海各省之新設備。

2.甲午檔　甲午戰爭時代，東三省及關內外軍隊之調動，槍礮子彈之運輸，粮餉之供應。

3.善後檔　此係專指太平天國及甲午戰爭以後，全國各省工商財政軍事等之善後檔册（沿海各省已見前）。

4.邊疆檔　中國沿邊各地之檔册；

(一)東三省　包括三項：1.遼，吉，黑未改行省前，奉天府尹各將軍各副都統衙門等所報之檔案；2.已改行省後之檔案；3.民初以後之檔案。

(二)內蒙檔　熱河，察哈爾，綏遠各處之軍事，口稅，馬市等。

(三)新疆檔　1.俄商，卡倫等；2.該省各府廳州縣每年人口統計；3.田地賦稅；4.漢人，漢回，纏回，布回，教民等數目。

(四)青甘檔　青海，甘肅等處之邊備，及剿辦回亂等記載。

(五)外蒙檔　庫倫辦事大臣，及外蒙各盟旗檔案。

(六)西南檔　雲南，貴州，廣西等處戶口，賦稅，倉穀，軍備，及苗蠻土司等。

(七)西藏檔　西藏辦事大臣，川藏交通道路軍台諸檔。

5.軍備檔　各省駐軍，長江水師，楚軍，淮軍，湘軍各檔册。

6.五城檔　京師：東、西、南、北、中五城兵備。

7.驛站檔　各省驛站，交通，道路。

8.遣犯檔　各省遞解囚犯至邊地充軍之檔册：詳載案犯，解來，及解往處所，經過道里，路程。

9.墾地檔　邊省開墾田地之檔册，紀載墾戶，及所墾土地之坐落四至，圖形，面積，弓尺，科則，收價等目。

第二，有關工商貿易金融等之檔案，其類十五：

1.銀價檔　各省所屬府廳州縣每年每月每日銀洋錢價變遷之檔册，例如光緒末年江西各屬之銀洋錢價，其通用銀洋之種類有：寶銀（東寶粉寶），釐封銀，鹽封銀，市紋銀（即九三八平），龍圓，英洋（即墨西哥銀），爛洋（銀圓之有印鑿痕者），官帑銅圓票，新平銀，靖平銀，二八庫平銀，撫平銀，日本洋，吳紋烟平銀，九六六瑞平銀，毫洋，拐洋，廣東角洋，二四漕平銀，雜板洋，制錢，官號錢票。以上各種銀錢在各府廳州縣間各該銀錢每月每日銀兩折合庫平數，銀圓折合銀數，銀兩銀圓兌換制錢銅圓數。其册大抵皆由府廳州縣調查呈報於司道督撫者。

2.糧價檔　此類檔册亦爲各省府廳州縣所呈報於布政司督撫者。其內容有稻米，粟米，粟穀，高粱，黃豆，黑豆等各種糧食。其册或一月半月呈報，或彙集一年呈報。

3.機器檔　各省設立機器局製造機器，槍礮；購置外洋機器，聘用洋員，技師諸檔案。

4.鐵路檔　清季光宣兩朝各省建築鐵路之工程檔册，詳列鐵路地段之購置，經費之分配，洋款之來源，造路之本國及外國技師人員，以及鐵路各種工程之開銷。

5.鴉片檔　各地方洋藥之分佈，運銷，統計。

6.釐金檔　內地邊區藩屬各地總局，子巡各卡釐金之徵收，及各處調查稅釐之表册。

7.土藥檔　各地方土藥產區之報告，與課稅統計。

8.土貨出口檔　載明每年每月每日各海關出口土貨之數目，商販商號之名稱，所運土貨之來源地點。

9.洋貨入內地檔　各海關洋商輪船運洋貨入內地之檔册，各海關每歲一册或數十分册。按年按月按日，詳載洋商船售名目，及洋貨入內地之地域。

10江南製造局檔　該廠每歲之開支，洋員之聘請，外洋機器之購置，與製造。

11湖北槍礮局檔　該局每年出入之經費，向外洋購買製造槍礮之各種機器物料，該局所僱中外技師之費用。

3

12河道工程檔　黃運、河道修建堤壩之各種工程，開支，其冊有時或附以圖。

13總稅務司檔　總稅務司赫德，裴式楷，安格聯等所報該稅務司所經理之常關一成經費，船鈔，七處釐金，特項款項，罰款，另款等之收支出入之總報告。

14中俄貿易檔　專載中俄在新疆等處貿易之檔冊，係甘肅新疆布政司及新疆全省商務總局根據所屬各道府廳州縣之呈報。

15鐵路貨捐檔　津浦鐵路在淸末及民國時代之貨物捐，每日記載，列為統計表格，每月一束。

第三，有關於國家或地方經濟財政之檔案，其類十二：

1.戶口檔　各省戶數，口數，滋生人丁數，丁銀攤入地畝等冊。

2田賦檔　各省夏稅，秋粮，地丁，田地，藥材，顏料，蠟，茶等類。

3.漕白檔　山東，河南，江蘇，安徽，湖北，湖南，六省漕運；江蘇，浙江白粮。

4.倉儲檔　常平倉，社倉，義倉，裕備倉，旗倉穀儲。

5.賦役全書　此僅限於江蘇一省。

6.鹽課檔　長蘆等各鹽區鹽引等檔冊。

7.關稅檔　全國各常關海關檔冊。

8.雜賦課稅檔　各處漁，蘆，茶，礦等課；學田，旗地等租；牙，當，契，烟，酒，糖，礦，馬，牛，驢，羊，木材，靛，麯等雜稅。

9.粮餉檔　京省八旗綠營駐防官兵，軍用餉糈數目，北洋等新軍開支。

10牙帖檔　咸同光各朝總辦牙釐分局部頒各省牙帖，牙帖簿，領帖商人等檔案。

11風雨檔　各省風晴雨雪檔冊，按日記載，按年呈報。凡雨量等之分數，均有詳細紀載。

12預算檔　淸季及民國元二三年以後，中央暨各省之預算，決算，概算等檔冊，於國家或地方財政之分析特詳，一省一年之數或多至數百冊。

第四，雜檔，其類十三：

1.則例　各部，各司，各常海關，暨其他各種則例。

4

2.奏底　奏底，奏稿簿，交摺簿，奏單，奏抄，清單，點奏稿。

3.簿稿　各部司各衙署堂行簿，堂行稿，行文簿，片稿簿，司付簿，草傳簿，稟帖簿，閱摺簿，公函簿，存文簿，稽覈簿，領銀簿，堂標簿，抄案簿，移檔簿，摘由簿，堂期簿，交稿簿，發文簿，草底簿，鈔事簿，循環簿等。

4.殿試檔　文華殿會試時之檔案，詳紀當時會試之情形。凡御錄本章，總裁，部院大臣，內簾外簾諸供事之臨塲，所有應用供給器皿，食物，頭二三等文具，綾，絹，布疋，各次宴會等項。

5.鄉試檔　各省地方鄉試試卷之類。

6.玉牒檔　奉天恭迎玉牒之檔册，凡大差用過各款，各旗務司黃案數目，御筆匾額，頤和殿，崇謨文溯閣寶座，崇政殿，大清門，大內陳設；鳳凰樓，敬典閣，迪光殿，麟趾宮，永福宮，衍慶宮，思善協中等齋，日華霞綺等樓，飛龍翔鳳等閣之陳設，皆有記載。

7.寺廟檔　京省各地寺廟喇嘛等檔案，如京師之雍和宮，護國寺，隆福寺，熱河之普甯寺，殊像寺，羅漢堂，安遠廟等。

8.陵寢檔　清季供應有清一代帝王后妃等陵寢暨同光陵工等檔案。

9.宗圖檔　各省官弁履歷，三代，世系，宗圖，其中多敍及何年何月何日作戰殺敵之功，故於太平天國，甲午戰爭，暨庚子之亂，每有記載。

10文溯閣檔　奉天文溯閣藏書數目。

11遼太祖檔　清季在盛京奉天行祭遼代太祖之檔册。其册僅有光緒一朝。

12祭祀檔　京省天地日月各壇，文昌閣，關帝廟等祭祀檔册。

13甘結檔　各種辦案甘結，如投送案宗，解押銀兩等。

以上不過舉其梗概，詳細內容，正在整理編目，不久當可公之於世也。

註一　販爛紙書籍以重造紙張之商人。

註二　黃册等。

註三　文獻館軍機處檔案有光宣兩朝，而僅限於章奏，無此類；且已南遷。

二十五年八月二十三日

新亞細亞學會出版書籍

南京江蘇路十一號
新亞細亞學會出版科發行

新亞細亞 第十二卷第二期（每冊定價二角五）

目錄

東北考察記

馬鶴天著　定價大洋六角

本書係著者于九一八事變前，考察東北三省之記載。關於東北之政治、經濟、社會各方面，無不備述。而對於物產、交通、以及日人侵略之實況，尤爲詳盡。不意大好河山，已非我有，際此國人痛心失地之日，手此一編，或足以引起興奮之念，與恢復失地之決心。全書十餘萬言，插圖六十餘幅，定價極廉，購請從速。內容共分九章，要目如下：

一　由南京至瀋陽
二　瀋陽遊覽
三　由瀋陽至黑龍江
四　龍江見聞
五　哈爾濱考察
六　吉林一瞥
七　由吉林至大連
八　大連一覽
九　由大連返南京

康藏

劉家駒著　實價洋四角

康藏在我國西陲，幅員遼闊，物產豐富。惟地據高原，氣候嚴寒，山川險阻，交通不便。國內人士，皆目爲甌脫，毫不注意。野心英俄，乃得乘機侵略。而國內關於康藏著述，又如鳳毛麟角。雖有一二探險家親臨其地，或因語言不通，或因調查不確，以訛傳訛。本書著者世居西康，對於康藏情況，知之極詳。茲將最近實地考察所得，編成是書，爲研究康藏最可靠之本。

第一章　境域地理及氣候
第二章　民族牲與能
第三章　文化
第四章　宗教
第五章　生活
第六章　風俗
第七章　實業
第八章　物產
第九章　交通
第十章　行政

亞洲之再生【新亞細亞學會東方叢書之一】

美國 Marguerite Harrison 女士著　華企雲譯

★全一冊　實價一元五角　郵費在內　直接函購　優待七折

在一般人看來，亞洲是一個「不變的東方」。可是從大戰以來，還不變的東方竟然一鳴驚人的「再生」起來。近東方面則土耳其、阿剌伯、因了凱末耳、伊本蘇特的發憤而獨立。中東方面則波斯、阿富汗、經過里薩可汗、阿孟拉的雄圖而崛興。遠東方面則中國、印度、秉承孫中山甘地的領導而奮鬥……一切的一切，都呈了蓬蓬勃勃的生氣。本書著者考察東方有年，即以政治宗教民族等運動爲經，遠東、印度、蘇俄、阿剌伯、回教集團等立場爲緯。從人類生存的故事追溯起來，歸宿到人類向上的發展爲止，將一個復活的亞洲，用生龍活虎之筆，原原本本的描寫出來，其作風直與房龍的人類故事，威爾斯的世界史綱媲美。

目錄

關於西北農林教育之所見

——孝園叢刊之一——

戴季陶先生爲開發西北之實行者。凡讀過新亞細亞學會所編之西北（此書已三版）及新亞細亞月刊（該刊已出至十二卷二期）者，對于戴先生開發西北之言論與計劃，無不贊嘆其切實而奉爲圭臬。近著關于西北農林教育之所見一書，尤有獨到之處，可爲開發西北之南針。研究邊務者，皆當人手一編也。現已出版，書印無多，購請從速。

★定價　每冊實價大洋二角

最近之青海

青海省民政廳編著

（讀此一書，勝遊青海全境）

青海一地，僻處西陲，因道途遙遠，交通不便，消息情形，與內地隔閡，以致大好青海，竟形成爲未經開發之重要秘密區，處女地。近雖有全國步行團，青海考察團，西陲學術考察團、中法學術考察團等團體，紛紛往西北考察，對於青海致察情形，常于報章上披露一二，惟大都是依稀的，約略的，片斷的，抽象的，局部的描寫，而不是具體的敍述。本書爲青海省民政廳編著，對于青海一切的一切，靡不有精確詳審之記載。全書文字，長凡廿三萬言；附有珍貴照片六十八幅，裝成一大厚冊，爲研究青海之唯一善本。讀此一書，勝遊青海全境。凡留意西北問題者，均宜人手一編也。定價每冊一元二

介紹長江的「中國的西北角」

張維華 1

「不親自經歷的事情，每每不容易了解那件事情的眞像，所謂『事非經過不知難』，這話實在一點不差。」這是長江先生的一句話，是他從經驗中說出的一句話。關於各地方政治社會眞實的情形，不是從書本上或是報章雜誌上能彀充分表現出來的；非親到其地考察，不容易得到它的眞相，而且也不容易惹起你的注意來。在我個人也有這樣的一點經驗：今年七月，曾到過河套一次，當我未去河套之先，在我的家鄉裏，早就聽見到過那地方的人說，那地方的風俗怎樣，氣候怎樣，出產甚麼東西，渠道怎樣使用；當時聽罷之後，一點也放不在心上，不久之後，就慢慢的忘了，不曾留下一點的印象。以後讀書報雜誌，也不時的看到關於河套的消息，然而始終沒有惹起我的注意，彷彿那地方與我無關。及至到了河套之後，看見那種荒涼的景象，幾十里路內沒有一家住戶，遍地長着狠高的草，狠深的荊棘，不禁的感到這樣的一大段肥沃土地廢棄不用，不是中國的狠大的損失嗎？又看到那地方的渠道，七八丈寬，一百多里長，完全用人工鑿修，又不禁的佩服他們工程的偉大。等到再進一步觀察當地社會同政治的情形，大地主怎樣的剝削佃農，渠頭在使用渠水上怎樣的營私舞弊，欺負貧戶，政府怎樣的強迫人民種鴉片，收鴉片稅，吸食鴉片的人怎麼那樣的多，這一切的問題，都一一的擺在我的面前，惹起我熱烈的注意。當時我曾對同行的人如此說：「欲得瞭解某地方眞實的情形，非親自到那地方考查不可，不能專靠書本，也不能專聽人說」，同行的人都狠以爲然。中國的西北部，在青海甘肅寧夏這一帶的地方，因爲去中國的政治中心較遠，而居住在這個地方的民族也狠複雜，所以在民族，政治，社會各方面，都潛伏着極嚴重的問題。要想謀求中國眞正的統一，這些問題是必須解決的；可惜一般人還不曾注意到。中國的西北角這一本書，就是要把西北邊地的情形介紹給我們，同時也叫我們想一想這方面的幾種嚴重的問題。

這本書是大公報館記者范希天別號長江先生作的，

本年八月在天津大公報館出版，全書共有三百五十四頁，算是一個不小的册子。通篇雖全是遊記性質，然而却與一般的遊記不同；因爲普通一般的遊記，多半是描寫路途的風景，和自己起居的生活，而這本書却深刻的注重在社會政治和民族的各種問題上。范先生這個人，我曾同他會過一面，他是一個勇敢有爲不怕危險的人，他曾到西北去遊歷過，這本書就是在他遊歷期間考查的一種結果。

范先生的行程總共分爲五大段：第一段是從成都到蘭州；第二段是從蘭州到西安，又從西安回到蘭州；第三段是從蘭州至西寧，再從西寧西北行，經過張掖酒泉玉門安西而至敦煌；第四段是從敦煌返回張掖，再從張掖沿祁連山的北麓到武威，又從武威回到蘭州；第五段是從蘭州順黃河北行，經過寧夏等地方，而到綏遠的包頭。他的行程，是經過了四川的北部，和陝西甘肅青海寧夏綏遠境內的幾個地方。這些地方的文化是狠落後的，而交通也狠困難，非具有冒險的精神，不容易到這帶的地方去；可是范先生是肯冒險的一個人。范先生的行程，既然分爲五段，而他這本書也就分作五篇來描寫：第一篇是成蘭紀行，第二篇是陝甘形勢片斷，第三篇是祁連山南的旅行，第四篇是祁連山北的旅行，第五篇是賀蘭山的四角。他這本書出版未久，我就得到了，忽忽的讀過一遍，覺得牠是與西北將來的改造是有關係的，頗有介紹的必要，因此就把我所得到的印象和本書所注重的幾方面的問題寫在下面，希望讀者能彀多多的留意到西北的問題。

這本書的文字狠暢達，在描寫政治或社會的情形時，用狠嚴肅狠鄭重的口吻；在描寫民生疾苦的情形時，用狠體卹狠同情的口吻；在敘述古代歷史的事蹟時，又擺起考據家的風度；此外也有許多遊戲之筆，狠帶幽默的風味；總之是使人讀了狠感興奮的。不過這一方面還不是本書主要的特點，而本書的主要的特點則在狠公正，毫不帶偏見的說出民族間彼此壓迫的情形來，又狠大胆無畏的說出政治黑暗和貪官汚吏榨取民衆營私舞弊的情形來。這種態度，正是作新聞記者所該有的，而作者就在他這本書裏，本着這種態度，誠誠懇懇的把一些正確的材料貢獻給讀者，這是最可寶貴的。

至於本書所注意的幾方面，第一點是民生疾苦和經濟凋弊的情形。西北邊地有許多地方是狠荒凉的，不是高山峻嶺，就是廣大的沙漠，肥沃可耕的地方是不狠多。兼以交通不發展，商業的經營狠感困難，而西北對外蒙和新疆的貿易關係，又早已經斷絕了。在這種情形之下，單靠耕地牧畜來供給自己的生活，已是狠不容易的了。然而當地的官府和地主却毫不想到農民的困難，而一味施其剝削的手段。其中最使農民感受痛苦的有二種：一種是鴉片罰款，一種是高利貸。鴉片在西北是政府迫着人民種的，在政府方面，不管人民是否樂意種鴉片，也不管每年鴉片煙的收成如何，他總是徵收一定數目的稅款。省府強迫各縣縣長，各縣縣長強迫人民，人民無法只得種了；可是有時所收的鴉片，還抵不上所納稅款的數目。人民既然種起鴉片來，自然也就染上吸食鴉片的嗜好。吸了鴉片的人，那裏還有能力生產呢！生產的能力雖然喪失了，而烟款却不能不繳，在這樣雙層壓迫之下，農民怎麼能彀忍受呢？除了鴉片稅款之外，還有一種高利貸，這是地主或資本家向貧民榨取的手段。貧民沒有資本種田，自然就得向大地主借，可是每借一元，一月得納三角錢的利息。如此，若借大洋一元，一年不償就得出三元六角錢的利息，如借一百元，一年就得出三百六十元的利息。這樣的高利貸，眞是一種慘無人道的奇聞，而貧民迫得無法又不能不借；借了之後，愈積愈重，終至不能償還，財產農具都押給地主了，自已剩下赤條條的一條身子。在這本書裏，曾說松潘一帶的田野裏以及路旁的野店裏，時常發現不少餓死的遺屍，也有些正是臥在路旁快要餓死的。在西寧西北以及張掖附近的地方，一般十四五歲以下的孩子多半沒有褲子穿，雖在極嚴寒的時候仍然赤着兩條腿；至於一般農民在冬天只穿一條單褲子，是普通的事。還說到一個地方，有許多貧民的孩子，在冬天的時候，無地方住，也無衣服穿。到夜裏一羣赤着身子的孩子，擠在一塊，臥在泥溝裏。等到半夜最冷的時候，凍得無法，這羣孩子一同起來，大哭大叫，喊着救命，這是怎樣慘苦可憫的事！像這樣民生的問題，如不想法解決，西北農民不就快死亡盡了嗎？這一點是本書作者特別希望大家留意的。

再一點是政治和民族的問題。一提到政治的問題，就是官吏的貪污和壓迫農民，以及爲政治首領割據的情形。官吏貪污是中國普遍的情形，而到邊遠之地去作官的，更是抱着「發財還家享福」的觀念。而西北的地方政府也似乎是容許官吏貪污。地方政府爲要徵收鴉片稅的便利，往往給予作縣長的一種折扣，作縣長的收的稅款多了，他得的折扣也隨着大了，所以作縣長的都千方百計的迫着人民種鴉片，爲要充滿自己的私囊。這種方法不是獎勵官吏的貪污嗎？地方政府用這種方法來獎勵作縣長的，而縣長也用同樣的方法來獎勵作鄉長區長或作村長的，官吏的私囊是滿了，而人民的痛苦却增加到不能忍受的地步。此外扣落公款，枉法納賄的情形，那就不言而喻了。至於政治首領割據的情形，以在青海爲最顯著。青海有實際力量的是馬步芳，他擁有兵權，一切地方上的建設都得聽從他支配，至於一切不掌兵權的文官，那就是他的僕從了，只有唯命是聽，不敢反抗一點。馬步芳是狠有作爲的人，一意的想發展地方上教育以及其他的建設；並且積極的用新式的方法訓練軍隊。這是一種狠好的現象，不過看他的動機是在那裏。馬步芳作的有一件事，似乎是與農民不利的，就是用政治的力量，壟斷了青海的主要的商業。青海一種大的出產是羊毛皮貨，每年運到天津去的佔狠大的數量。馬步芳用狠低的價錢，包買了當地的羊毛皮貨，差遣人運到天津等地去買，沿途可以不納稅。因此一般經營毛皮業的青海商人都賠本，而他獨獲狠高的利。等到把所運到天津等地的貨物賣完了之後，又把一般日常生活所用的東西運回青海，用官家的力量，強迫賣給人民，而人民也不敢不買。這種制度，如果目的是在發展地方的工商業，增加人民福利，自然是狠好的；可是他所得到的錢，多半用在擴充軍隊上，鞏固自己的勢力，這是狠明顯的要造成割據的局面。雖然在目下的中國，尚有不少的這種情形，然而終究是一種不良的分離的現象，如要解決西北的問題，這是其間一件主要的事。

民族的問題更複雜了，漢回的關係，蒙藏的關係，漢回與蒙藏的關係，交揷的不勝其繁。每一個民族，因爲歷史上的背景不同，血統不同，自然也就在語言，文字，風俗，習慣，以及生活的各方面，造成了許多的差異。這些民族，都各自形成了一個緊密的團體，主奴的觀念狠深。如何的使這些民族化除了彼此間輕視仇恨的意見，而融洽無間，視若兄弟的同處在一種統一的政治組織之下，的確是一個狠難解決的問題。著者曾提到要解決這方面的問題，須注意到民族間的平等。話固然是當如此說，可是如何纔能達到民族間眞正的平等，也是狠費一番解說的。

除了這幾點之外，西北交通的狀況也約略的提及過，各地方已往歷史上的遺跡也述說了不少，總之各方面都給了讀者一些的印象。

自從九一八事變發生，東北四省淪喪之後，「開發西北」成了一般人所喊的口號。不過，發展西北不是空口喊就能成功的，必得眞實明瞭問題的所在，而後謀求適當的解決，纔能有效。在這一方面，我狠希望中國的西北角這一本書，能穀引起當政者和一般民衆的注意，而對西北各方面的問題肯下工夫，去謀求一種適當的解決。

編輯與發行者　重慶中國銀行

四川月報第九卷第一期

民國二十五年七月出版

每月一册　每册三角　全年十二册定價三元

專載

成都新聞業之今昔　黃鴻銓

財政

【田賦】田賦地稅減征辦法　渝區徵收局長會議決定田賦繳解辦法　竹廣渠墊鄰五縣田賦征解辦法　成都縣催收欠糧限七月底完清　合川征收糧稅情形　南充征解下季糧稅辦法　宜賓下季糧稅開征辦法　瀘縣下季糧稅開征辦法　合川征收下季糧稅辦法　巴縣征收糧稅辦法　涪陵無着濫糧統計　酆都征糧情形　萬縣及奉節二十五年度上季征糧辦法

【附錄】二十五年度征收田賦考成暫行條例

【捐稅】財部函省府劃一統稅菸酒鑛產稅　省府規定征稅辦法　省府規定提解各項稅款辦法　省府令各區專員暨財政視察員認眞督收稅款　省府令各專署不准追收災民稅款　省府准宜賓撤銷雜捐　省府廢除中資捐並改訂聯立校經費收支辦法　財部咨省府停徵煤汽油稅　威遠票鹽學捐停徵　眉山四區免征絲捐　蓉市征收處劃一成華稅率　渝海關續征附加稅一年　懲治偷漏關稅暫行條例　四川區稅務局近訊（二則）　修正所得稅暫行條例　地方稅局近訊（三則）　一切書籍免征地稅　渝地稅局三年來稅收統計　四川營業稅局近訊（十則）　各縣屠宰稅近訊（九則）

特載

財廳對於二十五年度川省財政之報告　督署請發二十四年度欠撥軍費　中央規定二十五年度川省軍政各費爲八千萬元　川財廳呈請財部核辦二十五年度新預算差額　財廳長談二十五年度川省財政收支狀況　行營令渝稅收機關按照預算數目征繳　行營令川府撤銷各區財政督征員　合川二十四年度政費不數十萬餘元　丹稜縣二十五年度總預算　省府規定各縣經臨各費收支辦法　渝市金融界請財署如期償還償證

金融

【銀錢業】福川重慶兩銀行在新都設辦事處　中國農民銀行內江辦事處開幕　重慶錢業公會改選　中央信託局公告前中法儲蓄會儲戶　渝中央儲會增設都郵街辦事處　渝市府擬辦輕利借貸

【貨幣】省行發行輔幣券卅萬元　大批輔幣券由京運川　銅錄鋪幣由瀘運渝　銅錄輔幣運萬發行　成都錢商收買新輔幣　重慶現有奸商操縱錢價　重慶六月份法幣兌換銅幣市價表　二區專署禁操縱銀價　資陽嚴禁操縱銀價

【公債】川統一公債財部准以七折作價　統一公債財部令展限年底換償　廿四年川善後公債基金六月份收支數目　中央可批准川省發行建設公債　重慶市金融統計表（三張）

【經濟統計】各縣貸款利率概況

商業

【進口業】重慶實業界籌組華通物產公司　重慶鄧子文等組棉紗信託公司　走私及緝私情形

【出口業】川蠶絲業雜訊（十則）　隆昌麻布業近況　建廳調查夾洪峨三縣紙業近況　桐油業近況　鹽業雜訊（三則）　藥材業雜訊（二則）

【進出口統計】重慶三年來之進出口貿易　渝市三年來重要進口貨價值統計　漢口宜昌之米大批入口　渝市一至四月煤油汽油滑油銷量統計　渝市三年來重要出口貨價直統計（單位國幣元）　渝市近年出川木料統計　五六兩月渝市桐油牛皮猪鬃出口統計　宜賓一至三月出口統計

【其他各業】重慶報關業近況　華僑印刷廠在渝設經理處　重慶餐旅館紛紛歇業　遂寧之茶館業　省府令禁中西醫院暑期停業　國醫雜訊　重慶重要商品價格及成交數總計表（二十六張）　棉紗　桐油　生漆　山貨　藥材米糧

產業

【農村調查】簡陽農村合作近訊　樂山農林校成立特約農田　遂寧棉花運銷合作社放款情形

【土產調查】民二十三年川小麥產量統計　遂寧白芷產銷概況　郫縣大蒜調查　酆都鴉片煙產量　萬縣土產物價調查　灌郫等縣米價趨跌　新都米價跌而復漲　四川白臘虫業概況及今後改進之方策

【農業】種蔗製糖業近訊（二則）　川大農學院考察米蠶市塲　合川荒地調查　酆都計劃造林　四川家畜保育所擬定事業計劃　水利事業近訊（三則）　災荒雜訊（五一則）　各地米荒及救濟狀況（三則）　倉儲雜訊（六則）　建廳鑛區測繪隊近況

【鑛業】地質鑛產考察近訊（三則）

【製造業】渠縣三匯棕絲廠近況　火柴業近訊（二則）　四川省之工業

【水電業】渝市電力自來水管理問題　渝自來水公司擬完成新市區幹管　渝電力公司擬購新機

【度政】省度量衡檢定所調查衡器器量征稅率　各市縣推行新制度量衡情形（三則）

交通

【公路】四川商業車獎管理委會成立　公路局製定管理車運車輛辦法　公路局定購木炭汽車　蔣委員長令速完成各公路　路局派員踏勘川滇路　川黔公路瀘畢段測竣　川湘路近訊　川鄂公路近訊（三則）　川陝路秋後通車　川甘路由兵工修築　江松公路踏勘完畢　六專署計劃修敘南　敘井路　瀘縣築環城馬路　宜漢籌建四大公路　成都整理全市馬路計劃　完成成渝市交通計劃

【川江】長江嘉陵江水漲　省府准崇瀘屬北江河試航　民選輪擱淺　益州輪觸礁沉沒

【鐵路】鐵部押借三百萬元建川湘川黔路　鐵部限期完成川湘成渝等四路　鐵部派員測量川湘路　川黔路測量近況　成渝路近訊（三則）

【航空】中航公司近訊（三則）　歐亞航空公司增機航西蓉及昆蓉線　渝廣陽壩一飛機失手

【郵電】渝井比期郵班加快　刼郵消息（五則）

社會一瞥

【市縣】成都市府及公安局同隸省府　重慶市近訊（九則）　行營令巴縣府改良監獄　開江一瞥　北川一瞥　鹽源鹽邊之間省府令不設管理局　區署雜訊（六則）　省府通令各專署市縣設游民習藝所　全川現任縣長名錄　新聞業雜訊（十則）

【人口統計】全川面積及人口概數　四川一〇八縣人口統計　重慶市人口統計　蓬溪戶口調查

【教育】教育經費近訊（三則）　省府實行學校會計獨立制　川黔中學教員訓練班近訊　各市縣小學教員之檢定及訓練（一〇則）　各級學校近訊（八則）　各市縣義務教育近訊（五則）　學校統計（三則）　川五屆中學畢業會攷雜訊（二則）　省府製定小學考試辦法

【禁煙】四川禁煙局之計劃　煙民檢舉近訊（五則）　煙民登記及統計（四則）　懲治煙犯法（三則）　省府奉禁煙總監令須銷燬煙具辦法　禁煙雜訊（六則）

【保安】保安經費雜訊（三則）　保安幹訓班不續辦

【匪禍】川滇黔三省會剿邊區共匪　救匪雜訊（五則）　各縣土匪雜訊（七則）

川邊

【社會及政事】川甘當局派員會商邊區草地劃界事宜　昭覺縣一瞥　金湯近訊（二則）

【經濟】邊區各縣財政近訊（二則）　雷波士紳籌組裕牛墾社

【交通】行營令修築川康滇黔邊境驛道　李家鈺部在寧屬築絡

時事

【時事日誌】七月一日至三十一日

【省政要聞】川省府各廳處廿五年度預算編就　廿五年度縣長俸給標準　省府決訓練高級地政人員

【法規】地政整委會組織大綱　渝市府組織暫行規則　省府修正管制戒煙藥品規則

論福建地圖並答某君

洪思齊 1

英國人有一句諺語說：「一知半解，最爲危險」(A little knowledge is most dangerous)，因爲這樣最容易自誤誤人，我國地理學界便有許多青年犯着這個毛病！日前在「地理教育」見到中大王維屏君的書評，說是要介紹「福建土地利用與人口分布」，裏面許多過獎，稱爲「重要的地理論文」，實在不敢領受。王君對於近代地理學的性質似尚未十分了解，於上述研究更缺乏經驗，故其文雖長不過二千言，而可商榷處便有數十起。因其牽涉到地理方法，故不得不擇其較爲嚴重諸點，略加說明，以糾正一般「海派」者流信口開河的習氣。

一、王君覺得我們應繪一張完善的福建地形圖。這大概是因爲此君沒有什麽野外經驗，所以才有這個建議。假使他像丁在君博士和筆者一樣曾經實地觀察過福建地形，用過福建地圖，便不會有這個外行建議了，因爲本省的十萬分一以至「中華民國新地圖」的二百萬分一地形圖，根本就沒有一個「完善的」！至所謂「地形圖是人文分布圖之母，假使沒有一張完善的地形圖，那末以下的人文分布圖失却根本，讀圖的人不能深切地比較和認識圖的眞實性」，不特所用的名詞很不正確，就是這個假設，也是和人文地理學的基本原理相背馳的。

一、他又以爲土壤地質等圖，對於土地利用有很大的關係，是缺一不可的。我希望王君先去查此項材料，然後再來發議論！須知福建土壤圖根本沒有測繪，至於唯一的地質圖（日本出版的）亦錯誤百出，不足爲據。在這情形下，王君是否堅決主張要隨意杜撰各種地圖？須知研究報告和「日用快覽」不同，前者須有事實才可以報告，所以不可東湊西集，假裝門面。且其所謂地質圖到底是指構造圖呢？地層圖呢？或表面岩石圖呢？須知普通地質圖是以地層爲單位，對於經濟地理並沒多大用處，凡曾做過野外實習者都應當知道這個事實。

一、此君建議繪福建地圖時應參考五萬分一地形圖，但他若預先查過陸地測量局的目錄，就該知道此圖大部份尚未測繪呢！

一、他於經濟地理所常用的「描點法」性質和應用，似未全了解，這類圖是一種標號 Symbol ，不是一幅圖畫 Picture ，王君竟以「每點代表二萬畝」就等於說二萬畝「集中在一起」，未免太不成熟了！我常常感覺到許多大學畢業生，往往基本知識還沒有，就喜歡做文章，出風頭，這習氣如果不加以糾正，中國地理學便難進步，希望各大學地理教授注意這一點。

一、此君意見「豐富」，他還提議物產分布圖應捨產地而以產額做標準，「不然的話，分布性決不能明朗地現在讀者面前」。這裏邏輯有點不清楚，難道產地的分布圖就不能明朗地顯在讀者的面前嗎？假使王君曾做過一點經濟地理研究，應當知道中國的產額統計是以產地面積爲標準，間接測算出來的。若王君明白這點，就不至於主張捨近就遠了。（參看統計月報及張心一著中國農業概況估計，就可以明白了。）

一、人口分布圖係根據統計局的統計繪製的，王君怎麼知道內地區「點子分布太勻，與事實太不相符」？須知科學研究當根據事實，不應以「想當然耳」來武斷一切。至於主張「人口分布圖的點子應照地形圖來布置」，那簡直是畫蛇添足了！

一、他又建議人口密度圖不能以縣爲單位，應以自然區域爲單位。但是我們不免要問，自然區域的統計在那裏？這種簡單的問題，要先想一想，不可像初中學生的信口開河！

一、王君自以爲「福建萬山重疊，邱陵峽谷，隨處可見，平原可耕之地極少」，但這個「萬山重疊」的地形，到底親眼觀察過沒有？如果沒有，最好不必來貢獻意見；因爲它是複雜的很呀！閩粵山岳區中老年及中年後期之地形頗爲發達，其山頂及山坡雖係磨削面，因常有崩積壤，可耕之地很多呢！此君不幸又猜錯了。

一、目下中國地學尚在探測時期(Period of reconnoissance study)，各種研究，類多粗略。拙著土地利用，地圖縮尺超過四百萬分一，不過表示大概，較之英國土地利用地圖爲一萬分一者，寔在太粗了。按 Boulig 氏分地圖爲四種：二萬五千分一以下爲「詳圖」，二萬五千至十萬分一爲「地形圖」，十萬至五十萬分一爲「地方圖」，五十萬分一以上爲「簡單圖形」，那末拙圖只是一種「簡單圖形」而已，當然有許多事寔無法表示。

一、最後，王先生覺得「我國近年來對地理學的研究已有相當成績」，我覺得他不免過於樂觀了。學地理的人宜有世界眼光，不可坐井觀天。學者對於近年來國際地理界的進步稍曾注意的，便應知道以下事實：第一，國內目下最流行的地理學說，在歐美學界早被放棄，而我國一般人乃拾其唾餘；第二我國地理學界中人太少走上科學觀察的正軌，太多誤認做文章亂吹亂擂就是「研究地理」；第三，我國地理界學風寔在太壞，門戶之見太深，系統以內，則互相標榜，系統以外，則極力排斥，這樣還能有成績麼？青年人最需要腳踏寔地研究，多旅行，多做野外觀察，不必爭出風頭，不必急於「求售」。而且要記着這句老話：「欲速則不達」！

廿五年，九，五，清華。

2

「清代文史筆記子目地理類索引」第一輯稿（續）

國立北平圖書館索引組編

地名考釋（依筆畫簡繁爲序）

二畫

三畫

四畫

五畫

1

六畫

七畫

八畫

九畫

一〇畫

一一畫

一二畫

一三畫

一四畫

6

一五畫

一六畫

7

一七畫

一八畫

一九畫

二〇畫

二一畫

二四畫

邊防

8

河套　錢大昕十駕齋養新錄九•三一下

陵墓

歷代帝王陵寢　顧炎武日知錄二二•二〇下　黃汝成刊誤下•一〇下
堯冢靈臺　顧炎武日知錄二二•二三上　黃汝成刊誤下•一〇下
漢時陵寢徙民之令　趙翼陔餘叢考一六•一五下
宋熙寧十年詔修漢以來陵墓　汪中舊學蓄疑•一四上
堯女塚（在唐宏農盧氏縣）　林春溥開卷偶得九•七上
桓魋石槨　林春溥開卷偶得五•六下
永年『冉墓』　汪師韓韓門綴學續編•一〇上
左丘明墓　桂馥札樸九•七下
毛遂墓　附程嬰，公孫杵臼墓　汪師韓韓門綴學續編•一二上
虞姬墓　梁玉繩瞥記六•六下
東漢兩大儒（盧植，鄭玄）冢　臧琳經義雜記二五•一上
鄭氏（玄）冢墓　王鳴盛蛾術編五九•一上
鄭康成墓　勞格讀書雜識六•八下
郭璞墓（及璞母墓）　顧炎武日知錄三一•二九上　黃汝成續刊誤下•九下
卞壼冢　汪中舊學蓄疑•一〇上
富嚴墓（宋）　錢大昕十駕齋養新錄二〇•一三上
蔣彝墓（宋）　錢大昕十駕齋養新錄二〇•一三下
鄭絳墓（宋）　錢大昕十駕齋養新錄二〇•一四下
朱紹墓（宋）　錢大昕十駕齋養新錄二〇•一五上
楊懿儒墓（宋）　錢大昕十駕齋養新錄二〇•一五下
趙崇㒟墓（宋）　錢大昕十駕齋養新錄二〇•一六上　9
岳飛墓　梁玉繩瞥記六•六上
李椿墓不在永年（南宋）　汪師韓韓門綴學續編•一〇下
張煌言墓　梁玉繩瞥記六•九上

外國（依筆畫簡繁爲序）

三韓　顧炎武日知錄二九•三五下　黃汝成刊誤下•二五下　續刊誤下•八下
大秦　顧炎武日知錄二九•三七上　李遇孫續補正三•一〇下
大秦　孫志祖讀書脞錄五•五上
干陁利　顧炎武日知錄二九•三七下
日本碎語十六條　梁玉繩瞥記七•乙九下
安南　汪師韓韓門綴學四•二七上
扶南國　姚範援鶉堂筆記重刻本四七•二〇下
注輦國　姚範援鶉堂筆記重刻本四七•二〇上
勃泥國　姚範援鶉堂筆記重刻本四七•二〇上
緬　汪師韓韓門綴學四•二八下

通訊一束

一〇四

頡剛師：

調查團十四日到五原，深蒙樂愚先生及地方當局招待，維華兄前函，當已奉聞。至二十日，調查工作大致已畢，本擬卽于二十一日全團啓程返包，至臨行前一夜，榮芳維華二先生又決定赴臨河一行，除參觀較大渠道外（後套大渠道，俱在臨河），並擬探訪古蹟。生以研究院考試關係，深惜不能同行，思明瑋瑛二同學亦願同歸，遂于二十一日同行返包。昨日（二十二日）晨，生獨步行至城南十二里之河北新村訪段繩武先生（上次過包赴新村，適段先生去五原，不遇），歸途遇狂風疾雨，幾至迷路，精神反以此而益爲興奮。思明瑋瑛二同學竟日留寓中接待王同春先生之長女雲卿女士（卽俗呼「二老財」者）。先是在五原時，瑋瑛同學曾親往謁，晤彼長女，始知彼已先至包頭。雲卿女士年雖在五十以上，仍極精明，談吐甚健，口述同春先生往事，雖不甚具體，頗能見其治家敎子精神，可補樂愚先生所述之不足。此外又得王同春先生照像一幅（係同春先生外甥女所贈），在五原時曾謁其祠（新城北門外三里），並及所修四大股廟（新城南門外十二里），都攝影，凡此都可供吾師未來王同春傳記之新材料。（以上昨日午在包頭寫，未完。雲卿女士復來，直送到車站，卽來薩縣。）

昨日下午七時半坐大車至薩縣新農試驗場，與任主任及工作領袖人員晤面後，立卽開始工作，由任主任口述該場糊辦經過，三人筆記，八時半晚餐，餐後續講至十一時半。工作之緊張，精神之愉快，爲出發調查來之第一次。本日上午預計往觀民生渠一支渠，并由任主任口述民生渠失敗之原因。下午二時卽須由此動身（距車站約十五里），趕四時半火車東行。明晨可抵大同，參觀雲崗後卽返北平。

此行生極滿意，且已萌再來三來之念，蓋此次所得，深恐只是皮毛，而且各處工作又只在發軔伊始，每年定有每年之新變化與新進展。又雲卿女士云：「如明年再來，必陪往烏拉山（一極富之山）中一行」，亦可多與蒙古人民接觸。如非此次必須趕回應研究院之考試，生此時必在此繼續行途中矣。

諸多感念，不暇詳細叙述，新村郵差，已等待出發矣，只好卽此付郵。草率之處，吾師當能諒我。專此，敬請敎安。

生侯仁之敬上。七月二十四日晨。

一〇五

禹貢學會鑒：頃接惠書，備悉種切。關于河套各幹渠分圖及各渠沿革，俟王親臣君返五，卽爲抄繪郵寄。此次貴會考查團到套，詰因私事煩忙，招待不週之處，統希原諒。但各渠沿革，文字淺陋，各幹渠分圖，支渠不合測量標準，仰修改爲盼。肅此，敬候公安。

王喆上。八月廿一日。

一〇六

頡剛先生：

蘇地一別，已近月餘，生於八月七日由上海動身，十一日抵漢口，因無船西上，候至十三日始由漢啓程。十五日至沙市，家兄在沙創有一小麵粉廠。稍留數日，廿一日即到宜昌。又候船數日，廿五日晨乘富陽輪赴川，此信即在該輪中書寫也。

此次生能成行，多蒙先生等援助，深爲感謝！此後因無固定通信處，不能常聆先生及各友好教言，而最愛讀之禹貢半月刊亦不能常與晤會矣。所望先生及各同志身體康健，爲祝爲禱。

長江流域，年來受水患最甚者，莫如湖北，民國二十年之水災，幾無人不受損失。去年荊沙一帶，因宜昌枝江等地多雨，水亦甚大，沙市之萬城堤，幾乎淹沒。今年雖川河水漲，而鄂西內河及襄河皆未發水，故湖北省，尤其是鄂西一帶，較之往年水勢，和緩得多。今年又兼晴雨得宜，年歲甚好，生乘輪西上時，見沿河兩岸稻麥及高粱等皆已黃熟，預卜必得豐收。聞之農家云，今年一年收成，可清償數年積欠，農人之欣喜可知矣。

川江航行，素稱危險。今年川江水大，兇險更多。在宜聞川人云，前一星期之內，有三隻柏木蓬船載布疋雜貨運往川東奉巫一帶，皆遭不測，並聞數人被淹死。輪船雖較安全，然逢灘遇峽，亦殊可危。澤約十年未回川省，今見峽江險狀，船身行時，左右擺動，巨浪蓋船頭而來，並能打上船內。水大，急流，灘險更多。即在新灘下之一小灘，此輪行時，費二十分鐘，凡四次衝刺，始打上來，其他大灘更無論矣。

宜昌上即是西陵峽，再上崆峒峽，所謂的牛肝，馬肺，兵書，寶劍等峽，即在此等峽內，又上則爲巫峽矣。船行峽中，兩岸皆如牆壁，只見青巖不見天，其削壁狹狀可知。據船上水手云，此爲大禹疏九河時，使用金甲神將所開。不知本會同人中，可有同志研究各峽之構成及歷史者否？若有，此亦一貢獻也。

舟中無事，細讀禹貢半月刊回族專號，覺其內容文字豐富，材料充實，實諸位先生努力之收穫。禹貢前曾出有西北民族專號，近又有此，對於民族研究貢獻殊大。澤當閱讀各種研究某民族著作或刊物時，深覺下筆不慎，或將引起不良影響。學者專家立論固經過不少思考，但普通多信手寫來，不免稍帶意氣。即如研究某小民族，對於該小民族認識自然多，同情心亦大，故常有宣傳的誇大性，使該小民族自身亦以主腦人自居，欲自主其地。此雖非實有其事，但卻有此可能。目下曾去康藏及雲南邊地回來者談，多謂各該地自治意識甚大，則著書者之立言不能謂爲毫無影響也。以澤愚見，以爲目前吾人之最大責任，乃在如何以漢族文化爲中心，改進各小民族，使其在整個中華民族之下，共同復興國家。吾人之研究點亦在此。若使每個小民族，均各自離心發展，使中華民族無統一之中心，則國家之危，邊疆問題之更趨紊亂，恐難預料。不知先生及各同志以爲如何？

二十五日夜輪宿巫山小河中，面對神女廟，訊之鄉耆，知即宋玉高唐賦中之神女也。該廟坐東朝西，面對高唐觀。據云：神女廟每朝必有雲拱圍，而高唐觀大殿前有一石板，每夜子時必有細雨數滴，此之謂「朝雲暮雨」也。不料一時文人遺興之作，竟有此眞跡。澤隨同同船數人，上岸游玩。巫山縣城卽臨江岸上，有石城一，周圍不過數里。街上亂石起伏，不易行走，各家均搭有蓬以蔽日，故黑暗異常。縣長公署踞於城上，署前有國旗一，已破成三五片，靑天白日與滿地紅均成灰色，不知何爲靑天，更不知白日矣。署右有奎星閣一，高數丈，登之，見全縣景色如在足下，神女高唐分踞左右。遠望各山皆爲雲蔽，樓上守者，歷數十二峰，隱約可辨。天空滿佈白雲，縣人云，難得幾回見靑天。古人謂「除却巫山不是雲」，雖非詠景，而誰知景竟眞耶！

巫山城廂約二千戶，近七千人口，除少數有職業如雜貨，油坊等外，大半皆無所事事，生意全靠小河貨船或本地梨子李子等。吸鴉片者甚多，卽如澤所乘之划子，共由三個年近二十餘歲之靑年駕駛，詢之，三人皆吃鴉片，詢其生活，則謂毫無生意，不過找幾口鴉片錢而已。人皆面黃飢瘦，蓬頭長髮，幾不似人類。兼之，現爲暑天，多赤身赤足，混身皮包骨頭，行於街上，幾疑置身餓死城也。

去巫山小河約百二十里，有大昌，明爲府治，清初爲縣治，近則爲一集場，居民約千人。廿二日曾遭捧老二（四川呼匪名）搶刼，姦擄燒殺無所不爲，卽年幼小孩，亦遭受毒打。現已逃去，而另有匪名崔二旦者，住離大昌三十里之八樹坪。團防聞匪來，卽自尋生路。徐源泉之隊伍又畏山路，只住縣城。該匪現仍盤踞此一帶地，不知何日始能肅淸也。

巫山縣現屬萬縣行政專員管轄，縣長馮姓，聞有嗎啡癖，專員曾派人調查，據云賄賂三千元始免撤職。此事若確，則川省政治需要改進者尙多。內地稅仍有，並聞甚重。

先生在蘇州時曾囑爲禹貢半月刊寫通訊，不知此種體裁，是否適宜？若認爲可以，卽請標題爲「西行散記」，澤當按日記載，隨時寄上，以便刊布。若有何不妥，亦請隨意改正。以後行止，到成都後再定，當卽報告。

專此，順頌撰安。　　生佘貽澤叩上。八月廿六日輪中。

一〇七

頡剛先生史席：日前在平，獲讀靑寓轉來手教，具稔一是。當時因忽忽離平，未及奉手，至爲歉悵。現在此候船，赴滬轉蜀，大約下月中旬可抵成都。此行無他願，但冀南遊會理，北入松潘，西至懋功一帶，盡研其藏緬族之各種方言。如事實可能，則明年暑假更擬由川轉黔入滇，取道昆明，沿滇越鐵路至海防，然後還海而歸。旅途有暇，或能草遊記，供大誌補白也。匆匆不悉，順頌著安。　　聞宥再拜。八月二十一日。

一〇八

起潛先生著席：前辱惠函，久稽裁復。頃承損華，欣慰奚如。敝處官刊久未得達，容當再囑檢奉一份。黔省漢苗雜處，久苦文化不通，故年來施政此間，頗嘗留意此點，以爲西南民族復興之基。近已將平日攷察所得，寫爲苗民問題一書，另附耑函，略抒所見，似可酌入貴刊，以與海內人士商討。承惠大刊五卷十期，均已收到，惟尊著古匋文孴錄刻尙未奉到，亟盼先睹爲快也。先此奉謝，順候撰綏。弟曹經沅敬啓。八月九日。

一〇九

頡剛先生：

今日下午到懷仁堂參觀貴院和北平圖書館聯合展覽之碑刻拓本，琳瑯滿目，美不勝收，惟其中和林諸碑命名，似承三多之舊，不無商酌之處，爰陳鄙見於下，以就正於先生。

（一）十一片一幅之「唐毗伽可汗碑」乃九姓回鶻可汗碑，王國維觀堂集林卷二十對該碑有極佳之跋文。此碑漢文回鶻文粟特文並列，粟特文部分已由德人 F. W. K. Müller 創通，回鶻文部分亦經 W. Radlof 翻譯。中文部分則有 G. Schlegel 等人德文譯本（手下無書，不能詳指諸人著述篇名及書名）。且其碑在回鶻故都黑城子，不在元都之和林。

（二）「番書石柱」八副乃極可寶貴之突厥文暾欲谷碑，暾欲谷爲毗伽可汗相，生長中國，依德人 Hirth 之意，殆卽唐書突厥傳之元珍也（Hirth 之暾欲谷碑跋文亦不在手下，未能斷言）。此碑在北緯四十八度，東經一百零七度 Bain Čokto 附近，亦不在和林。碑文六十二行，刻于兩柱形之碑上，拓片中四幅較長較完好者爲第一碑，其餘四幅較短較殘毀者爲第二碑。

（三）「沙喇烏蘇碑」，「卓索倫碑」，「圖晉克圪奢碑」，均無文字，定名如此，未知有何根據？依儒意測，皆石棺或墓旁祠宇之刻飾，絕非碑碣，惜手下無 W. Radlof 之蒙古古物圖 (Atlas der Altertümer in der Mougolei) 不能知某刻飾在某處也。「石座畫像」及「線刻石畫」，當亦爲墓刻。

（四）「畫像」，此幅拓本一望卽知其原物爲立體雕像，决非畫像。按突厥可汗死後，必立石於墓側，以代表其生前所殺之人，卽突厥文闕特勤碑文中所謂 balbal 也，北史突厥傳亦有明文，W. Radlof 蒙古古物圖中，摹本甚多。此拓本之原物，必爲一 balbal，與中國陵墓前翁仲不同。唐太宗死後，墓前樹立某可汗（待查）石像，殆亦 balbal 之意歟？

又闕特勤碑及苾伽可汗碑之突厥文部分，均爲原碑正面，倘闕兩側拓本。拓片目錄中有「番書碑額」及「番書殘石」兩種，在展覽室中遍尋不得，不知卽爲該二碑所缺部分，抑係另外二種碑碣。

以上諸碑，均見 W. Radlof 蒙古古物圖中。該書所載回紇字母所寫蒙古文之成吉斯汗碑，雖寥寥數殘行，要爲現存蒙文最早史料；石存列寧格列亞洲博物院，拓本不難求得。其中翁金河諸碑，雖無中文，亦不可忽，至于其後在外蒙發見之回紇文磨延啜碑，如能得一拓片，則嘉惠學林，當更多也。

又錫蘭島哥侖布城博物院後長亭子中藏有永樂七年鄭和在錫蘭山寺所立碑碣，漢文波斯文大穆爾文 (Tamul) 並列，如以學術機關名義求之，拓本當亦不難得也。

柏林民族學博物院藏Von Le Cog由新疆運去諸碑尙有爲端方所未注意者，其中「麴士悅〇像」一碑，歷述麴士世系，可供研究麴氏王國者之參考，「高昌殘碑」亦有助於唐書之考訂。治史學者，當「上窮碧落下黃泉」搜求新材料，尙望有心有力者求其拓本，以備學者之參考也。

敬頌撰安。

後學韓儒林。九月九日夜于禹貢學會。

一一〇

頡剛先生學長有道：自二十年在安陽殷墟別後，忽忽數載，偶憶儀容，繫念曷勝。邇維興居佳適，爲慰以頌。弟近于公退之暇，以餘力從事於秦始皇帝生平事蹟之蒐集，自去秋迄今已拉雜收積材料頗夥，曾試用輯佚方法（不加一字一句之説明，但以標題分章及配置材料等，表示作者之用意），綴爲長篇傳記，約共十餘萬言。凡弟力所能看到中國書籍中（包括省府州縣志在內），與始皇有關之各種記載，大概均已收入，罔有遺漏。不加説明之原則，亦幸能維持到底，未被打破。而全書氣勢，並不因之滯礙。惟尚有一重要問題，以弟對於古代地理知識過於缺乏，遂致無法解決。茲特寫出，敬請指教。考始皇一生，除微行咸陽外，前後凡出巡八次，史記及其他載記均但述其所至之地，而其自京師出發及自外歸來，所由何道，則全未提及。有幾次雖曾説到「自上黨歸」，「自武關歸」，「自直道歸」云云，但由上黨武關又走何道，仍是無法決定。現擬繪一巡遊路線圖附于書內，顧終因此一問題未能解決，遂致擱廢。而秦始皇帝傳中若無此項地圖，豈非一大缺陷。先生精深國學，對于古代地理尤爲特長，務乞撥冗詳爲指示，俾能獲得圓滿之解決途徑，至深企禱。又陝西志及富平志均載有華陽公主下嫁王翦之説，而他書未見，不知何據，亦請以高見賜予答覆。海暑蒸人，維千萬自珍。專此順叩道安。學弟馬元材拜啓。八，六。

非百學兄賜鑒：頃奉賜書，敬悉吾兄於從政之餘，精心著述，大作秦始皇帝傳已告成功，欽佩何似。始皇事蹟，自以史記一書所載爲最詳，其他秦漢時代之著述雖亦論及，終嫌過少。至於後人記載，每多得之傳説，且有附會之處，非詳加甄別不可。吾兄以數年之力筆削成書，當費苦心不少矣。承詢始皇巡遊路線一節，謹就管見所見，約略論次；謬誤之處，尚祈指正。按始皇數次巡行，史記本紀言之甚晰；惟以其非專述巡遊之事，故於歷史上無大關係者多闕焉不詳。吾人生當今世，當時史料蕩然無存，欲求其巡行所經路線，僅可得其概略而未容得其必然。如欲强求之，終必背於史實而涉于揣想也。所詢三則，除「從上黨歸」一語因距秦都道遠，未能推測其歸路外，其餘二則均可約略求之。所謂「從武關歸」一語，見於始皇二十八年本紀。始皇此次巡幸所涉之地最廣，而史公之記述亦最稱詳備。其末言「上自南郡自武關歸」，於自武關至咸陽之歸路未作詳述者，蓋自武關至咸陽僅數日之程，且爲當時往來之通衢，讀者可自求之，勿待詳言也。武關介秦楚之間，爲秦楚兵爭交會之地。自咸陽出武關至南陽，或自武關而南沿漢水而達襄陽，皆有古道可循。其自咸陽至武關一段，就古地言之，當以軹道霸上藍田商州爲必由之途。茲試舉最淺近之二例言之。史記王翦傳稱翦率兵征楚，云：「於是王翦將兵六十萬人，始皇自送至霸上。……王翦既至關，使使還請善田者五輩」。是自咸陽至武關大率出霸上一途。又高祖本紀稱入關降秦事，謂：「乃用張良計，使酈生陸賈往説秦將，啗以利，因襲攻武關，破之。又與秦軍戰於藍田。……沛公兵遂先諸侯至霸上，秦王子嬰……降軹道旁」。是自武關至咸陽，藍田嶺上軹道皆爲所當經之路也。至於商，因適介藍田武關之間，亦爲當時必由之地，其理甚顯，不待詳徵。此外國策所載秦楚交聘事，於推尋武關故路亦可得不少證據。總之，自武關至咸陽，以出商州藍田嶺上軹道爲最近之路，證之歷史亦爲當時人往來必經之舊道，始皇自武關返咸陽，其出此途可無疑也。所稱「從直道歸」一語，當卽始皇三十七年本紀「行從井陘，抵九原。……行從直道至咸陽」之文。按史公所云「直道」，必卽始皇三十五年本紀「除道道九原，抵雲陽，塹山堙谷直通之」之直道也。雲陽故地，在今陝西淳化縣境，南去咸陽未遠。自雲陽而北，則通甘泉，六國年表所謂「共直道道九原，通甘泉」者即是。甘泉故地，在今甘泉縣境，即漢雕陰縣故地。至於自甘泉至九原之路，雖未明其必經之地，然卽以直道言之，則必不至紆曲而行。自九原故址至甘泉擬一直線，旁求秦時沿線之故城，則直道所經，可以得其近似。如是，則所謂「自直道歸」者，其路線亦大體可定。陝富兩志所載華陽公主下嫁王翦事，當係傳說如此，卽有所據，亦係齊東野語之類，不足憑也。按王翦當秦始皇討平六國之際，年已老邁，始皇二十一年本紀稱：「……取燕薊城，得太子丹之首；燕王東收遼東而王之。王翦謝病老歸」。王翦傳亦稱：「王翦言不用，因謝病歸老於頻陽」。又云：「王翦謝曰：『老臣罷病悖亂』」。翦既爲一罷老之人，始皇何能以女色誘之！且其事不見於本紀及翦傳，則出諸後人之附會無疑也。匆匆奉覆，卽希鑒裁。專此，順頌著安。顧頡剛敬上。

二五，九，八。

一一一

頡剛我師：

刻讀本期禹貢通訊欄李晉華先生致許道齡先生一函，具見心得，甚佩！惟李先生云，「鄭和七使西洋，多齎金幣賜諸番，……既以金銀綺帛賜諸番，但不聞鄭和曾取諸番重貨捆載而歸，代價安在？」此說實未敢完全苟同。考瀛涯勝覽載鄭和使西洋帶回諸番重貨甚多，滿剌加條云：

去各國船隻回到此處取齊，打整番貨，裝載船內，等候南風正順，於五月中旬開洋回還。

其他各國條亦多載中國寶船收買諸番重貨。又書首紀行詩云：

歸到京華覲紫宸，龍墀獻納皆奇珍。

查瀛涯勝覽爲隨鄭和使西洋之會稽人馬歡所著，其所述皆經目見，自屬可信，故明史鄭和傳即云：

和……所歷凡三十餘國，所取無名寶物不可勝計。

明人所著之明史稿宦官列傳亦云：

鄭和……凡至三十餘國，……採取未名之寶以巨萬計。

此外明人紀載如黃省曾西洋朝貢典錄序云：「太宗皇帝……大賚西洋，貿採琛異，由是明月之珠……皆充船而歸」。殊域周咨錄亦云，「自永樂改元，遣使四出，招諭海番，……而國用亦羨餘矣」。夫「貿採琛異……充船而歸」，「招諭海番……國用羨餘」，舊籍所載，何與李先生說相反之甚耶？

查吳晗先生十六世紀前之中國與南洋一文中曾舉黃省曾序與殊域周咨錄二証（瀛涯勝覽滿剌加條一証），吳先生亦曾舉出，惟雜於其他引文中，當不易看出），李先生豈容不見？抑此二証李先生以為不足信歟？然瀛涯勝覽等書焉容不信？艸率陳辭，非敢為吳先生辨護，亦聊貢所見而已。

此請尊安！許道齡先生均此！　　童書業拜上。九，三。

一一二

頡剛先生：

前訪未遇，悵甚。在平閒居數日，於本月十一日即乘車來津矣。

關於學生之地學研究，從未受過任何人的指導（因即我校之地理教員，也是一位談龍脈的老先生），所有的成績也可說是我單槍獨馬得來的汗馬功勞。不過學生也深怕將來走入歧途，一迷不返，成為千古之恨事，豈不可惜。故敬輝此次之到府上拜謁，意即在求指導耳。

張其昀先生雖為當代的地理大師，但對于地理主張與我多有不同處。他主張地理研究，人地兩方不可分離，是求囫圇的天時地利人和三律的。然學生則主張人地學是可分離的，其使命是根據自然環境而推移到人文環境的。所以我們兩個人的筆墨官司恐怕打到無論何時，也不能解決。但以學生自量他這種主張可謂不合科學標準，他如果再攻擊我，一定要再為文以對之。

現在學生處，所擬發表的稿件，除今年春我寄先生函中提出的十數稿外，新近作的，又有（1）劃分自然區域的先知條件，（2）人地學之使命，（3）科學精神與史地等文。後日如有機會，尚望介紹，期能發表。

再者，天津不是一個宜於讀書的地方，尤以師範，更是阻撓青年前進的處所，故弟子已決定不再過師範的生活了。

學生不日擬作塘沽遊，二十日後再回平入弘達高中。至時當有求教先生處，尚望不要客氣，對弟子加以訓導。再一方面，敬輝也得望先生能時時照顧，俾能成全私志，則敬輝三生之幸矣。

別不多陳，專此敬請大安。

八月十六日，郭敬輝於津沽。

一一三

頡剛先生道席：

安大無史學系，學生自無史學興趣。惟與汶往還者亦頗有人，渠輩以時時接觸之故，對于史地學問漸能篤好。尊命廣為誘導，自當量力為之，敢請勿念。

現擬作一書，名金史略，師昔人晉略之意，而以新的格律出之。全書分四章：（一）金民族考源，（二）金民族之盛衰及其後裔，（三）金代之內政，（四）金代之外交。章各分若干節。第二第三兩章，現已大致草完。惟覺第一章不易下筆，以參考書太少耳。書末擬繪金代疆域圖十一幅，藉金源地理，昔人多習焉不察，或茫然不知也。

敬頌道安。　　晚毛汶叩。四，二四。

一一四

頡剛先生長者道席：敬呈者，久未修書問候，諒起居集吉，至以爲頌。汶下年事大概仍在安大圖書館二處，以教以學，遵長者敎也。金史略以考源一章無把握，祇得暫擱，蓋因舊說既非心願，無根據而杜撰新解亦病無聊；若鈔竊日人議論以自欺欺人，更不可矣。暑後擬作兩事，不知能否完篇。茲特先呈座右，祈進而教之。（一）標點註釋金史之本紀列傳二部份（標點較易，註釋較難，擬以宋史，遼史，大金國志，契丹國志，大金弔伐錄，建炎以來繫年要錄，金史補，遼史拾遺及拾遺補，餘燼錄，中州集，全金詩，金源紀事詩，三朝北盟會編……等書互相校證，爲金史作註脚，仿裴松之注例，計用書至少在五十種以上），不知能成功否。（二）作金史國語解糾繆：（1）以本書證本書之錯誤，如「按春」，金史卷一訓爲水名，而卷五十二（？）訓爲耳墜，他處又訓作他義。諸如此類，擬一一舉而證之。（2）以滿文音義證當日作語解者之錯誤（此大概由於欽定之故）。以上二事，擬決意爲之。長者有暇，敬乞賜教，不勝幸甚。敬請道安。

晚毛汶叩。七月十日。

一一五

顧先生：

月初給你一封信，諒已收到。

今天寄去兩包書，是我中國經濟史概論的稿子，分訂四册，第一第三爲一包，第二第四爲一包。這是我在厦大三年教書的小成績，請給我校正一下，寫一篇序，再介紹在商務出版。第一册已有一篇林惠祥先生的序。這位林先生你大概認識他，他在人類學方面很有成績，是厦大社會學系主任，是我在厦大新得最好的朋友。

中國經濟史概論的材料是以民國廿二年以前的爲限，民廿二以後經濟的改進日新一日，十分重要，政府重要的工作如貨幣改革，財政集中，金融機關的組織，以至走私問題等都很應注意，但是都在進行中，結果如何，現在還不知道。等第二版時再來寫一篇中國經濟改革的新成績。本編便以廿二年爲結束。

我知道你很忙，但是在一班長輩，我最崇拜是你，最接近也是你，我不論如何要你給我寫序，給我介紹。

水經注引書考改編後，擱了幾個月，現在雇人抄正，大約下星期可以寄去。禹貢能出叢書最好，不然隨你如何處置，叫北平圖刊印也好。

去年暑假所做的工作：水經注趙戴公案之判決，水經注書目錄，又森鹿三譯文，都出版了，大概你都看見了。趙戴公案一文，容先生竟放在燕京學報第一篇，感謝極了。去年有那麼多的工作，今年却不然了，剛放假便忙着岳父的喪事，接着又辦理厦大交代事，到現在還沒做完，做完又要趕四川去，今年暑假沒希望有文章了！

這封信到平時或者我已動身了。我約於月底由厦起身，希望八月底可到成都。給我信請寄四川成都華西協合大學國文系。

北平近況何如？禹貢發展很快，高興得很。寒假到粵找其驤兄不遇，後來又不通音信，不知其現況如何？兩粵事變，下學期行蹤如何？念甚！

專此，順請敎安。

學生鄭德坤頓首。七月十八日。

出版者：北平西四牌樓小紅羅廠八號禹貢學會。
編輯者：顧頡剛，馮家昇。
出版日期：每月一日，十六日。
發行所：北平成府蔣家胡同三號 禹貢學會發行部。
印刷者：北平成府引得校印所。

禹貢
半月刊

價目：每期零售洋貳角。豫定半年十二期，洋壹圓伍角，郵費壹角伍分；全年二十四期，洋叁圓，郵費叁角。國外全年郵費叁圓陸角。

本期定價國幣陸角。

The Chinese Historical Geography
Semi-monthly Magazine

Vol. VI, No. 3-4, Total No. 63-64. November, 16th, 1936.

Address: 3 Chiang-Chia Hutung, Cheng-Fu, Peiping, China

第六卷 第三四合期（東北研究專號）
民國二十五年十月十六日出版
（總數第六十三四期）

內政部登記證警字第叁肆陸壹號 中華郵政特准掛號認為新聞紙類

贈書致謝（十七）

本會自本年九月十七日自十月十日收到下列贈書，謹載書名，藉伸謝悃。

贈送者	書名	冊數	著者	版本
黃河水利委員會	黃河概況及治本探討	一冊	黃河水利委員會編輯	民國二十四年排印本
濟陽縣政府	濟陽縣現狀圖	一幅	山東省政府建設廳製	民國二十四年排印本
曹纕衡先生	貴州省政府公報	三十九冊	貴州省政府秘書處公報室編輯	民國廿四年五月起至廿五年七月十日排印本
王澤民先生	運河圖	一幅		清繪本
新城縣政府	新城縣志	一部	王樹枏纂	民國二十四年排印本
丁稼民先生	習□叢刊	第一輯一冊	孔憲庚著	民國二十五年排印本
仝上	濰縣文獻叢刊	第三輯一冊	王洵輯	民國二十五年排印本
傅振倫先生	中國方志學通論	一冊	傅振倫著	民國二十四年商務印書館排印本
趙瑞泉先生	平叛記	二卷一冊	清毛霦編	民國二十四年趙氏永厚堂排印本
仝上	建文年譜	二卷一冊	明趙士喆纂	民國二十三年喬孫琪排印本
國立北平圖書館	中國地理論文索引續編	二冊	王庸、茅乃文編	民國二十五年國立北平圖書館排印本
屈伯剛先生	自治外蒙古	一冊	屈爔	民國七年商務印書館排印本
仝上	湖北郡邑道里圖	一冊	石禮嘉	清刊本
仝上	焦山志	八冊	清吳雲輯	清同治乙丑刊本
仝上	焦山續志	二冊	清陳任暘輯	清光緒三十年刊本
申報館	中國分省新圖	一冊	丁文江、翁文灝、曾世英	民國二十五年申報館印本
仝上	中華民國新地圖	一巨冊	仝上	民國二十三年申報館印本

本刊啟事

本會于本年七月組織河套水利調查團，到薩拉齊，包頭，五原，臨河等縣調查，已載前報。近日整理材料，均已成篇，決定將本刊第六卷第五期定爲「後套水利調查專號」於十一月一日出版；並承王樂愚先生惠贈地圖三十幅，一併刊入，以資參攷。目錄如左：

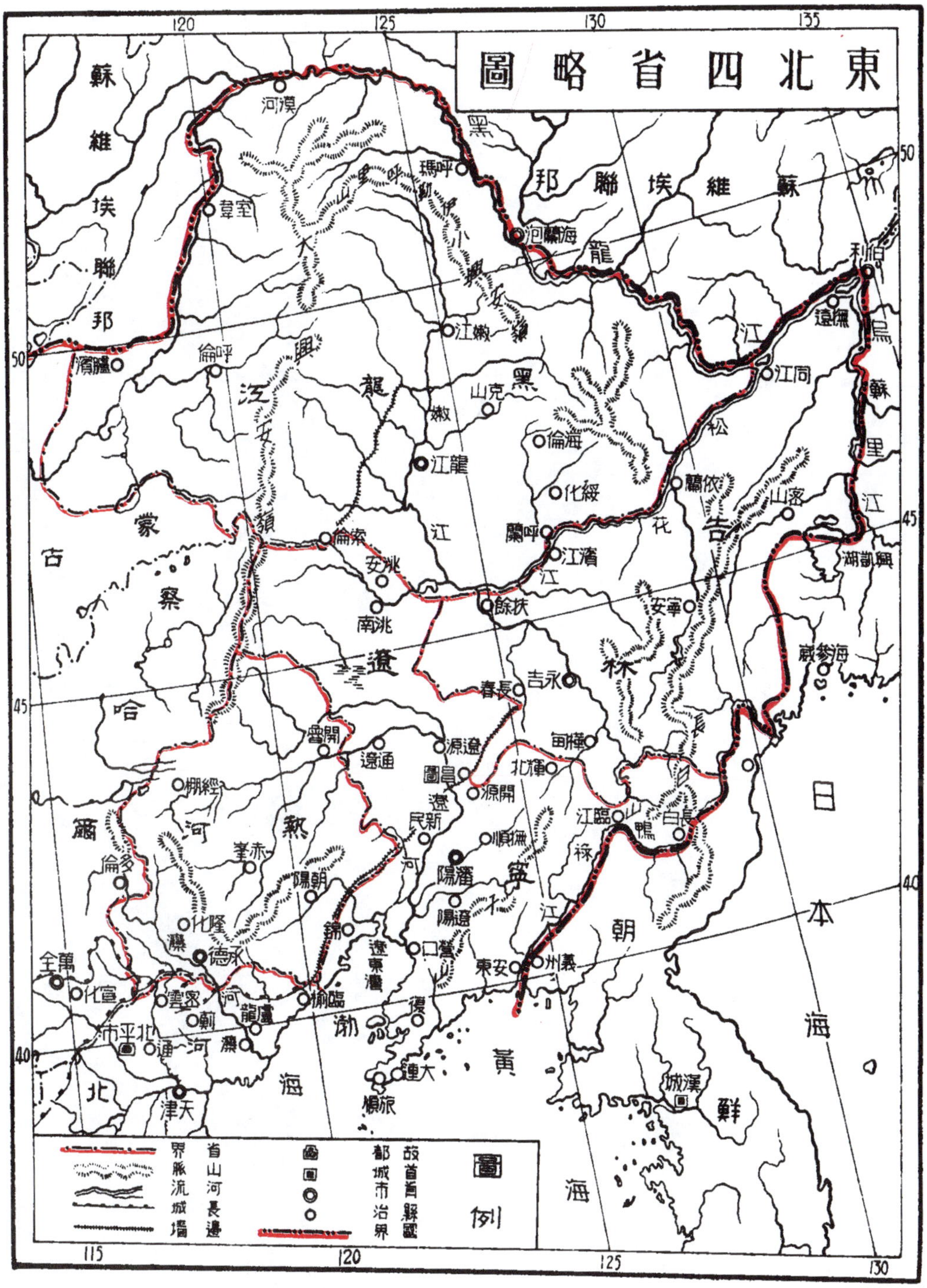
東北四省略圖
蘇維埃聯邦
黑龍江
漠河
室韋
呼瑪
海蘭泡
大興安嶺
小興安嶺
嫩江
呼倫
臚濱
克山
龍江
海倫
綏化
呼蘭
濱江
依蘭
同江
撫遠
伯利
烏蘇里江
密山
興凱湖
海參崴
松花江
索倫
洮安
洮南
扶餘
永吉
長春
寧安
吉林
長白山
蒙古
察哈爾
熱河
遼寧
開魯
通遼
遼源
昌圖
開源
樺甸
輝南
經棚
赤峯
新民
撫順
瀋陽
朝陽
遼陽
隆化
承德
錦
營口
安東
義州
臨江
鴨綠江
長白
多倫
萬全
宣化
密雲
薊
臨榆
盧龍
灤
北平市
通
天津
河北
渤海
黃海
遼東灣
大連
旅順
復
朝鮮
漢城
日本海
圖例
故都
首城
省市
縣治
國界
省界
山脈
河流
長城
邊墻

中國東北四省的地理基礎

張印堂

東北四省之地理範圍　我國東北疆域之名稱及其範圍，說法不一，有謂東三省者（指遼，吉，黑三省而言），有稱東北四省者（指遼，吉，黑，熱四省而言）。對前者有稱之爲滿洲者，對後者又有謂爲滿蒙者。此外更有區別爲南滿，北滿與東蒙者，區劃不一。其名稱之不統一與夫區劃之不同，易使社會一般人對我東北無一整個之明晰的認識，殊爲可惜。玆以上諸區名稱之由來，各有所依，有以歷史爲根據者，有以民族文化爲背景者，有以政治經濟之關係爲前提者，總之皆無自然地理基礎的根據。是以所有名稱範圍時常變更，致無定性。蓋凡各種政治經濟等區域之劃分，若不根據自然地理分之，其界限常與其政治經濟發展之範圍不符，即或暫相一致，爲時必難持久。近數年來，日本勢力之澎漲於「全滿」，即是「南北滿」區別之不能存在的一個好證。諸此類推，事實列在。若自地理上觀之，我國東北部原爲一大「地理單元」"A Geographical Unit" 或稱之爲一大「自然區域」"A Natural Region"。全部成一大盆地形，中爲平原包有黑龍江及其三大支流（烏，松，嫩）與遼河流域。四圍多山，界限明斷。北至外興安嶺，東與東南及濱海之錫赫特山與長白山脈，西與西南達內興安嶺及燕山山脈，惟沿渤海有一帶低地與華北大平原相銜接。在現在政治的劃分上，包有俄屬遠東三省（東海濱省，阿穆爾省，及薩拜喀勒省）與日本強佔之我東北四省（遼，吉，黑熱）。由表面觀之，雖係分權而治，若玆之歷史，原皆爲我所有。自俄國東侵後至十九世紀末，我黑龍江以北之地（1858 璦琿條約）與烏蘇里江以東之地（1860 北京條約）始爲俄所割佔，距今不過七十五年，八十老翁向能追憶，故不須待證於歷史記載。我遼，吉，黑，熱四省之爲日人強佔，距今不過五年，三尺童子當可熟知，成人識者豈能忘了。今我地理上的東北全部雖已盡失，但値此色雖變而心未死之際，筆者謹乘『禹貢東北專號』之便，將我東北錦繡河山之地理基礎，條述一二，期以喚起國人之注意焉。

東北地位的重要　東北地處亞洲大陸之東岸，東濱太平洋，西與蒙古高原及西比利亞平原毗連，雖同為人口稀少之新開區，但在政治經濟上之重要，土地之肥沃，鑛藏之豐富，林木之茂盛，氣候之適宜，三區中尤當以我東北一隅為最重要。況僅我東北四省面積已過四十餘萬方哩，佔我全國面積（包有蒙藏兩區）十分之一以上，尤大於冀，魯，豫，晉，皖，江，浙七省之總面積，較之法，德二國共同之面積，有過之而無不及。其天然富源及在我國經濟發展上之價值，決不亞於我國沿海最富之其他六省。雖經我國數十年之墾殖，大部仍屬地曠人稀。向因內地（指黃河，長江，珠江中下游諸省而言）人口澎漲，移民東北原為解決我國人口問題之最大急需。況東北向為異族侵入中原之根據地，又為我東北之自然屏藩，以此種種，東北一隅與我國前途關係之重大，就不言而喻了。

東北的居民　東北的居民約在三千餘萬。其中之日人不過二十餘萬（指事變前包括關東租借地與滿鐵附屬地內之日人），鮮人約六十餘萬，其餘外籍人數為數寥寥，內中漢人約佔全數90%以上（數約三千萬），滿蒙人數僅佔6%（總計約二百二十餘萬）。此三千餘萬的同胞雖然過着亡國的生活，而他們的確負有重不可言的責任，東北之不失為我國領土的關係，全繫在他們身上。因為自歐戰以來，新興之國家莫不因民族而立，此正所謂「民為邦本」。所以東北的將來，勢當由在東北居住的同胞的自覺與國人的同情和努力決定之。

東北的地勢　東北自然區的地勢可分為三大部：

（一）西北高原山地區　我東北四省之西北部，地形多屬高原山地，大部拔海在一五〇〇至三〇〇〇呎之間。惟其山嶺多在三〇〇〇至六〇〇〇呎。山嶺重疊，其中要者，有黑龍江北之外興安嶺，嫩江東北之小興安嶺及其西北之伊勒呼里山，西則有大興安嶺（即內興安嶺）與熱河西南之燕山綿亘相接。興安嶺拔海約及四千餘呎，間有高出五千五百呎之山峯。興安嶺為蒙古高原與東北盆地之自然分界，自西面觀之，似無若何山嶺形勢，僅為蒙古高原之東端耳，但自東面之平原視之，頗為陡峻。大興安嶺之北端呼倫貝爾一隅，東西地勢少高低之差，故無顯著之自然界限，因之此區於文化上為東北農業與蒙古牧畜兩種生活之變換區域。在黑龍江上游以北之俄屬薩拜喀勒省（又稱外貝加爾省）一帶為一破裂高原，地勢多山。此地原於太古界所隆成，所有疊曲山嶺歷經侵蝕，爲時已久，昔日之山嶺遂剝削成爲高原，後經地殼震動破裂，成現在之無數山嶺溝壑。其走向爲東北西南，相互併行，如維提穆 Vitim 和阿爾敦 Aldan 等計有十二條，綿亘於東北四省之西北高原上。山岩多太古界之片麻岩(Mica Schist)，麻岩(Gneiss)，結晶片岩(Crystalized Schist)，花崗(Granite)等岩。——於陷落之溝壑中，玄武(Basalt)與噴出等岩亦時見之，但於河谷之兩旁低地常蓋覆著一層新的冲積沙土。

(二)東南山地區　東北自然區之東南部，地勢多山，大部拔海在一五〇〇至三〇〇〇呎之間，其高者又多高至五〇〇〇呎上，形勢險峻，環繞於沿岸一帶。其中最著者，有我吉林之長白，完達，濱海之錫赫特與阿穆爾之伯里亞 Bureya，魯古爾 Jurgur 等山脈，皆屬拗褶山脈(Flexured Mts.)。山之兩面斜度常不對稱，一面急斜，一面緩斜，東南二部之山嶺形勢大多此類。山之東面皆爲陡向，地勢險峻，山嶺矗立；西面則爲斜向，地勢稍緩；中部之山嶺多屬太古與古生界下部之岩石所構成，如麻岩，片麻岩等。後至古生界之末，因地殼震動而破裂，形成無數之斷層山嶺。又經中生界之風雨侵蝕，其山勢爲之稍減。直至新生界第三紀，希馬拉雅及雲嶺諸山造成時期，東北四省復因地殼之震動，又生起伏變化，隆起之部山勢重生，孤峯峭壁，異常險峻。故東部之長白，完達，錫赫特等山，拔海約在五千呎上，其中山峯有達八千餘呎者，如白頭山等。此帶山嶺同爲一脈，乃由東北濱海一帶向西南延至遼東半島，蜿蜒於東北平原之東，若斷若續，綿延數千哩。

(三)中部平原區　東北自然區之中部，地勢平坦，拔海高度皆在一五〇〇呎下，且大部不過六〇〇呎。有遼河與黑龍江及其三大支流貫通其間，故又名爲松遼平原。中部原爲一大陷穴，後爲遼，松，嫩，烏，黑諸河由周圍高地山嶺冲刷之沙土，沉澱在此凹處，將此陷穴高低不平之處，漸漸塡平，積成現在之廣大平原。自中生界三疊紀以來，中部平原除其東部近海及伯里亞 Bureya 河谷平地已成陸相，無復海水之浸溢，此中部平原廣約十二萬方英哩，東西北三面皆爲高原山地所圍繞。北部於濱江一帶較寬，東西約三百餘英哩，南部沿岸一帶東西僅數十英哩，及至山海關，山海衝接，沿岸平原極其窄狹，爲我華北大平原與松遼平原之鎖鏈，山海關之重要即在此。中部平原北爲黑龍江流域，南屬遼河流域，二流域間之分水界甚低微，地勢拔海無過六百英呎者，無顯著山嶺以攔斷之，故在地勢上無南北滿之別，全爲一大平原沃野。除西南一隅，因雨水缺乏成半沙漠地，不宜耕植外，餘則皆可墾殖。因其大部尙未充分發展，故人常謂爲我國之「天留農區」。

東北之土壤　東北自然區之北部（包括俄屬阿穆爾與濱拜喀勒兩省之大部），因其下層土壤之溫度終年常在氷點以下（據俄人 Novakovskay 挪氏之調査），夏季亦無解凍可能，當不適耕種外，在我東北四省土壤尙稱肥沃。其中一部雖因土質微細，經雨後以土質之緊密，不易滲水以致土地過於泥濘，稍有不利植物生長之處；但其大部土壤爲含有多年積累之腐爛植物，性極膏腴。土色略呈深棕色，近似黃土，惟平原之西與西南近興安嶺和熱河一帶，因雨水缺乏，成爲半沙漠地，於農業不甚適宜。總之，東北區域大部除窪地澤地與高山地外，最宜發展農業，溫帶穀類皆可種植之。就地勢，氣候與土壤而言，我東北四省可耕地爲三百八十七兆畝，約佔四省全面積百分之三十。其中已耕者僅一百八十三兆畝，約佔全面積百分之十三。待耕之荒地，尙有二百〇四兆畝，約佔全面積百分之十七。因此土地之肥沃與待墾地之廣，向日我國去東北之農業移民很多，於數十年內已將土地荒蕪的東北四省化爲我國之重要農區。今若甘心坐失於強鄰不圖收復，豈不痛哉！

東北之氣候　東北自然區位於北緯三十八至五十六度之間，在東經一百〇二至一百四十二度之中。所處位置係亞洲大陸之東岸，具有特殊氣候，故東北氣候屬於冷溫帶東岸式之季節氣候，與北美東北岸羅蘭町 Laurentine 一帶之氣候略同，惟其每年之溫差較羅蘭町者稍大，蓋因亞洲陸地面積比之北美特大故也。東北之雨水屬季候雨澤"Monsoonal Rainfall"，夏濕冬乾，大部每年平均雨量均在廿四英吋以上。氣溫爲極端之大陸氣候性，冬季嚴寒，夏季溫和，冬夏之溫差甚巨，一月平均氣溫約在華氏廿四度左右，七月則達七十二度以上。此區氣候與華北平原者雖俱爲溫帶大陸之季節氣候，但以較華北平原冬夏溫差特大，寒季稍長，但雨水尙稱均勻可靠，此不同之點也。

東北地勢於其雨量分佈之影響　一區之地勢與其雨量分佈之影響，猶若一地之緯度對於氣温之密切也。東北之地勢對於氣候之影響極爲明顯，蓋東北形如盆地，周圍多山，其東南山地因臨向夏季之東南濕季節風，故雨水特大。由此而西北，雨量遞減。例如，東南沿岸每年平均之雨量在錫赫特山地一帶約有三十吋，安東三十九吋及至牛莊降至二十五吋，瀋陽廿六．一吋，復北哈爾濱低至十八．七吋，至呼倫貝爾則僅八吋餘，但再西至外貝加爾省南部，則又增至十二吋，蓋此地之雨水乃來自西北之大西洋非由東南太平洋而來。呼倫貝爾適居此兩個雨源之間，其雨量較之東西兩方當因之稍低。

東北地勢於其氣温分佈之影響　東北地勢於其氣温變換與分佈影響均極重大，例如北部黑龍江上流雅薩克，漠河高原之氣温，一月平均約在華氏副十七．五度，中部平原於哈爾濱一帶一月平均氣温約在華氏零度，及至南部沿岸之大連，一月平均爲二十四度。由此觀之，冬季一月全部之氣温雖均在氷點以下，其南北同月之温差，竟達四十餘度；北部每屆冬季，有破指裂膚之奇寒，當不難推及矣。東北夏季氣温全部大致相同，於七月時，其南北之温差不過十二度；例如黑龍江下流尼古拉斯克，七月平均爲六十三度，同月南部瀋陽，大連一帶平均不過七十五度，僅東北沿岸一帶，因受鄂霍斯Okhosk冷流之影響，冬夏之氣温皆低於內地，例如七月七十度之等温線起自沿岸北緯四十一度，迄內地則向北延至五十六度，有十五緯度之差。是以東北沿岸一帶不只夏季爲冷流的影響比內地格外涼爽，即至冬季亦無何海洋之調濟。蓋鄂霍斯與日本兩海均爲淺海，無若大調濟之影響，而極東之太平洋又爲庫頁島與日本群島所阻隔，其地勢又多走向南北之山嶺，冬季寒帶之冷氣易於吹來。故東北沿岸冬夏氣温之所以低，非僅爲其緯度之高所致，而實因其地勢使其必然者也。

東北四季氣壓與其風向之變換　一地之氣壓與其風向，氣温，氣濕均有直接的關係。東北四季氣壓高低之不同，多視氣温而變。大致本區之氣壓，冬季爲高壓，夏季爲低壓，春秋二季爲高低氣壓轉變之際。每屆十月，其氣温日漸降低，氣壓因而增高；至十一月，本區之高壓即行固定，直至翌年二月東北全部爲亞洲大陸冬季高壓之一部，此高壓之中心集於貝加爾湖。當冬季東北在一高壓範圍之內時，其天氣多爲反旋風式之天氣 Anticyclonic，天氣晴朗。由此高壓吹出之風，多西北東南向，轉入北太平洋阿留森之低壓區 Aleutian Low。東北區域冬季之風因多來自內地，故嚴寒乾燥，至三月陸地上面之氣溫日漸增高，其氣壓因之漸減。當此氣壓變換之時，風向無定，及至四月底至五月初，亞洲地面大部之低壓乃行穩定；同時太平洋面亞熱帶之氣壓較高，是以夏季之風向亦隨之變爲東南風，由海洋吹向內地，含有水氣，凝結成雨，故夏季爲東北區域之雨季。至九月地上氣溫復而漸減，其氣壓又隨之增高，至十月底全區又爲高壓所侵。東北四季之氣壓，高低循環與季而變，此蓋東北四季氣候之所以有變換也。

東北之氣溫　溫帶陸地之氣溫多屬大陸氣候性，冬冷夏熱，春秋溫涼之天氣稍短，每年平均之溫差特大，此種氣候現象於溫帶大陸之東岸區域尤爲顯著。東北夏季除烏蘇里江以東之地，大部之七月平均氣溫皆在華氏七十六度以上（以下氣溫皆照華氏計算）。濱海一帶因受鄂霍斯寒流之影響，夏季最高氣溫不過七十度。東北全部之一月平均氣溫皆在三十二度下，但其南北氣溫降低之度數不同；例如南部大連一月之平均氣溫爲二十四度，結凍之時期兩越月，中部哈爾濱一帶一月之平均氣溫爲零度，結凍時期爲四越月，北部漠河一帶一月平均氣溫爲零下十八度，結凍時期爲半年。由此看來，東北一月之氣溫雖俱在氷點以下，但同月南北之溫差已達四十餘度，其冬季氷期之長短，南北又有四月之差，故東北冬季南北之氣溫，大有不同，其氣溫之陞降與其氣壓之增減適成反比例。

東北自然區之雨水　東亞之雨水皆爲季候式 Monsoonal。所謂季候式之雨水者，即夏爲雨季，冬則乾燥。東北四省大部每年之平均雨量約在二十吋以上，多係降在夏季，尤以七月爲最，惟濱海省一帶八月爲其雨水最大之月。東北雨水之分佈，因地而異，大致錫赫特山以東沿岸一帶，每年雨量約在三十二吋以上，鴨綠江流域爲三十九吋，吉林南部高原，遼東半島及遼河下流之地約在二十四至三十二吋間，黑龍江下流吉林北部高原及烏蘇里江下流一帶（即本區之東北部）爲二十至二十四吋之間，西北部（除呼倫貝爾區在八至十二吋之間）大都皆在十六吋至二十吋間，僅西南一偶低在八吋左右，但近河北之山地一帶，雨水又增至二十吋以上。

東北氣候於其農業和交通發展之影響　一區之氣候與其經濟之發展常有密切的關係，例如冬季東北之地面土壤結凍時，不但種植不宜，即一切農業之活動均須停息，所有河流爲之冰封，一切河運因之不通，是以此區冬季之運輸多恃車馬。幸而東北降雨之時適爲夏季，於穀類之種植尚稱適宜，惟以各地之雨量，氣溫及生長日期有大小，高低，長短之別，其對農業發展之可能及其類別亦因地而異。例如東北全部氣溫在五十度以上之時日有四越月，爲種植麥子必須之最低限度，小興安嶺以南之地有兩月之氣溫高出六十八度，爲玉蜀黍高粱大豆小米等穀類必須之最低限度。換言之，我東北全部之氣溫，皆可種麥，小興安嶺以南之氣溫皆可種大豆，玉蜀黍，高粱，小米等，其東南部尚宜於稻米。按各種穀類之種植皆需適當之氣候，若出其自然範圍而勉強種植之，結果必遭失敗。由此觀之，若使我東北之耕種適當，收穫豐滿，促其農業發展達到完善地步，於其氣候不可不詳細分區研究之。

東北之主要動植物　我國東北是亞洲冷溫帶森林分佈最廣之地，間有草野，其分佈多視氣候與地勢而定。平原常爲草地，高原山嶺多屬森林，惟西南熱河山嶺之樹木，早經砍伐，現成禿山。查東北樹木種類有針葉式常青樹 Coniferous Ever Green 與闊葉式落葉樹 Broad-Leaved Deciduous 兩種，其分佈狀況大概如下北部山地及南部之高地大都屬針葉式之金樅 Spruce ，銀松 Silver Fir ，紅松 Red Pine 及各種柏樹 Cedar 等常青樹木，南部山地及北部山麓一帶常爲闊葉式之橡 Oak，槐 Ash，赤楊 Alder 白楊 Silver Birch，山毛櫸 Beech 等落葉樹木。東北爲我國生產木材最富之區，吉林一省，木藏尤盛，俗稱「窩集」又名「樹海」，此蓋言其森林之富也。黑省小興安嶺一帶，林木亦廣，惟大興安嶺一帶，樹木漸少，但其山之森林線 Timber Line 於其東面幾達三千餘英呎，西面則止於二千七百呎。總之，我東北四省森林所佔面積約十二萬三千方哩，幾佔東北全面積三分之一強，其蓄積木材數量爲一四九，九一八，百萬立方哩，計重二七，三〇五百萬担，數目之大，實足驚人。我國建設事業與製紙工業等，正在起始發展之際，所需木材自多，東北森林的富源，在我國經濟地理上的重要，就不言而明了。森林線以上之山地，因限於氣候，僅能生草。查東北之平原皆屬於溫帶草地，自多倫至濱江所經之地樹木無多，純爲一大草原。草原之東部較西部特爲豐盛，及至西南一隅幾成沙漠與蒙古戈壁相連。西北之呼倫貝爾高地亦爲草原與外蒙高原草地相接，惟此地之草遠不及東部之茂盛也。因之我東北四省之主要動物爲草食獸類，如牛，馬，羊等爲數頗多；約而言之，東北四省之牛約二百七十餘萬頭，馬三百二十餘萬匹，羊約四百六十餘萬隻，每年產毛約五百餘萬斤，若能改良畜種與喂養方法，則其產毛量可增加二千餘斤，爲數不爲不多。故東北亦爲我國出產皮毛之重地，如善於經營，皆爲發展製革毛織等工業之必須原料。由此觀之，東北非僅爲一「天留之農區」，亦實爲一木材寶庫與一大好牧場也。

東北之主要鑛產　東北之鑛藏種類既多且富，出產亦豐，其年產總値不下兩萬萬餘元，約佔全國鑛產總値之23%，其中要者有鐵，金與煤三種。(一)鐵、東北之鐵產年約一兆餘噸，幾佔全國產額之半，其藏量爲七百四十兆噸，幾佔全國總儲量四分之三。(二)金、東北地質構造古老，金鑛特多，故爲我國產金最富之區，年値約在三百五十餘萬元，幾佔全國金產總値之半，其重要可知。(三)煤、東北之煤藏共約三千六百一十六兆噸，雖僅佔我國煤藏全數1.84%，但其在出產方面確極重要，東北現在之煤產量，年約在二十六兆餘噸，幾佔我全國煤產總額五分之二。由以上觀之，東北鑛產於我國經濟發展上之重要，實非數語所可以表示。況鐵爲發展近代各種重工業之母，我國煤鐵之藏量，原不均勻，早感鐵鑛缺乏之苦，東北一失，豈不更有供不應求之感？一切重要工業將何以興起？這是我們國人應當特別注意的。

結論　我國東北面積既廣，平原又大，土壤又很肥沃，氣候又適發展農業，穀產豐富，而人口稀薄，待墾地特多，所以東北一方可供關內居民需要的食糧，他方又能大量的容納我國內部過剩的人口，其裨益我國民生之處，是何等的多啊。再看其地位之險要及其天然資源之富厚，於我整個國家政治經濟的前途，又是何等的重要。若永爲強鄰霸佔，不得收復，將來其影響我國運之險惡，又何堪設想也！

附注：

（一）關於文內之地形圖，係根據英國軍部所測滿洲百萬分之一地勢圖繪製，惜因不易製版，從畧。

（二）關於文內之農產，耕地，林藪，牲畜等數值，多取自南滿鐵路株式會社報告書，國聯調查團報告書，東北年鑑與日滿年鑑。

（三）關於文內之鑛產與藏量數值，多採自第四次中國鑛業紀要與 Trogascheff, B. P.: The Mineral Industry of the Far East.。

（四）關於東北政治經濟的重要請參看：

王益厓：經濟地理上東北四省的重要（見文化與教育第一〇二期）

（五）張印堂：國人對東北應有的認識（見東方雜誌第三十三卷第一號）。

本會代售武昌亞新地學社圖書

書名	册數	價目
教授類		
新中華民國分省圖附表	一册	一元六角
華英對照新世界列國地圖附表	一册	二元
新中外輿地圖附說	一册	三元二角
大中華民國分省圖附說	一册	二元
華英對照環球列國地圖附說	一册	二元八角
新教育適用袖珍中華分省圖附表	一册	一元
新教育適用袖珍中外全圖附表	一册	二元二角
新教育適用袖珍列國地圖附表	一册	一元二角
甲種中華析類分省圖附表	一册	四元
丙種中華析類分省圖附表	一册	二元
張掛類		
新中華分省暗射圖	一套三十二幅	四角
新世界列國暗射圖	一套二十九幅	四角
中華形勢講授地圖	一幅	二元六角裱加實洋六角
世界講授地圖	一幅	二元六角裱加實洋六角
華英對照東西兩半球圖	一幅	一元六角
世界地質圖	一幅	一元
亞洲形勢講授地圖	一幅	一元六角
歐洲形勢講授地圖	一幅	一元六角
非洲形勢講授地圖	一幅	一元六角
美洲形勢講授地圖	一幅	一元六角
海洋洲形勢講授地圖	一幅	一元六角
中國形勢講授地圖(在印刷中)	一幅	一元六角
中山建設地圖	一幅	一元
中華國恥地圖	一幅	一元
中華形勢地圖	一幅	一元
東北四省形勢詳圖	一幅	一元
湖北形勢講授地圖	一幅	二元四角裱加實洋六角
湖南形勢講授地圖	一幅	二元裱加實洋五角
實用類		
江西分縣詳圖	一册	五元六角
江蘇全省分圖	一册	二元
河北分縣詳圖	一册	三元
河南分縣詳圖	一册	二元四角
湖北分縣詳圖	一册	五元
湖南分縣詳圖	一册	三元六角
中俄交界詳圖	十六幅	三元
明細類		
中國明細地圖	一幅	五角
江蘇明細地圖	一幅	五角
浙江明細地圖	一幅	五角
安徽明細地圖	一幅	五角
江西明細地圖	一幅	五角
湖北明細地圖	一幅	五角
湖南明細地圖	一幅	五角
四川明細地圖	一幅	五角
西康明細地圖	一幅	五角
福建明細地圖	一幅	五角
廣東明細地圖	一幅	五角
廣西明細地圖	一幅	五角
雲南明細地圖	一幅	五角
貴州明細地圖	一幅	五角
河北明細地圖	一幅	五角
河南明細地圖	一幅	五角
山東明細地圖	一幅	五角
山西明細地圖	一幅	五角
陝西明細地圖	一幅	五角
甘肅明細地圖	一幅	五角
青海明細地圖	一幅	五角
寧夏明細地圖	一幅	五角
綏遠明細地圖	一幅	五角
察哈爾明細地圖	一幅	五角
熱河明細地圖	一幅	五角
遼寧明細地圖	一幅	五角
吉林明細地圖	一幅	五角
黑龍江明細地圖	一幅	五角
新疆明細地圖	一幅	五角
外蒙古分旗明細地圖	一幅	五角
東北四省明細地圖	一幅	五角
城市類		
新南京市實測詳圖	一幅	甲種八角乙種四角
新上海市實測詳圖	一幅	四角
新漢口市實測詳圖	一幅	八角
新武昌市實測詳圖	一幅	八角
武漢三鎮市街實測詳圖	一幅	一元六角
新長沙市實測詳圖	一幅	四角
武漢市縣詳圖	一幅	八角
京滬地域形勢圖	一幅	四角
淞滬附近形勢圖	一幅	四角
成都街道圖	一幅	二角四分
單幅類		
中華民國分省新圖	一幅	二角四分
各省分縣新圖	每幅	二角四分
世界各國軍港圖	一幅	五角
中日對峙形勢圖	一幅	五角
四川水路交通圖	一幅	四角
應城縣詳圖	一幅	二元
漢陽縣詳圖	一幅	二元
湘鄉縣詳圖	一幅	四角
大冶縣詳圖	一幅	三角
地縣詳圖	一幅	一元
歷史類		
中華歷代疆域戰爭圖	一册	五元
歷代輿地沿革圖	卌四册	四十八元
春秋戰國地圖	一册	二元四角
書籍類		
總理計畫表解	一册	四角
本國史表解	二册	一元三角
史學概要	一册	八角
新編各科常識問答甲乙	各二册	二元四角
上古三代六朝文	百册	八十元
辦學指南	一册	一元二角五分
讀史隨筆	三册	一元

總發行所　武昌察院坡十九號本社　　代售處　北平府成蔣家胡同三號禹貢學會

原始時代之東北

馮家昇 1

東北之紀載在古經中已有所徵示，然而隻鱗片爪，語焉不詳。司馬遷史記雖有朝鮮列傳，亦僅斷自王氏；范曄後漢書陳壽三國志雖各有東夷列傳，然甚簡略。故吾人欲明東北原始時代人類之狀態，實所難能焉。美國歷史家陸賓生 Robinson 與比爾 Beard 所著之西歐發達史(Development of Western Europe Vol. II, pp. 408) 中云，人類已往之紀錄假定分裝十册，册有若干頁，吾人所知尚不足末頁所載。良以人類紀載所見之陳迹不過其已往活動中極小之一部，其未有紀載以前則已不知若干萬年矣。人類已往之活動既極悠久，而文字所載又極簡略，故歷史家於研究紀錄之餘，必有資於地下之發掘與夫山野之採集也。顧今日中國東北之考古學尚在幼稚時期，科學的發掘與採集不過近年之事。利用此區區之採掘於歷史上，不僅不能得一個果斷的結論，即一種合理的假定亦難形成，故本編所述不過一種假定的假定而已。

第一章　舊石器與新石器時代

十年前，不但東北石器時代之說不能成立，即在全中國因未有系統的發現，人亦未之信；如洛弗爾氏 Berthold Laufer 在其所著中國古玉考(Jade, A study in Chinese Archaeology and Religion, Chicago, 1912, pp: 54–55)列舉五項理由而否認中國之有石器時代；章鴻釗先生在其民七初版石雅內亦作如是觀。不期近十年來各地陸續之系統發掘，不但證明中國有新石器時代，並舊石器時代亦有之。可見人類進化之程序東西並無不同，吾人所以看爲不同者，乃因歐洲考古學之發達，中國考古學之落後耳！東北之石器時代已經吾國地質調查所及日俄等國之考古學家有所確定，認定已發掘之器物爲舊新石器時代之文化云。

第一節　舊石器時代

東北發現舊石器時代之遺物爲時甚早，十九世紀之末，俄人即有所獲，惟係偶爾檢獲，地層不明；又因通曉俄文者少，人亦未之注意。一九〇〇以後，在哈布羅甫斯克，圖們江附近，延吉，穆棱，海拉爾等地復有所發現，但多非系統發掘，而證件亦少，不足爲考證之賚也。

其後白俄系組織之東方研究協會在滿洲里附近札賚諾爾西約二杆地方[1]，發現鹿角二：其一長62 Cm，中央有深四公釐，闊一三公釐剖畫之凹狀，據 Tolmatchov 氏學名爲 Cervus elephas；其一長九十公釐，闊一百公釐，中有孔作長方形，長二十五公釐，闊十八公釐，亦人工所致，據 Tolmatchov 氏云，學名爲 Cervus Megacerss。此等鹿角頗與歐洲馬格達林時代 Magadalian 之人工鹿角器相同，或即此時代之遺物亦未可知。

吉林哈爾濱西南約五啟羅顧鄉屯爲一窪地，附近有溫泉河，此河兩岸附近濕地有不少古代之遺跡，因是引起考古學家之注意。先是一九三一年八月，國立地質調查所與東省特別區文物研究所共同在此發掘，採集洪水後自然露出之化石類。一九三三年七月，日人組織之「第一次滿蒙學術調查研究團」復在溫泉河畔之低地發掘，結果發現大批舊石器時代人類所遺留之器物。主要者爲石器，骨器，角器，及其他器具。

I 石器類 Stone implements

1. 皮剝樣石器 Scraper type implements ……………二
2. 柳葉狀石器 Willow-leaf shape implements ……三

II 骨器類 bone implements

1. 鑿狀骨器 Chisel type implements……………三
2. 碟狀有柄骨器 Plate type implement with a handle ……………一
3. 鎗頭狀骨器 Spear-head type implements……甚多
4. 厨刀狀骨器 Kitchen-Knife type implements…甚多
5. 叉狀骨器 Harpoon type implements……………三
6. 楔形骨器 Wedge type implemens……………一
7. 工作臺骨器 Small stand used in handicraft ……一
8. 未成工骨器 Unfinished bone pieces ……………甚多
9. 形狀相同之碎骨器 Bone pieces crushed in about same length ……………甚多

III 角器 Horn implements

1. Horn of megaceros with a little artificial touch…一
2. Horn of Cervus with a little artificial touch ……一
3. Horn of Gazella with a little artifical touch……一

IV 其他

1. 刻骨繪畫 Bone Pieces notched with line depiction

2

……………………………………………………………五

2. 人類加工有孔之眞格蘭核 Kernel of Juglans on which a hole was made by hunan hand …………三

3. 木炭末 Little Charcoal pulverized……………………

一九三三年，該團曾將所獲發表於 Proceedings of the Imperial Academy, IX, No. 8 and No. 10.，踰年一九三四年七月，該團繼續研究之結果，成滿洲帝國吉林省顧鄉屯第一回發掘物研究報文。[2] 據本書頁一一二至一一四結論，列舉十點：(一)由何家溝含化石層，可知當時以哈爾濱爲中心，而有廣佈之現象；吉黑鐵道沿線，遼寧四平街均可尋得其跡。(二)何家溝化石產出層現在雖僅存於温泉河畔之地皮下，但舊時地面必有數米餘之黃土狀粘土層。(三)化石及人類遺物含淡水產貝類化石，其上覆以鼠色細砂質粘土層，下奠以細沙層約二米之厚；其含有相雖屬區區，似有一定限度而成如此集團之場合。(四)吾人最堪注意者爲第五十號古生物與人類遺物之共存相；要言之，則此可明示吾人人類生活湖沼地帶之一例。(五)湖沼四面人類殘留之遺品正當時與生物共存之證據，其層位呈自然之象，並非後來有所攪亂。(六)利器中石器甚少，骨角器特多，蓋因其地缺少石器原料之故。由石器之鑑定，歐洲舊石器時代中之 Mousterian 或 Aurignacian 時代與之相似，而骨角器似亦與伊爾庫次克附近之馬耳他Malta及葉尼塞流域之亞芬多瓦Afontova相當；其時代約爲 Middle Pleistocene 云。(七)植物化石中有一阿和謨基」及許多木炭末，亦堪注意。(八)動物化石中有肉食獸，草食獸，森林性，草原性，池沼性，寒帶性，熱帶性各種獸類，而熱帶性獸之 Hyaena 最堪注意。(九)植物化石類中絕種之 Mammoth 及其他指準化石，以地質年代而言，可以推知爲中部更新世上部及下部，與石器推斷之 Mousterian 亦無矛盾。若以歐洲舊石器時代之文化比照，則骨角器在 Aurignacian 期以降特別顯著，而在 Magadalenian 期繪畫藝術亦產生焉。(十)Dr. G. B. Barbour 及其他學者多謂中國北部及東省之黃土層均在 Middle Pleistocene 期，此次發掘之 Rhinoceros tichorhinus 在黃土層，正與張家口等地者同，則其時代自然亦同。要之，以地質年代言，應在 Middle Pleistocene，以人類文化年紀言，應屬 Mousterin 與 Aurignacian 間云。

3

一九三三年七月，[3]日人組織之「第一次滿蒙學術調查研究團」別遣一隊入熱河，在赤峰附近及其以南採集先史時代之遺物，結果在赤峰北 69 Km 之朝陽溝黃土層之下部，獲得許多哺乳類化石。其中如 Ovis ammon, Elephas primigenius 骨片，上面有甚明顯之刻線，乃經人工所製無疑。此種人類遺物果屬于先史何代，亦頗易知。蓋熱河大部之黃土層與長城附近相同。據 Barbour 及其他地質學家言，此黃土層大抵成于中部更新世 Middle Pleistocene age 則此人種之遺物必先于是時，或至少即在是時也。若然，則就人類文化年紀言，其必屬于 Mousterian 與 Aurignacian 時代似無疑義。

最可注意者在何家溝化石[4]層母岩，發現粉末狀之木炭末。用擴大之顯微鏡檢視之，乃一種闊葉樹燒毀之餘燼。關於此問題有三種假定：(一)火山爆發之作用；(二)樹林之自然發火；(三)人類用火之殘跡。非俟多量之發現，此問題固難決定，但因是而使吾人不能不憶及舊石器時代之人類已知用火之智識。[5]周口店洞穴曾發現焦黑之散骨，後踝，獸角，木質等物，經化學之分驗後，確知周口店猿人已知用火。然則何家溝發現之木炭末，假定爲人類用火之殘跡，或不無可能歟？

第二節　新石器時代

東北發現新石器時代之遺物雖遠在三十年前，但多零零碎碎，漫無系統。取俄日二國文觀之，關于此種紀載亦數見不鮮，但因係偶爾之檢獲，類多不能自圓其說。其後[6]日人鳥居龍藏，小川琢治，濱田耕作，八木奘三郎以及我國地質調查所諸研究員連年赴東北調查發掘，於是東北新石器時代之說因以確定。

東北新石器時代大致可分二系[7]：一是南方系，一是北方系。南方系與長城沿線相同，北方系與外蒙及新疆相同。北方系爲細石文化，多沿湖畔谿谷與草原分佈。在此等地方，每發現爐址，而罕見墓地，由是可知當日住民生活之無定。遺物中以石器土器爲主，而石器尤多；如石鏃，石匙，尖石，石刀，石錐，石鑿等類。因其形狀小，故稱爲細石器。土器甚少，亦甚麤糙，色多赤褐。據近年攷古家研究之結論，謂此種細石器文化分佈甚廣，長城以北、以至西北利亞均有其遺蹟。南方系即中國系，石器多磨製，且甚精巧，表示技術之進步。如兩刃刀，石矛，石削，石刀，石鏃，石錐，而有孔之石斧，有柄之石疱丁更示其思想之進步，故能造作優良之工具。土器有紋，或爲繩紋，或爲黑花紋，或爲刻紋，色鮮艶，手製或廦輪製。其形有碗罐皿，而中國式高足豆形，三足袋形鬲甗等類特別顯明。巨石遺蹟如石硼石柱子亦有之。大抵南方系在朝鮮北部遼寧熱河中部以南，均有其遺蹟。

日人八木奘三郎於一九二三年膺滿鐵調查課之命，赴各地調查古蹟，將東北新石器時代之遺蹟列爲表格。茲錄之如下[8]，可見新石器分佈之一斑。

甲表　貝塚及包含層

種類	位置	所在地	摘要
遺物包含層	臺地	旅順管內老鐵山刁家屯牧羊城附近	出石土器甚器多，特別石斧甚關重要
貝塚	台地	郭家屯南山裏	土石器及其他遺物甚多。
遺物包含層	台地	柏嵐子	石器亦多。
同上	同上	羊頭灣北方台地	石器土器片。
貝塚	低地	雙島灣	遺物不多。
同上	山上	大台山上鞍部	土石器甚多。
遺物包含層	山腹	王家屯會鹽廠大孤山	同上。
同上	山上	三澗堡會龍頭驛近傍	土石器。
貝塚	山麓	營城子會小老孤山	遺物極少。
遺物包含層	台地	大連市伏見台	土石器。
貝塚	同上	大連濱町	遺物多。
同上	海岸高地	大連管內傅家莊	石器少許。
同上	台上	柳樹屯稻荷神社附近	土石器均有。
同上		金州管內馬家屯及圓家屯之間河岸	同上。
同上	山上	望海堝	土石器。
遺物包含層	同上	普蘭店管內長山裏南方台子山上	同上。
同上	河畔	林家屯會	石器石棺。
貝塚	台地	貔子窩碧流河屯三島子	土石器。
遺物包含層	山上	大石橋盤龍山	同上。
同上	平地	遼陽鐵橋東	土石器。
同上	山麓	撫順千金寨南麓	石器。
遺物包含層	台上	永安台	土石器。
同上	同上	奉天東陵山東北	同上。

以上排列次序係就八木所編之番號，故遺物包含層與貝塚先後雜陳。

5

乙表　古墳

種類	位置	所在地	摘要
石塚	山上	旅順老鐵山北山地	打摧人頭甚大爲石所積。
同上	同上	旅順柏嵐子西方山上	
大石硼	台上	普蘭店亮甲店	大石棚。
大石硼	低地		
大石硼	台上	九寨驛西北	
大石硼	台上	蓋平東南八九十里	
小石硼	台子	大石橋北分水驛東方二里地點	石硼峪疑因有石硼而名之也。

由上表觀之，新石器之遺蹟大抵可分四類：一曰遺物包含層，不論台地，平地，山嶺，山腹，山脚，河畔等地掘至數尺，即得原始遺物。一曰貝塚，古代住民食餘之貝殼魚獸之骨及其他廢物集聚一起，上覆以土，隆起如丘陵。一曰石塚，亂石所積，撥而視之，即發見人類之骨骸或其他混雜遺物。一曰巨石遺蹟　Megalithic monument 大抵爲人類之葬地或祭所。據攷古學家言，巨石遺蹟中有多羅門 Dolomen，斯通沙克爾 Stone-circle，斯通韓基 Stone-henge，士墓洛斯 Tumulus，孟希爾（或作十柱子）Menhir。法國西部 Britaing 之Carnac 地方有四百多孟希爾，英國 Orkney Islands 有二千以上之巨石，而東北亦發現不少之巨石遺蹟，可見古代人類之習俗相同也。

一九二一年夏，瑞典人安特生 Andersson 氏在錦縣沙鍋屯車站之南發現一石洞。洞中發現削鑿之燧石器，石刀類，石環類，貝殼類，彫刻獸物，石圓板，陶器，海水動物介殼，及多數之人骨獸骨。陶器有粗細二種：粗陶器，質內恆雜石英粒及他種石粒，厚至少一公分，色灰褐或磚紅，濃淡輕重不一。惟無灰色陶器，是與河南古址不同者。細陶之質爲曾經滌濾之細沙土，器皿小而薄，工作精細，皆淡磚紅色，面磋磨光平，並有黑花者。其花樣約分四種：一席印紋，二繩印紋，三刻紋，四黑花紋。古址人骨零散，合起可作四十二具。以一址而有數十具之人骨，當非葬地，亦非穴居食人之遺跡。安特生假定爲古代人民之祭址，用人作享並有食人之習俗。氏並以所得之器用而証明之，謂器用中有不少爲祭祀之用者，如貝環極脆弱，不適佩帶，爲數甚多，則不能不疑與作俑同一用意。今以紙箔代制錢，紙元寶代金銀，則古以貝環代較貴重之石環亦宜。又此址石刀皆

6

小而寬，在河南所得雖亦有此式，然率粗大可實用；此則不然，故可視爲只作祭祀用之物也。步達生 Davidson Black [10] 贊成斯說，謂由骸骨之研究，有許多証据可以知是人方死或未死，用楔形之器具而劈成者，其骨骸之肌質因而尚存直接暴動的結果。

一九二七，日本[11]東亞考古學會得關東廳朝鮮總督府東京京都兩帝國大學之助，又與我國歷史博物館及京師大學合作，在遼東半島島角貔子窩管內碧流河畔發掘。結果，成績甚佳。其在單砣子發現者有石器，如大形石疱丁，石斧，石鏃，大形石劍長一尺五寸七分，幅一寸五分，厚四分；角骨器如有孔牙製品，骨製尖頭器，瓷形品，骨製管玉，貝輪破片，有孔貝殼之類；土器如鉢形，中形壺，小形壺，高杯形。色或黝黑，或黃褐，或赤褐。大抵可分二類，單色土器，彩色土器。其在高麗寨發現者有石器如環石，石劍，石鏃，石針，石疱丁，石斧，紐形石製品，砥石，圓形槌石；骨角器如牙製品，骨製尖頭器，骨製錐形品，貝輪破片；玻璃片長九分，幅二分，厚五厘強，殷墟中往往見之；土器最多，如鬲，甗，甑，中形壺，小形壺，大口壺，高杯，長頸壺，中形鉢，小形鉢，橢圓環，最小坏形，土錘，紡錘車，鈴形土器品；銅器如銅矛，銅捧，銅環，弩機部分品；鐵器如斧形，鍬形，鐮形，槍形，鑿形，有孔鐵板釘狀形；古錢中有明刀，方足布，一刀錢，半兩錢。

單砣子墓以其埋葬法式言，可以推定爲漢代以前之物，土器之製造雖屬磨研者，但比漢代之物古；石斧雖似漢式之圭，但爲原始實用之物。三足形土器 tripot-shaped vase 於世界其他部份亦有發現；但袋形之三足鬲形土器之發見，則限於受中國文化甚深之域，以其爲中國特有之式也。而周代之銅鬲即瓦鬲之遺型，銅鬲上之直紋即土器上之條紋也。鐵器與石器及銅器同時出土，蓋當石器殘存之際，而銅器鐵器已及見云。從高麗寨發現之古錢而言，其時代約在周末漢初，即西曆前百年至二百年之間；從單砣子島之文化而言，其時代則又較高麗寨早數百年，故二地之文化稍有前後不同之別云。

一九二八年[12]日本東亞考古學會又在遼東半島島角之老鐵山麓發掘，成績亦佳。石器類有石鏃，石斧，石疱丁，石製紡錘車，石製管玉，石錘；土器類最少；骨角類有鹿角加工品；有土製紡錘車，瓦瑠；銅器類有明刀，一刀錢，大泉五十，半兩，五銖，帶鈎，銅斧，銅鏃；鐵器類有鐵刀，鐵斧，鐵釘。

由發掘品觀之，可知牧羊城有石器時代至鐵器時代之遺跡，其附近即于是時已有住民之聚居。由城內發現之瓦璫而與河北易縣燕故都出土之饕餮文比較，二者似有密切之關係。由地理上推察，是地在古代爲水陸交通之中心點；往年山東福山縣掘出黝色土器，瓦璫，平瓦，圓瓦等物，無不與牧羊城出土之物相同，則二地之交通不難由此想像得來[13]。駒井和愛在山東龍口附近貝塚，發現許多土器與遼東半島者相同，則二地之交通在石器時代似已頻繁矣。

一九〇六至一九〇七年，烏居龍藏夫婦入熱北調查先史時代之遺跡，[14]歸而著東蒙原始住民 Populations Primitivses de la Mongolie Orientale。一九一九年，[15]天津北疆博物院（Musée Hoang-ho Pai-ho）創始人桑志華 E. Licent 入灤河流域，採集先史遺物。一九二七年，又加入德日進 P. Teilhard de Chaldin 在圍場東，發掘新石器時代末期墳墓，成績頗有可觀。然諸氏大體限於灤河流域地帶，其以南則未有詳密之探查。我國地質調查所，法國神甫牟里 P. Mulie，日人八木奘三郎，島村孝三郎諸氏雖各有所得，但多零碎之檢獲。[16]一九三〇年，東亞考古學會江上波夫水野清一調查中國北疆，亦在熱河獲得石器與銅器古物。[17]一九三三年，早大教授德永重康等組織之「滿蒙學術調查研究團」徧及灤河大凌河流域，發掘物有磨製石器，三足形之鬲，秦式之銅器。就中土器物特多，大致可分四類：第一類爲黃樓色黑樓色，質甚粗，似屬手製；第二類爲灰樓黑色，頗有光澤，似爲輪製；第三類爲灰綠黑色，質甚粗，亦輪製；第四類爲紅樓色，含滑石末，製作甚精。後二類似漢式，漢代之物；前二類較古，必漢以前之物。至於石器銅器則顯然分二系：一是南方式之中國系，一是北方式之塞克提安系 Scythian 云。

要之：東北新石器文化分二系，南方系與北方系。黑熱之北多塞系遺跡，其以南則爲中國式遺物；如貔子窩發現之鬲形土器，綏東（小庫倫）發現之有孔石斧，沙鍋屯發現之貝瑗等皆其代表。北方系石器多打製品，磨製則多小形物，所謂細石器文化 Microlith 是也。土器則多無文，色澤亦不大鮮妍。大抵南方系已進至農業時代，北方系則仍在漁獵時期耳。

第二章　東北之原始民族

東北既已發見舊石器時代人類之遺物，則在舊石器時代必已有人類之足跡，毫無可疑[18]。就何家溝與朝陽溝發現之骨器觀之，有若干特點與伊爾庫次克附近之馬耳他Malta，葉尼塞河畔之亞洪特瓦 Afontova 及鄂爾多斯所發現者相同。其爲同一時代，同一文化，似無可疑。

1 葉尼塞河畔之亞洪特瓦 Afontova
2 伊兒庫次克附近之馬耳他 Malta
3 鄂爾多斯薩拉烏蘇溝
4 熱河赤峯北朝陽溝
5 吉林顧鄉屯何家溝
} Mousterian and Aurignacian

其爲同一種系與否，因人類骨骸尚未有所發見，固未敢斷論。而東北舊石器時代之人類與新石器時代之人類有何關係，其關係到何程度，亦難質言，因吾人今日對此等智識仍不充分。至其與蒙古系民族有關乎？與通古斯民族有關乎？抑與漢族有關乎？則更渺茫無可稽考。將來設有一日如周口店發現人類之臼齒牙床及頭蓋骨，則以上諸種問題，或可有相當之解決？但有不得不令吾人注意者，中國發現之舊石器時代遺址只限于中國北部，東起吉林，西迄新疆；秦嶺以南，則尚未有所發現。因是不得不令人思及中國北疆爲人類發祥地之說也。往年美國安多斯 R. C. Andrews 出入蒙古三四次，人類古骨雖未檢獲，但亦發現鄂爾多斯類似之石器及最古之動物化石，因謂人類之發祥地當在中國北疆（外蒙古）。斯說雖未有確切之證據以示吾人，但以舊石器時代之文化分佈而言，是亦不可率爾而否認者也。意東北民族或亦如其他民族同出于蒙古高原歟？然而荒古遠矣，莫可究詰，試言新石器時代之民族。

東北新石器時代之民族即甲骨文古經傳中之夷與殷人，其後爲濊，夫餘，高勾麗，沃沮，挹婁或肅愼。關於此問題，中國學者向未注意。十九世紀以還，俄日德法英諸國學者紛紛討論，例如俄國之Father Hyacinth, Vasiliev, the archimandrite Palladius, Shirokogoroff，德國之 Klaproth, Ritter 法國之 Rémusat, Chavannes，英國之 Wylie, Howorth, Parker, Giles，日本之白鳥庫吉鳥居龍藏諸氏。或據中國文獻之紀載而推論，或由地下之發掘而考究，或就近代人之形態而探求。惜諸氏或於東北民族之分類有混淆莫辨者，或就文獻上之少量證據而下武斷者，其言殊未足以爲據。十數年來，東北考古之發掘影響於此問題者甚大，固不能漠然視之。

第一節　十餘年前之舊論

甲　純通古斯人說

主張斯說而最有力者厥爲日人鳥居龍藏，因氏曾實地探查，引用文獻與考古之材料，證件似稍翔實，言亦成理。其探查瀋陽以南各地，搜集石器金屬器土器多項，歸而箸南滿洲調查報告[19] Rapport sur une exploration de la Mandchourie Méridionale。謂「南滿洲」人類之遺蹟從地理學上及遺物之種類上，與中國漢魏文獻互相參證之結果，可考定爲肅愼。夫肅愼既爲通古斯民族，則此項器皿亦即通古斯民族之遺物。然據中國古文獻所載，此民族遠居今之吉林，何以又在遼水流域乎？氏謂此民族雖原居遼東半島及山東半島，但與他民族接觸之結果，優勝劣敗，遂退入北滿。故中國文獻所載者即彼等北退以後之消息也。

氏所獲之器物中有石鏃，因引魏志『靑石爲鏃』爲證；又有鬲式土器，則引晉書『作瓦鬲，受四五升以食』爲證。然石鏃不僅通古斯用之，蒙古系民族亦曾用之。於是氏續在其南滿洲之史前人民[20] Populations Préhistoriques de la mandchourie Méridionale 中云，石髓質之石鏃經錘擊作成者屬蒙古式，其爲頁岩製而礎磨平滑者爲滿洲式。易言之，前者爲蒙古民族之遺物，後者則爲通古斯族之遺物也。

氏之是說在十數年前，固不失爲有力之假定；但十數年來，因東北屢次發現石鏃及鬲式土器，已不攻自破矣。就鬲式土器言，三足式者固不能均謂爲中國人之物，但晚近考古學家一致之結論，則謂鬲式土器爲中國人特有之器，彼所獲之鬲式土器均中國人所遺留。至於石鏃誠如安特生[21]云：『然予以爲所用石質不同，則製法自異。吾人在河南所得石鏃皆頁岩製而經礎磨者；惟一熔岩製者則由錘擊而成。蓋一部落之民族僻處一隅，只依左近岩石發達其工業，河南與奉天有同式之石鏃或有接觸之迹。然予以爲鳥居氏滿洲式及蒙古式之別，非由民族之不同，實由石質之不一也。除石鏃外，與鳥居氏所得相同者頗少。彼曾論及陶器，然書中陶器之說旣少，論述亦不精詳。吾人於陶器中常見者如鬲足等，或鳥居氏亦曾得之，然無由識其梗概爲可憾耳』。

乙　沛留希提克人 Palaeasiatics 說

P. P. Schmidt 及 J. D. Talko-Hryncewicz 二氏謂東北三省最早爲沛留希提克人 Palaeasiatics 所佔據。尤其 Schmidt 氏根據歷史的及考古的證件，謂肅愼或挹婁即屬此族，至于通古斯之原住地則在蒙古之北云[22]。史祿國 S. M. Shirokogoroff 半信半反對之，謂沛留希提克人誠如 Schmidt 氏之說，但通古斯人之原住地必在中國黃河流域。

北通古斯人，就其服裝及習慣而言，原始時代必不在最寒之西伯利亞。如（一）開口馬褂決不能如沛留希提克人之衣服而能適應此環境；（二）裙子爲今日南方孩童所習穿之衣，通古斯人亦穿之，但用以遮蔽胸與腹，亦決不能抵禦嚴烈之風寒；（三）短褲僅及上腿，而又加以膝及足上之遮蔽物；（四）一種護目器必因不適於春天雪光之反射而產生；（五）通古斯人不習于海上之生活，而習于江河之生活，故通古斯於航海之事未嘗名聞焉。按「北滿」在北緯四十五度以北，冬日氣候降至百分表四十度以下，以如此嚴寒而謂此種人類誕生於此，不可信也。然則綜合諸點觀之，吾人終必就內地之大平原求之。易言之，黃河長江中流與下流始合原始通古斯誕生之條件也。

[23]史氏主張漢族西來說，謂漢族順黃河東下，首發現居於黃河流域之原通古斯人Proto-Tungus，將或其通化，或將其驅逐於黃河下流；又經相當時日，而擠淸其在山東半島之殘餘種人。此種原通古斯人並未完全消滅，有一部份入滿洲與沛留希提克人相遇，經若干之衝突，被迫分爲二系，即所謂之北通古斯與南通古斯。北通古斯展轉向無人烟之西伯利亞遷徙，南通古斯則留居滿洲，故二者於種種方面，稍有所別云。

按史氏之言半受鳥居龍藏之影響，半出于肊斷。取其北通古斯之社會組織 Soscial organization of the Northern Tungus. 及中國北部之人類學 Anthropology of Northern China 觀之，二者不知有若干之抵觸，名雖根據最科學之人類學而立論，實則未有科學上充分之證據。然此亦不得已之事，誠如[24]史氏謂『除非中國新文獻有所發現，則關于早年北通古斯之直接消息可謂爲絕望。其最可靠之證件厥爲精詳之發掘，但不幸此種證件仍屬缺乏。……除鳥居龍藏在南滿，予在黑龍江中流及海參崴附近之馬耳格利特夫 Margaritov 之工作外，其他史前之發掘概不可知』。

第二節　十餘年來之新說

十餘年來，遼東半島之島角，奉天沙鍋屯以及山東城子崖小屯龍山等地之發掘已証明在仰韶（公元前二千年前？）期及其以後，有中國文化及中國人之足跡。更細心讀過經傳史策，知秦漢以後之東北民族之貊與肅愼原始並不在東北，東北原始民族乃爲殷人及其同系之東夷。

甲　原始東北無貊與肅愼

漢魏文獻所記之肅愼夫餘高句驪沃沮乃東北遷徙以後之消息；其未東北遷徙時，則皆在晉冀之北。左傳昭公九年，周景王遣倏桓伯讓晉曰：『肅愼燕亳吾北土也』。此雖春秋時追述周成王時事，亦可與逸周書王會『西面者正北方稷愼大麈』之語相參照。漢人作之大戴禮少閒篇雖云『海之外肅愼，北發渠搜，氐羌來服』，將肅愼置之海外；而史記五帝本紀則云『北發山戎息愼』，將肅愼與山戎排在一起。是成周以前，肅愼必在今河北之境。其遷徙時代約自東周初或其以前始。因遷徙後之地望距周遠且爲他民族所隔絕，故東周時代不見來貢之事，史亦無所載。國語魯語下云：『仲尼在陳，有隼集于陳侯之庭而死，楛矢貫之。石砮，其長有咫。陳惠公使人以隼如仲尼之館，仲尼曰：「隼之來也遠矣，此肅愼氏之矢也」。……』明示當孔子時肅愼之地望已遠，而東北遷矣。大抵西周之末，王室衰替，各民族間之均勢不能維持，必有一番大遷徙。肅愼之東北遷，或亦因此乎？

漢魏文獻之夫餘高句驪沃沮總稱曰貊，此貊亦即秦漢以前之貊或貉。後漢書東夷傳云：『句驪一名貊耳，有別種，依小水爲居，因名曰小水貊。出好弓，所謂貊弓是也』。魏志卷三十云，『勾麗別種依小水作國，因名之爲小水貊。出好弓，所謂貊弓是。王莽初，發句麗兵以代胡，不欲行……嚴尤奏言「貊人犯法，罪不起於驪」』……，高句驪稱貊，其小種亦稱貊，則其同源之夫餘，類似之沃沮想亦屬貊矣。詩蕩之什曰：『溥彼韓城，燕師所完，以先祖受命，因時百蠻。王錫韓侯，其追其貊，奄受北國，因以其伯』，鄭箋云：『其後追也貊也爲獫狁所逼，稍稍東遷』。正義曰：『以經說貊，多是東夷，故職方掌四夷九貊。鄭志答趙商云，九貊即九夷也。又秋官貊隸注云，征東北夷所獲，是貊者東夷之種而分居於北，故於此時貊爲韓侯所統。魯頌云：淮夷蠻貊莫不率從，是於魯僖之時，貊近魯也；至於漢氏之初，貊種皆在東北，於并州之北，無復貊種，故辨之。獫夷之最彊，故知爲獫夷所逼』。（阮氏校勘記曰：『按此當作獫夷、夷之最彊、脫誤也』）。後人習見貊人在東北，故云『分居於北』，其實貊人即在北。墨子兼愛：『以利燕代胡貉與西河之民』，荀子強國：『秦北與胡貉爲鄰』，以貉與西河並舉且以貉在秦之北，則貊必在中國之北甚明。[25] 貉，金文中有周貉簋作□，貉子卣作□□，似與上述之貊或貉有關，至少當承認其屬同系。

貉或貊既在北，何以詩魯頌又云：『保有鳧繹，遂荒宅東，至于海邦，淮夷蠻貊及彼南夷莫不率從，莫敢不諾，魯侯是若』，將貊與蠻並舉？豈非南方之夷亦稱貊歟？曰不然，蠻貊並舉，猶之乎胡越對稱。魯頌毛傳：『淮夷蠻貉而夷行也』，正義云『淮夷蠻貉爲夷行者，以蠻貉之文在淮夷之下，嫌蠻貉亦服，故辨之。以僖公之從齊桓惟能服淮夷耳，非能服南夷之蠻，東夷之貉，故即淮夷蠻貊，謂淮夷爲蠻貊之行』。則此又推翻其疏蕩之什『魯頌云淮夷蠻貊莫不率從，是於魯僖之時，貊近魯也』之說矣。孟子告子篇：白圭欲二十而取一，孟子指爲貉道，並云：『夫貉五穀不生，惟黍生之；無城郭宮室宗廟祭祀之禮，無諸侯幣帛饔飧，無百官有司，故二十而取一足也』。孟子形容其生活極爲簡單，不似南方進步之夷，故趙岐注云『貉在北方，其氣寒，不生五穀，黍早熟，故獨生之也』。

至於鄭箋貊人『爲獫狁所逼』之說不可知，但謂『稍稍東遷』則極是。大抵春秋時代仍在北，戰國以降則東遷矣，史記燕世家云，『燕北迫蠻貉』，于燕昭王時貉已居燕之北，由此可証。

乙　東夷與殷人說

殷人之發跡地自司馬遷以下皆謂在西方；輓近殷虛文出，一反舊論，謂在東方。此說始自王國維之殷周制

13

度論（觀堂集林卷十）其後徐仲舒之從古書中推測之殷周民族（國學論叢第一卷第一號）及殷周文化之蠡測（中央研究院歷史語言所集刊第二本第二分），陸詠沂之商民族之崛起（中國上古史第七章），余永梁之商周兩民族文化的關係（易卦爻的時代及其作者之一節，載歷史語言研究所集刊第本第一分），姜亮夫之夏殷民族考（民族雜誌第一卷第十一號十二號第二卷第一號第二號），胡厚宣殷商文化史概論民族篇，楚民族源於東方考（史學論叢第一册）。

傅孟眞先生於所著夷夏東西說[26]，將夷與商屬於東系，由「人降」神話以証商之來源與東北有密切關係；引詩商頌「宅殷土芒芒」，謂成湯以前，先公發祥之跡由此可以推知；引詩商頌「相土烈烈，海外有截」，謂最近之「海」爲渤海，最近可能之「海外」爲遼東半島，或朝鮮西北境；殷先王王恒王亥上甲微三世與有易發生關係，其時必在今河北省中部或南部；山海經大荒東經記帝俊（殷虛文字稱高祖）之地望實爲殷代龍興之地之東北。此又進一步之說也。

傅先生更於所著東北史綱渤海岸及其聯屬內地上文化之黎明[27]，結論云：（一）近年來考古學者人類學者在中國北部及東北之努力，已証明史前時代中國北部與中國東北在人種上及文化上是一事。（二）以神話之比較爲工具，已足說明歷代之東北部族與開中國歷史之朝代有密切之關係。（三）以殷商朝鮮肅愼等地名之核比，知在中國史之初期中，渤海兩岸是一體。（四）更以諸史所記東北部族之習俗生活等，知其與所謂「漢人」有一共同的基本成分，轉與漠北之牧族，西域之胡人截然不同。由此四點，遂斷論商之興也自東北。

殷人之於東夷[28]，猶周人之於西羌，關係至爲密切。其始也或爲一系，或有血脉之關係；其後崛起於羣族中，乃各自分離；猶之乎跖拔系出鮮卑爲魏，朱邪系出沙陀爲唐也。環海之東夷必有極高之文化，近年中央研究院在山東之發掘已有所徵示。而法先王之孟子直謂『舜生於諸馮，遷於負夏，卒于鳴條，東夷之人也』，韓非子難一亦云：『東夷之陶者器苦窳，舜往陶焉……歷山之農者侵畔，舜往耕焉』，是舜爲東夷之說必有可據。郭沫若從甲骨文研究之結果，更謂殷之遠祖夔即帝嚳，帝俈，又演變而爲帝俊帝逡帝夋帝舜，是帝舜實爲商之遠祖。至相土，東夷中之殷人勢力益張，故商頌有

『相士烈烈，海外有截』之語云。

所謂「海外」，誠如傅孟眞先生云，最近可能之地爲遼東半島，因山東遼東二半島之間，小島星羅棋布，人類往來甚便；最遠可能之地爲朝鮮西北與遼寧西沿海之地。此不僅由吾人之想像，更有實物爲據。安特生 Andersson 在其中華遠古之文化 An Early Chinese Culture[29] 云：

一　奉天沙鍋屯尋得一器如碗形，經羅森娜女士由多數碎片湊合幾成全形。質細，色黑，磨礪甚精，與河南仰韶村所得者極似。

二　奉天所得諸器中有二塊陶器爲三足器之物，體皆破碎，然可推定爲鬲之足無疑。此三足之鬲在河南遺址所得頗多，據古籍所載，至周朝尙用之。

三　奉天洞穴之下層得紅地黑花之陶器數片，面極光平。此種複色磨光之陶器，亦河南所得諸器中，最富興味而有研究價值者。

所舉三點僅及陶器，其他相同之點尙多；如石斧，石釜，貝環等物，故安氏云：『奉天洞穴之文化與河南大致同時；其所以稍有不同之處，或由地理之關係，非必時代前後之不同也』。安氏復繼續作精密之研究，整理而成一文曰奉天錦西縣沙鍋屯石穴遺址 Cave-Deposit of Sha Kuo T'un。將仰韶與沙鍋屯特別相似者歸納爲四點，大要與前同。其結論云：[30]『予意以爲此二址不特同時，復爲同一文化之民族所遺，即予所謂仰韶古文化者是；其有彼此不同者爲多數碗形器及刻紋花樣。二址距離既遠，民族離居，各自發展，勢或有之』。

不惟由器物上可以證明，而古人骨研究之結果更爲直接的證據。步達生 Black 在其奉天沙鍋屯與河南仰韶村古代人骨及近代華北人骨之比較 Sha Kuo T'un and Yang Shao Human Skeltal Remains[31] 中云：

就我們所有的材料論，我們惟一可得的結論是仰韶及沙鍋屯居民體質的專化，比之現代華北居民體質的專化幾同。雖或較少，亦甚微。這種結論的意義，可以從關於形態的及比積的材料證實。一大部份普通的及專詳的形態的特質，在石銅質時代的兩組及現代華北組中都互相似。只有幾點形態的地方，石銅兩組與現代華北顯然不同。

其微細之不同，乃因後世華北人與異族混血之結果，非原始之有異。故步氏謂『所以我們很難避去「沙鍋屯居民及仰韶居民之體質與現代華北居民之體質同派」的結論』。

沙鍋屯遺址之文化及人種雖可斷定爲中國文化及中國人種，然何以能證明爲殷人乎？竊按殷人肇跡東北，既有經傳之暗示，則看到此中國人之遺址，不能不聯想及殷人，此其一。中國最古之信史昉自殷代，所謂帝嚳帝舜向謂遠在殷人之前，但據近人之研究，却是殷之先祖。則以此中國人之最古遺址歸之殷人亦不爲無理，此其二。沙鍋屯之年代與仰韶相同，[32]董作賓先生定爲西紀前二千年以前；二千年以後則爲殷人同系之城子崖黑陶文化；再後，則爲殷人極盛時代之殷虛文化。如是上溯，則假定沙鍋屯爲殷人最早之文化遺址，亦不無可能，此其三。由此三點，余故以爲沙鍋屯文化爲殷人文化，沙鍋屯人種爲殷人之先也。

1 直良信夫アヤラノー儿出土ノ骨角器江ついて（考古學雜誌第二十四卷第十一期）。水野清一滿洲舊石器時代ノ骨角資料（人類學雜誌第四十八卷第十三號）。

2 是書爲第一次滿蒙學術調查研究團報告第二部第一編，首日文，次英文撮要。德永重康直良信夫ハルビン近郊發掘ノ洪積期人類遺品（人類學雜誌第四十八卷第十二號）。

3 第一次滿蒙學術調查研究團報告第一部日文見頁四一，英文見頁七四。德永重康熱河省赤峯附近二哈爾賓郊外ヨリ發見セル舊石器時代人類遺品（地學雜誌第四十六卷五百三十九號）。

4 滿洲帝國吉林省顧鄉屯第一回發掘物研究報文頁三十（第一次滿蒙學術調查研究團報告第二部第一編）。

5 Davison Black, Teilhard De Chardin, C. C. Young and W. C. Pei, Fossil Man in China (Geological memoirs Series A. No. 11, 1933. pp: 113-114.)

6 可參看馮家昇著日人在東北的考古（燕京學報第十九期）。

7 梅原末治支那文の源泉（岩波講座東洋思潮頁四至頁七）。

8 八木奘三郎滿洲舊跡志上編頁六至頁八。

9 J. G. Andersson, The cave-deposit at Sha Kuo T'un in Fengtien (Palaeontologia Sinica: Series D, Vol. 1, Fascicle 1, 1923.)。J. G. Andersson, An Early Chinese culture (Bulletin of the Geological survey of China. No. 5, Part 1, Oct. 1923.).

10 Davidson Black, The human skeletal remains from the Sha Kuo T'un Cave-deposit in Comparison with those from Yang Shao Tsun and with recent north China Skeletal Material (Palaeontologia Sinica, Series D, vol 1, Fascicle 3. 1925).

11 東亞考古學會叢刊第一種貔子窩，一名南滿洲碧流河畔之先史時代遺跡，昭和四年出版。

12 東亞考古學會叢刊第二種牧羊城一名南滿洲老鐵山麓漢及漢以前遺蹟，昭和六年出版。

13 駒井和愛山東省黃龍縣龍口附近貝塚江就いて（東方學報第一册）。

14 R. Torii and K. Torii, Populations primitives de la mongolie orientale (Journal of the College of Science. Tokyo Imperial university, Vol. XXXVI, art. 4, 1914.)。

15 E. Licent and P. Teilhard De Chardin, Note sur deux instruments agricoles du Neolithique de Chine (L'Anthropologie, t. XXXV, 1925.

16 江上波夫水野清一內蒙古長城地帶，第一篇內蒙古細石器文化

1 6

17

17 內蒙古錫林郭爾新石器時代遺跡。

八幡一郎熱河省南部ノ先史時代遺跡及遺物（第一次滿蒙學術調查研究團報告第六部第一編）。

18 滿洲帝國吉林省顧鄉屯第一回發掘物研究報文（第一次滿蒙學術調查研究團報告第二部第一編頁七）。

19 此文爲氏理學博士論文，提交帝大評議會後，曾有所删改。

20 R. Torii, Populations Préhistoriques de la Mandchourie Méridionale (Journal of the College of Science XXXVI, Art. 8, 1915, P: 19-22).

21 J. G. Andersson, The Cave-Deposit at Sha Kuo T'un in Fengtien (Palaeontologia Sinica, Vol. I, Fascicle 1, 1923, P: 40-41).

22 S. M. Shirokogoroff, Social organization of the Northern Tungus P: 140-147，所附三種中國民族遷徙圖可參看。

23 S. M. Shirokogoroff, Anthropology of Northern China P: 108-115.

24 S. M. Shirokogoroff, Social organization of the Northern Tungus, P: 141.

25 容庚金文編卷九頁九下

26 傅斯年夷夏東西說（慶祝蔡元培先生六十五歲論文集下册）。

27 傅斯年東北史綱頁二五。

28 胡厚宣楚民族源於東方考頁四一。

29 J. G. Andersson, An Early Chinese Culture P: 16。袁復禮譯中華遠古之文化頁一〇。(Bulletin of the geologica survey of China. No. 5, Part 1, Oct. 1923)。

30 J. G. Andersson, Cave Depost of Sha Kuo T'un in Fengtien P: 42. 袁復禮譯奉天錦西縣沙鍋屯石穴遺址頁二三。(Palaeontologia Sinica Series D, Vol I, Fascicle 1, 1923.)。

31 Davidson Black, The human skeletal remains from The Sha Kuo T'un Cave-Deposit in Comparison with those from Yang Shao T'sun and with recent North China Skeletal Material P: 98. 李濟譯奉天沙鍋屯與河南仰韶村古代人骨及近代華北人骨之比較頁一六(Palaeontologia Sinica, Series D. Vol. I. Fascicle 3, 1925)。

32 安特生謂仰韶在公元前三千年，約當黃帝以前，阿爾納謂在二千年至二千五百年前，約當黃帝少昊顓頊之世，李濟謂在一千八百年前，約當殷商以前，徐中舒謂在二千二百年至一千八百年前，約當虞夏時代。（參看城子崖頁九六附錄董作賓城子崖與龍山鎭）。

禹貢學會代售王華隆先生所著圖書要目

世界新形勢紀要 本書分總論新興諸國戰勝諸國戰敗及戰後各國經濟界之概況等五篇凡五萬餘言洋裝一册定價大洋三角

東方文庫**蒙古調查記** 本書分衣食住歲時禮儀婚嫁祭祀牧畜狩獵宗教等二十四章凡五萬餘言一瀏覽間儼若身臨其境實臥遊內蒙之秘笈全書一册定價一角爲東方文庫之第十種

新著**人文地理學** 本書分人類種族語言宗教國家交通等六篇都十餘萬言爲高中師範極適用之教本全一册定價大洋六角五分

新學制高中**天文學**本書分宇宙星雲太陽系恒星及行星流星彗星地球日月蝕曆法天文儀器等十章采圖多幅簡單明瞭天文學中創作也一册四角

地理通論卷上**自然地理學** 本書爲編者教授各大學講義內容詳細取材新穎分星界陸界水界氣界生物界等編挿圖數百幅都三十餘萬言作高中及師範教本極適當

遼寧省分縣最新圖 本圖自民國十六年春出版以來銷路異常暢旺屢次改版其內容之新穎適用可想而知茲又增入千山閭山等名勝全圖更詳加說明尤當爲他圖所未曾有五采一幅定價六角

遼寧省城市街全圖 本圖初版在民國十六年風行宇內旋即售罄現已大加增訂擴充圖幅並附地名檢查表爲全國各市街圖中之代表作品一大幅附表全份一元四角

華英對照**東北四省詳圖** 國人向不研究地理更不研究東北地理因不注意地圖寔不注意東北地圖然則東北無圖矣有之皆外人代勞而製未曾適合於我此編者不揣冒昧從事此作以期略事貢獻民十八年創刊風行海內現已增訂並附英文五采精印一大幅附東北地理總論內隨書發行

中東鐵路形勢圖 民國十八年防俄軍興特編印斯圖注意東路各站形勢附繪强俄侵略東北領土圖分贈前敵將士以激發其防敵愛國之心 非賣品

東三省鐵路全圖 年來東北鐵路之建築日多交通愈便參觀團旅行團考察團亦愈來愈密爲便利遊人携帶及社會參考特製斯圖計分中國自辦中外合辦外人承辦三大類分類着色路線顯明車站俱備行旅得此功同指南五采一幅定價四角

最新東北形勢圖 本圖內鐵路分類註記並附東三省面積與英日美各國之比較圖一幅定價一角二分

地學通論卷下**人文地理學** 本書就編者任各大學人文地理講義修訂而成分人類種族政治經濟交通等篇內容新穎一巨册定價一元

東北全書 本書就編者授各大學之地理講義加以增訂分總論分論兩大部總論詳述東北之自然經濟交通外交等分論包括遼吉黑熱四省地方誌全書五鉅册都百餘萬言第一册總論及自然地理定價平裝一元四角洋裝一元八角餘續刊

中國地理大詞典本書自民國十一年八月作起十餘年來時局雖屢有戰亂而工作未嘗稍懈迄今已有八百萬言可謂粗具規模倘希海內宏達有以教之則幸甚矣現正一方整理一方徵文備有徵文簡章調查表格承索寄奉

華英對照**熱河全省分縣榆灤平津詳圖**甲種六角乙種三角

東北地理總論 一鉅册插圖表百餘幅平裝一元四角精裝一元八角

特點

一、釋滿州釋東北　二、東北史略
三、疆域今昔觀　四、自然及政治
區劃　五、東北之地質　六、東北
三大名山　七、東北六大幹河
八、東北三大湖　九、東北軍商五
大港詳誌　十、東北氣候寫眞

華英對照**黑龍江省新形勢圖** 五采一幅定價六角

河北要部長城津沽熱察交界詳圖 五采一幅定價四角

灤河東西長城南北平津詳圖 五采一幅定價三角

察哈爾綏遠分縣全圖 五采一幅二角五分

河北全省分縣熱察南部詳圖 五采大幅定價八角

北平內外城詳圖五采大幅定價八角

華英對照**天津市及租界詳圖**五采大幅定價一元

小學生文庫**新疆省**商務印書館發行

東北經濟地理上海商務印書館印刷中

東北交通地理上海商務印書館印刷中

東北四省分縣詳誌 上海商務印書館印刷中

會址北平成府蔣家胡同三號

唐代安東都護府考畧

王懷中

目次

一 安東都護府之創設

1. 沿革略述

安東都護府是唐代六大都護府之一，創設於唐高宗總章元年，專統轄高麗（即高句驪）故地——就是今日遼寧吉林兩省的南端和朝鮮半島的大部分。

朝鮮半島，自箕氏朝鮮就和中國發生關係，其後常有興兵擾邊之事。西漢武帝曾以強兵平定朝鮮，改爲郡縣，並維持了數百年之久。東漢衰微，東胡遺族烏桓鮮卑侵入中國東北部，紛爭擾攘之時，純粹之通古斯民族也侵入朝鮮半島之西北，建立了高句驪（即高麗）。

高句驪是西漢末年初建的大國。全盛時代，鴨綠江流域悉入版圖。其建國年代，約爲西紀前三七年至紀元後六六八年，即漢元帝建昭二年至唐高宗總章元年。

至高麗之立國，據魏書高麗傳說先祖名朱蒙，扶餘國王之侍女所生，[1] 未成年即走扶餘東南，定居於紇升骨城。[2] 又據隋書高麗傳云：『……朱蒙建國，自號高句驪，以高爲氏。朱蒙死，子閭達嗣，至其孫莫來興兵，遂并夫餘。至裔孫位宮，以魏（廢帝）正始中，入寇西安平，毋丘儉拒破之。位宮玄孫之子曰昭列帝，爲慕容氏所破，遂入丸都，焚其宮室，大掠而還。昭列帝後爲百濟所殺，其曾孫璉通使後魏，璉六世孫湯，在周遣使朝貢，武帝拜湯『上開府遼東郡公遼東王』。到了隋代，高句驪依然臣服，朝貢不絕。此後與百濟連盟以迫新羅，並驅逼靺鞨，禁固契丹，常有入寇遼西之事。於是隋文帝下令征討，雖未降服，而朝貢恢復。煬帝嗣位，欲復漢世舊疆，兼恐其與突厥連合，又大舉征討。然而竭天下之力，三次親征，終未成功。於是高句驪驕恣加甚，而益輕中國。

隋亡唐興，高麗又通好於唐。太宗即位，中國國勢日強，會高麗東部大人蓋蘇文，弒其王建武，而立王弟子藏，是爲寶藏王，蓋蘇文自爲莫離支，[3]輔政。是時新羅遣使言百濟與高麗連兵謀絕新羅入朝之路，太宗遣使諭高麗，蓋蘇文不奉詔。貞觀十八年，上自將伐之，未幾而下數城，後以天寒糧盡而班師。此後蓋蘇文日益驕恣，屢違詔攻新羅。二十一年復討之，又以太宗崩而止。高宗即位，承先君之志，繼續征討。然先後四五次，皆無大功而還。到了乾封二年，蓋蘇文卒，長子男生代爲莫離支，爲其弟男建男產所逐，朝廷以李世勣爲遼東大總管，統諸軍伐高麗。世勣拔新城，進擊一十六城，皆下之。薛仁貴領前鋒，破高麗兵於金山（在遼河北岸），進拔扶餘城，扶餘川中四十餘城都望風請降，諸軍會於鴨綠柵（在鴨綠江東），進圍平壤。月餘，高麗王藏遣泉男產率首領九十八人詣勣降，勣遂克平壤，執泉男建，送高藏詣京師，高麗遂亡，置安東都護府以鎮撫其故地。這時是唐高宗總章元年，西歷紀元六六八年。

2. 創設經過

唐高宗總章元年（六六八）九月，司空李勣（即李世勣因避太宗世民諱而改）大軍攻陷平壤——高麗舊都——高麗至此遂亡。同年十二月，設官置人，治理其地。舊唐書高麗傳曰，『高麗國舊分爲五部，有城百七十六，戶六十九萬七千。乃分其地，置都督府九，州四十二（新城州，遼城州，哥勿州，衛樂州，舍利州，居素州，越喜州，去旦州，建安州，凡有九都督府。四十二州存於志者：南蘇，蓋牟，代那，倉巖，磨米，積利，黎山，延津，木底，安市，諸北，識利，拂捏，拜漢十四州而已），[4]縣一百，又置安東都護府以統之，擢其酋渠有功者，授都督，刺史，令，與華官參理』。都護府是置於舊都平壤，以薛仁貴任第一任都護，至於隸屬於都護府下之都督刺史縣令等官，是以高麗人充之。蓋唐對於安東都護府下的此等府州縣，是取羈縻政策，所謂府州縣也者，也不過是加上一種空名，而使土人自治而已。唐書地理志將安東都護府和突厥奚契丹等羈縻州收入一條，由此可以知道這種府州縣之性質，高麗傳中之「與華官參理」，當是唐人作監督官，駐在各地之義，好像今日歐洲人之對付殖民地差不多。且是這種華官，恐怕是只置於幾個重要城市中，而不是配置於所有的州縣[5]。此等府州縣之名稱位置，不能全知，舊唐書地理志只有四都督府十州之名，新唐書地理志只舉出九府十四州之空名，而兩唐書所舉之名亦略有出入，皆爲可疑之事(後面詳加討論)。

二 安東都護府之實況

1. 都護府在平壤

唐高宗總章元年(六六八)滅高麗，置安東都護府以統其故地，以右威衛大將軍薛仁貴檢校安東都護，總兵二萬人以鎮撫之。總章二年四月以『高麗之民多離叛者，勅徙高麗戶三萬八千二百於江淮之南，及山南京西諸州空曠之地，留其貧弱者使守安東』(資治通鑑卷二○一)。咸亨元年(六七○)薛仁貴任吐蕃征討，時高麗酋長劍牟岑率衆反。由此以觀，平壤守備兵在總章二年及咸亨元年間似乎已經撤去。不過移民與撤兵之因果關係，不很明白。據我們推測，共有兩種可能性：其一是因爲遺民之有力者已移於內地，該地已無足憂慮，於是廢安東都護府之守備；其二是先撤去武力，而後將遺民之有力者徙於內地，以防其叛亂。

2、都護府移於遼東故城

當高麗故地無事時，南鄰的新羅見唐在半島上的威力漸漸增大，就懷有反抗之念，咸亨元年保護高麗叛者劍牟岑，就是對唐表示敵意。到了第二年，於是把唐之武力驅逐於熊津以外，並企圖併吞百濟故地，因之唐即出兵討新羅，交戰五年(咸亨二年至上元二年)，終不能平。而高麗故地之南部(江原道方面)，漸漸失之於新羅[6]。至此，唐遂決計放棄半島，取縮小政策。在停止新羅征討之次年，將安東都護府移於遼東。舊唐書高宗本紀上元三年(六七六，即儀鳳元年)條云：『二月甲戌，移安東

3

都護府於遼東』。同書地理志安東都護府條云：『上元三年二月，徙安東都護府於遼東郡故城置』。通鑑卷二〇二同年條云『二月甲戌徙安東都護府於遼東故城』。所謂「遼東郡故城」者，即高句麗時代之遼東城，也就是今日之遼陽城[7]。此後，其管轄之地域，只限於鴨綠江以北之高句麗舊領土而已。

承接上文所引之通鑑一文，又云：『先是有華人任安東官者悉罷之』，此處所謂之安東官，即總章元年所置之諸府州的監督官吏，此時盡廢之。這就是表明遼東城之都護府管轄的殘存地方，事實上他們的監督權縮小了一層[8]。而且，安東都護府之移置於遼東城，不是因爲地理上的重要或歷史的關係。不然，次年不至於再移至新城。蓋因所轄地域減削，權限亦以之縮小，不得不如此耳。

3. 都護府再移於新城

舊唐書地理志，記載安東府移於遼東城之後，接着又云『儀鳳二年，又徙置於新城。』，爲什麼又移於新城呢？舊唐書高宗本紀，儀鳳二年條云：『二月丁巳，工部尚書高藏授遼東都督，封朝鮮王，遣歸安東府，安輯高麗餘衆。……仍移安東都護府於「新城」。』，同書高麗傳亦云：『儀鳳中，高宗授高藏開府儀同三司，遼東都督，封朝鮮王，居安東，鎮本蕃爲主』。從這裏看來，唐之移安東府於新城，是爲的便於統治新歸還的高麗遺民。

至於新城的位置，也應略加考究。上文說過，高麗遺民的安置地是高麗的舊領土，這點由通鑑對此事之記載『高藏……遣歸遼東』，也可以明白。因此，爲統治此等遺民之安東府新遷移的新城，也應該是高麗所存的舊領土，這是無疑意的。而且從舊唐書高宗本紀之『遣歸安東府』，高麗傳之『居安東鎮本蕃爲主』，也可以知道安東府實在是移於安置遺民之地以治理之。又舊唐書高麗傳在安東府移置新城之記事後云，『藏至安東，潛與靺鞨相通謀叛，事覺召還，配流邛州。幷分徙其人，散向河南隴右諸州，其貧弱者留在安東城旁』，又『垂拱二年，又封高藏孫寶元爲朝鮮郡王，聖曆元年……委其統攝安東舊戶，事竟不行，二年又授高藏男德武爲安東都督，以領本蕃，自是高麗舊戶，在安東者寡少。』這也是一個證明。所以，高麗之遺民是移於高句麗舊土新城，安東府也是移置於此，這是很合理的。蓋新城爲高句麗西北之重鎭，自然將高藏安置於此爲宜。

4. 都護府之改稱

營州方面入於敵手之後，安東都護府即不得安全，這是自然之勢。通鑑（卷二〇五）萬歲通天元年條（在李盡忠攻陷營州之記載後）有『虜（契丹）將圍安東，令欽寂（契丹降將）說其屬城未下者，安東都護裴玄珪在城中，欽寂謂曰狂賊天殃，滅在朝夕，公但勵兵謹守，以全忠節，虜殺之。』數語。可知安東府及其屬城曾遭受契丹之攻擊（通鑑胡註謂此時之安東府，疑其已移於平州，非也。），所以數年後安東都護府即一度的廢止過。舊唐書地理志，安東都護府條，接移轉新城之記事後，又云：『聖歷元年六月改爲安東都督府，神龍元年復爲安東都護府，開元二年徙安東都護於平州置』（新唐書之記載同）。

關於都護府改爲都督的眞象，應該略加敘述。舊唐書（卷八九）狄仁傑傳載有神功元年之上疏云：『近者國家頻歲出師，所費滋廣，西戍四鎭，東戍安東，調發日加，百姓虛弊。』又『請捐四鎭以肥中國，罷安東以實遼西』，此上疏之後，又云『仁傑又請廢安東，復高氏爲君長』，『事雖不行，識者是之』。又通典邊防典第二高麗條云：『聖歷二年鸞臺侍郎平章事狄仁傑上表請捐安東，復其君長』，在其上表之末尾又云：『中國之與蕃夷，天文自隔，遼東所守已是……臣請罷薛訥，廢安東鎭，三韓君長高氏爲其主。』，此外舊唐書高麗傳云：『封高藏孫寶元爲朝鮮郡王，聖歷元年……委其統攝安東舊戶，事竟不行，二年又授高藏男德武爲安東都督，以領本蕃。』，地理志云『聖歷元年六月改爲安東都督府』。綜合此等記事，狄仁傑之廢安東都護府，使高麗王之後裔統治其舊戶，是神功元年（六九七）獻策，聖歷元年（六九八）決定，直至二年（六九九）方見諸實行。

5. 都護府一度廢止

如上文所述，都護府既改爲都督府，即等於將都護府廢止，而以安東都督之名稱，使高氏爲其地舊民之君長。都護府之廢止，是狄仁傑的意思，他以爲如此可以省邊務養民力。至於政府之斷然行之，其主要原因不外乎營州陷落，以後，安東府無法維持。

5

這時的安東都護府，由狄仁傑上表中之遼東云云者，可以知其依然在新城，由承都護府之後的高氏，以都督之名統治安東舊戶一事也可以證明。所以胡三省謂萬歲通天元年已移於平州，這種見解是錯誤的。

因爲有高氏用都督之名承都護府之後面統治安東，所以營州地方雖失於契丹手中二三年，然其間從山東方面經遼東半島而與遼東之聯絡尙得維持。

6.「安東都護府」名稱之復興

安東都護府雖然號稱廢止，然而好尙空名的唐人，總不願將此名消滅，從舊唐書(卷九三)唐休璟傳及通鑑(卷二〇七)知道。長安四年(七〇四)休璟曾爲幽營等州都督兼安東都護，此名在何年復興，不得而知。地理志謂神龍元年(七〇五)復安東都護府之舊稱，然在復舊稱前一年早已任命官吏，此段記載不無令人生疑之處。但安東府之廢止期間，最多也不過是自聖歷二年(六九九)至神龍元年(七〇五)之五六年的光景。

復興後的安東府，年代既已知曉，地域亦有探討的必要，考營州此時在漁陽，休璟爲幽營等州都督，並兼有安東都護之名，則此安東都護府當置在幽州附近的地方。地理志未明記載，舊唐書(卷九三)薛訥傳亦謂訥爲幽州都督兼安都東護，由此也可以證明此時復興的安東都護府是在幽州附近。

7. 都護府末二次遷移

安東都護府之末二次遷移，一徙於平州，(今河北盧龍縣治)屬平盧節度，再徙於遼西故郡城(今熱河朝陽縣東二百七十里)仍屬平盧節度。舊唐書地理志安東都護府條記此事云：『神龍元年復爲安東都護府，開元二年，徙安東都護府於平州置，天寶二年又徙於遼西故郡城置』，(新唐書之記載同)。都護府移於平州之理由，不甚明顯，或者和此時正實行的薛訥營州復置計書有關，也未可知。任務方面，這時安東府，事實上任東北夷經略，舊唐書靺鞨傳云：『開元十三年，安東都護薛泰請於黑水靺鞨內置黑水軍，續更以最大部落爲黑水府，仍以其首領爲都督，諸部刺史隸屬焉，中國置長史于其部落，監領之』。

安東府之自平州移於遼西故郡城，或者是此時帶有安東都護稱號的人(薛泰?)，不願徙擁空名而企圖實實在在的經略靺鞨以立大功，於是將都護府自平州進而至於遼西故郡城。

8. 都護府之廢絕

安東都護府之實權，自開元末年，即漸漸衰微，以至受平盧節度使之控制。到了肅宗至德（七五六—七五八）後遂廢止。這時中國正當安祿山之亂，無暇亦復無力以對半島，是以廢之。自創始（高宗總章元年卽西紀六六八年）至廢止（肅宗間即西紀七五六至七五八年）共有九十一年（姑以至德三年廢計）。此後唐對半島，取羈縻政策，代代賜以封冊。

9. 安東都護府之任務

安東都護府設置的本旨，前已言之，是爲統治高句麗故地，兼鎮其他海東諸國。後來由平壤移於遼東故城，再移至新城，其勢力以及管轄範圍，則只限於遼東方面，但依然有其重大的任務。到了聖曆年間，曾一度的撤廢，遼東之大部已脫離唐之統治，及至營州復置之後，多少回復了幾分，其任務除了統治遼東外，尙負鞅羈之控制事業，換言之，安東都護的任務，即專爲東北夷之經略也。此後日漸不振，以至廢絕，東北之統治權，由此亦喪失。

三 安東都護府治下之諸府州

1. 兩唐書地理志所載安東府管下之諸府州名

安東都護府管下之諸府州的數目名稱，新舊兩唐書所載不同，舊唐書載的是新城州都督府，遼城州都督府，哥勿州都督府，建安州都督府，共有都督府四；新唐書另外舉出衛樂州都督府，舍利州都督府，居素州都督府，越喜州都督府，去旦州都督府，共有九都督府。此外舊唐書舉出南蘇州，木底州，蓋牟州，代那州，倉巖州，磨米州，積利州，黎山州，延津州，安市州等十州。新唐書另外舉出諸比州，識利州，拂揑州，拜漢州，共十四州。

2. 舊唐書所見諸府州之位置及時代

新城，遼城（即遼東城）等二都督府，前已言之矣，今不再贅。哥勿，新唐書（卷一〇一）泉男生傳云『舉哥勿，南蘇，蒼巖城等以降』，則知其與南蘇蒼巖等同一地方。蒼巖，乾封二年之役，薛仁貴自新城方面進拔南蘇，木底，蒼巖三城，又知其與南蘇木底二城甚近，且與新城亦不甚遠，蓋即今日遼寧新賓縣（淸代之興京）附近地。建安州都督府，通鑑（卷一九七）太宗貞觀十九年條云：

『營州都督張儉，將胡兵爲前鋒，進渡遼水，趨建安城』。胡註：『自遼東城西行三百里至建安城，漢平郭縣地』；又同年云：『壬子，李世勣，江夏王道宗，攻高麗蓋牟城』。胡註：『蓋牟城在遼東城東北，唐取之，以其城爲蓋州。大元遼陽府路，有蓋州遼海軍節度，領建安，湯池，熊岳，秀岩四縣』，知在今遼寧蓋平縣西南六七十里地方。蓋牟，磨米二洲，通鑑（卷一九八）貞觀十九年十月條，記有此年唐軍攻陷十城事。其十城即『玄菟，橫山，蓋牟，磨米，遼東，白巖，卑沙，麥谷，銀山，後黃十城』。其列舉次序當爲依攻陷先後順序，如此則知其在遼東城附近。積利州，貞觀三十一年，自萊州由海路進軍之牛進達李海岸等，拔石城後，進攻積利城（新唐書高麗傳）。乾封元年之遠征部署，也自海道進攻，郭待封稱積利道行軍總管（新唐書高麗傳等），其位置雖不甚明，但知其距鴨綠江不遠。貞觀二十二年，由海道入之薛萬徹，渡鴨綠江逼泊灼城（舊唐書高麗傳等）。石城積利大概在同一道上。黎山州：三國史記地理志謂『犁山城，本加尸達忽』（『鴨綠以北逃城七』項下），舊唐書高麗傳及通鑑（卷一九八）等記貞觀十九年之役，高麗遣加尸城之兵守蓋牟城。此記事在白巖城攻陷之記事後，當時之加尸城爲高麗所有，故若即爲黎山州，其位置當在遼東白巖二城之東南方。安市城，通鑑貞觀十九年七月條『丙午，徙營於安市城南，上在遼外』，又九月條『上之克白巖也，謂李勣曰：「吾聞安市城險而兵精……建安兵弱而糧少；公可先攻建安，建安下，則安市在吾腹中，此兵法所謂城有所不攻者也」。對曰：「建安在南，安市在北，吾軍糧皆在遼東，今踰安市而攻建安，若賊斷吾糧道，將若之何？不如先攻安市，安市下，則鼓行而取建安耳」。』由此可知安市在建安之北，而居遼東建安之間也。此外，代那延津二州，未考明其確實地位，不過從前後之例類推，當亦居鴨綠江以北地方。

從以上之考証，舊唐書地理志所記安東都護府管下之四都督府十州（其中二州之位置不明），其範圍只限於鴨綠江以北之遼東地方。舊唐書地理志是本於唐放棄半島只保遼東時代的記載而寫，又由其排列各府州次序，先新城次遼東，可以猜想此時安東都護府是在新城（新唐書之九都督府的次序亦先新城次遼城）。又地理志記安東都護府之位置，『去京師四千六百二十五里，至東都三千八百二十里』，與『在京師東北三千五百八十九里，至東都二千九百一十里』之營州相比，其間之距離約千里，而新唐書地理志所見之賈耽道里記，謂營州遼城間爲六百八十里。如此，則都護府在距遼東城約三百里地點，與新城之里數相合。還有，舊唐書高麗傳記安東都護府之初設，謂置都督府九，州四十二，而地理志則只舉出四府十州，蓋安東都護府設置之初，遼東方面所設之州，只有十四。至新城時代，安東府所管轄區域只有殘存之遼東十四州而已。地理志因斷之曰『初置，領羈縻州十四』，這是我們的假設，尚未詳加考証。

3. 新唐書所見諸府州之位置及時代

新唐書地理志共多出五都督府和四州。其名稱見到的地方是：越喜州都督府見於新唐書黑水靺鞨傳越喜部，拂捏州見同傳拂捏部，舍利州同書渤海傳有『舍利乞乞仲象』之言，或許與舍利有關。識利或即爲與拂捏越喜並舉之鐵利之誤。至於衛榮、居素、諸比、拜漢諸州，不知其確實地點，但從拂捏越喜等例推之，大半也是靺鞨的部落。這些名稱，地理志都列於安東都護府之治下，大概是因爲彼等來唐朝貢時，經由安東府，而給予他們都督刺史等名稱，這也是我們的假定。

9

至於其時代，新唐書黑水靺鞨傳之末尾云：『拂捏亦稱大拂捏，開元天寶間八來獻……鐵利開元中六來，越喜七來，正元中一來。』又同傳及册府元龜皆謂開元十年黑水靺鞨之一部的酋長授與勃利刺史之稱號。又舊唐書靺鞨傳謂開元十三年，安東都護薛泰奏請置黑水府。由此推測，此等府州之名是在開元年間。蓋渤海興隆後，靺鞨之諸部落遭受其壓迫，於是來唐朝貢依附，唐因之乘機置黑水府，同時授於附近諸部落之酋長以都督刺史之稱號以羈縻之（參考津由左右吉之渤海考——載於滿鮮地理歷史研究報告第一册）。新唐書地理志之作者得了此等材料，即與新城時代之安東都護府之記事結合而爲一，作成新唐書地理志，以致時間上，發生了張冠李戴的錯誤。

1 魏書高麗傳曰：『高句麗者出於夫餘，自言先祖朱蒙，朱蒙母河伯女，爲夫餘王閉於室中，爲日所照……既而有孕，生一卵大如五升，……其母以物裹之置於暖處，有一男破其殼而出，及其長也，字之曰朱蒙。

2 王充論衡，亦載有高句麗先祖立國事。謂櫜離國王之侍婢生子名東明，爲夫餘之先祖。東明即朱蒙，櫜離即高句麗，和魏書所說徵異，後人多從魏書。

又；朱蒙或作鄒牟，鄒慕，皆以音相近所致。

3 莫離支約當中國淸代之吏，兵二部尙書；亦即今日國民政府之內政，軍政兩部部長。

4 見資治通鑑卷二〇一高宗皇帝總章元年

5 舊唐書高麗傳謂總章元年分高麗爲府州縣，而同書高宗本紀總章三年條云：『列遼東地爲州縣』，意思難解，或者是在元年規定州縣制，而至三年方實行，亦未可知。

6 三國史記謂此處上元三年七月尙有戰事，然觀下文，知安東都護府於二月即移於遼東，故三國史記之記載可疑。

7 通鑑大業九年煬帝征高麗條云：『修遼東古城，以貯軍糧』。當時襄平依然爲高麗所有，故以遼東古城非襄平，蓋爲遼水西方屬漢代遼東郡之一古城。

8 此處所謂之安東官，是否指都護府中之官吏不很明瞭。

9 舊唐書地理志云：『營州上都督府……萬歲通天二年，爲契丹李萬榮所陷，神龍元年，移府於幽州界置，仍領漁陽玉田二縣，開元四年，復移還柳城，八年又往就漁陽，十一年又還柳城舊治』。此中記載之年次，多少有點錯誤。新唐書同志云：『萬歲通天元年，爲契丹所陷，聖歷二年僑治漁陽，開元五年又還治柳城』，似乎較爲正確。但非本文要務，茲不多加考證。

10

燕雲十六州考

侯仁之[1]

一、「燕雲十六州」正名
二、石晉十六州考
三、十六州之收復

一、「燕雲十六州」正名

後唐淸泰三年五月，以河東節度使石敬瑭有異志，改授天平節度使，繼令移鎭鄆州。敬瑭拒命，發兵討之。秋七月，敬瑭求救於契丹。九月，契丹主德光（遼太宗）率兵出雁門關南下，告捷，立石敬瑭爲大晉皇帝，約爲父子；敬瑭割幽薊等十六州以獻[1]，史稱「燕雲十六州」。

按石晉割地十六州，實未嘗名以「燕雲」。遼史卷四十地理志曰：

「晉高祖代唐，以契丹有援立功，割山前代北地爲賂」。

五代史卷七十五高祖紀一曰：

「……是日帝言于契丹主，願以雁門以北及幽州之地爲壽」。

新五代史卷七十二四夷附錄一曰：

「…及已立晉，又得雁門以北及幽州節度管內合一十六州」。

契丹國志劉六符傳論曰：

「契丹之禍，始于石晉割幽燕」。

據此，則石晉割地十六州，或曰「幽州十六州」，或曰「山前代北地」，或曰：「雁門已北及幽州之地」，或曰「幽燕」，固無「燕雲」之稱也。且十六州內有「雲」而無「燕」（見下文），其又何得以「燕雲」二字而爲割地之總稱耶？

竊以「燕」字之由來，當自契丹升石晉所割幽州爲「燕京」始。遼史卷四十地理志四曰：

「南京析津府，本古冀州之地……陷爲幽州總管，唐置大都督府……五代……晉高祖以遼有援立之勞，割幽州等十六州以獻。……太宗升爲南京，又曰燕京」。

燕京統州有六，曰順，曰檀，曰涿，曰薊，曰易，曰景，然亦不盡在十六州之內（見下文）。故若以契丹之「燕」以爲石晉割地全部之總稱，實欠妥矣。

至於「燕雲」二字之連稱，當在宋朝中葉而後。按徽宗當國，趙良嗣始作「圖燕之議」（用本傳語），其所圖者當係指契丹之「燕」而言。旋奉使入金，宋史卷四七二本傳曰：

「宣和二年二月，使於金國，見其主阿骨打，議取燕雲」。

且作有「燕雲奉使錄」。至三朝北盟會編一書，「燕雲」二字之稱引始繁，竊其含義，不外指宋人所欲收復之北方邊地而言，僅係一籠統之地理名詞，原無確定界說，更無與于石晉之十六州。

至宣和四年，詔以山前之涿，檀，平，易，營，順，景，薊，經，諸州爲「燕山府路」，以山後之武，應，朔，蔚，奉聖，歸化，儒，媯諸州爲「雲中府路」[2]。於是宋人所謂之「燕雲」，始有確定地理之區域，而於石晉十六州則猶未盡同也。

以筆者所見，宋史卷八十五地理志總序始有「燕雲十六州」之稱，其文曰：

「太宗太平興國……五年，李繼捧來朝，得州四縣八。至是天下既一，疆域幾復漢唐之舊，其未入職方氏者，唯『燕雲十六州』而已」。

後人相沿成習，以宋人所稱之「燕雲」與石晉割地十六州混爲一談，實屬錯誤之甚也。

二、石晉十六州考

石晉十六州據通鑑五代史以及遼史太宗紀所記，均作：

幽，薊，瀛，莫，涿，檀，順，新，媯，儒，武，雲，應，朔，寰，蔚[3]。

唯遼史卷三十七地理志總序又言：

「太宗立晉，有幽，涿，檀，薊，順，營，平，蔚，朔，雲，應，新，媯，儒，武，寰十六州」。

較之通鑑等書，則損瀛莫，而益以營平。但按其本文，知平營二州之陷，早在石晉割地之前。其文曰：

「平州，遼興軍上節度……太祖天贊二年取之，以定州俘戶錯置其地」。[4]

平州統州二，其一即營州：

「營州，……於萬歲通天元年始入契丹，……太祖以居定州俘戶」。

是遼太祖時，已有平營，二州之地，不過其後復內屬，至後唐明宗始再陷。全祖望曰：

「然平營在天贊後又嘗入唐，則諸家皆失考。考歐史『天成元年【遼太祖天顯元年】十月庚子，幽州奏契丹盧龍節度使盧文進來奔。初文進爲契丹守平州，帝即位，遣間使說之，以易代之，後無復嫌怨；文進所部皆華人思歸，乃殺契丹守【按原文作戍】平州者，帥其衆十餘萬，車帳八千乘來奔。[5]』迨三年正月，契丹復陷平州，始不復歸中國耳」。[6]

2

但以上所引，止於平州，而營州之內屬與再陷，則闕而不詳。文獻通考卷三一六輿地二曰：

「營州……唐末劉仁恭以遺契丹，後唐莊宗滅仁恭而取其地。旣滅梁，復陷契丹，迄晉，漢，周，及宋，皆不能取」。

是營州旣陷之後，亦曾內屬，不過復陷在何年，則未有記載。此曰：

「旣滅梁，復陷契丹，迄晉，漢，周及宋，皆不能取」。

按莊宗滅梁即帝位在同光元年四月[7]，亦即遼太祖天贊二年四月，是營州之復陷，最早當不過於天贊二年四月，最晚當在唐亡以前。同時，新五代史職方考及四夷附錄，亦皆以營州之陷繫於後唐。而平營之陷旣在後唐，當然不在石晉割地十六州之內，又遼志載涿州曰：「石晉以歸太祖」，「太祖」應爲「太宗」之誤，蓋受石晉割地者，太宗德光而非太祖也。

其次，三朝北盟會編卷二十一所記，則又以易易雲，其文曰：

「德光立，會晉祖自河東遣使求援，割地爲獻，德光乃率兵十萬，送石祖入洛立爲皇帝。割代，應，朔，寰，蔚及范陽山前幽，薊，瀛，莫，涿，易，檀，順及山後儒，嬀，新，武十六州以與之」。

3 文獻通考卷三一六輿地二易州注引武經邊防亦曰：

「易州石晉割路北虜」。

又全祖望「燕雲失地考」引金國節要亦同其說曰：

「載考金國節要，則易州……亦在路內」。

查五代尙有易州[8]，至宋太宗雍熙四年，始陷於契丹，[9]其時去十六州之割路，前後已五十餘年矣，何得謂易州亦在石晉割地之內耶？

此外，全祖望於石晉十六州割地，又有懷疑者兩點：

其一：以石晉割地不止十六州。

其二：以蔚州早陷，不應列在十六州之內。

其言曰：

「……當時石晉所賂地，實不止十六州。通鑑齊王開運元年三月『辛卯馬全節攻契丹泰州，拔之』。以五代會要考之，泰州爲後唐之奉化軍，卽今之淸苑縣，則泰州亦所賂地也。是年六月以府州刺史折從遠爲府州防禦使。初高祖割北邊之地以賂契丹，由是府州亦北屬，從遠拒之　故有是命，則府州亦所賂地也。二年『振武節度使折從遠擊契丹，圍勝州　遂攻朔州』。胡三省注：『勝州不係天福初所割數內』，蓋契丹乘勝幷取之，是勝州亦所賂內也。載考金國節要，則易州景州亦在路內，是史所云十六州者，尙或未盡也。

至史所載十六州中之蔚州，舊亦爲契丹所有，明宗長興三年十一月『蔚州刺史張彥超本沙陀人，嘗爲帝養子，與石敬瑭有隙，聞敬瑭爲總管，舉城附於契丹，契丹以爲大同節度使」。

當時不過統舉言之，不然則史誤書也。

以全祖望所見，則泰，府，勝，易，景，五州，亦石晉賂地之內，今請一一辯證如下：

一，泰州：史無割賂契丹之明文，今遽以開運元年曾拔其地，便以爲當初係石晉所割賂，未免失之武斷。又大明一統志則直以泰州之設置在石晉割地之後，其文曰：「保定府……唐時屬莫，定，滿，瀛，等州。五代割屬契丹，於此置泰州，後移州治滿城，而舊州仍爲清苑縣」。但不知有何据？

二，府州：關於府州引文亦有牽強附會之處，按通鑑原文曰：「初高祖割北邊之地以賂契丹，由是府州刺史折從遠亦北屬。契丹欲盡徙河西之民以實遼東，州人大恐，從遠因保險拒之。及帝與契丹絕，遣使諭從遠，使攻契丹，從遠引兵深入拔十餘寨。戊午以從遠爲府州團練使，從遠雲中人也」。据此，則府州之北屬，亦當與石晉割地視爲二事，不能列在十六州之內，況折從遠之据府州而北屬，亦只似藩鎮割据狀態，故終能奉晉命而攻契丹也。

三，勝州：胡注原文曰：「勝州不係天福初所割十六州之數，契丹乘勝併取之也」，則勝州不在十六州內，已屬瞭然。全祖望改其末句爲「蓋契丹乘勝幷取之」，亦不能變更其原意耳。

四，易州：見上文

五，景州：按五代有二景州，其一爲故置弓高之景州，新五代史卷六十職方考第三曰：「景州唐故置弓高，周顯德二年廢爲定遠軍，割其屬安陵縣屬德州，廢弓高縣入東光縣，爲定遠軍治所」。自唐至周俱有(見原表)，與石晉十六州無關。另一爲遼所新置之景州。遼史卷四十地理志曰：「景州，淸安軍下刺史，本薊州遵化縣，重熙中置，戶三千」。此顯係石晉割地後所新置者，不能以後置之州列在當初十六州之內，而爲當初所割不只十六州之佐證。

至以蔚州早陷，亦甚牽強，蓋張彥超之舉城外附，若以軍人之附外以自固視之則可，若以契丹由此而有蔚州，則未必然矣。

又据遼志，則十六州中之嬀州，似亦早於石晉割地之前，陷入契丹，其文曰：

「可汗州清軍下刺史，本漢潘縣……貞觀八年改嬀州。五代時，奚王去諸以數千帳去嬀州自別爲西奚，號可汗州，太祖因之」。

而宋志則仍以爲石晉所割，曰：

「嬀州，唐置，石晉以賂契丹，契丹改爲可汗州」。

故疑遼志「太祖」復爲「太宗」之誤。

三　十六州之收復

初敬瑭以賂地求助於契丹，部將劉知遠諫曰：

「以金帛賂之，自足致其兵，不必許以土田，恐異日大爲中國之患，悔之無及」。10

敬瑭不從，卒割地十六州以獻，遂貽後世無窮之禍，宋葉隆禮論曰：

「契丹之禍始於石晉割幽燕，而石晉卒有少帝之辱，蔓延於我朝，而我朝澶淵之好，慶曆之盟，極而至於宣和之戰，禍猶未歇也。何則？天下視燕爲北門，失幽薊則天下常不安；幽薊視五關爲喉襟，無五關則幽薊不可守。石晉割幽薊併五關而棄之，此石晉不得不敗，澶淵不得不盟，慶曆之要脅亦不得不爲慶曆也，至於宣和則極矣」。11

雖然，石晉賂地，歷周宋兩代，已疊有變更，請爲分述如下：

（一）瀛莫二州之收復：

後周世宗聽用王朴獻策，既定江淮，遂作征遼之計。五代史卷一一九本紀六曰：

「顯德六年【遼穆宗應曆九年】……夏四月辛卯……帝率諸軍北征。壬辰至乾寧軍，僞寧州刺史王洪以城降……辛丑至益津關……壬寅宿于野次。時帝先期而至，大軍未集，隨駕之士不及一旅，賴今上【宋太祖】率材官騎士以衛乘輿。癸卯，今上先至瓦橋關、【通鑑注曰：「瓦橋關在涿州歸義縣，九域志在益津關東北八十里。宋白曰：瓦子濟橋在涿州南，易州東，當九河之末】。僞守將姚內斌以城降。甲辰鄚州【按即莫州】刺史劉楚信以州來降。五月乙巳朔，帝駐蹕于瓦橋關……瀛州刺史高彥暉以本城歸順，關南平【通鑑註：關南謂瓦橋關南】，凡得州三；縣十七，戶一萬八千三百六十。」12

由是瀛莫二州復內屬。時世宗更議進取幽州，旋以不豫而止。

（二）其餘十四州之收復

瀛莫雖經收復，而其餘十四州則陷復無常。讀史方輿紀要卷八州域形勢八曰：

「宋太平興國四年【遼景宗乾寧元年】時遼主賢嗣立，太宗議復燕雲之境，遂自太平東討，取易州及涿州，進攻幽州，薊順二州降，既而敗還。雍熙三年【遼聖宗統和三年】復遣曹彬等分道伐契丹，進取涿州及寰，朔，雲，應諸州，尋又敗却。端拱初，契丹陷宋涿州，明年陷易州。自是數犯河北州郡。景德初，大舉南寇，眞宗禦之於澶淵，議和而還」。

是宋師兩問燕雲而不能有也。

(1)幽，薊，檀，順，涿五州之收復：

澶淵議和而後至徽宗政和五年（遼天祚帝天慶五年），女眞因數敗遼，建號稱帝，是爲金太祖。至是大舉南下，卒滅遼（遼保大五年，金天會三年，宋宣和七年）。

先是金與宋有夾擊之約，故金置燕京不取以待宋，但宋師進攻不利，遼得苟延。及金兵入關，燕京始陷。宋因求金交還五代以後陷入契丹之地。金以燕京及薊，景，檀，順，涿，易六州還，而宋欲併有平，營，灤三州。金執不與，以原約只求石晉割地，平，營，灤，不與也。宋知力不能抗，遷就成盟，約定歲輸銀絹各二十萬兩匹，又別輸「燕京代稅錢」一百萬緡，遂交割燕京[13]。

大金國志太祖紀曰：

「童貫蔡攸入燕，先日交割 後日撫定。凡燕之金帛，子女，職官，民戶，爲金人席捲而東，宋朝捐歲幣數萬，所得者空城而已」。

事在宣和五年夏四月。

(2)山後九州之收復：

宋史卷九十地理六曰：

「雲中府路

雲中府，唐雲州大同軍節度，石晉以賂契丹，號爲西京。宣和三年始得雲中府，武，應，朔，蔚，奉聖【石晉新州，遼改】歸化【石晉武州，遼改】，儒，嬀等州，所謂山後九州也」。

案「三年」當爲「五年」之誤，下文武州云：

「宣和五年金人以州來歸」。

應州云：

「宣和五年契丹將蘇京以州來降」。

朔州云：

「宣和五年守將韓正以州來降」。

蔚州云：

「宣和五年守將陳翊以州來降」。

是宣和五年，石晉原割雲，武，應，朔，蔚，新，武，儒，嬀等九州，一併來歸，於是十六州盡歸宋有矣。

不過武，應，朔，蔚等州，旋又爲金人所取[14]。其後遼太宗天會三年，即宋徽宗宣和七年，十二月金兵以宋室可欺，更大舉南犯，分兵兩路，東路以斡離不主之，建樞密院於燕山；西路以粘罕主之，建樞密院於雲中，分侵河北及河東[15]。由是金兵長驅直入，汴京被圍，激欽北狩，京師猶且不保，遑論乎「燕雲」。然則十六州不割，其禍或不至此，劉知遠可謂有遠識者矣。方今強鄰壓境，何異於宋？兵法戰具，容有變異，地利天險，今昔無殊。乃國人不以前車爲鑑，猶作放棄華北以圖固守江南之論，何其不思之甚耶？

1 五代史卷七十五高祖紀一曰：「十一月，契丹主會帝於營中曰：『我三千里赴義，事須必成，觀爾體貌恢廓，識量深遠，眞國主也。天命有屬，時不可失，欲徇蕃漢，群議册爾爲天子』。帝飾讓久之……乃命築壇於晉陽城南，册帝爲大晉皇帝，契丹主解衣授焉。文曰：『維天顯九年歲次丙申十一月丙戌朔十二日丁酉，大契丹皇帝若曰……爾當踐皇極，宜以國號曰晉，朕永與爲父子之邦……』。……是日帝言於契丹主，願以雁門以北及幽州之地爲壽」。按「天顯九年」爲十一年之誤，遼史卷三太宗紀上曰：「天顯十一年……十一月丁酉，册敬瑭爲大晉皇帝」。天顯十一年即後唐潞王淸泰三年，亦即明宗長興七年。敬瑭立，爲後晉天福元年，五代史卷七十六，高祖紀二：「天福元年十一月己亥，帝御北京崇文殿，降制改長興七年爲天福元年」。故敬塘即位之日在淸泰三年十一月十二日，十六州之正式割賂，亦在是日。

2 宋史卷九十，地理六。

3 通鑑卷二八〇晉高紀上之上，新五代史卷八晉高紀。又卷六十職方考第三，遼史卷四太宗紀下。又歐史「莫」作「漠」。

4 遼史卷二太祖紀下曰：「天贊……二年春正月丙寅大元帥堯骨克平州。甲子以平州爲盧龍軍，置節度使」。

5 按本段節文原見資治通鑑卷二七五，後唐紀四，此處作「歐史」，誤。

6 通鑑卷二七六後唐紀五，及五代史卷三九唐明宗紀五所記平州失陷事俱相同。

7 五代史卷二九莊宗紀三。

8 新五代史卷六十職方考第三。

9 宋史卷九十地理六曰：「易州唐置，雍熙四年陷于契丹」，通考同。遼史卷一二聖宗紀二，又卷四十地理志俱以易州入遼在統和七年，即宋太宗端拱二年。

10 通鑑卷六八〇，後晉紀。

11 契丹國志卷十八劉六符傳論。

12 參看通鑑卷二九四後周紀，遼史卷六，穆宗一。

13 以上參看金史卷二太祖紀，遼史卷二七—三十天祚紀，遼史紀事本末卷三三天祚播遷，太金國志太祖紀。又宋金爭議散見三朝北盟會編十五以前各卷，往復誓書亦見會編及大金弔伐錄。

14 見志文及文獻通考卷三一六。

15 大金國志太宗紀。

黃河視察日記　王應榆著　每册實洋四角

——治黃之寶鑑，水利家不可不讀——

本書著者王應榆先生于民國二十年十月七日奉中央命視察黃河十一日自京出發由山東利津沿黃河堤而上，經河北河南溯渭以至甘肅，轉往山西河套沿途利用飛機舟車之便往返一萬七千餘里閱時八十日。舉凡黃河本流及重要支流，如洮渭涇伊洛運諸水及涇惠民生諸渠，均親到視察。其餘亦一一詳爲訪問。對于黃河爲患原因，言之綦詳，均中竅要。至于治理計劃，尤爲切實可行。全書長凡八萬餘言附有珍貴照片四十九幅，閱之如見全河，誠治黃之寶鑑也。國人不可不讀，史地家不可不讀，水利家更不可不讀！現已由新亞細亞學會印行，列爲水利叢書之二。書印無多，欲購從速。

南京江蘇路十一號

總發行所　新亞細亞學會出版科

任乃强著　西康圖經（民俗篇　境域篇　地文篇）出版　每册定價洋壹元伍角

本書爲本會出版之西康札記著者任乃強先生精心結構之作。任先生爲農業專家，治學極勤，對於康藏問題之研究，更有精深獨到之處。任先生自謂彼爲撰著本書，除搜羅中外著述數十種以供參考外，并親往西康作實地之考察，且與西康女子結婚以助其對康人生活習慣之了解。由此可見本書價值之高了。

本書總名西康圖經，爲長數十萬言之鉅著，內分七篇，將由本會陸續出版，斯篇即其一部，長二十萬言，專論境域。國人對於西康欲得正確之認識，捨是書外已無更完善更可靠之著述，可斷言也。現已出版，欲購從速。

代售處　各省市大書坊

總發行所　新亞細亞學會出版科　南京江蘇路十一號

契丹漢化畧攷

尹克明

1

一 契丹的略史

從來一般人，都把契丹當作國名，其實是不對的，因為契丹本來是個部落名，後來才變成國名，以後才變成朝代的名，這在遼史卷六十三世表裏及唐書裏，都說得很詳細。

契丹這個名辭，最初見於魏收的魏書上（卷一百有傳），資治通鑑卷一百一十四也說「契丹一辭，始見於魏天錫二年（西紀四〇五年），前于此不見」。自後除了北齊北周二書以外，北史，隋書，唐書及五代史都有他的列傳。

關於契丹種族來源的問題，說的很多，簡直令人莫知所是。據馮家昇先生的契丹名號考釋（見燕京學報十三期）一文說，契丹之先是宇文氏，契丹之名乃出自宇文氏酋長之名，約當西晉末年，其名已顯；他的意義，就是「鑌鐵」的意思。

契丹這一族人，在西晉末年，住在西喇木倫河一帶，以後被慕容晃所逐，遂竄到現在熱河朝陽的西北境。到了北魏道武登國三年（東晉孝武太元十三年），叫魏軍大敗了一次，於是就「東西分背」，在西邊的叫做奚，在東邊的叫做契丹，奚人住在現在的英金河（即土護眞河）流域，契丹人住在現在的西喇木倫河（潢河）的流域，和老哈河（土河）的北邊。奚人分了五部，而契丹人則分了八部。到了北齊天保四年的時候，文宣帝在青山又把他打敗了一次。後來突厥漸漸強盛，於是契丹就向突厥稱臣。到隋亡唐興的時候，契丹的酋長叫做大賀氏。這時候契丹的部族，也漸漸的擴大，地域也漸漸的增廣。他本來是向突厥稱臣的，等到唐朝把突厥滅了，他又轉向唐朝稱臣了。自隋初到中唐，這個時代，叫做大賀氏時代。等到大賀氏亡了（開元六年），遙輦氏就來繼他的位置。自此以後，又稱爲遙輦氏時代。這一時代，約起自中唐，而終於唐末五代。

遙輦氏亡了之後，迭剌部的耶律阿保機，遂代之而起。自此以後，又叫做耶律氏時代。自五代到宋的中期，都屬於這個時代。這時候正是中國五代的時候，中國內部連年戰爭，契丹便乘着這個機會，漸漸強盛起來。又加以阿保機的精明強幹，善於利用漢人，所以能夠平定了鄰境的奚霫諸部（九一〇—九一二），又征服了西北的黑車子室韋（九〇七—九〇九），滅了東邊的渤海國，建立東丹國（九二五—九二六），同時又南侵中國。迨阿保機去世，耶律德光繼之，又屢次的南侵，和中國交戰，而石敬塘把燕雲十六州送給他。後來晉少帝和契丹不睦，耶律德光親帶軍隊，攻陷汴京。自此以後，契丹人才改國號叫做「遼」。以後遼國出了幾個比較能幹的皇帝，所以國勢越強起來，屢次和中國爲難，直到宋朝，仍是這樣。

二　契丹與中國的關係和他的重用漢人

契丹自從南北朝時，被慕容晃，道武帝和文宣帝，接連的打敗以後，他的勢力，就削弱了許多。後來直到唐初，才和中國正式的發生密切的關係。貞觀十八年的時候，太宗伐高麗，因爲契丹從張儉有功，便封窟哥爲左武衞將軍，大酋辱紇主曲據爲刺史，隸營州都督府。貞觀廿二年置松漠都督，又以窟哥爲使持節十州諸軍事，松漠都督封無極男，賜姓李氏。到了武則天的時候，契丹又叛變。開元四年，契丹酋長李失活來朝，又置松漠府，以失活爲松漠郡王，並把永樂公主嫁給他。開元十二年，安祿山發兵打他，不想打了個敗仗。後來安祿山背唐，佔據河北一帶，南北的交通隔絕，契丹遂又附於回紇。到了痕德菫可汗的時候，屢次和劉仁恭衝突。每逢到了秋天，劉仁恭便把那一帶的草地用火燒去，使他不得牧馬，所以大半都餓死。後來他拿了好馬，來送給劉仁恭，仁恭才和他們講和。但從此以後，契丹便沒有一年不和中國發生關係了。五代的時候，不但北方的幾個國家都和他有來往，就是南邊的幾個國家也都和他在暗地裏，通着氣息。

因爲契丹和中國發生關係，有這樣長久的歷史，當然雙方人民接觸的機會一定也很多。魏書上載宣武帝的詔書說道：

『奚自太和二十一年以前，與邊人參居，交易往來，並無欺貳，二十二年，叛逆以來，率衆遠竄，今雖款附猶在塞表，每請入塞，與百姓交易』。

那時候的奚和契丹，還沒有分開，所以這一段話也可以拿來做爲契丹人和漢人互市的證據。並且這種互市，一直到五代時，仍然還很盛行。契丹國志卷二說：

『會同六年秋九月，先是河陽牙將喬榮從趙延壽入遼，遼帝以爲回圖使，往來販易於晉，置邸大梁，至是景延廣說晉帝囚榮於獄；凡遼國販易，在晉境者皆殺之，奪其貨。大臣皆言遼國不可負，乃釋榮，慰賜而歸之』。

由這段話看來，可以知道，雙方的交易，還很興盛。同時又因爲五代的時候，內政紊亂，連年戰爭，於是便有許多人從中國跑到契丹去。新五代史卷七十二四夷附錄第一，說當時的情形道：

『是時劉守光暴虐，幽涿之人多亡入契丹，阿保機乘間入塞，攻陷城邑，俘其人民，依唐州縣置城以居之』。

又契丹國志上，也同樣的說道：

『初唐末藩鎮驕橫，互相併吞鄰藩，燕人軍士多亡歸契丹，契丹日益強大』。

由這兩段的記載，可以推想當時漢人到契丹去的，一定是很多，因此契丹人利用了這些漢人，來建立許多漢城。例如最著名的祖州（即上京西樓），據胡嶠的陷虜記，記載他的情形說：

『有綾錦諸工作，宦者，翰林，伎術，教坊，角觝，秀才，僧，尼，道士，皆中國人，幷汾幽薊爲多』。

由此可知當時漢人跑到契丹去的，眞是九流三教，無所不有。至於邊將和士卒的叛變，而去投降契丹的，更是屢見不鮮，如盧文進，就是很好的一個例證。此外

3

至於全族遷入契丹的也有，遼史紀事本末（見東丹建國條）卷三上說：

『七年（……）……夏六月幽州軍校齊行本，率其族及其部曲，男女三千人，叛晉來降』。

因爲在契丹裏面的漢人，日漸增多了，於是就不免如虎添翼了。起先阿保機聽了這些漢人的勸告，不肯叫旁人代替他的職位，他並且更進一步的向諸部曰：「吾立九年，所得漢人多矣，吾欲自爲一部，以治漢城可乎？諸部許之」。於是他就在「炭山東南灤河上」，成立漢城，並「率漢人耕耘，爲治城郭，邑屋，廛市，如幽州制度」。因此「漢人安之，不復思歸」。又因爲漢城這個地方，不但可以植五穀，並且「有鹽鐵之利」。阿保機遂又藉了漢人的幫助，及鹽地的利益，又併吞了其餘各部，統一了全契丹。

遼朝初年的幾個皇帝，差不多都是很能利用漢人，如阿保機，耶律德光都是這樣。阿保機待韓延徽和康默記，都是很好的。據史書上說，韓延徽從契丹跑走的時候，阿保機想他想的了不得，後來韓延徽因爲和王緘不和，怕有禍害，又跑回契丹。路上經過幽州，住在他的朋友王德明家裏。他的朋友就勸他不要再回到契丹去，於是他就說，我好比遼主的兩個臂，他「失我如失臂」那裏能夠加害我呢？等到他回去以後，果然是十分的受歡迎，更賜名曰「匣列」，按「匣列」二字，遼語就是復回的意思。

由這件事看來，我們就可知道阿保機是怎樣的重視漢人。他不但對韓延徽是如此，就是對康默記，也是很重視的。因爲這個緣故，所以這兩個人，也特別幫他的忙。韓延徽不但幫他消滅了黨項室韋等部落，還給他計畫「樹城郭，分市里，以居漢人之降者，又爲定配偶，教墾藝，以生養之」。因此漢人就少有逃亡了。至於康默記，却幫他處理番漢間一切糾紛的事。所以說這兩個人，不但是他的開國功臣，同時也是教契丹民族受漢化的老師，所以韓延徽後來做到「帝以兄禮事之」的尊崇。

阿保機次子耶律德光（即太宗），也是一個能利用漢人的君主。例如張礪從契丹跑回來，半路爲追騎所獲，他就責備通事高唐英道：「吾常戒汝善遇此人，何故使之失所而亡？若失之，安可復得耶」？結果是「笞唐英而謝之」。至於太宗的姪兒世宗，也是如此，契丹國志卷四說他是「慕中華風俗，多用晉臣」，同書又說他責備廨答（太宗從弟）失守回來的時候，廨答不服，就回答他道：「朝廷徵漢官致亂爾」。由這個小例看來，也可知道他是很重用漢人的。

由此看來，契丹的下層，有一般漢人雜居着，契丹的上層，又有這般漢人來當參謀，同時遼朝初年的幾個皇帝，不但是重視漢人，而且差不多都是言聽計從的。如是，年深月久契丹民族那有不逐漸被漢化的道理呢？

三　契丹的逐漸漢化（上）

（甲）生活方面

（A）耕種——契丹本來是一個遊牧民族，北史上說他是「隨逐水草，頗類突厥」。而遼史食貨志，也說他是「其富以馬，其彊以兵，縱馬於野，弛兵於民……，馬逐水草，人仰湩酪，挽強射生，以給日用」。同時遼史的營衛志上也這樣說：「有事則以攻戰爲務，閒暇則畋漁爲生」。由此看來，可見契丹初期的生活，只是一種半漁獵半遊牧的生活。

到了太祖的父親勻德仲父述瀾的時候，才漸漸的教民樹藝。到了太祖自身的時候，方始招用漢人，以事耕種。例如他曾經在炭山東南灤河上治漢城，因爲「其地有鹽鐵之利，可植五穀」。於是阿保機便「率漢人耕種，爲治城郭，邑屋，廛市，如幽州制度。漢人安之，不復思歸」，這裏便是阿保機利用漢人以從事耕種的一個例証。同時韓延徽也曾教他們樹藝。遼史韓延徽傳上說：

『又爲定配偶，敎墾藝，以生養之，以故逃亡者少』。

契丹國志卷一也說：

『延徽始敎契丹建牙開府，築城郭，立市里，以處漢人，使各有配偶，墾藝荒田，由是漢人各安生業，逃亡者益少』。

由這兩段看來，可以知道耕種的方法，是由中國人教給他們的。延徽的兒子德樞，也是很努力「勸課農桑，興教化」的，所以太宗對延徽說「是兒卿家之福，朕國之寶，眞英物也」。

當時不但有漢人在遼朝的政府裏，給他們提倡耕稼的事業，同時在下邊還有許多由內地遷去的漢人，脚踏實地做着耕墾的事業；甚至連被虜去的晉少帝和太后，也要在建州一帶，耕墾自贍。遼史卷三十九地理志三，有這樣的一段記載：

『故石晉太后詣世宗，求於漢城側耕墾自贍。許於建州南四十

5

里，給地五十頃，營構房屋，創立宗廟』。

這樣連中國的皇帝和太后，都去作耕墾的事業，一定對於契丹人的影響不小。後來高勳在保寧的時候，還曾以「南京郊內多隙地，請疏畦種稻」。這件事雖沒有見諸實行，可是由此也可証明當時漢人對於耕種的方法貢献很多，不過有的被採取，有的都因爲特別緣故不能夠見諸實行。至於契丹人種菜的方法，恐怕十之八九也是中國人教給他們的。

(B)製鹽——鹽對於野蠻民族，也是一件很重要的東西，我們只要看看黑韃事略上所說的，「其味鹽一而已」就可知道了。契丹人製鹽的法子，差不多都是從漢人手裏學來的。遼史食貨志上，曾經這樣說：

『鹽筴之法，則自太祖以所得漢民數多，卽八部中分古漢城，別爲一部治之，城在炭山南，有鹽池之利，卽後魏滑鹽縣也，八部皆取而食之』。

正因爲漢人會製鹽緣故，阿保機才要和這些漢人合作，在炭山東南灤河上爲置漢城，又因爲有了鹽池的緣故，所以更進一步的去消滅其他各部。新五代史四夷附錄，記載當時的情形道：

『阿保機……使人告諸部大人曰：我有鹽池，諸部所食，然諸部知食鹽之利，而不知鹽有主可乎？當來犒我。諸部共以牛酒會鹽池，阿保機伏兵其旁……盡殺諸部大人，遂立不復代』。

又因爲食鹽是十分重要的緣故，大概當時凡有鹽場的地方，差不多都是繁華的地方，如遼史地理志所說的：

『海陽本漢縣，瀕海，地多鹼鹵，置鹽場於此』。

『香河縣本武淸縣村，遼於新倉置榷鹽院，居民聚集』。

由此可知，當時凡有鹽場的地方，是人民居住的中心區域。可見漢人製鹽的方法，對於遼人的影響，是十分重大的。

(C)其他的各種技術——不但耕種，製鹽，是從漢人學來的，就是其他各種技術由漢人方面學來的也很多，例如織紝，就是漢人教給他們的。契丹國志盧文進傳這樣說：

『……又教契丹以中國織紝工作無不備，契丹由此益强』。

同時盧文進傳也這樣說：

『自是北師數至，驅擄數州士女，教其織紝工作，中國所爲者悉備。契丹所以强盛者，得文進之故也』。

因爲這樣的緣故，所以契丹人對於一般技術人材，也特別看重。遼史太宗本紀說：

『大同元年，三月，壬寅，晉諸司僚吏，嬖御，宦寺，方技，百工……悉送上京』。

又遼史地理志也說：

『弘政縣，世宗以定州俘戶置，民工織紝，多技巧』。

但是各色各樣，最完全的，還要算上京的西樓，據胡嶠的陷虜記上說：

『上京西樓有邑屋，市肆，交易無錢而用布。有綾錦諸工作，宦者，翰林，伎術，教坊，角觝，秀才，僧，尼，道士，皆中國人，而并汾幽薊尤多』。

我們看了這段，就可知道，當時的上京，眞是各色各樣的人都有，眞是九流三教，無所不包了。大概一般遊牧民族文化低落，除了戰爭以外，別的一概不知，所以他們對於技術人材，特別重視。例如蒙古人到了中國，每陷一城必大加殺戮，惟有有一技之長的便可幸免，利用他們去挖井造船，契丹人當然也不能越出這例以外。

（乙）建築方面

契丹本是遊牧民族，最初大概是沒有房屋，而住的是帳篷，自從和漢人接觸後，才知道建城築屋的方法。舊五代史外國傳上曾這樣說：

『其俗畜隨牧畜，素無邑屋，得燕人所教，乃爲城郭宮室之制于漢北』。

又遼史韓延徽傳上也明明的說是延徽教給他們的：

『太祖召與語，合上意，……乃請樹城郭，分市里，以居漢人之降者。』

同書又說：

『太祖初年，庶事草創，凡營都邑，建宮殿……延徽力也』。

契丹國志卷一也說：

『延徽教契丹建牙開府，築城郭，立市里，以處漢人』。

其實最初幫助阿保機築城的人，還不是韓延徽，而是康默記，遼史卷七十四康默記傳說：

『神冊三年始建都，默記董役，人咸歡趨，百日而訖事』。

此外漢人自動築的城也很不少，如胡嶠陷虜記所說：

『又東行數日過衡州，有居人三千餘家，乃契丹所虜中國衡州人，築城而居之』。

由漢人完全所建的城，大概約有二十七個之多（參攷遼史地理志），由漢人和他民族合建的城，也有十一個（同上）。並且這種漢城，有的規模却很大，在建築方面有城牆，有樓櫓，四面有門，街的中心有看樓和市樓，以外還有孔子廟，國子監，佛寺，道觀，宗廟，南北橫街，及市的中心區，又有早市和晚市，內城和外城，凡中國風的建築應有盡有（可參考姚從吾先生的漢城考及遼史地理志）。

又城裏所住的人，大多數是河朔的亡命，裏邊有綾錦的工匠，有宦者，有翰林，有教坊，有雜耍，有秀才，和尙，尼姑（可參攷胡嶠陷虜記）。而當時凡由漢人所建的城，大概都叫做漢城（參攷漢城考）。

又文獻通考卷三百四十五說：

『過惠州，城二重，至低小，外城無人居，內城有瓦舍倉廩，人多漢服』。

由這一段也可看出漢人的建築，對於契丹人的影響，是怎樣的重大？

（丙）文化方面

（A）語言——因爲契丹人和漢人雜處的緣故，所以語言方面一定也很受影響。例如阿保機就是一個會講漢話的人，舊五代史上說：

『安巴堅（即阿保機）善漢語，謂坤曰，吾解漢語，歷口不敢言，懼部人效我，令兵士怯弱故也』。

又新五代史上也說：

『吾能漢語，然絕口不道於部人，懼其效漢而怯弱也。』

資治通鑑也有同樣的記載，可見他是的確會說漢語的。

至於一般平民，是否能說漢語，我們不得而知，不過據我們推想，大概一定也很多會說漢語的，例如長子人皇王，他很喜中國的書，又能通漢文，我想他也一定是個會說漢語的人。

（B）文字——契丹本來是沒有文字的，所以五代會要卷二十九上說：「契丹本無文字，惟刻木爲信」。遼史兵衛志上也說是「刻木爲契，政令大行」。所以契丹的文字，是後來才有的。

契丹的文字，分爲大小兩種，小字是從回鶻學來的，大字却是仿中國字而成的。據遼史太祖本紀說：

『太祖神册五年，始製契丹大字，九月，壬寅成，詔頒行』。

新五代史也說：

『至阿保機，稍併服諸小國，而多用漢人，漢人敎之以隸書之半，增損之，作文字數千，以代刻木之約』。

五代會要卷二十九也說：

『契丹本無文字，惟刻木爲信，漢人陷蕃者以隸書之半，就加增減，撰爲胡書，同光之後，稍稍有之』。

除此以外，突呂不傳有「製契丹大字，贊成爲多」的記載，而耶律魯不古傳也有「太祖製契丹國字，以贊成功，授林牙，監修國史」。由此可知，契丹的大字一定是在太祖的時候增損漢字而成的。並且太祖也是很喜歡漢字的，據遼史后妃傳說：「太祖慕漢高皇帝，故耶律儼稱劉氏，以乙室拔里比蕭相國，遂爲蕭氏」。這是太祖以漢字改姓的一個例証。至於太宗，則又把自己的名字改成漢字，舊五代史上說他：「本名耀庫濟，後慕中華文字遂改焉」。這和現在一般醉心西洋文明的人，拿英文來起名的是一樣。大概是因爲這個的緣故，所以契丹的小字終未流通，以後所流通的，只是契丹的大字。

（C）學術——契丹人對於中國的學術，也是很崇拜的，例如人皇王（太祖長子）就是很愛好中國學術的一個人。遼史紀事本末說他是「性聰敏好學，外寬內摯」。而舊五代史上也說「其子托雲（即人皇王，資治通鑑作突欲）在側謂坤曰：漢使勿多言，因引左氏牽牛蹊田之說以折坤」。資治通鑑卷二百六十六，也同樣的說，並且下邊的小註還說是：「引左傳申叔之言，史言契丹慕中國，效中國人之書語」。由此可見他在很早以前，就讀過中國的書了。

又遼史義宗傳上，有這樣的一段記載：

『神册元年春，立爲皇太子，時太祖問侍臣曰：「受命之君，當事天敬神，有大功德者，朕欲祀之，何先」？皆以佛對，太祖曰，「佛非中國教」。倍曰：「孔子大聖，萬世所宗，宜先」。太祖大悅，即建孔子廟，詔皇太子春秋釋奠』。

由這段話看來，我們可以得到兩個概念：第一個是太子人皇王，因崇拜中國文化，以致也推尊孔子；第二儒教在遼朝初年，是相當的被重視的，最低限度，也是儒釋道三者並尊的。

人王皇倍，不但只是崇拜中國的學術，並且也很有研究，他手下常常有很多的書。史書上說他是「嘗市書至萬卷，藏於醫巫閭絕頂之望海樓，通陰陽，知音律，精醫藥砭焫之術，工遼漢文章，嘗譯陰符經，善畫本國人物，如射獵，獵雪騎，千鹿圖，皆入宋秘府」。新五代史上也說「突欲奔于唐……頗知書，其自契丹歸中國，載書數千卷。樞密使趙延壽每假其異書醫經，皆中國所無者」。所以他到了渤海的時候，時常藏着許多的書，當他離開渤海將要入中國的時候，還作過很好的詩，到了中國之後，就改名李慕華（後改贊華），就是表示他是贊慕中華文化的意思。

至於遼朝的帝王，精通中國學術的也很多，例如聖宗就是最出色的一個。他不但好讀唐貞觀政要，甚至還「親以契丹字譯白居易諷諫集」。至於他的學問，於道釋二教，卻能洞達其旨，律呂音聲，特所精徹。他常和一般漢番臣飲酒作詩，他還親自製了曲子百餘首（參攷契丹國志卷七）。至於興宗，也是一個工畫善丹青的人。道宗雖近於昏庸，且十分佞佛，但他對於中國學術，也是很接近的。據松漠紀聞上的記載，說「遼道宗朝，有漢人講論語至北辰居所，而衆星拱之，道宗曰：『吾聞北極之下爲中國，此豈其地邪？至夷狄之有君，疾讀不敢講，則又曰：「上世獯鬻獫狁，蕩無禮法，故謂之夷，吾修文物彬彬，不異中華，何嫌之有」？卒令講之』。由此也可見他對於中國學術，不是個門外漢。

皇帝是這樣，皇后也有這樣。例如述律皇后也曾說過這樣的話，「自古但聞漢和蕃，不聞蕃和漢」。由此可見，她是很有歷史常識的。

除了皇后太子之外，諸大臣裏邊精通中國學術的也很不少。例如通中國文學的，在宗室中有和魯重（世宗四子）、平王隆光（人皇王四子，）耶律學古，耶律資忠，耶律庶成，耶律庶箴（庶成之弟），耶律蒲魯（庶箴子），耶律韓留，耶律昭，耶律陳家奴，耶律良等；外戚中有蕭勞古，蕭朴（勞古之子），蕭陽阿，蕭柳，蕭韓家奴等。對於史學有研究的有耶律庶成，韓家奴，耶律孟簡，耶律各欲，耶律儼等。精通繪畫的有耶律題子，耶律褒里等，對於醫學有研究的有耶律庶成，蕭敵魯，耶律敵魯，迭里特等。（以上可參攷遼史本傳及趙翼二十二史劄記，遼朝貴族多好文學條。）

我們看了契丹有這樣多的人精通中國的學術，就可以推想他被漢化的程度了。

四　契丹的逐漸漢化（下）

（甲）軍事方面

在軍事方面，史料比較缺乏，不易考究。不過自阿保機以後，遼朝的軍隊，已經不完全是契丹人，往往漢人當兵的也很多。我們只要翻開遼史或契丹國志等書看一看，就可知道每遇戰爭出兵時，往往是番兵多少，漢兵多少，蕃漢兵這個名辭，是常常會見到的。

對於契丹軍事，比較有貢獻的人，還算是韓延徽。遼史韓延徽傳說：

「太祖召與語，合上意，立命參軍事，攻黨項室韋，服諸部，延徽之籌居多」。

除了韓延徽以外，第二個人就要是盧文進。他本是中國的邊將，投降契丹的。他教遼太祖攻城的故事，五代史上和契丹國志上都曾經記載過。契丹國志卷一曾這樣說：

『文進教之攻城，爲地道，晝夜四面俱起，……又爲土山以臨城，城中溶鐵汁以灑之』。

此外契丹國志后妃傳，還記了一段吳王送給太祖一種攻城所用的猛油。

『吳王遣使遺太祖以猛火油，曰攻城以油然火焚樓櫓，敵以水沃之，火愈熾，太祖大喜』。

此外與軍事有關的，記載就不多見了。至於天贊二年太祖攻晉，退兵的時候，是「雖去無一枝亂者」。晉帝歎爲「中國所不及」。究竟那時軍隊裏邊，是不是有漢人來指揮。因史無明文，那就不敢武斷的說了。

（乙）　制度方面

（A）官制——遼朝的官制，據遼史百官志說是分爲南北二面的：北面的是舊制，管理宮帳部族的事；南面的是漢制，管理漢人州縣的事。但是北面的官，如元好問所說是不管什麼事的；至於財賦等官則多設在南面，所以說南面的官才是真正管事的官。

不過遼的官制，一定受漢制的影響不少，據遼史百官志說：「契丹舊俗，事簡職專，官職樸實，不以名亂之；……至於太宗，兼制中國」。又五代史上也說「改天顯十一年爲會同元年，更其國號曰大遼，置百官，皆依中國，參用中國之人」。而續通志卷一三二職官略三也有同樣的記載：「遼太祖受位要尼，用其舊俗，職守名稱與古迥異。迨世宗兼有燕代，始增置官班，漸仿唐制，自茲而降，日以浸繁」。由這幾段看來，可以知道遼朝的官制是完全模仿中國的。

不但契丹的本部是如此，連他的屬國渤海也是如此，遼史紀事本末卷三這樣說：「遂改渤海爲東丹國……册太子人皇王主之，稱制行事，改元甘露，仍賜天子旌旗，置左右大次四相及百官，一用漢法」。

（B）禮儀——中國人對於契丹人的儀禮，貢獻最大的算是韓知古，據遼史韓知古傳說他是「總知漢兒司事，兼主諸國禮儀，時儀法疏闊，知古援據故典，參酌國俗，與漢儀雜就之，使國人易知而行」。

至於皇帝所用的一切儀仗，恐怕也多是從漢人手裏拿來的，下邊幾段話，可以証明：

『金吾，黃麾，六軍之仗，遼受之晉，晉受之後唐，後唐受之梁唐。』(見遼史儀衛志。)

『大同元年正月朔，太宗皇帝入晉，備法駕受文武百官賀於汴京崇元殿，自是日以爲常。是年北歸，於是後唐晉文物，遼則用之』。(同上。)

『大同元年三月壬寅，晉諸司僚吏，嬪御，宦寺，方技百工，圖籍，曆象，石經，銅人，明堂，刻漏，太常樂譜，諸宮懸，鹵薄，法物及鎧仗，悉送上京』。(見遼史太宗本紀。)

這是契丹人親自從中國拿去的，此外還有中國人自行送去的却也不少。

『晉高祖使馮道劉昫冊應天太后太宗皇帝，其樂器與法駕同歸於遼，天子車服，昉見於遼自此』。(見遼史儀衛志。)

同時遼史儀衛志上，又這樣說：

『始祖湼里立遙輦氏，世爲國相，目見耳聞，欲企帝王之容輝有年矣。至於太宗，立晉以要冊禮，入汴而收法物，然後累世之所願欲者一舉而得之。於是秦漢以來，帝王文物，盡入於遼。周宋按圖更製，乃非故物』。

由這一段話看來，遼朝之所以要拿這些東西，完全是早有蓄謀的，正因爲是「目見耳聞，欲企帝王之容輝有年矣」的緣故。所以太宗一旦到了汴京，便歡喜的了不得，對他部下的人說：「漢家儀物，其盛如此，我得於此殿坐，豈非眞天子耶」？等到了會同三年十二月丙寅的時候，索性便又下詔教「契丹人授官者從漢儀，聽與漢人婚姻」(見遼史太宗本紀及續通典五十八卷禮十四)。這樣一來，契丹民族，更日漸漢化，而遼朝的禮儀，採取漢人的也更多。我們看了下邊這一段話，就更會相信這話是不錯的。

『太宗克晉，稍用漢禮，今國院有金陳大任遼禮儀志，皆其國俗之故，又有遼朝雜禮，漢儀爲多』。見遼史禮志。

(C)衣服——契丹穿的衣服是胡服，本來是和中國衣服不同的，所以張礪對遼帝曾說過這樣的話：「臣華人，飲食衣服，皆不與此同」。不過後來因和漢人接觸的關係，也漸漸的採用了漢服。關於下層階級一般的情況，我們不得而知，至於上層階級，則穿漢服的很多。遼史儀衛志曾這樣說：

『遼國自太宗入晉之後，皇帝與南班漢官用漢服，太后與北班臣僚用國服，其漢服即五代晉之遺制也』。

此外契丹國志卷三上也說改服中國，「百官皆如舊制」的話。

大概起始的時候，是南北分着，北班臣僚是不穿漢服的。但是到了後來，連北班的臣僚，也漸漸改穿漢服了。遼史儀衛志說：

『蓋遼制，會同中，太后北面臣僚國服，皇帝南面臣僚漢服…

12

重熙（興宗年號）以後，大體並漢服矣』。

由這段的記載，也可看出契丹人逐漸採用漢服的趨勢。

（D）徵稅——大概把賦稅拿來當作國用，也是漢人教給他們的。遼史百官志上說：「遼國以畜牧田漁爲稼穡財賦之官，初甚簡易」。同時遼史食貨志也說「夫賦稅之制，自太祖任韓延徽，始制國用」。而續通典卷八食貨志八也說「遼賦稅之制，自太祖任韓延徽始制國用，太宗籍五京戶丁以定賦稅」。由這幾條看起來，可以斷定遼初的賦稅，一定是經了漢人的建議，然後才成立的。

至於其他各種雜稅，也是先經了漢人的建議，然後才定了抽取的辦法。續通志卷一五五食貨略四說：遼自神册以來，未有榷酤之法，自馮延休，韓紹勛建議，乃與酒稅。東遼之地，與南京諸路一例」。至於食鹽的徵稅，據遼史食貨志說是「會同中，太宗有大造於晉，晉献十六州地，而瀛莫在焉，始得河間煮海之利，置榷鹽院於香河縣」。至於是否由漢人建議，而始置此榷鹽院，則不得而知。不過按理推斷，大概也不能例外。

13

E法律——大概契丹人，最初是沒有法律的，即使有制裁也是很野蠻的，而且是不成文的。漢人裏邊，對於遼朝法律影響最大的要算康默記，遼史康默記傳說：「一切番漢相涉事屬默記折衷之，悉合上意。時諸部新附，文法未備，默記推析律意，論決重輕，不差毫釐」。我想遼朝以後的法律，一定受他的影響很大。

自此以後，法律雖然有了規定，但契丹與漢仍是相分的。遼史卷六十一刑法志上說「太祖神册六年，詔大臣定治契丹及諸夷之法，漢人則斷以律令」，但是到了聖宗的時候，就「詔契丹人犯十惡，亦斷以律」（遼史刑法志）。到了道宗的時候，以「契丹漢人風俗不同，國法不可異施」。於是「命……更定條例，凡合於律令者俱載之，其不合者別存之」。至於太宗時治渤海，則是「一依漢法餘無改焉」。

F其他—除上述以外，還有許多事情也都是直接間接由漢人影響而成的；如遼之郊廟頌樂，是得之於汴京的，散樂是得之於晉的。又如歷象，也是受了中國的影響才有的，據遼史歷志說：「大同元年，太宗皇帝自晉汴京收百司僚屬伎術歷象於中京，遼始有歷」。此外又如契丹本來的風俗，是「父母死以不哭爲勇，載其屍深山，置大木上，後三歲往取其骨焚之，酹而祝曰，夏時向陽食，冬時向陰食，使我射獵猪鹿多得」。但是到後來却變成了「太后暴崩，帝哀毀骨立，哭必嘔血。番漢羣臣上言，山陵已畢，宜改元。帝曰改元吉禮也。居喪行吉禮，乃不孝子也。羣臣曰：古之帝王，以日易月，宜法古制。帝曰：我契丹主也，寧違古制，不爲不孝之人，終制三年」。我們看他從前是「父母死，以不哭爲勇」的，但是現在却變了「哀毀骨立，哭必嘔血」。並且要「守制三年」，而認「居喪行吉禮」爲不孝。這不是受了中國禮教的影響麼？至於遼朝的設立學校，實行科舉，並以詩及經義取士，則更是完全模仿漢人的。此外如醫學，占卜，繪畫，恐怕直接間接都要受漢人的影響，現在限於篇幅，不能備詳。

五　結論

從來兩個不相同的民族，一旦接觸之後，第一先發生的現象便是雜居，以後緊接着便是互相通化。而通化的結果，往往是一個文化較高的民族通化了文化較低的民族。這種例子，在歷史上很多，不但中國有，就是西洋各國也很不少，差不多要成爲歷史上的一個公例。

中國這個民族，在東亞一帶說來，是比較歷史最長，文化最高的一個民族，所以牠四邊的各民族，往往被牠通化的很多。春秋時代，是一次民族的大融合，而五胡亂華，是第二次的大融合。就中外族漢化最顯著的一例，要算是北朝的拓拔魏。他爲了仰慕中國文化的緣故，所以自動的就採取一種積極的漢化政策。而最近的例子，如滿清的入關，二百多年的結果，幾乎完全被漢民族所通化了。在這些地方，都可看出中國民族力量的偉大。

單就遼金元三朝來說，固然大體上都是採行漢化的，但是最明顯的，最積極的，第一個開始採行漢化的，還要算遼太祖阿保機。只要我們看到他的重用漢人，就可料想到他將來一定是要被漢化的，所以到後來，遼朝的一切，如文化制度，風俗習慣，日常生活，起居飲食，差不多都直接間接的，受了漢人的影響。我們看了上邊所說的幾段，就可曉得，一個文化高尚的民族，如何逐步的被一個文化低落的民族通化了。

有人說，中國這個民族，好像是一個大海，任憑你把砂糖或鹽，丟在裏邊，都會給他融化了。這話固然說得有點過火，但是我們看了契丹人的向化，也就可相信是有幾分眞實性的。

明代之遼東邊墻

潘承彬

明自太祖定都金陵，收復燕冀，元室後裔竄奔沙漠。朝廷遣兵征討，卒平遼東。太祖乃劃錦義建利諸州隸遼東；而於古會州大寧地，設置北平行都司，領興營等廿餘衛所。十四年後封皇子權於大寧為寧王，封皇子植于廣寧為遼王，封王子憲于開原為韓王。又使宋國公馮勝征納哈出，據大寧塞列戍控制，遂築大寧寬河會州富峪四城。觀其以封王置衛築城，經營遼東，其雄圖可以概見矣。惜駕崩未久，而燕王靖難兵起，中原不安，朝廷一時無暇東顧，致使東夷乘隙而來。永樂篡位，自以為生長北漠，不畏戎夷，遂至疏忽；而邊境官吏又怠于防務，遂使兀良哈女眞之族乘間內侵，漸成禍患。於是一般稍有才識之政治軍事家，因作亡羊補牢之計，而有建築邊墻之議也。至邊墻之建築以地理上言之，可分為遼東，遼河沿岸及遼西之三部。若以建築之目的言之，則遼西及遼河流域兩面為防禦兀良哈及蒙古人之侵擾，遼東一面為防禦女眞人之內犯。茲就其起因及位置區劃等項分別述之。

一　遼西及遼河流域（自山海關鐵場堡至開原之定遠堡）邊墻之起源及其前因

（1）遼西邊患之起因

明自太祖建國，封王遼東，對東北之雄圖已述之如前。永樂帝靖難兵起，建都北京，彼自以為生長北地，藐視邊夷。祇求遂其野心，而不思國防之鞏固。故自定都後，以寧王有功遷之南昌。又遷大寧都司於保定，於是寧王舊地勢力衰微，俺得保守西喇木倫河以南之地。後世謂永樂以三衛有功，分割大寧與之，（明史朶顏衛傳云，成祖從燕起兵靖難，患寧王躡其後，自永平攻大寧入之。謀脅寧王，因厚賂三衛，說之來。成祖行，寧王餞之郊，三衛從，一呼皆起，遂擁寧王入關，成祖復還其三千人為騎兵從戰。天下既定，遷寧王南昌，遷大寧行都司於保定。遂盡以大寧地畀三衛，以償其勞。又明史紀事本末「設立三衛」內亦云：燕王起兵　從劉家口經趨大寧，不數日奄至，寧王卒出不意降。燕王乃移王與其軍駐於內地，盡拔降騎置北平。從戰有功，遂以三衛地畀兀良哈，使仍為三衛，其官都督至指揮千百戶有差，約以為外籓。居則偵探，警則捍衛。歲給牛具種，布帛酒食，良厚。此築大甯設三衛之始也。）然考之史乘而知其不確。試觀永樂二十年，帝親征韃靼之阿魯台時，其于鳴鑾戍地方所發之詔諭云：「明年滅虜，（蒙古）防守大甯，於遼東興和應並置重鎮」，可見彼固未嘗將大甯與三衛畀兀良哈也。然則因永樂之遷大甯都司，而北族之勢力旣踰西喇木倫河，又越老哈河以迄長城之北。遂于正統年間，兀良哈脅迫山海關，至錦州通道上之要砦前屯。明廷至此始悟前此之非，奈時勢已迫，欲保燕京遼東之通道，不得不施以特種之防禦。由此可見遼西邊牆建築之動機，與永樂之遷大甯都司，以及兀良哈之侵邊皆相聯之事實也。

（2）正統年前遼西之邊患

成祖永樂遷甯王，棄大甯都司，賞三衛之功而優待之。惟以夷民不識情理，狡猾特甚，故不久而三衛叛去，附阿魯台。終明之世，或降或叛，反覆無常，實爲中國肘腋之患。茲以其于正統年前侵邊事實述之。

永樂二十年秋，成祖親征阿魯台，旋師討兀良哈，大破之。

宣德三年九月，兀良哈犯大甯，宣宗親征。出喜峰口，至寬河，大破之。

英宗正統二年，福餘衛阿魯歹等，以五百騎掠葭州獨石，守將楊洪邀擊西涼亭，生擒百戶乞麻里等，奪其所掠。

正統四年夏六月福餘衛都指揮歹都等，聲言賞薄，互市失利，非永樂時比，帝遣使勑責。九月兀良哈犯邊，右參將楊洪追擊于白塔兒，三岔口，值兀良哈五百騎，擊敗之。

正統六年冬十月，左參將黃真巡邊至閔安山，值兀良哈三百餘騎，擊敗之。福餘衛脫火赤完哈等假射獵，屢犯邊，至是被擒，磔於市。後以遊騎犯密雲扒頭崖塞，射傷戍卒，又掠牛心山。

正統七年冬十月，兀良哈千騎自氈帽山犯廣甯前屯等衛，守將曹義擒其將孛台。

以上事實概採自明史紀事本末，其於三衛兀良哈之屢犯邊疆，已述其概矣。

（3）王翺畢恭之首建邊墻

嘗讀遼海叢書全遼志，其邊防志有云：「國初畢恭守遼東，始踐山因河編木爲垣。久之，乃易以版築，而墩臺城堡稍稍添置」。遼東志宦師志王翺事略云「英宗正統七年，翺提督遼東軍務，總兵以下庭謁，翺詰其失機之由，命左右悉出斬之，諸將哀乞得生。於是三軍股慄，無不用命。踰月乃自巡邊，沿山海關抵開原，高墻深濠，五里爲堡，十里爲屯，烽燧斥堠，珠連璧貫，千里相望」。全遼志宦業傳畢恭事略云「巡撫王公翺薦恭有文武才，由百戶舉陞流官指揮僉事，圖上方略，開設遼西邊堡墻壕，加置烽堠，兵威大震，虜人畏服，進署都指揮僉事。奉敕守備寧前地方，在任五年邊鄙寧謐」。巡按御史李善奏復遼東邊事疏云：「……宣德年間，本鎮初無邊墻，時唯嚴瞭望，遠烽堠，海運直通遼陽鐵嶺，以達開原。……遼之中京肥饒之地不下萬頃，自畢恭立邊後，置之境外」。總觀以上各書所載，則知邊墻之創建係起於正統七年，惟後人往往以爲邊墻之創設全在畢恭一人，其故蓋爲全遼志邊防志及李善疏議並未提及王翺也，鄙見則不然。蓋建築之事或係畢恭之所爲，而設計籌劃則由王翺任之矣。蓋畢恭由王翺之薦而得實施其政策，而王翺之所以薦畢恭者，乃以其有防邊大才。此於全遼志宦師志王翺條均有載明。翺乃一有名之政治家，其於畢恭之設計安能不有所策劃哉？

（4）遼西邊墻之位置

邊墻之建築大抵依水就山，以遼河之橫亙，而遼西及遼中之邊墻遂成南北橫斷之勢。然其所以繞河而築，不直接跨河而成凹形者，安知其非擇地形險異而爲之耶？此邊墻之位置以日人稻葉岩吉東北開發史所載爲：「遼西邊墻，起點於寧遠錦州間之大紅螺山脈。稍東北行，過義州西北，經廣寧之北，抵白土廠門。漸次東南斷於今牛莊對岸之三岔關，因前阻於遼河，邊墻乃即由此中斷。其遼東之邊墻，即起於牛莊附近之馬圈子。繞渾河右岸遼陽之西，經黃泥窪，歷長灘越渾河，遵彰義站及沙嶺老邊之一線，從石佛寺越遼河，抵對岸之舊門。經鐵嶺北中固西之老邊，復出于遼河右岸，過開原之西，達於昌圖之北方」。

（5）初建邊墻之內容

王翺畢恭之建築邊墻也，乃所以防兀良哈三衛之侵。且遼東屢逢寇驚，民力不足，離京遙遠，交通又不若今日之便，是以其設施以簡略爲主。初則僅利用山脈，堆砌石壘，利用河川，立木作柵，或堆土爲塹。後于最重要處，始立烽燧，臺城屯堡。其後乃改築土墻，再後又更砌磚墻。然而胡虜出沒無定，時來時去，東邊路遠兵寡，偶值風雨，墻柵毀壞。敵人之侵入易如反掌，而邊墻又常有被毀之事。其常時建築之簡陋，概可知矣。

二　遼東東部邊墻之起源

遼東東部邊墻，其建築時期，雖後於遼西遼河流域，而其起因並無大異。蓋遼西受兀良哈三衛之侵擾，而遼東則受建州女眞之內犯。其內犯之前後與築墻之起始，復略述之如左：

（一）建州女眞之起源及其內侵

女眞部族，自蒙古崛起，金室滅亡，遁跡邊外。其所居地，離今邊墻甚遠。及後漸自黑龍江移住於松花江下流，及吉林之境內。後又西南移，遷居于鴨綠支流之婆猪江流域，再後乃由婆猪江內遷于遼河支流之蘇子河沿岸，是乃宣德年間事也。其大略于日人稻葉岩吉之東北開發史見之如左：

『建州女眞人自其先祖原佔地域分兩路移轉：其一，遵東海岸以移住於豆滿江之谷地；其一，則溯松花江以移住於今吉林附近。此移住於吉林之部，至宣德年間，由酋長李滿住統率，移向鴨綠江支流佟家江（古婆猪江）居住。佟家江之所經流，爲鴨綠江旁最大谷地。其江口正對朝鮮，故對于韓人，遂不免時生衝突。而朝鮮此時適逢英主，方亟亟以開拓西北及東北疆域爲務，則其衝突自不免頻繁。而女眞人以實力不充，又以新移居此，故雖極力奮鬥，但終不能維持久留。乃不得不內徙避難，而至渾河上流，今蘇子河之谿谷，並乞明廷允其居留寵突山之東南渾河之上，今興京老城附近。明廷以其微弱可憐之故，允其所請。豈知即以此盤據之故，而終明之世，與以無窮之禍也』。

以上所述，係建州女眞之起源，至其爲患之端末又可於史册得其大略如左：

張鼐遼夷略云：『明洪武二十七年，女眞野人部寇遼東，上命宋晟劉眞討之。時天下初定，聲教未訖，至永樂九年，遣將駕艦至江上召集諸酋豪，餌以官賞。於是東旺佟答剌哈王肇州瑣勝哥四酋率衆降，始設奴兒于都司。以四酋爲都指揮，領衛所三百八十二，皆令三歲一朝貢，官賞犒之。又於開原城置馬市，通交易。稍給鹽米布，使保塞。各路皆有水陸城站，自湯站東抵開原建州毛憐海西野人兀者，皆有室廬。而建州最强。建州毛憐本渤海氏遺裔，善耕種織紡，飲食衣服頗有華風，建州又善治生，其左右二衛最無賴。大抵東北諸裔建州當要害，居中與諸夷勢相聯絡爲犄角。而五嶺，喜昌，石門諸隘，人騎不能成列，彼中恃爲咽喉。永樂間，開原降虜楊木答戶者，率數百騎奔建州，已而建酋李滿住款塞求內附，駐牧蘇子河，日强盛，漸爲邊患。永樂末年，邊計漸弛，諸酋多叛去者，一歲犯邊至九十七次，殺死吏民十餘萬。宣德初，復招降諸夷。遼東守臣請以建州老營地居之。老營者中朝採取人蔘松子地也，名東建州，自是歲遣使入貢以爲常。正統中，乜先猖獗，附之入寇。侵遼東西，景泰中老酋多死，中朝以乜先之亂，諸夷乘亂侵掠，於是入貢時，宴賞大減，以故怨忿思叛』。

(2)成化年間之征撫建州女眞

成化二年建州都督董山等入寇遼東，三年命武靖伯趙輔等率兵討之，山降，檻送京師。輔以山罪不可赦，請誅之，而安置其黨于兩廣福建。是年九月，又分三道進剿。朝鮮亦遣將萬人，遏其東，擒斬近千人。李滿住及其子古納哈亦同時犯邊，俱遭所戕。尋以霜雪大至，寒冷異常，明兵不能耐，故倉卒班師。驟視之，趙輔之出兵似將建州女眞，完全消滅，究其實，僅及於一時耳。故迨輔退師，女眞依舊來侵，其勢焰並不較弱於前。至成化十四年，遼陽三衛糾合海西人散赤哈以報山仇。犯邊，大掠鳳集諸堡。朝廷聞之，以爲夷人去來無定，非一時所能消滅，故即提出築邊，以爲防範。其事可于左都御史李秉之奏疏見之。茲摘李秉奏疏之大要以述之。秉所奏略爲三衛諸夷互相連結，侵犯遼東。朝廷已命將致討，直擣其根據地。若不乘此勝利，作永久之計，則師還而寇集，不免復爲邊患。今與將軍趙輔合議，決定方略。自遼陽東趨，經鳳凰山東，以抵鳳集堡，四百餘里，其地山深林密。而遼陽距鳳凰城五百里，其守備之官軍祗有千人。力薄如此，將何以備不虞？宜將前年所徵廣寧之兵二千四百人，增發於此。又遼陽以東鳳凰山鵲鴉關所率集堡諸地，率爲通敵之大道。昔日無事，故防備不設；今敵人既已洞明內地之虛實，則時時俱有入寇之虞。宜相度遠近，築造千戶所之城堡；於廣寧復州蓋州三衛，各抽勁旅，置指揮二人以統率之。並增置驛路之臺墩以便往來，而捷報告，如此方稱周密也。

總觀以上諸端，則知遼東邊墻建築之前因後果矣。蓋自女眞之屢次南侵，遼東吏民，畏之已甚，而朝廷以有限之師，不能防無定之寇，勞師以勤遠，終非久計。是以自鳳凰城起，經淸河城北撫順城東，一連而設墩臺堡壘也。

(三)邊墻之區劃

邊墻之築，既因防禦兀良哈三衛之擾，及渾河岸建州女眞之寇，其設計區劃可得而言者如左。邊墻西北自長城薊鎭界鐵塲堡起，至東北開原之永寧堡止，共六十八堡，計長一千二百四十八里。東北自開原之鎭北堡起，至東南鳳凰城堡止，共二十六堡，計長五百二十里。其間以遼河之阻隔，遂成一中段不自然之凹字形。而凹形邊墻之北，即所謂遼河套是也。至若邊墻確實之位置則以遼東地本荒涼，記載又不一說，而又難於確信。惟于全遼志邊防志略作參攷。今就其行政分區，自西至東略述之。

(1)前屯衛所轄地附近之邊墻

邊牆由前屯衛本城，中前所及中後所之西邊。西端起自鐵場堡吾名口臺，至錦川營堡東方之小河口臺止，共計二萬五千二百丈。內土牆九千五百二十丈，石墻九千二百五十丈，木柞墻二千八百七十丈，山險墻三千五百六十丈。邊堡十座，邊臺一百四十座，瞭守官軍五百二十員名。腹裡接火臺二十七座。瞭守官軍百二十四員名。其臺堡之位置如左：

甲　鐵場堡

堡處前屯衛西六十里，堡西吾名口可屯兵，堡北土衚衕可按伏。邊臺凡八：曰吾名口臺，曰接界臺，曰鎭夷臺，曰北石門臺，曰寺兒山臺，曰椴木衝臺，曰濫泥溝臺，曰石嘴空臺。據白鳥等滿州歷史地理云，今涼水河上流長城之一部，銜接吾名口臺，其地或即舊時堡臺地也。

乙　永安堡

6 堡處前屯衛之西北四十五里。堡北僉閣山爲屯兵要地，堡東背陰障可按伏。邊臺凡九：曰石狹臺，曰小孤山臺，曰古路溝臺，曰大孤山臺，曰鎮營河口臺，曰西小川臺，曰團山臺，曰刀背山臺，曰亂石嘴臺。

丙　背陰障堡

堡處前屯衛西北三十里。堡東南高昇礅可屯兵，三山營可按伏。邊臺凡八：曰總管臺，曰梨樹灣臺，曰松嶺臺，曰管家衚臺，曰尖山臺，曰野猪障臺，曰將軍石臺，曰樓自山臺。

丁　三山營堡

堡處前屯衛西北三十里。堡北大古路口可屯兵，堡西平山溝可按伏。墩臺凡十五：曰長嶺臺，曰大古路口臺，曰平山臺，曰雙山臺，曰松山臺，曰石嘴臺，曰小古路口臺，曰芍藥溝臺，曰釣魚臺，曰石嘴空臺，曰雙溝臺，曰黃土嶺臺，曰灣頭墻臺，曰半邊山墩，曰半邊山臺。

戊　平川營堡

堡處前屯衛北三十里。堡北石河口可屯兵，堡南勞豆溝可按伏。墩臺凡十二：曰石河口臺，曰牽馬嶺臺，曰長寧臺，曰栗子臺，曰松樹臺，曰鎮虜臺，曰鎮北臺，曰長嶺臺，曰鎮夷臺，曰安邊臺，曰古路口臺，曰野馬川臺。

己　瑞昌堡

堡處平川堡東北約十五里，寧遠州城之西一百五里，前屯衛東北三十里。堡北哈喇河可屯兵，堡東毛刺衚可按伏。墩臺凡十二：曰排柵莊臺，曰青艸波臺，曰野麻城臺，曰哈喇呵臺，曰大團山臺，曰杏樹溝臺，曰塞兒山臺，曰毛刺衚臺，曰鎮東臺，曰三道溝臺，曰獅子口臺，曰白石嶺臺。

庚　高臺堡

堡處寧遠州城西八十五里。堡西燒荒口可屯兵，堡北黑土臺可按伏。邊臺凡八：曰平夷臺，曰甘泉臺，曰大家嶺臺，曰偏崖兒臺，曰小莊臺，曰黃伯河臺，曰關門臺，曰黑土臺。

辛　三道溝堡

堡處前屯衛東北七十里。堡北長嶺兒可屯兵，堡西石山兒可按伏。邊臺凡九：曰架子山臺，曰黃土崗臺，曰石山臺，曰黃花臺，曰安家山臺，曰牽馬嶺臺，曰長嶺臺，曰鎮安臺，曰青石崖臺。

壬　新興營堡

堡處三道溝堡東，六州河上流所上。堡西劉彥彰可屯兵，堡南古莊窠可按伏。邊臺凡十一：曰平坡臺，曰古莊窠臺，曰慶春山臺，曰小夾臺，曰六州河口臺，曰湯池山臺，曰鷹窩山臺，曰古路口臺，曰堵兒峪臺，曰碾盤山臺，曰鎮北臺。

癸　錦州營堡

堡處前屯衛東北九十里，寧遠衛西六十五里。堡南黃七堆可屯兵，堡西老鸛衙可按伏。所轄邊臺凡十二：曰大牛心山臺，曰鎮口臺，曰雙山兒臺，曰雙樹臺，曰平湖臺，曰小河口臺，曰老鸛衙臺，曰焦石嶺臺，曰背陰莊臺，曰廟兒山臺，曰觀音山臺，曰葦子溝臺。

(2)寧遠衛所轄地附近之邊墻

邊牆由寧遠衛本城及中左所中右所，起自黑莊窠西古路口臺，至椵木衛堡小紅螺山臺止，共二萬九千四百二十一丈，其中土牆一萬一千二百三十丈，石墻八千九百六十五丈，木柞墻三千四百二十丈，山險墻五千八百六丈。邊堡凡十一，邊臺一百五十五座，腹裏接火臺二十六座。

甲　黑莊窠堡

堡處寧遠衛之西六十里。堡南石夾河口可屯兵，堡東夾山兒可按伏。邊臺凡十三：曰西古路口臺，曰河灣臺，曰杏樹臺，曰孤松墩，曰夾山臺，曰黃土臺，曰鎮靜臺，曰中古路臺，曰廟兒山臺，曰永淸臺，曰南柳河臺，曰鎮邊臺，曰北柳河臺。

乙　仙靈寺堡

堡處寧遠衛西四十里。堡東土嶺可屯兵，煙臺可按伏。邊臺凡十二：曰鎮北臺，曰寺兒山墩，曰泉水臺，曰河口臺，曰小腰臺，曰石嘴臺，曰小門臺，曰大團山墩，曰新立臺，曰長嶺臺，曰高架空，曰安遠臺。

丙　小團山堡

堡處寧遠衛西北三十里，堡西吳簡山可屯兵，堡西北老虎衙可按伏。墩臺及架空凡十六：曰中架空，曰新架空，曰小架空，曰安寧空，曰韃古路空，曰小團山墩，曰鎮虜空，曰河口空，曰擒胡空，曰纓珠山墩，曰龍灣空，曰古路口臺，曰灰柴溝空，曰琉璃寺臺，曰安塞空。

丁　興水縣堡

堡處寧遠衛西北十八里。堡北煙籠山可屯兵，堡東王保兒山可按伏。墩臺凡二十：曰安邊臺，曰安寧臺，曰鎭邊臺，曰後山墩，曰鎭夷臺，曰大礅臺，曰鎭羌臺，曰河身臺，曰鎭興臺，曰寧遠河臺，曰定興臺，曰門臺，曰石嘴臺，曰新立臺，曰孤山墩，曰新架臺，曰轉頭山臺，曰定西臺，曰望川墩，曰孤山臺。

戊　白塔峪堡

堡處寧遠衛西北二十五里。堡西架礅山可屯兵，堡東陡嶺兒可按伏。墩臺凡十九：曰南平山臺，曰新架臺，曰水關臺，曰鎭寧臺，曰雙古路口臺，曰鎭北空，曰安寧臺，曰鎭北墩，曰河身臺，曰石嘴臺，曰山腰臺，曰大礅臺，曰尖山臺，曰牛心山墩，曰舊河口臺，曰新河口臺，曰平山臺，曰新安臺，曰焦山臺。

己　寨兒山堡

堡處寧遠衛北十八里。堡東鷹窠山可屯兵，堡西橫嶺可按伏。邊臺凡十三：曰接架臺，曰陡嶺臺，曰新架臺，曰雙嶺臺，曰孤松臺，曰高峰臺，曰小礅臺，曰西石門臺，曰鎭邊臺，曰中石門臺，曰東石門臺，曰平山臺，曰水關臺。

庚　灰山堡

堡處寧遠衛東北二十里。堡西灰窖兒可屯兵，堡東長嶺兒可按伏。墩臺凡九：曰石嘴臺，曰長嶺墩，曰長嶺臺，曰尖山臺，曰古路口臺，曰枯樹臺，曰威寧臺，曰雙山墩，曰鎭虜臺。

辛　松山寺堡

堡處寧遠衛東北四十里。堡東廟兒山可屯兵，堡南全家峪可按伏。墩臺凡十五：曰何勝臺，曰古路口臺，曰鎭遠臺，曰寧靜臺，曰中架臺，曰平胡臺，曰寺兒山墩，曰河口臺，曰平山臺，曰鎭夷臺，曰荆條山墩，曰麻溝臺，曰麻溝墩，曰新安墩。

壬　沙河兒堡

堡處寧遠衛東北四十餘里。墩臺凡十一：曰泉水寺臺，曰新架臺，曰孤山口臺，曰鎭衛空，曰河身臺，曰靖夷臺，曰孤山空，曰得勝空，曰孤山墩，曰鎭邊臺，曰長山空。

癸　長嶺山堡

堡處寧遠衛東北五十餘里，堡西偏臺子可屯兵，堡南尖山兒可按伏。墩臺凡十：曰鎭遠臺，曰了角山臺，曰安靜臺，曰河口臺，曰平山臺，曰安息空，曰長嶺墩，曰安德臺，曰偏嶺臺，曰尖山臺。

椴木衝堡

堡處寧遠衞東北六十里。堡南石鼓兒河可屯兵，堡東殺虎溝可按伏。墩臺凡十八：曰安定臺，曰鷹窩山臺，曰安寧臺，曰靜寧臺，曰安邊臺，曰椴木衝空，曰亂井臺，曰古路口臺，曰石嘴臺，曰椴木衝墩，曰仙人臺，曰鎭胡臺，曰虹螺空，曰虹螺墩，曰雙褡臺，曰土門臺，曰鎭夷臺，曰小虹螺山臺。

(3)錦州城所轄地之邊墻

邊墻由錦州城本城松山所及大凌河所。西自寧遠椴木衝界起，至義州大定堡界止。石墻八千八百六十丈，土墻一萬二千六百三十丈六尺，共二萬一千五百三十六丈。水口四處，邊堡凡五，邊臺九十四座，腹裏接火臺三十九座。

甲　大興堡

堡處錦州城西南四十里。堡北新莊子可屯兵，堡西喇必山溝可按伏。墩臺凡十九：曰安靜臺，曰小虹螺山臺，曰定安墩，曰定邊墩，曰三道溝，曰半邊山臺，曰半邊山墩，曰半邊山新臺，曰鎭安墩，曰威遠墩，曰姚家山臺，曰姚家山空，曰永安臺，曰威鎭墩，曰鎭寧墩，曰鎭平空，曰陡嶺兒臺，曰鎭夷山墩，曰虹螺縣臺。

乙　大福堡

堡處大興堡東北。堡東錦昌堡可屯兵，新門兒可按伏。墩臺凡十八：曰虹螺縣新臺，曰永安南空，曰黑鷹山臺，曰永安空，曰臥佛寺南空，曰臥佛寺臺，曰駱駝嶺南空，曰駱駝嶺墩，曰駱駝嶺北空，曰鎭虜山空，曰鎭虜山墩，曰塔兒山空，曰塔兒山墩，曰湯河兒墩，曰鎭北山南空，曰鎭北山空，曰鎭北山北空，曰孤山墩。

丙　大鎭堡

堡處錦州東北三十五里。堡西沙河堡可屯兵，巡檢司可按伏。墩臺凡十八：曰長山南空，曰長山空，曰長山北空，曰鎭南臺，曰鎭靜臺，曰駝兒山臺，曰青石臺，曰鎭邊山墩，曰沙河空，曰古城臺，曰雲頭山南空，曰雲頭山墩，曰雲頭山北空，曰龍潭南空，曰龍潭空，曰龍潭北空，曰鎭安山臺，曰小河口南空。

丁　大勝堡

堡處錦州北三十五里。堡南蔡家堡可屯兵，分水嶺可按伏。墩臺凡廿二：曰小河口北空，曰鎮安山南空，曰鎮安山空，曰鎮安山北空，曰亂石山南空，曰新石臺，曰亂石山北空，曰安夷臺，曰安平臺，曰安靜臺，曰長永臺，曰長勝臺，曰長安臺，曰長寧臺，曰長靜臺，曰安寧臺，曰鎮夷臺，曰平靜臺，曰梯子山南空，曰梯子山墩，曰梯子山北空，曰新築臺。

戊　大茂堡

堡處錦州城北三十五里。堡南流水堡可屯兵，葦子溝可按伏。墩臺凡十七：曰韭菜山南空，曰韭菜山新臺，曰韭菜山北空，曰永寧空，曰定夷臺，曰唐帽山南空，曰唐帽山新臺，曰唐帽山墩，曰唐帽山北空，曰松嶺墩，曰松嶺新臺，曰鎮夷新臺，曰鎮夷空，曰鎮夷墩，曰石山兒臺，曰寨子山臺，曰碌砷山界。

（4）義州城所轄地之邊墻

邊墻西自錦州所轄大茂堡界起，至廣寧所轄鎮夷堡界止。石墻一萬一百三十三丈，土墻一萬七千五百六十六丈五尺，共二萬七千六百九十九丈五尺。邊臺百五座，邊堡七，腹裏接火臺三十八。

甲　大定堡

堡處義州城西四十里。堡東劉溫屯可屯兵，十方寺可按伏。墩臺凡十七：曰新臺，曰松山新臺，曰松山臺，曰石河空，曰于呆營，曰石剌墩，曰分巡臺，曰分巡營，曰陡嶺空，曰戎華營，曰陡嶺墩，曰長安臺，曰便觀臺，曰尖山空，曰石安空，曰碌砷山空，曰碌砷山界。

乙　大安堡

堡處義州城西南三十里。堡北半邊山可屯兵，龍腰兒可按伏。墩臺凡十六：曰寨兒墩，曰寨兒新臺，曰安遠空，曰分新臺，曰寨兒空，曰安靜臺，曰安寧空，曰大捷空，曰平安空，曰平寇營，曰平山空，曰平山新臺，曰永安空，曰鎮家衝，曰三山空，曰張能營。

丙　大康堡

堡處義州城西二十里。堡北風口可屯兵，蔡家堡可按伏。墩臺凡十二：曰清陽臺，曰寺兒墩，曰寺兒新臺，曰王志營，曰雙山空，曰高玉營，曰堵衝營，曰三山墩，曰祝青營，曰祝青新臺，曰寺兒空，曰凌河西岸臺。

丁　大平堡

堡處義州西北二十里。堡南萬佛堂可屯兵，狗河寨可按伏。墩臺凡十八：曰慕山墩，曰慕山新臺，曰慕山空，曰慕山營，曰黃泥溝，曰平靖臺，曰灰場空，曰靖邊臺，曰平胡臺，曰顧安營，曰古城空，曰得勝臺，曰舊碓嘴，曰茶牙山新臺，曰茶牙空，曰茶牙墩，曰陳貴營，曰揚昊營。

戊　大寧堡

堡處義州城東北三十里。堡南正義堡可屯兵，金家溝可按伏。墩臺凡十一：曰黑鷹山墩，曰黑鷹山新臺，曰靜胡臺，曰分水嶺，曰清水臺，曰清水墩，曰石門空，曰尖山墩臺，曰達達嶺，曰鎮夷臺，曰營城墩。

己　大靖堡

堡處義州東北六十里。墩臺凡十三：曰尖山空，曰石河臺，曰姚華營，曰尖山門，曰尖山新臺，曰中路墩，曰大安臺，曰大鎮臺，曰大威臺，曰老軍臺，曰隘口新臺，曰鎮寧臺，曰鎮北墩。

庚　大清堡

堡處義州城東北五十里。堡南姚家屯可屯兵，細河臺可按伏。墩臺凡十八：曰鎮安臺，曰隘口小臺，曰胡林空，曰廣平墩，曰廣平腰臺，曰靖安空，曰靖安臺，曰中路空，曰平虜臺，曰白信臺，曰清河空，曰蒲灣臺，曰謝得營，曰白土場，曰白土溝，曰駱駝空，曰駱駝墩，曰李海營。

(5)廣寧地方所轄之邊墻

邊墻自鎮夷堡西義州大清堡界起，東至鎮邊堡界止，計程五十里，俱土墻，高一丈二尺，河口三處，闊二丈。鎮夷堡至鎮靜堡界止，計程四十八里，石墻二十三里八十四步，土墻二十四里，二百二十六步，高一丈二尺。鎮靜堡至鎮安堡東界止，計程四十五里，石墻七里一百一十一步，土墻三十七里一百五十步，高一丈二尺。鎮安堡東至鎮遠堡界止，計程四十二里，俱土墻。鎮遠堡東至鎮寧堡界止，計程四十三里，石墻五里一十四步，土墻三十七里一十四步。邊堡凡六，邊臺七十九座，腹裏接火臺三十七座。

甲　鎮夷堡

堡處義州西北六十里。堡南可屯兵，堡東南盤嶺可按伏。邊臺凡十三：曰接界臺，曰鎮口墩臺，曰鎮虜墩臺，曰新關門臺，曰乾河口臺，曰沙河營臺，曰夏韓口臺，曰夏韓口新臺，曰小附馬營臺，曰大附馬營臺，曰新寺兒山臺，曰舊寺兒山臺，曰境外靑堆兒臺。

乙　鎮邊堡

堡處廣寧城北四十里。堡東可屯兵，本堡可按伏。邊臺凡十四：曰接界臺，曰下孛羅林臺，曰上孛羅林臺，曰三岔兒臺，曰喜峰口臺，曰韓家嶺臺，曰鳳頭山臺，曰尖兒山臺，曰虎頭山臺，曰魏家嶺臺，曰東新臺，曰馬安山臺，曰古路口臺，曰紅山兒臺。

丙　鎮靜堡

堡處今廣寧北五十里，白土廠門附近。堡南可屯兵，堡南團山堡可按伏。墩臺凡十七：曰西長嶺兒臺，曰王來住衙大臺，曰石洞口臺，曰石洞口東空臺，曰石刺山臺，曰石刺山新臺，曰兔鶻山臺，曰兔鶻山新臺，曰大寨兒山臺，曰小寨兒山臺，曰石灰窰臺，曰白土廠臺，曰鎮遠關大臺，曰白土廠東小臺，曰缸窰空臺，曰缸窰東空臺，曰境外晾馬山臺。

丁　鎮安堡

堡處廣寧堡東北五十里。堡東南可屯兵，堡西正安堡可按伏。邊臺凡十二：曰古城空西新臺，曰古城空臺，曰古城東空臺，曰雙臺西小臺，曰雙臺西新臺，曰鎮北臺，曰雙臺大臺，曰雙臺前臺，曰雙臺東空臺，曰寺兒山臺，曰岐山西新臺，曰岐山大臺。

戊　鎮遠堡

堡處廣寧東北六十里。堡南可屯兵，堡西東安堡可按伏。邊臺凡十：曰歪頭山臺，曰棋盤山臺，曰小黑山大臺，曰小黑山西新臺，曰小黑山西空臺，曰小黑山南空，曰大黑山北空臺，曰大黑山東空臺，曰境外鎮湖臺，曰棊盤山東空臺。

己　鎮寧堡

堡處廣寧東南四十里。堡南可屯兵，堡西蛇山可按伏。邊臺凡十七：曰大黑山大臺，曰大黑山東空臺，曰大黑山南空，曰大黑山南小臺，曰野豬湖北小臺，曰野豬湖大臺，曰野豬湖中小臺，曰野豬湖北空臺，曰野豬湖南空，曰莽獐湖北空臺，曰莽獐湖南空臺，曰莽獐湖大臺，曰莽獐湖南小臺。

(6)鎮武堡遊擊地方(廣寧東南地界)

邊墻自鎮武堡西界起，至西寧堡東界止，共土墻一萬七千七百五十二丈五尺，計程一百五里。邊堡凡四，邊臺五十三座。

甲　鎭武堡

堡處廣寧城東南一百五十里。堡南翟官屯可屯兵，堡西腰站可按伏。邊臺凡十五，臺名略。（見全遼志）

乙　西興堡

堡處廣寧東南一百五十八里。堡南地勢平漫，臨境堡南清泉舖可按伏。邊臺凡十六，臺名略。（見全遼志）

丙　西平堡

堡位置不詳。堡南地勢平漫，臨境堡東南高墩舖可按伏。邊臺凡十三，臺名略。（見全遼志）

丁　西寧堡

堡位置不詳。堡東布花堡可屯兵，堡西河灣空可按伏。邊臺凡九，臺名略。（見全遼志）

(7)海州城所轄地方之邊牆

邊牆自西寧堡起至東勝堡止，土牆一道，高一丈二尺，共七千一百三十丈。邊堡凡二，邊臺三十一座，腹裏接火臺十七座。

甲　東昌堡

堡東趙皮灣可屯兵，趙皮灣屯可按伏。邊臺凡十四，臺名略。（見全遼志）

乙　東勝堡

堡地勢平漫，臨境堡南古城屯可按伏。邊臺凡十九，臺名略。（見全遼志）

(8)遼陽城所轄地之邊牆

邊牆自東勝堡界起，至瀋陽靖遠堡界止，土牆一道，計一百七十里。嘉靖三十六七年大水坍塌，嘉靖四十四年巡按御史李輔題請修築。邊堡凡七，邊臺九十三座，腹裏接火臺凡七座。

甲　長靜堡

堡東地勢平漫，臨境桂雄堡可按伏。邊臺凡九，臺名略。（見全遼志）

乙　長寧堡

堡東地勢平漫，臨境平伊堡可按伏。邊臺凡十三，臺名略。（見全遼志）

丙　長定堡

堡處遼陽西南五十里，墩臺凡十四，名略。（見全遼志）

丁　長安堡

堡處遼陽西北五十里，堡東地勢平漫，臨境李首中屯可按伏。墩臺凡十五，名略。（見全遼志）

戊　長勝堡

堡處長永堡西，堡東地勢平漫，臨境沙河堡屯可按伏。沿邊墩臺凡十三，名略。（見全遼志）

己　長勇堡

堡處遼陽北一百五十里，地勢平漫，臨境武靜營可按伏。沿邊墩臺凡十三，名略。（見全遼志）

庚　長營堡

堡南毛得山可屯兵，堡東毛得山屯可按伏。沿邊墩臺凡十六，名略。（見全遼志）

辛　武靖營堡（係腹裏無邊墩）

壬　奉集堡（全前）

(9)瀋陽衛所轄地之邊墻

邊墻西自靜遠堡接遼陽長營堡界起，北至上榆林接十方寺界上，土墻一道，長九千七百五十二丈，邊堡凡三，邊臺三十一座，腹裏接火臺五座。

甲　靜遠堡

堡處奉天西六十里，堡東地勢平漫，臨境陳寧堡可按伏。邊臺凡十四，臺名略。（見全遼志）

乙　平房堡

本堡地勢平漫，臨境上蒲河屯可按伏。邊臺凡五，臺名略。（見全遼志）

丙　上榆林堡

堡處奉天西北四十里，附近倒塔兒空堡可屯兵。邊臺凡十二，臺名略。（見全遼志）

(10)蒲河城所轄地之邊墻

邊墻西南自瀋陽上榆林堡界起，至懿路丁字泊堡界止，土墻一道長五千四百丈。邊堡一，邊臺十四座，腹裏接火臺八座。

甲　十方寺堡

堡處鐵嶺西九十里，堡南灰岡新立馬空堡可屯兵。邊臺十四，臺名略。（見全遼志）

(11)懿路城所轄地之邊墻

此邊墻位懿路城之西，遼河沿岸。邊西土墻三十五里，邊東三岔兒堡，劈山及土墻順長三十一里。邊堡凡二，邊墻二十一座，腹裏接火臺五座。

甲　丁字泊堡

堡處鐵嶺城西南五十五里，沿邊墩臺十三，臺名略。（見全遼志）

乙　三岔兒堡

堡位置在鐵嶺東南六十里，附近朴七屯可屯兵，本堡可按伏。邊臺凡八，臺名略。（見全遼志）

(12)汎河城所轄地之邊墻

此邊墻在汎河城之西方，邊西宋家泊堡，南自懿路丁字泊堡界起，北至鐵嶺曾遲堡界止，土墻一道，順長二十五里。邊東北自鐵嶺平定堡界起，南至懿路三岔兒堡界止，劈山墻一道，順長六里。堡邊二，邊臺十六。

甲　宋家泊堡

堡處汎河城西十里，堡南陳鎮撫屯可屯兵，邊臺十三，臺名略。（見全遼志）

乙　白家衝堡

堡處汎河城之東，邊臺凡三，臺名略。（見全遼志）

(13)鐵嶺衛所轄地之邊墻

此邊墻位宋家泊堡之東界，迤西南自汎河宋家泊起，北至開原慶雲堡界止，土墻一道四十六里，迤東撫按堡北自中固柴河堡界起，南至汎河白家衝界止，劈山土墻一道，順長六里。邊堡五，邊臺三十五座，腹裏接火臺廿二座。

甲　曾遲堡

堡處鐵嶺城西二十五里，堡東南姜華屯可屯兵，臯家屯可按伏。邊臺凡七，名略。（見全遼志）

乙　平定堡

邊臺一，臺名略。

丙　撫安堡

堡東石門可屯兵，堡南小豹子山可按伏。邊臺十四，臺名略。（見全遼志）

丁　鎮西堡

堡處鐵嶺衛城西二十五里，沿邊臺凡十一，臺名略。（見全遼志）

戊　彭家灣堡

邊臺凡二，名略。（見全遼志）

(14)中固城所轄地之邊墻

此邊墻在中固城之西，遼河沿邊。邊西南自鐵嶺平定堡界起，北至開原慶雲堡界止，土墻一道，順長三十里。邊東柴河堡，北自開原，南至鐵嶺撫安堡界止，劈山墻順長三十里。邊堡凡二，邊臺廿九座，腹裏接火臺廿一座。

甲　定遠堡

堡居中固城西，堡東南李宗海屯可屯兵，高麗屯可按伏。邊臺凡十二，臺名略。（見全遼志）

乙　柴河堡

堡處鐵嶺東六十里。關門衙可屯兵，馬家寨可按伏。邊臺十七，臺名略。（見全遼志）

（15）開原城所轄地之邊墻

此邊墻迤西自中固城定遠堡界起，歷慶雲，古城，永寧三堡，土墻一道共六十里。邊北鎮夷堡土墻，清陽鎮北二堡，塄山爲墻，共一百十六里。迤東自威遠，靖安，松山三堡至中固城柴河堡界止，塄山爲墻，順長九十五里。邊堡凡九，邊臺百十五座，腹裏接火臺七十座。

甲　慶雲堡

堡處開原城西南四十里，堡南灣子屯可屯兵，姑姑屯可按伏。邊臺凡十，臺名略。（見全遼志）

乙　古城堡

堡處開原西北四十五里。堡西南歸能屯可屯兵，梁才屯可按伏。邊臺凡七，臺名略。（見全遼志）

丙　永寧堡

堡處開原城西北二十里，邊臺凡四，臺名略。（見全遼志）

丁　鎮夷堡

堡處永寧堡之東。堡西姜黑可屯兵，皇甫城可按伏。邊臺十二，名略。（見全遼志）

戊　清陽堡

堡處開原城北二十里。高名屯可屯兵，羅二官屯可按伏，邊臺凡十三，臺名略。（見全遼志）

己　鎮北堡

堡處清陽堡東二十里，靖邊堡屯可屯兵，馬市屯可按伏。邊臺凡十八，臺名略。（見全遼志）

庚　威遠堡

堡處開原城東三十里，雷七屯可屯兵，屈換屯可按伏。邊臺凡二十，臺名略。（見全遼志）

辛　靖安堡

堡處開原東四十里，楊木哈兀屯可屯兵，黃泥岡可按伏。邊臺凡二十，臺名略。（見全遼志）

壬　松山堡

堡處開原南四十里沙河上流，瞭高山屯可屯兵，孟家屯可按伏。邊臺凡十，臺名略。（見全遼志）

（16）撫順城所轄地之邊墻

邊墻北自懿路三岔兒堡界起，南至遼陽東州堡界止，土墻一道六千四百九十九丈。邊堡二，邊臺二十二座。

甲　會安堡

堡處奉天東北九十里，邊臺凡十，臺名略。（見全遼志）

乙　撫順城

城處奉天東八十里，邊臺十二，臺名略。（見全遼志）

（17）清河堡所轄地之邊墻

邊墻自東州起至馬根單南界止，劈山墻一道八千四百九十二丈一尺，木柞五空，虎牢一空，共一百八十七丈。自馬根單起至孤山南界止，木柞墻五千四百四十七丈，內外虎牢十五空，共二千一百一十丈，板築墻八百丈。邊堡凡七，邊臺六十六座，腹裏接火臺十五座。

甲　東州堡

堡處撫順城東南三十里。奉集堡可屯兵，白隆山可按伏。邊臺十七，臺名略。（見全遼志）

乙　馬根丹堡

堡處奉天東南百十里，邊臺凡七，名略。（見全遼志）

丙　散羊峪堡

邊臺凡四，臺名略。（見全遼志）

丁　清河堡

堡處太子河上流興京西百六十里，堡南山勢臨境白家佃可按伏。邊臺十六，臺名略。（見全遼志）

戊　一堵墻堡

堡處鳳凰城北二百七十里，邊臺凡五，名略。（見全遼志）

己　鹻場堡

堡上山勢臨境舍人寨可按伏，邊臺凡十，臺名略。（見全遼志）

庚　孤山堡

堡處鳳凰城北二百零五里，邊臺凡七，臺名略。（見全遼志）

（18）險山堡所轄地之邊墻

邊墻自孤山南界，至江沿臺西界止，木柞墻共六千八十七丈，虎牢柞四十一空，共五千四百七十三丈，石垛牆八空，共八百五十丈。邊堡凡十三，邊臺七十四座，腹裏接火臺四十九座。

甲　酒馬吉堡

堡處鳳凰城北二百四十五里，邊臺凡九，臺名略。（見全遼志）

乙　靉陽堡

堡處鳳凰城北一百二十八里，邊臺十四，臺名略。（見全遼志）

丙　新安堡

堡處靉陽堡西，邊臺凡十七，臺名略。（見全遼史）

丁　險山堡

堡處遼陽東四百餘里，邊臺十七，臺名略。（見全遼志）

戊　寧東堡

堡處險山堡西南，邊臺凡五，臺名略。（見全遼志）

己　江沿臺堡

邊臺凡十二，臺名略。（見全遼志）

庚　湯站堡

鳳凰城堡

鎮東堡

鎮夷堡

草河堡

青台峪堡

甜水站堡

四　邊墻之構造

邊墻之構造往往以地形之關係，而至種類不一，其大抵可分左列數種：

（1）劈山墻

此等邊墻全倚天然地形，利用山脈，復加以人工而成者，如開原東北及清河城等之外邊均屬之。

（2）石墻

此類邊墻，利用天然地形，疊石成短垣而成，如錦州虹螺山附近，鳳凰城附近，大率類此。

（3）山險墻

此類邊墻，全依天然地形，利用大山脈或險阻峭壁而成。寧遠西北一帶之邊墻悉屬之。

（4）土墻

此類邊墻，乃由土築成之厚壁。遼河沿邊，廣寧東北之邊墻屬之。其高一丈二尺，土墻內外開壕一條。

(5)柞木墻

此類邊墻，以木柵造成，淸河城附近之太子河谿谷均屬之。

(6)木板墻

此種邊墻，係由木板造成之障塞，淸河城之外邊延用之。

(7)磚墻

此種邊墻，乃用磚砌成之墻垣，海城遼陽之西邊悉屬之。

(8)石垛墻

此類邊墻完全疊石而成。

總觀上述：有明一代，自王翺畢恭而下，汲汲於遼東之經營，倚山築墻，依水建柵，堡臺墩空之屬，閒里而起。使士卒得望烽相引，合陣爲抗。以有定之兵，而制無定之寇。以此防夷，似已得策，詎料卒見滅於女眞哉？雖然，天時不如地利，地利不如人和。國之興亡不在城郭而在人民。不觀夫秦之築長城，欲保萬世之業未及二傳而亡耶！明之見滅於女眞，亦安知非以勞民傷財所築之邊墻爲可恃，而不愼修內政之所致耶？後之爲國者應知所本矣。

參攷書：

(一)全遼志(遼海叢書本)
(二)遼東志(遼海叢書本)
(三)明史(積山書局石印本)
(四)明史紀事本末(積山書局石印本)
(五)馬文升撫安東夷記(淸初開國史料四種國立北平圖書館印行本)
(六)海濱野史輯建州私志(淸初開國史料四種國立北平圖書館印行本)
(七)楊賓柳邊紀略(遼海叢書本)
(八)高士奇扈從東巡日錄(遼海叢書本)
(九)白鳥庫吉等滿洲歷史地理第二冊(南滿洲鐵道株式會社本)
(十)楊成能史訓遷譯稻葉岩吉東北開發史
(十一)桐城方孔炤潛夫父全邊略記(國立北平圖書館排印本)

東三省京旗屯墾始末

劉選民[1]

一

京旗屯墾之議，醞釀於乾隆初年，舉辦於嘉道之際，終於光緒年間。考京旗移墾之舉，端在京畿八旗生計貧困之故，淸廷欲謀救濟之道，乃使京旗屯墾東北；故首欲闡述八旗之生計，以明移墾之淵源也。

淸人崛起建州，統率八旗勁旅，稱雄關外，定鼎中原。順治元年，世祖定都燕京，除配置八旗於各省要地鎭守外，大部拱衛京畿。八旗編制，以旗統兵。初編爲四旗，其後擴爲八旗：即鑲黃，正黃，正白，鑲白，正紅，正藍，鑲紅，鑲藍是也；每旗設固山額眞(即都統)統率之。八旗又分滿洲八旗，蒙古八旗，漢軍八旗。淸朝開國建業，俱倚爲爪牙之選，而滿洲八旗，尤以根本視之[1]。

八旗待遇，極爲隆渥，除給正規俸餉外，尙圈給地畝，賞賜官房；紅白喪事，鰥寡孤獨，俱有賞賜優恤。就按八旗士兵而論：馬甲月給俸銀三兩，護軍月給俸銀四兩；年皆給米四十八斛[2]。按嘉慶十七年奏銷册所載，八旗俸餉年耗銀四百九十八萬九千六百八十兩有奇，錢九十四萬一千七百九十八串有奇，米三百二萬二千二百六十三石有奇[3]。故戶部侍郎梁詩正奏謂：八旗兵餉繁浩，居國用十分之六七[4]，誠非虛構。俸餉之外，另撥賞房屋，按職位之卑下，賞賜官房十數間不等[5]。乾隆二年奉旨給公產地價銀十六萬七千餘兩，建造官房分給八旗貧乏旗人居住[6]。嗣後因八旗生齒日繁，續有增建。至于紅白事，八旗兵丁(七品以下)婚嫁事給銀十兩，喪事給銀二十兩[7]，鰥寡孤獨則月給養贍銀銀一兩五錢，歲給米一石六斗[8]。至于拱衛京畿之京旗，人數甚夥，給養難遇；乃另將北京附近五百里內無主田，房，圈給京旗與宗室，以資贍養。順治元年，撥給八旗壯丁每人三十畝[9]。按近畿之地，各旗王公宗室莊田，以頃計者一萬三千三百有奇；各旗官兵分撥莊田以頃計者十四萬九百有奇[10]。其後旗人生計乏術，旗田大半典賣；雍正乃於新城縣撥官地一百一十六頃，固安縣一百二十五頃八十九畝，制爲井田；安插無產業之八旗[11]。乾隆時則以井田無成效，改爲屯莊，徵以田租，以贍八旗[12]。

清廷供養八旗，以待遇之厚，贍給之週，實爲養尊處優，不必勞心生計。然順治十二年陳之遴奏滿洲生計疏：『竊維滿洲兵民，實爲國家根本，年來窮苦日甚，關係非少，但富強霸術，利害相參；賑濟恩施，久遠難恃』[13]，不十數年間，八旗窮困如此。旗人負債累累，旗田泰半典賣。康熙，雍正，乾隆之際，清廷屢發帑幣賞給，動輒數百萬，然到手即罄，無稍積存。清廷又動帑贖回旗田，乾隆十年至十二年，十三年至十五年，十六年至十八年，十九年至廿五年，四次贖回私典旗地共三萬九千餘頃[14]。八旗生計之窮，於此可見。

考八旗貧困之原因有三：

(一)謀生乏術。八旗待遇雖優，然管轄嚴苛，居留住所，除指定區域，不得任意遷移。滿漢不通婚，滿漢不得授受產業；不得經營貿易，不得作商賈[15]。其意固欲保持八旗實力，避免騷擾平民，然末項不得營商，影響生計至巨。滿人不習耕稼，不慣手足胼胝之苦，故雖授以旗田，終於私自典賣。至于營商，滿人素擅販賣東北出產之人參貂珠等物，不難各自謀生。不圖驅之以祿，坐享安逸，不十數年，豪氣盡消，徒事依賴而已。故御史范咸論八旗之生計曰：『蓋民生有四，各執厥業，士農工商，皆得自食其力。而旗人所藉以生計者，上則服官，下則披甲；二者皆取給於大官之錢糧。夫國家經費有定，戶口之滋息無涯，於此而欲博施濟衆，雖堯舜猶有所不能也[16]。』王慶雲亦謂：『今之扼腕八旗生計者輒曰：國有四民，功令獨旗人不得經商逐利，故貧困至此[17]。』清廷設此限制，若欲誇其財力之豐厚，則適足爲阱自陷也！

(二)戶口增加。八旗所領之俸餉，在順治康熙本屬優厚，至乾隆嘉慶時，物價騰昂，而餉額見絀，時有不給。然影響最巨者，厥爲戶口之增加。赫泰之疏謂：『從前八旗至京之始，以及今日(乾隆十年)，百有餘年祖孫相繼，或六七輩，試取各家譜牒徵之，當順治初年到京之一人，此時幾成一族，以彼時所給之房地，養現今之人口，是一分之產，而養數倍之人矣』[18]。沈起元之擬時務策亦謂：『竊聞世祖時，定甲八萬，甲受銀若干兩，米若干石，至聖祖時乃增爲十二萬。蓋一甲之丁，至今而爲數十丁數百丁者比比，於是一甲之糧，昔足以贍十家者，必不足以贍數十家數百家，勢也』[19]。按嘉慶十七年之統計，八旗丁口如下：

在京並各省及駐防滿洲	萬 二二•二九六八
駐蒙古	五•五六三九
駐額魯特	二五八一
察哈爾都統所屬	一•六四八九
茂明安當差人	二八五
黑龍江將軍屬巴爾呼	一二五一
內務府正白旗屬回子	一二三
八旗漢軍併內務府及下五旗包衣	一四•三五五四
滿洲蒙古家人	五•〇一六三
五旗包衣內監尼堪	二•九八八三
土爾扈特家人	四三
	總計五二•二九七六[20]

由以上之統計觀之，嘉慶時八旗丁口增加至六倍有奇，而兵額依舊，閒散旗丁附居營舍，隨處皆是，此八旗之所以窮困也。

(二)浪費成性。康熙時軫念八旗俸給之不贍，支撥

3 戶部庫銀數百萬兩以救濟之；又豁免其數百萬兩之租賦，其愛護八旗之意，可謂至矣。然八旗受此額外救濟，頃刻之間，蕩然無存。雍正五年上諭曰：

『從前皇考軫念兵丁效力行間，致有積負，曾發帑金五百四十餘萬兩，一家賞至數百，未聞置有產業，一二年間，蕩然無餘。其後又賜帑金六百五十餘萬，亦如前立時費盡。朕即位以來，賞給八旗兵丁，一月錢糧者數次，每次三十五六萬，入手妄用，不十日即爲烏有。庫帑爲國家正項，百姓脂膏，豈可無故濫行賞賚？若不將惡習改除，朕即有加恩之意，亦不可行也[21]。』

乾隆元年之上諭亦謂：『大抵旗人狃於揮霍，炫於鮮衣美食，經商逐利，不待禁而不能。夫借之帑金，曰俾資營運，猶謂終禁其經商逐利也，亦徒資惰窳之口實而已』[22]。總之旗人飽習繁華，養成驕逸，賞賚恩賜，適足以助長其奢靡仰賴之習。於是清廷不得不另謀救濟之道，以安插閒散貧困之旗人也。

二

旗人生計困蹙，救濟乏術；於是朝廷議者，思謀永久之策，非移墾莫屬。乾隆二年，御史舒赫德上八旗開墾邊地疏：

『我朝定鼎之初，八旗生計，頗稱豐厚者，人口無多，房地充足之故也。今百年以來甚覺窮迫者，房地減於從前，人口加有什

伯，兼以俗尚奢侈，不崇節儉，所由生計日消，習尚日下，而無所底止也。夫旗人之所賴以爲生者，惟有房地，別無他項；若房地不充，雖以百計養之，究不過目前之計，終非久遠之謀。我聖祖仁皇帝愛護旗人，不啻父母之於赤子，休養安全，歷數十載，可謂厚矣。而近年以來，尙至如此，此豈可不亟爲計慮乎？惟是京房屋，尙可通融；而地畝則昔時所謂近京五百里者，已半屬於民人。前經臣工條奏，動帑收贖，奉旨徐徐辦理，尙未舉行。臣愚以爲即便舉行，而八旗人口太多，亦未必盡能有濟；故臣熟思長計，勢不得不變通布置，惟使不聚於一方，庶可並得其利益，苟能收效於日後，何必畏難於目前。伏思盛京黑龍江寧古塔三處爲我朝興隆之地，土脈沃美，地氣肥厚。聞其間曠處甚多，概可開墾，雖八旗滿洲不可散在他方，而於此根本之地似不妨遷移居住。且八旗之額兵將及十萬，復有成丁閑散數萬，老稚不在內；若令分居三處，不惟京城勁旅，原無單弱之虞，而根本重地，更添强壯之卒，事屬兩便，由是合計京師及三處地畝均勻撥給，務使家有恒產，人有恒心，然後再敎以儉樸，返其初風，則根本綿固，久遠可計矣。但安土重遷，乃情理之固然，而就易避難，實事勢之所有。遷之之道，必先料理於數年之前，俟三處一切規模既定，然後於八旗之願往者及生計極窮者，一一籌其起身安家等事；明白曉諭，厚加賞賜，俾各欣然就道，不知有遷徙之苦，方可不礙事理。若料理稍不合宜，致有抑勒，或有遺漏，乃徒生一番擾累，轉傷旗人依戀之心，更復何益之有！是在皇上揀派忠厚明幹之大臣，於臨期悉心料理，庶可使之無弊耳。至於預籌之道，請密飭三處將軍等，令其踏勘所屬地方，其爲可墾之處，應得若干地畝，可住若干兵丁，作何建造城堡房舍，有無禽魚水泉之利，逐一番度，據實具奏。俟准行之後，廣募民人，擇地開墾。其無力者，官給牛具籽種，而不遽行陞科；俟地既熟，果有收穫，即動帑建造城堡，以居民人商賈。該將軍量度情勢，如爲其人可遷往之時，即奏聞動帑，酌定移住人數。一面改造房屋，分定區宇，然後自京派往，俟到彼時，即將所墾之地，按戶撥給，或即仍令民人耕種，交租給兵，則旗人不過有一往之勞，而較之在京，已得世世之恒產矣。……臣請以十年爲期，將前項事件，次第舉行；將見滿洲生計日增一日，仍復其初，廉恥之風既振，强幹之氣自生，綱紀益張，根本益固，然後更爲因時制宜，則久遠之謀，更在於是矣[23]。」

按舒赫德之實施辦法：先廣募漢人，派遣出關，擇地開墾，俟數年之後，荒地變成熟地，始令閒散貧困之京旗屯墾其地。甚或仍令漢人繼續耕種，京旗坐收田租。其辦法因屬周密可行，然淸廷顧慮之處殊多：一，移送漢人入東北，則違反康熙以來淸廷奉行之「滿洲封禁」政策。二，漢滿分別出關開墾，二重動帑，經費浩大。三，地由漢人耕種，而旗人坐享其成，勢必至旗人不親事耕作，而將地租與漢人，數年之後，又出於典賣之途。故淸廷對舒建議，多抱杞憂，未肯採納。然舒赫德之移墾章程細則，仍爲嘉慶時京旗屯墾東北之張本。

乾隆五年，御史范咸重申其說曰：

『……遼東邊外，原我國家發祥之地，興京一處，似宜建爲都會，擇可墾種之地，派旗人前往駐牧；其餘永吉州甯古塔黑龍江幅幀不下四五千里，其間地畝，或僅設木廠，或且廢爲閒田，亦甚可惜，當此全盛之日，正宜不惜一時之勞，以維億萬年之固。至應如何經畫，如何善後之處，統祈勅下該部及八旗都統，詳細妥議具奏，務使旗人之生計有餘，而邊圉之苞桑永固，此誠因天地自然之利，可爲萬年不拔之基也24。』

翌年，戶部侍郎梁詩正更引申之，以國家財政大局着眼，頗動朝聽：

『竊惟度支經費，莫大於兵餉之供，惠養深仁，當豫爲長久之計。臣恭恩命簡佐農部，詳查每年經費出入之數，伏見每歲春秋二撥，解部銀兩，多不過七八百萬，少則四五百萬不等；而京中各項開銷，合計一千一二百萬，所入不敷出，比歲皆然。蓋八旗兵餉浩繁，故所出者每多；每省綠旗兵餉日增，故所入者漸少。是兵餉一項，居國用十分之六七，此各項尋常支給，僅免不敷，而設有額外費用，即不免左支右詘也。……竊謂內地已無閒曠之田，而邊塞尚有可耕之土。興盛二京，實爲根本之地，王氣所鍾，其附近地方，膏腴未盡開闢。欽惟世宗憲皇帝，運獨見之明，計萬世之利，念旗人生齒日繁，而國帑不足以給也，欲於黑龍江寧古塔等處，分撥旗人居住耕種，俾得自爲生養。雍正十二三年間：閒查辦已有定議，未及舉行。我皇上御極以來，廷臣亦屢有以此條奏者，惟是人情可與樂成，難與慮始，在旗人生長輦下，一旦遷至邊地，必多以爲不便，即中外臣工，見事體重大，亦未敢輕主其說，此所以常扞格而不行也。……雖現在尙可支給，而數十百年之後，旗戶更十倍於今，以有數之錢糧，贍無窮之生齒，使僅取給於額餉之內，則兵弁之開支，不足供閒散之坐食。旗人生計日蹙，而民賦斷不可加；國用無可減縮，即竭度支之所入，以資養贍，而終苦不敷，不且上下交困乎！不獨此也，待養之衆，因無餘財以給之，分戶者繁，即京師亦無餘地以處之；惟有酌派戶口，散列邊屯，使世享耕牧之利，而以時講武，兼以充實邊防，則蕃衍之餘，盡成精銳，陪京增拱衞之勢，外藩仰震疊之威，旗人既各有生聚之謀，國帑自無遺乏之慮25。』

高宗深感其弊，乃付內閣大學士審議。然當時疑慮仍多，未嘗採行。東華錄乾隆六年五月癸未條載：

『大學士遵旨議覆。戶部侍郎梁詩正奏度支經費莫大於兵餉，伏見每歲春秋二撥，解部銀多則七八百萬，少則四五百萬。京中各項支銷，合計須一千一二百萬，入不敷出。蓋因八旗兵餉浩繁，所出旣多，各省綠旗兵餉日增，所入愈少，請及時變通，八旗閒散人丁，宜分寘邊屯，以廣生計。綠旗兵丁，宜量停募補，以減冗額等語。查乾隆二年五年，經御史舒赫德范咸條奏，將在京旗人，移駐興盛二京等處耕種，經王大臣等屢詳議：緣甯古塔，拉林，阿爾楚哈，渾春，博爾哈屯：海蘭素係產蔘之所；移駐滿洲，不諳耕種，召民開墾，恐行刨採。而黑龍江風土迥異，京城旗人，不能與本地人一體耕地打牲，耐受勞苦；一遇歉收，難以接濟。奉天亦無曠土可耕，應將八旗閒散人丁，分寘邊屯之處，無庸議。』

移墾之策雖未行，高宗頗思試辦，乾隆六年五月上諭：

『八旗人丁分置邊屯一事，著大學士查郎阿侍郎阿里袞前奉天一帶相度地勢，再行定議』[26]。乾隆七年五月乙丑，遂命發滿洲單戶一千名移駐拉林阿勒楚喀屯田[27]。乾隆十九年至二十五年間，始行移駐就緒；然結果不佳，毫無成效，乃於乾隆三十四年裁汰[28]。

三

乾嘉之交，流寇烽起；及其敉平，國庫大耗，而八旗生計問題，因之益加嚴重。仁宗乃決意移駐京旗屯墾東北嘉慶十七年四月甲辰上諭曰：

『東三省原係國家根本之地，而吉林土膏沃衍，地廣人稀，閒近來柳條邊外，採渗山場日漸移遠，其間空曠之地，不下千有餘里，悉屬膏腴之壤，內地流民，並有私侵者，從前乾隆年間，我皇考高宗純皇帝軫念八旗人衆，分撥拉林地方，給與田畝，俾資墾種，迄今該旗人甚享其利。今若仰循成憲，斟酌辦理，將在京閒散旗人，陸續資送前往，吉林，以閒曠地畝，撥給管業，或自行耕種，或招佃取租，均足以資贍養。將來地利日興，家計日裕，該旗人等在彼儘可練習騎射；其材藝優嫻者，仍可備挑京中差使，於教養之道，實為兩得[29]。』

遂命吉林將軍賽沖阿等，實地詳細查勘可墾田畝。十一月賽沖阿等奏覆：『拉林東北閒荒一處，自鞍子山至樋子溝，約可墾五千餘晌（每晌約六畝）；拉林東南夾信子溝一處，約可墾二萬餘晌。兩處距阿勒楚喀城四十五里不等[30]』。仁宗乃銳意進行，籌議實施辦法。嘉慶十九年十一月將軍富俊上拉林試墾章程，其辦法如下：（一）先於吉林等處閒散旗人內，揀選屯丁一千名，每丁給銀二十五兩，籽種穀二石。於拉林東南夾信溝地方，每名撥給荒地三十晌，墾種二十晌，留荒地十晌。試種三年後，自第四年起交糧貯倉。（二）十餘年後，移駐京旗蘇拉（閒散之意）時，將熟地分給京旗，人十五晌，荒五晌。所餘熟地五晌，荒地五晌，即給原種屯丁，免其交糧，作為恆產。（三）預算各項開銷，十年用銀四萬零五百兩。試墾之第一年，祇需銀二萬八千餘兩[31]。仁宗認為可行。是年十一月癸丑，明令：『命開墾吉林所屬拉林東南夾信溝荒地』[32]。

富俊親至拉林西北雙城子（後改雙城堡）一帶視勘，奏派吉林奉天旗人三千戶為屯丁，官給耕牛農具籽種。分中左右三屯，撥荒地九萬數千晌，每丁給地三十晌。嘉慶二十五年富俊奏：

『雙城堡中左右三屯，移駐屯丁三千戶，兼有眷口幫丁，已成繁庶[33]。』

道光元年正月上諭曰：

6

『富俊籌辦開墾阿勒楚喀雙城堡三屯，地畝九萬數千晌，現已漸有成效。茲據奏其地可移駐京旗三千戶，酌議道光四年爲始，每年移駐二百戶，分四起送屯[34]。』

移駐京旗之辦法，願移之京旗，須十月報部，次年正月起程。每戶戶部給治裝費銀三十兩，本旗津貼銀十五兩，車馬皆官給，到屯後，戶給官房四間[25]。

道光六年，以富俊辦理雙城堡有成效，著晉加太子太保宮銜。是年上諭曰：

『富俊籌辦雙城堡移駐屯田事宜，妥協周詳，現在移駐各戶安居樂業，京旗人等聞信願往者日益增多。該將軍辦理其事，不避嫌怨，盡心宣力，著有成效，深堪嘉尚。富俊著加恩晉加太子太保宮銜，以示朕優獎藎臣至意，欽此。』[36]

按富俊爲蒙古出身之將軍，對農墾諸事，多不習稔。其雙城堡開墾之計劃，大部出自漢人竇心傳之手。吉林通志載：

『竇心傳者山西人，嘉慶辛酉科進士，改庶吉士，散館教授。知縣選任江西新淦、調豐城。丁憂復起，揀發奉天，題補甯海知縣，奏署承德縣。二十三年以承修陵墓道段泥濘，被參革職。富俊知其有才有守，故特薦之。遂調取吉林，委令勸課屯丁，籌議一切屯務[37]。』

道光二年吉林將軍松箖到任後，以知縣竇心傳辦理屯田事宜，勸課屯丁，認眞出力。已滿三年之期，奏部引見[38]。

其實移駐京旗至雙城堡之成績，並未能如預算之完滿。清廷預算雙城堡可移駐京旗三千戶，每年移駐二百戶。然按實際之統計，道光二年起，僅移駐京旗二十八戶[39]；道光三年，移駐五十三戶[40]；四年，移駐五十八戶[41]；五年，移駐七十四戶[42]；六年，一百八十九戶[43]；七年，八十五戶[44]；以上共移駐四百八十七戶。清廷以移駐之數並不踴躍，乃思變通辦法：原定移駐京旗三千戶之計劃，改爲移駐一千戶，將其他二千戶餘剩之田畝，酌添於一千戶之京旗及原住屯丁。又許京旗購買奴僕，或雇長工，代其耕種，惟嚴禁私自典賣而已。

道光九年三月上諭曰：

『茲據該將軍籌奏稱，從前拉林地方，移駐京旗三千戶，每戶給地三頃，外有閒荒，聽其招佃開墾。其不諳力作者，准其契買奴僕代耕。此次雙城堡移駐之戶，得地較少，將來生聚日稠，難免缺乏，自應酌減原定移駐京旗戶數，量爲添給地畝，俾資充裕，著照所議。雙城堡原定移駐京旗三千戶，改爲移駐一千戶，將所餘二千戶京旗地畝四萬晌，添給一千戶京旗，每戶酌給十五晌，共添地一萬五千晌。本地旗丁三千戶【即最初開墾荒地之屯丁】，每戶亦酌給地八晌三畝三分餘，共添地二萬五千晌。計京旗旗丁共添地四萬晌，每戶京旗可得地三十五晌【即原有之二十晌加新添之十五晌】，每戶旗丁【指屯丁】可得地十八晌三畝三分餘【即原有之十晌加新添之八晌三畝三分】，通堡地畝九萬晌，均予撥竣。此後生齒日繁，需田添補，前經富俊勘有大封堆外，閒荒六萬餘晌；著俟將來奏明開墾，接濟其京旗閒散。素未習耕，著准其契買奴僕，註明旗册，代其耕作，或雇覓長工，助其力穡，所有應得地畝，不准私行典賣，務使各有專業，以期經久45。』

自此以後，京旗移墾雙城堡者日少。清朝續文獻通考載：

『富松二公（富俊松筠），前後數任，始終其事，閱時最久，故規畫倍詳。二公沒，而當事者不能無懈：京旗安土重遷，往者益少。其後協辦大學士英和，猶以爲言，以爲經始維艱，宜推廣以竟成功，而任事無其人矣46。』

四

雙城堡屯墾籌備大致就緒之際，富俊復建議籌開伯都訥屯田，以便移駐京旗蘇拉。道光元年十二月富俊奏。

『伏查伯都訥閒圍場，既無林木，又無牲畜，實可墾地二十餘萬晌。……此項屯田若仍令旗人開墾，恐各該處勉強撥派，多致潛逃，轉於旗務屯田無益。莫若招民開墾，成功較易。若慮民人典買旗產，亦在申明例禁，辦理得宜，擬請查照設立雙城堡章程，應募民丁，每人給領地三十大晌，四人聯名互保，不准轉租典賣；違者兩造治罪，撤地追價入官，另行招佃給領。自認領之年起，第六年每晌納租制錢三百文，小租錢三十文。京旗蘇拉到日，交出熟地二十大晌，免其納租』47。

疏入，道光以雙城堡辦理屯墾，尚未有若何成績，諭以暫緩舉辦48。

道光四年，以雙城堡稍有成效，令富俊籌辦開墾伯都訥。是年十一月甲寅上諭曰：

「伯都訥空閒圍場約計二十餘萬晌，荒蕪既久，地甚肥饒，且可歛於成功，儉於經費，較之雙城堡，事半功倍，自應及時籌辦，俾旗人生計益裕，該將軍即出示招墾，並派員丈地分屯，申畫經略，以道光五年爲始，令其承種49。』

是年十一月，伯都訥副都統衙門出示曉諭，名其地爲「新成屯」。分八旗兩翼，兩旗立二十五屯，每屯各設三十戶。以「治」，「本」，「於」，「農」，「務」，「滋」，「稼」，「穡」八字爲號。每一字各編爲二十五號，共計二百屯。（道光五年伯都訥委員勘查以「新成屯」閒荒僅數一百二十屯，故改每旗爲十五號）。50

道光五年，認墾佃戶共一千一百二十七戶，按八旗分撥四十三屯；六年，認佃九百十七戶，分撥三十一屯；七年認佃一千五百五十六戶，分撥四十六屯，共計一百二十屯[51]。伯都訥之招民開墾，已漸次成熟；惟清廷迄未移遣京旗至伯都訥。按道光承嘉慶之後，財政窘迫，已達極點，其後鴉片戰起，繼之以髮亂，中原多事；不獨伯都訥之旗田淪爲民地，即雙城堡之屯墾事工，亦陷於擱置矣。

五

自道光以後，咸豐同治二朝，內憂外患迭至，京旗移墾之問題，清廷無力兼顧。迨至光緒年間，又復重提舊議，移駐京旗至黑龍江省之呼蘭，然僅屬曇花一現而已。光緒初，黑龍江將軍文緒奏：

『竊京城八旗人丁，生齒日繁，家計日窘，諸臣屢有條奏，曾經前任將軍特普欽於招民開墾之初，在所屬濠河北，呼蘭河南，留勘平坦荒場一段，約可酌撥京旗人丁三百戶。嗣因附近居民漸有侵佔，復經調任綏遠城將軍豐紳奏請由該處旗營有力兵丁內，先撥三百戶代墾，建房置具爲數不貲，擬請俟地成熟，京旗丁到，再請領欵安插。每戶撥地五十晌，以三十五晌，限七年開齊，交京旗管業，倘屆時不到，即令各該代墾之戶升科，以三十五晌歸代墾地戶管業。至五年後，以二十晌照章每晌交納官租錢六百六十文，其餘十五晌作爲代墾之戶已產。光緒四每派員按照留圈內，分安二十五屯，編爲鑲白、鑲紅、正藍、鑲藍四旗。每旗安設五屯，每屯撥駐京旗十五戶，代墾十五戶，所有京旗與代墾旗丁共六百戶，均歸北團林子，委協領管束[52]』。清廷允許照辦，乃於光緒五年起，招附近旗戶代墾；至光緒十一年，代墾之期已滿，着手移駐京旗，然成績極壞，願移者僅九戶，出乎清廷意料之外。光緒十一年文緒奏：

『竊奴才等前因呼蘭代墾京旗地畝屆限，曾經奏請移撥，嗣准戶部咨稱，會同八旗都統議奏，僅鑲黃等四旗十戶願往。行令建蓋房屋，置備牛具等項，應需銀二千餘兩。由該將軍籌欵給發，作正開銷，等因咨行前來。茲據呼蘭副都統咨報，原撥京旗十戶內，鑲黃旗護軍保與一戶二口，據稱在京未來外；其餘九戶，用車接替，於十月初五日已來北團林子旗營，距地不遠，時值隆冬，奴才等體察該旗丁等均係寒苦，初到地所，一切購辦無資，自應寬爲籌備，使新到者相安，續來者踴躍。……惟代墾成熟之地，尙有一萬零一百八十五晌，該旗丁前來，沿途既有地方供應，不過一往之勞，自必有樂願續來者。合仰懇天恩，飭下戶部與八旗都統，再行妥議，擬移若干戶，先行知照，以便豫籌備辦，免致有誤[53]』。

其後又續撥京旗十三戶，然因京祺驕逸之性養成，不慣手足胝胼之苦，相率逃亡，京旗之屯墾呼蘭，可謂完全敗矣。清朝續文獻通考載：『籌備於半年以前，費金至數千以上；曾未一紀，幷妻子相率而逃，莫可蹤跡。僅餘三戶，在屯泣求將軍咨回京旗』[54]。清廷感京旗移墾之困難，復以俄國關係，有充實邊境之需要；乃決意取消旗墾，另行召民開墾焉[55]。

廿五年九一八紀念日脫稿。

1 八旗之編制，參看大淸會典事例（光緒二十五年石印本）卷八三七。

2 皇朝經世文編三五，五下赫泰之復原產籌新墾疏。

3 大淸會典事例八四三，一上。

4 皇朝經世文編三五，五上。

5 大淸會典事例八四三，一上：『順治五年……六品七品官給房四間，八品官給房三間，撥什庫擺牙喇披甲給房二間。』

6 大淸會典事例八四三，三上。

7 大淸會典（光緒二十五年石印本）六八，一上。

8 同上一四，一五上。

9 大淸會典事例八四一，三上。

10 石渠餘紀（卽熙朝紀政）四，四七下。

11 淸朝文獻通考（商務本）五．四八九八。

12 大淸會典事例八四一．一四下。

13 皇朝經世文編三五．三上。

14 淸朝續文獻通考（商務本）七．七五五八。

15 參看欽定兵部中樞政攷。

16 皇朝經世文編三五．四下。

17 石渠餘紀四．四八下。

18 皇朝經世文編三五．六上。

19 同上三五．一四下。

20 大淸會典一二．二二上。

21 石渠餘紀四．四九下。

22 同上。

23 皇朝經世文編三五．三上。

24 同上三五．四下。

25 同上三五．五上。

26 乾隆東華錄六年五月癸未條。

27 乾隆東華錄七年五月乙丑條。

28 吉林通志三一下，二下。賽沖阿奏：『乾隆年間，初辦拉林移駐之時，曾添副都統大員，在彼專司稽察彈壓，嗣於三十四年裁汰。自乾隆九年起籌辦，至十九二十五等年，始行移駐就緒。』

29 仁宗聖訓六〇．七下。

30 吉林通志三一下．二下。

31 參攷吉林通志三一下．五上—九下。

32 嘉慶東華錄十九年十一月癸丑條。

33 仁宗聖訓六〇．一五下。

34 宣宗聖訓一二九．一下。

35 清朝續文獻通考八・七五六八。

36 吉林通志三一下・四五下。

37 同上三一下・二〇下。

38 同上三一下・三六上。

39 宣宗聖訓一二九上・四上。

40 同上一二九・一〇下。

41 吉林通志三一下・三六下。

42 同上三一下・四二下。

43 同上三一下・四四下。

44 同上

45 宣宗聖訓一二九・一七下。

46 清朝續文獻通考八・七五六八。

47 吉林通志三一下・四八下。

48 宣宗聖訓一二九・四下。

49 同上一二九・一四上。

50 參看清朝續文獻通考八・七五六六。

51 同上。

52 同上八・七五六九。

53 同上。

54 同上八・七五七〇。

55 參考有高巖・『黑龍江省呼蘭平野之開發』一文，在內藤博士還曆祝賀支那學論叢。

清代地理沿革表（續，東三省）

趙泉澄

十一　東三省

盛京 一部分 盛京（盛京省）奉天省：

順治初年，定鼎京師，仍盛京，以爲留都，統以內大臣；二年，改盛京內大臣爲盛京阿立哈大；三年，又改盛京阿立哈大爲盛京昂邦章京；十年，分設甯古塔昂邦章京；十四年，設奉天府尹。康熙元年，盛京昂邦章京又改爲鎭守遼東等處將軍。乾隆十二年，鎭守遼東等處將軍復改爲鎭守盛京等處將軍，二十二年以後，合奉天府尹亦稱盛京省，而單稱奉天府尹，亦曰奉天行省。光緒三十一年，裁奉天府尹；三十三年，廢留都盛京，並裁將軍，始改合稱奉天行省。

遼陽府，奉天府，奉天府（奉天省），奉天府：

順治十年，設遼陽府，以故遼東都司城置遼陽縣爲府治，改海城衛爲海城縣，隸府屬，領縣二；十四年，罷遼陽府改爲奉天府府尹，仍領縣二。

康熙元年，改錦州佐領爲錦縣，隸府屬；二年，又於舊寧遠衛地置寧遠州隸之；三年，移府治於盛京，仍曰奉天府，於盛京設承德縣爲府治，改舊治遼陽縣爲遼陽州，又於蓋州防禦地置蓋平縣，於開原城守尉地置開原縣，於故鐵嶺衛地置鐵嶺縣，並隸府屬，領州二，縣六。是年，又設廣寧府，錦縣暨寧遠州往屬，領州一，縣五，其廣寧府仍轄於奉天府尹。

雍正四年，於吉林烏拉境內增設永吉州，於寧古塔副都統境內增設泰寧縣，於伯都訥副都統境內增設長寧縣，並隸府屬；五年，又於蓋平縣屬故復州衛地，分設復州廳理民糧捕海防通判，隸之；七年，裁泰寧縣，以其地還屬寧古塔；十一年，陞復州廳理民糧捕海防通判爲復州，又於復州廳屬金州巡檢地分設寧海縣，並隸府屬，領州三，縣七。

乾隆元年，裁長寧縣，以其地還屬伯都訥副都統；十二年，裁永吉州，以其地還屬吉林烏拉副都統。二十二年以後，亦單稱奉天府尹曰奉天行省。二十八年，設興京廳於興京城，移錦州府理事通判駐紮；三十七年，設岫巖廳理事通判於岫巖城，並隸府屬，領州，二廳二，縣六。
嘉慶十一年，於科爾沁昌圖額勒克地方設昌圖廳理事通判，隸府屬；十八年，分承德，廣寧二縣地設新民廳屯同知，隸府屬，領州二，廳四，縣六。
道光二十三年，改寧海縣爲金州廳海防同知，隸府屬，領州二，廳五，縣五。
咸豐八年，中英續約，海城縣西境之營口地爲英國開爲商埠，仍領州二，廳五，縣五。
同治二年，昌圖廳理事通判改爲昌圖廳理事同知，仍領州二，廳五，縣五。
光緒元年，興京廳理事通判改爲興京廳理事同知；二年，置鳳凰直隸廳於鳳凰城，改岫巖廳爲岫巖州往屬；領州二，廳四，縣五。其鳳凰直隸廳仍歸奉天府尹管轄。三年，陞興京廳理事同知爲興京直隸廳撫民同知，陞昌圖廳理事同知爲昌圖府，領州二，廳二，縣五。其興京直隸廳暨昌圖府仍轄於奉天府尹。五年，以鮮圍地置海龍廳撫民通判，領州二，廳三，縣五；二十四年，中俄旅順大連租借條約，金州廳之旅順口，大連灣及其相連之海面租借於俄國。二十八年，陞新民廳屯同知爲新民府，陞海龍廳撫民通判爲海龍府，又分府治承德縣設興仁縣與承德縣並爲府治；領州二，廳一，縣六。二十九年，中美續議通商行船條約，奉天爲美國開爲商埠，又中日通商行船續約，奉天又爲日本開爲商埠；三十一年，裁奉天府尹，改爲奉天府知府，仍領州二，廳一，縣六。是年中日新訂東三省條約，旅順口，大連灣及其附近相連之海面復由我國租借於日本，遼陽，鐵嶺及法庫門，俱爲日本開爲商埠，奉天暨營口，安東，皆准日本設日租界，仍領州二，廳一，縣六。三十二年，分遼陽，海城，承德暨新民府地，設遼中縣；分遼陽州，興京廳，鳳凰廳地，設本溪縣；分開原，鐵嶺，康平暨新民府地，設法庫門廳撫民同知，並隸府屬，領州二，廳二，縣八。三十三年，法庫門廳撫民同知改爲法庫門直隸廳撫民同知，直隸驛巡道，領州二，廳一，縣八。三十四年，移興仁縣治於撫順，改爲撫順縣，仍領州二，廳一，縣八。自是，日本又於遼陽，鐵嶺，海城，開原，撫順，蘇家屯等處設日租界。
宣統元年，分海城縣西南境地，往屬營口直隸廳；二年裁府治承德縣，領州二，廳一，縣七。

廣寧府，錦州府——康熙三年，奉天府分設廣寧府，以廣寧協領駐地設廣寧縣爲府治，又改奉天府屬之寧遠州及錦縣來屬，領州一，縣二。其府仍受奉天府尹管轄。四年，移府治於錦縣，改爲錦州府，仍領州一，縣二。

雍正十一年，於義州城守尉地設義州，隸府屬，領州二，縣二。

光緒二十六年，分寧遠州西境適中之中後所地設綏中縣，隸府屬。二十八年，析廣寧縣東境地往屬新民府；三十三年，析錦縣西境地設錦西廳，析廣寧縣及盤蛇驛牧場雙台子地設盤山廳，並隸府屬，領州二，廳二，縣三。三十四年，錦西廳南沿海之葫蘆島自行開放爲商埠，仍領州二，廳二，縣三。

鳳凰廳——光緒二年，設鳳凰直隸廳於鳳凰城，改奉天府屬之岫巖廳爲岫巖州來屬。又於大東溝地設安東縣隸之，領州一，縣一。其直隸廳仍受奉天府尹管轄。三年，設寬甸縣於寬甸堡，隸廳屬；又分岫巖州東邊地分設通化，懷仁二縣往屬興京直隸廳，領州一，縣二。二十九年，中美續議通商行船條約，安東爲美國開爲商埠；又中日通商行船續約，安東縣之大東溝爲日本開爲商埠。三十一年，中日新訂東三省條約，鳳凰城爲日本開爲商埠。三十二年，析鳳凰廳及金州廳地設莊河廳海防撫民同知，隸府屬，領州一，廳一，縣二。三十三年，莊河廳海防撫民同知陞爲莊河直隸廳海防撫民同知，直隸東邊道，領州一，縣二。

宣統元年，改所屬鹿島地，往屬莊河直隸廳海防撫民同知，仍領州一，縣二。

興京廳，興京府——光緒三年，奉天府屬之興京廳理事同知陞爲興京直隸廳撫民同知，移治於新賓堡，並分鳳凰直隸廳屬之岫巖州東邊地析置通化，懷仁二縣隸之，領縣二。其直隸廳仍受奉天府尹管轄。二十八年，復析通化縣置臨江縣，析懷仁，通化二縣設輯安縣隸之，領縣四。是年，又分通化縣柳樹河縣丞地設柳河縣往屬海龍府，仍領縣四。

宣統元年，興京直隸廳撫民同知陞爲興京府，仍領縣四。

昌圖府——光緒三年，奉天府之昌圖廳理事同知陞爲昌圖府，設奉化縣於梨樹鎮，設懷德縣於科爾沁左翼中旗墾地之八家鎮，隸府屬，領縣二。其府仍受奉天府尹管轄。六年，於科爾沁左翼後旗墾地之康家屯設康平縣，隸府屬，領縣三。二十八年，又分康平縣屬之鄭家屯設遼源州，隸之，領州一，縣三。三十一年，中日新訂東三省條約，府西南之江通子爲日本開爲商埠，仍領州一，縣三。

新民府——光緒二十八年，奉天府之新民廳屯同知陞爲新民府，分錦州府之廣寧縣東境及府屬鷄鷹河下小黑山地設鎮安縣，以養息牧塲墾地彰武台門西北之橫道子地設彰武縣隸府屬，領縣二。三十一年，中日新訂東三省條約，新民府爲日本開爲商埠，仍領縣二。

海龍府——光緒二十八年，奉天府之海龍廳撫民通判陞爲海龍府，以東圍場之大度川地，設東平縣，於西圍場之老虎嘴子地設西安縣，於西圍場西流水墾地之淘鹿地設西豐縣；又分興京直隸廳屬通化縣，柳樹河縣丞地設柳河縣隸之，領縣四。二十九年，移西安縣治于大興鎮，仍曰西安縣，仍領縣四。

宣統元年，分府屬東南境地，往屬輝南直隸廳，仍領縣四。

洮南府——光緒三十年，于洮兒河之南科爾沁右翼墾地設洮南府；以該翼後旗墾地之白城子設靖安縣；以該翼前旗墾地之七井子地設開通縣隸之，領縣二。三十一年，于科爾沁右翼後旗洮爾河之南岸解家窩堡地，設安廣縣，隸府屬，領縣三。

宣統元年，于科爾沁右翼中旗墾地北段之醴泉鎮設醴泉縣，隸府屬，領縣四。二年，于科爾沁後旗墾地北段之南叉干撓地，設鎮東縣隸府屬，領縣五。

長白府——光緒三十二年，分興京直隸廳屬臨江縣，以東長生，慶生二堡地及吉林之長白山北麓龍岡之後，設長白府，無屬領。

宣統元年，于圖們江上源紅旗河西南岸地設安圖縣，于松花江上源緊江，漫江流域之雙甸子地設撫松縣，並隸府屬，領縣二。

法庫門廳——光緒三十三年，奉天府之法庫門廳撫民同知改爲法庫門直隸廳撫民同知，直隸驛巡道，無屬領。

莊河廳——光緒三十三年，鳳凰直隸廳屬之莊河廳海防

4

撫民同知陞爲莊河直隸廳海防撫民同知直隸東邊道，無屬領。

宣統元年，分鳳凰直隸廳所屬鹿島之地來屬，仍無屬領。

輝南廳——宣統元年，分海龍府屬東南境一統河之外輝發江之東南八社謝家店地設輝南直隸廳，無屬領。

營口廳——宣統元年，分奉天府屬之海城縣西南境三鄉暨蓋平縣北境一鄉之地，設營口直隸廳，以營口廳海防同知治之，無屬領。

盛京一部分寧古塔，一部分吉林烏拉（吉林省）一部分吉林省：

順治初年，仍屬盛京；十年，分設寧古塔昂邦章京。

康熙元年，寧古塔昂邦章京改爲鎭守寧古塔等處將軍；十五年，鎭守寧古塔等處將軍移駐吉林烏拉城，仍稱鎭守寧古塔等處將軍；二十二年，鎭守寧古塔等處將軍分設鎭守黑龍江等處將軍。雍正四年，於吉林烏拉境內分設永吉州，於寧古塔境內分設泰寧縣，於伯都訥境內分設長寧縣，並往屬盛京之奉天府；七年裁泰寧縣，還屬寧古塔。乾隆元年，裁長寧縣，還屬伯都訥；十二年，裁永吉州，還屬吉林烏拉：二十二年，鎭守寧古塔等處將軍始改稱鎭守吉林烏拉等處將軍，自是，亦簡稱吉林省。光緒三十三年，裁將軍，始改設吉林行省。

吉林廳，吉林府——乾隆十二年，于舊盛京奉天府屬之永吉州地，設吉林直隸廳理事同知，無屬領。

咸豐十年，北京條約，俄國奪我廳東烏蘇里江以東地，仍無屬領。

光緒八年，吉林直隸廳理事同知陞爲吉林府，于廳屬伊通河分防巡檢地設伊通州，于阿克敦城設敦化縣，並隸府屬，領州一，縣二。二十八年，改磨盤山州同爲盤石縣隸府屬，領州一，縣三。三十一年，中日新訂東三省條約，吉林爲日本開爲商埠，仍領州一，縣三。

宣統元年，陞伊通州爲伊通直隸州，又改敦化，盤石二縣並直隸西南路道，無屬領。

長春廳，長春府——嘉慶五年，于郭爾羅斯前旗游牧墾地之長春堡，設長春廳理事通判，無屬領。

道光五年，移治于寬城子，仍無屬領。

光緒八年，改長春廳理事通判爲長春廳撫民通判，仍

5

無屬領。十五年，長春廳撫民通判陞為長春府，改農安照磨地為農安縣，隸府屬，領縣一。三十一年，中日新訂東三省條約，長春為日本開為商埠；三十四年以後，日本於長春設日租界，仍領縣一。

宣統元年，長春府屬之農安縣，改直隸西南路道，無屬領。

伯都訥廳，新城府——嘉慶十六年，于伯都訥城設伯都訥廳理事同知，無屬領。

光緒八年，移治于孤榆樹屯，仍曰伯都訥廳，而改其理事同知為撫民同知，仍無屬領。三十二年，伯都訥廳撫民同知陞為府，還治于伯都訥之新城，稱為新城府，以舊治孤榆樹屯地改置榆樹縣，隸府屬，領縣一。

宣統元年，陞新城府之榆樹縣為榆樹直隸廳，無屬領。

賓州廳，賓州府——光緒八年，于阿勒楚克之葦子溝地設賓州廳撫民同知，無屬領；二十八年，于廳屬燒鍋甸子巡司地之長壽山地方，設長壽縣，隸廳屬，領縣一。

宣統元年，賓州廳撫民同知陞為賓州府，並改直隸西北路道，仍領縣一；二年，又改長壽縣，直隸於西北路道，無屬領。

五常廳，五常府——光緒八年，于五常堡協領之歡喜嶺地設五常廳撫民同知，無屬領。

宣統元年，陞五常廳撫民同知為五常府，並改直隸西北路道，仍無屬領。

雙城廳，雙城府——光緒八年，于阿勒楚喀拉林西北雙城子地，設雙城廳理事通判，無屬領。

宣統元年，雙城廳理事通判陞為雙城府，並改直隸西北路道，仍無屬領。

延吉廳，延吉府——光緒二十八年，于琿春南荒圍場之南崗即局子街地，設延吉廳同知，無屬領。

宣統元年，延吉廳同知陞為延吉府，無屬領。是年，中韓圖們江界約，延吉府府治之局子街暨所屬龍井村(即六道溝)三河鎮(即頭道溝)、百草溝，俱為日本開為商埠，並准日人居住，貿易，設領事，准韓人在圖們江北之墾地居住，仍無屬領。

綏芬廳，綏芬廳，寧安府——光緒二十八年，于三岔口設綏芬廳撫民同知；三十三年裁寗古塔副都統，移廳治于寗古塔，仍曰綏芬廳，無屬領。

宣統元年，陞綏芬廳爲綏芬府；二年，改爲寗安府；並改直隸東南路道，無屬領。

綏芬廳，東寗廳——光緒二十八年，于三岔口設綏芬廳撫民同知；三十三年，裁寗古塔副都統，移廳治于寗古塔，無屬領。

宣統元年，另于三岔口設東寗廳撫民通判，並改直隸東南路道。

依蘭府——光緒三十一年，裁三姓副都統即滿語依蘭哈喇，改設依蘭府；並于府屬松花江之北設大通縣，于府屬插花地置湯原縣隸之，領縣二；三十二年，於舊三姓副都統所領臨江之哈拉蘇蘇地，設臨江州，隸府屬，領州一，縣二；三十四年，江，吉以松花江之南北爲界，移大通縣治於松花江南之方正泡，改爲方正縣；以大通縣舊治，仍曰大通縣，改屬黑龍江省，仍領州一，縣二。

宣統元年，陞臨江州爲府，並方正縣俱改直隸東北路道，又改湯原縣屬黑龍江省之興東道，無屬領。

濱江廳——光緒三十一年，以傅家甸一隅設濱江廳江防同知於士名哈爾濱地，無屬領；三十一年，中日新訂東三省條約，哈爾濱爲日本開爲商埠。

宣統元年，畫雙城府東北之地益之，改爲濱江廳撫民同知，仍無屬領。直隸于西北路道。

樺甸縣——光緒三十三年，于省城東南之樺皮甸子地方設樺甸縣，直隸西路道。

宣統二年，改直隸西南路道。

密山府——光緒三十三年，于舊寗古塔副都統屬之蜂蜜山地，設密山府，無屬領。

宣統元年，改直隸於東北路道，仍無屬領。

濛江州——光緒三十三年，于省城西南之濛江甕地，設濛江州，直隸於西路道。

宣統二年，改直隸西南路道。

長嶺縣——光緒三十三年，于省城之西郭爾羅斯前旗蒙荒，當長春，洮南兩府適中之長嶺子地，設長嶺縣，直隸於西路道。

宣統二年，改直隸西南路道。

方正縣——宣統元年依蘭府所屬之方正縣，改直隸于東北路道。

伊通州——宣統元年，吉林府屬之伊通州升爲伊通直隸州；二年，又改伊通直隸州直隸于西南路道，無屬領。

敦化縣——宣統元年，改吉林府屬之敦化縣，直隸西南路道。

盤石縣——宣統元年，改吉林府屬之盤石縣，直隸西南路道。

農安縣——宣統元年，改長春府屬之農安縣，直隸西南路道。

楡樹廳——宣統元年，陞新城府屬之楡樹縣爲楡樹直隸廳；二年，又改直隸西北路道，無屬領。

舒蘭縣——宣統元年，于省城東北之舒蘭站設舒蘭縣；二年，移治于朝陽川，並改直隸西南路道。

阿城縣——宣統元年，于賓州府南境之阿勒楚喀地，設阿城縣，直隸於濱江道；二年，改直隸西北路道。

樺川縣——宣統元年，于依蘭之南樺皮川地方設樺川縣，直隸於東北路道；二年，移治于佳木斯；三年，徙治于悅來鎭，仍直隸于東北路道。

臨江府——宣統元年，陞依蘭府屬之臨江州爲臨江府，直隸東北路道，無屬領。

富錦縣——宣統元年，于臨江府之西境富克錦巡檢地設富錦縣，直隸于東北路道。

綏遠州——宣統元年，于臨江府之東境烏蘇里江附近之地設綏遠州，直隸於東北路道。

饒河縣——宣統元年，于密山府東北之饒力河南地，設饒河縣，直隸於北東路道。

琿春廳——宣統元年，裁琿春副都統，於其地設琿春廳撫民同知，無屬領。直隸于東南路道。

穆稜縣——宣統元年，分綏芬府所屬塔城東北穆稜河知事地，改設穆稜縣，直隸于東南路道。

呢嗎廳，虎林廳——宣統元年，于呢嗎河入烏蘇里江之口，設呢嗎廳，直隸于東北路道；二年，因有七虎林河，改名虎林廳，仍隸于東北路道。

長壽縣——宣統二年，改賓州府之長壽縣，直隸于西北路道。

汪清縣——宣統二年，分延吉以北之汪清河一帶暨綏芬府南境之地，設汪清縣，初治哈順站，旋移治百草溝，直隸于東南路道。

額穆縣——宣統二年，分敦化縣北隅，綏芬府西隅，五常府東南隅，設額穆縣于額穆索站，直隸于東南路道。

雙陽縣——宣統二年，分吉林府西境伊通州東北境地，設雙陽縣于雙陽河，直隸于西南路道。

和龍縣——宣統三年，分延吉府所轄圖們江北和龍峪分防經歷地，設和龍縣，直隸于東南路道。

附：

擬設寶清州——宣統元年，擬於密山府北寶清河之西，設寶清州。

擬設勃利縣——宣統元年，擬于古勃利州，設勃利縣。

擬設臨湖縣——宣統元年，擬于密山府東南臨興凱湖之地，設臨湖縣。

盛京一部分寧古塔一部分吉林烏拉一部分黑龍江（黑龍江省）黑龍江省：

順治初年，仍屬盛京；十年，改屬寧古塔昂邦章京。康熙元年，屬寧古塔將軍；十五年，仍屬寧古塔將軍，二十二年，始於黑龍江城設黑龍江將軍；二十八年，中俄尼布楚條約，黑龍江上流之地喪于俄；二十九年，黑龍江將軍移駐墨爾根，仍稱黑龍江將軍；三十八年，黑龍江將軍又移駐于齊齊哈爾城，仍稱黑龍江將軍。乾隆二十二年以後，亦稱黑龍江省；五十五年以後，俄日喪我省東之庫頁島。咸豐八年，中俄璦琿條約，黑龍江以北之地割于俄。光緒二十六年，庚子之亂，俄人佔我璦琿之江東六十四屯地；三十一年，中日新訂東三省條約，齊齊哈爾城（龍江），璦琿城，呼倫城（海拉爾），滿洲里（臚濱），爲日本開爲商埠；三十三年，裁將軍，改設黑龍江行省。

呼蘭廳，呼蘭府——同治元年，于呼蘭城東北巴彥蘇蘇地設呼蘭廳理事同知，無屬領。光緒三十一年，呼蘭廳理事同知由巴彥蘇蘇移治于呼蘭城，陞爲呼蘭府，以舊治巴彥蘇蘇改爲巴彥州，以府東木蘭店設木蘭縣，府西北雙廟子地設蘭西縣，並隸府屬，領州一，縣二。

綏化廳，綏化府——光緒十一年，分呼蘭廳理事同知北境北團林子荒地置綏化廳理事通判，無屬領。三十年，綏化廳理事通判陞爲綏化府，改餘慶街分防經歷爲餘慶縣，隸之，領縣一。

海倫廳，海倫府——光緒三十年，裁通肯副都統，于海倫河北新墾之地，設海倫直隸廳，于柞樹岡一名青岡柳地設青岡縣，以巴拜泉地設拜泉縣，隸府屬，領縣二；三十四年，陞海倫直隸廳爲海倫府，仍領縣二。

黑水廳，龍江府——光緒三十一年，于齊齊哈爾城設黑水廳同知。是年，中日新訂東三省條約，齊齊哈爾爲日本開爲商埠；三十四年，陞黑水廳爲龍江府，無屬領。

肇州廳——光緒三十二年，于中東鐵路兩傍郭爾羅斯後旗墾地設肇州直隸廳，無屬領。

大賚廳——光緒三十二年，于札賚特旗游牧地設大賚直隸廳，無屬領。

安達廳——光緒三十二年，于杜爾伯特旗游牧荒地設安達直隸廳，無屬領。

嫩江府——光緒三十四年，裁墨爾根副都統，于其地設嫩江府，無屬領。

璦琿廳——光緒三十四年，裁璦琿城副都統，于其地設璦琿直隸廳，無屬領，直隸于璦琿道。

黑河府——光緒三十四年，分璦琿北境之大黑河屯地，設黑河府，無屬領，直隸于璦琿道。

呼倫廳——光緒三十四年，裁呼倫貝爾城副都統，于其地分設呼倫直隸廳同知于呼倫貝爾城，無屬領，直隸于呼倫道。

臚濱府——光緒三十四年，裁呼倫貝爾城副都統，于其所屬滿洲里地，設臚濱府，無屬領，直隸于呼倫道。

大通縣——光緒三十四年，江，吉以松花江爲分界，改江北舊屬吉林省依蘭府之大通縣來屬，直隸興東道。

湯原縣——宣統元年，改松花江北岸舊屬吉林省依蘭府之湯原縣來屬，直隸興東道。

訥河廳——宣統二年，于光緒三十一年裁撤之布特哈副都統地設訥河直隸廳于博爾多站，無屬領。

附：

擬設林甸縣——光緒三十四年，于大林家甸地，擬設林甸縣，屬龍江府。

擬設諾敏縣——光緒三十四年，于諾敏河地擬設諾敏縣，屬嫩江府。

擬設通北縣——光緒三十四年，于通肯河地，擬設通北縣，屬海倫府。

擬設鐵驪縣——光緒三十四年，于鐵山包地，擬設鐵驪縣，屬海倫府。

擬設布西直隸廳——光緒三十四年，于布特哈地，擬設布西直隸廳同知，無屬領。

擬設甘南直隸廳——光緒三十四年，于富拉爾基地，擬設甘南直隸廳同知，無屬領。

擬設武興直隸廳——光緒三十四年，于多耐站地，擬設武興直隸廳同知，無屬領。

擬設漠河直隸廳——光緒三十四年，于漠河地，擬設漠河直隸廳同知，無屬領，直隸璦琿道。

擬設呼瑪直隸廳——光緒三十四年，于西爾根卡倫地，擬設呼瑪直隸廳同知，無屬領，直隸璦琿道。

擬設室韋直隸廳——光緒三十四年，于吉拉林地，擬設室韋直隸廳同知，無屬領，直隸呼倫道。

11

擬設舒蘭直隸廳——光緒三十四年，于免渡沿地，擬設舒蘭直隸廳通判，無屬領，直隸呼倫道。

擬設佛山府——光緒三十四年，于觀音山地，擬設佛山府：無屬領。直隸興東道。

擬設蘿北直隸廳——光緒三十四年，于托蘿山地，擬設蘿北直隸廳同知，無屬領，直隸興東道。

擬設烏雲直隸廳——光緒三十四年，于烏雲河地，擬設烏雲直隸廳通判，無屬領，直隸興東道。

擬設車陸直隸廳——光緒三十四年，于車陸地，擬設車陸直隸廳通判，無屬領，直隸興東道，

擬設春源直隸廳——光緒三十四年，于伊春呼蘭河源地，擬設春源直隸廳通判，無屬領，直隸興東道。

擬設鶴岡縣——光緒三十四年，于鶴立岡地，擬設鶴岡縣，直隸興東道。

清代漢人拓殖東北述畧

龔維航 1

明代末年，滿清以新興民族，恃武力之盛，乘流寇之亂，得長驅入關，席捲中原，統治有數千年文化之古老中華，於是戰勝者之威焰不可一世。以其雄武之風，樸實之習自矜，視漢人文化，爲懦弱柔靡，不足取法。此種心理，以武力征服人國者往往有之，固不足怪也。故終清之世，滿人所引以爲大懼者，即子孫之習染漢化，捐捐故俗。于是百計防閑，使相隔越，不令有同化之機；如禁止滿漢通婚即其明證，而封鎖其根據地之東北，不令漢人移殖，亦未嘗非卑視漢化心理之表現也。

且清人自以爲異族入主中原，猜忌之心未泯，畛域之見時存，岐視漢人，以爲非我族類，其心必異。故欲保留發祥地之東北（常欲保留爲根據地），勿使漢人侵入。則一旦中原有事，可以退守，不致蹈元人覆轍。此種疑忌心理之存在，實封鎖東北政策之由來也。

由是漢人之文化在東北發展，實予清廷以莫大之威脅。吉林外紀載：「近數十年流民漸多，屯居者已漸習漢語。然滿洲聚族而處者，猶能無忘舊俗。至各處城內商賈雲集，漢人十居八九……子孫遂多習漢語。惟賴讀書仕宦之家，防閑子弟，無使入莊獄之間。娶婦擇屯中女不解漢語者，以此傳家者，庶能反淳還璞不改鄉音耳」。可見清廷對於漢人拓殖東北之畏懼也。

移民東北之歷史

（1）東省初開發時期。東省自漢時即爲中國屬土，惟以僻處邊隅，交通梗阻，開發不易，居民鮮少。故雖地大物博，而內地漢人，少有移居者；歷代當局亦不注意及之。迨有清入關，漢人始漸知東北物產之富，多有前往者。當時柳條邊多潰廢，朝廷亦無嚴令禁止，故潛入極易。惟是時入境之人數，不及日後之多，且多係暫居性質，非眞正之移民。

（2）政府招墾時期。此爲順治初年之事。順治八年山海關外土地招墾，遼西農業收效極微。順治十年「雨潦爲災，房舍傾頹，田禾淹沒，兵民困苦」，國內經濟狀況，極其凋零，使清廷不得不開放東北以爲救濟難民之所。且清初有國尙欲故示寬仁，故指定遼陽爲府，附以海城，遼陽爲縣。公佈遼東招墾之令，更懸官爵獎勵，用以招徠。

（3）封鎖時期。東省之開放爲時甚暫，至康熙七年即將招墾令廢除，禁止漢人入境，此令時間既短，影響于漢人之移殖者當然不大。惟當時關內各省對於移民之思想業已成熟，故招墾令一出，流民之出關者有如洪水出閘不可遏止。清廷既有畏忌及卑視漢人之心理，不欲祖宗發祥地悉爲漢人佔据，睹此情形，能不悚惕？故不得不再頒禁令，重樹藩籬也。乾隆及雍正繼之，猜忌之心更甚，所以防同化者亦更加嚴。雖然，禁令日嚴，漢人拓殖之念亦日熾。蓋一六八四年中俄戰事結束後，漢人于東北之富庶更加瞭然，蓋從軍將士身歷其境，目擊千里之膏腴，班師回來，輾轉傳述，遂使漢人出關之念油然而生矣。且中俄戰後，清廷亦感東北之急需開發，故除多設官司，改善交通外，復于各重要市鎮設置驛站，以致人民聞風嚮往者日衆。故禁令雖嚴，而出關者仍絡繹焉。且康乾兩朝承平日久，人口大增，關內各省地狹人稠，尤以山東等省爲甚，釀成嚴重之經濟問題，清廷迄無解決方法。且災荒薦至，饑饉頻仍，人民謀生乏術，與其束手待斃，曷若冒險求生。此經濟問題之推動力實至爲偉大，不但能消除漢人濃厚保守之觀念及留戀鄉土之熱情，且並嚴密之禁網亦爲之揭開矣。

（4）封鎖失敗時期。禁令雖能防止大規模之移民，而于漢人之潛入者，則不能制止。漢人在東北之拓殖既日著成效，禁令亦日漸鬆弛。清廷既感禁令之無效，又以邊患之日深，深慮東北之空虛，故不得不改變策略。于嘉慶八年公佈移民章程；「……嗣後凡農民出山海關，必須嚴査登記。若從事單身商業或被傭就食之貧民持有地方官吏給票者，始許出關。一面通知兵部禁止攜眷出關，苟遇關內荒歉，欲移居就食者，亦由地方官吏先事調査荒歉情形及移住者之多寡。轉詳督撫，俟其許可，始准出關。並定出關期限，逾期即行禁止……」（吉林通志卷三）。夫漢人之欲入東三省者均無路求生之貧民，此令一下實不啻開放禁地，雖奉天將軍改變成命，祇准開放奉天一省，不准大批貧民侵入吉林；然一經開放，其勢自難束縛矣。

道光時朝廷因財政窘困，允許人民購買東北土地，取其地價充入國庫。鴉片戰役，江寧辱國條約訂立後，不及十載復有洪楊之亂，由是人心斷離，朝廷威信盡失，更無暇顧及墾務，而東省封禁遂成歷史上之名詞矣。

咸豐同治二朝正式頒布禁令，計有：

一，咸豐十年，開放吉林荒地。移時英法聯軍陷北京，文宗避駕熱河，綱紀廢弛，黑龍江將軍特普欽准開墾呼蘭平野（黑龍江述略第四卷第十三頁上至第十四下）。

二，咸豐十一年，開放吉林雙城堡與拉林荒地，舒蘭河流域與吉林西城一帶土地。

三，同治三年，開放伊兒門河全流域。

四，同治五年，承認墾闢向爲金金匪巢穴之樺皮甸子。

五，同治七年，開放「禁地之禁地」——皇帝狩獵之圍場，（圍場之最大者，一在吉林，一在奉天）。

此後內亂日甚一日，尤以橫行河北山東二省之捻匪爲患最劇，二省居民不能安居，多向東省逃避，而東省遂成漢人避難所矣。

光緒四年實行奬勵移民政策，吉林將軍銘安設立墾務局，指導漢人開墾，並在關門資助移民。

光緒六年規定下列三種辦法：

一，凡可以耕種之地每畝定價四串，賣與人民，每人以購千畝爲限，無資購買而願領地耕種者，每百畝地租六百文。

二，官有荒地付民間開墾，免稅五年，俟墾成熟地後，每百畝納租六百六十文。經若干年納租之後（以墾地多寡而定年限長短）即歸民有。

三，毗連南烏蘇里地方，天寒地瘠，往墾者少。凡願移居此處者，除免納稅外，每戶得領補助費三十二兩（中國發展東北之努力頁四）。

光緒二十六年，東北人口數有一千四百萬，漢人佔百分之八十。日俄戰後，政府復特別奬勵移民，時有大批生荒出放。三十四年，計放出地六百三十萬畝。從此漢人入境源源不絕，至民國，東省之居民大部爲漢人。蓋已不復爲滿人之租地，而爲漢人之拓殖地矣。

三　在東北拓殖之情形

一，拓殖事業之經營。漢人拓殖東北之經營，可分爲二時期言之：（實則此二時之分界亦至模糊，蓋第一時期中所經營之事業在第二期中亦有從事者，第二時期之現象在第一時期亦常存在者，此處不過就其側重之情形，略爲區分而已。）第一時期爲清代初年，在此期中移殖東北之漢人並不甚多，大半從事于盜參，採金，斫伐森林，獵取獸皮等事。人參爲東北名貴產品，遍地人參之說已足使漢人垂涎，而吉林之茂密森林，珍貴木材及其它紫貂，碧狐，金沙，東珠亦足使人歆羡，故最初漢人之入東北者大半爲此類名貴品所吸引。故彼等並不欲作久居之民，祇想爲暫留之客，且多爲單獨行動者。此類採金盜參等事業日漸繁盛，可由順治朝關于東省之文件窺見一斑。此類文件昭示吾人，清廷當時對于漢人在東北經營實抱極大之恐懼，而思有以防止之也。(「吉林各處除卡倫以外，皆係產參之山，不准流民潛往砍伐樹木，但並不實施稽查，以致流民潛往者竟至一千餘戶之多，各流民蓋房墾地，共人口已達至五千七百餘名」——吉林通志卷三頁十九。又吉林通志卷四記載關於從事採金業及金匪之事與清廷防禁之方法極多，可資參考)。康熙元年明令東北人參過山海關與貂皮東珠等天然產物同時限制夾帶。

第二時期爲土地經營時代。康乾兩朝雖禁令森嚴，而漢人往東北者仍源源不絕。彼等多來自田間，對于耕植事業知之極稔，東北沃野千里漸引起彼等之注意，而彼等經營之目標乃由產物移於土地，其方式乃由來去無定之偷盜生活，轉變爲長期居留農民之生活矣。

漢人獲得東北之土地，雖非易事，而多數農民克勤克儉，能以耕作爲其主要之事業。查當時從事農業之漢人可分爲：

一，帶地投誠者——滿清稱帝，在東北之漢人懼其產業之被沒收，故願投降以求安居樂業。

二，贖罪者——清代刑法規定罪人免死一等充軍發往黑龍江吉林爲奴。罪犯抵充軍地，有出私財賄賂旗人贖罪，在該地營業，渡其生活。

三，旗軍漢人，漢人之在八旗下當兵或差役者。

四，各地流民，彼輩誠開發東省之先鋒也。

因漢人農業之發達，隨之而開展者有直隸，山東，山西數省人所經營之商業。蓋拓殖東北者，日用所需時感不足，爲供應彼等各種需要，遂有漢人商店出現。此類商店多係國內有鞏固基礎營業之分支，多取雜貨店形式。販賣品以強烈之酒居多，粗劣棉花，靴，帽，藥品等次之，兼營兌換金錢，發行支票，收發書信。後又設總行于各交通便利之地，用以統轄各支店，都市遂隨之而興矣。

二，移民生活之艱苦。清代對于漢人移殖東北既嚴加禁止，于是漢人之欲求入境者自不免困難。陸路有嚴密把守之山海關，水路復有禁止偷越海港而取締商船之令。(遼東西南臨海，從海上乘商船，漁船抵遼東大陸者極多。雖在乾隆十五年有特令西南各省禁止偷越海港，又命山東，江蘇，浙江，兩廣各督撫嚴密取締商船，更令沿海各地官吏竭力防範，惟山東流民慣於密航，竟能避免遼河流域之監視，潛往封禁以外之曠野，求得安居之土地。乾隆十年前，多數流民早即成羣結隊，拓殖于鴨綠江上下游矣。」冒斧鉞，披荆棘，既入目的地，篳路藍縷，備極艱辛，始能謀得枝棲，可以餬口。隨乃胼手胝足，節衣縮食，以立其家。其拓殖能力之偉大實足敬佩也！初山東人入境者即集合同族，建造所謂家屋之窩棚，以爲根據地，開始在附近土地燒荒。第一年種蕎麥，第二年起順序栽種高粱，稻粟。聚族而居，其語言風俗一仍舊貫，他省人民入境亦效仿之。此實爲漢人將關內家族制度介紹于東北之始，即漢人拓殖東北最初之社會模型也。

三，經濟發展之成功。移殖東北之漢人，以來自山東及今之河北等省者爲最多。彼等大半忍苦耐勞，風俗淳樸，且素習稼穡，深知水耕火耨之常規。與當地滿人之養尊居優，不慣操勞者較，大有天淵之別。故本諸優勝劣敗之天演公例，流民入東省不久，即造成喧賓奪主之勢，清廷雖極力防備，亦無濟于事。吉林通志卷四百二七下載：「開墾之事奏請停止，而奸民土豪仍有承攬地畝，轉售漁利之事，著該省將軍再行認眞嚴禁……」，又同上卷二頁三下：「原議章程除已墾熟地及現居民之外，不准多墾一畝，增居一戶。今數年以來，流民續往墾荒又增至千餘口之衆……總由各關口平日不行稽查任意放行，遂至日積日多……嗣後各邊門守卡官弁務遵例嚴行查禁，遇有出口民人均詢明來歷呈報，不得令成羣結隊移往……」，又同上頁八下：「吉林廳查出新來流民一千四百五十九戶，長春廳查出新來流民六千九百五十三戶。……流民出口節經降旨查禁，各該管官總未實力奉行，以致每查辦一次，輒增出新來流民數千戶之多。總以該流民等業已聚族相安，驟難驅逐爲詞，仍予入册安插；再屆查辦復然，是查辦流民一節竟成具文……」，可見當時情形之一斑矣！且滿人非盡如朝廷之意者也，朝廷雖禁止漢人入境，而東北一般居于統治者地位之滿人，好逸惡勞，驕奢成性，時將所有土地招致漢人代墾者。彼等歲收地租，坐享廩粟，度其安閒之歲月。故于漢人之來東北者，匪特不爲之阻，且表歡迎焉。

嗣後滿人生齒日繁，生活益艱，歲租所入已有不敷用者，于是更將世襲之土地售與漢人。日久，清廷所目爲根据地之東北幾爲漢人佔去大半。因而禁令累頒，科條日密。順治七年有旗民不交產令，于是滿人不敢公然售地；然而陽奉陰違，多另以名異實同之典當方式代之。蓋旗民需欵孔急，提高典價，典價既高，更益以利息之積累，原業主何來巨欵以償之乎？于是永無取贖之期，典亦同于賣矣。至此辛勤勞苦之流民之有田者日衆，而漸能安居樂業焉。不惟農業方面漢人取得優勝，而商務之經營亦大半在漢人手中。法人誾克神父咸豐年間遊歷東北嘗語人云：「滿洲境內無一村鎭非漢化，實與中國本部各行省無異也」。道光時遼河全部之地皆爲漢人耕種，同治光緖之交，松花江上游（尤以盛京爲最），至哈爾濱，呼蘭一帶幾全爲漢人所佔。至此，漢人在東北之經濟發展已日漸成功，更非數紙禁令所能遏抑矣。

結論

一，封鎖政策失敗之原因——清廷于漢人移殖東北懸爲厲禁，然而漢民冒險潛入者絡繹不絕，使清廷終不能不放棄其封鎖政策。蓋促成移民之因素有二，其一爲內地生活之困苦，當康熙雍正間，山東及今之河北，生齒日繁，人口密度甚高，于是地狹人稠，謀生不易。其後以干戈頻仍，災荒薦至，民生凋弊，日甚一日。而東北諸省地廣人稀，物産富庶，故促進人口重新分配之二因素俱已形成。留戀鄉土之情，畏懼法律之心均爲此種自然勢力掃蕩，而東北之拓殖終爲不可避免之事實。而清廷封鎖政策徒從種族偏見著想，而忽視經濟及社會之因素，其失敗也宜矣。

二，清廷禁止移民之失策——清廷禁止移民之政策雖未告成功，而其影響于政治者已非淺鮮。蓋東北沃野千里，富源天成，又爲邊隅要地，久引強鄰覬覦。爲國防計，爲人民福利計，皆宜鼓勵移民。既可開發富源，復能鞏固邊圉，而免東顧之憂。乃清人見不及此，非特不加鼓勵，且以之爲禁臠，不使漢人移殖，于是一片大好山河，利棄于地，漸啟異族侵略之野心。其後俄人累侵邊境，清廷亦感東北之空虛，亟謀建設，如交通之改善等等，獨于此點仍不覺悟。及光緒以降，東北已爲日俄逐鹿之地，清廷始悟邊備不修之爲患，移民之禁始開，然已晚矣。向使入關之初即行殖民之策，外患之來，當不至若斯之甚也。

三，漢人拓殖之成功。綜觀前文，漢人拓殖東北，以受清廷限制，備極艱辛。因不得作大規模及完善之組織，故對于邊防方面不生效力，然其成功已至偉大。當日地廣人稀，滿目荒涼之東北，所以有今日之繁榮者，實皆彼輩血汗所經營之成績。吾人今日目覩東北之淪亡，緬懷先輩之艱辛開創，能不奮然興起而謀收復乎？

日人研究滿洲近世史之動向

百瀨弘著　劉選民譯

（譯自歷史學研究第五卷第二號，昭和十年（一九三五）十二月刊行）

所謂「滿洲近世」者，乃清朝勃興之時代，即西曆十七世紀初期以後。然滿洲史時代之劃分，東洋史學者意見不一，稻葉白鳥矢野諸博士之著作中，以爲滿洲史之劃分應與中國歷代王朝相呼應，松井等氏則以爲滿洲史可大別分爲四期，例如大原利武氏之「概說滿洲史」，劃分爲上世，中世，近世，最近世四時期。雖則滿洲史難離中國史而獨立，且在中國史與滿洲史間民族興亡盛衰等政治現象之相關因果甚大；然其組織不盡相同。就古代中世勿論外，中東鐵路之開築及營口之開港，結果滿洲之經濟與世界市場連結。吾人就此種事實不難得知滿洲近世史之時代。從來日本東洋史學者研究滿洲近世史少有嚴密之認識。滿洲近世史之範圍既如上述，茲介紹其研究之趨勢。按松井之分類法，與其第四期相當，惟日本東洋史學界對滿洲近世史之稱呼，大體則按常識假定其時代而已。

＊　＊　＊

日本之研究滿洲史，蓋以日本與滿洲地理上之關係及政治經濟上密切之關係而發展出來的，此爲事實，無庸贅言。自日本大陸政策以前，日人因地理之關係與乎政治軍事的意味，已極其關心。日人之研究滿洲，以德川時代爲濫觴，其時，日人發表各種關於滿洲之著述。最負權威之和田清氏著有「明治以後歷史學之發達」一文，其中滿洲蒙古史一節載：

……寬永（一六二四——一六四三）時，記載日人漂流至滿洲者，有「韃靼漂流記」，頗受珍視。元祿（一六八八——一七〇三）享保（一七一六——一七二五）間，大儒荻生徂徠著「滿文考」一卷，同時天野信景亦有「滿洲字式」之述作。徂徠之弟北溪（觀）著「建州始末記」一卷，「滿洲八旗色目考」一卷，「清客問答」一卷，「清朝探事」二卷，「清朝三藩邸報錄」四卷，「漢滿官員品級攷」二卷，「台灣亂傳聞記」一卷，「大義覺迷錄譯解」六卷，當時頗有滿清史專家之稱。此外，同時的岡島冠山（璞）亦著有「通俗清軍談」，「國姓爺忠義傳」等書。降至寬政（一七八九——一八〇〇）文化（一八〇四——一八一七）時，北門醬報類傳，間宮倫宗著有「東韃紀行」三卷，近藤守重者有「邊要分界圖攷」七卷，於是當時滿洲情況記述頗詳。近藤守重還著有「正齋書籍攷」一書，其中於「淸文鑑」以下數十種的滿文書皆有評論。其「淸俗紀聞」十三卷雖非專論滿洲，然不失為研究滿淸風俗之佳作。

雖然如此，博洽的近藤正齋實不能閱讀滿文。當時通曉滿文，能自由閱覽者有高橋作左衞門景保，高橋景保號觀巢，為正齋前任之「書物奉行」（按日本幕府管理藏書和文件之官也）。高橋景保欲讀由俄國得來之滿文國書，故自修滿文，其後竟能有數種關於滿文之著述。……根據新村博士之研究，景保以後，受其影響而產生出來關於滿文方面的著作，有鵜田鵬齋之「韃字考」，諸葛長軒（晃）之「滿字攷」，和嘉永（一八四八——一八五三）安政（一八五四——一八五九）中，長崎通事所撰的「飜譯滿語纂編」五輯十卷，「飜譯淸文鑑」五卷。此外還有京都的儒者山田饋齋（聯）氏，將間宮倫宗等所得之材料加以整理，著成「北裔備攷草稿」三卷，「滿洲全圖」一幅。

此外研究淸代文物制度的人甚多，就中致方於淸初歷史者，在寬政文化之交，有南部藩儒永根氷齊（鉉）和筑前黑田氏之儒臣村山楚塢（緯）二人。村山楚塢乃井上蘭臺之弟子，當時借得「勘定奉行」（按日本幕府管理稅收財穀和農民訴訟之官）久世氏藏之「淸朝實錄」，精心研究，和永根氷齊通力合作著成「淸三朝實錄採要」十六卷，「淸三朝事略」二卷。其中「採要」一書，取材精當，尤稱完善。……同時伴信友之「中外經緯傳」（卷二）中，略敘滿洲沿革，即採用「淸三朝實錄採要」以論證淸代先祖之事跡，可謂最先利用此書者。……然而不止「採要」在日本如此流行，乾隆之史臣蔣良騏根據「修正實錄」之「東華錄」傳入日本後，亦即有所謂官板之翻刻。可見當時對淸史研究興趣之濃厚。不過此等書籍大抵關於淸初，所以研究的範圍亦祇限於入關前後的滿蒙。

德川時代學術之勃興與乎研究滿洲事情之發生；實受俄人東進之刺激。然為本文範圍之外，不欲詳述。其後受鴉片戰爭之影響，日人更從滿洲史擴張為淸朝史之研究。其結果，明治初年增田貢之「淸史攬要」，佐藤楚材之「淸朝史略」，曾根虎之「淸國近世亂志」，相繼發表。至是，日人之研究滿洲史，一時稍見沈滯也。

中日戰前，日本大陸政策集中朝鮮半島。日人近代歷史學研究之對象遂集中朝鮮。明治二十年（一八八七），白鳥吉田三宅那珂諸博士對朝鮮半島之歷史著論甚豐。中日之戰後，日本史與西洋史對立，東洋史確立為史學之一部分，因之從研究朝鮮之範圍伸展至滿洲，成為日本之東洋史學。自日俄戰捷，滿洲史之研究遂飛騰猛進。故謂日人之研究滿洲史始自日俄戰後，誠非過言也。白鳥博士之滿洲歷史地理學誕生後，於是「滿洲地理歷史研究報告」及其後之「滿鮮地理歷史研究報告」遂以東京地國大學為中心，得健全之發展。本文敘述研究滿洲近世史之主潮，並介紹史學界與史學界外之研究滿洲近世史者。第一，白鳥博士與內藤博士及其系統諸人，以研究清朝入關前之滿洲史爲中心。第二，受現實問題之直接刺激，而研究滿洲近代外交史。第三，基於經營滿洲之現實要求及附從滿鐵與軍部之調查，而作史的研究。爲便利上，首先敘述第三點，再順次介紹最近滿洲事變前後，研究滿洲史之第二期之進展情形。

* * *

日人立於經營滿洲第一線者爲南滿鐵道株式會社，其調查課之經濟調查，爲研究滿洲近世史最珍貴之史料。調查課又分身爲東亞經濟調查局，編有各種目錄。自明治末年大正初年刊行之「南滿洲經濟調查資料」，「北滿洲經濟調查資料」，皆爲無數次之實地調查；單就研究滿洲近世史之資料而論，史學研究者皆不可忽略之也。滿鐵調查課對史方面的貢獻，大正初年完成「滿洲舊慣調查報告書」，前後共兩編。此浩瀚之調查書，爲龜淵龍長天海謙三郎諸氏努力之結果。前編爲「內務府官莊」，「皇產」，「蒙地」，「一般民地」等關於土地之調查；後編爲「押之習慣」，「典之習慣」，「租權」三篇，關於習慣方面之調查。以上爲研究不動產之大成。其調查以清代爲中心，根據清朝時代之編纂，古物文書類及現存之習慣制度，作極詳細之調查與研究，被推爲現今研究滿洲社會經濟史之第一史料。以後滿鐵因別種關係停止大規模之學術調查，僅有片斷之貢獻而已。如對于「滿洲現代史」，「公主嶺沿革史」，「長春沿革史」，「奉天票流通史」等各項，稍加以相當調查，說明其沿革；然大抵爲便利普通人之讀物，少有學述上之價值。

其次，主要爲軍部調查之地志。除參謀本部之測量圖勿論外，有浩瀚之「滿洲志草稿」，「滿洲一般志」。個人的有守田中佐之「滿洲地志」三卷。其他不公開之調查甚多。此等地志，爲明治三十八年（一九〇五）戰後，經營滿洲所必需者。遼東兵站監部編纂有「滿洲快覽」，大正初年關東都督府陸軍部編之「滿洲產業志」與滿鐵之調查，有同等珍貴之價值。

以上兩者外，尚有東亞同文會，大連等滿洲各都市之商業會議所，朝鮮銀行等；以商業爲中心所作之經濟調查。大正十年（一九二一）朝鮮銀行發行之「英文滿洲

3

經濟史」Economic History of Manchuria, Compiled in Commemoration of the Decenial of the Bank of Chosen, 爲現今研究近世滿洲經濟史概說者所賞稱。

* * *

其次爲近代外交史，近代滿洲國際之關係爲東洋外交史最重要之一部。齋藤良衛博士等外交史家所著之書籍皆言及之。又如外國人之著述，在「支那研究」所載植田捷雄氏譯之「滿洲與國際爭霸」。最近已出單行本。此外「外交時報」及評論東洋時事之「支那」，「東亞」，「支那時報」，「滿蒙」，「東洋」諸雜誌評論與資料皆極豐富，未能一一介紹。茲就歷史學之立場，敘述自俄國進侵以後之外國關係。

最初，明治中葉最重要之外交問題爲「間島」國境問題。自朝鮮歸日本版圖以至今日，已完全失其現實之意義。原中韓兩國紛爭「間島」所屬問題後，日人對之極爲關心，小藤文治郎氏首著「韓滿境界歷史」，其次幣原坦氏之「間島國境問題」以通俗論文式發表。此外受外務省囑托之內藤虎次郎，編有「間島問題調查書」。小藤氏說明該地古來之沿革，幣原氏闡述康熙以來，中韓兩國北部國境之沿革，並考證當時兩國國境之交涉之爭實，根據兩方面之史料，作忠實之考證。內藤氏以「間島」地方古來並非中國領土爲結論，引用史料，尤爲豐富。此問題在滿洲外交史上雖屬重要之一部，然現今可研究之餘地甚多，須從大處研究。（按著者偏見甚深，「間島」問題並非如此，適與內藤之結論相反，可參考徐淑希博士所著關於東北問題諸書籍。）

其次十七世紀以來，俄國與滿洲之關係，即以滿洲爲中心之中俄交涉。史學者受日俄之戰之刺激而研究此問題也。明治三十三年（一九〇〇），煙山專太郎「俄國黑龍江地方侵略史」出現，明治之末至大正初年，參謀本部翻譯俄人著述關於滿洲者如克魯拍特金之「回想錄」，「中俄問題」，「滿洲處分論」。當時於俄滿關係之論著雖多，然史的研究者甚少。至于學術的論著，最初爲矢野仁一氏在大正五年（一九一七）發表「松花江航行權」，其次爲石田幹之助氏之「中俄關係之第一期」。前者說明松花江航行權問題之沿革，及評論以尼布楚與璦琿條約文爲中心之中俄外交。後者概論尼布楚條約前之中俄關係。自此二篇之後，滿鐵調查資料刊出宮崎正義氏之「近代中俄關係之研究」，限於沿黑龍江地域，遍採中俄兩方之史料，成浩瀚數百頁之大作。從俄國之發展西北利亞，經尼布楚璦琿條約，以至占領沿海地方。對于日俄戰後，黑龍江航行權之問題，作詳細之考證，在滿洲外交史上，可謂第一不朽之貢献也。其後，至最近之下田禮佐氏之「中俄關係之研究」，柿沼介氏之「張誠與尼布楚條約」等發表，皆未能出宮崎之上也。

最初着手研究滿洲外交史之矢野博士，其後對東洋外交史更爲精進，關於滿洲有：「中日戰爭後俄法德干涉之眞相」，「從三國干涉至俄國租借旅大」，「三國干涉與中國之求援外國」等雄篇發表。現於東方文化學院京都研究所從事研究中日中俄兩役間之滿洲外交史。此外最近野原四郎氏之「近世中國朝鮮與日俄關係」，信夫清三郎之「中日戰爭」及「日俄戰前滿洲市場棉布輸出之趨勢——日俄戰爭史之序論」等，皆以科學之分析，從事研究滿洲外交史乃至政治史，可爲研究滿洲近世史之進步。應時勢之需要而搜集之時代史料，如俄國問題研究所之大竹博吉氏等翻譯「維特伯回想錄——日俄戰爭與俄國革命」，「德俄兩帝往復文書」，及羅曼諾夫著之「俄帝國滿洲侵略史」等珍貴史料，予吾人以極大之便利也。

＊　＊　＊

第三，以研究入關前之滿洲史爲中心。明治三十八年（一九〇五）以後，內藤再度調查奉天宮殿之古籍，調查之結果，著有「清朝開國期之史料」之介紹，及與市村瓚次郎博士攝取崇謨閣一部之照片。其對外關係一部，市村博士發表有「各項稿簿」。從明治之末至大正初年，德川時代之學者皆以入關前之清史爲研究之對象。根據獲得之史料及以近代歷史方法所作者：如內藤博士之「清朝姓氏考」，「清朝初期之後嗣問題」，「都爾鼻考」等貢獻。又如市村博士「清朝國號考」之論證。爾來內藤博士蒐集清入關前後清朝關係之史料史蹟，印有「滿洲寫眞帖」，及刊行滿蒙史料之「滿蒙叢書」，對于研究滿洲史之發展，可謂致力不少矣。承繼博士之諸門人弟子，以京都帝國大學爲中心，研究清入關前之滿洲史，獨自形成一系統也。

此系統中，首推稻葉岩吉氏。稻葉博士著有「光海君時代之滿鮮關係」，「朝鮮孝宗朝兩次之出兵滿洲，「皇清開國方略之曲筆」，「清初之疆域」，「塗改本清太祖實錄殘卷及其年代」等著作，尤以「滿洲發達史」及「清朝全史」二書使人確認爲內藤氏之後繼者。前者爲滿洲之通史，以明清時代之滿洲爲中心，叙論明代遼東之經營，女直貿易之經過，清國之興隆，滿洲交通體系之變遷，滿洲之封禁及其價値，滿洲封禁之危機，招墾潛墾及金匪諸章，皆爲滿洲近世史之重要問題。最近稻葉博士埋頭研究朝鮮史，以研究滿鮮關係爲主。承繼內藤之事業者尙有鴛淵一氏，著有「舒爾哈齊之死——清初內紛之一齣」，「清初清韓關係與三田渡之碑文」，「遼陽喇嘛墳碑文之解說」等，及研究關於明代滿洲之衛所，其能利用滿文史料爲其特色。同此系統之浦廉一氏，著用「漢軍（烏超哈）」，「明末清初滿鮮關係上日本所處之地位」兩篇，頗堪注意者也。前者說明清朝漢人部隊之沿革，後者分析清朝入關前與日本朝鮮之國際關係。

此外「清三朝實錄之纂修」之著者今西春秋氏等少壯史家多人，皆紛紛研究滿洲文的史料，然幸勿再徒事躑躅於清代入關前滿洲史之研究也。

＊　＊　＊

以上爲日俄戰爭以來，研究滿洲近世史之三個主潮。自大正末年（一九二六）以至最近，研究關于漢人農民移住滿洲之問題。滿洲封禁期中，漢人經營農業爲近代滿洲史之扼要問題，稻葉博士之「滿洲發達史」已概論之，滿鐵出版之「舊慣調査報告書」中「一般民地」之一節，特設開墾沿革一條，詳細考證沿革之事實。其後矢野博士研究中國近代史，亦曾討論此問題，曾發表「清朝之支配滿洲與中國人之移住」及「漢人之開墾蒙地」。

至于滿鐵之調査事業，其後龜淵龍長著有「黑龍江省之開墾」，及翻譯俄人之「北滿農務開墾志」，以南滿爲主之「舊慣調査報告書」的範圍，遂伸展至北滿。而大正末年之際，滿洲經濟日漸近代化，而山東移民問題，日鮮人移民與民族問題，勞働問題等，議論至多。蠟山政道氏之「關於滿洲中國勞働者」等無數論著相繼而出。大都要求說明中國人之移住滿洲及其沿革。滿洲事變前後，關於此類文章計有：翻譯雅謝諾夫之「中國農民之殖民北滿及其前途」，及「北滿洲之中國農民經濟」。翻譯顏谷之「中國之移民滿洲」及「移住滿洲之中國勞働者」。翻譯何廉之「中國人之移住滿洲」。此外滿蒙事情編輯部之「滿蒙移住漢民之數目的考察」，中山四郎氏之「滿蒙移民之今昔」，濱野末太郎之「中國人之移住滿洲」，中村如峰氏之「滿洲移殖民考」等，不勝枚舉。有高巖氏及柴三九男氏則另從歷史家之眼光，開拓新問題。

大正十五年（？）有高博士發表「黑龍江呼蘭平野之開墾」，昭和四年（一九二九）之「清代滿洲流人考」，昭和九年（一九三四）之「滿洲八旗之屯墾」。第一文乃根據新刊之呼蘭府志，叙述呼蘭平野之農業發展。第二文爲漢人移住滿洲之先鋒，即清初流徙滿洲之漢人囚犯，以備開發農業及防禦俄人。第三文論清朝旗屯之失敗，作簡單之說明。柴三九男步有高博士研究旗地之崩壞及民地之發達諸問題之後塵，作有「呼蘭地方之殖民地的發達」，又著有「清末北滿洲海倫拜泉地方之開發」，二文皆致力於土地問題及農業問題也。

＊　＊　＊

以上爲日人東洋史學界研究滿洲近世史之成績，雖屬異常貧弱，然以其發生於最近，從新興之社會科學立場觀之，則滿洲近世社會經濟之分析，有迅速發展之可能。「舊慣調查」以來，板倉眞五氏之「滿洲地法論」研究滿洲經濟之發展。此種科學的分析之對象，自去年以來，已顯示進步矣。此種趨勢，本誌（歷史學研究）十一月號，野原四郎氏有簡潔之介紹：

……滿洲史方面之研究，漸已克服其缺陷，著見發展。例如「滿鐵經濟調查會」，於昭和八年（一九三三）刊行「滿洲經濟年報」，受嚴格之批評，本年度已見進步。尤以大上末廣氏之「關於清朝時代滿洲之農業關係」，次爲「滿洲經濟史的考察」二文。大上氏自清朝時代之土地中，求近代之要素。近藤康男氏之「滿洲封建性」一文加以澈底之批評，所著「關於滿洲資本主義發達之歷史條件」尤有極度之進步。中山耕太郎之「滿洲史之一批判」，對大上氏之「清朝時代滿洲亦爲獨立國民經濟之一的一般前提」一文中之中國民族形成之問題，加以辯論，指摘大上氏自行推翻其前提。柴三九男之「清代之土地所有關係」一文，更以大上氏所謂「地代租稅分化」之說爲無事實之根據。大上氏因以上種種之批評，結果著述「滿洲社會史之諸問題」一文，以作結束也。

以上諸論著，以土地乃至農業爲中心。本年度「滿洲經濟年報」更發表「滿洲經濟之新生面」。鈴木小兵衛氏著有「從農作物上見滿洲農業經濟的發達」，及「滿洲農業與商業取引資本」二文。以上各種成績，皆爲各人研究之發展，而清代以前之史實，尚待歷史家之通力合作。專門歷史家之成績，望以忠實的科學的態度，而研究滿洲史也。

廿五，九，廿四日，於海甸。

東北海關稅設立之經過及各關貿易之情形

李競敏

1

目錄

I. 海關稅約定之經過

關稅之抽取，中古已然，惟其稅率則代有不同，然本於國定非協定，可斷言也。吾國粵東地接東西二洋，各國來往貿易，係市舶提舉使征收貨稅。明隆慶五年以洋人報貨奸欺，難以查驗，改定丈抽之例，按船大小以爲額。西洋船定爲九等，後因洋人屢請量減，抽三分；東洋船定爲四等。清初未禁海以前，洋船詣粵者，猶照明例征稅。康熙二十三年，江，浙，閩，廣，諸經開海，同時有四海關之設。監督宜爾格圖奏言，海上出入船載貿易貨物，往日多載珍奇，今係日用雜物。今昔殊異，請於原額之外，再減三分，東洋船亦照例行。且令江，浙，閩，各省亦照粵省量減，從之。先是海關設後，降旨海洋貿易，創收稅課，差部院賢能司官前往酌定則例，并將各關徵收則例，給發監督，酌量增減。至二十八年始定江，浙，閩，廣四省海關徵稅之例，分衣物，食物，用物，雜貨，四種課稅。進口稅計課四分，出口稅課一分六釐，再於貨稅之外，每船按梁頭徵銀二千兩左右。逮雍正六年，又定洋船出入期限，及帶米石貨物之數。當時司關權者，對于外商之入口，復將伊所携置貨現銀另抽稅一分，名曰「繳送」。乾隆元年飭革如舊，并宣諭各洋人知之。當時東洋商船，輻輳於江海，浙海二關；西洋商船，則多在粵海錠泊。故粵海關稅則規定尤詳，且對于外洋貨稅及船料特分別定例如左：

(一)每年外洋販到貨物，有爲則例內所未載者，該關監督每於滿任後，比例定則，報部核准，依類續刊。

(二)洋船稅則，按丈，按尺增減，續有定則，往徵官不得拘泥原定等第名目，稍滋濫溢。

二十二年以紅毛等國(即今西洋諸國)歲至定海，閩，浙，總督喀爾吉善等奏言，番商獲利加多，請增其稅，由是更定浙江海關洋船稅則加增一倍。其意在使無所利而不來，以示限制，不在增稅也。二十五年，議除粵海關一切規禮名色。先是該關於照例征收船鈔之外，另有官吏，家人，通事，巡役人等規禮。以及分頭，擔頭等項銀兩。節經奏報歸公，而則例內仍照從前各項名色，分別臚列。玆彙併核算，統作進口，出口，歸公銀兩各若干，將一切規禮，火足，開倉，驗倉，放倉，押船，貼寫，小包等各色悉行删除。惟丈量，領牌，與收稅章程無碍，未及更易。又省城大關，以及虎門，潮州，雷州，瓊州各口內有書吏，家人，收作飯食，舟車等費，悉作歸公造報。至是更定條款，刊榜曉示，劃一徵收。四十九年，令粵海關珍珠，寶石，免其收稅。五十八年英遣使臣馬戛爾尼，航海至京修貢，其表文中有英吉利洋商，自廣東下澳門，由內河行走貨物，或不上稅，或少上稅一事。淸帝不准，其敕諭曰：『夷商貿易，往來納稅，皆有定則，西洋各國均屬相同，此時既不能因爾國船隻較多，徵收少有溢額，亦不便將爾國上稅之例，獨爲減少，惟應照例公平抽收，與別國一同辦理。嗣後爾國販貨赴澳門，仍當隨時照料。又據稱爾國船隻，請照例上稅一節，粵海關徵收船料向有定例。今旣未便於他處海口設行交易，自應仍在粵海關按例納稅，毋庸另行曉諭』。

由斯以觀，我國之關稅權，向皆自主。定則之後，或改，或減，或增，或免，均可隨時自由約定，幷不受任何牽制。惟定例外洋商船至粵海，進口貨物應納稅銀，督令受貨洋行商人，於洋船回帆時輸納。至外洋商船出口貨物，應納稅銀，洋行保商為洋商代置貨物時，隨貨扣清，先行完納。蓋凡外人來粵貿易，須由行中人間接代售，行商必經地方官核准，方得承充。因此洋行商人等藉以居中牟利，得於售價每兩徵銀叁分，以充行佣。初時獲利頗厚，繼則軍需用費及官吏需索，與欵接什費均出其中，遂分內佣，外佣名目。以故獲利漸薄，行佣隨之增加，洋商苦之。嘉慶十五年，英商請減行佣銀，粵吏不許，舊例賒欠洋賬不得過十萬，日久弊生，至是時欠賬逾數百萬，洋商益啣之。及道光之際，我國吸食鴉片之風特甚，朝廷重申前禁，而洋商賄通關吏，勾結洋行，夾帶私售，日增月盛，流弊不可究詰。道光廿年，林則徐燬煙土於虎門外，由是英國海軍犯粵，中英戰爭暴發，其結果至於輸欵請和。二十二年，締結江寧條約，開廣州，福州，厦門，寧波，上海五處為通商口岸。旋議定善後條約，幷通商章程，將進口稅，出口稅，子口稅，均載在約內。而我國關稅權遂為之一變，由國定稅則，而為協定稅則矣。自時厥後，國權日墜，內政不修，外交屢敗，而關稅權長此旁落，遂演出無古今無中外之怪象。今將約定各節劃分為三大期，說明如左：

A.第一期海關稅之約定（自前清道光二十二年江寧條約至咸豐八年）

我國關稅約定之始，事在道光二十二年七月廿四日，即西歷一千八百四十二年八月廿九日，因中英鴉片戰爭，中國戰敗乞和，訂江寧條約計十二條，關于關稅事項為左二條。

第二條：…………開廣州，福州，厦門，寧波，上海五處為通商口岸。…………

第十條：…………五通商口岸之納稅，均宜秉公議定則例。…………

由此兩條觀之，英國對于中國海關，尚未加以絕對限制。關于東北三省開埠設關之事，在第一期中，尚未提及。因本文側重東北海關之歷史，故對于其他各國，在揚子江流域設關之經過均從略。

B.第二期海關稅之約定（自前清咸豐八年天津條約至光緒二十七年）

自五口開港以來，中外棣通，商務頻繁，交涉因之日棘，每以一事之微，牽動全局。蓋國威不振，而一般宵小之徒，常勾結外人以自衛，一經犯罪，便投入外船，逍遙法外，我國官吏益銜之。咸豐六年，至有廣州官府不經照會，逕赴英國阿羅輪船，逮捕本國犯人十二名之事，由是英國香港知事，向粵督談判，不得要領，迺舉兵內犯。同時法國，因廣西傳教人馬神父被殺之事，拿破侖三世亦發兵與英國聯合，先陷廣東，更北上入渤海，略大沽炮台，逼天津，其結果至有英法二國天津條約之締結，計四十二款，及補遺六款，今錄數款關于海關稅之徵收問題。

英國通商章程善後條約。

第一款：　凡有貨物，僅載進口稅則，未載出口稅則者，遇有出口，皆應照進口稅則納稅；或有僅載出口稅則未載進口稅則者，遇有進口，亦皆按照出口稅則納稅。倘有貨物名目，進出口稅則，均未賅載，又不在免稅之例者，應核估時價，照值百抽五之例徵稅。

第二款：………種種東西，倘運往內地銷貨，每百兩之物應完納稅銀二兩五錢。

中國關稅值百抽五之說，即起於是時。至於民國初年尚未更改，貽害中國，莫此為甚，中國關稅之受束縛可謂極矣。

自英國與我國訂立通商章程善後條約後，法國與英國大致相同，茲不贅述。

此外俄國亦援英，法先例，與我國通商，凡英法兩國可通商之口岸。准俄國一律照行，然對於東北之通商口岸尚未提及。因俄國與我國通商，向祗限於西北邊陲路一帶，沿海沿江各處，雖與英法各國享同樣權利，但因地理關係尚少措意。

同治八年，距咸豐八年所結之天津條約，業經十年，已屆續行修約之期。前清欽差總理各國事務大臣，和碩恭親王，會同文寶董譚崇五尚書，與英國公使全權大臣阿，於九月十九日，會議於北京，修訂條約十六欵，善後章程十欵，改定進出口稅則，子目十餘項。既已簽字，嗣因英廷拒不批准，未及互換遂廢。

光緒二年，七月二十六日，即西歷一千八百七十六年，九月十三日，前清欽差便宜行事大臣，大學士李鴻章，與英國公使欽差便宜行事大臣威，會議條款，即中，英烟台條約凡三端。除一二兩端與關稅無涉外。茲將第三端關於通商事務者，節錄如下：

（一）——所有現在通商各口岸，按前定各條約，有不應抽收洋貨釐金之界，茲由威大臣議請本國，准以各口租界爲免収洋貨釐金之處，俾免漫無限制，隨由中國議准，在湖北宜昌，安徽蕪湖，浙江溫州，廣東北海四處，添開通商口岸，作爲領事官駐紮地。…………………

自訂立此條約起，中國對于洋貨，免收厘金遂成慣例，中國現在尙有某種洋貨免收釐金之例，此種條約實助英國對華加強經濟之侵略。

同治元年，二月初四日，即一千八百六十二年，二月二十日，前清總理各國事務大臣，與俄國欽差全權二等御前大臣把，擬訂陸路通商章程，計二十一欵。曩昔俄國通商限於西北邊陲一帶，今之條約，較前更進一步，欲在張家口一帶，及通州，北京，天津通商。茲將陸路通商章程節錄於後。

第一欵：——兩國邊界貿易，在百里內均不納稅，其稽查章程任便兩國各按本國邊界限制辦理。

第五欵：俄商運俄國貨物至天津，應納進口正稅，按照各國稅則三分減一，在津交納。其留張家口二成之稅，亦按照稅則三分減一，在張家口交納。

第六欵：——如在張家口二成貨物，已在該口納稅，領有稅單，而貨物有未經銷售者，准該商運赴通州，或天津銷售，不再納稅。

第八欵：——俄國商人，如由天津，運俄國貨物，由水路赴議定地點，則應按照各國稅則，在津補足原免三分之一稅銀，運抵他口不再納稅。如由天津，及他口運入內地，均應按照各國稅則納一次子口稅。

第十欵：——俄商在他口販買土貨運津回國，除在他口按照各國總例交納稅餉外，其赴天津，應納一次進口稅（即正稅之半）。該領事官，發給兩國文字執照，天津官蓋印，註明商人姓名，貨色，包件若干，方准起運，赴恰克圖，不再重徵。

此外俄國改訂條約，及中，俄續改陸路通商章程，大致與從前相仿。所不同者，即俄商在內地之商埠增加，稅則與英，法各國一樣，享有值百抽五之待遇。

俄國在中國經濟勢力之發展，與日加強，侵略中國之野心與日俱長。光緒二十四年，五月十八日，即一千八百九十八年，六月二十四日，前清欽差頭等大臣許，會同出使俄國大臣楊，奉光緒二十四年五月初七(即俄歷九十八年六月十三日)，諭旨，允准與俄國東省鐵路公司訂定合同，茲節錄合同兩款如次：

第四款：——准公司在此支路，經過一帶地方，開採建造經理鐵路需用之煤礦。……………………

第五款：——俄國可在遼東半島租地內，自行酌定稅則，中國可在交界徵收貨物從該租地運入，或運往該租地之稅。此事中國政府可商允俄國國家，將稅關設在大連灣，自該口開埠通商之日為始，所有開辦及經理之事，委派東省鐵路公司，作為中國戶部代理人，代為徵收。此關專歸北京政府管轄，該代辦人將所辦之事，按時呈報；另派中國文官，為駐紮該處稅關委員。搭客，行李及貨物，由俄境車站運往該路，至遼東半島租界與俄國之地段內；或由此租地，運赴俄境，概免關稅及內地稅釐。貨物經鐵路從中國內地，運往租地，或由租地運入內地，應照中國海關稅則分別完納，進口出口稅無減無增。

由此合同起，中國在東北始有海關成立，俄國之經濟發展由西北而至東北矣。

日本自明治維新後，對內極力整頓，工商業日漸發達，時有剩餘品(大部為商品)，運來中國傾銷。於同治十年，七月二十九日，即日本明治四年，七月二十九日，前清欽差全權大臣大學士李鴻章，與日本欽差大臣大藏卿伊藤，議定通商章程數則如下：

第一款：——中國沿海各口岸，准聽日本商民來往貿易。茲將指定各口臚列於左。

上海口（隸江蘇松江府上海縣）
鎮江口（隸江蘇鎮江府丹徒縣）
寧波口（隸浙江寧波府鄞縣）
九江口（隸江西九江府德化縣）
漢口鎮（隸湖北漢陽府漢陽縣）
天津口（隸直隸天津府天津縣）
牛莊口（隸奉天府海城縣）
芝罘口（隸山東登州府福山縣）
廣州口（隸廣東廣州府南海縣）

汕頭口潮州府潮陽縣隸廣東　瓊州口瓊州府瓊山縣隸廣東　福州口福州府閩縣隸福建
厦門口泉州府厦門廳隸福建　台灣口台灣府台灣縣隸福建　淡水口台灣府淡水廳隸福建

第十一欵；——中國商船貨物，進日本通商各口，應照日本海關稅則完納，日本商船貨物進中國通商各口，應照中國海關稅則完納，至兩國各口海關，已經較秤，碼，丈，尺，並完稅銀色，彼此商民均應隨地遵照舊章辦理，不得稍有異議。

牛莊之闢爲商埠，及日本注意東北，進行經濟之侵略，均由是時起。以後日，俄戰爭，即因兩國之經濟衝突，爲之導火線。

C. 第三期海關稅之約定（自前淸光緒二十七年辛丑各國和約訖民國近年）

義和團擾亂之結束也，我國與東西各國，於光緒二十七年，七月二十五日，即西歷一千九百〇一年，九月初七日，訂立和約於北京。當時中外議和各全權，議定十二欵，約內因我國曾允定付諸國償欵，海關銀四百五十兆兩，按年息四釐，正本由中國分三十九年，按附表淸還。且由中國國家將全數保票一紙，交付駐京諸國欽差領銜大臣收受。此保票以後分做零票；復慮償還無着，故特定保票之財源，於第六欵內戊項開記；至于改定通商行船條約，則于第十一欵特爲聲明。玆錄第六欵，及第十一欵於後。

第六欵：——新關各進欵，前已作爲担保之借欵，各本利付給之後，餘剩者，又進口貨稅增至切實値百抽五，將所增之數加之。所有向例進口免稅各貨，除外國運來之米及各雜色糧麵，並金銀以及各金銀錢外，均應列入切實値百抽五貨內。

所有長關各進欵，在通商口岸之常關，均歸新關管理。

所有鹽政各進項，除歸還前泰西借欵一宗外，餘剩一併歸入。

至進口稅增至切實値百抽五，諸國現允可行，惟須二端。

（一）將現在照估價抽收進口各稅，凡能改者，皆當急速改爲按件抽稅幾何。玆定改稅一層如後。

爲估算貨價之基，應以一千八百九十七，八，九，

7

三年卸貨時，各貨率算價值，乃開除進口稅，及雜費總數之市價。其未改以前，各該稅仍照估價抽收。

(二)北河黃浦，兩水路均應改善，中國國家即應撥款相助。

增稅一層，俟此條款畫押日起，兩個月後，即行開辦，除在此畫押日期後，至遲十日，已在途間之貨外，概不得免抽。

第十一款：——大清國國家，允定將通商行船各條約內，諸國視為應行商改之處，及有關通商各事宜，均行議商，以期妥善簡易。

以後復有續改各國通商進口稅則善後章程如下：

第一款：——凡進口洋貨，不載在進口稅則者，應按每值百兩抽稅五兩之例完納；惟估價之法，亦須定明，以昭平允。

所估之貨，應按該處市價為本，至市價銀兩，則按該處平色為準，照此平色，合足關平者若干。惟此數係值百抽五之稅銀，並洋行經手各色七兩之使費在內，自應在估價一百十二兩之數扣除十二兩，方為貨物起岸之實價，按每值百兩抽銀五兩。

該貨在尚未報關之先，已售與華商，應視真正合同所載價值之總數，即為市價，可以按照抽稅。

……若該商所報每百兩內，少有二十兩之多，則海關應將該貨暫行扣留。飭令該商遵照所定價值輸納進口正稅，並按少報價值，應完之正稅罰繳四倍。俟此兩稅均已完清，該貨方准放行。

凡洋貨由外國某處運來，必有某處所給價之憑單，海關如令繳出，自應遵照呈繳，不得故為隱匿。

第三款：——凡食鹽不准販運進口，如洋槍，槍子，硝磺，並一切軍械等物。祇可由華官自行販運進口，或由華商奉有特發明文，亦准放行進口。如無明文，不准起岸。倘被查拿，即行充公。

日本國約定事項：

光緒二十九年，八月十八日，即日本明治三十六年，十月初八日，前清欽差辦理商約事務大臣呂海寰，盛宣懷，伍廷芳，與日本國欽差全權辦理商約事務大臣，駐京公使參贊日置益，同總領事小田切萬壽之助，議定中日通商行船條約續約，今將與東北海關，及一切商約有關係者抄錄兩條：

8

第十款：——中國政府應允，俟此約批准互換後，將盛京省之奉天府，又盛京省之大東溝兩處地方，由中國自行開埠通商。此兩處通商場，訂定外國人公共居住合宜地方，並一切章程，將來由中，日兩國政府會同商定。

此條約表現日本對於東北，作較深之侵略，不但商務擴張，同時對于商埠駐地，亦劃定勢力範圍。

二年後，即光緒三十一年，十一月二十六日（日本明治三十八年，十二月二十二日），前清欽差全權大臣慶親王，瞿鴻禨，袁世凱，與日本國特派全權大使外務大臣，及特命公使內田康哉會議東三省事宜，訂立正約凡三款，附約凡十二款。正約因不重要，茲不抄錄。今將附約條款，與東北有關者，抄錄如后：

第一款：——中國政府應允俟日，俄兩國軍隊撤退後。從速將下列各地方自動開爲商埠。

奉天省內之鳳凰城，遼陽，新民屯，鐵嶺，通江子，法庫門。

吉林省內之長春，哈爾濱，寧古塔，琿春，三姓。

黑龍江省內之齊齊哈爾，克拉爾，愛琿，滿州里。

第八款：——中國政府，允南滿鐵路所需各項材料，應豁免一切稅捐釐金。

訂立此約，係在日俄戰後，日本因係戰勝國，昔日俄國在遼東半島一切特權，日本皆取而代之。更乘中國自顧不暇之際，要求開埠十餘處，其深入東北蓋始於是時。

光緒二十三年，四月十九日，清廷派總稅務司赫德，與日本公使林權助，在北京會訂大連設關徵稅辦法凡十八條，並附件七件，茲錄于左：

（1）大連所設海關，應于各稅務司中，揀日本國人派充該關稅務司；倘有時應行更調，則總稅務司與日本國駐京大臣言明另派。

（2）該關所用各項洋員，原宜選派日本國人，惟或因未能預料倉猝出缺，更調不及，或因別關人地相需，必需調往，大連海關未便懸缺久待，即可調派別國之人暫行委用。

（3）該關稅務司，如應更調，總稅務司亦應先行知會旅大租界辦事大臣。

（4）該關與日本國官員，暨日本商民等文函往來，均用日本文，他國寓民寓居大連者，均准用漢文，或英文，以便交易。

(5)凡有貨物，由海路運進大連口岸，均不徵完進口稅餉，若貨物由旅大租界內運赴中國內地，即由大連海關照約徵收進口稅。惟各貨若未領得大連海關准單，不准運出旅大租界以外，該處駐紮日本國官員，現允酌定防範之法，以助該關嚴杜走私。

(6)凡中國土貨由內地運往日本國租界內，若再裝船運往別處，即由大連海關照約徵收出口正稅。惟旅大租界內，所產之土貨，並界內土產，及由海路運來之物料，製成各貨，其出口時，毋庸完納出口稅餉。至中國內地各物，運入旅，大租界內製成各貨，其徵稅章程，應照現在膠州德租界內情形相同之製成貨物辦法辦理。

(7)中國土貨，由中國通商口岸運進大連，若留于旅，大租界內不再運出者，無庸完納；若過界運往內地，即須按照條約，則在大連完納稅餉。

(8)中國貨物在大連完納出口正稅，報運他口，准領完稅憑據。俟進通商他口，將憑據赴關呈驗，即照現行條約稅則完納復進口半稅。

(9)凡日本及各國洋貨，在通商口岸已完進口正稅，復欲裝船報運大連者，准照約章辦法辦理，即係准赴關請將所完之進口正稅發給存票。該貨運進大連，若不出旅，大租界，即不徵稅；如再出口運往外洋，亦不徵出口稅。

(10)凡中國土貨由通商口岸運進大連，若呈有在原口完過出口正稅之憑據，復裝運往外洋，即無庸完納出口正稅。

(11)所有收支船鈔，暨泊船規費一切事宜，大連海關無庸經理。

(12)大連海關徵收稅餉，即照現時通商各口之稅則辦理。

(13)日本國允於日本國租界內大連地方指定處所，足爲中國建立海關，暨蓋造各員住屋之需。其賃價或租費，須在該處公同酌議訂辦。

(14)所有借同聽審，暨帮同料理案件一切事宜，日本國允不派海關人員充當。

(15)凡在日本國租界內，欲領運貨進出內地之准單者，祇須赴大連海關請領，其通商口岸監督關道所有之職分權柄，大連海關均與一律無異。

(16)所有出入內地之子口稅，應由大連海關按照現行之條約稅則徵收，即進出口正稅之半。

(17)稽查走私偷漏，暨違犯關章等事之辦法，嗣後酌核另訂；惟所有掌握查私之大權，自歸日本國所設之衙署。

(18)嗣後大連灣商務擴充，其情形或致改變；彼此認明此次所訂為試行之辦法，若有窒碍之處，可隨時酌量修改，以期美善。

副件：——因無關重要故從略。

民國二年，五月廿九日，我國派總稅務司安格聯，與日本國公使伊集院，會訂由朝鮮用火車運貨往安東赴東三省，暨由東三省運貨赴朝鮮之減稅試行辦法，凡六條，並附則三條，於同年六月初二日開辦。茲擇其要者錄之於左：

第一條：——凡應納稅貨物，裝火車由東三省運往朝鮮新義州以東地方，及由新義州以東地方運入東三省者，均應分別完納海關進口稅三分之二。

第三條：——凡照三分減一納稅進口貨物，如有轉運東三省內地者，應照中國海關當時稅則所載稅率，完納三分之一之子口稅，即係三分之二進口稅之一半。

第四條：——凡照三分減一納稅，由安東進口之貨物，如欲裝車轉運東三省以外各行省通商口岸，或內地；以及裝船運赴東三省以內各地，或以外各行省者，如不先在中國海關補足所減之稅，則條約訂定之進口貨物，海關一切辦法，該項貨物，均不得援引適用。

附則：

第三條：——查朝鮮稅關在安東設有分關。中國稅關仍應在鴨綠江朝鮮岸，設置海關關員，印封過橋貨車之權力。惟原定之試行辦法，即係特為免使中國有行此權力之必要而設。譬如朝鮮日後不許中國設立分關，則應由朝鮮執事在新義州稅關內，暨在新義州車站內，或距離該兩處不遠之地點，予以辦公處所。並確係中國海關關員，能隨時到新義州車站，暨站場以內，所有南滿鐵路，暨朝鮮鐵路，每次火車開行，由安東過橋赴新義州，或由新義州過橋赴安東，須發免票，以為中國海關關員搭車之用。

俄國約定事項：

日俄戰後，俄國在南滿之勢力，盡爲日本攫取。俄爲保守其在東北勢力起見，設法開闢商埠，經營北滿不遺餘力。光緒三十三年，五月二十八日，前清外務部與俄國公使璞，議定北滿州稅關試辦章程凡四條，當經委派署哈爾濱關道杜宇瀛，署呼倫貝爾副都統宋小濂，及稅務司葛諾發，與俄國議員劉巴拉將鑾羅莽達嗌爾等，會議核訂。磋商經年，始議定詳細章程，凡九章計八十八條。今錄數條如左：

(一)北滿洲稅關試辦章程：

第一條：——兩國邊境貿易在百里內均不納稅，原載在俄國陸路通商章程，而東省鐵路合同，訂明鐵路交界處，由中國設立稅關。……

第二條：——鐵路運貨按三分減一納稅，應定界限，如哈爾濱由總車站四面，各距十里爲界，鐵路總會最要車站，………諸地十餘站，四面各距五華里爲界，除滿州里及交界站，即綏芬河兩站，歸入百里邊界之例辦理，此外東省鐵路各小站，以四面各距三華里爲限。………其貨物運出以上所指各地段，及所定各界限以外，均屬內地，在補足正稅，並按照運貨入內地章程辦理。

第三條：——鐵路運貨三分減一納稅，此係中俄特定之合同，中國允除俄貨外，各國之貨，經東省鐵路運至中國，亦一體均沾。俄國允所徵之稅各貨物，按陸路通商章程不免稅者，即應按照海關所定稅則三分減一徵稅。

(二)滿綏兩站稅關，暫行試辦詳細章程，以及松花江貿易暫行試辦章程，哈爾濱江關暫行試辦章程，因篇幅有限，不再詳述。

總結以上十餘頁之敘述，中國之海關最初確係自主，自鴉片戰後，國勢衰微，五口通商，爲泰西勢力東進之成功。繼之英，法聯軍入京，訂定辱國條約，於是海關稅由自主而變爲協定矣。

東北設關，以及在東北一切關稅之徵收，俄國倡之於先，日本隨之於後。及日俄戰起，俄敗求和，俄國在南滿，以及遼東半島之勢力，盡爲日人攫取。大連設關，以及更具體化之關稅徵收問題，日本所表現者，日趨明朗化。今將東北各重要之海關，由民元以迄民二十年（九一八事變，中國在東北海關盡失），次第述之如後：

II. 東北各關設立之經過及由民元迄民二十之情形

A. 哈爾濱關之貿易

哈爾濱位於黑龍江，及吉林之交界，地本荒涼，民元因受中國革命影響，以致收入不豐，金融不穩，土匪蜂起，中外商人皆裹足不前。海關式微可謂極矣。北滿在日俄戰前，俄國自認爲殖民地，對于經濟侵略不遺餘力。日俄戰後，俄不但失却南滿之勢力，即北滿之勢力亦在風雨飄搖之中。民國六年，即西歷一九一七年，俄國革命頓起，海關貿易幾至停頓，大量豆油及大豆不能出口；一九一八年，東北大豆之銷路曾一度轉佳；一九一九年(民國八年)，Omsk呵木斯克政府失敗，大豆之市場又失；民國九年，蘇維埃政府成立，哈爾濱市面亦漸繁榮，然胡匪之亂，並未少減；一九二一年(民國十年)，哈爾濱上流分關，曾被襲擊兩次，卒藉海軍之力，得以保全。

歐戰之際，哈埠貿易備受打擊，衰落不堪，至後雖漸起色，仍未繁盛。民十一年，遠東共和國旣據有海參崴，復與蘇維埃共和國聯合，至是俄國政治稍見淸明，哈埠貿易方慶昭蘇。詎意蘇聯政府，突然限制對外貿易，且爲期愈久，限制愈嚴。迨至十二年，中俄交易幾全停頓，往來中俄邊境之貨物，除由海參崴轉運者外，其餘皆係斷續性質，且皆爲蘇聯國營貿易機關所操縱，而不以哈埠供求趨勢爲依歸也。至後蘇聯當局鑒于哈埠轉運貿易有利可圖，乃于民國十三年，變更政策，開放烏蘇里鐵路，與海參崴口岸，准許自由運輸。但對其國營貿易方針，則仍保持如故。自是以還，哈埠貨物，經由蘇俄國境轉運海參崴出口者，與時俱增，尤以荳類爲夥。至民國十七年經由海參崴出口之荳類，竟達一千四百八十三萬三千三百四十三担之多焉。

蘇聯政府日趨穩固，亟欲各國正式承認。遂于民國十三年，與中國政府在北京簽字訂立中俄協約，是年並與奉省長官張作霖成立奉俄協定。其中關于北滿及中東鐵路問題，均定有具體辦法，以資遵循。按照該約，中國取得中東路管理權，似屬有利，但中俄兩國職員旣得接近，則利害衝突在所難免。因之先有路權之爭，繼于民國十八年七月發生衝突，中東路俄籍職員被逐

13

出境，幾達六月之久，中俄邊境交通一時亦告斷絕。同年八月，兩國非正式談判決裂，戰爭遂起，雙方損失奇重。嗣經列強居中斡旋，始克罷戰言和。翌年一月，兩國代表齊集伯力，簽定和議草約，載明各項條件，約于簽字後一個月內實行。嗣後中俄談判雖在莫斯科繼續進行，而迄無結果。迨至期末，中俄糾紛遂無形擱置矣。

上述中俄糾紛影響哈埠貿易已極嚴重，而關內各省戰事頻仍，東北三省卒于民國十五年捲入漩渦，亦予商務以莫大之打擊。至哈埠通用紙幣準備金之不充足，尤爲商業進行之阻梗；幸銀行甚夥，對于商業金融多予周轉，祇以各該銀行（尤以外國銀行爲甚）所存當地紙幣有限，未能于商家充分接濟爲可惜耳。

關稅

關稅之收入，在此十年中，起伏曾有三次。因中國革命，起初收入甚微，每年不過二七九九六海關兩。以後收入漸增；至民國四年（一九一五年）歐戰勃發，遂又低減。一九一七年，即民國六年，因蘇俄需要大量商品，海關稅收增至一二三五八三七海關兩，創海關收入之新紀錄。一九二〇年（民國九年），又形減少，降至九三三一六六海關兩。民國十年之收入復有漸增之趨向。

民十一至民二十之稅收，除十二，十七，兩年外，其餘各年都有增加，但末後數年，關稅制度變動，如實行金單位，增加稅率，免稅貨物取消，及中東鐵路運輸貨物，所享減稅三分之一之特惠予以廢止，在在皆足滋長稅課。以故哈埠稅收之增加，未可即認爲貿易之發展也。本埠關稅之中，出口稅較鉅，而出口稅內則豆稅居多。進口稅起初數年略見減退，係因蘇聯施行國營貿易，及南滿輸入我國貨物，海關無法稽徵所致。自十二年以後進口稅額漸有起色，及至期終，進口稅激增，於是稅收遂扶搖直上矣。查民國十一年進口稅額，僅佔稅收總數百分之二十，至十九年，則佔百分之四十一矣。至於復進口半稅，與子口稅之停徵，對于本埠稅收總額並無巨大影響也。

B.安東關

貿易

安東關由民元至民十，海關收入，起初尚稱不錯，民國元年之關稅收入，約一一三五〇三九六海關兩。於民十年時，已增至六四二九九四六三海關兩。在此十年中，對外貿易增加九倍，沿海貿易增加兩倍有奇。

自歐戰暴發以還，安東關之進口貨大增，大批日貨傾入，而英美貨物在此數年間已被淘汰無餘。因入口貨增多，鐵路車輛亦隨以增多。民國七年（一九一八），貿易大減，推其原因，乃車輛多半用于日本與俄之軍事行動。

是時銀價增高，出口貨價格亦隨之而高，於是東北一變而為中外商人投機之市塲矣。至於民十，此種波動始稍停止。

由民十一至民廿，安東貿易貨值據海關統計所載，已有逐漸加增。民十一僅值關平銀七千二百三十萬兩，翌年則增為八千七百七十萬兩，十三年稍形減退，十六年則一躍而為一萬六百三十萬兩，實開空前未有之紀錄。嗣後四年雖不及十六年之多，但貿易情形依然繁盛。洎乎二十年，九一八事變勃發，商業突遭打擊，遂陷于停頓之中矣。惟變故發生，將屆歲關，故與該年貿易總值無大影響也。

查本期之內，金銀匯價漲落雖然靡定，而桯楛貿易之處尚不甚鉅。茲將最近十年，每年進出口貿易總值，及關平銀兩，折合日本金元數目，合併列表於下，以觀其趨勢。

最近十年，安東進出口貨物總值，及每關平銀百兩，折合日本金元數目表（表內貨物總值以關平銀兩為單位）。

年份 類別	關平銀百兩申合日金數目 最高數	最低數	進口洋貨總值	出口土貨總值
民國十一年	一九三·六〇	一六一·三〇	三〇·一〇八·三二〇	二四·一三五·六〇五
民國十二年	一七八·三〇	一五八·七〇	二六·八一八·二〇〇	四一·八八六·九九八
民國十三年	二二九·九〇	一七四·四〇	二三·八二六·六二四	三二·三一一·七七八
民國十四年	二二二·九〇	一九二·四〇	三七·三八六·五九四	三五·八六四·二六〇
民國十五年	一九六·六〇	一三一·九〇	三八·五四一·一二〇	四二·九九四·〇五〇

民國十六年	一五七·八〇	一三五·一〇	三六·六九一·一三九	五三·七三八·九四三
民國十七年	一六九·五〇	一四七·五〇	四四·五一一·九〇七	四二·一四三·八二二
民國十八年	一五七·五〇	一二〇·〇〇	四三·〇一九·七四六	三五·四〇五·四六六
民國十九年	一二〇·〇〇	七八·六〇	三三·四五〇·三七八	四一·〇〇六·九三七
民國二十年	一二二·三〇	六四·七〇	一三·六九六·三三六	二八·九一一·一一二

據上表以觀，關平銀兩與日金之比價，以民國十五年漲落最鉅，計每關平銀百兩折申合日金數目最高與最低，相差日金六十四元七十錢。換言之，卽銀購力損失之數達日金六十四元七十錢也。但是年進出口貨值，較前反見增加，殊堪詫異，蓋關平銀百兩，非跌至日金一百五十元以下，則貿易方面未必受有重大打擊也。至十八年秋起，銀價狂跌，如水就下，計毎關平銀百兩，僅合日金一百二十元，但其時已屆歲暮，故對于貿易無甚損失。十九年銀價愈趨愈下，年終每銀百兩，僅合日金七十八元六十錢，影響所及，進口洋貨，備受阻撓，計其總値減少關平銀九百五十萬兩。二十年銀價一瀉千里，人民購買力隨之薄弱，進口貿易猛跌百分之六十。惟該年世界各國紛紛停止金本位，英國瑞典倡之于先，日本效颦於後，而銀價之低跌，乃得稍戢焉。然金貴銀賤，對于進口貿易雖屬不利，而出口貿易則大受鼓勵。故就上表而觀，出口貨值數字減退，固未若進口之甚；第實際並未增加，殆因經濟恐慌，瀰漫世界，以致日商雖挾有優越匯價，但對于中國貨物，仍未克盡量吸收也。

稅收

安東關在此十年中（由民元至民十）之收入，起初站在第二十五位，後遞昇至第七位，最後降至第九位。

民國元年（一九一二），稅收總欵為二六四，三四八海關兩，民國八年為一，三四五，二一六海關兩，民國十年，則為一，〇六二，〇三二海關兩。

安東關之收入，有百分之七十來自鐵路貿易，在歐戰期間更加顯明。今列表如下：

16

年份	鐵路（以海關兩爲準）			其他道路			
	進口	出口	總計	進口	出口	沿海	總計
民國元年	四四・五一	一二・一七五	五六・六八六	五一・九七二	一三九・三四三	一二・二三一	二〇三・五四六
民國二年	一一八・六五三	五六・三三九	一七四・九九二	四八・七一八	一四一・三七九	一一・七九四	二〇一・八九一
民國三年	二六六・二九八	三五・五五八	三〇一・八五六	三一・二九	三一・一一九	一〇・四〇七	一六四・五七一
民國四年	三二四・二九九	四九・二四六	三七三・四七五	三二・八七五	三二・八七五	八・四三二	二三一・八九〇
民國五年	四八八・二一五	七八・七八〇	五六六・九九五	二二・三二五	二二・三二五	七・八三七	一六七・三六九
民國六年	七八三・四〇六	一五一・四〇五	九三四・八二	二九・六一	二九・六一	五・五七七	一五七・五八三
民國七年	五二二・七三八	一六五・八一四	六八八・五五二	三三・五九二	三三・五九二	七・〇一九	一九八・七三七
民國八年	七五二・七一六	二五三・一六七	一・〇〇五・八八三	五九・〇六五	五九・〇六五	一〇・一二六	三二五・五四七
民國九年	六〇三・〇六九	二二四・一八四	八二七・二五三	五八・三四一	五八・三四一	九・一二四	二八八・五四一
民國十年	五六四・一二六	一三四・四四〇	六九八・五六六	六九・八四五	六九・八四五	一〇・一四一	三四七・八一三

17

自民國十八年以還，銀價暴跌，不可遏止，惟中國係以關稅爲外債及賠欵擔保品，所有債賠各欵，概以金價計算。而關稅徵收仍照銀兩，對于償付恐有不敷，因于民國十九年二月一日起，所有進口稅欵，均改用金單位徵收，因是進口商與消費者，均蒙絕大損失，差幸當地商民咸能遵令繳納，未有起而反對者，至於金單位與銀元之比價，則由上海每日以電報通知，但日金繳納關稅則根據大連行市計算也。

查安東關所征稅課，民國十一年爲關平銀一百三十萬七千二百兩，至十七年則爲二百三十一萬七百兩，六年之間幾增一倍。至十八年一躍而爲三百一十九萬二千兩。蓋中國政府，既於十七年宣布關稅自主，遂于是年二月施行海關進口稅新稅則，以致關稅增加頗巨，但貿易總額則較上年減少六百萬兩也。同時復征出口附加稅，日商首起反對，華商起而附和，終因改令已發，成命無法收回，遂皆照章輸納焉。十九年九月中韓陸路貿易稅減三分之一之優惠辦法宣布取消，於是商人爲避重就輕計，相率預先大量購入，一時進口激增。惟自改訂稅則施行，及陸路貿易減稅辦法廢止後，私運之風大熾，關稅損失爲數極巨。故二十年課稅總數僅關平銀三百六十六萬二千兩，在全國各關之中其稅課數字退居第十二位，而在本期之始則尙居第九位焉。

由民十一至民廿，安東關征收各項稅課數目表（表內各數以關平銀兩爲單位）。

年份	課稅路運貨物			水運貨物		稅課
類別	進口稅	出口稅	共課	進口稅	出口稅	課稅總數
民國十一年	六五〇・八八九	二四九・六五三	九〇〇・五四二	九一・四六七	二八五・六六六	一・二八八・九五四
民國十二年	七九九・七一五	三四五・六七五	一・一四五・三九〇	一〇〇・一一一	二八三・五六八	一・五四四・八二〇
民國十三年	六九九・七〇八	三六七・四三六	一・〇六七・一四四	八六・七三七	一九九・二五〇	一・三五八・八四八
民國十四年	一・一六〇・〇三六	四〇八・〇〇一	一・五六八・〇三七	八六・五九三	二〇七・一四四	一・八六八・九五四
民國十五年	一・二三八・三〇七	四七四・七四六	一・七一三・〇五三	八六・八二一	一八四・四一八	一・九九三・〇五四
民國十六年	一・一九二・一二〇	五六五・七二八	一・七五八・五四八	一二二・二二五	二〇五・九八八	二・〇九六・六一九
民國十七年	一・四四四・七二七	四八八・二六三	一・九三二・九九〇	一八一・二九一	一四一・八五二	二・二六五・一七五
民國十八年	二・八三五・六三五	四四〇・五七七	三・二七六・二一二	三一四・二二四	一三三・六八一	三・七三七・八一九
民國十九年	二・八四五・二一八	四七七・九六八	三・三二三・一八六	五〇四・二六四	二六三・七一九	四・一二二・五三三
民國二十年	一・八九二・六三〇	八〇四・〇五三	二・六九六・六八三	四一四・二五七	四五四・二九〇	三・五六五・二三〇

C大連關

貿易

民國元年，大連關收入約六四，〇〇〇，〇〇〇海關兩，後因歐戰暴發，貿易停頓，至民國八年始復原狀，該年收入共二三二，〇〇〇，〇〇〇海關兩。民國九年收入較少，計全年共二一八，〇〇〇，〇〇〇海關兩。民國十年之收入較民九稍佳，計海關銀二二二，〇〇〇，〇〇〇兩。

民國五年中國南部運動倒袁世凱，對于大連關尙無影響。民國六年，吉林省宣佈獨立，大連最感不便者，即往返運輸之車輛，均被軍隊佔用。民七禁止貨物運往俄國之命令頒佈以後，北滿之大豆，多由大連出口，於是收入又見增多。民國九年，直皖戰爭驟起，阿木絲克Omsk 政府被推倒，對于稅收不無影響。總之，大連關之貿易，自民四至民六，漸趨零落，民七漸有起色。

民國十一年，貿易總値不過關平銀二萬三千九百萬萬兩（包含民船貿易在內），至十七年則增至四萬一千八百兩，翌年，更增爲四萬九千五百萬兩，是爲民國十一年至民國廿年中之最高紀錄。迄十九年，世界經濟恐慌勃發，而銀價復趨低落，大連貿易亦受影響，其總値乃爲四萬一千萬兩。次年秋，東北事變突起，波及大連貿易，總値僅四萬一千八百萬兩而已。貿易總額與貨値同一趨勢，亦以民國十八年爲最巨，計達九百萬公噸，但民國十九年，及二十年亦漸下降矣。

近十年中（民十一至二十），進口土貨蒸蒸日上，計其淨値，民國十八年共有關平銀四千三十萬兩，以視十一年之一千三百萬兩堪稱長足進步矣。十九，二十兩年復形萎縮，二十年總値僅二千二百九十萬兩，以百分比較計之，民十一進口土貨佔進口洋貨淨値百分之十八，二十年增至百分之二十九。各貨之中以粗細棉布，斜紋布，棉紗，棉毯，棉綫袜，毛巾，紙烟等銷售最多，足與舶來品抗衡。其所以暢銷如是者，實係銀價低降，與夫十八，二十兩年修改進口稅則之所賜也。

大連中日直接貿易，大都由華商派人駐在大阪之川口町，逕向日商訂購，其貨品以棉布及雜貨居多數。第自民國十九年起，以國內市况蕭條，商家頗多虧折，不得不將所派購貨員次第召還，暫停進貨，於是直接貿易，遂形低降矣。

外洋棉布與棉紗之進口，年有增加，直至民國十八年，銀價慘落後，始漸萎縮。其中本色棉布，因國產競銷，頗受影響，棉紗一項，民十一進口總額爲六萬担，迨近數年間，平均每年不過四千担而已。一因國貨競爭，次因關東租借地附近，紗廠勃興也。惟外洋棉花進口則轉形暢旺，多爲紗廠所吸收。他如毛織品，及棉毛織品，自民國十五年至十八年間，進口激增，亦予棉布銷路以打擊。然自中日陸路貿易，三分之一減稅辦法廢止後，昔由安東輸入東省之棉布，茲多改由大連進口，對于大連貿易不無小補焉。

大連輸入之洋士麥粉，民國十一年合計爲一百萬担。十三年至十五年間，東省內地農產歉收，進口激增。十三年進口數量，共二百八十萬担，爲此十年中之最高額。至十八年，外洋麥粉價格低降，華商爭相購入，冀牟厚利，以故是年進口數量，計達二百四十萬担，率由日本美國加拿大輸入者也。

此十年中，輸入外洋紙烟，以民國十二年爲最夥，共有十八萬萬枝。十四年降爲六萬萬枝。十七年後復形劇增，至十九年，則進爲十六萬萬枝。翌年驟縮，僅一萬萬枝。昔日大都來自美國，近則英貨轉佔多數。至于土製紙烟，亦逐年增加。十三年進口約共一萬九千担，至十八年增爲六萬六千担，此爲十年中之最高記錄。惟十九，二十兩年，漸趨低落。若每担以五萬枝計之，十八年應爲三十三萬萬枝，幾等于十九年外洋進口紙烟之二倍。推其劇增之故，實緣金貴銀賤，人民多嗜土貨，有以致之也。

進口汽車，十一年僅五十七輛，十七年則一躍而爲一千九十六輛，翌年更進爲一千八百七十八輛，十九年復減爲五百二十七輛，二十年則僅十輛而已，實因社會經濟之不景氣，與夫汽車運輸事業之蕭條使之然也。

電汽材料，進口良好，本期伊始，貨値僅爲關平銀二百萬兩；迨十九年，則增至四百十萬兩；至二十年則稍形低落。

稅收

民九之稅收，約爲四，五〇〇，〇〇〇海關兩，較民元增加三倍有奇。在此十年中，無一年出口稅收少於百分之五十四，其最高紀錄爲百分之六十八，入口稅收則在百分之二十九與百分之四十四之間，內地運輸征稅在民國二十年所征得者，約爲民國元年之十四倍。

中國海關進口稅則，近十年中，先後修訂三次。第一次係于民國十一年舉行，該次僅將各貨價格，依據實際市價重新釐訂，以冀所徵稅率適合切實値百抽五之原則。繼於民國十七年根據華府會議，規定海關對于進口貨物，除徵値百抽五舊稅外，復得加徵百分之二點五，至百分之二二點五附稅。所訂稅則名曰「中華民國海關進口稅稅則」，公佈自十八年二月一日實行。翌年，復將進口稅則加以修訂，並於二十年一月一日實行。以上各次修改稅則，均與稅收貿易有密切之關係。十八，十九兩年進口稅率無甚變更。惟自十九年二月一日起，所有進口稅均按海關金單位徵收，故該二年進口洋貨指數，雖由二一五降至一九三，而稅課則反自三九四增至四三二。

D. 牛莊關

貿易

牛莊關之貿易，由民元至民十尚有極微之進步，民元之貿易價値約爲海關銀五〇•三八五，三二六兩，至民十則增至海關銀五七三•六四四•六四兩。此種稅收之增加，未足以表現貿易之興旺，其主因乃爲貨物增價之故也。一九〇七年以前（民國前五年），牛莊爲滿洲貨物唯一之出口處，自大連及安東二處開港設關以還，牛莊之貿易一落千丈。大連爲一不凍良港，四季中船隻皆可往還；而牛莊則處於遼河流域中，不僅冬季遼河口被冰所阻，卽於平時大量海船亦不能入口。牛莊之所以沒落，有此二因也。南滿鐵路未築成以前，出口產物皆運至牛莊候輪，雖于冬季，各貨仍運至牛莊；再由牛莊用大車，將所有集中之出口貨物，載至通江子，因該處於冬季爲輪船停舶之良港。查遼河除每年由十一月到三月封江期內，上下游各地無有貿易外，其餘時期貿易頗盛。其來往唯一之運輸利器，卽中國舊式之帆船。在一九〇四年以前，遼河內來往行駛之中國帆船，有兩萬隻以上，現在（民元至民十）已降至三四千隻矣。此種慘落，蓋因南滿有鐵路之故也。

由民十一至民二十，牛莊（通稱營口）貿易，殊鮮起色。以視大連固屬弗及，較諸安東亦有未逮。民國十一適當歐戰之後，貿易異常呆滯。十二年霪雨爲災，仍鮮進步。十三年直奉搆兵，備受打擊。至十四年始有起色，進口貨物大見增加；其中如染料，因染織工業發達，銷胃甚佳；毛織，疋頭，以內地採購者衆，頓呈活躍；金屬，及礦物，則因瀋陽兵工廠製造軍火，所購甚多，而外洋菸草以及東洋及南洋兄弟兩菸草公司所製紙菸，亦均行銷極暢。是以該年貿易實有否極泰來之象。惟五月間五卅慘案勃發，各處反英運動頗形激烈，以致英國商輪終歲從未蒞止，貿易未免大受影響。十五

21

年則承上年歲杪郭軍反張之後，商民惶駭俱有戒心，不敢多所交易。加以奉票價格漲落殊巨，天時亢旱，秋穫不登，貿易亦難發展。十六年，二五附稅施行，對于進出貨物均有征收，商民爲避重就輕計，多改由大連轉運，本埠貿易又受打擊。十七年歲歌大有，鑛產亦豐，商務微見回蘇，然較諸大連，仍屬望塵莫及。十八年，貿易情形堪稱滿意，稅收亦頗可觀。但自該年二月一日起，修訂進口新稅則開始施行。進口貨物旣直接受其影響，而出口貨物又因二五附稅之故，多由安東大連二埠運輸。十九年，世界經濟頓起恐慌，本埠貿易亦受影響。及二十年則銀價慘落，商務萎靡，歲杪之際，市內商號宣告倒閉者，時有所聞。市況不佳，商民叫苦。

牛莊對外貿易以日本爲主，至於貨物往來，全由日商從中經紀，並無直接授受。惟於十九年間，曾有巨商數人集議，逕向日本商人直接訂購貨物。嗣因日匯漲落靡定，不敢嘗試，遂作罷論。

關稅

民國元年，海關之收入，共關銀九一九•二五三兩，自一九一四（民國三年），受歐戰之影響，稅收逐年減少，民國十年，牛莊關之總收入共計八六八•〇六五海關兩。其幾年中之收入，起伏於海關銀八九九•四六五兩與五〇五•四八八兩之間。

在此十年中之總收入，共計七•三七九•二九二海關兩，較前十年減少海關銀一•一一七•三〇二兩（前十年之收入共計八•四九六•五九四兩）。

民十一至民廿之稅收，盈虛莫定；迨民十七以後，則與歲俱增。查民十一稅課總數，計關平銀九十六萬五千九百七十九兩。翌年，增爲一百十九萬九千六百三十八兩。蓋是年地方安堵，商務發達，而修訂進口稅稅則，又適自一月起施行，因此所加不少。十三年九月，直奉戰起，商業停頓，各項稅收，備受損失，其數僅有九十三萬六百四十一兩而已。十四年戰事告終，貿易恢復，年景旣佳，購買力增大，是以稅收又增爲一百二十八萬九千七百三十五兩。十五年五穀不登，金融紊亂，稅收遂減爲一百八萬六千一百三兩。十六年益形減退，但自此以後，即扶搖直上矣。

十八年二月一日，政府根據關稅自主之原則，施行中華民國海關進口稅稅則，嗣于十九年二月一日，復行頒布進口稅項，須按金單位征收。此項變更，不僅對于稅收關係極大，即在中國關稅史上亦開一新紀元也。於是本埠進口稅項，自十九年二月一日起，即按當時金銀匯價，折成銀幣征收。至二十年八月一日，中央銀行發行關金兌換券，遂有一部分進口稅款，以該項兌換券繳納矣。查二十年稅課總額，爲關平銀三百七十九萬二千四百六十六兩（其中轉口稅款約佔百分之四十三），較諸民十一年計增二倍又百分之九。

五　琿春關

貿易

經海關調查結果，由民元至民十，琿春之貿易，有發展形勢。雖經一九一四年（民國三年）大水爲災，及朝鮮居民作亂，與胡匪侵擾，而貿易尚有可觀。民國元年，琿春之貿易總值爲海關銀六九二•一七三兩，民國十年已增至一•四一一•九八六海關兩。

由民十一至民廿，琿春貿易漸形衰落。蓋自民十二開山屯，龍井村，及延吉間天圖輕便鐵路通車以後，所有往來本埠，與汪清延吉，以及其他各城鎮之貿易，多由龍井村進出。由是琿春之繁榮遂專賴商務之經營，而不以進口貨爲關鍵矣。差幸地方事業，尚稱發達，雖此十年中水災薦至，而人口數目竟有增多，非特新闢土地日形展拓，即舊日田畝亦得深耕易耨焉。惟自十二年三月，中俄兩國互鎖邊疆後，中俄貿易孔道頓生梗阻，而長嶺子海關分卡，遂無所事事，日人乃乘機壟斷本埠對外貿易，坐收漁人之利。惟此十載間施政得宜，胡匪斂跡，商旅稱便，以視昔日萑苻遍地，刼掠公行，誠不可同日而語矣。

本埠進口貿易淨值，民十一僅有關平銀一百五十一萬七千一百三十一兩，二十年則增至二百九十一萬九千五百七十兩，其中出口貨物，經報海關者，僅一小部份耳。蓋以圖們江岸，中韓交界之處，海關分卡，及巡緝分所，均未設置，本埠一帶所產土貨，私運出口，勢所難免。且以琿春密邇日本，往來遷徙極其頻繁，以故津滬兩地，與本埠商務關係，反不重要。

琿春本屬農業區域，人民生活既少變更，所用物品自亦鮮有改良。民十四始有汽車通行，載運旅客，於是汽油始有銷路。晚近數載，簡單機器價值低廉，人民相率向日購買，以作舂米及其他農業之用。僑居韓婦喜用人造絲織品，由是進口貨物逐漸增加。惟商業方法，仍與昔年無異，係委託大阪中國代理商行，代爲購運。所有應付貨價，由朝鮮雄基日本銀行匯兌，或由中國郵局以保險信件郵寄也。

關稅

因征收來往商船課稅，屢有改變，對於海關收入有莫大之影響。民國元年及民國二年，爲此十年中收稅最多之時。雖於一九一四年，——民國三年——中俄邊境百里內設有自由貿易區，然收入仍減少頗巨。推其原因，實由民國三年之水災，及帝俄參加歐戰之所致也。民國五年稍有起色；民六，及民七，因日本購買大批高粱及大豆，收入特佳。民國八年，因修改入口稅則施行，收入增加頗巨。民國九年因地方不靖，胡匪爲患，大小城市皆感不安，商務冷落不堪，本年之稅收爲近十年中之最劣者。民十雖較上年轉佳，然不景氣之情況仍未少減。

吾國自宣布關稅自主後，即施行新訂稅則，進口稅率較前增高，國內工業稍資保護，而稅收亦可增加。自民國十九年二月一日起，所有進口稅欵，復按金單位征收，於是本埠稅額激增，統計二十年所徵稅額，有關平銀二十二萬六千一百六十四兩，較諸十一年增加五倍。進口稅率雖然增高，而進口貨物則依然踴躍，僅酒類，火柴，疋頭等，略形減少耳。但私運之風，由此日熾。海關爲杜絕計，乃於沿江各處，設立緝私分卡，以資查緝焉。

以上五處，爲東北主要之江海關，其餘尚有瀋陽，及龍井村兩處，雖亦設關征稅，然非海關，故從而略之。

九一八事變以還，日本既以武力佔領東省，嗣復造成所謂「滿洲國」。廿一年起，東北各埠之貿易，中國遂無法管理，卒於本年（廿一）九月二十五日，奉政府命令，暫將哈爾濱，拉哈蘇蘇及滿洲里（分關在內），牛莊，瀋陽，安東，龍井村（琿春分關在內），各關封閉，至另令解放時爲止。而大連海關，則因日本當局，違反大連海關協定，拒絕中國關員在關東租借地內執行職權，遂於同日宣佈封閉。遠在邊陲之愛琿海關，亦因情勢嚴重，於是月廿六日相繼停辦。嗣雖努力恢復，終以便阻橫生，進行困難。迨至年終，東省海關碩果僅存者，祇有綏芬河分關一處而已。並於濱江關封閉期內，奉令改為獨立海關。

東北各關，未封閉之先，「滿洲」偽國對於所征稅款，即行橫加干涉。初則扣留各銀行之海關存款，不准匯解中央，繼則憑藉武力任意攫取。以致東北各關之貿易統計，自六月以後，因資料缺乏，無從編輯。至上半年所收各項稅款，共計關平銀一千一百六十萬兩，救災附加稅九十萬兩，而上年全年東北各關之稅收，共有關平銀二千六百二十萬兩，雖僅及該年全國稅收總額十分之一而強。但所宜注意者，其中包括之出口稅，幾佔全國出口稅總額百分之三十。攷其所以致此者，實因東北各埠，素以出口貿易為大宗。按上年東北各埠出口貿易之總值，約佔全國出口貿易總值百分之三五・四，而本年前半年出口貿易之總值，亦不下百分之四二・六，於此可見東北出口貿易在中國直接對外貿易中所佔地位之重要矣。僅本年上半年出口貿易之總值，已達一萬二千七百五十萬兩之多。故自貿易均衡觀之，東省被奪瞬屆五年，中國所受之損失如何，雖難計及，而其影響之鉅，實有不可思議者矣。

東北貿易，以荳類及其製品為主體。據國際聯合會總計年鑑所載，全世界大荳產量，約為六千七百萬公担，其中東三省所產者，竟佔伍千二百萬公担而強，亦云鉅矣。茲將民國二十年，全國各地，及東三省輸出外洋之荳類，及其製品，分別列表於左，以資比較。

民國廿年全國各地及東三省輸出荳類及其製品數量表。

貨名	出口地方／運銷國別	全國各地（東三省在內）	東三省
荳類	日本	一〇・九二〇・〇九六	一〇・一一五・七二六
	歐洲	一〇・七一九・五八四	一〇・〇一四・六五二
	其他各國	二一・一三二・六六三	二〇・一八八・四三五
荳油	日本	一・六三七	一・五一五
	歐洲	一・二六三・三三九	一・二六三・三三九
	其他各國	一九八・四五九	一九八・三一二
荳餅	日本	九・四九七・一四四	九・四九七・〇八九
	歐洲	七三二・九〇九	七三二・六四六
	其他各國	一三・〇〇一・七四三	一二・九三四・〇七六

III. 結論：

東北在中國所佔之經濟地位既如上述，東北之失，對於中國政府經常費上，更有莫大威脅，即於外債償還上，亦感極度之不安。夫中國外債起於咸豐八年，英法兩國聯軍入犯，賠款二百萬兩。當時責由粵海關單獨償付，後以僅責粵海一關爲不公，復經英法兩國約定，於全國各海關總收入內，提出二成；此外中日甲午之役，復賠欵二萬萬兩；後又益以贖還遼東之費三千萬兩，遂使海關稅加重一層負擔。庚子事變，八國聯軍合攻北京，結果我國以四萬萬五千萬兩了結，中國元氣由此大傷，國內頓呈混沌狀態。於是各帝國主義者，乘機而起，對於吾國形成瓜分之勢。民二十，日本進攻東北，此爲日本大陸政策推進之表現。自是年起，國府財政竭枯，每年除清償外債外，所餘者實屬無幾，幸有美棉借款，暫濟燃眉之需。現日本進攻華北，勢甚迫逼，同時日本政府，保護商民走私，於是私貨充斥，英，美在華北之經濟利益，岌岌可危。英國爲保持自己在華北之勢力計，爲自己之借欵有擔保計，不惜與日本衝突，提出嚴重抗議不下三四次。上月津海關發表關稅因走私影響，於四五兩月內，已減少三千萬兩；長此以往，不但中國財政崩潰，即英美在華之勢力亦皆破滅。英之李滋羅斯來華，不但考察中國金融之狀況，同時更爲中國解決走私之問題。李氏曾於三月之間，往返南京東京兩次，最近已由滬登輪返國。其最後結論謂，「若停止走私，中國非減低關稅不可」，聞南京政府，對此結論，已加攷慮。

華北局勢險惡無比，冀東自治區，已脫離南京政府，因是秦皇島形成一自由貿易港(free trade port)。(詳情請參閱五月份之英文華北明星)私貨傾入，源源不絕。即將來中國關稅減低，華北走私恐仍不能制止。政府爲自身之生存計，爲外債之償還計，自不能不變更自身關稅之政策；否則私貨充斥，其患將不知伊於胡底矣！

參攷書：

(一)民國廿一年海關中外貿易統計年刊東北之部。
(二)民國廿年海關中外貿易統計年刊東北之部。
(三)安東附大東溝關民國十七年華洋貿易報告統計册(總稅務司署出版)。
(四)大連關民國十七年華洋貿易報告統計册(總稅務司公署出版)。
(五)海關通志上下兩册，萍鄉黃序鵷著，商務書館代售。
(六)海關中外貿易統計報告(民國廿至廿二年)上海總稅務司公署統計科編。
(七)最近廿年各埠海關報告(共分兩册，第一册是由一九一二到一九二一相當國曆民元至民十，係英文版原名：The Maritime Customs Statistical Series: No. 6.)。
(八)Deceunial Reports. On the trade, industries etc. of the Ports Open to foreigu Commerce, and On the condition and Development of the Treaty Port Provinces.
(九)第二册係由民國十一年至二十年經海關總稅務司署統計科譯成中文。
(十)東北年鑑九一八事變前後之年鑑各兩册。

日本對於「滿洲」通貨之統制

洪逸生

（一）九一八事變前東北各地紙幣之紊亂

當「滿洲」仍爲中國領土的時候，幣制至爲繁複，其紊亂程度，實駕中國內部各省之上。以東北一隅的區域，流通的貨幣竟至十五種之多，至於其他雜幣更不勝枚擧。從前東北的軍閥，除橫征暴斂之外，又復濫發紙幣，剝削小民以自肥，於九一八事變前，紙幣的總額，已有一萬三千萬至一萬五千萬元之多。這樣濫發紙幣的結果，使紙幣價值與銀價脫離關係，紙幣與硬幣，彼此懸殊莫可究詰，甚至連紙幣與紙幣，也各自爲價。各省各區皆有其獨特的貨幣，即在一省之內，也沒有一個口岸或城市與其鄰地有共同的貨幣。安東，奉天，牛莊的貨幣各不相同，而哈爾濱，吉林與長春的貨幣也彼此廻異，可謂極其複雜綜錯的能事！故彼時東北，有紙幣世界之稱。

究其複雜的原因，乃由於紙幣發行權之不統一。省政府，軍閥，中央政府（指東北之中央政府）以及同業公會暨私人等皆有發行權；兼以外國貨幣亦流行於各通商口岸。而且發行的基礎又不劃一，有的以銅爲基礎，有的以銀爲基礎，有的以金爲基礎。彼此間又沒有規定兌換率，無差別的平行流通着。於一九二九年十二月，祇在奉天一省，此類的鈔票（俗稱爲奉天票）竟達三，○○○，○○○，○○○[1]華幣的驚人數目。其時牠的兌換率，是六千元的票額換一百元的銀幣。一九三○年奉天票雖然減少，而流通於市面的還有一，一八○，○○○，○○○的數額。這種紊亂的情形，危害東北人民的利益，實至重大。

（二）僞「滿洲國」的新通貨政策

自從日本佔據東北，建造了所謂「滿洲國」以後，便着手經濟的統制，對於金融的統制，進行尤力。在金融統制之中，最著成效的，厥推通貨。僞「中央銀行」創設之後，即頒佈其僞「滿」新幣制的貨幣法，因而完成了日本對「滿洲國」通貨統制的初步工作，而奠下了日僞通貨一元化的基礎。

A　新幣制的內容及其機構

自滿洲傀儡政權豎立之後，日本感覺到前此東北幣制的淩亂，實有碍其對「滿」經濟之榨取，故積極督促僞「滿」政府進行幣制的改革。於一九三二年六月中旬，支配全「滿」金融機關僞「中央銀行」即應時而生。它合併了東三省官銀號吉林永衡官銀號黑龍江官銀號和邊業銀行四大官立金融機關，七月一日即開始營業，自稱擁有資本三千萬元，實收半數（實數中，官股居其半），總行設在長春，四個分行設在瀋陽哈爾濱和齊齊哈爾，此外還有支行一二五所。該行成立之後，便於一九三三年六月十一日頒佈一種新貨幣法，根據這個貨幣法而產生了新貨幣制。其內容與機構大體如左：

（1）貨幣之本位爲銀本位[2]，以純銀重二三，九一公分爲價格之單位，稱之曰圓。此重量爲現大洋平均含有純銀分，與中國國幣條件所規定之一圓銀重量相同。

（2）貨幣製造權及發行權專屬於政府，由中央銀行實施之。

（3）貨幣之計算，依十進法計算，其基本單位爲圓，圓之十分之一爲一角，百分之一爲一分，千分之一爲一釐。

（4）貨幣之種類，有紙幣及鑄幣兩種，紙幣爲無限制法幣，有一百圓，十圓，五圓，一圓，五角五種。這是一種法幣，可以無限制通用。鑄幣爲限制法幣，共有四種，一角及五分的爲鎳幣，一分及五釐的爲銅幣。鑄幣的通行有一定的限制，每次使用額最高不能超過額面的一百倍。鑄幣的成色重量如下；

甲，一角鎳幣，總量三公分（其中鎳佔二五，銅佔七五%）。

乙，五分鎳幣，總量二公分（成色與一角幣同）。

丙，一分銅幣，總量三，五公分（銅九五，錫四，亞鉛一）。

丁，五釐銅幣，總量二，五公分（成色與一分銅幣同）。

（5）紙幣發行準備，規定須有三成現金（現金準備包括銀塊，確實的外國通貨或存放在外國銀行的金銀存款），其中七成則爲保障準備（保障準備包括公債劵，由政府發行或由政府保證的票據及其他確實的證劵或商業票據）。（以上摘譯自日滿年鑑七二五——七二六頁一九三六年版）。

在這個貨幣法中，有幾點是値得我們注意的，第一，僞「滿」的幣制雖號稱銀本位，但單位之圓并無鑄 2

造，鑄造的只有輔幣。第二，紙幣之兌換，在僞貨幣法中，并無明文規定，其所以把紙幣及鑄幣并立者，乃仿日本制度之形式——在日本有貨幣法及兌換銀行券條例——其實并無兌換的規定。故由貨幣法的法意解釋，新貨幣實爲一種不換紙幣。第三，紙幣發行額，雖有三成現金的準備，但要使準備金與紙幣發生連繫，須有紙幣兌現或匯兌兌換爲鈕帶，庶可調節通貨而致通貨價値於安定。然而在僞國的貨幣法中，迄無兌換（即兌現），或匯兌兌換之規定，故雖有準備金，結果是使民衆可望而不可即。第四，所謂保證準備，雖爲公債及商業票據（大致是指「滿洲國」爲建設事項所發行的公債「及國營事業」的商業票據），但此種的空頭信用膨脹，只是有利於日本而已。

B 舊幣的掃除

依據日「滿」方面的紀載，自貨幣法頒布以後，僞「中央銀行」即積極從事於舊幣的整理。一九三三年六月二十七日公佈所謂舊紙幣整理辦法，同月二十八日又公佈舊貨幣的換算率，將二百餘種的舊紙幣，按照法定折扣收回，從新發行新紙幣以代之。新幣與舊幣的換算率，乃依各該舊幣的信用與市價的不同而定，自一圓換一圓（新紙幣一圓換舊紙幣一圓）乃至一圓換六十元。在這打折扣的新舊幣兌換中間，東北民衆所受的損失，着實驚人。由是觀之，僞「滿」幣制的統一是以東北民衆的利益爲犧牲的。一九三四年十二月十七日，僞「滿」下令禁止安東的小洋行使市面，去年五月三十日復禁止大洋之流通，并限至六月三十日爲舊幣交換新幣終結之期。九月七日由僞「中央銀行」發表舊幣交換額已有一億三千八百萬元，約計收回舊幣已有百分之九七，二。自是通用新幣的基礎鞏固了，其他雜幣統被限制流通。然而此時「滿洲」的通貨，尚不能稱爲統一，因爲舊幣雖已將近消滅，但日本的正金銀行券，朝鮮銀行券與我國之現洋，尙依然流通市面。

「滿洲」新紙幣發行額[3]（單位千圓）

	新幣發行額	硬幣準備額	準備率
一九三二年七月	一三九·〇五五	七九·一五八	五六·九%
一九三二年十二月	一五一·八六五	七七·八四九	五一·三
一九三三年三月	一三六·三五三	七九·〇六五	五八·〇
六月	一一二·二六三	六六·〇五九	六七·八

九月	一〇八・四一〇	六九・一四二	六三・八
十二月	一二九・二三三	六七・五六七	五二・三
一九三四年三月	一二五・五九六	六八・〇五〇	五四・二
六月	一〇〇・五四〇	五九・九六一	五九・六
九月	一一四・〇二一	六四・六一八	五六・七
十一月	一四四・一四五	七五・四八二	五二・四
一九三五年十一月	一四七・八〇〇	七五・五〇〇	五一・〇

（三）日「滿」通貨的一元化

A　新通貨政策實施後所發生的特殊現象

偽「中央銀行」發行紙幣，僅有準備的規定，而沒有兌換的義務，故該行得以自由運用其通貨政策。所謂準備，也不限於銀條，凡金條及外國通貨（自然指日幣）均包含在內。由此，也可窺見其預伏着第二次貨幣改革的導線了。

到了去年冬季，日本認為此種含有準備性質的幣制，已到第二次改革的時期，因在此準備期間內，發生了如下特殊的現象：

（1）自偽「中央銀行」實行新幣制後，我國貨幣，在該地雖仍可通行，然其勢力，則一天一天的衰退；反之，日圓資本則有顯著的進出。故在全體經濟上，日金的重要性日漸增加。因此，日本感覺兩國貨幣一元的統一，已屬刻不容緩。

（2）由上結果，代表日圓資本的朝鮮銀行的紙幣流通日廣。在過去幾年中，偽「中央銀行」及朝鮮銀行的紙幣流通有如下的消長。

	偽「中央銀行」（單位千圓）	朝鮮銀行
一九三二年	一二三・一二三	七六・七九六
三三年	一〇七・四九〇	一〇七・〇六六
三四年	一〇九・三一一	一二五・九〇六
三五年	一二三・四二八	一四一・九〇八

由上表，可知朝鮮銀行的紙幣流通額，已在偽「中央銀行」紙幣之上。此項朝鮮銀行紙幣流通額的膨脹，實是偽「中央銀行」紙幣流通的一大威脅。

（3）自美國購銀政策實施之後，銀價飛漲，使與白銀連繫着的偽國幣制根本發生動搖。

B.日「滿」通貨協定的成立

日本一方眼見到日圓資本在「滿」的勢力，已得到鞏固的基礎，一方鑒於日「滿」幣比價的變化迅速，不便統制，遂決定中止仿效銀本位制，進行其對「滿」幣第二次的改革。於去年八月下旬即嚴行通貨管理制度，使偽

「滿」國幣與日金價值完全一致。至是「滿」幣始脫離銀本位形式，而完全與日金圓結合。

自去年十月初旬起，日「滿」雙方代表，在東京開所謂『通貨會議』，結果達到了如下的同意：[5]

（1）僞國國幣的對比價值，使之與日圓聯繫，兩種通貨以等值爲基準。

（2）統一僞國通貨。

（3）僞幣與日圓的等價維持，原則上由僞國「自力」爲之，因欲達此目的，僞國應（甲）圖財政經濟的健全，尤側重於國際收支的改善；（乙）實施外國匯兌管理；（丙）擴大僞幣的流通範圍，增加其用途。

（4）日本方面，亦決予如下的援助：（甲）竭力獎勵投資，以防僞國國際收支的惡化，助成其產業發達；（乙）關東軍餉銀，以僞幣支給；（丙）滿鐵運費及支付亦改用僞幣；（丁）收回朝鮮銀行的紙幣，幷規定以後該行放款，亦應以僞幣計算。

日「滿」通貨協定成立後，日政府閣議便於去年十二月四日通過，發表正式聲明書，宣佈「滿」幣改革成功。同時「滿洲」政府也發表其對此次雙方通貨協定的聲明書，表示對日的感激與謝忱。至是日本對「滿」通貨的統制，乃告完全成功，而獲得經濟榨取的堅強基礎。 5

「滿洲」幣制已實行第二次的改革，則管理滙兌自屬必要之舉。幣制重行改頭換面之後，即行管理匯兌，蓋亦必然之勢也。

「滿洲國」之匯兌管理法[6]：

「滿洲國」自十二月十日起實行「國」外匯兌管理，其管理法之內容如左：

第一條　「政府」按照命令之規定，得禁止或限制左開之交易或行爲：

一　外國通貨或外國匯兌之取得或處分；

二　輸入外國之通貨或輸送金貨，金之合金，以爲主要原料之物件，外國銀幣或銀價；

三　對外國匯款；

四　根據外國之委託，在「國」內支付款項；

五　以外國通貨所表示之證券債權，或債務之取得及處分；

六　以外國通貨實行交易。

第二條　「政府」按照命令之規定，對於禁止或限制有關係之事項，得徵集其報告或檢查賬簿及其他。

第三條　「政府」按照命令之規定，關於外國通貨或外國滙兌之交易，除「滿洲」「中央銀行」外，得限定「政府」所指定者爲交易之對手。

第四條　「政府」按照命令之規定，對於持有以外國通貨，外國滙兌所表示之證券或債權，金貨或銀貨者，得命其親自處分，或命其售與「滿洲」「中央銀行」或其他「政府」所指定者時，當事者向之買賣價格，如不能商定者，應依照「財政部長」所定者行之。

第五條　如違犯「政府」第一條或第三條之規定所命令之交易或禁止之行爲或限制者，處三年以下有期徒刑或一萬元以下之罰金；但如該交易或行爲之目的物之價格之三倍超過一萬元時，罰金應爲該價格之三倍以下。

根據不服從前條之規定命其處分外國通貨及他物或出售之「政府」命令者，處一年以下之有期徒刑，或該外國通貨及其他之價格之二倍以下之罰金。違犯按照第二條所下之命令，不呈報者或虛報，拒絕賬簿及其他之檢查，或藏匿賬簿書類作虛僞之陳述，以其他方法妨害檢查者，處六個月以下有期徒刑，或五千元以下之罰金。按照本法之命令，提出於「政府」之許可申請書或其他書類，如有虛僞之記載，或以其他之方法欺瞞「政府」者同罪。

第六條　法人之代表，或法人或人之代理人，傭人及其他之從業者，關於其法人或人之業務，有違犯前條之行爲者，除罰該行爲者外，對其法人或人亦課以前條之罰金。

第七條　本法之罰則，對於在本法施行地設有本店或主要事務所之法人代表者，代理人，傭人及其他從業員在本法施行地以外所作之行爲亦通用之。對於在本法施行地設有住址之人或其代理人，傭人及其他從業員，在本法施行地以外所作之行爲，同樣通用之。

第八條　本法認現大洋現小洋及其他舊銀通貨爲外國通貨。

附則　本法自「康德」(一九三五年)二年十二月十日起施行。金輸出禁止法廢止之；但本法施行前，對於適用該法罰則之行爲，仍按照該法處理之。

根據日「滿」的通貨協定，朝鮮銀行應收回它在「滿」流通的銀行券。這對於朝鮮銀行自然是一種的損失。因此僞「中央銀行」乃與朝鮮銀行於去年十二月六日在日本東京丸之內中央會議正式簽訂所謂『中銀與鮮銀業務規定』，以補償朝鮮銀行的損失。協定內容如左，：

一·鮮銀竭力援助「滿洲國」通貨之統一，并協力維持日「滿」匯兌之平衡。

二·鮮銀在「滿洲國」內之放欵及存欵，原則上以「滿」幣計算，但滿鐵附屬地內，在治外法權未撤廢以前，暫維持現狀。

三·鮮銀提出鮮銀券，向「中央銀行」兌現時，「中央銀行」應以等價無限量兌現「滿」幣，「中央」對鮮銀所交還之「滿」幣，應以等價交還金圓。

四·「中銀」所保持之鮮幣，全部存於鮮銀，作爲「滿洲國」幣發行準備。

五·鮮銀援助「滿洲國」實施匯兌管理法。

六·日「滿」兩國間之匯款，須由鮮銀單獨辦理。

七·「中銀」須減低六個月存欵利率，使與鮮銀之利率保持均衡，并不得作獲取存款之競爭。

八·本協定有効期間定爲一年。

按「中銀」定期存欵之週息五厘，照協定減爲四厘半，鮮銀由週息四厘增至四厘半，兩者平等。

觀這一協定，我們知道朝鮮銀行，并不見得如何吃虧，因爲它雖然放棄了牠的銀行券在「滿」流通的權益，可是在業務上「中銀」對鮮銀也有了相當的讓步。「中銀」存欵利率的減低與「日滿」兩國間之匯欵由鮮銀獨佔以及鮮銀的紙幣可以作爲「滿洲國」幣發行的準備，給了鮮銀業務上許多的實惠。再者，日本銀行在「滿」流通幣的收回，而讓「中銀」統一之，對於日本是有益無損的，因爲現在「滿」幣與日幣已維持同價，而「中央銀行」又完全處於日人支配之下，一切措施，惟日人之命是聽。故所謂的「中央銀行」實無異日本銀行，所謂的「滿洲國」幣，亦無異日幣了。「中銀」已爲日本支配下之銀行，「滿」幣又與日幣合而爲一，日本何樂而不爲？而使在「滿」流通的紙幣參差不齊呢？故曰，「滿洲國」通貨統一的成功，也就是日本在「滿」通貨統一的成功。

(四)日本對「滿」通貨統制的透視

日本在「滿」通貨統制成功，是有其重大意義的。

7

一九三三年六月十日大阪朝日新聞有如下的一段的登載：關於日「滿」統制經濟基礎之日「滿」通貨統制問題，如具體見諸實現，則日本資本之投入滿洲，極爲便利，經濟全體之連絡統制，愈爲緊密，貢獻於日「滿」兩國經濟之繁榮者，亦至偉大。如從前日本資本家設立之公司於「滿洲國」的時候，則日本資本家一方須設立以「滿洲國」幣計算之公司於「滿洲國」內，他方復須設立以日元計算之認股公司於日本，招募股份。易言之，即新起一事業，必須成立二公司，疊牀架屋，不便殊甚。若日「滿」通貨統制成立，貨幣障壁概可消除，一方復可招徠日本資本於「滿洲」，他方也可抑制日圓對「滿洲國」幣滙價之動搖。——所謂日「滿」通貨統制的意義，在日本看來便是這樣。可是在我們看來，其意義不見得就如此的簡單，日本對「滿」通貨的統制是有其重大的作用的。

（1）誠如大阪朝日新聞所言，倘日「滿」通貨統制具體實現，則全體經濟統制，（指日本對「滿」之全體經濟統制）將愈爲緊密。通貨統制乃一切經濟統制之基礎。這一點是說得很對的，可是除此以外，日本對「滿」通貨統制的許多異詞，它都秘而不宣。只是含混其詞的說日「滿」通貨統制若具體實行，則日「滿」彼此間貨幣障壁消除，日本資本將很便利的投入「滿洲」，使日「滿」經濟因之繁榮起來。不錯，「滿洲」經濟將因日本的投資而繁榮，可是這種繁榮的實益，將歸於誰呢？日本呢？還是「滿洲」的民衆？我們知道，現在世界上除了蘇聯之外，其他的土地，是處於資本主義的社會中。資本主義的社會是代表大資本家利益的社會，由大衆所造成一切社會上的利益，歸根到底，都被大資本家吸取去。「滿洲」既不是蘇聯的領土，自然不能例外，社會上所有的利益，將被資本家所享受。所以「滿洲」經濟繁榮的實惠，最終是歸於「滿洲」之大資本家的。然而「滿洲」的資本家是誰呢？是東北的民衆呢？關內的民衆呢？還是日本人呢？關於這一點，聰明的讀者自然會知道的。「滿洲」處在日人鐵蹄之下，日夕搾取，那里還有資本家的存在呢？就是幸而有一兩位碩果僅存的資產者存在着，但是那敢利用他們的資財來經營實業？因爲日本對於有利可取的企業，斷不肯讓他人染指的，不要說它對於各種經濟部門已逐漸施行其統制，就是不實行統制，它也會很公道的用自由競爭辦法，以雄大的資本來與你角鬥，將你排斥併吞壓倒。因是我們可以明白，「滿洲」經濟如果真的會繁榮的話，其實益也將歸於日本，與東北民衆毫無干涉。

以上是說明「滿洲」經濟如果真的繁榮起來，對於在日人壓榨下的東北民衆，是沒有什麼利益的可言。可是以下我們還要透切的來說明日人利用日「滿」通貨的統一，向東北民衆作更深刻的榨取。日本是一個輕工業而原料極端貧乏的國家，它需要大批原料的輸入與大批製造品的輸出，所以它非得找尋其商品銷售的市場與原料的來源不可。自來作日本商品銷售的尾閭與原料供給地的是我們的中國，特別是東北。現在東北已爲日本俎上肉，宰割是隨乎屠夫日人之意了，日人對「滿」，自可暢所欲爲的進行其各項的統制，吸取東北民衆的膏髓，所以幣制的改革一而至再。現讓我來說明日「滿」通貨統一與日本在「滿」榨取原料及銷售商品的關係。日本朝日新聞謂日「滿」幣價同値，則日本資本將因「便利」之故而踴躍的投入「滿洲」。這未免說得太勉強。前面已經說過，「滿洲」是日本工業原料的供給地與商品銷售的尾閭。明白了這一點，我們就可以知道日本投資「滿洲」除了「便利」這一因素之外（其實這一因素并不見得十分重要），還有就地榨取原料與傾銷商品之因素在內。日本投資「滿洲」，設立工廠，就地吸取原料，就地銷售其製造的商品，可以省去一筆原料運日與商品運「滿」的運輸費（商品售於「滿洲」者，可以省去來回兩次的運輸費，售與他地者則省去原料運日之運費。），生產費用因之減低，商品出售價格亦可隨之降低，以吸引東北民衆的購買。或問日「滿」幣價既是不同値，日本也可照樣實行其就地榨取原料與就地傾銷商品的目的嗎？這一疑問，實在是需要我們詳細來解釋明白的。我們要知道，「滿」幣與日幣不同値時，不論或高或低，對於日本製造家，終歸不利，因爲「滿洲」對日本是有着這樣一個「原料供給與商品承銷」的特殊關係。假使「滿」幣價格比日幣高，則日本所需要在「滿」購買的原料的價格將隨之而高（比日幣而言），而「滿洲」人民一般生活費也將比日本高，因是勞働價格（資工），也將隨之而比日本高。如此，在「滿」製造，不見得比在日本國內製造便宜。因工資的升高，將運輸費抵消，工資升高的程度有時或且超過運費。至於原料價格之昂貴，自然爲日本製造家所不喜的。這樣，日本資本家將不肯投資於「滿洲」的實業，除非是投於「滿洲」所特有的實業上，諸如森林與礦業之類，非在「滿洲」設廠不行。而且，站在日本人的立場上來說，在日「滿」兩地生產費用相差不大時，日本資本家寧可投資國內，以便雇用本國工人，特別是在這個失業恐慌的時期中。反之，假若「滿」幣價格比日幣低，那也非日本所願。固然，對於「就地提取原料，就地傾銷其製造品」這一點是有利的，因爲原料價格既賤，勞働工資又比日本國內便宜，生產費將可大大的減少。如是，出產品不但可以很便宜的在日「滿」兩地售銷，而且可以增強與他國貨物競爭的力量。然而「滿洲」人民所需要的商品，它製造的原料不一定都是能夠在「滿洲」取得的。諸如紡織工業所需的原料（棉花）是要向印度購買，羊毛工業所需的原料又要向澳大利亞洲購得之。如此以高價（比「滿」幣而言）購得之原料所製成之商品，來在幣値低賤生活程度低下的「滿洲」市場銷售，是很不利的，因爲價格昂貴（算成「滿」幣），將會使東北民衆無力購買。再者，有的商品製造所需的原料，不但爲「滿洲」所無，而且亦不能在「滿」製造。若「滿」幣價格比日幣低，則運「滿」推銷，更將不利了。此外，除了如前所述的經濟關係之外，還有政治上的關係。日本政府決不願日本資本家過度的投資於國外，而不投資於國內，因爲如此將會加強日本國內失業的恐慌，而加緊了革命爆發的危險。日本國內左傾份子的日衆，是日政府現在日夕所焦慮的問題。

由以上的說明，我們可以明白到日「滿」通貨的一元化在日本對「滿」原料與勞力的榨取上以及商品的傾銷上是有着一種深長的意義啊！東北民衆在這一『通貨協定』之下，所受的剝削是何等深刻呢！

日本對「滿」通貨統制成功後，「滿」幣與日幣完全同値，日本對「滿」貿易與對朝鮮台灣無異。日本百圓之工業品在「滿洲」也値百圓，「滿洲」百圓之原料品在日本也直百圓，此後貿易上之發展，當更扶搖直上，毫無疑義。

「滿洲」對外貿易，在「九一八」以前，均處於出超地位，因該地爲世界大豆之第一產地；加以其地特產豐富，大部份輸入額即爲其所抵消。「九一八」後，除日本外，對外貿易仍是出超，對日則居於絕對入超之地位。茲將一九三四年一月至八月及一九三五年同期的「滿洲」對外貿易百分率與總額兩表列之於左，以作參考。

輸出入百分率。

	一九三五年一月至八月 輸出	輸入	一九三四年同期 輸出	輸入
日本及朝鮮	五一・一%	七五・六%	五一・八%	六九・七%
中國	一四・五	四・三	一三・九	八・五
美國	四・一	四・四	一・一	七・五
英國	五・五	—	二・〇	—
德國	八・七	二・八	二・八	二・二
比利時	—	〇・三	—	〇・一
連其他合計	一〇〇・〇	一〇〇・〇	一〇〇・〇	一〇〇・〇

輸出入額（單位千「滿」幣）

一九三五年一月至八月

	日本	中國	其他
輸出	一四五・五〇三	四一・三一一	九八・〇九〇
輸入	二九七・二七七	一六・九一一	七九・一〇七
出超	—	二四・四〇〇	一八・九八三
入超	一五一・七四七	—	—

一九三四年同期

	日本	中國	其他
	一六二・八〇三	四一・〇三〇	九一・二四三
	二五七・四五〇	三一・三九六	八〇・五二四
	—	九・二三四	一〇・七一九
	九四・六四七	—	—

上開兩表爲「滿」幣未與日幣一元化以前之數字，然日本及朝鮮在「滿」貿易已佔「滿」總輸入百份之七五・六%（日本本部佔百份之七一・八，朝鮮佔百分之三・八）其地位已距獨占不遠。現在日「滿」幣值已完全同價，匯兌上既無差額，日本對「滿」之輸出入等於對殖民地之輸出入。「滿洲」關稅亦由日人把持制定對日貨輸入之各特別優待條例，而且去年十二月十日起又實行其爲「滿」制定之匯兌管理。今後日本在「滿」貿易之日形順利，是可斷言的，完全獨佔之期當在不遠。

（2）由於以上的敘述與說明，我們已看到東北民衆受到日本深刻的剝削與危害。然而日本對「滿」通貨統制的功用尙不止此，它還具有一種神妙的法力，來把握住每一個東北民衆的生命與靈魂。日本一方利用其金融機關僞「中央銀行」，（僞中央銀行名義上雖是「滿洲國」銀行的銀行，但事實上誰都知道它是日本在「滿洲」金融資本集團的尾閭，它是爲著日本的利益而創設的，單就日本金融資本在「滿洲」的事業投資一項來說，據最近的統計，共達四億八千一百萬，差不多都是「滿洲」「中央銀行」所轉手的）盡量經營厚利，一方總握着「滿洲」紙幣的發行權，吸收東北民衆所有的血汗（現金）。它利用政治上的權力，禁止現金出口，和禁止其他銀行發行紙幣與銀幣在市面流通，使僞「中央銀行」的鈔票，獨家在僞「滿洲」境地行使。僞「中央銀行」的鈔票是「滿洲」唯一的法幣，民間都必以僞「中銀」的鈔票互相收受。如是，現金都集中於「中銀」，而民間祇持有僞「中銀」的鈔票。可是僞「中銀」的鈔票幷不兌現，這樣整個東北民衆經濟的生命，都繫於僞「中銀」的手中。倘若僞「中央銀行」眞的是「滿洲」的中央銀行，那還是一說，但事實上，它是日本的銀行，所以東北民衆整個經濟的生命，是不能逃脫的繫於日人的手中。東北民衆終年爲牛爲馬，勞勞苦苦以血汗博得之報酬，是一紙以日本意旨爲轉移的紙幣，這是多麼可痛的事情啊！再則匯兌管理法的限制，又使東北人民不能移動一步。東北人民要想從地獄中逃脫，將財產變爲現欵匯出來，是一件很不容易的事情。依據匯兌管理法第三條，凡是關於外國匯兌之交易，除「滿洲」「中銀」之外，其他銀行非僞政府所指定者，不能作是項之交易。如是東北人民，被這一玄妙的法寶所束縛，註定終身帖帖服服的爲日人作牛馬了——除非是加入義勇軍，實行武力反抗。

以上兩項，乃日本對「滿」通貨統制的最大目的與功能，至於其他用意，恕不贅述。不過再錄一段消息於後，以作本章之尾聲。

申報廿四年十一月七日載：『（長春）日「滿」貨幣統制後，自本年九月以來「滿」幣與日本金之換率繼續平衡，故瀋陽，哈爾濱，長春等主要都市之錢莊業者，乃失去其營業之地盤，致處於關閉之苦境。僞財部謂從前健全之錢莊已改組爲新銀行，故對於殘餘之錢莊苦境，止有聽之而已云』。

匯兌管理法實行後，中國在「滿」之金融機關，更被搶盡無餘，然比之於東北民衆之被宰割，乃其餘事。

（五） 結論

日本對「滿」通貨統制總算成功了，誠如朝日新聞所言，通貨統制乃一切經濟統制的基礎。此後日本將在這一堅固的基礎上，來建築宅華麗玲瓏的經濟統制的高樓。這座高樓築成之後，有人將設宴高樓上，歡欣鼓舞，來慶賀他們的成功！而數千萬東省的可憐同胞，爲神妙的「通貨統制」的鎖鍊所套住，永遠被囚禁於黑暗的地域做着牛馬的工作，過着非人的生活！我們眼見得東北同胞這樣的苦痛，能不傷心？再回首看看我們自身所處的環境，我們應該如何的奮然興起共圖生存呢？

日本對「滿」通貨統制之意義與及其給予東北民衆的賞賜，大概如上所述。但因作者學識的淺陋，掛一漏萬，在所不免，尚希讀者指正。

1 參照日滿年鑑七三頁，一五三六年版（此處所示三十萬萬元之數目，乃指奉天票額而言。至其實額，一九二九年十二月爲五千萬元，一九三○年十二月爲一九六七○・○○○元）。

2 關於「滿洲」貨幣本位問題，日本的統治者曾有過論爭，結果爲了要維持東北商品之低廉的生產費以便於榨取計，還是正金銀行的總裁即前大藏相高橋氏的主張得了勝利。

3 見貿易六十九期第七頁之滿洲改革幣制與我貿易。

4 見時事新報十二月十二日，第四版第二張之日偽通貨統一問題。

5 仝上。

6 見貿易六十九期第九頁。

7 見貿易六十九期第十頁

8 見貿易六十九期第十至十一頁。

本篇參考材料舉要

（一）偽組織幣制信用動搖　申報十二月六日。
（二）日本統制東北金融　北晨六月十四日。
（三）日本在滿洲的新投資　時事類編一卷八期。
（四）日本支配偽滿之新通貨政策　新中華二卷九期。
（五）偽滿統制金融機關之一斑　行健月刊四卷。
（六）東省近年之金融業　東方雜誌三十二卷十三期。
（七）暴日統制東北經濟之具體案　行健月刊三卷五期。
（八）九一八後日本在東北的經濟侵略　新亞細亞九卷二十七期。
（九）偽國的經濟現狀　錢業月報十四卷九期
（十）偽國經濟概況　新建設二卷十三期。
（十一）東北經濟的近況　現代評壇一卷九期。
（十二）日偽經濟會議　世界知識一卷一期。
（十三）日滿統制經濟之解剖　東北旬刊二卷七期。

13

商務印書館

預約書

左列各書在全部出齊以前繼續發售預約

書名		册數	出書情形	定價	預約價	國內郵費
萬有文庫第二集	全部	正編二千册 參考書廿八鉅册	已出一千一百七十六册又廿六鉅册 餘書本年九月明年三月續出	六百八十元	四百七十六元	四十四元
	正編	二千册	已出一千一百七十六册 餘書本年九月明年三月續出	五百四十元	三百七十八元	三十二元
	國學基本叢書二集	一千二百册	已出六百七十九册 餘書本年九月明年三月續出	二百七十元	一百八十九元	十八元
	漢譯世界名著二集	四百五十册	已出三百廿九册 餘書本年九月明年三月續出	一百八十五元	一百三十元	八元
	自然科學小叢書初集	三百册	已出一百五十五册 餘書本年九月明年三月續出	九十元	六十三元	五元
	現代問題叢書初集	五十册	已出十三册 餘書本年九月明年三月續出	二十六元	十九元	一元五角
十通		二十一鉅册	正書二十册出齊 索引一册待續出	一百二十元	八十四元	九元
佩文韻府		七鉅册	正書六册出齊 索引一册待續出	六十元	四十二元	三元
叢書集成初編	道林紙本	四千册	已出一千二百册餘書於本年十二月明年六月十二月續出	七百元	四百九十元	六十四元
	新聞紙本	四千册		四百元	二百八十元	五十元
縮本四部叢刊初編	平裝本	四百册	已出八十册餘書於本年九月十二月續出	二百元	一百六十元	十元
	精裝本	一百册	已出二十册餘書於本年九月十二月續出	二百五十元	二百十元	十元
最新化學工業大全		十五册	已出十册餘書每月續出一册	三十元	二十三元	三元九角
中學生自然研究叢書		三十册	已出十五册餘書每月續出五册	十六元	十一元五角	一元
各國社會經濟史叢書		八册	已出四册餘書每月續出一册	五元六角	四元	八角

萬有文庫第二集・叢書集成初編・縮本四部叢刊初編・均備書櫥須另加價

D1 0-2539

瀋陽史蹟

王華隆

一、瀋州古城考　舊志謂奉天省城東南二十里有古城，周圍二里零二百步，東西二門。又王氏志修奉天地輿圖表承德縣圖古城在渾河流域左岸，其北爲天柱山。按唐書渤海大氏始置瀋州，歷代地志皆未言在今何地。若今城則清天聰五年修築，本因遼金瀋州，元瀋陽路，明瀋陽衛故址增拓，非渤海時瀋州之舊地。遼史地理志云：唐高宗平高麗，置安東都護府，後爲渤海大氏所有，大氏始保挹婁之東牟山。武后時爲契丹所逼，有乞乞仲象者度遼水自固。傳子祚榮，建都邑，自稱震王，併吞海北之地。中宗賜所都名曰忽汗州，封渤海郡王，爲遼東盛國。忽汗州即故平壤城，唐時之安東都護府也。遼東行部志云，瀋州在唐時常爲高麗侵據，高宗命李勣東征，置安東都護府於平壤城，與朝鮮平壤同名，實今之瀋州也。唐季爲大氏所有，號中京顯德府。遼滅渤海，置瀋州顯德軍，別築城曰天福，以處東丹人皇，已非渤海之舊。至元明又移城治於瀋水之陽，改名瀋陽，而渤海之瀋州故基遂不可考。按新舊唐書並云：渤海大祚榮保挹婁之故地，據東牟山築城居之。又按渤海建國世系，大氏始保東牟，仲象遂度遼水，傳至祚榮乃建都邑。乞乞仲象所度之遼水即小遼水，今爲渾河，挹婁即今懿路，東牟山即今天柱山，古城在其正南，北與天柱山相對。枕山帶河，憑扼險阻，爲當時兵家重地，與唐書遼史各地誌悉合。疑即渤海最初之瀋州故址爲大氏祚榮所築者，姑誌之，以備考証。

二、瀋水考　在瀋陽城南十里，古亦名遼水，又名小遼水，即今渾河也。前漢書地理志桑欽水經並云：高句麗遼山遼水所出，西南至遼陽入大遼水，漢書注小遼水西南至遼陽入大遼水，水經注晉書並同。遼史地理志，瀋州渾河在東梁范河之閒。金史地理志瀋州樂郊縣有渾河。元一統志渾河在瀋陽路，源出貴德州東北，西南經瀋州南十五里，舊稱瀋水。水勢湍急，沙土混流，故名渾河。今水澄澈，遇漲則渾。明一統志渾河源出塞外，西南流至瀋陽衛合沙河入大遼水注於海。清天命六年三月略瀋陽，舟順渾河而下，敗明將陳策張名世童仲貴張大斗之軍，克其城。今按渾河即瀋水，歷代官書如元一統志已詳載之，蓋所以著瀋陽路移治之始也。而舊志各書於小遼水下註云，在城南四里，俗名五里河，自城東南觀音閣萬泉河發源，並引春秋穀梁傳水北曰陽，謂瀋陽之名以此。而於元志舊稱之瀋水反無其名，是直以小瀋水為瀋水矣。殊不知瀋水即古遼水，今為渾河，早已見於圖經，亦遼東大流域也。嘗考古帝王建置都邑必擇山高水長，氣象雄厚之處，未有舍名山大川而據一衣帶水為天塹者。小瀋水源流不過萬泉，汎濫不能五里，徒以南入瀋水遂以小瀋水名之。以神皋奧區之天府瀋陽，其能以此得名乎？觀於此，則舊志之誤，不待辨而自明。倘再不加考證，誠恐傳訛益甚，使後來邦人寓公幾不知瀋水之所在。以致方輿日晦，水道日堙，元代以上之瀋州乃與今之瀋陽不別。語云地理以水為主，瀋水不存，瀋陽安屬。茲特表而出之，以著瀋陽得名之自，非瀋水之外別有小瀋水也。志之，以就正於方家。

（備考　按瀋水故道本在今瀋陽城北，自清天命間築城，始引之南流，其故道今不易辨認。）

三、瀋陽清宮

前清故宮在瀋陽磚城內中央，為清太祖太宗所居。南北略作長方形，規模不大，而氣象整肅。概可分為三部：東為大政殿，中為大內宮闕，西為文溯閣。大政殿現歸軍用，並設無線電台。大內宮闕更可分為三部，其中心大部設立東三省博物館，東側小部為東宮，西側小部為西宮，遼寧省教育會移此。文溯閣亦歸教育會管理，閣前之戲台舊址，經教育會改建為會場。大清門南設有無線電，長途電話，及自動電話局。茲分述之：

大政殿　清崇德二年建，為太宗聽政之大殿，後遇朝賀大典，皆於此舉行。殿宇上蓋黃琉璃瓦，華檐八角，前掛滿漢字匾一額曰『大政殿』。殿制八隅，殿前列署十，俗稱『十王亭』，左右各五，居首者為宗室王貝勒議政之所，其八則八旗大臣議政之所。丹墀下，左右音樂亭二，殿後鑾駕鹵簿庫十三間。清高宗大政殿六韻曰：

一殿正中據，十亭左右分。同心籌上下，合志立功勳。
辛苦緬相共，規模迴不羣。臣世須効蕃，宗子更攄勤。
每用思前烈，誰當繼遊聞？推恩與旌雪，奕世勵恩勳。

大內宮闕　此為故宮主要部分，位於大政殿，文溯閣之中間。南北長八十五丈三尺，東西寬三十二丈二尺，適成長方形。正門曰大淸門，自大淸門北至淸寧宮，凡分四層，俱淸崇德二年建。

第一重即大淸門，門旁太祖時曾設建木二，東西掖門二，左右石獅二，奏樂亭二，朝房東西各五楹，後爲値房十二楹。門之正南築有照壁一座，東西南三面建有圍墻，設東西二門。東曰東華門，上題『文德坊』，並滿字；西曰西華門，上題『武功坊』，並滿字。大淸門東南之朝房直舍爲從前內務府治事之所。淸高宗有大淸門詩云：

都瀋宸謀定，立門號大淸。萬年開我祚，五雉兆燕京。

屬國來肯宇，文王蹶厥生。來孫繩祖德，惕若愼持盈。

第二重即門內之正殿，曰崇政殿，原名篤恭殿。殿前左石晷，右嘉量，左右翊門二。殿內正中懸有高宗御書「正大光明」匾額一，左右懸有御書聯曰：

念茲戎功，用肇造我區夏。

愼乃儉德，式勿替有歷年。

殿中央設有木台，高二尺餘，台上設有大方椅一座，滿刻龍紋，即大皇帝南面而坐之處。椅後木製圍屛，雕刻精緻，鐫有楷書格言曰：

功崇惟志，業廣惟勤。首出庶務，萬國咸寧。豈弟君子，四方爲則。知人則哲，安民則惠。惟天聰明，惟聖時憲，惟臣欽若，惟民從乂。

殿前東爲飛龍閣，閣二層，上藏御用弓矢等類。下藏古銅鼎彝。閣後有樓七楹，陳列磁器。南有井亭一座。西爲翔鳳閣，亦二重，上藏書畫等類，下藏御用珍寶。閣後有樓七楹，尙留存滿漢書籍不少。按故宮珍藏首推古銅，部八百件，西淸續鑑，詳載圖說。其次磁器，凡十萬餘件，皆宋明及康熙乾隆時物。其次書畫，約又千件。而戰時用品甲冑弧矢均足爲一朝興廢之紀念，如淸太祖之盔，嵌鑽石之刀，及黃金鐘，珍珠袍等尤爲光采眩目。其重要者，已於民國三年前大總統袁世凱派員移送北京，貯之武英殿古物陳列所云。

第三重爲鳳凰樓，高凡三層，輝煌奪目。攝衣而上，則瀋市景色，悉來眼底；三省風雲，轉生腋下。非僅高出故宮，抑亦全城之絕頂。上層藏列代御容及行樂圖，中藏御寶十方。乾隆十三年又於鳳凰樓前東側，增建師善齋，及齋南之日華樓，西側增建協中齋，及齋南之霞綺樓。

按鳳凰樓所藏御寶，相傳即太宗所得元『傳國璽』。通志云：初，察哈爾宰桑等來歸，其子額哲尙率所遺八衆留託哩圖，太宗命貝勒多爾袞等招撫之，遂降，并於額哲母妃處得元『傳國璽』。其文乃漢篆『制誥之寶』四字，二交龍爲紐。自元順帝携入沙漠後失去，越二百餘年，有牧羊山麓者，見羊不食草，但以蹄掘地，發之得璽，以歸元裔博碩克圖汗，後爲林丹汗所得。天聰十年，諸貝勒携歸以献，太宗受之，始稱尊，并建國號，以是年爲崇德元年。

第四重即清寧宮，爲清代祀神之所。宮前偏東有『索羅桿』，左右配房各三楹。宮之東有關雎永福二宮，西有麟趾衍慶二宮。

清寧宮墻外東西直房各三楹，皆南向。東爲磨房，西爲碾房，北有東西橫列之倉房二十八楹。

東宮西宮　崇政殿東，頤和殿南北各樓閣爲東宮，崇政殿西，迪光殿南北各樓閣爲西宮，俱乾隆十一年增建，爲列帝東巡治事偏殿及寢宮。頤和殿中門一楹，東西値房各三楹。前爲正門三楹，殿後爲介祉宮。宮後有正門三楹，門北爲敬典閣，今藏玉牒。迪光殿前東西配殿各三楹，南爲中門一楹，東西各一門。門外東西直房各三楹，前爲正門一楹，左右各一門。殿後爲保極宮，宮之左右前後迴廊十六楹。宮後偏西一廊接繼思齋，齋旁東西直房各三楹。後爲崇謨閣，實錄聖訓滿洲老檔均藏於此。

文溯閣　居故宮之西部，乾隆四十七年建。正宇六楹，東西遊廊二十五楹，明樓一座，歛軒五楹，南配房十七楹，宮門三楹。閣南簷前懸御書滿漢字『文溯閣』匾額一。碑亭一座，鐫有『御製文溯閣記』。閣凡三重，內藏四庫全書，計經部二十架，九百六十函；史部三十三架，一千五百八十四函；子部二十二架，一千五百八十四函；集部二十八架，二千零一十六函：共一百零三架，六千一百四十四函，都三萬六千册。且係手鈔本。洋洋乎鴻篇鉅製，舉世無比。中國文化，其竟若是之淵博乎！似宜印刷推行，俾東西萬國，咸沾教澤，並可藉以增高我國在文化上之國際地位。閣後有仰熙齋七楹，齋後正宇九楹，並東西配房。閣前宮門南有嘉蔭堂五楹，轉角房二十六楹。

4

太廟太廟初在撫近門外，殿中設寶位及床榻衾枕褌褫帷幔如生事儀。乾隆四十三年，移建大淸門東，原爲景佑宮舊址。大殿前有東西配房，南爲宮門，磚階甚高。

四大石面　卽石經幢，在城內東華門外南側小亭內，係一八楞石柱，直徑約二尺許，高約三尺左右。上刻金剛經，字多模糊，俗乎『大石面』。東北俗語謂人所見稀罕，每曰『沒見過大石面』，卽此。承德志云：相傳爲鎭海眼而設，奉天古蹟考云：大政殿前有小亭供一斷石，俗稱『十面石』，十面均刋佛號，隱約猶辨大唐字樣，當是唐時寺塔殘石也。據此可知此乃一千餘年前之佛教刻石，所謂『石經幢』是也。淸初爲之鄭重保存，故置之皇宮門側。所刻文字雖年久剝落，而可辨認者尙有『尊勝……羅尼……唐開元二年……瀋州』等字，知係唐人所刋之金剛經。繆東麟太史瀋陽百詠中有云：

勝屬東華八角亭，奇觀十面誑人聽。
摩挲細認稜嶒石，上寫金剛一卷經。

五、天柱山　古名東牟山，在省城東北二十里，淸太祖福陵在焉。按新舊唐書並云：渤海大氏祚榮本粟末靺鞨，保挹婁之故地，據東牟山。宋史高麗傳：端拱四年二月遣秘書丞直史館陳靖自東牟山趨八角海口登舟。遼史地理志，渤海大氏始保挹婁之東牟山。金史，李勣破高麗，粟末靺鞨保東牟山。元一統志，東牟山在瀋陽路挹婁故地。明史及明一統志並云：東牟山在瀋陽衛城東二十里，卽天柱山也。又按挹婁古亦作奧婁，卽懿路，在今省城北六十里，係一驛站。省志云：舊唐書作桂婁，恐誤。及淸順治八年，封山曰天柱。周約二十五里，萬松拔地，天然景色，瀋陽八景曰『天柱排靑』。今將闢爲東陵公園，以供士女遊覽。

六、福陵　俗稱『東陵』淸太祖之陵也，在省城東北二十里。北負天柱，南臨渾何，蒼松參天，綠陰舖地，近擬改建『福陵公園』爲近郊第一勝境。春秋佳日，來遊者絡繹於途。寶城高一丈七尺一寸，周五十九丈五尺。寶頂一座，高二丈。月牙城高一丈六尺五寸，四周長二十三丈四尺七寸。正中琉璃照壁一座。方城高一丈五尺七寸，四周長一百一十三丈八尺四寸。上有角樓四座，每座二層。方城上北面明樓內有鉅碑一座，鐫滿漢兩字體曰『太祖高皇帝之陵』。隆恩殿三楹，殿內大暖閣一座，內設寶牀帷幔衾枕櫃梳以奉神御；小暖閣一座，恭奉神牌二尊。閣前龍鳳寶坐二座，福金椅東西各一。殿台高五尺，四周長三十六丈七尺七寸八分。礓礤三路，中盤龍爲飾，四旁雕石花闌干。左右配殿各三楹，西配殿前焚帛石樓一座，隆恩門三楹。樓三層，登臨四望，則城郭河山，悉來眼底。其南爲省牲亭，齊班房各三楹。前有碑樓，四面以鐵絲網蔽之。碑石晶瑩，雕刻極工，仍係滿漢兩字體，鐫曰『太祖高皇帝神功至德碑』。碑樓之前，有橋二座，礓礤一百零八層，俗稱『一百單八凳』。東西華表柱四，橋邊左右列石獅虎駝馬各二。前門三楹，兩旁雕石獅二，華表柱二，石牌樓二，繚墻南面高九尺八寸，東西北三面高七尺八寸，四圍共長五百八十丈。左右紅門二座，門外下馬石牌各一，陵之東西界碑四座，四周界址共二千九百六十丈。今奉海鐵路於陵北徵西三里許，設有東陵車站，遊人便之。清高宗謁福陵詩云：

史戢實錄每欽觀，草昧鴻猷橧畾端。
適値明綱茲不振，遂乘天佑取其殘。
四番陳冀思何限，九操盲歸涙暗彈。
石矢躬親開創業，敢予深懼守成難。

七、隆業山與昭陵　昭陵俗稱北陵，清太宗之陵也。在省城西北十里，清順治八年封山曰隆業。山高六丈一尺，長一百一十五丈。規模雖稍遜東陵，以其距城較近，中外士女，遊者頗多，近擬闢爲『昭陵公園』。有士馬路與工業區及遼寧總站相通，往來稱便。寶城高二丈三尺八寸，周六十一丈。寶頂一座高二丈。月牙城高二丈二尺七寸，四周長七十九丈七尺。正中琉璃照壁一座。方城高二丈三尺三寸，四周長七十九丈。上有角樓四座，每座二層。方城上北面明樓內碑一座，書曰『太宗文皇帝之陵』。隆恩殿三楹，殿內大暖閣小暖閣各一座。閣前龍鳳寶座二座，福金椅東西各一，盛弓櫃一。殿坐台高六尺，四周長三十六丈四尺二寸。礓礤三路，中盤龍爲飾，四旁雕石花闌干。隆恩門三楹，規制同福陵。前有碑樓，恭立『神功聖德碑』一。亭前後華表柱四，左右列石麒麟獅虎駝馬各二。前正門三楹，門外，西爲省牲亭，饌造房，東爲更衣亭。門之前，齊班房二楹，石碑樓一，石橋一。橋之南，下馬石碑各二，華表柱二，石獅二，東西橋道二。繚墻南面高九丈八尺，東西北三面高七丈八尺，四周共長四百九十五丈九尺。墻內松林蓊翳，計千六百二十五株。左右紅門二，界牌四，周圍界址共二千五百六十丈。陵前立石馬二，一名『大白』，一名『小白』，係太宗當日所乘以略陣破敵者。太宗軀體偉重，乘『大白』日行五十里，乘『小白』日行百里。斲石象之，以紀有功。蓋仿唐昭陵石馬之刻。清高宗有昭陵石馬歌。歌云：

陵園石馬擬翁仲，古卽有之知以共。
昭陵石馬獨超羣，大白小白奏殊勳。
一乘杏山戰敗明兵十三萬，再乘凌河大壽祖降我軍，
其餘破敵斫陣那可數，莫不安吉供御揚我武。
遂成鴻業建大清，繩先裕後天錫嘏。
宋至王孫金待詔，圖唐六馬皆曲背。
卓犖名聰多受傷，秦王英勇功誠劭。
躬親創業詎免此，若我文皇較贏彼。
曾弗小頫就巨功，二馬亦匪箭瘢委。
中原底定無餘事，敝帷賚賜安歸地。
化爲雙龍衞神道，豈如穆駿名空寄。
穆駿以遊斯以戰，千秋功論傳文翰。
獨我觸目有餘思，當日英風嗟未見。

八、輝山　在省城東北四十里。明一統志云：輝山層巒疊嶂，爲諸山之冠。山出石粉名曰白土，可以代灰，故又名灰山。明代常置屯戍於此。有石洞一，山南山北古寺有二。山上有平崖一處，中列天然棋盤，棋子橫豎皆可移動，惟不能拾起，故又名棋盤山。俗傳清太祖曾殺其子於薩爾滸，至此竟覺追悔，因名悔山，爲避字義，後改輝山。瀋陽八景『輝山晴雪』即此。

7

九、實勝寺　在省城小西邊門外，俗呼皇寺。清太宗以偏師破明總督洪承疇兵十三萬於松山，師還，勅建此寺，以紀功績。有清天聰九年勅建四體碑，御書『海月常輝』四字橫額。中藏太祖太宗御用甲冑弓矢，並供俸邁達里佛。寺內有瑪哈噶喇樓，天聰九年，元裔察哈爾林丹汗之母以白駝載瑪哈噶喇金佛，並金字喇嘛經及傳國璽至此，駝臥不起，遂建此樓。每屆舊曆正月十五日，該寺喇嘛雜扮諸神鬼狀，笙笳鑼鼓，亂耳喧天，謂之『跳闥』，或作「跳塔」，猶漢俗之有廟會也。朔望之夜，鐘聲悠揚，瀋陽八景所謂『黃寺鳴鍾』也。清高宗實勝寺詩云：

天聰建年後，蒙古日覲來。是皆奉佛者，
梵宇於是開。神道而設教，易語理最該。

聖人豈外茲，所謀遠且恢。是寺名實勝，
征明得勝迴。上下同努力，成功資眾材。
因釋實之義，萬理包以皆。棄實務虛名，
所望難副懷。崇實尤在茲，務名豈爲哉。

十、御花園　在省城西北五里，清初供御之花園也，順治十三年勅改爲長寧寺，有康熙御書『川淨波澄』四字橫額，又有乾隆十九年御書『一心爲宗』四字橫額。今廟前有東西大街，西通西堡；廟北新開河畔，多韓人稻田；廟東有省立第三高級中學校；東南有東北大學工廠。故御花園已成學子工人及韓僑之雜居地，初不知其爲園也。該地以產櫻桃著名。清高宗有長寧寺詩云：

祖宗開創初，天勇好以暇。宮殿既經營，寺廟亦搆架。
爲示無不有，殊非事祀借。然爾額長寧，意豈其佛化？
士卒勝陣戰，黎庶豐耕稼。外闢內以安，長寧撫中夏。
萬世基發茲，守成責敢卸。

8

讀『黑龍江外記』隨筆

侯仁之 1

一　記黑龍江外記諸刊本

（1）未付刊前八十五年間之流傳小史

西清氏「黑龍江外記」八卷：「卷一，述山川形勢沿革。卷二，述城堡台站卡倫。卷三，述部落種族戶口官制兵制。卷四，述俸餉錢糧出入款項。卷五，述貢品風俗刑律互市。卷六，述謫戍方言服食及紅白事件。卷七，述歷任職官及流徙謫籍人物。卷八，述五穀果蔬物產」（見原序後附）。書成於嘉慶十五年間[1]，初刊本據蕭穆「新刊黑龍江外記跋」，在光緒二十年甲午。原抄本初曾見藏於漢陽葉東卿（志詵）平安館。同治九年爲樊彬得自京肆，且已經何願船（秋濤，生道光四年甲申，卒同治九年壬戌）註字（見樊彬識）。至於初刊所據，則已非原抄本矣。蕭穆敍其付刊經過曰：「右黑龍江外記八卷，鄂文端之曾孫西清所撰，向無刊本。此册黃方伯彭年借得何比部秋濤抄本（此本與樊所得本關係如何，不明。）錄副。重勠推巡復向黃方伯借抄（又一本），今以屬穆校刊之……又書眉有隨手批識語，今皆散隸文句之下，爲夾行小注，刊成略記數語，以志緣起」。此光緒二十年甲午七月事也，而穆竟以是年冬卒。該書付梓前，自嘉慶十五年（一八一〇）書成日起，至光緒二十年（一八九四）付梓日止，其間八十餘年間之流傳經過，據今所知者，大略如此。日後如有新得，當再爲補記。

（2）今所見流行諸刊本略識

今所見之「黑龍江外記」諸刊本，不外五種，皆叢書本，略志如下：

(一)漸西村舍叢刻本（署：長白西清）

書分八卷二册，卷首附「黑龍江輿地圖」一幅，并作者自識。次光緒甲午蕭穆「新刊黑龍江外記跋」，記付刊始末，似應附在書末。次同治庚午樊彬記得原抄本經過，則應列卷首。次劉鳳誥原序，下附各卷要目[2]。次刊誤表。最後本文，并附註[3]。本文所用頁數，即以此本爲據。

(二)廣雅叢書刊本

內容俱同上書，唯其本文與序跋等之排置，俱有次第。只其刊誤表所記頁行數，與本文全不相符（文中錯誤處亦未照表改正），即其刊誤表中「第二卷第十六頁前九行」之「前」字，亦實係「後」字之誤。故吾以此本不如漸西村舍叢刻本。

(三)小方壺齋輿地叢鈔第一帙本（署：滿洲西清著）

全書只三十四頁，不分卷，無序、圖、記、跋、注、刊誤等。

(四)同上，再補編第一帙本

較上書欠五頁（頁大小同），餘俱同。

(五)皇朝藩屬輿地叢書本

今易名曰：「中華邊防輿地叢書」，係據漸西村舍叢刻本翻刻（底邊註「漸西村舍」），新刊跋移最末，其他一切俱襲前誤，又無刊誤表。

就中，當以第一種爲最佳，後兩種乖舛最多，而前者尤甚；如卷三缺去大半，只餘「戈什哈親隨之稱」以下至卷尾，不過十七行而已。又卷二內本文前後倒置，頁九下之第二、三、四、三行應接仝頁上第三行「他如」二字之下，頁九上第六行至仝頁下第一行（本段前後并有闕文）應排在同頁下卷三分段處之前——即「戈什哈親隨之稱」之前，至於單字之錯誤，連篇累牘，更不可以數計。後者本文雖無顛缺，而單字之錯誤，亦不在前本之下。故此二本，根本不可用。

二　西清事輯

西清字研齋，黑龍江外記序稱「西林覺羅氏」，文端公鄂爾泰曾孫也。生當清乾嘉年間，生卒確期不可考，生平事蹟亦多不詳。獨所著「黑龍江外記」一書，流傳至今。其間所歷百有餘年，而仍不失爲研究清初黑省史地者之良好資料，以其容納甚多「生料」（Source Material）故也。其書取材廣泛而又嚴格，但組織未見精審，似於寫作之初，未必懷抱成「書」之志，只是求其實錄，故亦甚少「書呆子」氣。且間有文筆清新亦甚覺可喜者，如記官話鄉談有語曰：

「土人於國語〔案指滿州語〕，滿洲生知，先天之學也；漢軍等部學知，後天之學也。蓋都人語文而散，土人語質而練；都人峩冠博帶有矜持心，土人大戟長矛無造作氣。此官話鄉談所以辨歟？」（卷六頁四上—下）

又如記土人之遊春曰：

「四五月，青草初生，裁酒牽羊，飲宴於江邊林下，號曰『要青』。」（仝上，頁十四下）

是無論其見識，其行文，都甚覺可愛。

至其個人事蹟，他處雖絕少既成文獻可徵，而本書中却不少蛛絲馬跡可尋。就書中所得消息，其人當必甚正直謹愼而幽默，無半點小家子做作氣。其有記曰：

「銀庫無印，鈎稽出納，但憑朱筆。庫鑰在將軍手，有事則庫官皆可請。往往請鑰開庫，事已畢，主事始知。惟將軍觀明不見余不發庫鑰，且嘗飭在庫者毋濫主庫事。在庫者兹不平，而余則賴以盡職」。（卷四，頁五上—下）（据此，吾疑此時西清爲管庫主事）

可見其「正直謹愼」，差堪信託，有如此者。又記曰：

「回人賣牛肉，例請稅課司以火印烙股，乃敢就屠。……余司權時，戲指火印：『此穿鼻公勾魂牌也！』聞者嗢噱。」（卷八頁十二上）（則某一時，西清曾爲「司權」者）

其詼諧又如此。又曰：

「余初至，借乘毯帷敝車，適理刑者塔倩阿借車，亦毯帷，戲謂余曰：『吾輩兩主事，雖得今日都入毯包，實不是京樣好虛也』，聞者絕倒。」（卷四，頁十二下）（是西清確爲主事無疑，但是否管庫主事耶？並與塔倩阿爲友也。）

凡此種種，亦且入記。非但入記，亦且直言無諱。則其人之心地磊落無假道學氣者又如此，此其性格。

至其初來黑省也，當在嘉慶十一年[5]。歷官主事司權等職（見上），並曾任教齊齊哈爾義學（似爲兼任，蓋其初來時旣任主事，而教義學亦在此時。見5）。玆將書中有涉西清個人身世經歷者，雖屬東鱗西爪，且無妨依類暫輯如下，或與異日西淸傳記作者有所獻助云。（已有所見，則附註每段之末）。

（1）「威呼，獨木船也，長二丈餘，闊容膝，頭尖尾銳，載數人。水不及舷嘗寸許，而中流蕩漾，駛如竹箭，此眞刳木爲舟也。遇河水暴漲，則聯二爲一，以濟車馬。余來時，奉天吉林道中數乘之，中流瞑目不敢覷，其險可想」。（卷四，頁十一下—十二上）

是皆其北來途中事也。皆自京來）

（2）「宗室永琨爲將軍，選齊齊哈爾旗人子弟二十人，從龔君光瓚習漢書，歲給束修八十兩，柴炭費二十兩，事始嘉慶元年，俗謂之漢官學，實義學也。後龔忤副都統，徙呼倫貝爾，王君霖代之。將軍那啓泰召龔還，王卒，龔復代之。十一年秋余初抵任，龔赦歸【赦歸內地也】，將軍觀明從八旗請，乃以余代」。（卷三，頁七下—八上）

（3）管庫理刑主事，向皆「僦居僧舍，有家屬者，賃廡，湫隘囂塵，安宅絕少。塔清阿【理刑主事】在任十年，上下人十口，住屋五楹，可見也。【愈疑西清必爲管庫主事也】。余初來，寓城南萬壽寺【指在齊齊哈爾也】，尋以教義學買草舍五楹6。明年，八旗以官房二十餘楹見售，帶扣俸金，爲價頗廉。【西清任事，是必甚佳】。房在城東南隅，甚幽僻，故侍郎保泰嘗居之。侍郎去，贈龔君光瓚。龔去，賣入官。院中野草一叢，秋結紅豆，余因榜曰『紅豆山房』。嘉慶十五年將軍宗室斌靜爲理刑者覺羅玉成買宅一區，並擬買紅豆山房，爲他日管庫者計。果爾，兩主事任所有家，將軍此舉，一恤屬，一便公，誠兩得也」。（卷二，頁六上—下）（此後西清何居？書未及之。如西清果曾任管庫主事職，則此時必已去職，甚顯明也。又此後事既不得，則謂此書成於嘉慶十五年者，乃又一左証。）

（4）「協領等出，一卒持鞍籠前導；主事佐領持毯，塔清阿裁之，余亦不用。」（卷五，頁五上）（是西清與塔清阿同職，益無疑。但此段文辭晦澁，似應作「……主事佐領等出，則一卒持毯前導……」方不致以辭害意。）

（5）「齊齊哈爾出銀千兩用天平，餘城悉用秤。天平，正副二分，各法碼三十一枚皆部頒。近以東三省天秤輕重不齊，詔悉送工部修造。齊齊哈爾天平與奉天吉林乃劃一。然初次由部頒來，每千兩較舊秤轉重廿兩。及送部重修，仍重八兩許。同官曰：第磋之。余不敢，卒白將軍，送部修造如式」。（卷四，頁五上）（其人之謹愼與可信託，此又一証。）

（6）「余嘗授一漢軍門人易、書、詩、三經，卒業，皆余行篋中物，則書之不行於塞上可知」。（卷六，頁五下）（是略知西清學識）

（7）「漢軍知習漢書，然能執筆爲文者絕少，其能尊禮文士以書傳家者，尤不易得。……近則水師營四品官果君德興，年逾三十，爲倉官。聞謫戍者講四子書，愛之，遂命子弟悉讀漢書，見一通文墨者、雖在城且餽薪，禮之惟恐失。君猶子轍布受業於余，故知之悉」。（卷七，頁六下）

（8）「先叔母之祖李徵君鍇，漢軍人，居盤山，著尙史、睫巢集，人稱廌青山人。有兄鉷，號伊山，官佐領，以事謫戍。徵君念其老病，請假省視。居匝月，歸，事載徵君行狀……」（卷七，頁八下—九上）（是可見西清與李鍇之關係）

（9）「城隍廟在城中西南隅，神最靈，塑像如四十許，人云是生時曾鎭斯土，歿而祀之者。有盜馬案，主者審七閱月，已具服，其魁吳保兒獨無辭。將軍觀明疑之，命余與果君德興【見上第五條】等覆審。余念賊即不畏法，寧不畏神？因默禱，即神前夜問之。未及明，情盡得。後聞吳保兒甫入廟時，殊沮喪。數垂頭自語曰：『此豈兒戲地耶』？於此見神道設敎之理，因書額曰：『惠從影響』，懸殿上。時嘉慶十三年七月」。（卷二，頁

4

十四上—下）

（10）齊齊哈爾「普恩寺前有亭，乾隆四十八年流人劉廷爊築，自書『浮幻因緣』額，亭名闕如。嘉慶十三年，余重修之，名曰『海棠』，自爲記，與舊額并揭亭中。識者笑曰：『一亭之費，一季俸也，盍名秋俸亭？』『譏矣！』」（卷二，頁十六下—十七上）（是西清亦一好事者）

（11）齊齊哈爾「大悲菴在萬壽寺後，藥王廟側……嘉慶十四年，將軍觀明調任烏里雅蘇台。去之日，商販流戍哭訴南門外，强留其韡及佩鞶射韝爲建生祠，而庋藏遺物於祠中。祠亦在大悲菴。余有記，程君煐代作，門人齊轍布書」。（卷二，頁十六上—下）

（12）「土人以勳伐著者，首推將軍塔爾岱瓜爾佳氏，齊齊哈爾滿洲也。雍正十年，積功授本省將軍。乾隆元年九月，御賜詩云：『百戰歸來甕鍱身，淩煙姓氏竟誰倫？是時合適林中趣，憐爾仍隨莽後塵。赫奕虎符叨寵舊，輝煌竹簡紀功新，爲詢閱歷疆埸事，幾度聞之匱念頻』。詩卷今存協領穆克登布家，嘗屬余以國書【滿文也】譯之。穆，將軍曾孫也」。（卷七，頁三上）

（13）「天台齊丹峰傳繞老不廢詩。或傳其在獄咏岳忠武手植柏云：『氷霜含神在，風波抱恨深』，佳句也。家有寫本萬卷樓稿，余嘗借而觀之。蓋夾風宗伯召南之書。丹峯，宗伯族子，後亦死戍所」。（卷七，頁十一下—十二上）（是西清亦雅好詩文者）

此外，見於前錄者，茲不附。願日後有所續得，再爲補記。此雖鱗爪，亦可概見作者之略歷也。

三　記尼布楚條約 5

尼布楚條約係清朝對外批准之最早條約，亦世界有名公平國際條約之一。其簽訂之初，正是我國國勢隆盛之際（康熙二十八年，一六八九）。迄今已歷二百四十餘年。其間世海滄桑，國運迭更；環顧今日，邊方多難，傀儡喪志，強鄰壓境，國是日非，實有令人不勝今昔之感者！

原約文係以漢、滿、蒙、俄、拉丁五種文字所書，勒石立碑爲界。唯此項約文，世傳頗多歧異。如平定羅刹方略、大清會典、朔方備乘（他書所載如盛京通志、大清一統志、以及近日之中俄約章會要等，均係分別抄錄以上各書）等，均作六條，並所載字句，微有不同。西清氏亦會於黑省土人得其原約清文，譯載本書，獨爲八條。記曰：

「格爾畢齊河，源出興安嶺，入黑龍江。河口東岸有石，勒清、漢、蒙古及俄羅斯、喇第諾五體字，康熙廿八年所立之分界碑也。余嘗從土人得分界盟約清文，較世傳界碑漢文，微有異同。昭代掌古所闕，譯出以備參考」。（卷一，頁十三上）

按西清所譯，其第七條「自會盟日起，逋逃者不得收納，拏獲送還」。於他書則附諸第五條「除從前一切嚮事不議外，中國現有之俄羅斯人，及俄羅斯現有中國之人，免其互相索還，著即存留」之末，並不另立一條。又其第一條「將自北流入黑龍江之綽爾納，即烏魯木河附近之格爾畢齊河爲界，沿此河口之大興安嶺至海，凡嶺陽流入黑龍江之河道，悉屬中國；其嶺陰河道，悉屬俄羅斯。惟烏地河以南，興安嶺以北，中間所有地方河道，暫行存放，俟各還國察明後，或遣使，或行文，再行定議』。就中『惟烏地河以南……』等四十字，又爲我國各書所闕。至其所譯第八條：『兩國大臣相會，議定永遠和好之處，奉行不得違誤」。則爲任何其他書所無。其他字句之差不計。

此中差異最大而與實際最有關係者當屬第一條之闕文，何願船曾疑之，而以近人葛綏成所見爲是。葛曰：

『何秋濤說：「此係雍正五年所定」【按指闕文】，這種見解，實屬謬誤。試考雍正五年恰克圖界約之第七條說：「烏帶河（即烏地河）等處，前經大臣松會議，將此地暫置爲兩間之地，嗣後或遣使或行文定議」云云。所說「前經」，當係指康熙年間，所說「大臣松」，當係指索額圖；此證諸乾隆五十八年黑龍江將軍明亮疏奏尼布楚原委，所謂松郭托即索額圖；可知松，索實同一人。是恰約第七條實係重申尼布楚約文之語。我國漢文沒有此段，顯係當時脫漏，證以英，法，日文，亦都有這一段。可見西清所譯的，確較完備』。（中國近代邊疆沿革考。頁十六——十七）

是西清此譯，乃使埋沒一百二十餘年之尼布楚界約眞像，重見於「漢文」，想即西清個人，恐亦未所夢及者。及至今日，則凡比較愼重或比較晚出之種種條約彙編，已無不援用其譯文者矣。前者如外交部圖書處出版之「康熙條約」（見「康雍乾道四朝條約」第一本頁十上——十一上），後者如商務印書館萬有文庫本「中外條約彙編」（見頁三二五）

四　記朵顏衛銅印

西清氏記得銅印之經過及其形式曰：

『布特哈……總管駐伊倭齊地，在齊齊哈爾北三百四十里，嘉慶五年土人得銅印一，徑二寸，厚三分，以強直細大篆文曰：「朵顏衛左千戶所百戶印」。背識「洪武二十二年五月禮部造」。及「額字二號」字樣。則江塞在勝國實列藩服，與明史朵顏傳合，此印足爲左驗。近有議其能致荒穢，當沈諸淵者。余力辨之，仍請藏幕府。』（卷一，頁三下）

案明代曾於黑吉一帶置建州衛、海西衛、野人衛、統名之曰「朵顏三衛」，明史有傳。西清据史力爭，歷史遺物，乃得保存，並且爲詩歌之。但其詩今不見，只見程瑛（瑞屏）有「和研齋朵顏百戶銅印歌」一首，亦間及西清力辨之事。今轉錄於下，以見左証：

『方寸之銅百戶佩，大字分明朵顏衛，背鐫勝國初年頒，雪壓沙埋枯磧內。土人掘獻大府藏，三十年來無人識。此豈游光與畢方？亦非女魃支旂類。天時人事兩何關，偶逢旱潦疑爲祟？有人請棄嫩江流，藏也何恩棄何罪？白山詞客粉署官，謂此可存不可燬。讀書要宜知古今，作官尤當明建置。三代以上不勤遠，秦時明月通邊塞。玉門關外多王庭，博望西游知漢大。月支身毒與大宛，馬班一一勤記載。詳於西極略東維，焉知肅愼朝鮮外，開闢以來八萬幾？千秋此地依然猶草昧！唐之黑水開府疑此方，遼家捺鉢語義向難詳，明於大寧以北置三衛，就中朵顏稱剽强，其時要以羈縻耳！我朝武功文德彌遐荒。興京拱衛資屏翰，巍巍巨鎭龍江長。元戎肘後金印如斗大，其餘纍纍若若者，亦皆銀章靑綬爭輝煌。渺爾千夫百夫長，濆模寧與相頡頏。報固無所害，留亦非珍藏。直以五百餘年之故物，曾經劫火更滄桑！存之聊以備考据，孰云妖異生災祥？我聞所言心骨張，仰公學識過劉匡。此印生妖亦非實，足爲佳話留邊疆。天蒼蒼兮野茫茫，印乎印乎安如常！向讀金銀之氣入夜吐光芒。更千百年稽沿革，定有史臣載筆爲爾揚前光！』（黑龍江志稿，卷六十二，藝文，頁三十一上——三十二上）

瑞屛慷慨陳辭，所見亦是。唯「三十年來無人識」一句，吾不能解。西清明記此印爲嘉慶五年所得，則即去原書寫成之日（嘉慶十五年）亦不過十年耳，何得謂三十年耶？若謂此時之成已在書成之後，然亦斷無晚至二十年後之理，蓋詩中正記當時西清力辨之事也。

瑞屛更有「和金門少宰秋日望邊韻」。有句曰：

『朵顏前事與烟沈，尙有銅章入土深』。（同上，頁三十上）

亦係指此印而言。此所謂「金門」，即「黑龍江外記」原序作者劉鳳誥是也。劉鳳誥，字金門，存悔齋集亦錄有「朵顏衛銅印歌」一首，并有序，所記與西清略同。茲一併錄下，以便參証：

『嘉慶五年，布特哈獲明印一，文曰：「朵顏衛左千戶所百戶印」。背識「洪武二十二年五月禮部造」，及「顏字二號」字樣。考明洪武二十一年，元宗室遼王阿禮失禮，率朵顏諸酋內附，詔立三衛以居。其明年，鑄印給之，事與史合。今廢印得諸布特哈，可以知此方地面也。

白鴈一羣飛向天，遼王跽率降奴前。三衛峨峨羈冠帶，北人弗復輕窺邊。當時謹奉高皇詔，障塞無虛頓貢道。後來內徙非遠圖，割土資夷背成約。累代鑾輿讓出征，黃龍左纛壓番營。英雄縱得乖候用，黠悍先驚突厥名。君看引敵彎弓者，半是關前呼寶馬，單吏雖嗔那敢言，酡酥醉臥陰山下。三衛中誇一衛强，兒孫貴種觀花當。九邊鎭將淪何在？風草沙埃泣戰塲！只今五百年來久，天王有道四夷守。上都歲熟蒙古田，迥騎秋騰喜峯口，忽聞有物出土奇，洪武年月爭識之。黃金斗大咄一擲，還與毛衣打虎兒』。（卷十九頁五上——六下。又黑龍江志稿卷六十二，藝文，頁二十七下——二十八下）

此處詩序，略讀之下，似與西清所記並無分別。然細校之，則甚疑其間頗有時間先後之差。西清所記曰：

『嘉慶五年土人得銅印一……近有謡其能致荒祲，當沈諸淵者。余力辨之，仍請藏幕府』。

此中「近」「仍」兩字，頗可注意。即云「近」，則已表示去「嘉慶五年」已有相當時間之距離；又云「仍」請藏幕府，則是已先藏幕府無疑。復次，再以西清到黑龍江省之最初日期（嘉慶十一年，記見本文註一）証之，則此段之作，至早不能早於嘉慶十一年，是去該印之出土已六年矣。時人自幕府取而出之者，蓋因偶逢旱潦，而疑其爲祟遂欲投諸江，瑞屏詩亦言及之，經西清力爭乃罷，復還藏幕府。

今再以金門詩序校之，可立見其中差別。金門序曰：

『嘉慶五年，布特哈獲明印一……今廢印得諸布特哈，可以知此方地面也』。

此處「今」字與「嘉慶五年」遙遙相應，而與上段西清前後文義恰相反，且其詩末更有句曰：

『忽聞有物出土奇，洪武年月爭識之』。

既曰「忽聞」，當非「舊事」；既曰「爭識」，必是「新奇」。而況全序全詩中又絕口無一字曾稍敘及因「議其能致荒祲，當沈諸淵者」哉？以此種種，故吾乃爲之斷曰：金門「宋顏衛銅印歌」當作在該印之初出土時，即嘉慶五年是也。而西清所記以及瑞屏所歌，至早亦須是該印出土後六年之作也；是以吾且疑西清所記頗有擾据金門原序之嫌。但無論如何，金門爲西清作「黑龍江外記序」是實，西清亦曾自記嘗以瑞屏代筆爲文（見前西清事輯第十一條），而瑞屏同時又有「和金門少宰秋日望邊韻」；則三人同是至友，於此可見矣。

五　黑龍江之各部族

（甲）旗下八部落

（1）滿洲——其先多出吉林。

a.「佛滿洲」：舊滿洲也。八旗「佛滿洲」不過什一，而望族素著者，惟瓜爾佳舒穆魯數姓。

b.「伊徹滿洲」：「伊徹」或作「伊齊」，「伊徹滿洲」者，新滿洲也。

1.庫雅喇滿洲
2.瓜勒察滿洲
} 二者皆以地名，百餘年來，分駐齊齊哈爾黑龍江呼蘭三城。

編其旗爲八，分屬二翼：

甲　左翼—滿語作「達斯歡嗎喇」，土人但稱「達斯歡」。

(1)鑲黃，(2)正白，(3)鑲白，(4)正藍。

乙　右翼—滿語曰「哲伯勒嗎喇」，土人但稱「哲伯勒」。

(1)正黃，(2)正紅，(3)鑲紅，(4)鑲藍。

(2)漢軍—其先多出山左。

分佈齊齊哈爾、墨爾根、黑龍江三城。其豪族崔王兩姓，崔尤盛，號「崔半城」。

(3)索倫—族類至繁。

西清曰『世於黑龍江人不問部族，概稱「索倫」，黑龍江人居之不疑，亦雅喜以索倫自號。論者謂「索倫饒勇聞天下，假其名足以自壯」，此論得之』（卷三，頁一上）。

以住地分之如下：

a.境內者分住布特哈與呼倫貝爾。在齊齊哈爾、墨爾根、黑龍江者寥寥。

b.流寓俄羅斯者，係羅刹作亂刦去者，早年嘗有願歸故土之請，後不聞。俄人呼之「喀穆尼漢」，又呼之「通古斯」。

(4)達呼爾—一作「達呼里」，茬作「打虎兒」，有音無字，譯寫偶不同也。

占籍於齊齊哈爾、墨爾根、黑龍江、布特哈。間有流寓呼倫貝爾者，不過數家。著姓有克因，精奇里、瓦闌、里布勒等氏。

(5)巴爾呼—一作「巴爾虎」。

a.舊巴爾呼——在齊齊哈爾　｝皆蒙古。
b.新巴爾呼——在呼倫貝爾　｝

間有舊巴爾呼。

(6)鄂勒特—一作「厄魯特」。

多在呼倫貝爾，齊齊哈爾間有之。

(7)俄倫春索倫—達呼爾類，亦有姓郭喇爾者，似與索倫爲近。

a.摩凌阿俄倫春——「摩凌阿」，「馬上」意也。

隸布特哈人旗爲官兵。

b.雅發罕俄倫春——「雅發罕」，「步下」意也。

散處山野，僅以納貂爲役。有布特哈官五員分治，三歲一易，號曰「諳達」。諳達歲以徵貂至其境，其人先期畢來，奉命唯謹，過此則深居不可蹤跡矣。

(8)畢喇爾—有驍騎校四員分治其人。

有姓默訥赫爾與都納亨者，蓋即俄倫春類。

（乙）流人與浮民

旗下八部落外，其來自內地編入軍籍者有營、站、屯、三項。

（1）營——水師營也，總管治之。

（2）站——上下二十站，站官治之。

（3）屯——官地，屯官治之。

三者流人戍卒子孫皆無仕進之例，不應役則自食其力，而屯丁請還籍，聽之；營、站兩項不能。

『浮民』——『流人遇赦不歸，例入官地安插，不則自入伯都訥民籍，然後可居境內。非是者謂之「浮民」』（卷三，頁三上）。

六　『黑龍江外記』一書中最初所見之異省移民與漢族文化之移植

按清乾、嘉年間黑龍江開墾之禁未解，是以絕少移民。其最初編審戶口，始自乾隆三十六年（一七七一、清初蓋無冊籍），全省民戶只不過二萬另五百八十戶，三萬五千五百八十四口而已』。第二次在嘉慶十三年（一八〇六），則已有二萬六千二百一十七戶，十三萬六千二百二十八口矣』。其間相去不過三十六年，而全省戶口突增五千七百另九戶，十萬另九百四十四人。則其增加率之大，實足驚人。乾嘉年間墾禁之未解一也，何以其相懸絕如是？其間雖另有原因，而吾以為流民之來遷者日衆，必為其中主因之一。

故西清論曰：

『黑龍江極邊苦寒之地，自設將軍鎮守，凡旗民雜犯軍罪載在刑律者，或以免死，或以加等，發遣茲土，分管束安插，當差為奴諸條，各有等差，惟官吏奉謫遠夷徙置不在常例。其雜犯每歲踵接而至，無慮數百人，向皆分遞諸城。惟呼蘭琿春吉林呼倫貝爾，界俄羅斯，不多遞。遞來為奴者，齊齊哈爾留大半，外城不過十之二。此輩中由發匪洋盜免死，悍戾成性，與他命盜案牽連坐罪者尤不同。約計齊齊哈爾今有三千餘名，餘城亦千名以外。蓋久未停遞，東來者日衆。遊手聚居，是在撥遞鈐束之有法耳』。（卷六頁一上—下）

故此等發遣之流民，在黑省初期開發史上，當佔一相當地位。此篇所論，固不斤斤於人口問題，亦不限於乾隆三十六年以至嘉慶十三年間之一短小時期，而係就「黑龍江外記」一書中所見種種有關邊地開發事宜，略作系統之觀察而已。

流人罪狀，大別爲二：

(一)『曰書案：以文字得禍，殃及子孫，禁錮寒垣有至四五代者』(見卷六頁二上)，則此等人不但有關人口之增加，亦且與文化之移植，有莫大之影響，俟後再論。

(二)『曰花案：狂且蕩之流，所謂自作孽也』(仝上)，則此種人對於地方風氣與俗尙所關亦至鉅。

此外重大之刑事犯，亦遷戍邊，甚且爲奴。如『又江西王某爲奴於某甲，一日將軍【傅玉】見某甲自担水，問左右：「記嘗給渠一奴」。曰：「然」。「然則何不担水」？曰：「書生不能也」。「然則書生但能殺族父乎」？立杖王某，徙墨爾根。所謂殺族父，即犯字貫者某所發也。後所犯子孫，亦以減死來戍，甫入城，某適以是日死』(卷六，頁二下—三上)。

至於『流人妻子，緣坐者奴之，隨帶則否』(仝上，三上)，是流人亦得携眷，正變相之「移民」也。

爲奴之主如下：『爲奴者，律書：給披甲人爲奴，給索倫、達呼爾爲奴，舊亦當給窮披甲爲奴。從無給官員爲奴及給遣發當差者爲奴字樣。而兵丁得奴，向亦惟貧者，勤者，有勞績者，給之，示鼓勵，故有叩謝官長之禮。從未有勢家子弟，始列親隨，即邀賞者。土人言：將軍傅玉給一奴如賜萬金，非受知深難遽得，是可爲法』(卷六，頁二下)。以此言之，則主之往往不足以服奴，可知也。

如流人得赦即歸，則影響於人民以及文化之移植者尙小。但事實上，此等流人雖遇赦，亦往往有久留而不願歸者。於是照例入官地安插，永居斯土。否則入伯都訥民籍，然後可居境內。其既不得入官地安插，又不入伯都訥民籍者，則謂之曰『浮民』，本境內所不留者，已見上章本文。但禁例雖然如此，而齊齊哈爾浮民無數，商販之私立家業者，亦復不少。境內流人，又往往聚群而居，實爲荒野移民之先鋒，且時與土人逐利。『枯柞經雨生木耳，俗呼黑菜，亦曰耳子。採者春去秋還，山中爲棚寮以居，歲無慮數千輩，皆齊齊哈爾流人也。布特哈懼其聚衆滋事，驅逐之。然利之所在，終莫能禁』(黑龍江外記卷八，頁八上)。是流人勢衆，亦莫奈之何也。

流人亦頗有經營事業者，如『公海蘭察，呼倫貝爾索倫也，微時為流人朱姓御貨車，往來奉天吉林，為朱所重』（仝上，卷七，頁三下）。

此外，流人戍卒，子孫或編入軍籍者，有營，站，屯，三項，已見前文，茲不贅。

所記發遣之人，近自河北，遠至閩粵，俱不乏人，茲略舉如下：

『寶坻某為奴於達呼爾筆帖式家』。（卷六，頁三上）

『又江西王某，為奴於某甲……』。（仝上，頁二下）

『隨官當差某，嘗官御史，得一奴，揚州人』。（仝上，頁三上）

『黔奴俗號花臉子，滿州呼為薩布什圖，諸城皆有，齊齊哈爾最重，大半閩粵楚產。懦者服役主家，黠者贖身自便，網魚採木耳』。（仝上頁四上）

是為奴者，有自贖之例，經營生計，為自由人矣。此外金川苗人亦有徙邊者，姑誌如下；

『又有金川苗奉將軍傅玉命，運興安嶺亂石，在齊哈爾齊北境，建造碉樓二座，今尚存』。（卷六，三下—四上）

同時『滿洲漢軍，皆與蒙古通婚姻，然娶蒙古者多。達呼爾、巴爾呼自相婚姻，或與蒙古通婚。營、站、官屯、則滿洲漢軍娶其女者有之。』（卷六頁十二上）是言土人流民血統之混合也。

流人來徙者既日衆，則中土之生活習慣以及宗教風俗亦往往隨之而俱來。如園圃之墾植，本即始於流人。『流人闢圃種菜，所產惟芹、芥、菘、韭、菠菜、生菜、芫荽、茄、蘿蔔、王瓜、倭瓜、葱、蒜、秦椒……皆四月後上市鬻之，然亦惟齊齊哈爾如是〔齊齊哈爾流人特多風習漸開故也〕。墨爾根黑龍江皆自食不賣。呼倫貝爾布特哈俗重肉食，無菜色也』（黑龍江外記卷八，頁二上—下）。又『齊齊哈爾諸廟各有會期，或三日，或五日，誦經演劇，商販醵金以辦〔按：此皆襲內地風〕。僧與僧皆流人也』（仝上，卷二頁十七下）。賣菜，演劇，經商，為僧皆其上焉者，『至如流人，設局漁利，寺廟店肆，處處為博場，亦肆無忌憚之一端』（仝上，卷六頁十七上—下），游手好閒，惡風隨至，則其下焉者矣！

其傳播漢習者，自不僅於流人而已。內地商賈較之流人，尤關重要。爰述如次：

時商賈之來自內地者，當以晉人為最夥。黑龍江外記一書中，雖至細微之事，亦每每論及之，以示標異，如：

『土人熬飲黑茶……亦有淪香片大葉茶，啜以蓋碗者，滿州漢

12

軍數家外，晉商多如此』。（卷六頁十下）

『商販春秋氈帽，夏草帽；惟晉商皆有緶，夏必戴雨緶』。（仝上，八上）

故當時晉商之在黑省，大出風頭，實爲開當地風氣之先者，若以「現代」語「摩登」呼之，其誰曰不宜？又：

『商販多晉人，鋪戶多雜貨鋪，客居應用無不備』。（仝上卷五頁十二下）

是晉人之『雜貨鋪』在當時當地，又何異於今日內地大都市中之『百貨商店』耶？

晉人於營商之外，又往往兼作教師醫生。如：

『墨爾根黑龍江，蒙師寥寥，有志習漢書，多倩晉商指授，故口中別字，愈不勝數』。（卷六，六頁上）

『土人無醫者，醫多來自內地。余惟聞晉商武翊，善針灸，濟人不計利，得良醫憶』。（卷七，頁十三上）

晉人之經營黑省商業者，幾都傳爲世業，故其兒童自幼即習土人語。記曰：

『晉商與蒙古索倫達呼爾交易，皆通其語，問答如流，蓋皆童而習之』。（卷六，頁五上）

此無怪晉人操初年黑省商業之霸權矣！

晉人而外，來自內地之商賈，亦頗不乏人，土人統以『跑腿』呼之。如『關內人來貿易，儘稱跑腿。有費姓者，不詳何籍。在齊齊哈爾貿易，頗以信義稱』。（卷七，頁十二下）

亦有一定地方之人，專販一定之貨品者，如：

『齊齊哈爾賣香蠟者，河南人，夏來秋去。賣通草花者寶坻人，冬來春去。所貨皆閨閣物，得利最厚。可知好尙日趨靡靡，邊方且然』。（卷五，頁十三下——十四上）

頃閱北平實報（中華民國二十五年二月二十五日，星期二）謂『上海二十四日電，海關息：一月份香水脂粉進口，總值國幣七萬四千八百四十五元』。是當日『風習靡靡』之中心，今且淪爲舶來『閨閣物』之尾閭矣！世風日靡，其有底止乎？且西淸當日之視彼土人，亦正同今日外人之視我也！嗚呼，同胞其猛醒！又：

『棉花非土產，布來自奉天，皆南貨。亦有販京貨者，毛藍足靑等布是。然皆爲靑靛，而江南來者號抽機布』。（卷五，頁十三上）

故此等『跑腿』，實爲大衆風習與時尙傳播之媒介，『開通民俗』之急先鋒也。

內地商賈而外，漢軍亦是傳播漢習之有力分子。

『漢軍其先多出山左……其豪族崔王兩姓，崔尤盛，號「崔半城」』。（見上章引）

13

其人雖遷居已久，但頗多至終不捨漢習者。今且舉一事爲例：

『又一漢軍嫗，夜半避鄰火，且行且仆，然猶手家譜一册，不肯授親故』。(卷七，頁七上)

此固是一極端之例，然亦足見一斑。不但於漢習如此，即於其先人文化，亦有頗知愛護者，如本文第二章『西清事輯』所引第五條之果君德興。又漢軍崔氏爲豪族，家亦富藏書，後式微，書亦散亂(見卷六，頁五下——六上)。

故在流人、商賈、以及漢軍影響之下，當地土人，已日漸沾染漢習。其居如：

『齊齊哈爾人家，門皆大可通車，院皆寬敞可容牛馬。屋不過三層，間造重門，設照壁。……草屋南向者三楹或五楹，皆以中爲堂屋，西爲上西屋。鄰居者率稱西面爲德爾吉，譯言上也，蓋尚右之意』。(卷六，頁九上——下)

其食如：

『滿洲宴客，舊尚手把肉或全羊。近日沾染漢習，亦盛設肴饌。然其欵式不及內地，味亦迴別，庖人之藝不精也。所謂手把肉，持刀自割而食也』。(卷六，頁六下——七上)

其節期如：

『除夕，人家門外燒馬通，店肆門人燒炭，蓋都下柏葉炬歲之意。向來爆竹亟少，近則通市轟然。亦有鏇金門神五綵畫幅之類。官宅則封印條示春聯，一如內地』。(卷六，頁十四下)

又：

『土人過節，上元湯圓，端陽角黍，中秋月餅，家自爲之，店肆亦有鬻者。惟二月二日太陽糕，九月九日花糕，不見食之者，此與都下少異』。(仝上，頁七上)

此外，漢人禮俗如『春祭先，農有耕耤禮，旱有請雨禮，雨有謝降禮，日月食有救護禮，皆如內地之禮』(卷五，頁一下——二上)。宗教可以齊齊哈爾一城爲例：『齊齊哈爾城中有城隍廟、土地祠、馬神廟、觀音菴。城外有先農壇、關帝廟、萬壽寺、三官廟、龍王廟、大悲菴、藥王廟、鬼王廟、昭忠祠、普恩寺、河神廟、鎮江閣』。(卷二，頁十三下——十四上)如內地所有者，此地已應有盡有矣，唯『社稷孔子徧天下皆得祀，黑龍江一省獨無，此爲闕典』。(仝上)但往往亦有因一知半解而留爲笑柄者，如：

『殿東有室【指齊齊哈爾關帝廟】，中塑如來，左老聃，右孔子，而以匠作醫卜雜技之祖配，榜曰「三教祖師」，不知始於何時，非禮也。』(卷二，頁十五下)

凡此種種，仍不足以言「文化」。眞正漢人文化之移殖，當自教育始。

黑龍江省之始有官學在康熙三十四年：

『康熙三十四年，將軍薩布素疏請墨爾根兩翼，各設一學，助教一員。每佐領選幼童一人，肄習國書，是爲建學立師之始。今齊齊哈爾、黑爾根、墨龍江皆有官學。其生徒每佐領一人如故。惟司訓者名教習，俗稱學官，例以筆帖式充補』。（卷三，頁七上－下）

始有義學，至晚在嘉慶元年，見本文第二章「西淸事輯」第二條，茲不多贅。

但滿官學生與漢官學生（義學生）待遇不平，『滿官學生歲給膏火銀二兩，義學生無之』（卷三，頁八上），是以滿官學生嘗溢額，而漢官學生嘗不足也。其教育大概如此。

教育而外，尤當注意者，即當時遭遷流戍者，亦頗不乏飽學亮節之士。其言語思想舉止行動對於一代世風之影響，雖無明証可資論据，而其潛移默化之勢，當在吾人意料之中。茲特輯其中數人事蹟較著者節錄如下：

（1）章響山：

『章響山汝楠紹興人，乙榜宰甘肅，得罪戍齊齊哈爾，館水師贊呂家。坐臥一室，終年不出。戶部侍郞保泰高其學品，數招之不就也。門人呂君景儒將婚，響山召與謂語云：「某昔與老妻初接面，約以寡言笑，毋預家政。比作令，得三帨老母一妻弟婦分其二，若二則毋一藏一，不忍獨與妻也」，其善誘多此類。久之，老且窮，或周之，可以無取必不取曰：「不忠不孝，可復以貧賤累人乎」？後赦歸，呂君述其事，程君煐爲文記之』（卷七，頁十一上）。又『關內人來貿易，俗稱「跑腿」。有費姓者，不詳何籍。在齊齊哈爾貿易，頗以信義稱。一日致粳米一石於章君汝楠，且留小摺，請憑此，日取觔肉一養老。章君訝非素識，卻之。費厲聲曰：「某非有求於先生，以先生行誼過人，而貧若是，故分衣食之餘，供養之。卜奎【按指齊齊哈爾】之大，安知無類某者，風聞繼起，則先生可以不死，某豈有求於先生哉」？章君卒不受，費涕泣去，不知所終。章君嘗作詩記其事，後程君煐和之，有「廉讓之間容我輩，漢唐以後得斯人」！句，費可不泯矣。』（卷七，頁十二下－十上）

豈獨費君可以不泯哉？章君共之矣！而章君對於一代世風之潛化勢力，不可以此見之乎？

（2）王雨亭（霖）

『流人通文墨類以敎書自給。齊齊哈爾最著者王雨亭霖教授八旗義學，仿周興嗣千文撰萬字文，未就，卒』。（卷七，頁十一下）

（3）李謙六（愼吉）

『河南李謙六愼吉、初傭呂君景儒家，旣呂君見其能文，請爲

15

諸子師。有勤其立家室者，謙六以家有糟糠辭，時人義之』。（仝上，頁十二上）

此外如范如松，如訥爾朴，如方觀承，俱是一時磊落人物，吾不信其不留絲毫影響以去。復次，此等不朽逸事，吾望能終爲人所博採以入其傳，蓋嘗讀柳宗元「與史官韓愈致段秀實太尉逸事書」，有句曰：『竊自冠好遊邊上，問故老卒吏，得段太尉事最詳』。因請採爲史料，則其重視逸事也如此。

1 按書中記事，其有年月可考者，最晚至嘉慶十五年庚午（一八一〇），如卷七頁一下稱：「今將軍宗室斌靜」云云，査斌靜於嘉慶九年調任齊齊哈爾副都統，十四年升黑龍江將軍，十八年去職（見國朝耆獻類徵初編卷三一八頁二十六上國史館本傳）。其他不備舉。又原序亦復作於嘉慶十五年，可爲確據。

2 按清史藝文志著錄作：「黑龍江外記四卷西淸撰」（藝文二，頁二十上）

3 按原序末署「菊史氏序」，初不知爲何人，嗣檢黑龍江志稿得「劉鳳誥：黑龍江外記序」，（卷六十一藝文，頁四上—下）始知所謂「菊史氏」者，即劉氏也。劉卒道光元年，有新五代史補註七十四卷，存悔齋集二十八卷，外集四卷。該序并見存悔齋集卷十一雜文，頁六上—下。署名不具。唯全篇「黑」字盡從略，題亦只作「龍江外記序」（按：黑龍江外記卷一，頁九上曰：『至盛京通志：「濱海以帶龍江」，又曰：「龍江合流而左注」，則可以稱龍江矣』。水既可稱「龍江」，當因水而得名，亦可簡稱，故此稱「龍江」，亦未便謂誤，第不知原稿作何耳）。其他如「抑亦才華也」作「才筆」，「堂堂傳食之人」作「糈食之人」，「否則吾吾牙牙鮮卑語而已」作「不則」。凡此集本（存悔齋集）與志本（黑龍江志稿）皆同。只「奚啻螺掌數程」句，刊本（外記）與集本同，而志本獨作「數紋」。

4 按樊彬記所得抄本曰「內有秋濤注字，是閩人何願船員外所書」。又蕭穆「書眉有隨手批識語」，今皆散隸文句之下爲夾行小註」，則無論樊蕭兩本關係如何（見前），注出何氏手當無疑。唯卷七，八，夾行小註，上多冠一「口」號，不知何所用意。

5 「十一年秋，余初抵任，龔『龔光瓚也，前義學師』赦歸，將軍觀明從八旗請，乃以余代」。（卷三，頁七下）

6 按其間相去一月。卷二，頁十五下至十六上記曰：「萬壽寺在城南……余初至，寄居一月，乃買宅入城」。

7 開墾黑省，清初有禁律。咸豐七年（一八五七）御史吳焯奏請開墾黑龍江呼蘭地方荒原。是爲弛禁開墾之始。又同治元年（一八六二），特普欽奏招墾黑龍江荒地，是爲招墾之始（見趙爾巽黑龍江通志綱要第一冊清代大事志綱要，頁十三上）

8 見黑龍江志稿卷十二經政志，頁一上。

9 見「黑龍江外記」卷三頁三上—下（又黑龍江志稿卷十二經政志頁一上）

烏桓泥爪

汪聲玲

辛丑九月四日，由京寓辰刻登車，出東便門五十里孫河，道淤難行。宿。

初五日，丑刻行，三十里牛欄山，計已遶道避水，約行五十餘里，中尖。吳靜山兄時爲淮軍管帶，駐懷柔，以車來接。北行二十里懷柔縣城，進南門，街市貿易熙熙，非復去冬收復時之蕭索已。宿靜山營。

初七日，辰刻行，從者吳有貴（靜山之姪），陳萬選，趙國興。四十里密雲縣，中尖。又二十里穆家峪，宿。

初八日，寅刻行，四十里石匣，中尖。四十里古北口，宿參戎署。沈君海峯卸提督護任，仍回中軍參戎本職，兼邊防營務處。

初十日，午後，策馬謁楊令公廟，肅拜。廟經前歲聶帥修葺（一殿兩廂），殿上懸『威震天驕』四字，硃紅橫額（聶帥命余代擬者），楹柱懸余所題聯曰：『節使若逢曹武惠，將軍定作霍驃姚』。旁注小字云：『己亥仲冬從聶帥功亭巡邊至此，瞻仰神威，感賦二語』。佩太尉之勇，尤欽太尉之忠。當日果以曹彬爲正使，太尉副之，必不至敗已。嗚呼！父爲忠臣，子爲孝子，日月爭光，英雄不死。廟建於遼，考北宋太宗時，潘美爲大同節度使，代州刺史楊業副之；與遼將耶律斜軫戰，美及監軍王侁不救，業敗死，長子延玉戰歿。史稱狼牙村追至陳家峪被擒，在今朔州南。又相傳今代州北百數十里，俗名喇嘛洞，李陵墓碑在焉，令公死於此。古北口非令公戰地，古北關口之廟，遼蕭太后勅建，敬其忠也。明徐達北征，清初副將軍郭琥鎮守古北口及整飭兵備；聞喜張守忠先後修葺，殿前右立一碑，守忠所撰也。廟在新關之內，令公像居殿之中，頗雄武，旁立八子像。公諱業，號無敵，贈太尉。提督署之東山七郎墳，亦後人思慕傳疑，非眞冢也，

十一日，霜降。

十七日，卯刻，與海峯同行出關，三十里三岔口中尖。又二十里拉海溝，宿客店。

十八日，丑刻行，十里拉海嶺，山勢盤繞，車行甚苦。五里出嶺。又二十里長沙峪，中尖。又二十里王家

峪，宿客店。

十九日，寅刻行，天驟寒，北風刮面，涕成冰，策馬四十里，灤平縣（無城，途中經小紅石嶺）中尖。莊縣令來談。該縣西南一帶，色樹溝以上，村庄盡爲山水冲塌，傷斃人口數千，詢其情形，係大雨竟日，石山崩塌，水暴流不及躲避，民居蕩然。又四十里承德府，寓客店。

二十二日，巳刻行，五十里老爺廟，宿客店。是日過紅石嶺。

二十三日，寅刻行，四十里六溝，中尖。又四十里七溝，宿客店。是日過祥雲嶺。

二十四日，卯刻行，五十里平泉州。是日過鳳凰嶺。

二十五日，巳刻行，五十里楊樹梁，宿客店。

二十六日，寅刻行，四十里三十家子，宮姓糧店中尖。又四十里，雙廟宿。

二十七日，卯刻行，五十里建昌縣，住全勝糧店，晤駐熱之直隸練軍統領楊玉書（瑞生）鎮軍，又武衛左軍統領孫多慶（餘三）趙倜（周人）營務處于振江（蘭溪）奉令來熱勦匪。

二十八日，詣建昌縣署，與羅秉眞大令話舊。建昌古柳城，東門外古柳數百株，己亥九月余從聶帥至此。

立冬。

十月初二日，晚間雪。

初四日，京函述李傅相與俄使爭約吐血，二十七日午刻逝世。擬輓一聯曰：『王室再造公不朽，荊州一識我偏遲』。代海峯作輓聯曰：『侍鞭鐙三十餘年，痛羊祜碑成，中外同聲哭元老。垂竹帛百千萬世，幸馬援息謗，乾坤再奠仰完人』。山東袁中丞調任北洋。

十二日，小雪。

十五日，管帶尹廉臣引其姻親郝子節見海峯，商民譁然。郝與毛管帶殿揚等，勾通馬賊敗殷軍於大城，塗炭生民，一死不足蔽辜，周人將執而戮之，蘭溪餘三遣人逐之。巨匪張六供出郝五勾帶確詳，海峯未錄入供單，日前管帶朱東成贈海峯一馬納之；余力言朱某聲名狼籍，君此次查飭邊防，彼首先獻馬，此小人之尤。且此馬安知非勒索所致。尤招物議。海峯曰：『吾借乘之耳，他日當還之』。尹廉臣又獻騾，海峯不受。

十七日，寅刻行，七十里大城，寓大成典。典東山

2

西太谷惲姓屋宏敵爲遼西冠；本年秋七月七日，馬賊糾股千餘人，攻敗般軍，大成全村受害，搶刧一空。村東里許一古塔聳然，相傳此地爲古利州，塔畔有古城址，隋時高開道據此。朱東成駐紮大城，放匪目十三人，得賄萬餘金，匪首呂恩波之父呂老均亦在內。商民最憤者，楊永春大城人，搶掠姦淫，無惡不作，該管帶留之左右，商民控之，楊玉書僅飭移紮赤峯。典夥言之鑿鑿。

十八日，卯正東北行，三十里赤里赤，茶尖。又三十里吐鹿根水泉，中尖。此地南去鐵溝二十里，所出入勦匪朝建之間，宜駐兵扼守。又三十里木頭城，宿典，典東山西曹中成，甲午進士也。

十九日，辰刻行，三十五里，平房子，趙周人留午餐。周人馬隊駐此。又十五里大坂，宿燒鍋。

二十日，卯刻行，六十里朝陽縣街，寓佑順寺，康熙朝勅封。丁酉秋余從聶帥至朝陽，亦寓此寺。

二十三日，往礦局晤李藻廷徐子清詢地方情形；朝陽紳士孫蘊川中翰在座，言：上月縣勇四十餘人，進花子溝四層卡，往拏賊匪孫玉良，爲賊黨四人擊傷勇多名，幸該溝開槍擊賊，該勇方逃回，縣令王文翰（西園）揑稟該溝助匪，實無此事。至孫玉良乃縣收降之賊，家居溝外，此次縣勇往拏，溝中人方知其復爲賊也。

二十八日，大雪。

十一月初六日，游關帝廟，廟前古塔已圮，大殿東首一古碑，字剝蝕，仔細辨認，此塔乃遼天慶間所建。朝陽古名龍城，東晉時燕慕容皝因兩龍脫角而去，築城於此，名龍城。

初八日，夜雪。

十二日，冬至，微雪。

十三日，夜雪甚大。

十四日，練軍管帶張雲峯言：『建昌收降馬賊，得賄數萬，乘輿與焉，郝五毛殿揚等亦足責』。

十七日，午刻微雪甚寒，滴水成冰。海峯云『前門洋抬來復槍長八尺五寸，用銅帽洋藥八錢，擊遠二里半，一兩擊遠三里餘，一兩二三錢擊四里餘；土藥加倍。獨子重一兩二錢，用羣子可十餘粒。後門洋抬來復槍擊遠二千四百碼，約四里三分，金陵局造』。

二十三日，孫蘊川來言，『王令派幫帶李鳳麟往西

3

南鄉波羅於各牌勸寫兵費，力不能出者，均被綑打。民人怨恨，訴苦於花子溝，出馬隊七十餘名，李幫帶逃回』。

二十□日，餘三周八至朝陽訪問王令庇匪殃民貪殘各節，甚惡之。王令催進兵勦花子溝，不允。

二十七日，小寒。

二十八日，電傳兩宮回鑾，今日進京。

三十日，民人某密控匪首馮國興殺其家七命，官不為理，該匪首現匿練軍魏營，余派弁改裝從民人伺於該營附近，該匪首出獲之，訊據供認搶劫焚殺之案，不可勝計，及賄投該營何人說合，何日進營等情。

十二月初五日，周八餘三回建昌駐所。

初七日，建昌孝廉馬信侯自花子溝來言；『鄧萊峯按卡嚴備，與勇夫共甘苦；去年九月十三日，教民勾引洋兵進溝燒燬村屋數處，傷男婦三十餘口，有孕婦被刳腹，叫號兩日而死』。聞之慘然。若非鄧率某衆以抬槍擊退，被害更不知胡底；是以鄉民感之。目下但求官府作主，取回二十家子地契，索回教民佔民之大屯民房，鄧某即放所拘之教民，并具結不與教堂為難。』又言天主教司鐸郭明道，誤信教民，其在東荒教堂所收之邵老疙疸趙家王虎皆巨賊也』，云云。自承德府歷建平而朝陽官紳商民僉言『去歲京師不守，前朝陽縣董文誥招集馬賊戴五苑五等，名曰朝勝軍；該令心存不軌，嗣所招之賊，刼獄搶商，民人大受其害，該令誣稱尹營所為，尹營官據實上稟，色都統採賀衆論登該令於白簡。又花子溝設防自衛，去歲九月，該令遣人持諭，言中外議和，爾等不必防守，如有差失，有官作主。該溝信以為實，九月十三日教民猝引洋兵攻之，致遭焚燬。又去歲洋兵至朝陽城議賠教堂四萬兩，此項銀兩由熱河道庫撥發，該令以銀易金抵數，教堂現言金之成色大低，該令作價，每兩三十換，從中侵蝕若干兩，與都統定議，必要補繳』。

初十日，『海峯及楊玉書交款郭司鐸冀取回地契，司鐸不收，定欲勦花子溝，聞係王令唆弄』云。海峯言『王令稟到憲，揑稱花子溝將聚衆攻教堂，請速派兵勦辦。稟中羅織鄧萊峯罪狀，皆莫須有之事』云云。王令身為民牧，仇視其民，始以匿匪助傷加鄧之罪，已為衆論不服，今復揑稟，將攻教堂，危詞聳聽，必欲死此花子溝之萬人，以快其心意。

4

十二日黎明雪，馬信侯等復由花子溝回，言：地契未回，大屯民房未還，該會不肯放教民。

十三日，建昌董都司以貝子府馬賊猖獗，請兵，楊玉書未允。董願具文上請，始允派陳營馬隊前往，轉囑董多報賊匪數百名。董言上月甄營官在彼爲賊敗，楊統領乃報勝仗也。

十四日，海峯舊部某從朝屬之朱力格歹來言：『蒙古馬賊自東北竄來三四百人，賊首烏魯吉多年巨匪，欲圍攻朱力格歹之降隊。溫寶奉楊玉書囑，勿言烏魯吉之名。前次吉林西界馬賊猖獗，逼死監長，袁制軍札楊派隊堵勦，觀望未前，現此股賊匪已入朝境，故諱言之。色都護轉行殷軍所稟降隊之害甚透切』。

十八日寅刻，由朝陽西南行六十里，大坂中尖，又四十五里木頭城宿典。

十九日，寅刻行。三十里水泉中尖，又六十里大城，宿天成觀。（觀建於康熙朝。）

二十一日，辰刻行，三十五里瓦房店茶尖，又三十五里建昌縣街。

二十五日，辰刻行，四十五里，喇嘛枝子中尖，又五十里三十家子宿。

二十六日，寅刻行，四十里楊樹梁，中尖，又五十里，平泉州，宿客店，

二十七日，立春。

二十八日，卯刻行，五十里七溝，中尖，又四十里六溝，宿客店。

二十九日，巳刻行，四十里老爺廟，宿客店。

壬寅正月初一日，辰刻行，五十里承德府，厲寶元店。

初二日，午刻謁色都護，持節待以上賓之禮，曰：盤根錯節，所以辨利器，熱河地方艱難，什倍內地，極賴大才整理，聞將調山西，爲口外蒼生計，君其必來。

初四日，承德府錫恒（遠齋）太守約晚餐。曰：都帥極佩兄才，已查承德府缺，滿漢並用，將以此席奉屈也。

初六日，辰刻行，四十里，灤平縣中尖，又五十里三道梁。

初七日，辰刻行，六十里土城子中尖，又四十里古北口。

初八日，申刻行，二十里新開嶺，又二十里石匣宿客店。

初九日，辰刻行，六十里密雲縣中尖，又四十里懷柔縣城，宿靜山營。

初十日，綫潔卿中翰來拜約明日晚餐，素非相識，余辭不往。靜山曰：『潔卿全家感再生之德，知君高節，不敢致餽贐；杯酒之敬，何妨領之』。次日與靜山口重金波(靜山幕友)同往潔卿糧店。潔卿公服出迓設筵中庭，鋪紅帷高燒紅炬二，余以爲其家有喜慶事也。須臾肅客入，靜山強拉余南面坐，靜山及金波東西坐；主人親上肴簋，俯伏再拜曰：『全家感德，無以爲報，聊表微敬』。余力辭，甫撤帷燭更席如常時，主人未入席，旁坐答話，席終回靜山營。綫潔卿乃國初綫國柱之裔，漢軍籍，家饒富，住懷柔縣城東數十里之張各莊。客冬十月下浣，拳匪踞懷柔，戕熊知縣。我軍奉飭進勦，十一月六日收復縣城。綫爲保家計，名在拳團册，舉家流離山谷，不敢歸，託人願以二千金取册。余不可曰：『册在此，俟事定燬之，不株累也；其毋恐，歸家安業可耳。若以金請求，是納賄也，吾不能寬之矣』。綫以此保全，勦匪安民，分內事余已忘之，靜山歷述其顛末。

十二日，雨水，卯正行，四十里高里營。從弁吳有貴陳振聲劉長勝趙長淸高錫齡。午刻行，五十里京廣。

十七日，卯刻附火車，未刻抵保定。寓斌奎店。

十八日，巳刻謁袁宮保，問朝陽花子溝一案，王令稟請添兵進勦，究竟是何情形。余曰：『王令所稟，叛逆字樣，與事實不合。鄧萊峯一書生耳，禦洋兵於中外失和之日，本無悖於國法。且教民勾引洋兵，攻入溝內，焚殺甚慘。鄧某等豈能束手就死？其拒洋兵，情有可原』。宮保曰：『然』。余又曰：『鄧某既非僭號據地，又未殺害平民，其拘教民郭永，即前年九月勾引洋兵攻該溝者也，其拘教民張宏有即佔居大屯民房教民中之領袖也。此二教民，未加害，飲之食之。鄧某曰：「何日還大屯何日赦爾」！是拘之之意，在索還大屯。溝中士子，尙應縣考，工商仍舊貿易，何得謂之叛逆』？宮保曰『然』，又問口外練軍八營，加以馬軍門所派馬步營隊共十餘營，都統仍請派兵，不可解。余曰：『口外練軍有名無實，通匪不能得力，都帥囑面陳，迫於公義，不得不爲蒼生請命』。宮保曰，『可錄詳細節略來』。退回厲。

十九日巳刻，上院巡捕傳宮保之命，取節略入，俄傳語回厲休息，候傳見。午刻戈什傳命，便服入見，導入籤室坐定。宮保曰：『節略備悉，口外地方事敗壞至此，已飭劉焌往查辦，練軍某某兩管帶，先撤差』。又曰：『山西岑中丞調爾，姑往一行，能辦事則留；否則速回，我總有以位置』。又曰：『今日辦事應如何』？答曰：『手辣心慈』。宮保曰：『然』。拜辭歸厲。

二十日，早附火車回京。

此稿為汪年丈筱巖撰。丈諱聲玲，字筱巖，別字壺山，安徽旌德人，光緒辛卯舉人，甲午進士，官內閣中書。丁酉，任提督聶士成幕司奏稿。庚子，士成勦拳匪陣亡，丈管理其部下營務處。辛丑，奉派赴熱河查辦民教互戕事，即此編所誌花子溝一案也。壬寅，入晉撫岑春煊幕，總辦全省營務處。旋春煊督川，調兩廣，俱隨往，仍總辦營務處，兼新軍統領。癸卯，赴日考察陸軍，歸率師會黔軍勦柳州匪，丁母憂返鄉，乙巳復往平之。戊申，陸軍部調任兩翼牧羣總核官。宣統己酉，出張家口查牧羣。民國癸丑，赴福建裁兵，任福建民政長，會辦軍務，數月辭歸。戊午，任參議院議員；三年任滿，退職休養。前歲，病故平厲。丈才氣過人，有聲於時，文廷式笑擬為明之汪文言。任營務處多年，執法森嚴，不避權勢。任閩民政長，頗鋤豪強。當花子溝一案，全活者萬人，世多稱之。丈與家君兩科同榜，內閣又同值，故都休養，時相過從，余侍左右，得聆謦欬，知丈於書無所不讀，尤精於兵法地理之學，著有孫子白話注解，取古人八十三家之注以貫通之。以余好聞掌故，示以此稿，謹錄副本。今禹貢索稿，便以此介紹付梓；略誌數語，俾世人知丈生平之政績云。

吳玉年謹識於自新軒。

7

申報六十周年紀念

三版 中國分省新圖 出書

翁文灝　丁文江　曾世英　編製

立體模型　集專家之心力——樹輿圖之權威　彩色精印

本館前以六十周年紀念特請翁文灝丁文江曾世英三先生編纂本圖發行以來業已再板綜合銷數超過廿萬良以本圖撰繪詳明印刷精美不僅公私機關學校共同采用且幷家喻戶曉幾於人手一編現在三板發行更由編者加意改良益求美備茲特列舉各點如下

丁茲推行建設注重國防之時社會人士全國學界對於本國地理應有深切之認識以樹復興之基礎本館宣揚文化職責所在因假六十年事業之紀念編纂本圖俾於國家少有貢獻更爲推行普遍起見屢經改板仍售原價併此聲明

㈠地名增多　前以本圖力求地形明晰起見所列地名猶嫌不足茲已自六千餘處增至一萬餘處

㈡校閱精詳　三板於付印前曾將底稿分寄各省官署大學以及專家學者共同研究多獲校定之功舉凡舊有疏漏之處率予補訂改正

㈢改良索引　前撰索引三百萬分一地圖合經緯二度爲一格他圖合四度爲一格其地點密集之區檢查間感困難三板於原有分格外再按小數縱橫各分十格索引自形便利

㈣材料更新　三板爲力求精確起見舉凡四川甘肅寧夏各省均用最新之材料凡在本年五月間規畫之公路以及六月前更改之政區均屢經改板俾得逐一更正

㈤充實內容　三板於原有各圖之外加入立體模型，土壤分配，磁針偏差諸圖均爲中國地圖之初期倡作又吉綏熱察甘寧各省圖亦均改用三百萬分之一以期淸晰

㈥立體模型　本圖附有專製之紅綠眼鏡俾可映視特印之地形圖以求得正確之立體模型爲舊式地圖所未有

總發行所　上海申報館售書科

分發行所　南京建康路三二五號申報辦事處
北平西南園廿三號楊仲華君
天津法租界廿四號路好樂里七號龔師義君

▲特約經售：生活書店　開明書店

每部實價國幣三元
外加郵費一角六分

遼海叢書總目提要

1 金毓黻

遼海叢書爲晚近所刊較大叢書之一，全書由金謹庵先生（毓黻）約集同志編刊，五年之中，共出八十七種，五百零九卷，一百三十二册。分訂十集，一附集，每集十册，附集三十四册。其書網羅宏富，所收諸種類皆關於東北遼吉黑熱四省之史蹟掌故，輿地圖說，遊記詩文及當地人士之雜著。其所擇取，或爲未刊之稿本抄本，或爲已刊之原本精本，大都盡屬秘籍珍藏，外間不易得見者。至於已刊入他種叢書中者，及近人之著述，亦皆擧其重要之作收入。推其目的，蓋欲創爲東北文獻之大觀，俾研究風土者有所藉取也。昔錢塘丁丙刊其鄉人之著作爲武林往哲遺著，又刊記載其鄉土之著述爲武林掌故叢編，此編所收，蓋合遺著與掌故而一之。關外篇章，經此結集，遂得燦然大顯于世，可是寶也。竊嘗謂讀書之難，在於求書，而求書之難，則在文獻散落，或藏之私家，或流諸海外。藏諸私家者，往往不肯輕出示人，而流諸海外者，又非梯山航海，親至其地訪求不可；學人珍惜書籍，往往視如生命，端在此爾。叢書之編，貴在採擇之精，蒐集之備，精則勿濫，備則無遺，斯乃便學人之研讀；雖然，求精與備又豈易言哉！是編所收或得之私家，或求之海外；而諸家著述，有爲鮮人所著者，亦有原爲滿文所著而譯爲漢文者，其所蒐集，蓋一本精備之意以爲之。東北之地，自清之初葉卽爲强鄰所窺伺；降及末葉，國際間之爭逐愈甚；九一八事變之後，遂淪沒於他人之手。異邦學人，對於其地之山川形勢，種族文化，物產經濟，以及已往歷代之史實，研求不遺餘力；雖其目的不純在學術，然所成就，已有蔚然之成績可觀。吾人素不注意及此，不特其地之政治主權拱手讓人，卽於學術之研究亦瞠乎落後，可書孰甚！今日疆土雖失，圖籍猶存，守先待後，責有攸歸，吾輩讀慨者將如何努力從事於此乎？

二五，八，二五，張維華記。

第一集

遼小史一卷　明楊循吉撰　傳鈔本

金小史八卷　明楊循吉撰　傳鈔本

循吉，字君謙，號南峰，成化進士，仕至禮部主事。以上二書俱著錄楊氏南峰全集中，有明刊本旣未別行，亦不易得。丁氏八千卷樓舊藏，亦爲鈔本。玆由上虞羅氏展轉借鈔。惟原書譌奪太甚，玆經詳校付印。

遼方鎮年表一卷　江寧吳廷燮撰　稿本

金方鎮年表一卷　江寧吳廷燮撰　稿本

吳向之先生研究東省輿地掌故，久著令名，所撰漢季，三國，兩晉，南北朝，唐，五季方鎮，南宋經撫，元行省，明督撫諸年表，均已先後刊行。玆又撰遼，金方鎮年表，蓋亦東三省沿革表之倫類，故取其稿本付印焉。

渤海國記三卷　崇仁黑維翰撰　稿本

維翰字申甫，曾官黑龍江呼蘭府知府，卒於民國二十年，撰呼蘭府志，黑水先民傳行世，而此書則其晚年所著也。書凡三篇，十四章。上篇曰國統，曰種族，曰禮俗。中篇曰地理，曰職官，曰人物，曰物產。下篇曰朝貢中國，曰交聘日本，曰比鄰新羅，曰移國契丹，曰遺民，曰雜識，曰年表。先生卒時，稿頗散亂，由涂子厚學使暢鮑先生奉寬整比成書。茲由涂氏借鈔，刊以行世。後附遼陽金氏校錄。

松漠記聞二卷　宋洪皓撰　顧氏文房小說本

洪氏，宋臣，奉使入金，流居冷山，著此書以紀見聞。雖因原書不得攜出國境，追憶而成此書，語至簡略；然紀艮維故實之最古者當推此書，亦柳邊紀略，東巡日錄諸書之所仿也。茲經詳校付印。

扈從東巡日錄二卷　淸高士奇撰　原刊本

高江村於康熙二十一年扈駕東巡出關，撰此書，皆紀在遼所見，亦柳邊紀略之比。著錄於小方壺輿地叢書者非足本，茲取原刊本付印。

柳邊紀略五卷　淸楊賓撰　仰視千七百二十九鶴齋叢書本

賓字可師，號大瓢山人，浙江安陽人。康熙時其父越獲罪，謫戍寧古塔；賓出關尋父，著此書，皆紀途中所見也。此書有三本：一著錄小方壺齋輿地叢書者，節删太多；一著錄昭代叢書者，亦非足本；一著錄於鶴齋叢書第五集者，凡五卷。前四卷與昭代本同，後一卷則為昭代本所無，此乃為足本也。此諸本中惟鶴齋叢書第五集頗不易得，故亟取而重印之。

鳳城瑣錄一卷　淸博明撰　博明三種本

博明，字希哲，蒙古旗人。此書為博明官鳳凰城時所作，題為博明三種之一，所紀皆遼東及朝鮮故實也，原書今不多見。遼陽金氏由朝鮮京城大學教授藤塚鄰氏借鈔，又以奉天通志館藏本互校付印。

瀋故四卷　淸楊同桂撰　原刊本

同桂，字伯馨，於光緒中葉隨宦海龍，又官長春府知府，與修吉林通志，最熟於東省掌故者也。海龍境內有女眞國書摩崖、近來奉省人始知之，而楊氏於四十年前已拓得之，並詳錄於此書中。其他所紀遼東掌故，何啻百數十事。其用心之細，蒐集之富，已可見矣。旌德汪氏藏有此書，據以付印。

灤陽錄二卷　朝鮮柳得恭撰　傳鈔本

得恭，字惠風，東人之贍於文學者也。柳氏於乾隆五十五年隨其國使臣赴熱河行宮賀高宗萬壽，詠其所見而成此書。一稱熱河紀行詩注，蓋以詩為主，而又自為之注也。起於是年六月二十二日，訖於十月初十日，凡得詩四十九首。

燕臺再游錄一卷　朝鮮柳得恭撰　傳鈔本

此書爲嘉慶六年柳弌奉使入燕時所作。起是年二月十五日，訖六月十一日，凡得三十三則。中亦多及遼事。

以上兩書，向無刊本，漢城權氏相老鈔以貽遼陽金氏，據以付刊。此爲異國人紀中朝事蹟之書，不參利害之見，頗能得眞，故可貴也。

第二集

遼東志九卷　明嘉靖十六年重修　據活字本覆刊

此書之明刊本曾著錄於范氏天一閣見存書目，今不知流落何所。現世祇有顧維李氏及日本前田利爲侯爵尊經閣所藏爲明刊本。又有覆刊活字本，而流傳亦少。茲據活字本覆刊。又尊經閣本缺二葉，則據顧維李氏藏本補入。

全遼志六卷　明嘉靖四十四年修　傳鈔本

此即遼東志之續修本。北平圖書館藏有明刊本，惟不及瀋陽王氏所藏之佳。往者內藤湖南博士編印滿蒙叢書，雖列此書於目內，而迄未刊行。茲據遼陽袁氏鈔本付印，而以江寧吳氏，大連圖書館兩寫本校正其奪誤焉。

又遼東，全遼兩志，異同頗多。經高鳳樓，許麟英兩君別撰攷記，附於本書之後。

第三集

遼陽州志二十八卷　康熙二十年知州楊鑣修　鈔本

此書未見刊本，今僅北平圖書館藏有寫本，蓋當日呈部之本也。遼陽袁氏龔自北平借鈔得之，據以付印。

鐵嶺縣志二卷　康熙十六年知縣賈弘文修　刊本

此志舊有刊本，民國四年新修縣志亦附載之，蓋就當日呈部之稿加以移易增補者也。

鐵嶺縣志二卷　康熙二十二年知縣李廷榮補輯　鈔本

此書爲當日呈部原本，今藏北平圖書館。其中職官一項，敘至康熙二十二年，則李氏就賈修原本補入者也。

錦州府志十卷　康熙二十一年知府劉源溥，孫成修　鈔本

此書向無刊本，錦州張仲異由北平圖書館鈔出，茲據以付印。此亦當日呈部之本也。

塔子溝紀略十二卷　乾隆二十八年理事通判哈達清格修　原刊本

塔子溝即今淩源縣治，當日理事通判所轄實括三座塔在內，後設朝陽府者是也。而熱河志之修尙後於是書八年，則此爲熱河省創修之志書矣。其後所修之承德府志曾引用之。並世祇龍江于氏有此書，茲假鈔以付印。世之考熱河東南部方輿掌故者，當取資焉。

岫巖志略十卷　咸豐七年岫巖鳳凰城海防通判台隆阿修　傳鈔本

此書向無刊本，宜興陳氏購得寫本二册，亦遼陽州志，錦州府志之流亞，故亟取而印行之。

何氏瀋陽紀程一卷　清江寧何汝霖撰　原刊本

汝霖，字雨人。道光九年，雨人官尚書，隨駕東巡至瀋陽，起八月十八日，訖九月二十三日，往還六十六日，此書即其途中日記也。遼陽袁氏購自燕市，取以付印。

潘氏瀋陽紀程一卷　清吳縣潘祖蔭撰　原刊本

按潘伯寅尚書於同治六年以工部侍郎奉派赴盛京勘驗福陵牌樓工程，起四月二十三日，訖六月初二日，往還凡三十五日，末附奏報，此即其途中日記也。此爲旌德汪氏所藏，因與何氏書同名，故假而並刊之。

東北輿地釋略四卷　興義景方昶撰　稿本

景氏字明久，清光緒進士，官湘南辰州知府。所著知所貴齋劄記，稿藏於家。此書係先生在日親自劄記中錄出，其介弟醍以貽遼陽金氏，皆考證東北輿地之作。向曾刊入東北叢刊，流傳未廣，故取而重刊焉。

黑龍江輿圖一册　六十一幅，武進屠寄撰　石印本

黑龍江輿圖說一卷　武進屠寄撰　活字本

屠氏此圖，撰於清光緒二十五年，時居黑龍江，爲輿圖館之徵求而作也。印成未久，即遭庚子城陷之難，圖說俱失。或謂爲俄人攜去，故外間流傳甚少。龍江于氏於初印成時得其圖，而魏氏纂者又藏有圖說；茲俱承見假，撰以付印。

第四集

醫閭集九卷　明義州賀欽撰　明刊本

欽，字克恭，明史有傳，學者稱醫閭先生。其子士諮，亦有名。四庫著錄之醫閭集，外間不易見。茲覓得明刊本，詳校付印。紀錄彙編，續說郛皆有醫閭漫記一卷，即自集中錄出。

耕煙草堂詩鈔四卷　清瀋陽戴梓撰　原刊本

梓，字文開，號耕煙老人，浙江仁和人。康熙中謫居瀋陽，因家焉。此集舊附刻慶芝堂集後，茲取而覆刊焉。

慶芝堂集十八卷　清瀋陽戴亨撰　原刊本

亨，字遂堂，梓之子也，爲遼東三老之一。三老之詩，如李鐵君、陳石閭，馬大鉢，皆有新刊本行世，而戴氏此集世不多見，亦迄無重刊者，亦可異矣。茲取原刊本精校付印，庶三老之詩可並傳於天壤間。

在園雜志四卷　清遼陽劉廷璣撰　原刊本

廷璣，字玉衡，自署曰「遼海劉某」，而國朝詩別裁集稱爲遼陽人，茲從之。廷璣著有葛莊分體詩鈔及此書，原刊本不多見。往歲申報館覆印小活字本，今亦難得。今依原刊本及活字本詳校付印。

愛吟草一卷 前草一卷，附和詩一卷及題跋殉節錄　清承德常紀撰　原刊本

紀字銘勳，一字理齋，乾隆丁丑進士，官崇慶知州；遭降變亂，殉焉。遼陽王瑤峯先生爲序而刊之。今由其遺族覓得原刊本，重爲印行。常氏忠節炳然，此集又絕少流傳，發潛闡幽，其何可緩。

解脫紀行錄一卷　清錦州金科豫撰　稿本

科豫，字笠庵，爲瀋陽書院之高材生，後以舉人出知貴州仁懷等縣。柳氏瀋陽錄及燕臺再游錄中曾數言之。茲由其遺族覓得稿本付印。

三槐書屋詩鈔四卷　清錦州金朝覲撰　稿本

朝覲字午亭，爲科豫之從兄弟，嘉慶辛未進士。能詩，與科豫實相伯仲。其支孫景芳藏有稿本，故取而併印焉。

第五集

皇清書史十卷　義州李放撰　稿本

放別號小石；文石先生之冢子也，著書極多。前者唐君立庵由其家覓得稿本，久之始得付印。

畫家知希錄二卷　義州李放撰　稿本

此亦稿本，由立庵覓得者也。所錄皆爲諸論畫書所無者，故曰知希錄，其可貴亦在此。

第六集

遼文萃七卷　清王仁俊撰　原刊本

仁俊，字扞鄭，吳縣人。此書爲續繆氏遼文存而作，凡文存所載者皆不之取，網羅頗富。近人黃任恒有遼文補錄，亦繼文存而作，錄其未見王氏此書，故其所收頗有出入。然此書網羅之富遠於黃氏數倍。頃間上虞羅福頤又有遼文拾補，所收益多，見存之遼文大略具於此矣。此書刊於光緒三十年，而罕傳本。合肥闞氏藏有原刊本，茲據以付印。

黃華集八卷　金王庭筠撰　遼陽金毓黻輯本

庭筠，字子端，晚號黃華老人，熊岳人。金史文藝傳作河東人，誤也。又金史載其有叢辨十卷、文集四十集，今俱不傳。茲自羣籍中輯出文一卷，詩一卷，詞一卷，附其父兄子姪之作一卷，凡得四卷。又紀事一卷，題識一卷，雜記一卷，皆爲附錄。末附年譜一卷，共爲八卷。

雙溪醉隱集六卷　元耶律鑄撰　清李文田箋　知服齋叢書本

鑄字成仲，元中書令楚材之子也。累官中書左丞相，家於義州。四庫著錄是書，即爲六卷，非足本也。繆荃孫自庫本鈔出，而李氏爲之箋，龍氏刊入知服齋叢書中，茲又取刊本重爲校印焉。灑郁叢書有雙溪醉隱詞一卷，亦自是書錄出。

5

李鐵君文鈔二卷　清李鍇撰　用傳鈔本補輯

鍇字鐵君，一字眉山，晚號焦冥子，鐵嶺人，隸漢軍鑲白旗。著有文集十卷，未見傳本。往歲陳慈首（思）購得先生文鈔一冊，遂贈遼陽袁氏，惟僅二十六首。茲又自八旗文經及他書補輯五十餘首，釐爲二卷。他日當更覓足本重印之。

含中集五卷　清李鍇撰　傳鈔本

鐵君隱居盤山，以詩歌自娛，與戴亨，陳景元共稱遼東三老。所著詩曰睫巢集；此名含中集，則初稿也。往歲遼陽袁氏得此稿於北平書肆。睫巢集已有刊本，而此集多有異同，故取而重印之。

瑤峯集一卷　清王爾烈撰　遼陽金毓黻輯本

爾烈，字君武，一字瑤峯，遼陽人，乾隆辛卯進士，舊有遺集，未刊而佚。遼陽孫氏藏先生手寫詩卷一冊，題曰同游千山詩錄。茲又於此冊外蒐得詩文若干首，署曰瑤峯集，爲印行之。

兩漢字句異同考一卷　清蔣國祚撰　附兩漢紀本

國祚，字梅中，毓英之子，國祥之弟也。國祥，字羅村，先世遼陽人，寄居寶坻。國祥曾刊兩漢紀，兩南居書，而梅中作異同考，附兩漢紀以傳，亦精校刊者也。

指頭畫說一卷　清高秉撰　昭代，美術兩叢書本

秉字靑疇，號澤公，晚號蒙叟，鐵嶺人，恪勤公其佩之孫也。此書述恪勤公之畫法。靑疇亦託興丹青，兼工篆印。

白石道人歌曲疏證六卷附別集一卷　近人陳思撰

白石道人年譜不分卷　同上

淸真道人年譜不分卷　同上

稼軒先生年譜不分卷　同上　以上俱稿本

思，字慈首，遼陽光緒壬寅舉人，著書甚多，先取此四種印行之。

第七集

全遼備考二卷　清林佶撰　傳鈔本

佶，字吉人，閩侯人，康熙進士。此書爲漢陽徐行可氏（恕）鈔藏。內容與昭代本柳邊紀略無異，惟每節或數節冠以標目，是爲小異。易其稱題，又以爲林氏所撰，不曉何故。考英和卜奎賦注數引林佶全遼備考，其文悉同紀略，可知易稱此題，由來已久。茲向借鈔，並不避複出，依原本付印，以供學者考究焉。

東三省輿地圖說一卷　清曹廷杰撰　刊本

廷杰，字彝卿，湖北枝江人。光緒甲申，以知縣需次吉林，奉派考査吉江兩省與俄交界，凡七閱月，歷二萬里；歸來撰簡明圖說，隨摺進呈。別有輿圖，吉林李君靜生曾藏一幀，旋失去，久覓未得。渭影樓叢書輿地兩叢書及單行列本皆無圖，茲據以付印。此書精於考證，爲講遼東輿地必讀之作。

東北邊防紀要二卷 同上 藩屬輿地叢書本

此書亦紀中俄交界，蓋爲輿地圖說之餘稿。撰於光緒十一年。

西伯利東偏紀要一卷 同上 振綺堂刊本

此書亦撰於查勘中俄交界時，曾收入小方壺齋輿地叢書；一名伯利探路記，而有節删。玆取是本重印行之。

盛京疆域考六卷 清楊同桂，孫宗翰同輯 聚學軒叢書本

同桂所著瀋故已著錄。此書爲隨宦瀋龍廳時所作，孫氏亦與其役。所考盛京地理，皆以正史地理志爲綱，而引諸書以證之。

錦縣志八卷 康熙二十一年知縣王奕曾，劉惠宗修 鈔本

廣寧縣志八卷 康熙二十一年知縣張文治，項蕙修 鈔本

寧遠州志八卷 康熙二十一年知縣馮昌奕，王琨修 鈔本

此二縣一州之志，北平圖書館所藏寫本，爲錦州府志之分稿，其文無大異同，惟卷首之圖較詳。玆以前代志書難得，壹依原本印行焉。

蓋平縣志二卷 康熙二十一年知縣駱雲修

開原縣志二卷 康熙五十七年知縣劉芑凡，周志煥修

此二志亦爲北平寫本。凡康熙諸志皆爲修一統志時徵取之稿，成書倉卒，故爾時各省未有印本。

布特哈志一卷 近人孟定蓀撰 稿本

定蓀，字靜變，本名棠米子宏，居黑龍江，爲大胡里人，原爲大賀氏，契丹遺胤也。布特哈區近已設治，惟其區域廣漠，向乏人爲之紀載。孟氏粗修此書，雖取材未豐，亦可謂難能可貴矣。

第八集

翰苑一卷 唐張楚金撰，雍公叡注 據日本景印本覆校

楚金名見兩唐書忠義傳，歷仕高宗武后。所著翰苑三十卷，著錄新唐書藝文志。日本流傳殘本一卷，爲蕃夷部，紀烏桓，鮮卑，夫餘，高麗，肅愼諸蕃，多屬遼東故實。其文如事類賦，而雍公叡爲之注。內藤湖南博士考之詳矣。此書經傳寫，譌奪滿紙。玆檢原書爲之是正、其無書可檢者則闕之。

使遼語錄一卷 宋陳襄撰 宋刊古靈集本

襄，字述古，侯官人，宋史有傳。撰古靈集二十五卷，末附使遼語錄一卷、日本靜嘉堂文庫藏有宋刊本，即歸安陸氏皕宋樓故物也。是書紀自宋入遼上京之行程，視薛映，富弼所紀爲詳。玆向靜嘉堂主人借鈔以印行焉。

遼東行部志一卷 金王寂撰 藕香零拾本

寂，字元老，玉田人，金史有傳，又見中州集。此書則其提點遼東刑獄時行部之作也。始章宗明昌元年二月十二日，訖於是年四月七日；以下尙有佚文。原自永樂大典中錄出，繆荃孫氏曾刊入藕香零拾，玆取而重刊焉。

鴨江行部志一卷　同上　海鹽朱氏節本

此書亦爲王氏官遼東時行部之作，起明昌二年二月乙丑，訖是年三月庚申，凡一月有二日；以下亦有佚文。滿洲源流考曾數引是書，而世無傳本。近年海鹽朱氏購得此本，乃盛伯希氏舊藏，亦自永樂大典中錄出者。朱氏節取其大要，撰成考證一篇，載入地學雜志；而原本訖未付刊，不可卽得。茲姑就朱氏所考證者附印於遼東行部志後，以與世人共見焉。

遼紀一卷　明田汝成撰　傳鈔本

汝成，字叔禾，錢塘人，嘉靖丙戌進士，明史有傳。所紀遼東事多與明實錄有異同，曾著錄四庫雜史類存目。日本靜嘉堂文庫藏有鈔本，茲經借鈔付印。

遼陽聞見錄　清顧雲撰　傳鈔本

雲，字石公，上元人。光緒間曾任吉林通志總輯，甲午中東之役，又參吉林將軍長順幕；此錄，參軍幕時紀聞見之作也。遼陽袁氏在淸史館錄得鈔本，校以付印。

耳書一卷　清佟世思撰

鮓話一卷　同上　俱與梅堂遺集本

世思，字儼若，遼陽人，隸漢軍正藍旗。所著有與梅堂遺集十二卷，末附刊此二書。耳書記其聞見荒怪之事，分人，物，神，異四部；鮓話則官恩平時記其風土之書也。又仰視千七百二十九鶴齋叢書亦收鮓話一卷。

旗軍志一卷　清金德純撰　學海類編本　昭代叢書本

德純，字素公，遼陽人，隸漢軍正紅旗。此書敘八旗之所由始，與其閥閱之等，爵秩之序，及春秋講武之政，賞罰之法。文亦簡要有法。

嘉慶東巡紀事三卷　嘉慶十年　闕名　鈔本

按此由淸仁宗嘉慶十年東巡詣盛京謁陵之紀事也。自是年七月十八日啓鑾起，至九月十二日入關止。原購鈔本二種：一名東巡紀事，一名盛京路程，不詳撰人氏名，所紀實爲一事。茲併爲三卷：紀事一卷，路程一卷，雜記一卷。雜記所載東巡儀注，行營條例，扈從諸臣姓名錄，實錄及東華錄所紀皆無如此之詳，且可考見盛京行程，故釐訂而印行之。

蜀輶紀程一卷　清文祥撰　文文忠公事略本

文祥，字博川，姓瓜爾佳氏，隸滿洲正紅旗，世居瀋陽，累官武英殿大學士。是書爲奉派往陝西查辦事件時所作，起咸豐四年七月二十一日，訖五年正月二十二日。

巴林紀程一卷　同上　同上

是書爲奉派往巴林旗時所作，起咸豐七年十二月十二日，訖八年二月初一日。以上二書皆紀載行程之作。文忠相業可稱而無專集，故取此二書印行之。

四庫輯永樂大典書目一卷　清孫馮翼撰　傳鈔本

馮翼，一名彤，字鳳卿，承德人（即今瀋陽），貴州巡撫曰秉之子，曾刊問經堂叢書行世。近人邵瑞彭書目長編著錄是書，後於杭州書肆求得之，又爲補其闕遺，印以行世。

永樂大典書目考四卷　近人郝慶柏撰　稿本

慶柏，字瑤圃，瀋城人，究心目錄學。此書第一卷爲四庫著錄之大典書目，第二卷爲四庫中之大典存目，第三卷爲四庫未收之大典書目，第四卷爲自大典目錄中錄出之書目；意在補孫鳳卿輯目之未備　故取而幷列焉。

楝亭書目四卷　清曹寅撰　傳鈔本

寅，字幼卿，一字子清，號楝亭，瀋陽人，自署則曰「千山曹寅」，又籍於遼陽矣。此本乃其家藏書目。上虞羅氏跋云，「光緒丁未秋，從長白寶孝劼太守藏稿本傳寫於春明彙來街寓居。羅振玉記」。北平圖書館月刊曾取而印行，惟分期散見，且不易得；玆從羅氏借鈔而校印之

瀋館錄七卷　朝鮮人撰　廣史本

此書無撰人姓名，爲朝鮮世子李溰被質於瀋陽時之紀事，起清太宗崇德二年正月，訖世祖順治元年八月。往者滿蒙叢書所收瀋陽日記僅印九卷，不及全書之半。又近刊之瀋陽狀啓，則與日記相表裡。此書實爲日記狀啓之簡本，向者朝鮮所刊廣史收之。上虞羅氏藏有鈔本，以其難得　故借而印行之。

瀋陽日記一卷　朝鮮宜若海撰　原刊本

此書撰於明思宗崇禎三年，即清太宗天聰四年，在瀋館錄之前，亦紀瀋陽聞見。日本稻葉君山博士藏有原刊本，假以付印。

第九集

雪屐尋碑錄十六卷　清盛昱撰　稿本

盛昱，字伯羲，號意園，清宗室，累官國子監祭酒。喜蠟屐訪碑，起崇德，訖光緒，近九百篇，皆出京畿近郊，錄而存之。祭酒歿後，遺稿存楊子勤太守（鍾羲）所。日本內藤湖南博士又爲錄成清本。玆由博士家借鈔付印。此書所錄諸碑，皆屬旗籍，可備八旗掌故。又以其祖籍咸出遼左，故收入叢書而刊行之。

滿洲祭神祭天典禮六卷　清乾隆年官修　武英殿本

清乾隆十二年始撰此書，爲滿文本；至四十二年又譯爲漢文，於是有滿文漢文兩本。近人金九經氏以盛京故宮舊藏滿文本，校漢文本，附以通禮會典諸家記載，顏曰「改訂滿洲祭神祭天典禮」。惟移易卷次，節删重複，殊非原書面目。玆依漢文原本付印，又以卷六有圖而無釋，取金氏所譯編爲目次，既便尋檢，且可與改訂本並行不悖焉。

夢鶴軒楳澥詩鈔四卷　清繆公恩撰　稿本

公恩，字立莊，一字簡亭，又號楳澥，瀋陽人，官國子助敎。工

詩，并叢閣；著有夢鶴軒詩二十四卷，已佚。往歲金息侯於北平海王村書攤購得先生詩鈔六卷，介遼陽袁氏以貽其曾孫東霖太史。茲又自太史借得原稿，訂爲四卷付印。先生又有題園稿一卷，舊有刊本，而此集中亦間載之。洪北江集有贈繆公子公儼詩，公儼即先生之原名。今此集中亦有與北江唱和之作。

第十集

易原十六卷　清多隆阿撰　稿本

多氏字雯溪，姓舒穆祿氏，世居岫巖，道光乙酉拔貢，自署所著則曰慧珠閣；其後人則冠姓李。張玉綸氏爲先生志墓，稱著有易原十五卷，易圖說一卷，易義十五卷。今惟易原有淸本，爲岫巖李慶彰所鈔藏，舉以貽遼陽袁氏；茲故據以付印。其作十六卷者，合易圖說一卷併計之也。易義亦有稿本，惟塗乙太多，不易整理，容俟異日續印。

毛詩多識十二卷　同上　傳鈔本　嘉業堂刊本　遼陽張氏排印本

曩年遼陽張繡江之後裔排印此書，以爲繡江作。後吳興劉氏亦刊此書，題曰「多隆阿撰」，頗滋人疑。及讀何紹埤陽宅拾遺序，稱多氏有毛詩多識十二卷，又遼陽袁氏藏舊鈔本有多氏再序，亦稱「雯溪氏自識」，乃知張刻之誤。或疑張氏有意掠美，然張氏爲多氏誌墓亦稱有毛詩多識十二卷，得此乃知張氏决非掠美。證以袁氏藏本，始知爲張氏後裔誤署。

慧珠閣詩一卷　同上　稿本

張繡江多氏墓誌稱著有慧珠閣詩鈔十八卷，文鈔四卷，詩話四卷。文鈔，詩話皆未之見；詩鈔祗十七卷，稿本尙在。茲先選印一卷，餘俟續印。先生又有陽宅拾遺，地理一隅等書，早已刊行，故未之及。

毛詩古樂音二卷　淸張玉綸撰　稿本

玉綸，字繡江，遼陽人，隸漢軍正白旗，道光壬辰舉人。先生因閱樂譜，悟古音而作是書。

夢月軒詩一卷　同上　稿本

此書自張氏遺稿錄出。

大元大一統志殘本十五卷，輯本四卷，攷證一卷，附錄一卷　近人金毓黻等輯

大元大一統志一千三百卷（或云一千卷），刊於順帝至正六年，明代卽罕傳本，淸初亦僅存殘本數十卷。又永樂大典中引用甚尠。茲借鈔北平圖書館及諸家所存殘本零葉，編成十五卷；又萃諸書引用之文，輯成四卷，別撰考證一卷；並錄衆家叙錄之語，爲附錄一卷：共得二十一卷。此書世旣罕見，而志遼事尤詳，故附載叢書之後而爲考輿地者取資焉。

附集　別行

永樂別錄二卷　近人吳廷燮撰　稿本　凡二册

宣德別錄二卷　同上　同上　凡二册

以上兩書，皆自明實錄鈔出，多紀遼事。

滿洲實錄八卷　清代官修　凡四册

此書爲盛京故宮舊藏，圖說並載。織者奉天通志館向取付景印，茲又取其圖付景印，而改其說爲排印，以便考覽。

熱河志一百二十卷　乾隆四十六年官修　凡二十四册

此書僅有武英殿本，傳世極少。近以罕得，價至千金。茲據精鈔本付印，而以盛京故宮本借校之。中有插圖一百六十餘幀，俱經影繪付印。

有凡十集，每集十册，共一百册；計書八十三種，三百七十七卷，圖一册。又附集三十二册，計書四種，一百三十二卷。

始功於癸酉十月，訖功於丙子四月。

道路月刊

第五十一卷　第二號

目次

發行：上海古拔路七十號道路月刊社
價目：另售每册二角

地質論評

第一卷　第四期

要目

每年六期預定連郵兩元零售每册四角
發行部北平西城兵馬司九號

西北嚮導

第十八期

民國二十五年九月十八日出版

定價：每冊三分全年三十六冊國內連郵一元
發行者：西北嚮導社
社址：西安南院門七十七號

晨熹

第二卷第九號

民國二十五年九月十五日出版

定價：每期一角，全年一元（郵費在內）
發行者：南京晨熹社
社址，南京下浮橋清眞寺

西北嚮導

第十六期

目錄

中華民國二十五年九月一日出版

定價
每冊零售三分
預定全年三十六冊
國內連郵一元

康藏前鋒

要目

南京曉莊康藏前鋒社發行

東北期刊目錄

陳鴻舜

研究任何一種問題，不可憑空臆斷，總以根據多種書籍爲有價值，但是書籍的材料豐富及新穎，還比不上期刊（雜誌，報紙），這是人所共知。研究東北問題的所需要，當然不能例外。但是東北期刊，除民國二十年黑白學會的研究中國東北參攷書目有專目外，其餘尙不多見。日人編製者雖有多種，如大正十五年大連圖書館的滿洲發行新聞雜誌目錄，昭和二年滿洲公論社的滿洲新聞雜誌總覽，昭和四年中村明星的滿洲朝鮮新聞雜誌總覽，最近有新聞解放社的滿洲新聞雜誌總覽，以及「滿洲國」出的官廳刊行圖書目錄，都是流傳不廣，連北平幾個大圖書館皆沒有藏着。人家的既不易求到，自家的又太缺少，那麼新編一東北期刊目錄，以供大家的翻閱，是値得的了。

此次禹貢學會發刊東北專號，向我徵稿，我愧無學力去作研究論文，只得抄湊此目以作貢獻。玆將本目範圍，編製大綱，及引用書目，略略敘述於下。

（1）範圍　凡專關東北問題的，或在東北出版的，不論年代遠近之中文，日文，西文定期刊物，皆盡量錄入，但不定期刊者從略。

（2）編製大綱　本目項目粗分如下：（1）總類〔pp2-4〕，（2）遼寧省〔pp4-11〕，（3）遼東半島（旅順大連等地）〔pp11-20〕，（4）吉林省〔pp20-3〕，（5）東省特別區〔pp23-5〕，（6）黑龍江省〔pp25-6〕，（7）熱河省〔pp26〕，（8）「滿洲國」公報〔pp26-9〕。各項之下，多半以地方爲主，分華人刊物與日人刊物，再下列所出期刊。因多數皆未寓目，初本不擬分類，嗣因刊物太多，不分則眉目不清，所以也就望文生意勉强底分了。又每種刊物凡有創刊年月者皆標出，繼續發行者用「＋」號表之，查不出者從缺。惟創刊年月各目互相歧異者又不一而足，例如：奉天新聞在日本新聞年鑑，昭和十一年版一三五頁作大正六年九月一日，而大連圖書館和漢書分類目錄第八編第十九頁作大正九年，再 Manchurian Daily Newes 新聞年鑑一三四頁作明治四十年一月十七日，而滿洲帝國年報「康德」三年版一四〇六頁作大正元年八月。究覺誰是誰非，我無工夫去查攷，只好暫從新聞年鑑罷了。本國書目，期刊創刊年月註出不多，即使註出來，也是彼此說法不同，更令人難斷定了。

(3)引用書目　(1)北平各圖書館所藏期刊聯合目錄（北平圖書館協會編，民國十八年），(2)國立北平圖書館現藏官書目錄第二輯（全館編，民國二十年），(3)國立中央圖書館藏官書目錄第一集（全館編，民國二十二年），(4)中國報界交通錄（燕京大學新聞學系編，民國二十一年），(5)東北年鑑（東北文化社編，民國二十年），(6)中國新聞事業（黃天鵬編，民國十八年），(7)研究中國東北參攷書目（黑白學會編，民國二十年），(8)大連圖書館和漢圖書分類目錄第八編（全館編，昭和九年），(9)滿洲年鑑（滿蒙年鑑改題）（滿洲文化協會編，昭和八年），(10)全滿定期刊行物一覽（大連之部）（伊藤時雄編，昭和十年），(11)「康德」三年版滿洲帝國年報（國務院編，「康德」三年），(12)書香（滿鐵各圖書館報），(13) Carl Crow: Newspaper Directory of China. 1933.，(14) China Commercial Advertising Agency: China Publishers' Directory 1935（中國報紙雜誌指南），(15) Woodhead. H. G. W: China Year Book. 1925–6。

I 總類

(1)華人刊物

東北年鑑　東北文化協會編　瀋陽　民國二十年

「滿洲國」年報(第一次)　「滿洲國」國務院統計處編　長春　大同二年十

新北方（月刊）　天津新北方月刊社編　民國二十年（停）

東三省（月刊）　上海東北月刊社編　民國二十年十一月（停）

東北（旬刊）　（原名『救國旬刊』）　民國二十一年——二十二年）　北平東北民衆抗日救國會編　民國二十二年九月——二十四年一月（停）

東北民意　東北留察民衆救國會編（停）

東北消息彙刊　上海東北通訊社編　民國二十四年（停）

東北月刊　北平東北月刊社　民國二十一年五月——二十二年四月（停）

東北雜誌　奉天教育廳編　民國十三年——（停）

東北叢刊（月刊）　遼寧教育廳編輯處編　民國十九年一月——二十年六月（停）

東望（半月刊）　陸軍第六十七軍參謀處編　西安　（五卷一期民國二十四年）

東北青年週刊　北平東北青年學社編　民國二十二年十一月——二十四年六月（停）

東北新旭月刊　北平東北新旭月刊社　民國十九年一月——（停）

黑白（半月刊）　上海東北協會編　民國二十二年十一月十五日——二十四年四月三十日（停）

行健旬刊　東北行健學會編　北平　民國二十二年——二十三年（停）

行健月刊　東北行健學會編　北平　民國二十一年——二十四年（停）
東北政務委員會會報（月刊）　東北政務委員會總務處編　瀋陽　民國十八年——二十年（停）
東北政務委員會週刊　東北政務委員會編　瀋陽　民國十八年——二十年（停）
蒙旗旬刊　東北政務委員會蒙旗處編　瀋陽　民國十八年—二十年（停）
東北航空季刊　東北航空處編　瀋陽　民國十七年—二十四年八月（停）
東北航空月刊　東北航空司令部　瀋陽　民國十八年一月—（停）
軍事月刊　東北陸軍訓練委員會　瀋陽　民國十七年—（停）
東北新建設（月刊）　東北新建設雜誌社　瀋陽　民國十七年—二十年（停）
東北鑛學會報（兩月刊）　瀋陽　民國十八年——二十年（停）
電政公報（月刊）　奉吉黑電政監督處　瀋陽　民國？年（停）
東三省官銀號經濟月刊　瀋陽　民國十八年五月——十九年十月（停）
司法雜誌　最高法院東北分院　民國？年（停）
京奉鐵路公報　京奉鐵路管理局　清宣統二年十月（停）
北寧鐵路公報（十日刊）（原名京奉鐵路公報）北寧鐵路　民國十八年
北寧鐵路月刊　北寧鐵路管理局　民國二十年＋
北寧鐵路車務公報　北寧鐵路管理局　民國十九年——二十年
北寧半月刊　北寧鐵路特別黨部　民國十八年（停）
北寧月刊　北寧路特別黨部　民國？年（停）
北寧黨務月刊　北寧鐵路特別黨部　民國？年　（停刊）
北寧黨務週刊（一至三十八期）　北寧鐵路特別黨部　民國？年（停刊）
北寧工聲（第一卷第一期至九期）　北寧鐵路工會理事會　民國四年（停）
血潮　第一卷第一期至二十五期　北寧鐵路特別黨部　民國四年（停）
北寧鐵路管理局改進專刊（月刊）　北寧鐵路局改進委員會　民國二十三年十月＋
東省鐵路統計年刊（亦名中東路統計年刊）　東省鐵路經濟調查局　民國十八年＋
中東鐵路統計年刊　中東鐵路經濟調查局編　哈爾濱　「大同」元年＋
中東路路警統計報告　東省鐵路路警處　民國十三年
東省鐵路路警週刊　東省鐵路路警處　哈爾濱　民國十五年十一月——十七年十一月（停）
中東半月刊　中東鐵路局經濟調查局編　民國十九年七月十六日——「大同」二年（改名北滿半月刊）
北滿半月刊（原名「中東半月刊」）　北滿鐵路經濟調查局編　「大同」二年＋
東省經濟月刊　東省鐵路經濟調查局　哈爾濱　民國十四年——十九（改名中東經濟月刊）
中東經濟月刊　中東鐵路經濟調查局　哈爾濱　民國十九年——「大同」二年（改名北滿經濟月刊）
北滿經濟月刊（原名中東經濟月刊）　北滿鐵路經濟調查局　哈爾濱　「大同」二年＋
「俄英文」東省雜誌（Manchurian Monitor）（半月刊）　中東鐵路管理局編　民國十一年＋

（2）日人刊物　參看大連——滿蒙

滿洲年鑑　滿洲文化協會編【原名「滿蒙年鑑」滿蒙文化協會（中日文化協會）編　大正十一年—十三年　大正十五年—昭和七年】

滿鐵支那月誌　（原名北京滿鐵月報）　滿鐵上海事務所研究所編　昭和五年＋

北京滿鐵月報　滿鐵北京公所編　（第一年——五年）大正十三年——昭和三年（改名滿鐵支那月誌）

朝鮮及滿洲　朝鮮雜誌社編　朝鮮京城　大正二年——昭和六年

滿洲及日本人（月刊）　全社編　奉天　昭和五年十二月＋

滿鮮縱橫評論　全社編　安東　大正十一年——十二年

極東　哈爾濱極東公論社編　大正十一年（？）

新滿洲　新滿洲社編　大正九年＋

滿洲月刊　原名『月刊撫順』　滿洲月刊社編　撫順　昭和八年＋

The Manchukuo Year Book　（原名 Manchuria Year Book）　東亞經濟調査局編　東京　1934＋

The Manchuria Year Book　東亞經濟調査局編　東京　1931-1933＋（改名 The Manchukuo Year Book）

Japan Manchukuo Year Book　（英文日滿年鑑）　全局編　東京　1934＋

「南滿洲鐵道株式會社京城管理局」業務月報　滿鐵京城管理局編　大正六年——七年

南滿洲鐵道株式會社社報　滿鐵社編　明治四十年＋

「南滿洲鐵道株式會社」統計月報　滿鐵調査課編　大正十年——昭和六年

「南滿洲鐵道株式會社」鐵道統計月報　滿鐵鐵道部庶務課編　昭和七年＋

「南滿洲鐵道株式會社」統計年報　滿鐵社編　明治四十二年——昭和四年

「南滿洲鐵道株式會社」鐵道統計年報　滿鐵鐵道部編　昭和六年＋？

「南滿洲鐵道株式會社」主要貨物年報　滿鐵鐵道部庶務科編　大正十四年——昭和五年（？）

「南滿洲鐵道株式會社」營業報告（年報）　滿鐵社編　明治三十九年＋

II 遼寧省

（A）遼寧省公報

遼寧省政府公報　遼寧省政府秘書處　民國十八年——二十年（停）

遼寧民政月刊　遼寧省民政廳　民國十八年六月—（停）

奉天公報（二月刊）　奉天財政廳（停）

遼寧財政月刊　遼寧省政財廳　民國十八年八月—（停）

奉天省財政統計年鑑　（民國十八年度）　奉天省政府（停）

奉天省財政廳十九年收數統計表　奉天省財政廳（停）

東三省經濟月刊　東三省官銀號　民國十八年——十九年

奉天教育雜誌　奉天提學司編輯處　清光緒三十四年一月——宣統元年二月（停）

東北　奉天教育廳編　民十三（停）

遼寧教育月刊　遼寧教育廳編輯處　民國十八年一月—（停）

遼寧教育公報（半月刊）　遼寧省教育廳　民國十九年—（停）

東北叢刊（月刊）　遼寧省教育廳編譯處編　民國十九年一月至二十年？

4

月（停）
實業月刊　遼寧農礦廳編　（停）
遼寧建設月刊　遼寧省建設廳編　民國十七年—（停）
遼寧建設季刊　遼寧省建設廳編　民國十九年—（停）
呼海路月刊　呼海鐵路總務處編
四洮鐵路公報　四洮鐵路管理局編　民國十五年十二月—（停）
海事　海軍編輯處編　民國十六年七月—（停）
四海　海軍編譯局編　民國十九年—（停）
公安週刊　遼寧省全省公安管理局編　民國十八年（停）
醫務週刊　遼寧省全省醫務處編　民國十八年（停）
瀋陽市政統計彙刊　瀋陽市政公所統計股（停）
奉天商埠警察旬刊
奉天醫甲叢報（月刊）

（B）遼寧省各縣期刊

（a）瀋陽

華人刊物

（1）雜誌

東方公論（第一期至八十五期）　長城書局編　民國十八年——二十一年
新華月報（第一期至十期）　北陵新華印書局編
順天民報（週刊）　「康德」元年八月+
道慈雜誌（半月刊）　「大同」康德元年八月+
滿洲新文化月刊　「大同」二年五月+
奉天晶畫報（三日刊）　「大同」三年二月+
正義時報（月刊）　「大同」二年十月+
興滿文化月報（週刊）　「康德」元年四月+
文藝畫報（三日刊）　「康德」元年七月+
日語速成講義錄（月刊）　「康德」元年十一月
孟晉週刊　孟晉學社　民國十八年五月—（停）
國民外交週報　遼寧省國民外交協會編　民國十八年
法學新報（旬刊）　奉天法學研究會編　民國十六年
屯墾　第一卷至第三期　屯墾月刊社編　（停）
東北礦學會報（兩月刊）　（遼寧）東北大學東北礦學會編　民國十八年二月——二十年（停）
奉天總商會月刊　全會編　民國十五年（停）
小說新刊（月刊）
瀋水畫報（週刊）
大亞圖書週報（週刊）
奉天青年（季刊）
財海銀燈（旬刊）
國情週報　文化社編
礦業雜誌　東北礦學會編
東北無線電新聞月刊

東北大學季刊　東北大學編　民國十六年五月——十一月（停）
東北大學週刊　東北大學編　民國十五年一月——十九年十二月（停）
東北大學文法學院院刊　東北大學編　民國二十年（停）
馮庸大學校校刊　馮庸大學編　民國十八年—（停）
教育新聞　小學教育研究社編（停）
同澤半月刊　同澤中學編　民國十年六八月—（停）
遼寧省第一高級中學校刊　全校編　民國十六年—（停）
文會季刊第一期至四期（停）　文會中學學生自治會編（停）
遼寧教育雜誌　遼寧教育會編　民國十二年（停）

（2）報紙

東三省公報　民國二年二月—（停）
瀋陽卍字新聞　民國十九年一月一日＋
奉天公報　「大同」元年九月＋
奉天日報　「大同」元年四月＋
大亞公報　民國九年十月＋
新滿公報　「康德」元年三月＋
新民晚報　民國十七年＋
醒時報　宣統元年三月＋
東三省民報　民國十二年＋
東北商工日報　民國十八年＋
東北日報　民國十年五月昭和九年（九一八後改名「東亞日報」昭和九年十二月由滿州報社收買改名「民聲晚報」）
新亞日報　民國十六年＋
民報　民國十年十月十日——二十年五月十八日　昭和六年十月十日（再刊）＋
救國公報
曉光日報
東北民衆報
東北大報
新晨報
瀋陽市報

日人刊物

（1）雜誌

滿洲學報　（年刊）　滿鐵奉天圖書館編　昭和七年＋
滿鐵奉天圖書館收書月報　滿鐵奉天圖書館編　昭和十一年二月＋
山楂子　（月刊）　昭和六年五月
啓明　（季刊）　昭和六年十二月
大亞畫報（五日刊）
大東　（月刊）　昭和二年六月
曠原月刊　昭和七年＋
日華　（月刊）　昭和四年八月
「全滿朝鮮人民會聯合會」會報　全會編　昭和八年十

Mukden Rotarian （月刊） 昭和六年三月

松之綠 （半年刊） 大正十三年四月

有終 （半年刊） 大正十四年四月

世界の教育 滿洲教育專門學校世界の教育通信部編 昭和四年——五年

榆の蔭 奉天中學校校友會編 昭和六年

滿蒙地理歷史 （半年刊） 昭和七年八月

滿洲及日本（月刊） 仝社編 昭和五年十二月+

滿洲聖戰 （月刊） 昭和六年三月

新滿洲 仝社編 大正九年+

社團法人全滿洲 旬刊米穀同業組合 昭和二年一月三十一日+

奉天經濟旬報 奉天商業會議所編 大正十五年——昭和五年

奉天商工新報 （半月刊） 大正十一年三月三十一日

奉天商工月報 奉天商工會議所編 大正十三年五月

奉天興信所內報 （半週刊） 大正十五年六月二十五日

東亞興信公所週報 （週刊） 大正十一年五月三十一日

日和興信所內報 （週刊） 昭和三年四月二十七日

奉天商業會議所月報 仝所編 大正七——十四年(改名滿蒙經濟時報)

滿蒙經濟時報 奉天商業會議所編 大正十年——十一年(原名奉天商業會議所月報)

滿洲經濟調查彙報 奉天商工會議所編 昭和二年——四年

吳富久月刊 昭和六年二月

Manchuria Medical College, Mitteilungen No. 1, 1916 + 7

滿洲藥報 （月刊） 昭和二年九月

東方醫學雜誌 （原名民國醫學雜誌） 民國二十三年1月+

民國醫學雜誌（月刊） 民國十二年一月——二十二年十二月（自第十三卷一期起，改名爲「東方醫學雜誌」）

醫學原著索引 （月刊） 大正十三年八月

（2）報紙

盛京時報 （華文）仝社編 明治三十九年十月一日+

大滿蒙 昭和七年九月三日

奉天新聞 仝社編 大正六年九月一日+

奉天滿洲日報 仝社編 昭和十年月九一日+（原名奉天日日新聞）

奉天每日新聞 仝社編 明治四十年七月一日+

奉天日日新聞 仝社編 明治四十一年十二月四日昭和五年（改名奉天滿洲日報）

奉天日報 （華文） 仝社編 昭和七年四月一日+

奉天公報 （華文） 仝社編 昭和六年九月+

大陸日日新聞 仝社編 大正八年——十二年

民聲晚報 （華文）滿洲報社編 （原名東北日報（大正十五年五月——九一八後改稱「東亞日報」） 昭和九年十二月+

(b)營口

華人刊物

(1)雜誌

警察廳旬刊

營口市政月刊　營口市政籌備處編　民國十八年

（營口）教育月刊　營口縣教育局　民國十八年

(2)報紙

營商日報　光緒三十三年十月十日

商業通信　昭和四年八月

滿洲新報　大正十二年十一月二十七日

東北大報　昭和七年+

日人刊物

(1)雜誌

營口商業會議所報（月刊）　全所編　大正九年+

(2)報紙

滿洲新報　全社編　明治四十年十二月八日+

妙光　（月刊）　大正十二年十二月+

安東廣告大觀（月刊）「康德」元年十月+

(c)安東

華人刊物

(1)雜誌

工商月報　（第一至六集）　安東總商會民國十九年（停）

安東青年（季刊）

安東教育月刊

安東警察公報

(2)報紙

安東市報　昭和四年八月+

安東商報

日人刊物

(1)雜誌

滿蒙時報（月刊）　昭和七年四月

安東經濟時報（月刊）　安東商業會議所編　大正十三年三月

滿鮮縱横評論　全社編　大正十一年——十二年

青蕪　（四月刊）　昭和五年十二月

安東取引所月報　（月刊）　昭和四年七月

安東高等女學校校友會誌　全會編　昭和六年+

安東中學校校友會誌　全會編　昭和七年+

(2)報紙

安東新報　全社　大正十二年十一月三日+

國境每日新聞　昭和二年十一月二十五日+

滿洲特產安東通過日數　昭和年四七月三十一日

商業通信　大正十二年十二月十二日

安東取引所日報　昭和五年五月十二日
東邊日報（華文）安東商務總會編　民國二十年+
東邊商工日報　民十九——昭和八年七月一日（改稱東邊日報）
新滿公報

（d）錦州

（1）華人雜誌

東北交通大學校刊　交通大學　民國十八年—（停）

（2）日人報紙

錦州新報　昭和九年六月二十四日+

（e）開原　日人報紙

開原新報　仝社編　大正八年二月二十一日+
開原實業時報　大正十二年+
商業通信　大正十三年十月二十一日
開原實業時報　大正十一年十二月五日

（f）遼陽

（1）華人雜誌

兒童旬刊
遼陽教育（月刊）

（2）日人報紙

遼海公報　（華文）「大同」二年十月一日+
遼鞍每日新聞　仝社編　明治四十一年三月+

遼陽分會報　（月刊）　昭和七年五月+

（g）鞍山

（1）日人雜誌

鐵魂半月刊　大正九年九月+
鞍山春秋　（月刊）　昭和三年五月+
鞍山高野山時報　（月刊）　昭和七年四月+
光之明（四月刊）　昭和七年七月+
鞍山鐵鋼會雜誌（季刊）　仝會編　大正十年四月創刊
芦芽　鞍山圖書館　昭和三年——五年

（2）日人報紙

鞍山日日新聞　仝社編　昭和七年七月一日+

（h）鐵嶺

（1）日人雜誌

鐵嶺商工會議所月報　仝所編　大正十四年+（原名鐵嶺商業會議所日報（大正十四年——昭和二年）又名鐵嶺會議所報（昭和二年）又名鐵嶺經濟時報（昭和三年））
滿蒙商工業報　鐵嶺商品陳列館編　明治四十三年——四五年?

（2）日人報紙

鐵嶺時報　仝社　明治四十四年八月+
鐵嶺每日新聞　仝社編　大正十二年——昭和七年

（i）四平街

9

(1)日人雜誌

菩提樹月刊　同社編

(2)日人報紙

四洮新聞　大正九年九月十八日+

(j)本溪湖

(1)日人雜誌

東亞之光（月刊）

(2)日人報紙

安奉每日新聞　大正十五年八月二十五日+

(k)洮南　日本報紙

大同日報（華文）「大同」元年十二月二十日+

(l)撫順

(1)日人雜誌

撫順圖書館報月刊　昭和五年十二月+

コドモ滿洲半月刊　昭和六年十二月十五日+

月刊滿洲　（原名月刊撫順（昭和五——八））　仝社編　昭和八年+

炭の光　（月刊）　撫順炭礦庶務課編　昭和三年七月創刊

撫順　滿鐵撫順炭礦職員俱樂部編　大正元年——六年

永安　（四月刊）撫順永安尋常小學校編　昭和三年十一月+

蔚　撫順中學校校友會編　昭和七年+

(2)日人報紙

撫順新報　仝社編　大正十年四月三日+

撫順民報（華文）　昭和七年二月十一日創刊

(m)公主嶺

(1)日人雜誌

貨物輸送年報　公主嶺驛貨物取扱所　（昭和十一年度）

鐵道案內　公主嶺驛

(2)日人報紙

公主嶺商報月刊　大正九年三月九日+

(n)孫家台　華人雜誌

開豐汽車公司月刊

(o)復縣　華人雜誌

復縣教育週刊

(p)輯安　華人雜誌

輯安教育月刊　遼寧輯安縣教育局　民國十三年（停刊）

(q)昌圖　華人雜誌

昌圖縣政公報旬刊

(r)通化　華人雜誌

通化教育（月刊）　通化縣教育局　民國十八年　（停）

(s)海城　華人雜誌

海城教育月刊　（第一期至五期）　海城縣教育局　民國十八年（停）

(t)東豐　華人雜誌

東豐教育月刊　第一期至九期　東豐教育局　民國十八年　（停）

（u）法庫　華人雜誌

法庫教育月刊　第一期至六期　法庫縣教育局　民國十八年　（停）

（v）新民　華人雜誌

新民教育月刊　第一卷至第四卷第八期　新民縣教育局　民國十八年
（停）

（w）新賓　華人雜誌

新賓教育月刊　遼寧新賓教育月刊社　（停刊）

（x）遼中　華人雜誌

遼中教育彙刊　遼中教育局

（y）西豐　華人雜誌

西豐教育彙刊　西豐教育局　民國十八年　（停）

（z）興安屯墾區　華人雜誌

屯墾月刊　興安屯墾區公署

第一期調查報告　興安屯墾區公署　民國十八年　（停）

興安區屯墾第一年工作概況　民國十九年

屯墾　（月刊）　興安區屯墾公署　民國十八年　（停）

III 遼東半島

（A）旅順　日人雜誌

（1）關東廳

關東都督府報　關東都督府　明治三十九年—大正六年

關東廳廳報　關東廳大正九年＋

關東廳統計要覽　（年刊）　關東廳文書課

南滿統計概覽　關東廳文書課年刊　大正十年＋

關東州貿易統計　關東廳庶務課　年刊　昭和四年＋

關東州貿易月表　關東廳庶務課　大正十年＋

（2）普通

警察協會雜誌　（月刊）　原名南滿州警察協會雜誌（昭和三——五）改
名爾靈（昭和六——七）　昭和七年

旅順農學會月刊　大正十二年十月＋

南滿獸醫畜產學會雜誌季刊　昭和六年七月＋

南滿教育月刊　明治四十二年十月＋

靈南教育月刊　大正十五年九月＋

祖國の光月刊　大正七年二月＋

白玉　（月刊）　旅順　昭和七年二月＋

姬百合の園（月刊）　高等女學校校友會編　昭和七年二月＋

靈陽　（半年刊）　明治四十四年八月＋

旅順第二中學校學友會　全會編　昭和七年＋

塔影月刊　昭和六年七月創刊

（3）旅行

旅（隔月刊）　昭和七年三月＋

旅行滿洲　昭和九年四月廿八日＋
滿洲ガイト　昭和九年十二月十五日＋
滿洲旅行案內　全社　昭和八年九月二十五日＋
滿鮮旅行案內月刊　明治四十二年二月九日＋
大連案內社旬報旬報　昭和六年七月三日＋
Tourist Bulletin（半月刊）　昭和四年十二月二十四日＋

（B）貔子窩

日人雜誌　日人刊物

セから（月刊）　貔子窩　昭和四年十二月＋

（C）大連　日人刊物

（1）滿蒙

新天地（月刊）全社編　大正十年一月＋
大陸　全社編　大正六年＋
亞東月刊　大正十三年九月＋
滿鮮經濟月刊　昭和三年六月＋
滿鮮月刊　昭和二年十月＋
大陸生活　全社編　昭和二年——三年
滿蒙之文化　滿蒙文化協會　六正九年——十二年　（改名「滿蒙」）
滿蒙年鑑　（中日文化協會）　大正十一年——十三年　大正十五年——
昭和七年　（改名滿州年鑑）
滿蒙　（月刊）（原名「滿蒙之文化」）滿蒙文化協會編　大正十二年十
滿蒙研究彙報　滿蒙研究會編　（一——五〇號）　大正四年——八年
「滿蒙研究會」會報　全會編　（一——三號）　昭和二——三
滿蒙の知識　滿蒙の知識普及會編　昭和二年
滿蒙評論（月刊）　全社編　大正四年七月＋
滿蒙研究（月刊）　昭和四年八月＋
滿蒙經濟評論月刊　昭和七年三月＋
滿日調查通報　昭和七年六月＋
滿州年鑑　（原名滿蒙年鑑）　滿州文化協會編　昭和八年＋
滿洲鄉土（月刊）　昭和三年七月＋
滿洲評論（月刊）　社全編　昭和六年八月＋
滿洲公論（月刊）　全社編　大正十一年七月七
滿鐵衛生研究所彙報　全所編　昭和十年三月二十六日＋
滿鐵調查月報　（原名「滿蒙事情」）　滿鐵資料編　昭和六年——
滿蒙事情　（原名「調查時報」）　滿鐵調查課編　昭和五年——六年
「南滿洲鐵道株式會社」調查時報　滿鐵調查課編　大正九年——六年
（改名滿蒙事情）
滿洲福音ニュース（月刊）　昭和六年四月＋
滿洲タイムス（週刊）　大正十年八月三日＋
滿洲日報社報月刊　昭和三年二月＋
黎明滿洲月刊　昭和八年十二月十六日＋
鄉土滿洲月刊　昭和四年六月＋

12

滿洲月刊　昭和六年六月+
滿洲寫眞年鑑　中日文化協會
經濟滿日　滿日調查部編　昭和七年六月十六日+
滿洲改造　全社編　昭和八年+
滿洲調查機關聯合會會報　全會編　大正十一年
東亞　昭和七年四月九日+
滿日調查通報　滿洲日報社編　昭和七年+
大亞細亞　大亞細亞建設社編　昭和八年五月+

(2)社會經濟

滿洲經濟統計　滿鐵調查課編　昭和四年+
統計月報(半月刊)　滿鐵資料課編　大正十五年三月三日+
經濟統計月報　大連商工會議所編　昭和四年十二月+
滿洲經濟統計年報　大連商工會議所編　昭和九年+
滿洲經濟統計月報　滿鐵經濟調查會編　大正十三年五月+
滿洲經濟年報　滿鐵經濟調查課社編　一九三二+
大連港輸出入品英字日報　昭和十年三月四日+
大連港輸出統計　滿鐵鐵道部編　昭和七年度
混合保管大豆受寄口數統計　滿鐵鐵道部編　昭和七年度出週
滿洲國外國貿易統計月報　大連稅關貿易統計處編　昭和八年三月+
滿洲輸入組合聯合會會報　全會編　昭和三年+
內外經濟情報　日滿實業協會滿洲支部編　昭和十年二月四日

滿洲經濟時報(月刊)　全社編　大正九年四月——昭和六年 13
勞務時報半月刊　滿鐵經濟調查會編　昭和五年十二月二十七日
滿洲之社會　滿洲社會事業研究會編　大正十一年——十四年(改名社會究)
社會研究　(原名滿洲之社會)全社編　大正十四年——昭和四年
滿洲社會事業年報　滿洲社會事業協會編　昭和九年度
滿洲警察新聞半月刊　滿洲警察新聞社編　昭和八年十月十七+
地方經營　滿鐵地方部庶務課編　大正十三年——十五年
大連貨間ニユ一ス(兩月刊)　昭和五年五月十二日+
滿洲社會事業月刊　大連民政署地方課編　昭和六年四月+
法政經濟研究　滿洲法政經濟研究會編　大正十五+
法律時報(半月刊)　全社編　大正十三年五月十四日+
滿洲消防新報半月刊　滿洲消防新報社編　昭和八年十月十七日+
組合報月刊　昭和二年一月
愛兒と家庭(月刊)　大連民政署　大正十五年五月+
醫藥保育雜誌　全社　昭和八年二月三日+
保護者會報(半年刊)　大正十三年三月+
中華藥報月刊　大正十二年七月+
日滿藥報　全社編　大正十二年七月+
關東州藥劑誌　關東洲藥劑師會編　昭和十年二月四日
滿洲醫學雜誌(月刊)　東洋醫學社編　大正十二年一月+

南滿獸醫畜產學會報　仝會編　大正十五年——
滿州果子食料新報月刊　大正十五年六月+
旬報　大連醫院編　昭和四年六月二十六日+
大連醫師會會報　大連醫院編　昭和八年十一月三十日+
日滿食料時報　仝編　昭和七年十二月二十日+
全滿洋食調理師交睦會會報（月刊）　昭和七年七月+
食道樂　社仝編　昭和九年七月十七日+
滿州女性界　滿州社　編大正十年+
滿洲婦人新聞（旬刊）　大正十二年十二月二十六日+
滿洲女子青年月刊　昭和三年十一月+
女性と滿洲月刊　昭和二年十月+
日滿女性　昭和三年十一月三日+
柔克　滿鐵婦人會編　大正十四年——昭和二年
運動と趣味（月刊）　仝社　昭和六年+
Golf in Manchuria（月刊）　昭和七年八月+
加能越（月刊）　仝社編　昭和八年八月十六日+
松竹ニユース（週刊）　中央映畫館編　昭和六年十二月二十八日+
日活館ニユース週刊　昭和六年十二月+
映樂ニユース週刊　昭和七年二月九日+
ニユース映樂　映樂館編　昭和七年二月九日+
常盤座週報（五日刊）　昭和四年十二月二十四日+

滿洲出稼移民移動狀況　滿鐵調查課編　民國十九年+
南滿教育　南滿洲教育會編　大正十一年+
大廣場教育（年出三次）　大正十三年三月三十一日+
國語教と育月刊　昭和七年六月+
滿洲工商時報月刊　昭和七年七月+
滿洲重要物產商況日報（日刊）　大正二年七月二十八日+
近江洋行ニユース二（月刊）　昭和七年三月+
裕昌慎錢莊行單　昭和八年七月三日+
業務改善資料月刊　滿鐵審查役室編　昭和七年七月+
業務資料月刊　滿州電信電話株式會社編　昭和九年三月五日+
家庭（ガス）瓦斯（月刊）　南滿洲瓦斯株式會社編　昭和四年十一月+
德泰時報　昭和九年十月二十五日+
山田實株週報　大正十四年四月二日+
山田見株日報月刊　大正十四年四月二日+
雙聚福日報　昭和八年七月三日+
大商　大連商業學校編　昭和八年四月四日+
大連市公報旬刊　大連市役所　大正十五年三月三十日+
大連商工月報　（原名大連商業會議所月報　大正四年——五年　改名
滿蒙實業會報　大正五年　又名大連商業會議所月報　大正十四——昭和四）大連商工會議所編　昭和五年——

1 4

大連商工會議所年報　全編
市況日報　昭和八年五月三日+
商況通信日刊　全社編　昭和三年十月十六日+
大連商況通信　昭和三年十月十六日+
大連商業興信所日報　大正十四年三月三十日+
大連取引所先物取引賣買殘玉日報月刊　滿洲重要物產取引人組合編
　大正十四年一月十日+
滿洲興信公所日報　大正九年九月十四日+
大連取引所相場日報日刊　昭和五年八月一日+
大連雙聚福錢莊行單　昭和八年七月三日+
大連福冝田商報　昭和九年五月十日+
大連株式商品日報　大正十年五月三十五日+
大連貯蓄信用組合報　昭和九年十月二十日+
大連岡谷商報　昭和九年七月十七日+
永順錢鈔日報日刊　大正十四年四月十日+
大連錢鈔取引所行情日報　昭和八年七月三日+
大連錢鈔日報　大正十四年四月二日+
大連錢鈔取引所行市表（日刊）　大正十四年四月十日+
大連卸賣物價調　大連商工會議所編　昭和九年五月十五日+
大連小賣物價調　大連商工會議所　昭和九年五月十五日+
大連米穀同業組合報　大連米穀同業組合編　昭和九年三月十七日+

有價證券現物仲直段表（日刊）德泰公司編　昭和六年六月二十二日+
萬玉洋行商報（月刊）　昭和四年十二月+
株の研究　射越屋商店調查部編　昭和八年八月十六日+
株式現物中直表　昭和十年二月四日+
株式日報　東裕錢莊編　昭和八年五月十日+
相場日報　錢鈔取引人組合編　昭和八年五月一日+
松尾債券時報月刊　昭和五年十二月+
泰東興信公所日報　大正十一年三月二十八日+
泰記相場日報日刊　大正十四年四月廿二日+
泰信日報　大正十四年四月廿七日+
日滿興信所所報（日刊）　昭和七年十一月十二日+
日本自動車商報　三菱商事株式會社大連支店編　昭和九年八月二十二日
Daily Silver quotations in Dairen 英文（日刊）　德泰公司　昭和八年八
　月十六日+
國際帝國興信日報（又名國際興信所報）　昭和六年三月十四日+
日清興信所內報日刊　大正九年十一月六日+
錢鈔相場日報　東裕錢莊　昭和八年五月十日+
銀卜國際爲替月刊　昭和五年十二月+
錢鈔日報　（日二回）　大正十四年四月二日+
日滿商品仕入案內　（隔月刊）　昭和七年八月+
丸山洋行建築材料商報月刊　昭和六年三月+

大連實業會會報 大連實業會編 明治四十年——四十一年（改名大連實業雜誌）

大連實業雜誌（原名大連實業雜誌） 大連實業會編 明治四十二年——大正四年

東三省產業統計年報 昭和三年

滿洲重要物產月報 滿洲重要物產組編 昭和二年三月+

關東水產會報（月刊） 昭和二年五月+

滿洲之水產（旬刊） 昭和二年四月十九日+

事業報告 日滿實業協會編 昭和九年度

特產物及石炭輸送統計 滿鐵鐵道部編 昭和七年度

滿洲產業統計 昭和七時

滿洲大連沙河口實業時報（半月刊） 大正十四年七月

支那礦業時報（季刊） 滿鐵地質調查所編 大正十四年十月+

農業の滿州（月刊） 滿州農事協會 昭和三年十一月——

大連園藝會報月刊 大正十四年一月+

支那白菜研究所報月刊 昭和四年三月+

產業經濟之滿洲 昭和十年二月二十日+

中日實業興信日報 全社編 大正十一年十一月七日+

南滿工專時報月刊 大正二年六月+

滿洲の發明 滿洲發明協會 昭和十年二月四日+

大陸工報 興亞技術同志會編 大正六年——九年？

滿洲技術協會誌兩月刊 全會編 大正十三年五月+

昭和製鋼所社報（週二回） 昭和製鋼所社文書課編

南滿洲電氣株式會社社報（旬刊） 全社編 昭和四年九月二十八日+

電界月刊 大正十四年十一月+

電氣ニュース月刊 滿洲電氣株式會社 昭和六年五月+

電氣彙報 滿鐵電氣課 昭和九年五月二十四日+

家庭的電氣月刊 滿洲電業株式會社 昭和六年六月+

滿洲電信電話株式會社社報 昭和八年七月三日+

滿洲電氣協會會報（年五回） 全會編 昭和四年十二月+

滿洲建築協會雜誌（月刊） 全會編 大正十年三月+

滿洲土木建築業組合報（二月刊） 全組合編 明治四十一年八月——昭和三年

滿州土木建築業協會報（二月刊） 全會編 昭和四年——

大連建築現業員組合報月刊 昭和三年十月

大連土木建築現業組合報 昭和三年十月四日

（3）學術

滿鐵大連圖書館增加圖書月報 大連圖書館編 昭和九年五月十五日+

書香 滿鐵大連圖書館 （前期）大正十四年—十五年（後期）昭和四年四月+

內外雜誌記事件名索引（月刊） 大連圖書館編

南滿州書司會雜誌 全會編 第一——四號 大正五年——六年

（4）宗教

靈光月刊　キソスト教會編　昭和六年十一月
滿洲靈揚建立會會報　昭和十年三月六日+
神の道月刊　神の道會編　大正十三年十一月+
眞光　金光教會
金光教滿洲青年月刊　昭和七年三月+
聖化　仝社　昭和二年+

（5）交通

滿蒙交通統計　滿鐵調查課　昭和六年度
全滿運輸交通報　昭和二年一月十三日
鐵道之研究月刊（原名運輸之研究）（大正十年——十二年）　滿鐵鐵道部　大正十三年
鐵道統計年報　滿鐵鐵道部　昭和七年度
鐵道統計月報　滿鐵鐵道部　昭和六年十二月
南滿洲鐵道株式會社社報（日刊）　南滿洲鐵道株式會社　昭和四年九月十一日+
運轉資料　滿鐵鐵道部輸送課車輛係編　昭和九年七月十七日+
滿洲輸入組合聯合會會報（月刊）　昭和三年十月+
滿洲入札通信日刊　大正十四年三月三十一日+
業務の友（滿洲土木雜誌）　滿鐵線路會編　昭和五年——七年
滿蒙之運輸（月刊）　滿蒙之運輸社編　昭和八年九月十二日
（滿洲支部朝鮮內地）汽車時間表（月刊）（附汽船航空自動車發著表）　昭和四年十一月+
放送月報　仝社編　昭和九年六月二日
滿洲遞信協會雜誌（兩月刊）　仝會編　大正十二年——
ポスト　滿洲遞信協會編　昭和十年三月二十六日
滿鐵信號會會報　滿鐵電線課編　昭和九年四月十三日
動車　滿鐵鐵道部輸送課　昭和九年七月十七日
The Dairen Shipping News　大連海事日報社編　昭和七年四月四日+
海上人（兩月刊）　昭和三年七月+
海友（月刊）　海務協會編　明治四十三年四月+
海事協會滿洲支部報大連市役所編　昭和八年二年八月+
航連會誌　日本航空會社大連支部　昭和九年三月五日
Landing & Shipping Reports 日刊　昭和七年四月四日+
大連海友會會報（月刊）　昭和六年六月+
大連海事日報　昭和三年六月二十五日+
埠頭事務所報　滿鐵埠頭事務所編　明治四十三年+

（6）文學

（日語讀物）友邦　昭和九年九月二十五日+
日本語　昭和九年一月十九日+
文學（季刊）　昭和七年八月+
文泉（月刊）　滿鐵社員消費組編　昭和七年三月+
童話作品　昭和十年二月四日+

靈心行（月刊）　昭和四年十二年＋
滿洲文庫　昭和九年九月二十五日＋
滿鮮謠曲界　昭和八年五月二十三日＋
滿洲短歌（月刊）　滿洲鄉土藝術協會編　昭和四年三月——六年
滿洲通信俳句月刊　昭和六年三月
遼東詩壇（月刊）（華文）　同文社編　大正十三年——昭和五年
作文　昭和七年八月二十九日＋
平原（月刊）　全社編　昭和四年三月＋
干城（隔月刊）　昭和三年一月＋
赫イ夕陽月刊　昭和七年四月＋
若葉　全會編　昭和二年十
協和（半月刊）【原名（自修會雜誌）（明治四十二——大正三）又名讀書會雜誌（大正三年——昭和二年）】　滿鐵社員會編　昭和二年＋
藝術滿洲　昭和九年十二月五日
鵲　昭和十年二月四日＋
燕人街　全社編　昭和五年——六年
戎克　戎克編輯所編　昭和四年——五年
青泥月刊　昭和二年八月＋
春日の學園（年三回）　大正十五年五月
合萠月刊　昭和三年六月
螢雪（月刊）　大連語學校螢雪會編　大正十年五月＋

（7）軍事

帝國在鄉軍人　大連第二分會會報兩月刊　昭和二年六月＋

（8）蘇俄

週刊極東週刊　大正十三年六月二十五日創刊
ソウエート聯邦事情（月刊）　滿鐵經濟調查會　昭和五年五月＋

（9）普通

興亞月刊　興亞技術同志會　昭和二年十月＋
善隣（月刊）　善隣社　昭和五年八月＋（華文）
支那研究月刊　昭和四年一月
第一線（兩月刊）　大連早稻田同攻會南滿洲支部　昭和八年十月五日＋
聖德（年三回）　昭和二年八月＋
白道（月刊）　大正十年十一月＋
伏水會會報（季刊）　昭和七年三月＋
週報大日活（通刊）　大正十四年一月二十九日＋
百面想　昭和十年二月四日＋
十字路月刊　昭和六年六月
直目（兩月刊）　滿鐵鐵部道直目會編　昭和三年六月＋
大正半年刊　大正十四年十月＋
大業月刊　昭和六年十二月＋
大連友の會レポート　昭和九年三月二十六日

大連青年月刊　大正十三年十二月+
大連時報(月刊)　仝社編　昭和五年+
南山麓(年三回)　大正十四年十一月六日
南滿洲青年月刊　大正十二年三月十二日+
滿洲寫眞タイムス(月刊)　昭和七年四月+
ヒビキ　滿洲雜誌社編　大正四年——六年
滿洲寫壇　新樹社編　昭和六年+
聲(月刊)　滿鐵社員消費組合編　昭和二年六月+
檢友半年刊　大正十五年十一月+
青訓健兒(年十次)　昭和四年一月二十五日+
轎車月刊　昭和七年六月+
蝸牛(兩月刊)　昭和六年十二月+
靜友　靜岡縣人會青年部　昭和十年三月二十七日+
影　滿鐵建設局工事課　昭和九年四月二十一日+
是城月刊　大正十四年十月+
亞細亞大觀月刊　大正十三年七月+
石川誠光堂ニュース(月刊)　昭和四年八月+
帝國館新聞半月刊　昭和七年二月二十五日
帝國館ニュース　昭和十年三月五日+
學校と家庭(年五回)　大正十四年十月二十六日+
學校より家庭　大連中學校　昭和九年五月二十四日+

19

伏丘　南滿洲工業專門學校雜誌部編　昭和七年+
東方パンフマツト通信(月出四次)　昭和五年十二月二十七日+
ダツスベロケニュース　昭和九年十二月二四日
嶺前月刊　昭和三年十二月+
Weekly Takara(週刊)　大正十四年三月三十一日+
亞東印畫輯(月刊)　亞東印畫協會編　大正十三年七月
新文化　仝社編　民國十二年——十三年(改名青年翼)(華文)
青年翼　(原名新文化)(華文)仝社編　民國十三年——十七年
東北文化月報　滿蒙文化協會編　民國十一年——十七年(改名東北文化)(華文)
東北文化(週刊)(原名「東北文化月報」後改名「大同文化」)(華文)　中日文化協會編　民國十八年——二十年
大同文化　(半月刊)(華文)　(原名「東北文化」)滿洲文化協會編　大同元年+

(10)報紙

滿洲日日新聞　仝社編　明治四十一年——昭和二年(改名「滿洲日報」)
遼東新報　仝社編　明治三十八——昭和二年(改名滿洲日報)
滿洲日報(日文)　仝社編　昭和二年+(「滿洲日日新聞」「遼東新報」合併改名)
滿洲報　(華文)　仝社編　民國十一年+
泰東日報　(華文)　仝社編　民國十四年+

關東報（華文）　全社編　民國十七年+
大連新聞　全社編　大正九年三月十五日+
盛京時報　全社　民國九年+（華文）
Manchuria Daily News（滿報）　明治四十年一月十七日+
The Manchurian Mouth-Monthly supplement of the Manchuria Daily News　大正十三年十月+
日刊帝國通信　信濃町三一　大正十三年三月六日
大連タイムズ　全社編　大正十四年——昭和二年（改名「遼東タイムス」）
遼東タイムス（原名「大連タイムス」）全社編　昭和三年——七年
滿洲タイムズ（原名「遼東タイムス」）　全社編　昭和七年——+

(11)通信

帝國通信日刊　大正十三年三月六日創刊
「滿洲國」通信　「滿洲國」通信社　昭和七年十一月三十日
電通日刊　大正九年八月二十四日+
聯合通信日刊　大正十二年十月十五日+
大東通信　昭和九年十二月十七日
日滿通信日刊　大正十年四月二十五日+
中日經濟通信日刊　大正十四年十一月四日

IV　吉林省

(A)吉林省公報

吉林省政府公報　民國十八年—（停）
吉林省議會第四屆報告書　吉林省議會編　民國十五年（停）
吉林民政月刊　吉林省民政廳編　民國十八年—（停）
黨務政治彙刊　吉林省黨部編（停）
吉林建設公報（季刊）　吉林省建設廳編　民國十八年—民國十九年（停）
吉林農礦月刊　吉林省農礦廳編　民國十八年—（停）
吉長鐵路公報　吉長鐵路管理局編
吉長吉敦鐵路月刊（原名吉長敦月報）　吉長吉敦鐵路編　民國十年—（停）
吉林教育公報（週刊）　吉林省教育廳編　民國十八年一月—民國二十年一月（停）
吉林教育公報（月刊）　吉林教育廳編　民國七年一月—（停）
吉林教育會月報　吉林省教育會　民國十二年四月—（停）
吉林教育雜誌　全社編　民國五年
吉林通俗教育半月刊（第一期至十九期）　吉林省立民衆教育館民國十五年（停）
吉林民衆教育半月刊（第十一期至十二期）　吉林省立民衆教育館編（停）
吉林民衆教育講演月刊　吉林省立民衆教育館編　（第一期至十期）（停）
吉林通俗教育講演日刊　吉林省立通俗教教育館（停）

20

(B)吉林省各縣

(a)吉林

華人雜誌

(1)雜誌

春雷滿蒙專號　吉林大學懇稱社編　民國十八年(停)
吉林通俗報(每月出版十二次)　吉林通俗報社編(停)
吉林縣教育月刊　吉林縣教育局編(停)
一師校聞(週刊)
一師附小半月刊
二中月刊　吉林省立第二中學編(停)
三中月刊　吉林省立第三中學校編
吉林五中校刊(月刊)
毓文週刊(週刊)
模範小學(月刊)
永吉縣一校聞(月刊)
縣二校刊(月刊)
民衆教育講演月刊(月刊)
民衆教育半月刊(半月刊)
吉林省教育會刊(三月刊)　康德元年十月
醫團公報週刊
衛生月刊(月刊)

(2)報報

吉林日報　民國二十年十二月十日

日人報紙

東省日報　大正十一年九月二十日+(華文)
松江新聞　大正十二年九月

(b)長春

華人刊物

(1)雜誌

自強月刊(半月刊)
自治會叢刊(半月刊)
伊斯蘭旬刊　滿洲伊斯蘭協會編　「康德」元年三月+
振亞　「滿洲國」協和會編　「大同」二年——
「大同學院同窓會」會報　仝會編　「大同」二年——
滿洲國大同學院報(週報)(日文)　大同學院編　「大同」二年九月——
體育雅言(月刊)　「康德」元年十月
法曹雜誌(月刊)　「康德」元年十月
大亞協和月報(月刊)　「大同」二年十月

(2)報紙

吉林日報　仝社編　民國十九年+
滿蒙日報　昭和八年八月二十五日+
道德日報　仝社
大同報　(原明大東報)　民國十二年+

東省日報　全社編　民國十四年+

日人刊物

(1)雜誌

長春經濟內報週刊　昭和二年九月八日+

長春商業會議所報　全所編　大正九年——十一年

長春商業會議所調查彙報(月刊)　大正十二年——昭和三年

新京月刊　昭和七年八月+

滿洲改造月刊　昭和七年六月+

高粱月刊　昭和七年七月+

健兒月刊　昭和六年二月+

學校通信(年出五次)　昭和五年八月+

(2)報紙

商業通信日報　昭和五年十二月二十七日+

新京日報(原名北滿日報)　昭和七年——十年

北滿日報　明治四十三年——昭和七年(改名新京日報)

新京日日新聞　(原名長春實業新聞)　(大正九年十二月)　昭和七年+

電通日刊　昭和七年六月六日+

滿洲工商日報(原名相揚日報)　昭和五年八月又名商況日報　昭和七年四月　昭和八年九月+

滿洲日報長春號外日刊　昭和七年三月十五日創刊

大新京日報　(原名北滿日報)明治四十三——昭和七年)改名新京日報(昭和七年——十年)昭和十年二月一日+

大滿蒙　全社編　昭和七年+

協和報　(日華兩文)　「康德」元年+

長春實業新聞　全社編　大正九年四月二十日——昭和七年

滿蒙日報

吉長日報

「滿洲國」通信

(c)「間島」

華人報紙

日人報紙

延邊晨報　「大同」二年八月二十日+

間島日報　大正十三年十二月二十日+

間島新報　全社編　昭和四年+

(d)延吉　華人雜誌

四師半月刊(半月刊)

(e)雙城　華人雜誌

自治月刊

(f)佳木斯　華人雜誌

樺川政教旬刊(半月刊)

(g)富錦 業人雜誌

三江報 「康德」元年九月+

V 東省特別區

(a)東省特別區公報

東省特別區市政月刊 哈爾濱特別市市政局編 民國十七年——二十年

東省特別區路警週刊(一至四十四期) 東省特別區路警處編 民國十五年十一月——十七年十一月

東省特別區路警處統計書 東省特別區路警處編

東省特別區警察周刊 民國十五年一月—十七年十一月

東省特別區教育行政週報 東省特別區教育廳編 民國十九年七月一日——二十一年一月

東特區教育報 東特區教育廳編

教育月報 東省特別區教育廳 民國十八年——

教育月刊 東省特別區教育會編 民國十六年六月——九月

東省特別區十九年度教育年鑑 東省特別區教育廳編 民國二十年

哈爾濱通俗教育所演講所講演錄 哈爾濱教育通俗館編 民國十八年

哈爾濱黨務週報 哈爾濱黨務特派員辦事處(停)

(b)哈爾濱華人刊物

(1)雜誌

市聲日報(週刊)

平民週報(週刊)

北方雜誌 哈爾濱北方雜誌

實用衛生雜誌(雙月刊)

Manchurian plague prevention service reports, 1911/14—(停)

哈爾濱五日畫報(五日刊) 「大同」元年+

帝國兒童新聞(週刊) 「康德」元年六月+

東省鐵道運輸公司週刊 哈爾濱東省鐵道運輸公司編

哈爾濱青年(週刊)

民衆半月刊(半月刊)

遼東月刊

道德月刊

華北月報

東北月報

(2)報紙

消閒錄 民國十三年+

商報晚刊 民國十三年—二十年

新東陲報 哈爾濱新東陲報社編

濱江時報 民國九年四月+

濱江午報(日刊) 民國十年六月一日

東三省商報 民國十二年+

東陲商報 東陲商報社 民國十一年至十三年

新新日報 昭和六年+

東北日報（日刊）
國民公報　昭和六年+
國際協報（日刊）　民國七年+
國際商報　大正八年七月一日+
哈爾濱商報　民國十年十二月一日+
哈爾濱新報　昭和六年+
濱江晨報　民國十九年+
哈爾濱公報　民國十六年十二月十日+
松江日報
晨光報

日人期刊

滿鐵哈爾濱圖書館北滿關係雜誌記事索引　滿鐵奉天哈爾濱圖書館
　昭和九年度
哈爾濱商品陳列館館報　仝館編　大正八年——九（改名露亞時報）
露亞時報　（原名「哈爾濱商品陳列館館報」）　哈爾濱商品陳列館編
　大正九年——七年
露滿蒙時報　（原名「露亞時報」）哈爾濱商品陳列館編　昭和八年——
極東　極東公論社編　大正十一年？
「南滿洲鐵道株式會社哈爾濱事務所」調查時報　滿鐵哈爾濱事務所調
　查課編　大正十二年——三三年（改名「哈爾濱事務所調查彙報」）
「哈爾濱事務所」調查彙報　（原名「哈爾濱事務所」調查時報）　仝所編
　大正十四年——十五年

日人報紙

大北新報　（原名盛京時報）　昭和八年六月一日
東方通信（Toho）日刊　昭和七年三月——
哈爾濱新聞　仝社　（大正十一年十月一日）
哈爾濱通信　仝社編　大正十二年——昭和五年
哈爾濱日日新聞　仝社編　大正十一年一月+
北滿洲　北滿洲新聞社　大正十年
ノーウオスチ
ウヲストカ
ナツノプーチ
ルーポル
ダンバオ
ザリヤ
ルスフエスロオ
ロシヤ通信

西人報紙

Harbin Observer（哈爾濱英文大光報）　1924+
Rupor（俄文日報）　1921+
Naturalist of Manchuria.　(Monthly)
Rubesh (weekly)

2 4

Two Russian Jewish papers

Katolucheskij Vestnik (Greek-Catholic)

Lastochka

Luch Asij (Fascist)

Musketerie

Natsia (Fascist)

Harbinskoye Vremya Vecherom (evening issue) 1931＋

Hleb Nebesnij (Catholic Orthodox)

Kun Pao（俄文日報）

Zaria (daily)（俄文日報） 1920＋

Nash Putj (daily)

西人雜誌

Manchurian research society publications, SA 1925＋, SD 1932

Review（東省文物會報）（停）

VI 黑龍江省

（A）黑龍江省公報

黑龍江政務報告書（民國二年十一月至三年十二月） 黑龍江巡按使公署 民國四年

黑龍江政務報告統計表（民國二年度至三年度） 黑龍江巡按使公署 民國四年

黑龍江省政府公報 黑龍江省政府秘書處編 民國十八年—民二十年（停）

黑龍江省民政月刊 黑龍江省民政廳編

黑龍江財政月刊 黑龍江省財政廳編 民國十八年——（停）

黑龍江建設月報 黑龍江省建設廳編 民國十八年＋——（停）

農鑛月刊 黑龍江省農礦廳編 民國十八年——（停）

呼海鐵路月刊 呼海鐵路局編

黑龍江教育公報 黑龍江省教育廳編 民國十二年——（停）

黑龍江通俗教育週報 黑龍江通俗教育社編 民國十七年十月—十二月

黑龍江通俗教育日報 黑龍江省通俗教育社編 民國十一年至十四年

軍事月刊（月刊）

黑龍江警甲彙報（週刊） 黑龍江省江警務處編

市警彙報（週刊） 黑龍江省江公安局

司法公報（週刊）

黨務月刊 黑龍江省黨部 民國二十年七月（停）

（B）黑龍江省各縣

（a）齊齊哈爾華人雜志

三師季刊（季刊）

黑龍江民報 民國十七年十二月二十五日＋

（2）日人報紙

黑龍江報

北滿日報 （合併「龍江日報（昭和七年四月十五日＋） 及齊齊哈爾日報（昭和七年九月＋）昭和九年一月＋

(b)北安鎮日人報紙

北安日報　昭和九年六月一日+

(c)黑河華人報紙

黑河日報　黑河日報社　民國十二年+

黑河民報　「大同」元年七月二十五日

(d)巴彥華人雜誌

民衆教育週刊(週刊)

(e)海拉爾華人日報

海拉爾協和報

VII 熱河省

(A)熱河省公報

熱河省政公報(日刊)　熱河省政府秘書處編　民國十九年七月—二十二年(停)

熱河民政彙刊　熱河民政廳編　(停)

熱河建設公報(季刊)　熱河建設廳民國十九年—(停)

熱河教育月刊　熱河省教育廳　民國十九年(停)

(B)熱河各縣刊物

(a)承德

華人報紙

熱河日報(日刊)　熱河承德

日人報紙

熱河新報(華文)　「大同」二年三月

VIII「滿洲國」公報

(甲)「滿洲國」政府各院部

(A)國務院

「滿洲國」政府公報(日刊)　國務院總務廳秘書處　「大同」元年+

「滿洲國」政府公報日譯　國務院總務廳秘書處　「大同」元年+

政務週刊　國務院總廳秘書處

政務月報　國務院總務廳

「滿洲國」年報　國務院統計處　第一次　「大同」二年+

「滿洲國」年報(日譯)　第一次　昭和八年+

統計彙誌(季刊)　國務院統計處　「大同」二年+

零賣物價(月刊)　國務院統計處

資料彙報(月刊)　國務院統計處編　「大同」元年九月+

國都建設局業務概要月報　國務院國都建設局編

國道局業務年報　國務院國道局編　「大同」元年度

道(月刊)　國務院國道局

中央銀行業務報告書(半年刊)　滿洲中央銀行

經濟金融概況(月刊)(日文)　滿洲中央銀行調查課編

興安總署彙刊　興安總署總務處編　「大同」二年+

蒙政部月刊（原名興安總署業刊） 興安總署編

蒙古報（月刊） 興安總署編

(1)民政部

民政部月刊 （現改名「民政月刊」） 「康德」二年九月+

民政部半月刊 「大同」三年+

民政部調查月報 總務司資料課編 「康德」三年一月+

各縣政況（月刊） 「大同」三年+

資料月報 「大同」三年+

民政部旬刊 文書科編 「大同」元年+

滿洲國民政年報 「康德」元年+

東省特別區政務處週刊 北滿特別區公署編 「大同」二年六月+

新京特別市公報（旬刊） 新京特別市公署編

首都警察廳廳報 首都警察廳編

市公報 哈爾濱特別市公署編

市政月刊 哈爾濱特別市市政管理局編 一九三一+

(2)外交部

國際通商時報（日刊） 通商司編 「大同」二年—

極東蘇領事情（月刊） 原名ソヴユート聯邦極東地方事情 政務司編

Information Bulletins（外交部公表集）

國際評論 宣化司編 「大同」三年+

(3)軍政部

軍政部週刊 「大同」三年+

精軍（月刊） 「大同」三年+

礎 「大同」三年+

(4)財政部

稅務司月報 稅務司編 「大同」三年+

滿洲國外貿易統計月報 稅務司編 「大同」三年一月+

專賣月刊 專賣公署編 「大同」三年+

吉黑権運月報 吉黑権運署編 「大同」三年+

(5)實業部

實業部月刊 總務司編 「大同」元年二月+

實業公報（月刊） 總務司編 「大同」三年+

商標公報（半月刊） 商標局編 「康德」元年四月+

時憲書 實業部中央觀象臺編 「大同」元年

滿州氣象月刊 中央觀象臺編 「康德」三年+

(6)交通部

交通部月刊 「大同」二年+

吉黑郵政公報 吉黑郵政管理局編

吉林省鐵路局局報 吉林省鐵路局編 昭和十一年七月+

北滿經濟月刊 北滿鐵路管理局編 「大同」二年+

北滿半月刊 北滿鐵路管理局編 「大同」二年+

哈爾濱鐵路局局報 哈爾濱鐵路局編

洮南鐵路局報　洮南鐵路局編
奉天鐵路局局報　奉天鐵路局編　昭和十一年+
奉天鐵道事務所所報　奉天鐵路局編
哈爾濱郵政管理局日報　哈爾濱郵政管理局編

(7)司法部

司法部公報(半月刊)　總務司編　「大同」元年二月+
監獄衛生月刊　行政司監獄科編　「大同」三年+
監獄月刊　行政司監獄科編　「大同」二年

(8)文教部

滿洲國文教年鑑　「康德」元年+
文教部月刊　總務司調查科編　「大同」二年六月+
資料月報　總務司調查科編　「大同」二年+

(9)蒙政部

蒙古時報　總務司調查課編　「康德」二年十二月+
蒙政部彙刊　總務司編　「康德」二年十二月+

(B)立法院

立法院院務月刊　秘書廳編
立法院年鑑　秘書廳記錄處編

(乙)滿洲國各省署及縣署

(A)奉天省公署(附奉天市)

奉天省公署公報(隔日刊)　「康德」三年一月+
奉天教育　奉天省教育廳編　「大同」二年+
奉天市公報　奉天市政公署編　「大同」元年六月+
奉天市政統計彙刊　總務處統計科編　「大同」元年+
金融合作月報　奉天省金融合作處編
警務月報　奉天市警察局編

(1)奉天省各縣公署

瀋陽縣公署公報　瀋陽縣公署編
遼陽縣公署公報(月刊)　遼陽縣公署編
西安縣公報(月刊)　西安縣公署編
啓明半月刊　西安縣公署編
梨樹縣公署日報　梨樹縣公署總務科編
梨樹縣公署公報(旬刊)　梨樹縣公署編
復縣公署公報(旬刊)　復縣公署編
海龍縣公署公報(週刊)　海龍縣公署編
蓋平縣公署公報(半月刊)　蓋平縣公署編
東豐縣公署公報(旬刊)　東豐縣公署編
興京縣公署公報(月刊)　興京縣公署編
奉天省營口縣報告表(月刊)日文　營口縣公署編

(B)安東省公署

安東省公報　總務廳編　「康德」二年十一月+

(1)安東省各縣公署

鳳城縣公署公報(月刊)　鳳城縣公署編

(C)吉林省公署

吉林省公署公報週刊　吉林省公署總務廳編　「康德」二年＋

吉林省公署公報(日刊)　總務廳編　「康德」三年三月＋

吉林省公署調查月刊　總務廳調查科　「大同」二年＋

(1)吉林省各縣公署

永吉縣縣政月刊(月刊)　吉林永吉縣公署

雙陽縣公署半月刊(半月刊)　吉林雙陽縣公署

敎育月刊(月刊)　吉林雙城縣公署

(D)三江省公署

三江省公署公報　昭和十一年六月＋

(E)濱江省公署

濱江省公署公報　昭和十一年＋

(F)黑龍江省公署

黑龍江省公署公報(旬刊)　總務廳　「大同」元年八月＋

黑龍江省公署公報日譯

(1)黑龍江各縣公署

縣政旬刊　綏東縣公署　「康德」二年—

洮南縣公署公報　(　刊)　洮南縣公署

(G)黑河省公署

黑河省公報　昭和十一年六月＋

(H)熱河省公署

熱河省公署公報(旬刊)　熱河省公署

(1)熱河各縣公署

政務旬報(旬刊)　熱河承德縣公署

*D149(9)-25:9

東北書目之書目

陳鴻舜 1

關于東北的書籍和論文，眞是書不勝書，擇要選目，又非輕而易舉，鴻舜不學，只可雜抄書目湊在一起，聊備參攷資料而已。兼以公餘少暇，付印期又迫不及待，故此目雜亂簡陋之處不獲細爲整理，實在是抱歉得很。若荷方家指正，則幸甚焉！

此目所收的書目，中日西文皆有，舉凡關于東北之史地語言文學社會經濟政治等書目，論文索引新聞記事資料皆備，帶提要性的書目及介紹東北學術書籍的文章，亦略略附舉幾種。雖說是與書目體例容有未合，但因爲中文東北關係的書目太貧乏了，所以我也不願棄而不取。本國圖書館藏書目錄雖然不少，可是關于東北問題書籍目錄却不見多；加以時間倉促，未能一一舉出，實是缺憾！再本目引用來源，只限于燕京大學圖書館藏的幾本參考書，而實有的書目並不及所舉者十分之一，只好等待將來充實吧了。

有人常常嘆息「……國人之研究東北問題者，多取材于日人，或橫行文字……此乃國家之恥，亦吾等學術之恥……」，我也同此感想，但舍過實幹，又有什麼辦法呢？按東北入我版土，遠自周初箕子之封于朝鮮，到現在有三千年歷史，何以關于東北的文献如此薄弱？原因約有二點，一由于國人之漠視關外，二由于環境之不允許。雖有中日之戰，日俄之戰，九一八東北事變諸激刺，而產生下列各團體，例如奉天編譯處（民十一—十四），瀋陽東北學社（民十九—二十），哈爾濱東省特別區文物研究會（民十八），哈爾濱自然科學及地理研究會（民十九—二十），北平幾個大學的邊疆系（郁文，朝陽?），上海東北協會（民二十四），北平東北問題研究社（民二十一）都是曇花一現，偃旗息鼓了。文獻既然不能增加，書目當然無法添製，所以此篇書目中文部分，怎樣盡量想法增加，也感覺困難。

日人研究東北，據說是遠在德川時代，有三百年的歷史。實在興盛，還是在明治朝中日之戰日俄之戰之後，距今也不過三四十年而已。那珂通世明治三十九年（一九〇六），滿州研究參攷書，是他們開山闢土的第一部工具。嗣後全國一德一心去研究，如白鳥庫吉箭內亘內藤虎次郎等等文獻的搜求，日本國內各大學滿蒙講座的攻討，南滿鐵道株式會社及其附屬機關的實際調查，于是乎所謂「滿鮮學」「滿蒙學」「東洋學」「北支那研究」以及「南支那事情調查」「大亞細亞學」也就相繼產生了。圖籍之多固令人驚羨，而書目索引資料之完備，實在是無微不至。

歐人之研究東北者，當然是以俄人爲首，以帝俄時代爲最盛。動機如何，不言而喻。始則從事「北滿」地質生物實地調查于十八世紀之末，繼則隨中東鐵路建築時代而成立各種學會，或調查，或發掘，駸駸乎盛矣。今中東路出售，情勢大非昔比矣。雖俄人關于東北之文獻仍不見少，第國人知俄文者尙不多。最近美人有東北問題書目之編製，書成之後，當可借助也。

總結的說，人家所知恐怕比我們自知還多，雖然有些奇解異說，妄比史實一類有作用的話，但供參考還是有益的。所以我借禹貢的篇幅，將其書目，與本國的書目一倂介紹，以供留意東北史事者之一助。

總目

[I]總類
(一)東北研究一般
(二)藝文志
(三)圖書館書目
(四)出版書目
(五)期刊目錄
(六)索引

[II]宗教

[III]語言文字

[IV]社會科學
(一)社會科學一般
(二)統計資料
(三)教育
(四)經濟
(五)交通
(六)產業及實業
(七)農業及殖民
(八)政治及國際關係
(九)民俗及人種

【V】自然科學

【VI】應用科學

【VII】美術

【VIII】歷史

（一）歷史一般

（二）時代史

（三）國際戰爭

（四）東北事變（九一八）

【IX】地理

（一）地理一般

（二）輿圖

（三）地方志及鄉土文獻

（四）旅行游記

（五）東北各省區

I　總類

（一）東北研究一般

研究中國東北參攷書目　黑白學會編　民國二十年　書目分三部（一）中文之部（二）日文之部（三）西文之部

東北關係中文書目舉要　宋孟譯　（黑白半月刊　第三卷四期　民國二十四年四月）

3

研究日本與東北問題雜誌報紙索引目錄　（江蘇省立南京民衆教育館民衆教育月刊　第三卷十期　民國二十年十月）

研究日本與東北問題的要籍一覽　（中國新書月報　第一卷十二期　民國二十年十二月）

研究日本與滿蒙問題參攷書籍介紹　胡超吾（江蘇省立南京民衆教育館　民衆教育月刊　第三卷十期　民國二十年一月）

研究日本與我國東北問題參攷書目　（教育與社會　第三十二期　民國二十年十月）

東北問題研究會出版書目　（廣東省政府公報　第二百二十期　民國二十二年一月）

關于東北之圖書舉要　（南開大學週刊　第十二卷四期　民國二十年）

研究東北亞洲之日本資料　林同濟譯（新社會半月刊　第二卷八期　民國二十一年）

研究日本與東北問題的要籍一覽　（消息　民國二十一年一月）

介紹日本研究和東北問題參攷書籍　（江蘇金山縣教育月刊　第七卷十期）民國二十年十一月

關于遼東及東北之俄人文獻　卞宗孟　（東北文獻叢譚第一集　民國二十三年第九十三—一百頁）

俄人在東北之學術研究　盧加斯基逸　（東北文獻叢譚第一集　第八十七—九十二頁）

National Library of Peiping Reference section: Bibliographies on Manchuria, Tibet, East Turkestan and Szechuan, Yunnan etc.

Comp. by Teng Yenlin Peiping 1934

滿洲研究參考書　那珂通世（廣島高等師範學校滿韓修學旅行記念錄內）

南滿洲研究參考書　喫茶三昧樓主人（學燈明治三十七年第八年第四號　第一—九頁）

滿洲研究之文獻　田中秀作著　李長傅譯（新亞細亞月刊　第三卷一期）

三百年來の滿洲研究　中山久四郎（外交時報第六十八卷十二期　昭和八年）

滿洲（雜誌索引　下戶前繁松昭和六年十月　第二卷第十九回　第三百六十三—三百六十六頁）

滿洲關係漢籍解題　島田好（書香第六十一號—六十四號昭和九年七月九月）

（南滿洲鐵道株式會社）大連圖書館和漢圖書分類目錄　第八編滿洲蒙古　昭和八年十二月三十一日　大連圖書館編　昭和九年三月十五日

（全滿二十四圖書館共通）滿洲關係和漢書件名目錄　昭和六年十二月　大連南滿洲鐵道株式會社編　昭和七年八月

（全滿二十五圖書館共通）　滿洲關係和漢書件名目錄紋編第一　自昭和七年一月一日至昭和九年十二月末日　大連滿鐵圖書館業務研究會編　昭和十年

館藏滿洲關係文獻展覽會陳列目錄　奉天省立圖書館編「康德」二年

滿蒙（圖書年鑑　楊家駱編　民國二十二年　第十一篇二一〇頁—二一八頁）

滿蒙一般（東洋史論文要目改訂增補版）　大塚史學會編　東京　昭和十一年　第二八六—二九〇頁）

滿蒙圖書目錄　東亞經濟調查局

滿蒙研究資料展覽會主要目錄　大正十五年十一月　大連圖書館編

滿蒙研究資料目錄（歐文書）　大連滿鐵調查課　昭和三年

滿蒙研究資料一覽表（京都帝大農學部）　昭和七年二月末調查　京都帝大農學部編　京都　昭和七年

滿蒙研究資料一覽　大阪每日新聞ェユノミスト編（滿蒙の經濟建設ノ內）

鳥取高農圖書館滿蒙關係書冊目錄　山根信，大倉武美編　鳥取　昭和八年

滿蒙文獻研究第一，二，三冊滿鐵　大連圖書館田口稔昭和八年—十年

滿蒙及支那ニ關スル圖書一覽　東京堂　東京　昭和七年

滿蒙叢書書目（日）滿蒙叢書刊行會刊　（卞宗孟述　東北文獻叢譚第一集　民國二十三年　第二十七—四十頁）

滿蒙支那事情，國際聯盟，軍備國防兵器，關係藏書目錄　附元寇ニ關スル書目　大阪市立城東圖書館　昭和七年

滿蒙ヲ中心トスル文獻目錄ニ就いて大佐三四五（撫順圖書館報　第三卷第八—十號　昭和七年　書香第四二，四四號　昭和七年）

滿蒙ニ關スル圖書一覽（山林　大日本山林會編　第五九三號　昭和七年）

滿蒙ニ關スル圖書目錄　東京　大阪屋號　昭和七年

滿蒙關係圖書目錄　京都帝大附屬圖書館　昭和七年

支那滿蒙關係雜誌重要記事索引 （日文，西文，華文） 第一卷一號十
（東亞月刊 昭和三年）
滿蒙支那關係重要記事索引 滿鐵經濟調查局（滿鐵調查月報 第十一
卷第一百二十號十 昭和七年九月）十
最近ニ於ケル滿蒙關係資料一覽 拓殖研究會調查部 拓殖文化 第十
二卷第三號 昭和七年
滿蒙問題，（滿洲問題 全國總書目 上海生活書店 第一七〇—一七
一頁）
（圖書館小冊子）蒙古關係文獻目錄（資料課備附） 滿鐵總務部資料課編
大連 昭和十一年三月一日至現在 興安熱河兩省包含在內
（滿鐵）短期圖書館員講習會教材 田口稔編 大連 昭和三年
（滿洲研究主要書目 滿蒙研究書目 歐洲ニ於ケル支那學研究史，
文獻 支那城廓都市研究書目 支那滿洲ニ於ケル看版，招牌，
文獻 關東州愛川村文獻目錄）
漢文滿蒙關係圖書目錄 大連右文閣編 昭和七年
支那滿洲關係誌古書目錄 巖書堂書店 東京 昭和十年
朝鮮 滿蒙 （滿鐵京城圖書館圖書館目錄 大正十四年 第九—二十
四頁）
朝鮮及滿蒙 （鐵道圖書館藏書目錄 朝鮮龍山 昭和四年 第三十四
—七十頁）
滿鐵哈爾濱圖書館北滿關係雜誌記事索引 滿鐵哈爾濱圖書館編 昭和
九年度十

在滿邦人の文藝的出版書目 青木生（書香 第三十三號第四頁 昭
和六年）
滿蒙雜載（東洋史論文要目改訂增補版 大塚史學會編 東京 第三一
四頁 昭和十一年）
漢學關係書籍論文目錄（昭和七，八，九年刊行） 東京帝國大學漢學
會編 （漢學會雜誌 第一卷一期至第三卷三期）
和漢現代支那研究書目（滿蒙 昭和五年十）
和漢現代支那研究書目 未定稿 瀧澤俊亮編 昭和五年
露人ノ爲シタ北滿洲ノ學術的研究 （滿蒙第十四年十二號 昭和八年）
歐米人の滿洲研究 石田幹之助（東亞 第二卷 昭和四，五年）
最近七年間ニ於ケル支那ニ關スル英米文獻 松方三郎（思想第八十六
期 昭和四年）
書目（全滿二十四圖書館共通滿洲關係和漢書件名目錄 昭和七年 第
一三五頁—一三六頁）
書目（大連圖書館和漢圖書分類目錄第八編 滿洲蒙古 第四—八頁）
歐美新刊書目(Books Notes: 1,New books; 2,Periodicals)東洋協會學術
調查部編(東洋學報(Reports of the oriental Society Vol 1 No.2
＋ 初名『歐美新刊圖書雜誌目錄』即 list of recently publisbed
books and essays on history and geography and the languages
of the orient·(1)Books and extracts (2) articles and notes)
奉天ノ生シタ兩叢刊ニ就イテ（東北叢刊及萃升書院叢刊） 植野武雄
（書香第四十八期 昭和八年）

西洋ノ影響クヲタル中日文化資料展覽會目錄　昭和四年六月　大連圖書館編　昭和四年

日人對於我東北研究的近況　馮家昇　（禹貢半月刊　第五卷　第六期）

東北史地研究已有之成績　馮家昇　（禹貢半月刊　第二卷　第十期）

日人在東北的考古　馮家昇　（燕京學報第十九期單行本　民國二十五年）

最近日人研究中國學術之一斑　王古魯編著　民國二十五年

明治以來歷史學の發達　滿蒙史研究　和田清　（歷史敎育　第七卷第九期　昭和七年　翁獨健譯文載在燕京大學史學年報第一卷第五期

Dennery, E: Asia's teeming millions, and its problems for the West. Lond., Cape 【1931】(Bibliography)

Ferguson J. C.: Japanese Sinologists. (The China journal, Vol. 15 Nos.68-701931)

Fuchs, W.: Neues Material zur mandjurischen Literaturaus Pekinger Bibliotheken（國立北平圖書館中關于滿洲一部分之新材料（詳細書目及考釋））（Asia Major. Vol. VII 1931 pp, 649-482)

Library of North China Union Language School: Books on China. 1931. and Supplement 1 1934. (See "Manchuria")

A. London bibliography of the Social sciences. Vol.3, 1931("Manchuria")

A London bibliography of the social sciences First Supplement 1934("Manchuria")

Morrison, G. E.: Catalogue of the Asiatic Library of Dr. G. E. Morrison published by the Oriental Library, Tokyo. Parts I and II 1924.

Nakayama: Sinological researches in Contemporary Japan. Kyshire 1931 (Bibliography)

Skachkov, P. A.: A bibliography of China, a systematic index of books and magazine articles about China in the Russian language, 1730-1930. Moskva 1932. ("Manchuria" pp 556-598)

Probsthain, A.: An Encyclopaedia of books on China. 1927 (See "Manchuria and Mongolia" pp. 98-106)

Skachkov, P. A.: A bibliography of China, a systematic index of books and magazine articles about China in the Russian language, 1730-1930. Moskva 1932(See "Manchuriology" pp 674-677)

Snow, E.: Far eastern front. Lond., Jarrolds, 1934. (Bibliography)

Sokolsky, George Ephraim, The tinder box of Asia. Garden City, Doubleday, 1933.

Taylor, L. M.: Catalog of Books on China in the Essex institute, 1926 ("Manchuria" pp 109-110)

Sonneuschein, W. S.: The best books.1912. ("Manchuria" part II p. 948)

Bates, M. S.: An introduction to oriental journals in western languages. 1933.

Orientalistische literaturzeitung (monthly) J. C. Hijrichs'chen Buchhandlung, Leipzig. 1898.

Orientalische bibliographie, 1887-1911, 1926. Berlin Reuther, 1888-1922, 1928. Vols. 1-25.

Index to the Royal Asiatic Society's Journal for the years 1889-1903. Royal Asiatic Society, London.

Index to the publications of the Royal Asiatic Society during the years 1827-1888. Royal Asiatic Society, London.

Index te the Journal of the North China Branch of the Royal Asiatic Society form Vol. I to Vol. 1,IV, compiled by P. B. Ferguson. 1924.

Pacific Affairs (Monthly) International Secretariat of the Institute of Pacific Relations, Honerulu. (See Books of the Pacific-Reviews, In the Periodicals-Citations and Abstracts)

Bibliography 1695-1907 by Martin. P. S. (Monumenta Serica, Vol. 1, Fasc. 2, 1935, pp. 488-196)

Elements de bibliographie- la Chine Grousset, R.: Histoire de l'extreme-orient, vol, 2, pp. 643-677)

Cordier, Henri; Bibliotheca Sinica 2 ed. Vol. 4 Mandchourie ouvrages divers, Col. 2756-2744, Col. 3220-3221, Sup. Vol. 1, 1922-4, Col. 4274-4284)

北部亞細亞文獻類聚 III Manchuria and Mongolia (in Gakuto) (學鐙) Vol. 40. No. 9 昭和十一年九月 pp. 7-8)

Ostasische Rundschau (Monthly) (See "Ostasien-Bibliographie -Mandshurie")

Bibliography of the Orient (in Russian) Nos. 1-6, 1932-1934.

China Christian Year Books, 1910-1914, 1917-1919, 1923, 1926, 1928, 1929, 1931-1935. (See Bibliography of books and articles on China in English)

Latourett, K. S.: The Chinese, their history and culture. 1934 ("Bibliography")

(二)藝文志

藝文志二十種綜合引得 燕京大學引得編纂處 民二十二年 遼II09362. 契丹III 52390 滿V ol 321等……)

補三史藝文志 清金門詔 （八史經籍志本）

遼金史藝文志補 清錢大昕 （元史藝文志 錢大昕）

遼史藝文志補證 1卷 清王仁俊 （遼文萃 清王仁俊 民二十二年）

補遼史藝文志 1卷 清黃任恒輯 民國十四年

補遼金元藝文志 清盧文弨 （八史經籍志本）

藝文志 明李輔修（全遼志遼海叢書本）

藝文志 明任洛等（遼東志遼海叢書本）

藝文志 盛京通志 清魏樞纂修 清乾隆元年刋本

藝文志 吉林通志 清李桂林等纂 清光緒十七年刋本

藝文志書目 黑龍江志稿 張伯英纂 民國二十一年 卷六十

（三）圖書館書目

江蘇省立國學圖書館圖書總目（史部）江蘇省立國學圖書館編 南京 民國二十五年

浙江省立圖書館圖書總目 中日文書 浙江省立圖書館編 杭州 民二十四年五月

國民政府文官處圖書館圖書目錄 國民政府文官處圖書館編 南京 民國二十三年

遼寧省立圖書館館刊 第一卷 遼寧圖書館編 民國十九年

「滿洲」國立奉天圖書館圖書分類目錄 「康德」二年六月末至現在 奉天圖書館編 「康德」三年

奉天宮殿書庫書目 內藤虎次郎（藝文 第二十卷八期附錄 昭和四年）

吉林省立圖書館新籍書目 「康德」二年一月 吉林省立圖書館編 吉林 「康德」二年

吉林省公署圖書目錄 吉林省公署總務廳總務科編 吉林「康德」二年

中東鐵路圖書館目錄 中東鐵路圖書館編 哈爾濱 民國二十年

The decimal Classification of the Central Library of the Chinese Eastern Railway Co. (in Russian)哈爾濱鐵路圖書館編 哈爾濱 一千九百二十七年

「滿洲帝國」大同學院圖書分類目錄 「滿洲帝國」大同學院編 「康德」二年又追錄 第八輯附書名索引 「康德」三年

「滿洲國」司法部圖書目錄 康德二年六月末現在 司法部總務司調查課編 長春 「康德」二年

「滿洲國財政部」圖書目錄 「康德」二年四月末現在 財政部資料科編 長春 「康德」二年

資料科圖書目錄 吉林鐵路局總務處資料科編 「康德」二年十一月

熱河省立圖書館藏書目錄 熱河省立圖書館編 承德 昭和八年

熱河尊經閣所藏善本書目 熱河省立圖書館（杉村勇造）編 承德 大同二年

關東廳圖書目錄 （和文） 關東廳文書課編 大連 昭和六年

（慶應義塾圖書館藏書）滿支文獻目錄 慶應義塾大學東亞事情研究會編（滿洲國經濟研究附錄）

（駿河台圖書館所藏）滿洲支那關係圖書目錄 東京市立駿河台圖書館編 昭和八年

【哈爾濱日本商業會議所】露文書籍目錄 昭和三年二月末日至現在 哈爾濱日本商業會議所編 哈爾濱 昭和三年

East Asiatic Economic Investigation Bureau（東亞經濟調查局） Catalogue of foreign books. Tokyo 1931

「滿鐵公費圖書館」大連市內各館綜合圖書目錄 昭和九年三月三十一

日現在　滿鐵公費圖書館大連市內各館聯合編　大連　昭和十年

「滿鐵各圖書館報」書香（月刊）　滿鐵大連圖書館編　昭和四年四月

【南滿洲鐵道株式會社調査課】圖書館目錄　昭和二年三月現在　滿鐵調

　　査課編　大連　昭和二年　又追錄昭和四年八月末至現在　昭和四年

【南滿洲鐵道株式會社】安東圖書館藏書刀劍文獻目錄　昭和八年十一月

　　現在　安東圖書館編　安東　昭和八年

【南滿洲鐵道株式會社】大連圖書館和漢圖書分類目錄　大連　第一編

　　總記　第二編　宗教哲學教育　第三編　文學語學　第四編　歷史

　　傳記地誌　第五編　政治　法律　經濟　財政　社會　家事　統

　　計　殖民　第六編上册　數學理學醫學工學兵事　第六編下册　美

　　術音樂演藝運動　第八編　滿洲蒙古　昭和二年—八年

South Manchuria Railway Co., Catalogue of European books 1918-1919. Dairen. 1920.

South Manchuria Railway Co.: Classified list of books added

　　to the S. M. R. library. 1920-1921, 1922-1925, 1928-1933.

　　Dairen

滿鐵圖書館報增加圖書目錄及雜誌記事索引　第一卷第一—三號　大連

　　圖書館編　大連　大正十年

【南滿洲鐵道株式會社】和漢增加圖書週報　自大正十一年至大正十四年

　　大連圖書館編　大連　大正十一年—十四年

【南滿洲鐵道株式會社】增加圖書月報　大連圖書館　大連　大正十四年

　　—十五年

南滿洲鐵道株式會社增加和漢圖書旬報　第三卷　（第一期十五號　第

　　四卷第一期十三號　第五卷第一期十一號　第六卷第二期八號　第

　　七卷第一期十六號）　大連圖書館編　大連昭和二年—六年

【南滿洲鐵道株式會社】大連圖書館增加圖書月報和漢書の部　昭和二年

　　七月至六年十二月（包含有雜誌記事）

滿鐵大連圖書館增加圖書報月報　滿鐵大連圖書館編　第一號　昭和九

　　年六月十日＋　（『各個所專用之部』滿洲蒙古　及『滿洲蒙古』

　　第六號起）

滿鐵大連圖書館增加圖書分類目錄（月刊）　昭和十一年三月末至現在

　　(Classified list of the books added to the Dairen Library.

　　S.M.R. No. 1 + 1936)

滿鐵大連圖書書編　第一號　昭和十一年五月＋

Classified list of the books added to the Darien Library S.M.R.

　　No. 1 ＋ 昭和九年六月十日（附滿鐵大連圖書館增加圖書月報之後

　　See "Far East" section and "other Libraries Far East"

　　Section)

大連圖書角主催展覽會出品目錄（第一回）　大正十三年十一月　大連圖

　　書館編　大連　大正十三年

【南滿洲鐵道株式會社鞍山製鐵所】圖書目錄　自大正十五年一月一日至

　　昭和四年三月三十一日　滿鐵鞍山製鐵所編　鞍山　昭和四年九月

【南滿洲鐵道株式會社鞍山製鐵所】圖書目錄　大正十五年一月一日現在

　　滿鐵鞍山製鐵所編　大連　大正十五年七月

【南滿洲鐵道株式會社奉天公所】圖書目錄　（昭和二年）　滿鐵奉天公所編　奉天昭和二年

收書月報(Monthly announcement of the books and journals newly added to the Mukden Library S.M.R.)　滿鐵奉天圖書館編　奉天　第一號十　昭和十一年二月十日

撫順圖書館增加圖書月報　撫順圖書館編　撫順　昭和六年十

「南滿洲鐵道株式會社」撫順圖書館案內　撫順圖書館編　撫順　昭和十一年

【南滿洲鐵道株式會社哈爾濱事務所資料室】圖書目錄　昭和七年四月末至現在　滿鐵哈爾濱事務所資料室編　哈爾濱　昭和七年

【南滿洲鐵道株式會社】哈爾濱事務所資料室，哈爾濱圖書館增加圖書及新著雜誌重要記事目錄　昭和五年一月份　哈爾濱圖書館（梁栖義助）編　哈爾濱　昭和五年

滿鐵哈爾濱圖書館新著圖書月報　第一號至十四號　昭和六—八年　滿鐵哈爾濱圖書館編　哈爾濱　昭和六年，八年

更生の哈爾濱鐵路圖書館（接收紀念誌一，二，三，四）　哈爾濱鐵路圖書館編　哈爾濱　「康德」二年五月

「南滿洲鐵道株式會社鐵嶺圖書館」增加圖書目錄　昭和九年度　滿鐵鐵嶺圖書館編　鐵嶺　昭和十年

圖書總目錄　開原圖書館編　開原　昭和二年

【南滿洲鐵道株式會社】長春圖書館圖書分類總目錄　滿鐵長春圖書館編　長春　第一編　總記　昭和六年八月三十一日現在　第二編　哲學教育　昭和六年十月三十一日現在

【南滿洲鐵道株式會社開原圖書館】兒童圖書分類目錄　昭和七年十二月末至現在　開原圖書館編　開原　昭和八年

【南滿洲鐵道株式會社東京支社】圖書目錄　昭和九年三月末至現在　滿鐵東京支社編　東京　昭和九年

邦文圖書分類目錄　滿鐵東亞經濟調查局編　大正十年

（四）出版書目

中國新書月報　華通書局　上海　第一卷附訂本　民國二十年十二月

圖書年鑑　楊家駱編　南京辭典館　民國二十四年

生活全國總書目　趙一萍編　上海生活書店　民國二十四年

全國出版物總目錄　上海開明書店　民國二十四年

郵局代購書籍目錄　第一期，第一期續編　交通部郵政總局編　民國二十四年

呈繳書目　第一期至十二期　國立中央圖書館編　南京　民國二十四年

學觚（新書簡訊）　國立中央圖書館編　南京（中央時事週報　民國二十四年）

學觚（月刊）　國立中央圖書館編　第一期十　民國二十五年四月

官公署刊行圖書目錄　第一號「大同」元年三月　「康德」二年六月（滿）國務院總務廳編　「康德」三年

「滿洲國」政府各官公署刊行書目　「康德」元年八月末現在　（書香第七十五號，七十七號　昭和十年十月）

「滿洲國」刊行圖書目錄　「大同」元年間　（書香　第四十七期，四

十一期 昭和八年）

滿洲の圖書出版界 大連圖書館編 （書香 第五十四，五十六，五十八，六十一期 昭和八年—九年）

新刊圖書目錄 自昭和四年三月至昭和六年二月 滿鐵大連圖書館編 大連 昭和四年—六年

【南滿洲鐵道株式會社】刊行書類目錄 大正十二年四月末現在 滿鐵庶務部庶務課編 大連 大正十二年

【南滿洲鐵道株式會社】刊行物目錄 昭和五年三月末現在 滿鐵調査課編 大連 昭和五年

「南滿洲鐵道株式會社」刊行物目錄 昭十年十二月末現在 滿鐵資料課編 大連 昭和十一年

【南滿洲鐵道株式會社】庶務部調査課刊行書類目錄 大正十三年二月現在滿鐵調査課編 大連 大正十三年

【滿鐵】調査課刊行書目錄 昭和六年十一月末至現在 滿鐵調査課 大連 昭和六年

「南滿洲鐵路株式會社資料課」新著圖書目錄 自昭和五年七月至昭和六年十二月 滿鐵資料課編 大連 昭和五年—六年 又新著圖書目錄 自昭和七年九月至昭和九年四月 昭和七年—九年

「南滿洲株式會社」經濟調査會刊行物目錄 昭和十年八月五日至現在 滿鐵經濟調査會編 大連 昭和十年

滿鐵圖書館出版物目錄 昭和九年七月末日現在 田口稔編 大連 昭和九年

滿鐵能率係刊行物目錄 島田幸山（書香 第三十九號 昭和七年）

中東鐵路經濟調査局出版物 中東鐵路經濟調査局 哈爾濱 一九三三

東亞經濟調査局刊行書目錄 自明治四十一年九月至昭和四年八月 東亞經濟調査局 東京 昭和四年 又大正十三年六月現在「刊行書目錄」 大正十三年

官廳刊圖書目錄 （年四次） 日本內閣編 昭和二年＋ （『關東廳』及『拓務省』）

出版年鑑 東京書籍商組合 東京 昭和四年＋

東京堂出版年鑑 東京學堂 東京 昭和五年＋

A Catalog of oriental leiterature. Cambridge W. Heffer and Sonse

Cumulative book index. N.Y. H.W. Wilson 1929+

Litterae orientales. Lps. Harrassowits.

Luzrac's oriental list and book review quarterly, London.

Ephemerides orientalistes, Paris, Paul Geuthner

Kegan Paul's List of New Books on Asia & Africa. London (See "China, Manchuria, Korea" Section)

Otto Harrassowits: Ostasien (Bücher-Katalog 448) 1933 Leipzig (See "Maudschurei" pp147-151)

United States Catalog, N.Y. H.W. Wilson 1900-1928

Whitaker's Cumulative book list. London, Whitaker 1924+

（五）期刊目錄

東北期刊目錄 陳鴻舜編 禹貢半月刊 第六卷第三期 民國二十五年

滿洲發行新聞雜誌目錄　大正十五年十月調查　大連圖書館編　大連　大正十五年

滿洲新聞雜誌總覽　滿洲公論社　昭和二年　大連　（滿洲公論第六卷第十號附錄）

滿洲朝鮮新聞總覽　中村明星新聞解放社　昭和四年

滿洲新聞雜誌總覽　新聞解放社　昭和十一年

雜誌新聞　大連圖書館和漢圖書分類目錄　第八編　第十六—十九頁

【南滿洲鐵道株式會社安東圖書館主催】雜誌展覽會出品目錄　（創立二十年周年紀念）　昭和六年七月　安東圖書館編　安東　昭和六年

「南滿洲鐵道株式會社安東圖書館」備付雜誌新聞目錄　昭和十一年二月現在　安東圖書館編　安東　昭和十一年

「南滿洲鐵道株式會社」大連圖書館雜誌分類目錄　日滿支の部　昭和九年一月現在　滿鐵大連圖書館編　昭和九年

【南滿洲鐵道株式會社】資料課備附雜誌新聞一覽表　昭和七年十二月一日現在　滿鐵資料課　大連　昭和八年

「南滿洲株式會社」資料課備付主要邦　滿支歐文雜誌目錄　昭和十年九月一日現在　滿鐵資料課資料係編　大連　昭和十年

「滿鐵奉天圖書館」備附雜誌分類目錄　（收書月報　滿鐵奉天圖書館編第七號　昭和十一年八月）

【滿鐵各箇所】定期刊行物綜合目錄　滿鐵大連圖書館編　昭和二年

（六）索引

雜誌要目索引　（人文月刊　人文月刊社索引部編　民國十九年一月十）

期刊索引（月刊）中山文化教育館編　南京　第一卷第一期　民國二十二年十一月十

日報索引（月刊）　中山文化教育館編　南京　第一期十　民國二十三年一月（附期刊索引　第一卷第二期內）

中文雜誌索引第一輯　嶺南大學圖書館編　廣州　民國二十四年

國學論文索引一—四編　國立北平圖書館索引組編　民國十四年—二十五年

日本期刊三十八種中東方學論文篇目引得　于式玉編　民國二十二年

東三省政府公報索引目錄　宣統元年至民國二十年　滿鐵調查課（濱岡福松）　昭和八年

【中華民國政府公報重要記事】索引目錄　自光緒三十三年至民國十七年　滿鐵調查課編　昭和四年

滿洲及支那公報類索引　滿鐵調查月報　滿鐵經濟調查會編　昭和七年第十一卷第二十號十

主要中國新聞雜誌記事索引　東亞同文書院支那研究院編　上海　（支那研究昭和四年（一九一九）十四號以下每號）　有抽印本

雜誌文獻統覽　山口省三編（東洋協會）（東洋月刊第三年十號十）

近著圖書雜誌重要記事索引　滿鐵調查課編　調查時報　第三卷第五—一百號　大正十二年—昭和四年　滿蒙事情第一百一號—一百一十九號昭和七年　滿蒙　第五年第二號十（昭和五年）

內外雜誌記事件名索引（滿鐵大連圖書館所藏）　第一—八號　大連圖書館編　大連　大正十二年—十三年

滿鐵圖書館雜誌重要記事件名索引　第一卷第一號—三號　滿鐵圖書館編　大連　大正十年

International Index to periodicals. N.Y.H.W. Wilson 1907+ (See "Manchuria")

Readers' Guide toperiodical literature. N.Y. H.W. Wilson 1900 + (See "Manchuria")

Subject index to periodicals, Loudon Library Association 1915+ (See "Manchuria")

New York Times Index. N. Y. Times Vol. 1+(1913 (See" Sancurria")

II　宗教

宗敎（大連圖書館和漢圖書分類目錄　第八編　第二十一—二十一頁）

娘娘祭の文獻（書香　第八十三號　昭和十一年）

Latourett, K. S.: A history of Christian missions in China 1929 (Bibliography)

III　語言文字

滿洲語圖書目錄（增訂一）　渡部薰太郎編　大阪東洋學會　昭和七年（初編見亞細亞研究第三號　大正十四年）

滿洲語ノハナシ　今西龍著　昭和六年　（靑邱說叢卷二）

滿洲語　女眞語（大連圖書館和漢圖書分類目錄　第八編　第三十四—三十八頁）

契丹語（大連圖書館和漢圖書分類目錄　第八編　第四十一頁）

言語、資料（東洋史論文要目（改訂增補版）大塚史學會編　昭和十一年　第三一三—三一四頁）

朝鮮司譯院日滿蒙語學書斷解說　新村出　（藝文　大正七年　第九年第八號）

朝鮮ニ於ケル日漢滿蒙語讀本　小倉進平　（東洋學報　大正三年　第四卷第二號）

文學　語學（大連圖書館和漢圖書分類目錄　第八編　第二十九—四十頁）

滿洲文學興廢考　橋川時雄著　東京　昭和六年

滿洲語譯大藏經考　石濱純太郎（書物の趣味　昭和二年　第一至二冊）

【國立北平圖書館、故宮博物院圖書館】　滿文書籍聯合目錄　李德啓編　民國二十二年

Cordier, H.: Bibliotheca Sinica. 2ed. Vol. 4 "Mandchourie-Langue" Col. 2752-2760 Sup. Vol. 1922-4 Col. 4284

Couling, S.: The Encyclopaedia Sinica. 1917 (See "The Manchu language bibliography" p. 324)

Möllendorff, P. G. von: Essay on Manchu Literature (in Journal of the China Branch of the Royal Asiatic Society Vol. 24 1889-90 pp1-45　此文共舉滿文書籍二百四十九種，以翻譯漢文書籍者爲多並附簡明解題

Möllendorff, P. G. von.: A Manchu grammar with analysed texts. Shanghai, American Presbyterian mission press, 1892. (Appendix: European literature treating inu Manchu p.53)

Möllendorff, P. G. and O. F. von: Manual of Chinese bibliography, 1876. (See "Mandshu language and literature, pp.300-5)

Probsthain, A.: Encyclopaedia of books on China. 1927 (See "Manchu", pp.266-9)

蒙古語(大連圖書館和漢圖書分類目錄　第八編　第三十八—四十頁)

蒙古藝文新錄　石濱純太郎(東亞研究　大正五年——六年　第六卷第九期—十號　第七卷第一—四號，第六號)

IV　社會科學

(一)社會科學一般

社會問題　社會事業(大連圖書館和漢圖書分類目錄第八編　第一三一—一三四頁)

社會經濟(東洋史論文要目(改訂增補版)大塚史學會　東京　昭和十一年　第二九四—二九六頁)

法政經濟社會論文總覽　天野敬太郎編　昭和二年　第一二二三—一二二五頁)

(二)統計資料

統計大連圖書館和漢圖書分類目錄　第八編　第一三五—三六頁

政府各官公署保存資料目錄　(滿)國務院統計處編　長春「康德」二年

(滿洲國)資料彙報　第五號　(滿)法制局統計處資料科編　長春「大同」二年

資料目錄「滿洲國」實業部臨時產業調查局編　昭和十一年

「滿洲國民政部」資料分類目錄　康德二年十月末至現在　「滿洲國」民政部資料科編　「康德」三年

吉林省公署資料目錄「康德」二年十二月至現在　吉林省總務廳總務科編　吉林「康德」二年

新著資料目錄　滿鐵資料課滿鐵調查月報第　號十

滿洲國縣別資料資料目錄　滿鐵資料

滿蒙の資源資料文獻　昭和六年一月中旬至昭和七年二月中旬內外調查資料　調查資料協會編　昭和七年三月　第四年第三輯　第三三八—三三九頁

資料目錄　鐵路總局文書課資料係編　奉天「康德」二年

滿鐵調查課備件資料索引目錄　第一—三期　大連滿鐵調查課　昭和三四，九年

新著資料目錄　東亞經濟調查局編　昭和六年

經濟調查會ロシア班資料分類　滿鐵經濟調查課　昭和十年九月

蒙古資料　東亞經濟調查局　經濟資料一—四期　大正四年

在滿鮮人關係資料一班　赤塚正朝　(在滿鮮人論叢，內)

(三)教育

教育　大連圖書館和漢圖書分類目錄　第八編　第二十一—二十八頁

會社經營各小學備付圖館調查報告書　滿鐵學務課編　大正十四年

標準兒童圖書目錄　滿鐵教育研究會編　昭和二年

Educational index, N.Y.H.W. Wilson 1929 + (See "Manchuria")

（四）經濟

日文遠東經濟研究書目　蕭文安編　民國二十三年

經濟財政（大連圖書館和漢圖書分類目錄　第八編　第一二一—一三一頁）

滿蒙經濟文獻目錄　第一部　附 List of books and pamphlets on Manchuria and Mongolia　京都帝國大學經濟學部研究室編　京都　昭和七年

滿洲經濟統計文獻目錄　滿鐵經濟調查會（江口康光）編　昭和八年

滿蒙經濟文獻の一部　大阪工業教育會　昭和七年

商業（大連圖書館和漢圖書分類目錄　第八編　第一七六—一七八頁）

（五）交通

交通（大連圖書館和漢圖書分類目錄　第八編　第一九二—二〇七頁）

滿蒙鐵道關係文獻目錄書香　第二十六號　昭和六年

南滿洲鐵道（大連圖書館和漢圖書分類目錄　第八編　第一九六—二〇二頁）

北滿鐵道（大連圖書館和漢圖書分類目錄　第八編　第二〇三—二〇六頁）

外國ノ雜誌ニ現ハレタ支鐵道問題（大連圖書館備附雜誌カウ）（書香第十一號　昭和五年

（六）產業及實業

產業（大連圖書館和漢圖書分類目錄　第八編　第一五九—一七六頁）

水產　鹽業（大連圖書館和漢圖書分類目錄　第八編　第一七五—一七六頁）

滿蒙ニ於ケル畜產業（資料解說）（調查時報　滿鐵調查課編　大正十一年　第二卷第十號　第一〇八三—一〇九二頁）

林業（大連圖書館和漢圖書分類目錄　第八編　第一七四頁）

鑛（大連圖書館和漢圖書分類目錄　第八編　第一五三—一五六，一四一—一四二頁）

The Industrial arts Index, N.Y. H.W. Wilsom 1913+ (See "Manchuria".)

（七）農業及植民

農業論文索引　金陵大學農學院農業經濟系編　前清咸豐八年至民國二十年底（1858-1931）　民國二十二年　續編　民國二十一年一月至二十三年底（1932-1934）　民國二十四年

農業（大連圖書館和漢圖書分類目錄　第八編　第一六五—一七四頁）

農學部內在留滿蒙研究資料一覽表　第一—四號　京都帝國大學農學部農林經濟學教室　昭和七年

滿洲農村經濟資料目錄　昭和九年五月　滿鐵新京圖書館編　長春　昭和九年

【滿洲農事協會農事圖書室】圖書目錄　昭和六年度　滿洲農事協會編　大連　昭和四年

滿蒙農業及移民ニ關スル文獻資料　岡野一朗（社會政策時報　昭和七年　第一百四十號　附錄　第六〇—六五頁）

滿蒙農業植民資料文獻　自昭和五年六月至昭和六年七月（內外調查資料協會編　昭和六年九月　第三年第九號　第二〇七—二〇八頁）

滿蒙農業植民資料文獻　自昭和六年一月中旬至昭和六年十二月中旬（內外調查資料　調查資料協會編　昭和七年二月　第四年第二輯第二八三—二八六頁）

滿蒙農業ニ關スル主ナル參考文獻（農業經濟研究　農業經濟學會編　昭和七年　第八卷第二號　第三六四—三七〇頁）

移民（大連圖書館和漢圖書分類目錄　第八編　第一三六—一三九頁）

日本植民地參考書目（朝鮮，臺灣，樺太　關東州乃至滿蒙，南洋群島）（日本植民地統治論　淺見登郎著　昭和三年　第三四七—三七七頁）

Agricultural Index 1858-1931 and Supplement 1932-1934. Compiled by University of Nanking (See "Manchuria")

Agricultural Index, N. Y. H. W. Wilson 1916.+ (See "Manchuria")

（八）政治及國際關係

政治法律（大連圖書館和漢圖書分類目錄　第八編　第一〇一—一二〇頁）

滿蒙ニ於ケル國際外交問題（滿洲國）（東洋史論文要目　改訂增補版　大塚史學會編　東京　昭和十一年　第三〇〇—三一〇頁）

露支關係資料　栗露義助（書香，昭和四年　第八，九，十二號）

日支事件關係歐文冊子類集（滿鐵支那月誌　昭和七年七月第九年第五—七號（第一百五十八號）第二一九—二二五頁）

日本の蘇西亞關係書籍（日露年鑑　昭和五年十　日露關係之部）

調查課近著露文雜誌重要記事索引（ソヴエート聯邦事情（月刊）　滿鐵調查課　昭和五年十）

Clyde, P. H. International rivalries in Manchuria, 1689-1922. Columbus, The Ohio state univ. press, 1928. (Bibliography pp. 297-311)

Langer, W. L. and Armstrong, H. F.: Foreign affairs biblioghab Vols by 1919-1932. 1932 ("Manchuria" pp 477-8)

Morse, H. B.: The international relations of the Chinese Empire 1-3 Shanghai 1910-18 (Bibliography)

Problems of the Pacibic 1929. Chicago, University of Chicagol (Bipliography)

Willonghby, W. W. Foreign rights and interests in China. Baltmore, The Johns Hopkins press, 1927. (Bibliographical foot notes

Price, E. B.: The Russo-Japanese treaties of 1907-1916 concerning Manchuria and Mongolia. Baltimore, The Johns Hopkins press, 1933. (Annotated bibliography pp.49-158)

Willoughby, W. W. The Sino-Japanese controversy and the League of nations. Baltimore, Hopkins, 1935. (Bibliography)

Skachkov, P. A.: A bibliography of China, a systematic index of books and magazine articles about China in the Russian language, 1730-1930. Moskva 1932 ("Japan and other imperialistic powers in Manchuria", p. 662)

Skachkov, P. A.: A bibliography of China, a systematic index of books and magazine articles about China in the Russian language, 1730-1930. Moskva 1932. ("S.S.S.R. and Manchuria" pp. 670-674)

Young, C.W.: Japan's jurisdiction and international legal position in Manchuria. (Bibliography, pp 393-401)

Young, C. W. The international legal status of the Kwantung leased territory. 1931. (Bibliography pp. 235-242)

Young, C. W. Japan's jurisdiction and international legal position Foreign Affairs (Monthly) (See Bibliography - Far East) in Manchuria 1931 (Bibliography pp. 1312-322)

中日關係(圖書年鑑下　楊家駱編　民國二十二年　第十一篇　二一八—二二六頁)

研究中日事件參考書目(中法大學月刊第一卷三期　民國二十一年)

研究中日問題參考書目　冷衷(中華圖書館協會會刊　第七卷二期　民國二十年)

研究對日問題的參考書　(活躍週報　二十四期　民國二十年十一月)

對日問題研究書目　(中華書局圖書月刊　三期　民國二十年十月)

對日問題研究書目　(華大校刊　十五卷二十二期　民二十年十一月十二日)

關於中日問題之書目　讀書月刊　第一卷一期　民國二十二年十月

中日問題論文索引　(學風　第四卷六期　民國二十一年四月)

國難三年中雜誌各論文及其調查　(汗血月刊　第五卷四期　民國二十四年七月)

一九三二年九月至十二月關於東北問題之論文目錄　(外交月報　第二卷二三期　民國二十二年)

東北外交委員會所編外交問題中英文書籍單　(河北教育公報　第六卷一期民國二十二年一月)

東北問題(國民政府文官處圖書館圖書分類目錄　國民政府圖書館編　南京　民國二十三年　第三八三—三八四頁)

(九)民俗・人種

民俗　傳說　人類學　風俗(東洋史論文要目【改訂增補版】　大塚史學會編　東京　昭和十一年　第三一〇—三一二頁)

民俗(大連圖書館和漢圖書分類目錄　第八編　第一三四—一三五頁)

Giles, H. A.: China and the Manchus. 1912 (List of works Consulted p. 141)

Sonnenschein, W. S.: The best books. 1910 ("Tungusic and Mongolic Mythology and folklorse" (Part I p. 390)

Sonnenschein, W. S.: The best books. 1931 part V p.3069 (See "Tungusic and Manchu" part V p. 3069)

Shirokogoroff, S. M: Social organisation of the Northern Tungus, with introductory chapters concerning geographical distribution and history of these groups. 1929 (Bibliography pp. 393-401)

Shirokogoroff, S. M.: Social organisation of the Manchus. A Study of the Manchu organization 1924 (Bibliography, p.194)

V　自然科學

植物(大連圖書館和漢圖書分類目錄　第八編　第一四〇頁)

滿洲植物ニ關スル文獻解說　(露)コマロフ著　滿鐵調查課　(古澤敏太郎)譯　(滿洲植物誌一卷內)

滿洲植物目錄　滿洲中等教育究會博物分館會編　昭和五年

滿蒙支那及朝鮮植物文獻目錄　藤田護欠　昭和六年

動物(大連圖書館和漢圖書分類目錄　第八編　第一四〇頁)

滿洲鳥類ニ關スル文獻　黑田長禮　(鮮滿鳥類一斑內)

Sowerby, Arthur de Carle: The naturalist in Manchuria. Tientsin, Tientsin press, 1922-23, 1930. (Bibliography Vol. 1. pp. 337-339 Vol. 2, pp. 339-342, Vol. 3, pp. 223-224)

東北—地質　中國地學論文索引　王庸　茅乃文全編　民國二十三年　第一二二一一一五頁

Bibliography of Chinese geology up to 1934 published by the National Academy of Peiping. 1935 (中國地質文獻目錄　楊遵儀編　國立北平研究院出版　民國二十四年) (Manchuria pp. 197-199-Heilungkiang pp.170-171; Kirin pp.186-187; Liaoning pp.190-193 and Jehol pp.182-183)

(南滿洲鐵道株式會社地質調查所)刊行書類目錄　滿鐵地質調查所編　大連　大正十四年

地質　古生物　(大連圖書館和漢圖書分類目錄　第八編　第一四二—一四四頁)

VI　應用科學

工業(大連圖書館和漢圖書分類目錄　第八編　第一四八—一五七頁　一八四—一九一頁

南滿洲工業學校圖書目錄　南滿洲工業學校編　大連大正七年

【滿蒙ニ於ケル】工業(資料解說)(調查時報　滿鐵調查課編　大正十一年　第二卷第九號　第九一五—九六八頁)

【南滿洲鐵道株式會社理學試驗所】圖書目錄　昭和五年九月三十日至現在　滿鐵理學試驗所編　大連　昭和六年

【南滿洲鐵道株式會社奉天圖書館】園藝圖書陳列目錄　奉天圖書館編　奉天　大正十五年

滿鐵醫院專用圖書目錄　大正十二年十二月至現在　滿鐵衛生課編　大連大正五年

滿洲醫科大學研究業績論文表，大正十五年至昭和四年八月　滿洲醫科大學編　昭和四年

南滿醫學堂圖書目錄　大正五年三月至現在　南滿醫學堂編　奉天　大正五年

19

VII 美術

【南滿洲鐵道株式會社奉天圖書館】美術圖書陳列目錄　奉天圖書館編　奉天　大正十五年

東洋美術研究文獻目錄　(Classified bibliography of Eastern arts)　東京美術研究所編　(Compiled by the Institute of Art Research. Tokyo)　昭六年度—九年度(美術研究　昭和七年——十年　七月號)目錄分中日文部，及西文部

國華索引　村山旬吾編　昭和八年

VIII 歷史

(一)歷史一般

東北史地(浙江省立圖書館中日文圖書總目　第一輯下册　民國二十五年　第一〇四—一〇四五頁)

東北史地(國民政府文官處圖書目錄　民國二十三年　第三三五—三三六頁)

滿蒙史研究資料(滿洲史講話　有高巖著　昭和七年)

「明治以後ニ於ケル歷史學ノ發達」　滿洲蒙古史　和田清　(歷史教育二卷九期　昭和七年)

引用書目解說附引用歐文書目　(滿洲歷史地理第一卷內箭內　亘等撰　大正二年)

滿洲史參考文獻目錄　(一)歐文目錄　第一—一三頁　(二)日文目錄　第一四—六六頁　(三)支那文目錄　第八七—七〇頁　(四)史料目錄　第七一—九七頁　歷史學研究　第五卷第二號(滿洲史研究特輯號)　昭和十年十二月

滿洲史研究主要書目錄　附滿洲關係の主要歐文文獻　(滿洲通史及川儀左衛門　昭和十年)

臺灣朝鮮滿洲史研究の枝折　那珂通世(史學雜誌第十一篇第一號　明治三十三年)

歷史地誌(大連圖書館和漢圖書分類目錄　第八編　第四一—九八頁)

滿洲歷史地理(東洋史論文要目(改訂增補版)　大塚史學會　東京　昭和十一年　第二九六—二九七頁)

Cordier, Henri: Bibliotheca Sinica 2 ed. Vol. 4 "Mandchourie-Histoire." Col. 2744-2745 Sup. Vol.11922-4 Col.4274-4281

昭和九年度東洋史研究文獻類目　增村宏　水野清一　大島利一編　東方文化學院京都研究所發行　昭和十年　分日文，華文，西文三部

歷史論及ヒ東洋史研究書目　中村久四郎　(東亞の光　第十二卷　十二期　大正六年)

支那ヲ中心トセル東洋史關係參考書一覽　東北帝大史學研究室　昭和五年

邦文歷史學關係諸雜誌東洋史論文要目　大塚史學會　昭和七年　改訂增補版　昭和十一年六月

東洋史論文目錄　(歷史研究　昭和十年十一月　第五卷一號　第二四—一四五頁)

東洋史著書目錄　(歷史研究　昭和十年十一月　第五卷一號　第一八一—一八五頁)

東洋歷史參考書目　高桑駒吉（東亞の光　三卷七期　明治四十三年）
東洋史參考書解題　高桑駒吉　早稻田大學出版部（早稻田大學講義）
東洋史專修者必讀書目ニ就イテ　岩井大慧　（歷史教育　第二卷一至三昭和二年四，五，六月）
東洋史學要書目錄　那珂通世（見那珂通世遺書　大正四年）
東洋史學ノ見ルヘキ歐西書ニ就テ　岩井大慧著　（歷史教育　昭和六年六月——七年七月）　朱滋萃譯文附錄于石井幹之助歐人之漢學研究　（中法大學叢書）
一九三五年定期刊行物東洋史研究歐文文獻目錄　增村宏編　（東洋史研究第一卷　第號）
日支定期刊行物所載東洋史研究文獻目錄　大島利一編　昭和十年度昭和十一度（東洋史研究）
史學關係文獻目錄　東洋史　大塚史學會　（史潮每期發表）
史學雜誌索引　自第一編至四十編　明治二十二年——昭和四年　坂本嘉治爲編　東京帝國大學史學會發行
最近史界著書及論文　廣島　史學研究會編　（史學研究每期發表）
歷史地理　自第一卷至第六十三卷索引　日本歷史地理學會編　昭和八年
考古學（大連圖書館和漢圖書分類目錄　第八編　第五十九頁）
考古學　東洋史論文要目（改訂增補版）大塚史學會編　東京　昭和十一年　第二九七—三三〇〇頁）
（第一次滿蒙學術調查研究團報告第二部第一編）（書目）滿洲帝國吉林省順鄉屯發掘物研究報告　德永重康直良信夫編

傳記人名錄　大連圖書館和漢圖書分類目錄　第八編　第六四—六八頁

（二）時代史

肅愼　高勾麗　扶餘　唐　靺鞨　室韋　渤海（大塚圖書館和漢圖書分類目錄　第八編　第四四—四五頁
Cordier, Henri: Bibliotheca Sinica 2 ed. (TartarieOccidentaux (Si-en-Pi 鮮卑 Tongouses,) Liao 遼 (K'itan 契丹) Si Liao (Kara-K'itai) 西遼 Kin (Niutchen 女眞) Vol. 4 Col. 2721-2626 Sup. Vol. 1, 1922-4 Col. 4267-8
渤海　東洋史論文要目　（改訂增補版）大塚史學會編　東京　昭和十一年　第二九一頁
渤海國志長編附錄書目　金毓黻　渤海國志　金毓黻集
契丹遼東洋史論文要目（改訂增補版）　大塚史學會編　東京昭和十一年第二九一—二九三頁
遼金史　江蘇省立國學圖書館圖書總目卷九　民國二十年四年
遼史源流考與遼史初校徵引書目　（遼史源流考與遼史初校　馮家昇民國二十二年）
遼史拾遺鈔撮羣書目錄　（遼史拾遺卷首（清）厲鶚）
遼文補錄目次　（遼文補錄　黃任恆　民國八年）
遼，金，元　大連圖書館和漢圖書分類目錄　第八編　第四七—四八頁
遼痕五種引用書目　黃任恆　（遼痕五種　黃任恆　卷首　民國十四年）
遼文叢目　羅福頤　（遼文續拾　羅福頤　民國二十四年）
金（東洋史論文要目（改訂增補版）大塚史學會編　東京　昭和十一年

第二九三—二九四頁）

明　清（大連圖書館和漢圖書分類目錄　第八編　第四八頁

清開國史料考　謝國楨　民年二十年　六卷　補一卷

民國　（大連圖書館和漢圖書分類目錄　第八編　第五二—五三頁）

（三）國際戰爭

日清戰役　（大連圖書館和漢圖書分類目錄　第八編第五〇—五一頁）

Johnson, J. E. Chinese-Japanese war. N. Y., Wilson, 1933. Bibliographypp. 21-40

Sonnenschein, W.S.: The best books. 1923. ("Chino-Japanese War 1894-5 part III p.1842)

日露戰役（大連圖書館和漢圖書分類目錄　第八編　第五一—五二頁）

日露戰爭ニ關スル圖書（大連圖書館藏書）（書香第十二號昭和五年）

日露戰役ニ關スル書目大連圖書館藏書　（書香第六九號昭和十年）

Sonnenschein, W. S.: The best books. 1923. (Russo-Japanese war (1904-5) part III pp1462-6)

中東事件索引　交通大學圖書館編　上海　民國十九年

（四）東北事變（九一八）

東北事變　（浙江省立圖書館中日文圖書總目第一輯下册　民國二十五年　第一一九三—一一九六頁）

東北事變之言論索引　錢存訓　（中華圖書館協會會報第七卷五期）

九一八以後關於東北問題之西文書籍及論文目錄　鄧衍林　丁濬編

（外交月報　第一卷三、五、六期　民國二十一年）

國聯調查團書目　吳鴻志（中華圖書館協會會刊　第八卷一—二期　民國二十一年）

事變後日人所著關于東北的書籍　紀清漪（中國出版月刊　第一卷五期　民國二十二年三月）

滿洲事變　（大連圖書館和漢圖書分類目錄　第八編　第五三—五四頁）

滿洲事變　（雜誌索引　下戶前繁松　昭和六年十月　第二卷第十九回）第三六三頁）

滿洲上海事變關係資料展覽目錄　臺灣總督府圖書館編　臺北　昭和三年

滿洲事變ト日華及各國關係資料文獻　昭和六年十月下旬　昭和六年十一月中旬（內外調查資料　調查資料協會編　昭和七年九月　第四年第九輯　第二二五—二二六頁）

【國際聯盟調查委員迎接】展覽圖書手稿解說　奉天圖書館編　昭和七年

IX　地理

（一）地理一般

中國地學論文索引　王庸　茅乃文同編　國立北平圖書館鉛印發行（初篇）　民國二十三年　續編　民國二十五年

東北地理　邊疆游記考察　（全國總書目一九三五　上海生活書店　第五七四—五七五頁）

地理雜記　（江蘇省立國學圖書館圖書總目　卷十四　第二〇—二一頁）

日本人研究支那地理論文目錄（國立中央大學地理雜誌 第三卷三期 民國十九年五月）

地誌（大連圖書館和漢圖書分類目錄 第八編 第六八—九八頁）

河流水利（中國地學論文索引 王庸 茅乃文仝編（初編） 第七四—七六頁）

水利論文索引 全國經濟委員會水利處編 民國二十四年

地學雜誌自第一卷至第五百號總目索引 東京地學協會 昭和五年

滿洲地理文獻考 植野武雄 （書香 昭和七年 第三四，三六，三八，四三，四四號）

滿洲地誌主要參考文獻（滿洲地誌研究 田中秀作 昭和五年 第五—十六頁）

東三省氣候（地理學論文索引 王庸 茅乃文仝編 （初編） 第二九頁）

邊防（江蘇省立國學圖書館圖書總目 民國二十四年四月 卷十四a）

明代邊防圖籍錄 王以中 （地學雜誌 第二十一卷一期 民國二十二年）

Richard. L. : Comprehensive geography of the Chinese Empire and dependencies (Manchuria reference pp: 506-508)

（二）輿圖

國立北平圖書館中文輿圖目錄 王庸 茅乃文仝編 民國二十二年 （東三省總圖 第二三—二七頁 遼寧省圖 第二〇—二四頁 吉林省 第二五—二七頁 黑龍江省 第二八—二九頁 熱河 第一二〇頁等等）

國立北平圖書館特藏清內府大庫輿圖錄 （國立北平圖書館輿圖概況 民國二十三年 第四九—五三頁）

支那地圖目錄 大連圖書館編 昭和五年（滿洲蒙古地圖目錄 第四二—四八頁）

地圖（大連圖書館和漢書分類目錄 第八編 第八八—九八頁）

（三）地方志及鄉土文獻

中國地方志綜錄 朱士嘉編 上海商務印書館 民國二十四年

館藏東北地志錄 卞鴻儒 遼寧省立圖書館館刊 一卷

東洋文庫地方志目錄 東洋文庫編 昭和十年（第二二三—二三七頁）

東三省諸縣志の小文獻 田口稔（書香 昭和四年 第三號）

滿洲地方志考 植野武雄 昭和十年 （奉天圖書館叢刊第二五冊）

滿洲府縣志表 植野武雄著（書香第三十八號 昭和七年五月）

遼陽圖書館藏鄉土資料目錄—拓本（書香 昭和九年 第五十九號）

通北縣ニ關スル資料 T.G.C. （書香 昭和十年 第七十四號）

九連城ニ關スル文獻（日清役以前）ニ就て 植野武雄 （書香 昭和八年 第四十七號）

鞍山ニ關スル小文獻 田口稔 （書香 昭和五年 第一〇號）

撫順鄉土資料目錄 撫順圖書館 （撫順圖書館 昭和七年 第三卷第五號附錄）

撫順鄉土資料展覽會陳列目錄 撫順圖書館 昭和六年

馬蹄溝ニ關スル小文獻　田口稔（書香　第十二號　昭和五年）

金州の小文獻　田口稔（書香　昭和四年　第九號）

營口開港七拾週年紀念）營口文獻展覽會出品目錄　營口圖書館營口　昭和六年

（四）旅行游記

遼寧地誌及遊記（中國地學論文索引　王庸　茅乃文仝編　民國二十三年（初編）第三三—三五頁）

吉林地誌及游記（中國地學論文索引　王庸　茅乃文仝編　民國二十三年（初編）第三六—三八頁）

黑龍江地誌及游記（中國地學論文索引　王庸　茅乃文仝編　民國二十三年（初編）第三八—三九頁）

熱河地誌及游記（中國地學論文索引　王庸　茅乃文仝編　民國二十三年（初編）第三九—四六頁）

滿洲地誌（臺灣總督府圖書館增加和漢圖書分類目錄歷史地誌法制經濟社會統計植民之部　大正十四年八月　第一〇三—一〇五頁）

ヒイトの東洋旅行記原版及其他の諸版本　衛藤利夫　奉天圖書館　昭和五年（奉天圖書館名著解題）

滿洲ノ旅行トソノ參考書　近藤義長（書香　昭和七年　第四四號）

Cordier, Henri: Bibliotheca Sinica 2ed. Vol 4 "Mandchourie-Voyageurs" Col. 2745-2752, 3221-3222 Sup. Vol. 1 1922-4 Col. 4281

（五）東北各省區

吉林省（大連圖書館和漢圖書分類目錄　第八編　第八〇—八二頁及九五頁）

奉天省（大連圖書館和漢圖書分類目錄　第八編　第七七—八〇頁及九四—九五頁）

黑龍江省（大連圖書館和漢圖書分類目錄　第八編　第八二—八三頁及九五—九六頁）

熱河省興安省（興安嶺）（大連圖書館和漢圖書分類目錄　第八編　第八三—八七及九六—九八頁）

熱河文獻綜覽　昭和八年五月至現在　大連圖書館編（書香　昭和八年六月　第四九期）

熱河文獻解說　島田好（書香　昭和八年　第四九期）

關于熱河之西人著述　史相岡（黑白半月刊　民國二十四年　第三卷五—六期）

熱河淪胥之文物　日本評論　民國二十四年九月　第七卷二期

熱河文獻展覽會陳列目錄　奉天圖書館，八幡町圖書館編　昭和八年

熱河二關スル歐人ノ著述　K. 生（書香No. 49 pp3-4　昭和八年）

熱河關係書目輯略　宗孟（黑白半月刊　民國二十四年　第三卷五—六期）

熱河現存文獻資料　高欽（黑白半月刊　民國二十四年　第三卷五—六合期）

關東州（大連圖書館和漢圖書分類目錄　第八編　第六九—七〇頁）

34

東北史地參攷文獻摘目

青木富太郎等輯
劉選民 校補

1

日本歷史學研究會刊行之歷史學研究，曾於去年十二月出版「滿洲史研究」專號，發表重要論文多篇。書末並附有「滿洲史參攷文獻目錄」，舉凡英美德法俄日及中國諸學者研究東北之巨著或論文，靡不搜羅殆盡。內分歐文目錄，日文目錄，中文目錄，史料目錄四項，凡九十餘頁。由青木富太郎，近角文常，藤野彪，旗田巍，川久保悌郎，三上次男，百瀨弘，中山八郎，式守富司，柴三九男等學者通力合作輯成之，對東北史地之研究，貢献甚大。惜其分類蕪雜，收羅過濫，故擬重爲類別，並酌删無關史地者；又以其蒐集之目錄，歐文方面僅至一九二二（大部根據 Henri Cordier 的 Bibliotheca Sinica），中日文方面僅至一九三五年十月，故稍事增補，以便窺其全豹焉。

廿五年雙十節。

（一）中文目錄

1 書誌學

2 史學

通論 通史 實錄 雜史

3 地學

通論 地方志 紀行隨筆 地圖

4 政治

通論 外交 詔令奏議

5 社會經濟

通論 典章制度

6 其他

中文目錄

1 書誌學

a 著書

國立北平圖書館故宮博物院圖書館滿文書籍聯合目錄 李德啓 民國二十二

研究中國東北參攷書目 黑白學會 民國二十

國立奉天圖書館藏善本書志略 王永祥

清開國史料攷六卷 謝國楨 民國二十

晚明史籍攷二〇卷 謝國楨 民國二十一

遼東文獻徵略 金毓黻 民國十六

遼海書錄 同上

b 索引

東北事變之言論索引 錢存訓 中華圖書館協會 七—五

2 史學

甲 通論

論文題目	著者	雜誌名	卷號
東北之歷史的攷察	黃現璠	進展月刊	一—八，九
東北四省之建置歷史與民族源流	胡伯玄	新亞細亞	三—四，五
東北史中諸名稱之解釋	馮家昇	禹貢	二—七
我的研究東北史地的計畫	馮家昇	禹貢	一—十
東北史地研究之已有成績	馮家昇	禹貢	二—十
明治以後日本學者研究滿蒙史的成績	和田清著 翁獨健譯	史學年報	一—五
滿洲名稱之種種推測	馮家昇	東方雜誌	三〇—一七
滿洲攷古學概說	盧方聿	北平晨報學園	九十七
滿洲研究之文獻	田中秀作著 李長傅譯	新亞細亞月刊	三—一
日人對我東北研究之近狀	馮家昇	禹貢	五—六
中國歷史的東北四省	榛郊	中學生	六六
國人對東北史地應有之新認識	張印堂	華年週刊	五—三，四
國人對東北應有的認識	張印堂	東方雜誌	三三—一

乙 通史

書名	編著者	發行年
正史（二十五史）		
清朝前記	孟森	民國十九
明元清系通記五卷	孟森	民國二三
清代通史	蕭一山	民國十二
東北史綱	傅斯年	民國二十一
滿洲發達史	稻葉岩吉原著 楊成能譯	
滿洲憂患史	蕭文淵	民國十八
清朝全史	稻葉岩吉原著 蒲圻但燾譯	
清建國別記	章炳麟	民國十三

丙 實錄

皇明實錄 三一九三

三朝遼事實錄 一七 明 王在晉

清三朝實錄採要 一六 郁山緯 永根鉉 寬政九年

滿文老檔 一七九 撰者不明

滿洲老檔秘錄 一〇 金梁 民國七 奉天

滿洲實錄 撰者不明 民國二十年 奉天

清太祖武皇帝努兒哈赤實錄 四 民國二十一年 北平

太祖三朝實錄採要（清鑑易知錄）

清太祖實錄殘卷

清朝實錄

李朝實錄

清太祖努爾哈赤實錄 民國二〇

丁 雜史

渤海攷 朝鮮 柳得恭

2

渤海國記　三　黃維翰
渤海國志　四　唐晏　民國八
渤海國志長編　二〇　金毓黻
契丹國志　二七　宋　葉隆禮
遼小史　一　清　楊復吉
遼史拾遺　二八　清　厲鶚　楊復吉
遼史拾遺補　五　清　楊復吉
遼史外國地理攷証　清　丁謙
遼金史紀事本末　九二　清　李有棠
遼志　一　宋　葉隆禮
大金國志　四〇　宋　宇文懋昭
金志　一　宋　宇文懋昭
金史詳校　一一　清　施國祁
金小史　八　清　楊復吉
續資治通鑑長編　五二〇　宋　李燾
金源劄記　二　清　施國祁
三朝北盟會編　二五〇　宋　徐夢莘
宋會要
明史稿　三一〇　清　王鴻緒
皇明九邊攷　一〇　明　魏煥
四夷攷　明　葉向高
皇明四夷攷　明　鄭曉

邊畧五種　國學文庫第一一　明　高拱
博物典彙　明　黃道周
名山藏　明　何喬遠
皇明從信錄　明　陳建
皇清開國方畧　三三　清　阿桂等
武庫纂畧　明　古宣張　龍雲昭
聖武記　一四　清　魏源
兩朝從信錄　明　沈國元
東華錄　三二　清　蔣良騏
東華錄　八四五　清王先謙
九邊破虜方畧　明　栗在廷
東國通鑑　五六　朝鮮
春坡堂日月錄　三四　朝鮮　李星齡
燃藜室記述　五八　朝鮮　李肯翊
萬歷武功錄　明　瞿九思
山中聞見錄　一一　明　管葛山人（彭孫貽）
東夷攷略　明　茅瑞徵
全邊略記　一二　明　方孔炤　崇禎元
襄平先生幽憤錄　八　明　佟卜年
李寧遠征建州王杲　一　明　范景文
建州私志　三
建州女直攷　一　明　天都山臣
撫安東夷記　一　明　馬文升

3

遼夷略　一　明　張鼐
遼夷投官始末　一　明　夏完淳
潘遼先守始末　一　明　夏完淳
東事書略　一　明　郭湣
遼事畧　一　明　夏彝仲
遼左棄地　一　明　劉若愚
遼紀　一　明　田汝成
遼事志略　明　承賜道人
高昌館課甲册　編者不明
建州攷　明　陳繼儒
耐厳攷史錄　清　撰者不明
袁督師計斬毛文龍始末　一　明　李清
袁督師事蹟　一　編者不明
督師紀略　一六　明　鹿善繼等
後督師紀畧　一〇　鹿善繼等
毛大將海上情形　一　編者不明
東江始末　清　宗玉孫
東江遺事　二　滄江漫叟
三衞志　明　王世貞
滿洲攷畧　清　龔柴
北徼喀倫攷　清　何秋濤
北徼形勢攷　清　何秋濤
海東繹史　朝鮮　韓大淵
三國遺事　五　高麗　僧一然
西征錄　二　朝鮮　李純

3　地學

甲　通論

a　著書

大明一統志　九〇　明　李賢　天順年間
大清一統志　五〇〇　清　乾隆年間
天下郡國利病書　一二〇　清　顧炎武
讀史方輿紀要　一三〇　清　顧祖禹
殊域周咨錄　二四　明　嚴從簡　萬曆十一年
四鎭三關志　一〇　明　劉效祖　萬曆十一年
口北三廳志　一六　清　錢唐金　乾隆
朔方備乘　八〇　清　何秋濤
滿洲源流考　二十　清　阿桂　乾隆四十二
蒙古游牧記　一六　清　張穆
遼東志　九　明　畢恭　正統八年（嘉靖十六年改修）
全遼志　六　嘉靖四十四年
滿洲三省志　民國　白眉初

b　論文

滿洲地理研究　李長傅　新亞細亞月刊　二—二
遼史地理攷　劉師培　國粹學報　四—三，五
黑車子室韋攷　王國維　國學論叢　一—三

室韋攷畧　吳廷燮　四存月刊　一四
辨聖武記瓦爾哈部地輿在興京之誤　丁謙　地學雜誌　一一—一二
鴨綠行部志　朱希祖　地學雜誌　二〇—一
金界壕攷　王國維　燕京學報　一
遼史地理志補正　譚其驤　禹貢　一—二
遼金史地理志互校　馮家昇　禹貢　一—四
明史東邊墻建置沿革攷　張維華　史學年報　二—一
明遼東「衛」「都衛」「都司」建置年代考畧　張維華　禹貢　一—四
明代遼東衛所建置攷略　張維華　禹貢　一—七
明代遼東歸附及衛所都司建置沿革　李晉華　禹貢　二—二
都爾鼻攷　內藤虎次郎著　周一良譯　禹貢　二—三
清史稿地理志校正（奉天）　譚其驤　禹貢　一—九
東北輿地釋略　景方昶　東北叢刊　二

乙　地方志

1. 奉天省

盛京諸水編　清　齊召南
奉天地略　清　馬冠羣
盛京攷略　清　龔柴
以上三書見「小方壺齋輿地叢鈔」中
遼海志畧　六四　清　瞿汝龢　咸豐二年
盛京通志　三二　康熙五十年
盛京通志　四八　乾隆元年
盛京通志　一三〇　乾隆四十三年
盛京通志　四八　咸豐二年
乾隆志　補修重刊
承德縣志　二　宣統二年
瀋陽縣志　一五　民國五年
鐵嶺縣志　二　康熙十六年
見遼海叢書本
鐵嶺縣志　八　民國四年
鐵嶺縣志　二〇　民國二十年
鐵嶺縣續志　一二　康德元年
開原縣志　乾隆五十六年
開原縣志　一八　咸豐七年
開原縣志　六　民國六年
開原縣志　一二　民國十八年
西安縣志略　宣統三年
營口縣志　二　大同二年
營口雜志（小方壺齋輿地叢鈔）
遼陽州志　二八　康熙二十八年
遼陽鄉土誌（不分卷）光緒三十四年
遼陽縣志　四〇　民國十七年
遼陽縣志　二九　民國十九年

臺安縣志　五　民國十九年

蓋平縣志　一六　民國十九年

海城縣志　（不分卷）　宣統元年

海城縣志　（不分卷）　民國十三年

錦州府志　一〇　康熙二十一年

見遼海叢書

錦縣志　二十四　民國九年

新民府志　（不分卷）　宣統元年

新民縣志　十八　民國十九年

新民縣志　（不分卷）　民國十九年

廣寧縣鄉土志　（不分卷）　光緒三十四年

北鎮縣志　六　民國十九年

義縣志　十八　民國十九年

興城縣志　十五　民國十六年

綏中縣志　十八　民國十八年

錦西縣志　六　民國十八年

安東縣志　八　民國二十年

興京縣志　十五　民國十四年

通化縣志　四　民國十六年

通化縣志　五　民國十九年

鳳城縣志　十六　民國九年

寬甸縣志畧　民國四年

懷仁縣志　十四　宣統二年

桓仁縣志　十七　民國十七年

撫順縣志　五　民國十九年

撫順縣志畧

撫順縣志畧　民國二〇年

海龍縣志　民國二年

輝南廳志　宣統十二年

復縣志畧　民國九年

復縣志略　民國九年

岫巖志略　十　咸豐七年

見遼海叢書

莊河縣志　十二　民國八年

昌圖縣志　民國五年

昌圖府志　宣統二年

奉化縣志　十四　光緒十一年

鎮東縣志　五　民國十六年

南金鄉土志　宣統三年

山海關志　八　嘉靖年間

2 吉林省

吉林通志　一百二十二　光緒十七年

吉林地畧

小方壺齋輿地叢鈔

吉林形勢
　小方壺齋輿地叢鈔
吉林外記　十
　清朝藩屬輿地叢書，小方壺齋地叢鈔，光緒刊本。
吉林輿地畧　二　光緒二十四年
吉林地理紀要　二　民國九年
雙城縣志　十六　民國十五年
寧古塔志
　昭代叢書　二十三
琿春瑣志
　小方壺齋輿地叢鈔
樺川縣志　民國十六年

3 黑龍江省

黑龍江外記　淸　西淸　嘉慶十五年
　光緒刊本　小方壺齋輿地叢鈔，滿蒙叢書，漸西村舍叢刊，中華邊防輿地叢書
黑龍江述畧　六　光緒十五年
　光緒刊本，滿蒙叢書，觀自得齋叢書，小方壺齋輿地叢鈔
黑龍江水道編
　小方壺齋輿地叢鈔
黑龍江地略
　道光刊本　小方壺齋輿地叢鈔。
黑龍江鄉士志　道緒十二年
黑龍江通志綱要　民國十四年
黑龍江鄉土錄　民國十五年
黑龍江志稿　六二　民國二二年
龍城舊聞　四　民國八年
呼蘭府志　一二　民國四年
呼倫貝爾志　民國一一年
呼倫貝爾志畧　民國一二年
璦琿縣志　一四　民國九年

4 熱河省

熱河源記
　小方壺齋輿地叢鈔二五
熱河志　一二〇　乾隆四六年
　遼海叢書　民國重刊本
熱河志　乾隆四十六年
　武英殿聚珍版　一二卷
承德府志　二〇　道光十一年
承德府志　六〇　光緒十三年
隆北縣志　六　民國七年
朝陽縣志　三六　民國十九年

5 朝鮮本地志

東國輿地勝覽　五五

關北志　三　撰者不明
　咸鏡道之地誌。
繁山邑誌　一　朝鮮　張寅植編　哲宗朝刊
　咸鏡道會寧之邑誌。
北關志　二　朝鮮　李植　李端夏等編
　肅宗十七年刊，咸鏡北道之地誌。
大韓疆域考　九　朝鮮　丁若鏞　純祖朝

丙　紀行隨筆

御寨行程　宋　趙彥衛
　學津討源，說郛收
松漠記聞　二　宋　洪皓
　見遼海叢書　國學文庫　學津討源　說郛　增定古今逸史，顧氏文
　房小說
北狩行錄　宋　蔡絛
　學海類編第二四册所收
北狩見聞錄　宋　曹勛
　學津討源五七所收
遼東行部志　金　王寂
　見藕香零拾一三　國學文庫二一
龍沙紀畧　清　方式濟
　見滿蒙叢書五　借月山房彙鈔六二　述本堂詩集　小方壺齋輿地叢
　鈔等
柳邊紀畧　五　清　楊賓
　遼海叢書　昭代叢書　小方壺齋輿地叢鈔
出邊紀程　清　思錫
寧古塔紀畧　清　吳振臣
　昭代叢書等所收
遊寧古塔記
海隅從事錄　清　丁壽祺
扈從賜遊記　清　張玉書
松亭行紀　清　高士奇
扈從東巡日錄　二　清　高士奇
塔子溝紀畧　一二　清　乾隆三八年
何氏瀋陽紀程　清　何汝霖
潘氏瀋陽紀程　清　潘祖蔭
卜魁紀畧　清　英初
塞北紀程　清　馬思哈
龍城舊聞　四　黑龍江報社　民國八年
辛丑紀聞　民國九年
欒城集　宋　蘇轍
　三蘇全集之內　四部叢刊四四九—四六五
歸潛志　金　劉祁
　學海類編八四—八五。

先餘錄　明　姜志衡輯

卷二及卷三關于東北

無夢園集　明　陳仁錫　漫集二卷（明之遼餉，屯田，茶馬等）海集三

卷（明末女直詳情）車集三卷（明對女直政策之議論）。

嘯亭雜錄　一二　清　汲修主人撰

記清初之故事

遼詩話　清　周春

述古叢鈔——七一—八册，昭代叢書二四册等

遼文萃　七　清　王仁俊

遼文存　二　附錄二　清　繆荃孫

瀋故　四　清　楊同桂

遼海叢書民國二十三年出版

鳳城瑣錄　一　清　博明希哲

瀋陽錄　二　朝鮮　柳得恭

燕遼海叢書

燕台再游錄　一　朝鮮　柳得恭

遼海叢書　滿洲北京琉球之旅行記

桑巖集　朝鮮　李民寏

燕巖集　九　李朝　朴趾源

瀋陽日記　一六

瀋陽狀啓　一〇

丁　地圖

東三省輿地圖說　清　曹廷杰

中華邊防輿地叢書三四

蒙古哲里木盟十旗全圖　清　長白鑑　光緒三十三年

四三，二二四四五

熱河特別區地圖　陸軍測量局　光緒三十三年——民國十二年

一〇五〇〇，〇〇〇

九邊圖　撰者不明

明代遼東邊外之地理

黑龍江省地圖　民國　陸軍測量局

一〇五〇〇，〇〇〇

黑龍江省清丈全圖　民國　清丈兼招墾總局

會勘達禾漢王旗境　清末　洮遼站荒圖

吉林通省輿地全圖總引導說　光緒二十六年

奉天全省地輿圖說志　清　琉　修　光緒二十年

奉天省各府廳州略分圖　民國　奉天省測地局編

盛京吉林黑龍江等處標注戰蹟輿圖　乾隆四十一年

乾隆十三排地圖　清　南懷仁撰　何國宗等

黑龍江輿地圖畧　清　西清

單行本　（同治）二册

4　政治

黑龍江輿圖說

甲　通論

宋遼之關係　王桐齡　清華學報　四—二
契丹名號考釋　馮家昇　燕京學報　一—三
金開國前三世與高麗和戰年表　朱希祖　燕京學報　一—五
清太祖告天七恨之眞本研究　孟森　史學　一
最近三百年東北外患史　蔣廷黻　清華學報　八—一
東三省與國際關係　何炳松　東方雜誌　二八—二四

乙　外交

吉林勘界記　清　吳大澂
東北邊防輯要　清　曹廷杰
　中華邊防輿地叢書第三三
籌俄芻議　七　清　陳　俠　光緒刊
俄事新書　二　清　陳　俠　光緒刊
中俄界約斠注　七　清　錢　恂　光緒刊
中俄交涉記　清　王錫祺
清俄交界記　清　馬建忠
中俄界約箋明記
中俄交界續記　清　王錫祺
稗官雜記　朝鮮　魚叔權
考事撮要　三　朝鮮　魚叔權等
通文館志　一二　朝鮮　金慶門

丙　詔令奏議

十朝聖訓　九二二　清朝歷代撰
滿文五朝聖訓　一一二
世宗皇帝上諭八旗　三八（四〇册）　清　莊親王允祿編
歷代名臣奏議　三五〇目錄一　明　黃淮等編
　元末奏議集
皇明經世文編　五〇四　補遺四　明　華亭選輯
皇明經濟文編　四一　明　萬表輯
　國學文庫刊行中（九邊編，遼東編，薊州編，大同編，宣府編）。
皇朝經世文編　一二四　清　魏　源　道光
同續編　清　盛　康　光緒
同續編　清　葛士濬　光緒
　八旗　封禁　移民等奏文
皇清奏議
八旗文經
籌邊纂議　四　明　鄭文彬
籌遼碩畫　四六　附一
按遼疏稿　六　明　熊廷弼
督師奏疏　一六　明　宗稚繩
勦奴議撮　一　明　千航（燕芳）

奉天旗制變通案　甲乙二類
東三省邊防議　（小方壺齋輿地叢鈔）
東北邊防論　清　姚文棟（同上叢鈔）
丁將軍墾務奏稿
通肯河一帶開民屯議　清　馮　澂（同上叢鈔七一）
延吉邊務報告　四　清　陳昭常
東省路蒙旗墾務公司章程　清　貽　穀
蒙墾奏議　清　岑春煊　光緒三十三年
呼倫貝爾籌邊新政畧記　三　光緒三十四年
調查延吉邊務報書　三　清　周維楨　光緒三十四年
調查吉林蜂密山墾務報告　一册　光緒末
蒙墾續供　清　鹿傳霖等　宣統元年
東三省蒙務公牘彙編　五（二册）　清　朱啓鈐　宣統元年
蒙墾陳訴事畧　清　貽　穀　宣統元年
呼倫貝爾邊務調查報告書　五一丁　清　宋小濂　宣統元年
延吉廳領土問題之解決　一八一頁　清　匡熙民　宣統元年
東三省移民開墾意見書　一　清　熊希齡　宣統二年
吉林調查局文報初編　三　清　吉林調查局宣統二年
賓州府政書　四（一册）　清　李澍恩　宣統二年
黑龍江財政說明書　三　清　黑龍江清理財政局　宣統二年
試辦選旗實務報告　一册　清　三　多　宣統三年
吉林農安戊己政治報告書　一〇　清　吉林官書局　宣統四年
蒙旗全墾收發欵目清册　一册　清　貽　穀　清末
蒙事一斑　民　陸鍾岱　民國元年
中美密議東三省商岸問答記要　三〇
奉天省賦課章則彙編　民　王永江　民國六年
奉天省稅則彙編　民　王永江　民國六年
奉天省劃分國家地方兩稅說明書

5　社會經濟

甲　通論

渤海與中國奴隸社會　王宜昌　中國經濟　三—六
清代滿洲之封禁及其開發　魏崇陽　新亞細亞月刊　三—二
滿洲移民的歷史和現狀　朱　偰　東方雜誌　二五—一二
清初東北土人的生活　周　信　禹　貢　三—五
黑龍江流域農民與地主　翰生，王寅生　國立中央研究院社會科學研究所集刊
離民的東北流亡　陳翰笙　國立中央研究院社會科學研究所集刊
東三省日本移民的過去和將來　王　檢　東方雜志　三〇—一七
遼金鑛業之史的攷察　劉興唐　文化批判　二—一
遼代奴隸攷　傅衣淩　食　貨　一—一
金代猛安謀克的土地問題　陶希聖　食　貨　一—八
金史氏族表序例　陳　述　師大月刊　一四
金史氏族表例言　陳　述　中山大學文史學研究月刊　二—三四

滿族未入關前的經濟生活　馬奉琛　食貨　一—一一

歷史上東北民族之研究　卞鴻儒　東北叢刊　二

述肅愼系之民族　馮家昇　禹貢　三—七

述東胡系之民族　馮家昇　禹貢　三—八

松花江下游的赫哲族　凌純聲　民國二三

漢魏時代東北之文化　馮家昇　禹貢　三—三

契丹祀天之俗與其宗教　馮家昇　史學年報　一—四

神話風俗之關係

滿洲西北部及使鹿通古斯族　林德潤女士　李城九譯　地學雜誌　十八—二

乙　典章制度

文献通攷　三四八　元　馬端臨

四裔攷

續文献通攷

（卷二三八）四裔攷女直

皇朝通典　一〇〇　清　乾隆中勅撰

（卷九七—一〇〇）邊防典

皇朝通志　二〇〇　清

（卷一—一〇）氏族畧

皇朝文献通攷　三〇〇　清　乾隆中勅撰

（卷二九三—三〇〇）四裔攷

皇朝續文献通攷　三二〇　清

（卷二九三—三〇〇）四裔續攷　外交攷

大金集禮　四〇　明　張瑋

廣雅叢書本　三四五——三五

國朝典彙　一七八　明　徐學聚

大明會典

八旗通志　二五〇　清　鄂爾泰等

八旗之兵制　旗人之生活等

盛京通鑑

滿蒙叢書收

盛京典制備攷　八　清　崇厚

清代盛京五部之官制　滿蒙叢書收

大清會典

康熙刊本——卷四（盛京官制），卷二一（各旗莊屯），卷二三（編製八旗壯丁），卷三九（盛京戶部），卷八〇（盛京禮部），卷八一（八旗兵），卷一三〇（同刑部），卷一四一（同工部）。雍正版本——卷二一五—二二〇（盛京五部）。乾隆版本——卷七八（同五部），卷九五——一〇六（八旗）。嘉慶版本——卷一〇（盛京戶部），卷三二（同禮部），卷四四（同刑部），卷四八（同工部）。光緒版本——卷二五（盛京戶部），卷四十（同禮部），卷五二（同兵部），卷五七（同刑部），卷六二（同工部），卷八四——八六（八旗都統），卷九八（盛京內務兵府）。

大清會典事例

東三省鹽法志 一四 清 陳爲鑑

東三省政畧 一二 民國 徐世昌

內務，蒙務，交涉，軍事，官制，民政，財政，旗務，軍務，司
法，實業，諮議廳議案，附圖四三葉

東國文獻備攷 二五〇 朝鮮英祖命編 正宗 李太王增補

朝鮮之制度典禮

6 其他

a 著書

欽定遼金元三史國語解 四六 清 乾隆勅撰

補遼金元藝文志 一 清 倪燦

清文鑑 三六

清文補彙 清 宜興

清文彙書 清 李延基

女眞館來文 明 女眞館編

華夷譯語

欽定宗室王公功績表傳 一二 乾隆四六

國朝耆獻類徵 七二〇 清 李桓

碑傳集 一六〇 清 錢儀吉

滿漢名臣傳 清 國子監編

遼金元姓譜 清 周春

昭代叢書收

八旗滿洲氏族通譜 八〇 清 鄂爾泰等奉勅撰

雍正一三年 滿漢兩文

八旗氏族通譜輯要 二 清 阿桂 乾隆五

葉赫氏家譜 一 清 額騰額

滿洲功臣傳 六 鈔本

黑水先民傳 二四 民國 黃維翰 民國十一

遼方鎮年表 一 清 吳廷燮

金方鎮年表 一 清 吳廷燮

大金弔伐錄 清 錢熙祚 光緒十五

守山閣叢書第二〇册

龍沙鱗介 民國 閻毓善 民國二

長白彙徵錄 八（四册） 清 劉建封 宣統二

秘書兵衡 明 豫章喻龍德

滿洲四禮集 五（五册） 清 索寧安 嘉慶六

遼痕五種 民國 黃任恆

遼陽海神傳 明 蔡羽

舊小說戊集一

龍飛御天歌 五（一二五章） 朝鮮 權踶等編 世宗朝

第三五章 明初女眞人之住地

b 論文

魏毋丘儉丸都山紀功刻石跋尾 吳其昌 北平圖書館月刊三—三

遼道宗及宣懿皇后契丹國字哀册初釋　王靜如　集　刊三——四
遼史與金史新舊五代史互証舉例　馮家昇　史學年報二——一
遼史源流考與遼史初校　馮家昇　燕京學報專號五
女眞國書碑跋尾　羅福成　北平圖書館月刊三——四
漢譯滿洲老檔拾零　故宮週刊　二四五——三一二
重印朝鮮世宗實錄地理志序　孟　森　集　刊三——四
太陽契丹考釋　馮家昇　史學年報一——三
女眞文字之起源　毛　汶　史學年報一——三
滿洲字義考　寧恩承　東北叢刊一
日本鳥居龍藏氏調査熱河境契丹文化的經過　魏建猷　燕京學報一五
讀山中聞見錄書後　梁　愈　史學年報一——五
滿淸入關前與高麗交涉史料　歷史叢刊一——一二三
明奴兒干永寧寺碑考　內藤虎次郎原著　謝國楨譯　北平圖書館月刊
四——六
關於東北史上一位怪傑的新史料——李朝實錄中之李滿住——　吳　晗
燕京學報一七
淸史稿中建州衛考辨　孟　森　集　刊三——三
淸始祖布庫里雍順之考訂　孟　森　集　刊三——三
建州表　吳廷燮　東北叢刊一三——一四
後金國汗姓氏考　朱希祖　集刊外編　慶祝蔡元培先生六十五歲論文集
日人在東北之考古　馮家昇　燕京學報　一九
校金完顏希伊神道碑書後　徐炳昶　史學集刊一

(二)日文目錄

1 書誌學
書目　圖書題解
2 史學
通論　通史　專著　史料
3 地學
通論　專著　地圖
4 政治
通論　外交
5 經濟
通論　土地制度　移民與開發
6 社會
通論　民族　民俗
7 文化
通論　語言文字　考古　建築

1 書誌學

甲　書目

滿鐵調査課圖書目錄　滿鐵調査課　大連　昭和二年　一九三頁
滿鐵大連圖和漢書目錄　滿鐵大連圖　大連　昭和八年　二七五頁
第八編滿洲　蒙古
滿鐵調査課備付資料索引　一——三　滿鐵調査課　大連　昭和三年四月

14

15

九日

東三省政府公報索引目錄　滿鐵調查課濱岡福松　大連　昭和八年　二五九頁（宣統元年－民國二十年）

乙　圖書題解

遼東修學旅行記　東京高師修學旅行團　東京　明治四〇年　七三〇頁（內有那珂博士之文獻題解）

引用書目解說　滿鐵歷史調查室　大連　大正二年

滿洲古代中世史研究史料皆網羅於此

奉天圖書名著解題　滿鐵奉天圖衛藤利夫　奉天　昭和五年－六年

滿洲文獻研究　滿鐵大連圖田口稔　昭和八年－九年

2　史學

甲　通論

「明治以後に於ける歷史學の發達」　滿洲蒙古史　和田清　歷史教育七卷九期

三百年來の滿洲研究　中山久四郎　外交時報　六八卷一期，二期

滿洲史研究序說　三島一　歷史學研究　五卷二期

「滿鮮地理歷史研究報告」を中心として見たる滿洲中世史の研究　三上次男　同　同

我國に於ける滿洲近世史研究の動向　百瀨弘　歷史學研究　五卷二期

滿洲事件之支那人の滿洲研究　鈴木俊　同　同

歐美人の滿洲研究　石田幹之助　東亞　二卷一一期，一二期，二十二期

フランス（法）に於ける滿洲研究　田口稔　滿蒙，一四卷一〇期，一一期

露人の爲シたる北滿洲の學術的研究　ルカソヤ（翻譯）　同　一四卷一二期

近代滿洲歷史序說　矢野仁一　東亞經濟研究　一六卷一期

滿鮮史體系の再認識　稻葉岩吉　青丘學叢　一一號－一二號－一三號－一四號

滿鮮史論　白鳥庫吉　大鵬　七卷四期

歷史上に於ける滿洲の地位　同　斯文　二卷五期

乙　通史

a　著書

滿洲發達史　稻葉岩吉　東京　昭和一〇年　八四七頁　鄗楊成能譯之東北開發史

東洋史上に於ける滿鮮の位置　白鳥庫吉　千葉　昭和七年　三〇頁

滿洲現代史　滿鉄調查課　太宰松三郎　大連　大正一四年　四二八頁

東洋中世史第二編　三島一　鈴木俊　東京　昭和九年　唐代文化之波及渤海國

東洋中世史第三編　日野開三郎　東京　昭和九年（遼代史概說　金代史概說）

東洋中世史第四編　有高巖，和田清，淸水泰次　東京　昭和九年

明代之蒙古與滿洲

東洋近世史第二編　松井等　東京　昭和九年

滿洲通史　及川儀右衛門　東京　昭和一〇年　五七六頁

朝鮮滿洲史　稻葉岩吉，矢野仁一　東京　昭和一〇年

滿洲史部分：古代之滿洲（鴛淵一），滿洲民族興起時代（鴛淵一），鮮卑族之活躍與高勾麗之盛衰（鴛淵一），渤海時代（外山軍治），契丹時代（秋貞實造），金代史（小川裕人），女眞族衰亡後之滿洲（小川裕人，鴛淵一），建州，海西兩女眞中心時代之滿洲，（鴛淵一），淸朝之興起（鴛淵一），淸代之滿洲（矢野仁一）。

近代支那史　矢野仁一　京都　大正一五年　五六一頁

第三章淸朝之統治滿洲與漢人之移住，第四章淸朝之征服蒙古與漢人勢力之發展。

b 論文

三國文化考　那珂通世　那珂通世遺書

高勾麗考　同上　同上

唐末の遼東　島田好　滿洲學報　三號

古の滿洲　那珂通世　地學雜誌　二〇五，二〇六號

漢代の滿洲　稻葉岩吉　滿鮮地理歷史研究報告　一

三國時代の滿洲　箭內亘　同上　一

晉代の滿洲　同上　同上　一

南北朝時代の滿洲　同上　同上　一

渤海國の疆域　松井等　同上　一

渤海考　津田左右吉　同上　一

滿洲に於ける遼の疆域　松井等　同上　二

滿洲に於ける金の疆域　松井等　同上　二

金末の滿洲　池內宏　同上　一〇

東眞國の疆域　箭內亘　同上　二

滿洲に於ける元の疆域　箭內亘　同上　二

元代の東蒙古　箭內亘　同上　六卷

明代の滿洲　市村瓚次郎　史學雜誌　二四卷七期

淸初の疆域　稻葉岩吉　同上　二

丙　專著

a 著書

朝鮮歷史地理二冊　津田左右吉　東京　大正二年

考證自古代至李朝初期朝鮮國境之變遷。關于滿洲部分：第四，好大王征服地域考，第十五，高麗西北境之開拓，第十六，高麗東北境之開拓，第十七，尹瓘征略地域考，第二十高麗末鴨綠江之領土，第二十一高麗末東北境之開拓，第二十二，鮮初豆滿江方面之經略，第二十三鮮初鴨綠江上流地方之領土等篇。（第一卷三六六頁，第二卷三九二頁）

17

渤海史考（奉公叢書三） 鳥山喜一 東京 大正 四年 三〇五

前編：渤海王國之興亡——王國之建設，發展時代，極盛時代，衰滅時代。後篇：渤海王國之文化——渤海文化之成素，渤海文化概觀，渤海文化之影響，結論。

內蒙古諸部族之起源 和田清 東京 大正五年 四五六頁

緒言（明初蒙古之略説），年代雜考，西方諸部之成立（鄂爾多斯諸部，土默特諸部，永謝布諸部），東方諸部之成立（察哈爾諸部，兀良哈諸部，喀爾喀諸部，東南並諸部）。

近代蒙古史研究 矢野仁一 京都 大正一 四年四六八頁

自第一章至十一章叙蒙古與清朝之關係，第十二章至第十八章漢人之開墾蒙地與清朝之保護蒙古牧畜，第二十六章清朝之殖民實邊政策。

滿鮮史研究中世篇 一册 池內宏 東京 昭和八年 七〇四頁

鉄利考，遼聖宗之征伐女直，遼混同江考，遼代春水考，刀伊之賊，金史世紀之研究金建國以前完顏君長之稱號，金末之滿洲，蒲鮮萬奴之國號，元代地名，開元之沿革，三萬衛考等章。

光海君時代に於ける滿鮮關係 稻葉岩吉著 京城 昭和八年 一二五頁

韃靼考 津田左右吉 京東 昭和五年

b 論文

遼代紀年考 松井等 滿鮮地理歷史研究報告 三

清朝國號考 市村瓚次郎 東洋學術會調査部學術報告 一

清太祖奴兒哈赤崩殂考 園田一龜 滿洲學報 二

滿清の發祖ト其の血統 中島勝次 滿蒙 八卷七期

滿洲の楷矢にフいて 中山久田郎 市村博士古稀紀念東洋史論叢

滿洲寫集小考 池內宏 同

丁 史料

a 著書

滿洲寫眞帖 內藤虎次郎 東京 昭和一〇年 九卷

b 論文

清開國期の史料 內藤虎次郎 藝文 三卷一二期

明治三十八年內藤調査奉天宮殿之成績

各項稿簿 市村瓚次郎 史苑 二卷一，二，四，五期；三卷三，四期

明治三十八年調査奉天宮殿，此爲崇謨閣之一部

滿鮮關係の新史料—清太宗朝鮮征伐に關する古文書 中村榮孝 青丘學叢 一

塗改本清太祖實錄殘卷及び其年代 稻葉岩吉 同上 一〇

清三朝實錄の纂修 今西春秋 史林 二〇卷三期

秦邊紀略の嘎爾旦傳 內藤虎次郎 史林 三卷三期 四卷四期

三國史記高勾麗紀の批判 津田左右吉 滿鮮地理歷史研究報告 九

金史世紀の研究 池內宏 同 一〇

滿洲に關するロシヤの書物 石田幹之助 東亞 一卷四期

ロシヤ於ける渤海研究者及ム文献について 小島武男 史學 一〇卷

一期
明治初中葉の滿洲文献　田口稔　滿蒙　一〇卷一期
蘇聯邦近時の東洋學關係文獻覺書　江上波夫　東亞　八卷二，四期
韃靼漂流記に就ての研究　園田一龜　滿蒙　一二卷一〇，一一期　一
三卷一期　一四卷二期
高麗古碑考　三宅米吉　考古學雜誌　二卷一，二，三期
高句麗好大王碑考　島田好　滿蒙　一一卷五期　一二卷二，六，七期
大金の得勝陀頌碑に就て　園田一龜　同　一四卷一二期
女眞譯書碑考釋　羅福成　支那學　五卷四期
奴兒干永寧寺二碑補考　內藤虎次郎　讀史叢錄

3 地學

甲 通論

滿洲地方誌七册　關東都督府陸軍經理部　明治四四年
東部蒙古誌四册　關東都督府　旅順
滿洲通志　俄大藏省編　中野二郎譯　東京　明治三九年　七八〇頁
滿洲地志上，中，下　守田利遠　東京　明治三九年
黑龍江省二册　滿鐵高橋克巳譯自俄文　大正一三年
黑龍江省　滿鐵調查課　大谷彌十次　大連　大正八年
吉林省　滿鐵調查課　中野竹四郎　大正八年　二六〇頁

乙 專著

a 著書

公主嶺沿革史　伏屋武雄　大連　大正七年　二〇五頁
長春沿革史　滿鐵長春事務所　長春　大正一一年　二五九頁
長春發展誌　伊原幸之助　長春　大正一一年　二二五頁

b 論文

秦長城東部の位置につきて　松井等　歷史地理　一三卷三期
秦長城東端王險城考　稻葉岩吉　地學雜誌　二一卷二期
溟沓氏縣考　岩間德也　滿洲學報　一
公孫氏の帶方郡設そ曹魏の樂浪帶方二郡　池內宏　史苑　二卷六期
國內城及丸都城の位置　關野貞　地學雜誌　二五卷一一期
渤海の扶餘府並に遼の黃龍府につきての考　松井等　同上　二一卷二
期
渤海中京顯德府卽遼陽說　島田好　滿洲學報　二
洮南附近の古城址の遼の泰州　村田治郎　滿蒙　一〇卷五期
遼代の長春州について　津田左右吉　東洋學報　七卷一期
契丹可敦城考附阻卜考　松井等　滿鮮地理歷史研究報告　一
遼代の漢城ト炭山　箭內亘　東洋學報　一一卷三期
金の東京城考　松井等　歷史地理　一五卷一期
渤海の建州ト元の建州　箭內亘　東洋學報　一卷二期
元代の地名開元の沿革　池內宏　東洋學報　一二卷三期

元代の開元路に就いて　和田清　東洋學報　一七卷三期
兀良哈三衞名稱考　箭内亘　東洋學報　四卷一期
兀良哈三衞に關する研究　和田清　滿鮮地理歷史研究報告　一二，一三
九連城の古名に就いて　箭内亘　東洋學報　一卷三期
建州左衞の遷住地に就いて　鴛淵一　桑原博士還曆記念東洋史論叢
旅順口の沿革上方顧の位置　島田好　滿蒙　一〇卷七，八期
再び旅順城地位置に就て　同上　同上　一〇卷一一期
大連地名考　田口稔　滿蒙　一六卷四，五期
金代北邊考　津田左右吉　滿鮮地理歷史研究報告　四
鮮初の東北境と女眞との關係　池内宏　同上　二，四，五，七
黑龍江の異名に就て　白鳥庫吉　歷史地理　七卷一期
弱水考　同上　史學雜誌　七卷一一，一二期
遼代混同江考　池内宏　東洋學報　六卷一期
遼代春水考　池内宏　東洋學報　六卷二期
許亢宗の行程錄に見ゆる遼金時代の滿洲交通路　松井等　滿洲歷史地理　二
元明時代の滿洲交通路　箭内亘　滿洲歷史地理　二
都爾鼻考　内藤虎次郎　史林　五卷四期
隋唐二朝高句麗遠征の地理　松井等　滿鮮地理歷史研究報告　一
宋對契丹之戰畧地理　松井等　蒙鮮地理歷史研究報告　四
乾隆帝の東巡沿略考　園田一龜　滿蒙　一三卷六期
明代遼東の邊牆　稻葉岩吉　滿洲歷史地理　二

昌圖附近の明代邊牆の遺跡　横地得三　藝文　一二卷二期　19

丙　地圖

支那地圖目錄　滿鐵大連圖　大連　昭和五年　四九頁
滿洲及東部支那（二百五十萬分之一圖）　參謀本部陸軍測量部　東京　昭和七年
滿洲五十萬分之一圖　參謀本部陸軍測量部　東京　昭和七年
滿洲帝國新行政區劃圖　滿洲國總務廳　新京　康德元

4　政治

甲　通論

a　著書

東三省内政署史　横山重起　東京　昭和五年
關東廳施政二十年史　關東廳文書課　旅順　大正一五年　一〇二五頁
東三省官紳史　加藤政吉　大連　大正六年　四七四頁
東三省主要官紳錄　滿鐵調査課　大連　大正一三年

b　論文

遼東屬國の性質に就て　津田左右吉　史學雜誌　二五卷一〇期
曹魏の東方經略　池内宏　滿鮮地理歷史研究報告　一二
高句麗滅亡後の遺民の叛亂及び唐ト新羅トの關係　池内宏　滿鮮地理歷史研究報告　一二
安東都護府考　津田左右吉　滿鮮地理歷史研究報告　一

渤海の建國者につきて　池內宏　東洋學報　五卷一期
契丹勃興史　松井等　滿鮮地理歷史研究報告　一
北宋對契丹之防備ト其の利用　同上　同上　五
契丹對北宋配兵の要領　同上　同上　七
遼の聖宗の女眞征伐　池內宏　史學雜誌　二六卷六期
遼朝諸皇帝の東巡　園田一龜　滿蒙　一六卷一期
遼の遼東經畧　津田左右吉　滿鮮地理歷史研究報告　三
東丹國人皇南奔の行跡　園田一龜　奉天圖書刊　二二
金の外敵に對する政策　烏山喜一　東亞研究　七卷一，二期
金の世宗東巡考　同　滿蒙　一五卷二期
大金國志に見ゆる愛王の亂に就いて　同　白鳥博士還曆紀念東洋史論叢
猛安謀克ト金の國勢　同　京城法文學會第二部論纂　一
蒲鮮萬奴の國號について　池內宏　東洋學報　一二卷四期
蒲鮮萬奴事蹟考　箭內亘　史學雜誌　二一卷二，三，五期
岩井學士の蒲鮮萬奴國號考を讀む　池內宏　東洋學報　二〇卷四期
三萬衞についての考　同　史學雜誌　二六卷五期
朝鮮高麗朝に於ける東女眞の海寇　滿鮮地理歷史研究報告　八
大寧都司の內徙について　清水泰次　東洋學報　八卷一期
建州左衞の設立年代に就いて　黛淵一　歷史ト地理　二六卷六期
明萬曆朝に於ける遼東女直の消長　園田一龜　滿洲學報　三
高麗成宗朝に於ける女眞及び契丹トの關係　池內宏　滿鮮地理歷史研究報告　五
高麗顯宗朝に於ける契丹の侵入　同　同　七
清初の東北境女眞トの關係　同　同　二，四，五，七
清初の繼嗣問題　內藤虎次郎　史林　七卷一期
舒爾哈齊の死　黛淵一　史林　一七卷三期
清朝歷代皇帝の滿洲巡幸　園田一龜　滿蒙　七，八，九，一一
滿洲に於ける拳匪の叛亂　同　同　一五卷四，五，六，七期
義和拳匪亂ト露西亞の滿洲占領について　矢野仁一　東亞經濟研究　一八卷一期
事變前に於ける北四省行政機構　賓岡福松　滿鐵調查月報　一二卷一期
遼の制度の二重體系　津田左右吉　滿鮮地理歷史研究報告　五
金の建國以前に於ける完顏氏の君長の稱號について　池內宏　東洋學報二〇卷一期
金史に見えたる土語の官稱の四五に就きて　烏山喜一　史學雜誌　二九卷九期
金史世紀のいはゆる大師ト國相に就て　同上　靑丘學叢　六
女眞人の發展ト金の初の官制　三上次男　歷史學研究　四卷三期
東三省官制改革ト新任總督　靑才叩馬垣　外交時報　一〇卷五期
支那地方行政制度研究　馬場鍬太郎　支那研究　一五
金の兵制に關する研究　箭內亘　滿鮮地理歷史研究報告　四
漢軍（烏眞超哈）に就いて　浦廉一　桑原博士還曆紀念東洋史論叢

支那兵制概説　山崎清一　歴史學研究　四卷四期

乙　外交

A　通論

a 著書

近世支那外交史　矢野仁一　東京　昭和五年　九四五頁

滿洲於ける國際爭覇　植田捷雄譯　東京　昭和一〇年

b 論文

日滿交通略説　内藤虎次郎　叡山講演集

滿蒙ト支那本部トの關係　稻葉岩吉　滿蒙　五卷一，二期

支那及朝鮮滿洲日本トの關係　同　同　五卷五，六，七期

遼金交涉史　隈本繁吉　史學雜誌　九卷三，四，五，六，七，八，九期

成吉斯汗の滿洲經畧に關するの二三研究　箭内亘　東洋學報　四卷二期

一九三五年の日滿支政治關係に於ける　吉岡文　支那　二七卷一期

清初に於ける清鮮關係ト三田渡の碑文　鴛淵一　同上　一三卷一，二，三，四期

B　對日韓關係

a 著書

日滿關係の研究　蠟山政道　東京　昭和八年　三三二頁

滿洲問題（九一八事件）　矢内原忠雄　東京　昭和九年　二五〇頁

b 論文

朝鮮孝宗朝に於ける兩次の滿洲出兵　稻葉岩吉　青丘學叢　一五卷一六期

明末清初の朝鮮關係上に於ける日本の地位　浦廉一　史林　一九卷二，三期

韓滿境界歷史　小藤文次郎　歷史地理　六卷一二期

間島國境問題　幣原坦　東洋協會調査部學術報告

明末清初に於朝鮮の地位及び形態　稻葉岩吉　歷史教育　一〇卷一一期

一九三五年の日滿外交關係　米田實　支那　二七卷一期

C　對俄關係

a 著書

近代露支關係の研究　滿鐵調查課　宮崎正義　大連　大正十一年

中俄關係第一期之前史——露西亞民族之東進運動，黑龍江之農耕地與中俄之衝突，兩國主和之方針與尼布楚會議，中俄關係第二期——露國侵略沿黑龍江地域與北京之會商璦琿條條，及最近兩國間之重要問題等篇

露國の極東侵略に關する調查書　百瀨弘　吉田金一　東京　昭和八年

以尼布楚條約及恰克圖條約爲中心之中俄關係（吉田金一），關于沿黑龍江地方及沿海州之歷史的考察，（百瀨弘）十九世紀後半期中國西北方之伸張與伊犂之研究（吉田金一）

近世俄清蒙關係史　川田香雄　東京　昭和十年
滿洲ト日露戰爭　大竹博吉譯編　東京　昭和八年　三四四頁
露西亞帝國侵略史　ロシヤ問題研究所　東京　昭和九年
滿洲に於ける露國の利權外交史　山下義雄譯自俄文　京都　昭和九年

b論文

露清關係の第一期　石田幹之助　外交時報　二九卷一，二，三，四期
露清關係の研究　下田禮佐　小川博士還曆紀念地理學論叢
松花江航行權　矢野仁一　外交時報　二四卷三，四期
露國の極東移民　外交時報　一〇卷五期
張誠ト尼布楚條約　柿沼介　滿蒙　一六卷一二期
露國黑龍江地方侵略史　煙山專太郎　外交時報　二七，二八，二九，三一期
十九世紀末の露支紛爭　矢野仁一　同　五五卷四期
支那に於ける露國の利權ト日本　神田正雄　同　二六卷五期
露支葛藤ト滿洲問題　植田捷雄　同　五二卷一期
近世支那朝鮮を繞日俄關係　野原四郎　平凡社世界歷史大學系　九
東支鐵道の政治的地位再論す　井上義孝　外交時報　二九卷六，七，八期
東支鐵道在中心トする露支關係過去及現在　和田豐八　支那研究　一一，一二，一三期
東支鐵道をめぐる露支關係　百瀨弘　歷史學研究　一卷一期
義和拳匪亂ト露西亞の滿洲占領について　矢野仁一　東亞經濟研究　一八卷一期
滿洲に於ける拳匪の叛亂　園田一龜　滿蒙　一五卷四，五，六，七期
北滿洲の露國關係　大庭景秋　外交時報　一二卷三期
北滿洲の露支關係　井上義孝　外交時報　四五卷一一期
支那鐵道外交史論稿　馬場鍬太郎　支那研究　二二
三國干涉後の露西亞ト滿洲　矢野仁一　東亞經濟研究　二〇卷一期
一九三五年の日滿露支蒙國境問題　田中香苗　支那　二七卷一期
ツアニリト滿洲問題　江口朴郎　歷史學研究　五卷二期

5 經濟

甲　通論

a著書

鮮滿經濟十年史　朝鮮銀行　京城　大正八年　四六一頁
奉天經濟二十年誌　奉天商業會議所　野添孝生　奉天　昭和二年　一一四頁

b論文

滿洲史の一批判　中山耕太郎　歷史科學　三卷一期
滿洲經濟の發達　天野元之助　滿鐵調查月報　一二卷七期
滿洲社會經濟史諸問題　大上末廣　東亞　七卷一〇，一一期
滿洲經濟研究の新生面　鈴木十兵衛　同　八卷七期
滿支經濟關係の一考察　石田七郎　滿鐵調查月報　一二卷一一期

一九三五年の日滿支經濟關係　井村薰雄　支那　二七卷一期

高麗ト契丹女眞トの貿易關係　丸龜金作　歷史學研究　五卷二期

清代に於ける滿支の經濟的融合　野原田郎　歷史學研究　五卷二期

乙　土地制度

a著書

滿洲舊慣調查報告書　內分內務府官莊，典，押，租權等編

內務府官莊　滿鐵調查課　天海謙三郎　大連　大正三年　二六三頁

皇產　滿鐵調查課　天海謙三郎　大連　大正四年

蒙地　滿鐵調查課　龜淵龍長　大連　大正三年

一般民地　上中册　同上　大連　大正三—四年

上中兩册之綱目：總說（緒論，地目之類別，一般民地之意義，種類，開墾沿革），民地（紅册，退圈地，三園），準民地（民人各項餘地，典旗民地），各項升科地（緒論，牧廠地，圍塲開墾地，東邊開墾地，葦地。清賦新升科地，龍崗官山餘地開放地），概論奉天省民地之制度沿革。

一般民地　下册　滿鐵調查課　龜淵龍長　大連　大正四年　二二〇頁

敘述吉林黑龍江兩省民地之制度沿革。吉林民地（緒論，額徵地丁改徵大租銀地，額徵原浮納租民地，新升科地，開墾情形及賣買價格）。黑龍江省民地（緒論，開墾沿革，支放手續，升科期及租率，支放面積，開墾情形）。

典の慣習　滿鐵調查課　宮內季子　大連　大正二年

典之意義，典之成立，典之物權，典之期限，典價，典之效果，典之終了，典之性質。

押の慣習　滿鐵調查課　宮內季子　大連　大正二年

押之意義及名稱，押之成立，押之物體，押之期限，押價及利息，押之效力及其性質。

租權　眇田熊右衛門　大連　大正三年

租之意義及沿革，租之種類，租地契約，地契租約之效力，押租錢，轉租業主之留置權及質權，轉讓租地之結果，租之終了。

關東州土地舊慣一斑　滿鐵調查課　眇田天海龜淵　大連　大正三年

關東州土地制度之總論。關東州沿革，官地所有權之區別（內務府官莊，各項充公地，隨缺地，任田），民有地（民地，旗地），公有地（寺廟地，學田，義地善堂地），土地用法之區別（田地，山林原野，牧養地等），關于土地諸制度，關于土地之權利（業主權，典權，押權，租權）。

滿洲土地法論　第一卷　板倉眞五　大連　昭和七年

滿洲現代社會文化之生成，滿洲土地法之經緯，滿洲土地法之淵源，滿洲土地法之主體，滿洲土地法之客體，滿洲土地法之基本關係，滿洲土地法之普通律要件。

b論文

滿洲の土地形態ト地代形態　大上末廣　滿鐵調查日報　一三卷三，四五期

清代の土地所有關係　柴三九男　歷史學研究　二卷六期

近代に於ける蒙古遊牧民の土地所有關係　同上　史觀　八

奉天省の土地制ト地税制度　閻傳紱　滿鐵調査月報　一二卷六，七；八，九期

清皇族莊園所有權に就て　天海謙三郎　資料叢存　一一

文獻上トすたいける清朝時代より民國時代る亘地蒙地に對する各種取締令ト禁令　及川三男　滿洲學報　二

ツンスフス族の土地所有關係　柴三九男　歷史學研究　五卷二期

單行土地法令　板倉眞五等　大連　昭和五年　一四七頁

丙　移民與開發

a 著書

滿洲に於ける漢族植民史觀概説　板倉眞五　大連　昭和五年

山東避難民記實　小澤茂一　大連　昭和四年

鮮人滿蒙移住史　船橋豐三郎　大連　昭和五年

黑龍江省植民ニ關スル

b 論文

清朝の滿洲支ト支那人移住　矢野仁一　支那　一七卷三期

漢人の蒙地開墾に就いて　同　史林　九卷三，四期

清末に於ける北滿洲海倫拜泉地方の土地開發　柴三九男　地觀　四

呼蘭地方の植民的發達　柴三九男　史觀　六卷

黑龍江省の開墾　龜淵龍長　資料叢存　九卷

黑龍江省呼蘭平野の開發に就きて　有高巖　內藤博士還曆祝賀支那學論叢

黑龍江省殖民ニ關スル

滿洲に於ける京旗の開墾に就きて　有高巖　史潮　四卷三期

明代の遼東經營　清水泰次　東亞　八卷一期

明末清初に於ける鴨綠江方面の開拓　和田清　史學雜誌　九卷九，一〇，一一，一二期

滿洲移植民考　中村如峰　滿蒙　一一卷一二期　一二卷二期

支那人の移住　何廉　支那　二三卷二，三期

北滿に於ける植民地經濟　メルツア（翻譯）　東亞　五卷六期

東支鐵道のト北滿洲の移民　井上孝義　東洋　二九卷一期

清代滿洲流人考　有高巖　三宅博士古稀祝賀紀念論文集

滿洲に對スる支那の植民　セイグ（翻譯）　東洋　三二卷一，二，三期

滿蒙移住漢民の數的考察　滿洲事情編輯部　滿蒙事情　一〇卷八期

滿洲移民の組織化傾向ニ就て　中山四郎　東亞經濟研究　一四卷四期

支那人の滿洲移住に就て　濱野未太郎　東亞　四卷一一期

南方勢力に滿洲侵入により起ちた諸象　井村薫雄　東亞　四卷一一期

滿洲農業移民問題ト土地政策　野間海造　社會政策時報　一八九，一九〇，一九一，一九二

6 社會

甲　通論

a論文

滿洲社會史の斷層　稻葉岩吉　東亞　五卷八期

乙　民族

a著書

現代滿蒙の諸民族　八木奘三郎　大連　大正一一年

人類學及人種學上より見たる北東亞細亞　鳥居龍藏　東京　大正一三年　五〇一頁

b論文

高句麗五族五部考　今西龍　史林　六卷三期

高勾麗の五族及五部　池內宏　東洋學報　一六卷一期

清朝姓氏考　內藤虎次郎　藝文　三卷三，四期

東胡民族考　白鳥庫吉　史學雜誌　二一編四，七，九，期　二二編一，五，一一，一二期　二三編二，三，一〇，一一，一二期　二四編一，七期

吾都里族の部落構成　旗田巍　歷史學研究　五卷二期

貊人考　那珂通世　那珂通世遺書

肅愼考　白鳥庫吉　歷史地理　一七卷一期

肅愼考　池內宏　滿鮮地理歷史研究報告　一三

夫餘考　池內宏　滿鮮地理歷史研究報告　一三

達盧古考　津田左右吉　滿鮮史理歷史研究報告　二

勿吉考　津田左右吉　滿鮮地理歷史研究報告　一

室韋考　津田左右吉　滿鮮地理歷史研究報告　一

鐵利考　池內宏　滿鮮地理歷史研究報告　三

五代の世に於ける契丹　松井等　滿鮮地理歷史研究報告　三

遼代烏古敵烈考　津田左右吉　滿鮮地理歷史研究報告　二

韃靼考　箭內亙　滿鮮地理歷史研究報告　五

北滿古今の諸民族　八木奘三郎　滿蒙　九卷六，七，八，一〇期

丙　民俗

a著書

土俗學上より觀たる蒙古　鳥居きみ子　東京　昭和二年

b論文

ハルピンに於けるトルコ民族の生活　大久保幸次　東洋　二七卷一二期

滿洲民族に關する兩方面之觀察　稻葉岩吉　東亞經濟研究　一四卷二期

契丹人の衣食住　松井等　滿鮮地理歷史研究報告　九册

契丹人の信仰　松井等　滿鮮地理歷史研究報告　八册

金初に於ける女眞人の生活狀態　鳥山喜一　小田先生頌壽紀念朝鮮論集

金の驅民保護政策　鳥山喜一　東亞研究　六卷七，八期

7　文化

甲　通論

25

a著書

滿鮮文化史　鳥山喜一　東京　昭和一〇年　二九六頁

b論文

渤海國の文化　鳥山喜一　東亞研究　三卷八期　四卷一期

熱河現存せる文化的資料　水野梅曉　支那　二五卷四期

乙　語言文字

a著書

東方言語叢考　新村出　東京　昭和二年　七五四頁

滿洲語女眞語ト漢字音トの關係　渡部薰太郎　大阪　大正一四年

滿洲語文典　渡部薰太郎　大阪　大正一五年

金史名辭解　渡部薰太郎　大阪　昭和六年　二三一頁

b論文

女眞語研究の新資料　石田幹之助　桑原博士還曆紀念東洋史論叢

契丹女眞西夏文字考　白鳥庫吉　史學雜誌　九卷一一，一二期

契丹文字の新資料　羽田亨　史林　一〇卷一期

歐洲人の滿洲語研究　藤野彪　歷史學研究　五卷二期

滿洲語言の系統　東洋思潮　五卷

滿洲の古語　歷史地理　七卷四期

丙　考古

a著書

東亞文明の黎明　濱田耕作　東京　昭和五年　一〇三頁

東洋考古學　駒井和愛，江上波夫　東京　昭和九年

南滿調查報告　鳥居龍藏　東京　明治四三年

滿洲舊跡志及續編　八木奘三郎　大連　大正一三年

貔子窩　東方考古學會　東京　昭和四年

發掘南滿洲碧流河畔先史時代遺跡之報告

牧羊城　東方考古學會關東廳博物館　東京　昭和七年

發掘南滿洲老鐵山麓漢以前遺跡之報告

南山裡　東方考古學會　東京　昭和八年

發掘南滿洲老鐵山麓漢代甎墓之報告

營城子　森修　內藤寬　東京　昭和九年

發掘關東州前牧城驛沙崗子屯附近漢代甎墓之報告

內蒙古長城地帶　水野清一　江上波夫　東京　昭和一〇年

滿洲考古學　八木奘三郎　東京　昭和三年

東亞考古學研究　濱田耕作　東京　昭和五年

滿洲考古學概說　八木奘三郎　大連　昭和五年

b論文

滿蒙考古刊　島田貞彥　滿蒙　一六卷五，六，七，八期

三十五年前の滿洲に於ける人類學ト考古學　鳥居龍藏　東亞　三卷八期

西伯利亞の有史以前　鳥居龍藏　人類學雜誌　三五卷一，二期

南滿洲關東廳貔子窩より出土せる石器時代人骨　清野謙次　民族　三卷四期

滿洲舊石器時代の骨角器資料　水野清一　人類學雜誌　四八卷一二期
滿蒙新石器時代要論　水野清一　考古學　五卷八期
ハルビン近郊發掘の洪積期人類遺品　德永重康　人類學雜誌　四八卷一二期
天津北疆博物館に代表されし新石器時代の遺跡　Eリサン（翻譯）　人類學雜誌　四八卷二，三，四期
石器時代の北滿蒙古　江上波夫　考古學雜誌　二二卷四，五期
滿蒙の古銅鐵器と民族　八木奘三郎　東亞　七卷八期
南滿洲に於ける考古學的研究　濱田耕作　東洋學報　二卷三期　三卷一期
發掘旅順張家屯之古墳，牧羊城址，牧城驛之古墳的詳細報告
洞溝に於ける高勾麗の遺跡と遼東に於ける漢族の遺跡　鳥居龍藏　史學雜誌　二一卷五期
滿洲輯安縣及び平壤附近けおける高勾麗時代の遺跡　關野貞　考古學雜誌　五卷三，四期
旅順張家屯の一古墳　濱田耕作　東洋學報　一卷二期
旅順張家屯調查報告補遺　濱田耕作　東洋學報　一一卷三期
吉林團山子の遺跡　三上次男　人類學雜誌　四九卷六期
大嶺屯城址　三宅俊成　滿蒙　一四卷六期
渤海國都城址の發掘　駒井和愛　歷史學研究　一卷一期
渤海上京龍泉府址の第二回發にい就いて　三上次男　歷史學研究　三卷一期
遼陽太子河附近の壁畫ある古墳　塚本靖　考古學雜誌　一一卷七期
遼陽發現の壁畫古墳　八木奘三郎　東洋學報　一一卷一期
鞍山出土畫像石に就いて　梅本俊次　滿蒙　一〇卷五期
撫順出土定窯考　小村俊夫　滿蒙　一〇卷九期
東アルタイのパズイルクに於ける積石　梅原末治　人類學雜誌　四七卷二期
有孔石斧　水野清一　人類學雜誌　四八卷一〇期
旅順雙台子山新石器時代遺跡　江上波夫　人類學雜誌　四九卷一期
吉林省縣寧安付近三靈屯の石器時代　駒井和愛　考古學雜誌　二四卷一期
熱錦兩省の魚の化石　島田好　滿蒙　一六卷六期
金州半島の石器及び土器　渡邊爲吉　人學類雜誌　二三二
滿洲の石器時代遺跡と朝鮮の石器時代遺跡に就て　鳥居龍藏　人類學雜誌　二三六
老鐵山上の石塚に就に　鳥居龍藏　人類學雜誌　二八一
南滿洲石器時代土器に關スる二三の事實に就て　求通口濟三　考古學雜誌　二一卷一期
滿洲化石物語　遠藤隆次　滿蒙　九卷一期
滿洲の石器時代遺跡出土鏃の型式上所感　森修　考古學雜誌　二〇卷一一期
貔子窩遺跡發掘記　島田貞彥　民族　二卷六期
滿洲國に於ける五大遺跡に就て　鳥居龍藏　歷史教育　七卷二期

遼代古墳の發掘トソの出土品　梅本俊次　滿蒙　一一卷五，六期
遼東發見の古代土器　濱田耕作　東洋學報　二卷一期
貔子窩の土器　濱田耕作　民族　二卷六期
滿洲長安出土の漢代文字瓦當　山口松次郎　滿蒙　一三卷一期
撫順高句麗城址の陶片　小村俊夫　滿蒙　一五卷三期
金の上京址出土品に就いて　鳥山喜一　青丘學叢　一九
滿洲に於ける漢代遺跡　中川德治　東方學報　六卷
滿洲考古學より東亞考古學へ　青木富太郎　歷史學研究　五卷二期
洮南近郊に於ける高麗古城の陶片について　小村俊夫　東洋　三二卷三期
デセライノールの骨器について　直良信夫　考古學雜誌　二四卷一一期
滿洲國熱河建平縣發見の古銀銅面　島田貞考　史林　二〇卷一期
契丹畫像石の圖樣に就て　鳥居龍藏　歷史敎育　一〇卷四期
滿洲考古學資料餘話　梅本俊次　滿蒙　一〇卷六，七，八，九，一〇，一一，一二期

丁　建築

a著書

奉天宮殿建築圖集　伊藤清造　東京　昭和四年
奉天宮殿建築の研究　伊藤清造　東京　昭和四年
奉天昭陵調査報告　滿鐵調査課　川日治郎　人連　昭和四年
奉天昭陵圖譜　滿鐵調査課　川日治郎　大連　昭和二年
熱河　第一册，第二册　關野貞，竹島卓一　東京　昭和九年

b論文

滿洲佛敎建築史概說　村田治郎　滿洲建築雜誌　一一卷八期
古代日本建築ト滿洲及朝鮮　今和次郎　滿洲建築雜誌　三卷六期
奉天宮殿建築史考　村田治郎　滿洲學報　二
滿洲の佛寺建築　伊東忠太　東洋協會調査部學術報告　一
義縣奉國寺小記　伊東忠太　滿洲建築雜誌　一四卷一期
滿洲喇嘛敎の建築　伊東忠太　滿洲建築雜誌　一一卷三期
滿洲の孔子廟建築　伊東忠太　滿洲學報　一
滿洲の佛塔　伊東忠太　歷史地理　七卷一二期
鐵嶺圓通寺の白塔　村田治郎　滿蒙　四卷四期
滿洲の佛塔　村田治郎　滿洲建築雜誌　一一卷一〇期

（二）西文目錄

1. 書誌學
2. 史學
3. 地學
4. 社會經濟
5. 文化

1　書誌學

Far Eastern problem in Current Literature. O.

28

M. Green. Asiatic Review No. 29: 158–164 Ta. 1933.

Manchuria; Comp. by Psnodgrass. Bul Bilbiog 14: 170–171 My. 1932.

Pamphlets on Manchuria. Pacific Affairs 5: 188–190 F. 1932.

Pamphlets on Sino-Japanese relations. Pacific Affairs 5: 533–537 Je. 1932.

Sino-Japanese Relations. Pacific Affairs 5: 99–104, 193–202, 289–294, 378–284, 469–467, 565–574, Ja. 1932.

2 史學

Asakawa K., Japan in Manchuria pt. 1–2 New 'Haven, 8: (Reprinted from-the "Yale Review," 1908) Balet, J. C., drame de l'Extreme-Orient Le Manchourie, Historique, politique, economique, son avemir (Paris. 1932)

Christie, Dugald, Mrs., Dugald Christie of Manchuria. Pioneer and medical missionary, The story of a life with purpose. By his wife (London).

Clyde, P. H., International rivalries in Mancharia, 1689–1922. (2ed., Columbus. 1928)

Eddy, Sherwood, The world's danger Zone (New York. 1932).

Etherton, Col, P. T. & Tiltman, Hessell, Manchuria: the cockpit of Asia (London. 1932).

Giles, H. A., China, The Manchus (Cambridge, 1912).

Golitsin, Cap. V, V., Sketch of part played by the Chinese Eastern Railway Guards in the events of 1900 in Manchuria (Harbin 1910–)

Harlec, C. de, Histoire de l'Empire de Kin ou Emire D'or Aisin Qurun-i Suduri Bithe. Traduite de Manchou (London, 1887)

Hussey, Harry, "Manchukuo" in relation to world Peace. Things not told in the report of the Commission of Enquiry.

Johnsen, Julia E., Chinese-Japanese War (New York, 1933)

Lattimore, Owen, Manchuria, Cradle of Conflict (New York, 1932)

League of Nations, Appeal By the Chinese Government, Supplementary documents to the report of the commission of enquiry (Geneva, 1932).

League of Nations, Appeal from the Chinese Government under article 15 of the covenant, Statement communicated by the Chinese delegation in conformity with article 15 Paragraph 2. (Geneva. 1932).

League of Nations, Minutes of the sixty-fifth session of the conncil. Held fr. Saturday, Sept, 19th, to

Thursday, Dec. 10th, 1931. (Geneva, 1931).

Levy, Roger, Aqui la Mandchouris ? (Paris, 1932).

Lindt, A. R., Special correspondent, with bandit and general in manchuria (London, 1933)

Michael, Franz, Der Streit um die Mandschurie, Die Chinesische-japanischen Rechtsbeziehungen in den "drei Ostlichen Provinzen" Chinas vor Ausbruch des Konflictes im Sept. 1931. (Leipzig, 1933).

Moncharville, M., Le conflict Sino-Japonis (Paris, 1932)

Orlov, N. A., Les cosaques de Transbaikalie en Manchourie. Apercu de la campagne de Detachement de Khailar Commande par le General N. A. Orlov, Pendant les Troubles de Chine en 1900. (Paris 1901).

Parlette, Sir Harold, A brief account of diplomatic events in Menchuria (London, 1929).

Penlington, John N., The Mukden mandate, Acts and Aims in Manchuria (Tokyo 1932).

Plath, Jon, Heinr, Geschichte des ostlichen Asien, Teil: die Mandschourey, Die Volker der Mandschurey (Gottingen, 1830)

Ravenstein, E. G., The Russians on the Amur (London, 1861)

Rockhill, W. W., China's Intercourse with Korea from the XVth century to 1893 (London, 1905)

Romanov, B. A., Rossiya v Manchjurii, 1892-1906, Ocherki po istorii vneshnei politiki samoderjaviya v epokh imperializama (Leningrad. 1928).

Rudakoff, A. History of the development of military forces in Kirin Province (Vladivostok, 1902-3).

Soklsky, George E., The tinder box of Asia (Garden City, 1932).

Sophronius, Archimandrite, Information about the Chinese at present Manchu Chinese Empire (Moscow, 1861).

Steinfeld, N., The work of Russia in Manchuria from the XVII century to our days (Harbin, 1910).

Weale, B. L. Putnam, Manchu and Muscovite, being letters from Manchuria written during the autumn in 1903, with an historical sketch entitled "Prologue to the crisis giving a complete account of Manchurian frontiers from the final meeting of the Russian and Chinese Empires In the Amur Regions. (London, 1904).

Wigham, H. J., Manchuria and Korea (London, 1904).

Young, Walter, Japan's Special Position in Manchuria. Its assertions, legal interpretation and meaning (Baltimore, 1931).

Young, C. Walter, The international legal status of the Kwantung leased territory (Baltimore, 1931).

Young, C. Walter. Japanese jurisdiction in the South Manchuria Raisway areas (Baltimore, 1931).

Young, C. Walter. The international relations of Manchuria (Chicago, 1929).

Avtonomov N. V. Mipe cduhov. [Hunhuzu na ruzezde "Eho" Kujd 1919] VA, 1923, 51, 3, Ctr. 305-324.

Baranoo A. Izuchenie pamyatnikov grevnoctei V. M. Byulleten No. 1 Myzeya O-Va izucheniya Manchj. Kraya u Yubileinoi vuctavki 1923 goda Harbine, 1923, 1, ctr. 26-30.

Baranov A. Regiclrashiya namyatuikov drevnorti VM.-IOIMK, 1923, 3, ctr. 37-40.

Baranov. I. G. Po Kit. Hromam Ashihye Fotogr. O. F. Raminina,-OVM, 1926, 1-2.

Lyuba, V. F. Ctarui Harbin. (Ocherk OH. 1907.)-Yubil, No. "Novoctei Jizni" 1907-1927. Ctr. 44.

Matveev, Z. N. Bohai (Iz ictorii Voct. Azii VIII-X vv.)-Vladivoctok, izd. Dvu, 1929, 34 Ctr. [Iz Tr. Dal.-Voct. u-ta, 1929. 6, 7 & 8), Ctr. 1-34. Vklyuchaya Cev. M.)

Menshekov. P. Kratkii ictoricheckii ocherk. M-VA. 1917, 42, v. 2. Ctr. 5-48.

Pozdneeva. V. Iz Yapono - manchj. Ctarinu-VM, 1928, 11-12, Ctr. 46-51.

Titov E. K. K. izuchiniyu becpicmennuh Yazukov M. (Po povodu 75-litiya co dnya cmerti M. A. Kactrina)-VM. 1927, 7 Ctr. 57-58.

Titov E. I. and Tolmachev B. Ya. Octatki neoliticheckoi kulturu bliz Hailara. (Iz materialov OIMK.)-VM. 1928, 7, Ctr. 63 Toje otd. ott. Harbin, 1928, 10 Ctr. + 1 tabl. [Pesh. Debesh, P.-CA, 1929, 1, Ctr 148]

Tolmachev B. Ya. Bai-Chen. Ctroitelnue Materialu, arhèleklurnue ukrasheniya i drugie predmetu c razvalin Bai-Chena, po dannum razvedok 1925-1926 gg. C illyuctrachi yami.-Harbin, 1927, 8 Ctr. (OIMK., ictor, etuogrof. cekehiya, Ceriyn A., v 17) (Ott. iz VM. 1927 No. 3)

Tolmachev, V. Ya. Drevnocti Manchjurii. Razvalinue Baichena. C ricunkami v tekete a i 2 tablishami-Harbin, 1925, 30 Ctr. 2 Tabl.

Tolmachev B Ya. Pervobuetrue Kruporushki b Cev. M-VM, 1929, 10. Ctr. 24-27.

Tolmachev V. Ya. Cledue Ckifocibirckoi Kulturue V M-VM. 1929, 6, Ctr. 43-48 + 2 Victa fotogr.

Brief history of Sino-Russian relation in Manchuria. Chin W. R. 50: 52-4 1929.

Is Mauchuria China? review of Manchuria in history, by Li Chi, H. P. Howard China W. R. 61: 320-1 Jh 3032.

Manchuria in History; abstract based on a larger work in Chinese. Comp. by Fu Ssu-nien, Hsu Chung-Shu and Fang Chuang-yu. Li Chi pls. maps facosecins tab Chinese Social & Pol. Sci. R. 16: 226-59 Tl. '32.

La Solution du Conflict Sino-japonais, A. Le-gendre. Mercure Fr. 243: 5-36 Ap 1, '33.

(Hi)

Vier jahrzehnte Kampf um die Mandschurei. R. Bathe. Maps Deutsch Rundsch 243: 20-30 Ap '35.

Gapanovich, J. J. - Russian Expansion on the Amur. China Journal (of Science and Arts) XV 1931: 173-182.

Hiroshi Ikeuchi. The Chinese Ixpeditions to Manchuria under the Wei Dynasty. Memoirs of the Ressarch Department of the Toyo Bunko, (The Oriental Library) No. 4, Tokyo, the Toyo Bunko 1929. pp. 71-120.

Hiroshi Ikeuchi. A Study on Lo-lang [樂浪] and Tai-fang [帶方] Ancient Chinese prefectures in Korean Peninsula. Memoirs of the Research Department of the Toyo Bunko (The Oriental Library) No. 5 Tokyo. The Toyo. Bunko, 1930 pp. 79-96.

Hiroshi Ikeuchi. A Study of Su-Shen. [肅愼] Memoirs of the Research Department of the Toyo Bunko. (The Oriental Library) No. 5, Tokyo, The Toyo Bunko. 1930 pp. 97-163

Hiroshi Ikeuchi. A Study of the Fu-Yu [扶餘]. Memoirs of the Research Deptartment of the Toyo Bunko. (The Oriental Library) No. 6. Tokyo, The Toyo Bunko 1932 pp. 23-60

3 地學

Ahnert, E. E. Journey though Manchuria (St. Petersburg, 1904) in Russ.

Baikov, N. A., V Gorakh Liesskh Manchjurii. Izdanie redaktsii, jurnala "Nashcha Okota." (Petrograd, 1915).

Bezverkhii, P., Manchjuriya. Kratkii geograficheskii ocherik (Kharbin 1615).

Bishop, Isabella Bird, Korea and her neighbour (New York. 1868).

Borodcvski, L., Map of Manchuria, with alphabetical list of place names marked upon it (St. Petersburg, 1901). in Russ.

Chinese Eastern Railway Economic Bureau, North Mancnuria and the Chinese Eastern Railway (Harbin, 1924).

Christie Dugald, Thirty years in Mukden. 1883-1913. Being experience and recollections of Dugald Christie (London 1914).

Chung, Henry, Case of Korea (New York, 1921).

Dennett, T., Roosevelt and the Russo-Japanese war. (Gorden City 1925)

Dmitrieff, Dmitri, Excursion for the investigation of the port Yin Kow (Vladivostok, 1903). in Russ.

Edelstein, Y. S., Journey through Sintsintin, Feng Huang ch'eng nnd Liaoyang districts of Shengking Provience, Southern Manchuria. (St. Petersburg, 1906).

Enselmef H., A travers la Mandchourie. Le Chemin de Fer de I'Est chinois, d'apres la Mission du Captaines H. de Bouillane de Lacoste et du Capitaine Enselme. (Paris 1903).

Fleming, George, Travls on horseback in Manchu Tartary, being a summer's ride round the Great Wall of China (London, 1863).

Fraser, David, Fakumen. From Blackwood's Barch (1907).

Garin, K., Through Korea, Manchuria, and the Liaotung Pennisula (St. Petersburg, 1904).

Giffard, Pierre, Les soirees de Moukden (Paris 1904).

Goryanov, Sergius, Materials for the exploration of Military – Deputy – Liutenant – Governorship of Butkha (Vladivostok, 1903).

Grebenshtchikoff, A. V., In Butha and Mergen on the River Nonni. From a journey in Province of Heh lun chiang-Manchu ria (Harbin, 1910). in Russ.

Grebenshchikov, A. V., Po Amuri i Sungari. (Puteviya zamietki). Ottisk iz I-go. jurnala o-va Russkikh Orientalistov "Viestnik Azii" (Kharbin, 1909).

Havard, Valery, A winter with the Russian in Manchuria (Journ. military Servce Institute of the U. S. Mar. – Apr. 1906).

Hedin, Sven, Jehol, City of Emperors (translated frcm the German. Newyork, 1932).

Hosie, Alexander, Manchuria: its people, resources and recent history (2nd., London, 1904).

James, H. E. M., The Long White Mountian (London, 1888).

Kent, Percy Horace, The passing of the Manchus (London 1912).

Khvostov, P., Opisanie Mukden'skoi provintsii v iujnoi Manchurii pod redaktsiei Generaal'nago Shtaba Podpolkovnika Adabsha (St. Petersburg,

1903).

Levitsky, M. N. ed., In Unexplored tract (or "Forest Depth") in Manchuria and our esstern borders. A collection of sketches Tales And reminiscences of Military Topographers (Odessa 1910).

Liubich-Koshuroff, I. A.: In the Manchurian steppes and Wilds (Moscow, 1904). in Russ.

Logan, Thomas F., Manchuria, land of opportunities (New York 1922).

Mailly-Challon, M. De, Un Voyage en Mnadchourie (Bulletin de la Societe de Geographie, 1885).

Natignon, Dr. J. J., Moukden et see tombes (Paris, 1908).

MC Kenzie, F. A., Korea's fight for freedom (New York & Chicago, 1920.)

Melzer, Frithjof, Malaria, Gold und Opium. Mit Stotzners Hei Lung Kiang-Expedition in die Unerforschte Mandschurei (Leipzig 1929).

Minocchi, Salvatore, Per la Manchuria a Pechins octobre 1903. (Firenze, 1904.)

Novikoff, N., The Fututung of Alchuka with plans of the Military District and of the Town Alchuka and of its distillery (Vladivostok, 1904). in Russ.

Orlov, Nikolai, Zabaikltsy v Manchjurii v 1900 g. (St, Petersburg, 1901).

Pozdneef, Dmitri, Manchuria, Description from the Ministry of Finance. (2 vols., St, Petersburg, 1897). in Russ.

Prothers, G. W. Manchuria, (Handbooks prepared under the direction of the historical section of the foreign office. No. 69, London, 1920).

Ravenstein., The Russians on the Amur (London, 1861).

Rudakoff, Pr. A., Imperial place and libraries in Mukden (Vladivostok 1901).

Rudakoff, Pr, a., Materials for the history of Chinese civilization in Kirin Province 1644 - 1902, Translated from Lin tung chi, with additions from the Chinese offical date (Vladivostok, 1903).

Runin, Sergius, In Manchuria (St. Petersburg, 1904).

Schlenck, Dr. L. von, Reisen und Forschungen im Amurlande in den Jahren 1854 - 1856 (St. petersburg, 1858-1900).

Schlenck, Dr. L von, Die Volker des Amurlande (St. Petersburg. 1863).

Schott, W., Verzeichniss Der Chinesischen und Mandschu-Tungusischen bucher (Berlin. 1840).

Shirokogorov, E. N., Sievero-Zapadnaya Mandiuriya (Vladivostok, 1919)

Shkurkin, V. P., Hulan-ch'eng: with appendix giving

plan of the town of Hulan and one page of sketches (Vladivostok, 1902). in Ru Sviagin, N. S., Through Russian and Chinese Manchuria from Habarovs to Ninguta (St. Petersburg. 1897). in Russ.

Svit, I. V., Porty Man'churii i vnieshnyaya torgovlya (Kharbin).

Terenin Rybnikov, k., Gorod Tszin-chjou fu ego torgovopromyshle-Nnoe Znachenie (Lzviestiya Vostochnao Instituta, Tom III. 1901-1902) akad. g. Vypusk V-i pp. I-59). (Vladivostok, 1902).

Tisdale, Alice, Pioneering where the world is old (New York).

Ullich, R. Leutant, Die Mandschurei, dem vom Russischen Grossen Generalstable herausgegeben "Material zur Geographie Asiens" ubersetze von R, Ullrich (Berlin, 1904).

Vereschagin, Alexander, In Manchuria (1900-1901-. recollections and anecdotes (with drawings) (St. Petersburg, 1903).

Wereschtschagin Alexander, Quer Durch Mandschurei in den Kampfen gegen China 1900-1901). Feldzugserinnerungen und Erzahlungen. Aus dem Russisschen von Lieutnant Ullrich (Mulleim am Rhein, 1904).

Witte, Count, The memoirs of Count Witte (translated and edited by Yarmolinsky, A., Garden City, 1921).

Woodhead, H. G. W., A visit in Manchukuo (ser, of articles contributed to the Shanghai Evening Post & Mercury, Oct. - Nov. 1932).

Zabel, Rudolf, Durch die Mandschurei und Sibirien (Leipzig, 1902).

Manchuia as a geographical region L. W. Lyde Cornhill 74: 535-9 My '33.

Bolotov A. A. Amur ai ego bacceii. C 35 ric, ai kartoi. C prilojeoniem vvodnogo ocherka "Amur" prof. V. V. Lamanckogo - Harbin, 1925, 36 Ctr.

Bolotov A. A. Izmenenie v rucle r. Cungari, proicshedshee ot vumuvaniya grunta dna chodyashchimicya ctruyami pechnoyo potoka. "Trudu Cungariickoi rechnoi biologicheckoi Ctauchii, OIMK", - Harbin, 1926, T. I. V. III, Ctr. 22-30.

Bolotov A. A. Ledyanoi pokrov Na reke Cungari u g. Harbina.-OIMR, "Truudu Cyngariiskoi rechuoi biolog. Ctanchii", 1926, t. I, v. III; Ctr. 12-21.

Bolotov A. A. Obzor rabot Cyngoriickoi promeruoi purti 8-go. Uchactka Chujbue puti v Kujd oblasti gidrologicheckih Nablyudenii Ha r. Cyngari (1922-29 gg.) - VM. 1930, 1, Ctr. 20-37 8 Chertej. i Chem na otd. 1.

Vacikov A. D. Klimaticheckie ucloviya Cadovodetva V M. - DVM. 1927. 2, Ctr. 1-21; 41, Ctr. 57-61; 5, Ctr. 55-61; 6. Ctr. 32-36; 7, Ctr. 21-29.

Gordeev T. P. Opicanie pochvue i gornuch porod, v kotoruch buel naiden biven mamonta. - IOIMK, 1926, 6, Mart. Ctr. 56-58.

Meleorofogicheskie Nablyudeniya, nroizvedennue na Ctancheyah Kvjd v 1922-26 gg. i 1927-28 gg. - Harbin. izd. Kojd 1939.

Pavlov P. À. Vremya vckruetiya i zamerzaniya reki Cungari u g. Harbina. (1898-1925.) - OIMK, "Trudue Cyngoriiskoi rechnoi fiol. ctanchii." 1926, t. I, v. III. Ctr. 3-11.

Pavlov P. C. Cungariiskaya rechaya biologicheskaya ctanchiya. - OIMK, "Trudue Cyngariick. rechnoi biologil. Ctanchii" 1925' t. I, v. 1. Ctr. 1-14.

Tolmachev V. Ya. Octatki Mamontov V M.-IOIMK, 1926, VI, Mart. Ctr. 51-55.

Harlova E. A. Ofiziko-himicheskom analize lechebunch vod kurorta Halhin - Halun - Arshan. - OIMK, "Trudue Cunigar. rechnoi biolog. Ctanchii. 1925 t. I, v I, Ctr. 23-26.

Harlova E. A. Opuetue, iccledovani - ya vodue r. Cungari.-Trudue Cungar. rechnoi biolog. stunchii, 1925, T. I. v. I Ctr. 20-22

Yakovlev A. A. O vckruetii i zamerganii rek Amurskogo basceina - OIMK. "Trudue Cungar. rechn biologichesk. Ctanchii" 1925, t. I. v. IV, Ctr. 15-19.

Chronik Von Hielungkiang (黑龍江通志) Selbstuerlag Von General Wan Fu Lin. Peiping 1933.

4　社會經濟

Adachi Kinosuke, Manchuria; a survey (N. Y. 1925).

Atkinson, T. W., Travels in the regions of the upper and lower Amur. (London, 1860).

Baring, M., With the Russians in Manchuria. (London, 1905).

Bigelow, P., Japan and her colonies, being extracts from a diary made whilst visiting Formosa, Manchuria, Shantung, Shantung, Korea and Saghalin in the year 1921. (London, 1923).

Baddley, John F., Russia, Mongolia, China, being some record of the relations between them from the beginning of the XVIIth century to the death of the Tsar Alexei Mikhailovitch, A. D. 1602-1686. (3 vols. London, 1919).

Bank of Chosen, Economic history of Manchuria. (Keijo, 1920).
Bank of Chosen, Economic outlines of Chosen and Manchuria. (Keijo, 1918).
Bogoliepov, M. J., Ocherki Russko - Manchzhurskoi torgovli. (Trudy Tomskago O-va izucheniia Sibiri. T. 1.) (Tomsk, 1911).
Boloban, A. P., Agriculture and wheat trade of northern Manchuria (Harbin, 1909) in Russ.
Boloban, A. P., Otchet po obliedovaniu v 1911 godu. (Kharbin, 1912).
Boloban, A. P., Budushchee Manchzhurii, (Kharbin, 1911)
Boloban, A. P., Tsitsibhar. Ikonomicheskii ocherk. (Kharbin, 1909).
Digama, Manchzuriia i K. V. zh. d. (Tomsk, 1898).
Dobrokhotov, N.M., Sputnik Kommersanta. Ejegodnik. Ekonomicheskii, jelezno-dorojnyi administrativnyi i obshchestvennyi spravochik po Severnoi Manchjurii i po g. Kharbinu, 1926-1927 (Kharbin, 1926).
Digby. B., Tigers, gold and witch-doctors. (London, 1928).
Davidoff, D. A., Colonization in Manchuria and North - Eastern Mongalia. (Vladivostok, 1911).
in Russ.
Domlerovski, a. i. Voroshilov, V., Manchzuriia. (St. Petersburg, 1904).
Feis, H., The international trade of Manchuria (International Conciliation New York, 1931).
Fraser, Sir J. F., The real Siberia, together with an account of a dash through Manchuria. (London, 1902).
Greig, J. A., A journey from Kirin, Manchuria, overland to Moscow. (Shanghai, 1901).
Haws, Ch. H., In the uppermost Far East, being an account of investigations among the natives and Russian convicts of the Islands of Saghalin; with notes of travels in Korea, Siberia and Manchuria. (London, 1903).
Izhitskii, P., Mergenskoe fudutunstvo. (Khavarosk, 1902).
King, F. H., Farmers of forty centuries, or permanent agriculture in China, Korea and Japan (Madison, Wisconsin, 1911).
Kingman, Harry L., Effects of Chinese nationalism upon Manchurian railway development, 1925-1931 (Berkeley, 1932).
Maier, Hans., Die Mandschurei in Weltpolitik und Weltwirtschaft. (Leipzig, 1930).

Menshikov, P. N., Otchet kom. agenta K. V. zh. d. Po obsliedovani'u Khiiluntszianskoi provintsii i chasti Dzherimskago seima vnutren, Mongolii. (Harbin, 1924).

North Manchuria and the Chinese Eastern Railway. A brief extraction from the book of the same title issued by the Economical Bureau of the Chinesn Eastern Railway Co. in 1922. (Harbin, 1924).

Ocheretin, K., Kharbin-Futszyadyan. Torgovopromyshlennyi i jeleznoborojnyi spravachnik (Kharbin, 1925).

Palladiia, A., Dorozhmyia zamietki na puti ot Pekina do Blagoviesh-chensak, chrez Manchzhuriiu, v 1870 godu. (Iz zaousok po Oshchei geogrofii T. 4).

Passlk, W., Ein deutcher Kanfmann in der Mandschurei wahrend des russische-japanischen Krieges. (Berlin, 1906).

Polumordvinov, Kolonizats us Chzherimskago seima v Mongolii, pravago berega Amura i okruga Aigunskago i Sin-dun-dao. (Kharbin, 1909).

Pozdnieev, A. M. Mongoliia i mongoly. Rezultaty poiezdki v Mongoliin iz polnennoi v 1892-93 g. g. (2 tom. St.-petersburg.).

Provincial Regulations of the working of the Chinese custom house at the stations Manchuria and Pogranitchnaya. (Harbin, 1908-10, 4 vols).

Rodevich, Vs., Sungari ot istoka do vpodeniia v Amur. (3 tom. St.-Petersburg, 1906).

Ross, John., The Manchus, or the reigning dynasty of China. (London, 1880).

Russia, Ministere des Affaires Etrangeres, Negociations entre la Russie et le Japon relatives a la division de la station de Koun-tchen-tsy et a la conclusion d'une Convention Provisaire concernant le service de raccordement des chemins de fer russes et japonais en Manchourie. 1906 - 1907 (St. Petersburg, 1907).

Shkurkin, P. V., Cor Khnlanchem Ocherki iz istoricheskago i ikonom'ch (Nikolsk, 1903).

Shirokogoroff, S. M., Social organisation of the Manchus (Shanghai 1924).

Shirokogoroff, S. M., Northern Tunguses migrations in the Far East (Journal of the North China Branch of the Royal Asiatic Society, 1926).

Shirokogoroff, S. M., Social organisation of Northern Tungus (Shanghai, 1929).

Spitsy, Alexander, The labour question in the Coal mines of Mukden Province ("The Far East") (Journal) Printing Press. (Vladivostok, 1904).

Surin, V. T., Severnaya Man'chjuriya. Ekonomi-Mesncheskii obzor (Kharbin, 1925).

Menshikov, P. N., Sievernaia Manchzhuriia. Tom. I. Girinskaia provintsiia. Tom II. Khiiluntsiiaskaia provintsiia. (Kharbin, 1918)

Suvirov, N. L., Manchzhuriia. (St. Petersburg, 1904).

Shaw, N., The soya beans of Manchuria. (Shanghai, 1911).

Vereshchagin, A. V., Po Manchzhurii 1900-1901 g. g. Vospominaniia i razskazy. (S-Petersburg, 1903).

Williamson, A., Journey in North China, Manchuia and Eastern Mongolia. (London, 1870).

Wirth, A., Geschichte sabiriens und der Mandschuree. (Bonn, 1899).

Younghusband, F. E., The heart of the continent, a narrative of travel in Manchuria. (London, 1896).

Young, C. W., Chinese colonization and the development of Manchuria (Kyoto, 1929).

Young, C. Walter, Chinese labor migration to Manchuria (Chinese Econimic Jcurnal, July, 1927).

Shirokogoroff, S. M. Northern Tungus Migrations in the Far East. Journal of the North China Branch of the Royal Asiatic Society. LVII 1926: 123-183

Howorth, H. H. The Origins of the Manchus. (In the Northern Frontagers of China, Part II) Journal of the Royal Asiatic Society, London. New Series. VII, 1874-75: 305-328 (Supplementary in New Series IX 1877: 235-242)

Howorth, H. H. The Kara Chitai. 〔黑契丹人〕(In The Northem Frontagers of China, Part III) Journal of the Royal Asiatic' Society. London. New Series VIII, 1876: 262-290.

Howorth, H. H. The Kin or Golden Tartars. 【金人】(In The Northem Frontagers of China, Part IV) Journal of the Royal Asiatic Society. London. New Series IX 1877: 243-290.

Howorth H. H. The Khitai or Khitans〔契丹人〕(In the Northern Frontagers of China, Part V) Journal of Royal Asiatic Society. London. New Series XIII, 1881: 121-182.

5 文化

A 語言文字

Adam, Lucien, Grammaire de la langue Mandchu (Paris, 1873).

Amyot, M., Dictionaire Tartare- Manchu- Francais (3 vols., Paris, 1789). Fraser, M, F, A,. Tanggu Meyen and Other Manchu reading lessons (Romanised Text and English (London, 1934).

Gablents, H. C., Sse-schu. Schuking, Schu-king in Mandschuischer Uebersetzung Mit einem Mandchu-Deutschen Worterbuch herausgegeben von H. G. von der Gablentz, Haft, (Leipzig, 1864).

Grebenschikov, A, V., Die Manchu, ihre Sprach und Schrift (Vladivostok, 1912). in Russ.

Grebenschikov. A. V., Materialy dlya Manchjurskoi Khrestomatii. (Vledivostok, 1913). in Russ.

Grebenschchikov, A. V., Sketch of the study of Manchu speech in China. In two Parts: I. Russian Text, II. Chinese Text. (Vladivostok, 1914).

Grube. Dr. Wilhelm, Die Sprache und Schrift der Jucen (Leipzig. 1896).

Harlez, C. De Mannuel de la langue Mandchu, Grammaire, anthologie et lexique (Paris, 1884).

Hoffmann, Giovanni, Grammatioa mancese. Compendiata dall'opera cinese, Zing - ven - Kimung (firenze, 1883).

Ivanovski, A. O., Manchurskaya Khrestomatiya (2 vols., St. Petersburg 1893 & 1895)

Ivanovski, A, O., Mandjwuca, I, Specimens of the Solon and Dakhur languages (St. Petersburg, 1894). In Russ.

Kaulen, Franciscus, Linguae Mandshurcae institutes quas conscript, indicibus ornavit chrestomathia et vocablaris auxit (Ratisbone, 1856).

Klaproth, J., Chrestomathic ou recueil de textes Mandchu destine aux Personnes qui veulent s'occuper de l'etude de cette langue (Paris, 1828).

Krasnow, P. N., In der Mandchuischen Einode. Ins. Deutsche Ubertr. von Rudolf Freiherr von Campenhausen (Jena).

Langles L., Alphadet Mantchou, redige d'apres le syllabaire et le dictionnairc universel de cette langue (3ed., Paris, 1807).

Leontiew, M. Afanasii Larionowitch, Lettres sur la litterature Mandchoue, traduites du Russe de M. Afanasii Larionowitch Leontiew. (par Jules de Klaproth) (Paris, 1815).

Mollendolf, P. G. von, Essay on Manchu literature (Journal of the North China Branch of the Royal Asiatic Society, 1889).

Mollendolf, P. G. von, A Manchu grammer with analysed texts (Shanghai, 1892).

Pozdniev, A., Opyt sobraniya obraztsov Manchjurskoi literatury (Vladivostok, 1904).

Re'musat, M. Abel, Notice sur le dictionnaire intitule: Miroir des langues Mandchou et Mongolie (Paris).

Rudakoff, Prof. A., Specimen of the official Manchu

language (extracted from the archives of the Yamens of North Manchuria) with appendix official letters treating of recent events in Hei-lung kiang & taken from real life (Vladivosnok, 1908).

Schmidt Prof. P., Manuel of the Manchu language in 3 parts (Vladivostok, 1908).

Zakharov, Ivan, Polnyi Manchjursko-Russkii Slovar (St. Petersburg, 1875).

Zakharov, Ivan, Grammatika Manchjurskago Yazyka (St. Petersburg, 1879).

B 考古學，人類學

Andersson, J Gunner, The Cave-Deposit at Sha Kuo T'un in Fengtien (Paleontologia Sinica, series D. Vol. 1 Fas. 2. Peking. 1915).

Black, D., The human skeletal remains from the Sha Kuo T'un Cave Deposit in comparaison with those from those 'Yang Shao Tsun and with recent North China Skeletal material (Paleontologia Sinica, Series D, Vol I. Fas., 4).

Lukashkin, A. S., New data on neolithic culture in Northern Manchuria (Bulletin of Geographical Society of China Vol. 7, No. 3).

Tolmachev, V. Ya., Devnosti Manchjurii. Razvaliny Bei-chena. Po dannym arkheologicheskikh razvedok, 1923-1924 g. g. (kharbin. 1925).

Tolmacheff, V. J., Historic Manchurian relics. The Pei Chen ruins (Harbin, 1925).

Tolmacheff, V. J., Remains of neolithic age in the vicinity of Hailar (Harbin, 1928).

Tolmacheff, V. J., Traces of Scythian and Siberian civilization in Manchuria (Harbin).

Tolmacheff, V. J., Sur le Paleolithique de le Mandchurie (Eurasia Septentronalis Antiqua, 4).

Tolmacheff, V. J., The question of Paleolithic in northern Manchuria (Harbin 1933).

禹貢編者，東稿甚急，草率以成。訛誤遺漏，在所不免。尤以西文目錄方面，因時間關係，未及全按字母次序排列。倉促之處，尚希讀者見諒。

本會二十五年七月份至九月份所收特別捐款及會費

報告

中英庚欵董事會補助費 七千五百元
顧頡剛先生捐北大六月份薪金 五十元
顧頡剛先生捐北大七月份薪金 五十元
顧頡剛先生捐北大八月份薪金 四十九元五毛六分
隴海路局捐助 五十元
羅根澤先生捐二十五年三月至六月印費 二十元
連士升先生捐二十五年四月至六月印費 十五元
張維華先生捐二十五年五月—六月印費 十元
許道齡先生捐二十五年六月份印費 五元
王崇武先生特別捐 十元
四川大學本年機關會費 一百元
劉崇鋐先生會費 六元 雷海宗先生會費 六元
王光瑋先生會費 十六元 劉厚滋先生會費 六元
鄭德坤先生會費 五元 李榮芳先生會費 六元
聞　宥先生會費 三元 張鴻翔先生會費 三元
周麟瑞先生會費 三元 盧　沅先生會費 三元
葉聖陶先生會費 三元 夏丏尊先生會費 三元
章雪邨先生會費 三元 丁曉先先生會費 三元
宋雲彬先生會費 三元 傅彬然先生會費 三元
王鍾麒先生會費 三元 唐鑑笙先生會費 三元

王華隆先生會費 六元 張國淦先生會費 六元
王斯民先生會費 三元 鄧廣銘先生會費 三元
張價生先生會費 六元 張瑋英女士會費 三元
高　佩先生會費 三元 沈維鈞先生會費 六元
丁　山先生會費 六元 王　嘗先生會費 六元
李書華先生會費 六元 聶崇岐先生會費 六元
鍾鳳年先生會費 六元 蔣愼吾先生會費 三元
胡道靜先生會費 三元 張維華先生會費 六元
趙貞信先生會費 六元 汪胡楨先生會費 六元
李延增先生會費 六元 趙紀彬先生會費 三元
馮家昇先生會費 六元 侯　堮先生會費 六元
姚家積先生會費 六元 于海晏先生會費 三元
童書業先生會費 六元 顧培懋先生會費 三元
陳　絜先生會費 六元 楊向奎先生會費 三元
史念海先生會費 二元 張同光先生會費 四元五角
孫伯榮女士會費 一元 郭紹虞先生會費 六元
崔敬伯先生會費 六元 蘇高第先生會費 三元
李聲揚先生會費 六元 高去尋先生會費 六元
潘承彝先生會費 三元 潘承厚先生會費 六元
白壽彝先生會費 六元 王振鐸先生會費 六元
傅振倫先生會費 十二元 徐文珊先生會費 三元
蘇信宸先生會費 三元 張英駿先生會費 六元
陳增敏先生會費 六元 李秀潔先生會費 六元
韓儒林先生會費 六元 史念海先生會費 一元
馬鶴天先生會費 六元 容　庚先生會費 六元
朱士嘉先生會費 三元 張政烺先生會費 三元
劉盼遂先生會費 六元 張江裁先生會費 六元
許道齡先生會費 六元 吳世昌先生會費 六元
黃仲琴先生會費 二元

自二十五年二月至八月承本會會員及外賓捐助本會基金總額

于思泊先生三十元	賀昌羣先生代捐
孫媛貞女士代捐	胡適之先生八元
俞　鉦先生五元	何樂天先生五元
黃則民先生五元	李　旭先生代捐
嚴曉帆先生五元	李東白先生一元
畢復眞先生二元	張德培先生一元
錢淑儀先生二元	蔣夢麟先生五元
金蔭珍女士二元	鄭德坤先生代捐
鄭楓强先生二元	吳家鎭先生四元
許鍾英先生一元	虞　愚先生一元
黃蘭翹先生一元	黃啓顯先生五元
秦惟明先生一元	俞夾運先生五元
馮樾君先生三元	陳世驤先生五元
袁蔚哉先生二元	林文慶先生五元
顧欽伯先生二元	林惠祥先生五元
湯立章先生一元	毛夷庚先生五元
吳仲華先生二元	吳士棟先生五元
李海曾先生二元	孫貴定先生五元
楊時儀先生二元	茅樂楠先生三元
李圓妹先生一元	鄺承銓先生二元
薛澄清先生代捐	張維華先生十元
施荷農先生五十元	

共計二百〇一元

自二十三年三月至二十五年八月本會會員及外賓歷次捐款總額（以筆劃爲序）

上海開明書店	一百元	張國淦先生	一百二十元
于省吾先生	四十五元	敎育部	三百元
引得校印所	一百元	陸侃如先生 馮沅君女士	十元
王崇武先生	十元	傅斯年先生	十元
王　庸先生	二十五元	楊向奎先生	二十元
史念海先生	十元	楊　賓女士	五元
好古廬	十元	葉景揆先生	一百元
行政院	五百元	福開森先生	四十四元
石衡青先生	五十元	趙　璲先生	十五元
朱鼂先先生	五百元	趙泉澄先生	四十元
吳世昌先生	三十五元	劉　節先生	五元
吳其昌先生	十元	黎光明先生	四元
辛樹幟先生	五十元	潘景桓先生	一百元
童書業先生	十八元	錢　穆先生	四十元
徐文珊先生	十元	歷史博物館	一百元
徐中舒先生	二十元	謝國楨先生	十元
胡汝麟先生	十五元	羅根澤先生	三十五元
孫媛貞女士	五元	譚其驤先生	四百七十三元
許道齡先生	三十元	鐵道部	三百元
陶元珍先生	二十元	顧廷龍先生	一百元
連士升先生	四十元	顧頡剛先生	八百八十元
張維華先生	十元		

共四千三百二十四元

出版者：北平西四牌樓小紅羅廠八號禹貢學會。
編輯者：顧頡剛，馮家昇。
出版日期：每月一日，十六日。
發行所：北平成府蔣家胡同三號禹貢學會發行部。
印刷者：北平成府引得校印所。

禹貢
半月刊

價目：每期零售洋貳角。豫定半年十二期，洋壹圓伍角，郵費壹角伍分；全年二十四期，洋叁圓，郵費叁角。國外全年郵費叁圓陸角。

本期定價國幣五角。

The Chinese Historical Geography
Semi-monthly Magazine

Vol. VI, No. 5, Total No. 65. November, 1st, 1936.

Address: 3 Chiang-Chia Hutung, Cheng-Fu, Peiping, China

第六卷 第五期（後套水利調查專號）

民國二十五年十一月一日出版

（總數第六十五期）

內政部登記證警字第叁肆陸壹號　中華郵政特准掛號認為新聞紙類

贈書致謝（十八）

本會自本年十月十一日至十一月一日收到下列贈書，謹載書名，藉伸謝悃。

贈送者	書名	冊數	著者	版本
滕若渠先生	宋滕忠節公使金本末附道詩	一冊	宋 濂	民國二十四年寶山滕氏刊行
仝上	吳門滕氏世略抄	一冊	東吳滕文昭	仝上
仝上	月浦文徵	一冊	陳應康 徐綱	民國二十四年南京國華印書館排印
仝上	寶山縣月浦里志	二冊	陳應康	民國二十三年南京國華印書館排印
涿縣政府	涿縣志	四冊	宜修涿縣志委員會	民國二十四年北平京城印書局排印
盧潤泉先生	烏青鎮志	十二冊	清烏鎮同知董世甯 里人盧學溥	民國二十五年浙杭敦坊清文齋刻書處精刊

謝剛主先生贈書

廣西省施政紀錄（二十二年度） 廣西省政府編 民國二十四年三月出版 一冊

廣西昆蟲調查報告書第一號 廣西農林局編 民國廿四年五月出版 一冊

廣西省現行法規 廣西省政府秘書處編 民國二十三年五月出版 上下二冊

國民基礎教育叢訊 廣西普及國民基礎教育研究院編譯委員會編 民國二十四年三月一日出版 一冊

廣西農林專刊創刊號 廣西農林局編 民國二十三年十二月出版 一冊

文學季刊創刊號 第四期 鄭振鐸等編 民國二十三年十二月六日出版 二冊

朱桂莘先生捐贈

東三省政略十二卷四十冊八函 徐世昌編 宣統三年鉛印本

墾務輯覽十三冊 察哈爾墾務總局編 民國六年鉛印本

東三省蒙務公牘彙編五卷二冊 朱啓鈐編 宣統元年鉛印本

龍江公牘存略一冊 何煜南 民國六年鉛印本

黑龍江墾殖說略一冊 何煜南 民國二年鉛印本

中國鐵路現勢圖二幅 比例尺二百萬分之一 中華書局 民國四年出版

中俄交界圖十一排

東三省籌蒙大勢圖一幅（晒藍） 比例尺六十萬分之一 東三省蒙務局製

東三省鐵路圖一幅 胡維德 光緒二十九年印

內蒙古哲里木盟十旗山川道里圖一幅

內蒙東盟山川道里圖四幅（晒藍） 朱啓鈐 光緒三十四年製

東海濱烏蘇里江圖一幅（俄文） 一九〇五年出版

比利時（蒙城煤礦）礦產圖六幅（法文） 比例尺二萬分之一 軍事繪圖所製

海參威圖一幅（俄文）

伊烏斯城圖一幅（俄文） 一九〇九年出版

瓦爾地圖（法文）一幅 比例尺五萬分之一 一九二〇年出版 法國陸軍部製

巴黎城圖一幅（法文）

本刊第六卷第六期目錄豫告

（圖一）義和渠流入五原新城圖

（圖二）五原新城內之義和渠橋圖

（圖三）沙河渠上水情形圖

（圖四）貢喧鄉東新皂火渠圖

（圖五）開渠漑地圖

後套諸大幹渠，均自西南流向東北，而先後匯於狼山下之烏加河。烏加河下流有烏梁素海爲河水貯匯之地，然以不能向外宣洩，以致河水漲發時，屢生潰決之患。數年前，自烏梁素海鑿修退水渠，南通黃河正流，水得外流，河患少殺。惟諸幹渠渠口引水之處，其寬度總計約二三百丈，而退水渠之寬度，不過五六丈，流入量與退出量相差過多，仍不能順利宣洩，水患終不能免。左圖六所示，即退水渠自烏梁素海南流入黃河之情形也。爲解決水患問題，後套水利局擬另鑿退水渠，自烏加河下流通至黃河，所測路線，見本刊附圖十二，此渠成後，宣洩較暢，後套水患或可由此而免除也。

（圖六）退水渠圖

（圖七）建築中之包頭河北新村電機水車圖

（圖八）河北新村電機水車拉水情形圖

（圖九）薩縣新農試驗場附近之民生幹渠一瞥

(圖十)包頭河北新村之一角

(圖十一)安北和碩公中墾區新村之一角

(圖十二)五原兵屯新村之一——負暄鄉公所

後套冲積地的自然環境概况

李秀潔

經過了長期的努力，後套的灌溉事業，已表現出驚人的成績；一片荒凉的原野，已竟改變成生產能力很雄厚的農田了。可見人的力量，未始不可以打破環境的束縛，而向物質文明的前途進展。

人類活動，固不能脫離自然環境；然而利用環境固有的條件，矯正自然缺點，期能利用自然以達其最高程度，物質文明之進步，莫非若是，而吾人所亟應努力以求生存於今日之社會者，這也是首要的一點！河套沃野，本爲肥美的區域，第以雨量的缺乏，乃使農業的發展發生了重大的困難。然而黃河西來，天假其便，引渠灌田，乃可補雨水的不足。先哲已發端於前，吾人自當繼起努力，以利用此天然富源，爲我華族生存而掙扎！

對於河套的情形，作者在先曾有過種種的幻想。記不清是從那裏見到一首翻譯的蒙古歌云：「天蒼蒼，野茫茫，風吹草低見牛羊」。這自然是形容像河套那樣的草原情形了。但近來農墾的發展，或已改變其本來面目。因而理想中的後套，便是以下的情形：——

牧羣雜遝，點綴着茫茫的草原；草原邊緣，隱約的看見一帶青山；草原上，已有了許多新闢的農田；有許多水渠，縱橫的聯絡着；而在這農田水渠的附近，零落散亂的建築了些墾民的土房。夏季有炎熱的太陽，春冬有狂暴的黃風。一年到頭，在野外勞作的時間很少。

本年夏，曾參加清華大學的地理實習班，與禹貢學會的河套考察團聯袂出塞。主要實習地點是豐鎮以西涼城縣屬的岱海，也順便到後套走了一趟。所見所聞，與以前所想像的後套，自有不少矯正的地方。可惜以時間及經費的限制，在其地只停留了兩天，便匆匆返校了。平原景色總是少有變化的，所以這兩天中只是走路的工夫，所得到的不過印象而已。玆將此次觀察及旅行前後所參考的前人著述，作一概略之報告。疏漏之處，尚望當代學者及旅行該處者予以完滿的指教。

一　位置

一個區域的各種自然地理現象，往往是受其地理位置的支配。所以要研究此區域的地理，必須先從其位置着手。本篇所討論的，是指烏拉山及色爾騰山以西，喀拉那倫山(Khara Narin Ula)以東，狼山山脉以南至黃河新道(Baga Khatun)之間的一片冲積地帶。西起東經一百零七度東至一百零九度，南起北緯四十度半北至四十一度半。面積約達一萬方公里[1]。

色爾騰山狼山等山脉以北，便是有名的蒙古高原；喀拉那倫山以西，屬於阿拉善沙漠的領域；黃河新道以南是阿爾多斯高地。以上各區，都是內流地帶，惟過烏拉山以東有歸綏平原，是與後套東西遙對的冲積沃野。

黃河源流，出於四千公尺以上的山岳地帶，雨量是比較豐富的；而常年積雪的高山也供給着充分的雪水；所以黃河自甘肅境北出賀蘭山與阿爾多斯間的峽谷以後，還能有充分的力量以穿過此雨水稀少的半沙漠地域。更因爲地勢的關係，造成了後套冲積平原，以使數千里荒漠之中，有此沃野。中國史上漢蒙糾紛的複雜，多半是由此沃野與歸綏平原爲其策動力量。而中國將來之發展，尤其是關於漢蒙的聯繫問題，後套地方，實占有極重要的地位。

後套所在的位置，有三點要特別提出的：

後套地形圖

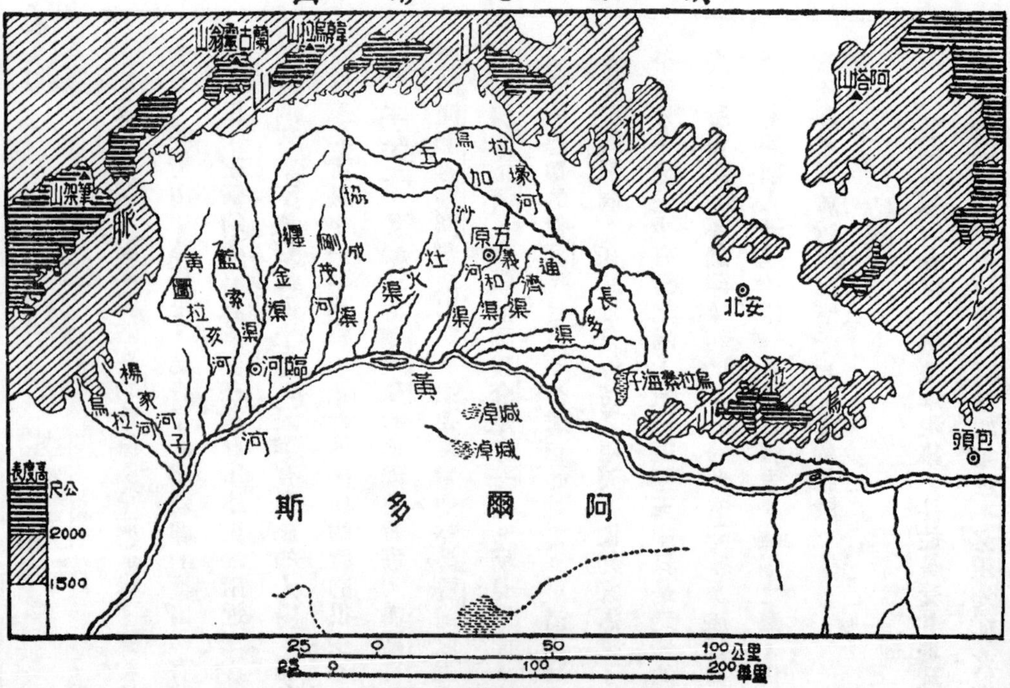

比例尺　二百萬分之一

2

1.地在温帶的北緯四十度左右。

2.在最大大陸（亞洲）的內部，惟向東距海較近。

3.有許多層山嶺在四面圍繞着。

因爲以上的各種條件，造成了後套區必然的自然現象，以下各節將分別討論之。

二　氣候

歐亞大陸的內部，是世界上氣候變化最尖銳的區域。河套地方，因爲前段所提到各種位置特點的關係，所以形成了受着季風（Monsoon）影響的大陸性氣候。

冬季中，爲中亞大高壓的勢力所籠罩；到夏季便屬於印度大低壓的勢力範圍。後套的氣候，就由這兩個中心氣壓的變化支配着。冬季高壓中心在外蒙北部，所以河套地方成爲西北風盛行的季節[2]。因爲這種風是從廣平的大沙漠中吹來，風勢極猛，所經過的路線是由乾燥嚴寒的區域漸次向溫度較高的地帶進行，本屬乾燥的空氣，其相對溼度復漸次低減[3]，因而絕少有降雨的機會。到夏季，亞洲內陸變成低壓，而此低壓中心在中亞高原的西南，如是河套地方變成了東南季候風的勢力範圍[4]。此種東南季候風來自海洋面上，本來含水分較多，爲本區雨量的主宰因子，所以本區雨量多降於東南風盛行的夏季。但因爲本區與海洋之間，有幾層山嶺的阻隔，所以東南風帶來的水分，經過幾度的凝結降雨，至此已成強弩之末，亦不能供給本區以多量的雨水。涂長望先生在他的中國雨量區域的分類一文[5]中，劃本區爲華北類的戈壁區，並謂「本區雨量紀錄不全，年雨量變化頗大，若在季風強盛之年，可達三百公厘，季風微弱之年，則尚不足一百公釐」。按氣候學上的慣例，氣候愈乾燥的地方，雨量的變差常愈大[6]，本區既是乾燥地帶，所以每年的降水量變差非常大。據從前的記載與本次考察時土人的報告都是這樣說法，所以本區雖然雨量稀少，亦有時因爲降雨量較多而釀成水災[7]。至於河套區的雨量究竟少到甚麼程度，雨量變差究竟大到甚麼程度，現在找不到充分的紀錄來下斷語，但就其環境與現在農業經營的狀況看來，可以確定其平均降雨量是不夠發展農業的。所以灌溉事業非常重要。

本區溫度的變化，極端表現其大陸性質，夏季炎熱，冬季嚴寒，春秋兩季非常短促，惟冬季時間最長。克萊希教授說：「此區氣候，每年只分兩季，冬季延長至八個月之久，冬季過後，馬上就是一個短促而炎熱的夏季[8]」。王陶君河套五原調查記謂：「據土人云，白露即霜，霜降即雪，立冬即冰，清明始解」[9]。按綏區屯墾第三年工作報告書亦云：「後套氣候寒冷，非驚蟄春分以後地面不能解凍」[10]。可知後套之冰凍期達五個月以上，而無霜期則不過四個月上下而已。所以後套的農耕，只能年收一次。

冬夏溫度的變差極大，本文雖沒有得到本區內的溫度紀錄，但歸綏平原的二十四頃地年溫差達三七·九度[11]，較北平高七·二度，後套地方，或許比二十四頃地溫差還要大些。晝夜溫度亦有極大的差別，王陶君調查後套時，於夏至節日測其室內溫度，日中時華氏表八十六度，下午十一時則降至七十二度[12]，若以下午二時與上午六時相較，當不止此，室外溫度更不待言了。每天的溫度變化也非常快，此次五原旅行的歸途中（七月十七日），清晨七點鐘出發時，身着夾衣還很覺有點涼意，到九點鐘汽車壞了，便覺有點燥熱，到十點時候，大家都受了那強烈太陽光的灼熱，如是各人找休息的地方，在那滿目荒涼一望無際的草原上走着，簡直像在蒸籠裏一般，然而夜裏睡覺還是必需要蓋棉被的。因爲晝夜溫差大的關係，所以無霜季便非常短促了。

本區風勢的猛烈，也是值得特別提到的，尤以春冬爲甚。冬季高氣壓中心在外蒙北部，本區所在地正是氣壓傾度（Barometric gradients）很大的地帶，北面狼山山脉的相對高度，不過六七百公尺，而其北坡極緩，幾不辨有山嶺的現象，所以不足以阻擋北來的暴風。春秋兩季爲風向變換的時候，所以也常有狂風發生。又以本區周圍多沙漠或半沙漠地帶，缺乏掩護地表的植物，所以每値風起，往往揚塵飛沙，彌漫天際。而後套地方的土壤，除黃河冲積（Alluvial deposits）外，此種風積成分（Aeolian deposits）也很重要。本區空氣的濕度頗小，故蒸發極速，以加強地面的乾燥程度，而風勢強烈，對於地面水分的蒸發，也有很大的力量。

三　地文與水道

按地質構造說，本區是由於地殼陷落形成的，此陷落區的邊緣，就是斷層仰側（uplifted block）的山嶺[13]，此等山嶺環繞着本區的東北西三面；而阿爾多斯高地，則隔黃河而橫列在本區的南面。所以本區的地形，成一盆地(basin)的形勢，沉積容易，因而形成了一片沉積很厚的沖積平原。

本區的沖積情形，並不與其他一般的沖積地相同，其沖積物的主要來源，並不是由於環繞本區的山嶺，而是黃河從其上游帶來的。黃河在青海甘肅境內時，河道的坡度很大，且各支流都經行於峽谷當中[14]，所以水勢很急，而其沖刷力與負載力極強。到磴口以下，坡度銳減[15]，更在本區東部，有烏拉山等脈的阻截，因而本區之內，黃河水勢驟緩，其負載力亦低減，所以發生了極顯著的沉積現象。

水流本有直趨的傾向，先者黃河自甘肅出賀蘭山峽谷後，直向北流，迨至被阻於狼山山脉，始折而東向，即是現在的五加河(黃河故道)。黃河的沖積力極強，很容易造成其高出平地的河道，而使河道遷移；而大戈壁與阿拉善沙漠的流沙，由狂風的長期吹送，也是可以塞斷河道而使黃河改流的可能原因之一。黃河之所以放棄其五加河故道而改趨現在河道的原因，大概不外上述兩途。但就現在本區各地的高度與西部的沙邱情形看來，似以後說的可能性較大。

遙緣地方，與山嶺接壤，自然有從山嶺地帶沖流來的物質，(Alluvial fans)但據河北移民協會段承澤先生談，此等山邊沖積，只限於五加河以外的區域，因爲從山嶺地帶來的山洪，都以五加河爲其歸宿，其勢力永不能達到五加河以南，所以五加河以南的沖積層，完全是黃河造成的。

本區以內，主要是沖積地層，這地層在地質史上是最晚近的。直到現在，這沖積作用還在繼續進行。更在本區到處可見有沙邱的堆積，這自然是風成的了。沙土的來源，大概是大戈壁與阿拉善沙漠。此等沙地與戈壁不同，並不常有顯著的移動，其堆積的速度也很遲緩[16]，沙邱上面，有時也長着些半沙漠地帶的植物(Xerophytic plants)。

至於沖積層未成立以前的情形，至今還不甚明瞭。此次旅行，未能到遙緣地方，所以更不能辨認地文演變的狀況。惟自烏拉山以東各斷層山脉的山麓地帶，都見有兩層極明顯的階級地形(Terraces)，分佈地帶極廣；孫健初先生曾作成烏拉山南坡的階級地形剖面圖[17]，表示的很清楚，證明在烏拉山南面至少有兩度的水位變化。

5

至於本區是否有同樣現象不得而知，惟其屬於地殼陷落部分，則已經地文家找到許多證明，公認無疑了。

前面說過，本區以位置地形等種種的關係，所以雨量稀少，不能單獨發展永久性的河流。除黃河自其上流匯納了充分的水量橫穿本區，與利用黃河的水由人工開鑿的灌溉渠以外，則無河流。在五加河以北，有切割狼山山脈的許多山谷，僅在降雨時有短時間的山洪，山洪一過，立成枯谷。

黃河自改道以來，沿鄂爾多斯高地的北邊東流。迨漢人移墾其地，因為農業上的需要，鑿渠引水，用灌耕田，經過長時期的努力，始有今日水道縱橫的情形。

平原以內，地形非常簡單，除時有沙邱綿亘外，起伏絕少。惟地形略向東傾斜，南部亦較北部略高，所以灌溉渠都略成西南東北向。有的消沒於中途，有的便滙於五加河，而東南注入烏梁素海子。烏梁素海子是五加河被阻於烏拉山而滙成的水渚。水勢大時，可由退水渠沿烏拉山西麓仍歸黃河。各灌溉幹渠的間隔，約為七八里至二三十里，其間復有許多支渠，縱橫聯絡，以為後套居民生命的主宰。

疏濬水渠，往往略築小堤於水渠兩岸，藉以防水渠的漫溢。水渠只是作灌溉用的，在洩水方面為用極微。因為地面平坦，若逢大雨，水漫原野，很難藉渠流引至他處，所以偶有大雨，常致泛濫成災。這也是本區的特殊現象。

四　後套開發的問題

因為人類的智慧能利用自然環境，所以漸次征服自然界，以充實人類生活的要求。如是走上了文明進化的途徑。在這進化的過程中，人類的努力總不能不受自然環境的牽制。上面說過，後套地方雨量稀少，其自然植物景觀屬於草原地帶，在人類利用自然界的簡單階段中，恰好作為牧畜區域。但在歷史上，因為人事變遷的關係，很早就有農業的試驗了。然而因為天然的雨水供給，不足以發展農業，而其鄰近地域，又多是遊牧部落，很難容許農業民族在那裏安居樂業，所以定居生活始終沒有怎樣發展；換言之，即漢民的農業開墾，始終沒有在那裏奠定基礎。

在遊牧民族方面，則因為後套是一片肥沃的草地，若能割據便可自雄，且很可以有餘力以向外發展。披覽內蒙地圖，可見後套之地，南接寧夏沃野以聯甘肅，東則與歸綏平原，豐鎮高原，大同盆地，宣化盆地，懷來盆地等成聯續的幾個豐肥區域，而在此數區中，以後套平原的面積最廣，其經濟蘊力亦最大。假若有一個遊牧部落據爲根據地以向外發展，便很容易操縱以上提到的各豐肥地域而南禍中原。反過來說，假若漢族能以全力收復其地，胡人便失掉了發展的基礎，絕無餘力以南下牧馬了。中國史上漢胡勢力的盛衰，常以後套之得失爲轉移[18]，其重要性可想而知。

近年來有識之士，都覺得物質文明的進化，是建築在克服自然界以謀人類的幸福上面，各族間互相傾軋，實有背進化的原則，所以主張漢蒙合作開發富源。農業的生產遠過牧業，盡人皆知，無待多言，在後套地方發展農業的主要缺點是雨水的缺乏，若能引黃河的水，灌漑後套缺乏雨量的土地，可供荒涼的草原變爲肥沃的農田，較之牧畜的生產，何止數十百倍。歷年來的試驗已早著成效，倘按科學方法從事墾殖，當更有進步。

對於墾殖事業的政治社會以及工程等問題，作者所知有限，不敢妄談。然而若想把一個牧畜區域改變成農業社會，有必須注意的兩點需要提出的：法國地理學家布呂納氏（J. Brunhes）曾說：「發展農業固然優於牧畜，但必須有確定的利益和永續的保障」[19]。後套區偌大的沃野，自然可以吸引那些生活窮困的農民。但若渠道失修，使農耕失却保障，或使墾民終年操勞，而將其所得利益太半歸官，或納之大地主手裏，那很容易使後來的墾民裹足不前的！此外地方治安，更需顧及，此等新墾的農區，最易發生社會的騷擾，若使墾民不能安居樂業，就是破壞定居生活，阻止農墾的發展。內蒙地方曾經幾度的提倡開墾而迄未成功的原因即由於此。近自屯墾計劃實行以來，地方治安頗有保障，實爲後套開墾的最大成績，若能將農墾的收穫歸之墾民，則後套開發的成功，便可拭目立待。

7

1 見翁丁曾三氏編繪之中華民國新地圖。

2 高壓區地表面的空氣是向外移動的(Milham: Meteorology, p. 159-161)，更加以地球自轉的影響 (Ferrel's law)，所以河套冬季風向應爲西北。

3 (Milham: Meteorology, p. 194-197)

4 仝註2

5 中央研究院氣象研究所集刊第五號 1935.

6 Kendrew: Climate, P. 135, Variability of Rainfall.

7 綏區屯墾第三年工作報告書農事章

8 Cressey: China's Geographic Foundations.

9 王君原文見地學雜誌第十二年第二期

10 仝註7

11 見胡煥庸黃河流域之氣候，地理學報第三卷第一期

12 仝註9

13 見地質調查所：綏遠及察哈爾西南部地質誌附圖

14 見 Friderick G. Clapp: The Hwang Ho, The Geog. Review, Jan. 1922.

15 見參謀部製綏遠五百分之一詳圖

16 當地土人皆云如此

17 Geology of Suiyuan and Southwest Chahar. Mem. Geol. Surv. China.

18 Y T. Chang: The Eco. Dev. & Prospects of Inner Mongolia, Chap. II.

19 Jean Brunhes: Human Geography.

古代河套與中國之關係

張維華

河套之地，古無定稱，蓋以其地遠處西北，異族雜處，非王化所能及。秦漢而後，郡縣建置，略可得詳，惟以其地時陷異族，郡縣之制，夷爲部落，建置遺規，亦有不可得而考者。至於其地範圍，古時亦無定準，及至明之中葉，於陝北之地，起築長城，東起黃甫川，西至寧夏，以遏套虜，於是河套與內地之界線，劃分始清。大抵當時河套範圍所及，東至山西河曲，西至寧夏，東西二千餘里；南自榆林邊墻，北抵黃河故道（即今陰山下之烏加河），遠者八九百里，近者二三十里；總計面積，週迴約五千餘里。黃河流經河套，自古即歧分爲南北二枝，水經注有南河北河之文，是其明証。北河所經，約抵今之烏加河流道，南河所經，亦大體與今之黃河正流相近；至於河身南北移動，自不能古今悉同。河道雖歧分二枝，然終以北河爲正，古人所稱黃河者，大抵即指北河而言。淸初烏加河上流淤塞，舊道淤廢，南河遂成爲正流。自此而後，河套之地，劃分而二，其在黃河以南者，謂之前套，其在黃河以北者，謂之後套。後套之地，界於黃河與烏加河之間，而自烏加河北至陰山之狹窄地帶，普通亦計入其內，計其面積，約當今安北臨河五原三縣之地。河套雖分爲二，而地形則大抵相同，沃野千里，草木暢茂，其間雖有沙阜起伏，然無崇山峻嶺，隔絕南北，實爲一農業之最好區域也。玆因本期刊印後套水利調查專號，爰將古代河套與中國之關係，約略論之，雖與水利所關甚少，想亦爲讀者所樂聞也。

一　自周初至春秋末年河套與中國之關係

中國與河套地帶之關係，三代而前，不可得詳。近世考古諸家，或以發掘所得，證明古代中國西部與東部之民族，已發明文化之關係；然所發生之關係，究至如何程度，以及各民族間影響之過程，終以發掘未廣，所得實物上之證據尚少，不能爲準確之論斷。至於河套之地，在有史之前，究爲何族所據，而此種族，又與華夏民族發生何種關係，尤是無從說起。世稱周之祖先，起於涇渭上游，後爲戎翟所迫，漸徙而東，至文武之世，始奠都豐鎬，似夏殷之際，陝甘間地，乃爲戎翟所盤據，而河套之地，亦或爲是族踪跡所及。晚近學人，據經史舊說，而考其地望，或稱周之始祖，原起於晉南，其後漸次西遷，踰河，而奠居於渭之下流。如此，則周之先祖，不自西來，而所謂公劉居於戎翟之間，與太王避戎狄之亂而亡走於岐山之下者，其戎狄所盤據之地，又似不在甘陝之間矣。總之殷周而前，民族遷徙，多不可考，而彼此間文化影響之關係，亦無從斷定，至套地與中國本部之關係，自亦無可言及。史記匈奴傳稱太王後百有餘歲，周西北昌伐畎夷氏；昌後十有餘年，武王伐紂而營雒邑，復居於酆鄗，放逐戎夷於涇洛之北。如從其說，則周初戎翟之族，乃被放逐於涇洛之北，其出沒之地，當去河套不遠矣。宣平之際，犬戎之勢力復起，乘勢侵淩，終至周室東遷於雒，由是中國西北之地，幾盡陷於犬戎。降至春秋，列國競起，晉文公修霸業，其勢力漸伸至黃河以西河套之地。史記匈奴傳云：

> 晉文公初立，欲修霸業，乃興師伐逐戎翟。……當是之時，秦晉爲强國，晉文公攘戎翟居于河內圁洛之間，號曰赤翟，白翟。

考圁水或作圜水，漢書地理志上郡白土縣條，下云「圜水出西，東入河」；西河郡有圜陰圜陽二縣，皆以居圜水之南北得名。或稱圜水爲圁水之誤，師古於地志圜陰縣下注云：「圜字本作圁，縣在圁水之陰，因以爲名也，王莽改爲方陰，則是當時已誤爲圜字。今有銀州銀水即是，舊名猶存，但字變耳。」又匈奴列傳注引晉灼語云：「圜音嚚，三倉作圁。」史記匈奴列傳索隱引韋昭語云：「圜當爲圁，續郡國志及太康地理志並作圁字也。」水經注河水注亦稱「圁水出上郡白土縣圁谷，東逕其縣南。」所引漢書地理志「圜陰圜陽二縣，亦均易稱圁陰圁陽之名。從上諸說，似圜水爲圁水之誤。清儒王念孫據漢圜陽宰印，少室神道石闕銘，開母廟石闕銘，稱漢西河實有圜陰圜陽諸縣，不作「圁」字；且言史記圜洛之文，爲後人所誤改，原本實作「圁」字（王先謙漢書補註引），說雖無定，而圜圁乃爲一水可知。白土故城，史記匈奴列傳正義引括地志云「在鹽州白池東北三百九十里。」鹽州故治，在今寧夏鹽池縣北，白土又在其東北三百九十里，則其地深入今綏遠前套境矣。大清一統志舊藩蒙古鄂爾多斯條，稱白土故城在今左翼中旗南，近今神木縣北，其說或是。當晉文初霸之際，戎翟退走河西洛圖之間，則是晉人勢力，已漸逾河而伸入套內，中國內地與套地之關係，至是漸趨複雜矣。

晉文而後，秦穆公用由余霸西戎，河套西部之地，漸歸其掌握，史記匈奴傳云：

> 秦穆公得由余，西戎八國服於秦，故自隴以西，有緜諸，緄戎翟獂之戎；岐梁山涇漆之北，有義渠大荔烏氏朐衍之戎。

按朐衍之戎，正義引括地志云：「鹽州古戎狄居之，即朐衍戎之地，秦北地郡也」。是言唐之鹽州，爲古朐衍戎所在之地。漢書地理志北地郡領有朐衍縣，清一統志甘肅寧夏府古蹟條，稱朐衍廢縣在靈州東南花馬池境。楊守敬前漢地理圖置朐衍於今定邊之西南，雖其地望未必十分準確，然所差亦不至甚遠。古人之建此縣，既是取之戎名，則縣之所在，即古朐衍戎所據守之地，當無可疑。朐衍之戎，既在今定邊花馬池附近之地，定邊花馬池已迫近套內，秦人臣服其國，則秦人勢力，亦必漸伸至套中，由知可推矣。

二　戰國時魏秦趙在河套勢力之推動

從上所述，當春秋之際，秦晉勢力已伸入套境；其後晉人在河西之勢力，愈趨鞏固，河套附近之地，漸爲領屬。晉室崩裂，地歸於魏，其北界展至固陽。史記匈奴列傳云：

> 其後既與韓魏共滅智伯分晉地而有之，……魏有河西上郡，以與戎界。

又秦本紀云：

> 魏築長城，自鄭濱洛，以北有上郡。

又魏世家云：

> 十九年（惠王），諸侯圍我襄陵，築長城，塞固陽。

從史公言，魏之河西上郡，乃係承襲於晉，則知當春秋之末葉，晉人在河西之轄域，必不爲小。惜當時建置，不能詳考，是否其領屬已拓至套內，未能得詳。及至戰國，諸侯之競爭愈甚，謀求擴展領土之慾念亦愈急，魏惠王時，築長城塞固陽，遠伸其土於套之東北境。固陽，漢志五原郡有稒陽縣，固陽舊地，當去其地不遠。水經注河水注稱：「河水又東逕稒陽縣故城南，王莽之固陰也。地理志曰：『自縣北出石門障』。河水決其西南隅」。石門障據今人考察，即包頭西北之孔獨倫溝，爲孔獨倫河流經烏拉山之處。稒陽故城既在其南，則東去包頭縣城不遠矣。又河水注云：「河水又東逕稒陽城南，東部都尉治。又逕河陰縣故城北。又東逕九原縣故城南，秦始皇置九原郡治此」。說者謂此稒陽城即稒陽塞，在稒陽縣西。今包頭縣境內有長城，東自什拉淖起，沿大青山及烏拉山之麓西行，至西山嘴子而止，長凡二百六十餘里，均爲土築，高二三尺以至六尺不等，或斷或續，尚多存在，而以什拉淖至城塔汗一段爲較完整。或謂此長城即魏所築。從上諸說，則是魏人原沿烏拉山麓築城爲防，又復立塞戍守，後人又於其故址分設縣治，而稒陽居其一。如此，則魏人勢力，已遠伸至套之東北，今前套伊克昭盟東北部之地，及包頭縣境，均歸其轄領矣。

當魏人勢力侵入河套北部時，秦人勢力亦漸向北拓展。史記六國年表載秦孝公十一年，「城商塞，衛鞅圍固陽降之」，孝公十年（魏惠王十九年），魏築長城塞固陽，翌年，衛鞅圍降其地，則秦魏兩國競爭之劇烈，其勢可知。其後秦勢日強，東侵地至於河，魏人在河西之地，終不可保。史記秦本紀云：

十年（秦惠文王），張儀相秦，魏納上郡十五縣。

正義云：

今鄜綏等州也，魏前納陰晉，次納同丹二州，今納上郡，而盡河西濱洛之地矣。

按魏上郡十五縣之名不可考，從張守節言，其地當唐之鄜綏二州，約今河套東南陝西東北部鄜綏德二縣間及其附近之地。秦人既得此土，則河套之地，在其掌握。又秦本紀云：

五年（秦惠文王更元五年），王游至北河。

正義云：

按王游觀北河，至靈夏州之黃河也。

北河既爲秦王遊幸之地，則其地爲秦人勢力所及可知。其後秦人滅義渠，疆土愈擴，而於北境築長城以禦胡。匈奴列傳云：

至於惠王（秦惠文王），遂拔義渠二十五城。惠王擊魏，魏盡入西河及上郡於秦。秦昭王時，義渠戎王與宣太后亂，生二子，宣太后詐而殺義渠戎王於甘泉，遂起兵伐殘義渠，於是秦有隴西北地上郡，築長城以拒胡。

按昭王所築長城，後人多不詳其說，以致其經行道里，無可得知。考秦長城在今陝甘境者，西南起今岷縣治西二十餘里，即秦之隴西郡臨洮縣地。由此漸東北行，約經今天水縣境，而北跨華亭莊浪之間，達固原縣之西南。復繞固原之北，入環縣境，東行至陝西之綏德或榆林與魏河西之長城相聯（秦長城後有專文論之）。竊意史稱秦始皇築長城，西起臨洮，東達遼東，而在甘陝之一段，當沿秦昭之舊而復修繕之，即史記匈奴列傳所稱「可繕者治之」之意也。秦昭長城可爲胡虜與秦人之界，其內爲秦人轄境，其外則爲戎人所居。以勢言之，河套大部仍爲戎人所據，而其東南及東北部之狹窄地帶，則爲秦人所有，蓋其勢力雖漸澎漲，終不能驅戎人而奪其地，故仍持對峙之勢。至於魏人在固陽之領屬，雖經衞鞅侵降其地，然以偏處東北，不能保全，旋淪沒於胡，至趙武靈王時，始收復其地。

註：按史記蘇秦列傳載秦說燕文侯語云：「燕東有朝鮮，遼東，北有林胡，樓煩，西有雲中，九原，南有嘑沱，易水，地方二千餘里，帶甲數十萬，車六百乘，騎六千匹，粟支數年」。似燕文侯時，燕西有雲中九原之地。然秦言實未可盡據，秦既言燕西有雲中九原，而後文又云「且夫秦之攻燕也，踰雲中九原，過代上谷，彌地數千里，雖得燕城，秦計固不能守也，秦之不能害燕亦明矣」，夫秦之伐燕，既踰雲中九原，過代上谷，彌地數千里，則雲中九原去燕甚遠，必非燕之所宜有。且據史記趙世家，稱趙武靈王二十年，西略胡地，至榆中。又匈奴列傳稱趙武靈王易胡服，習騎射。北破林胡樓煩，而置雲中雁門代郡。似趙武靈王之前趙之北境及其西北境，乃爲林胡樓煩等族所據，燕不當有其地。蘇秦之言既有可疑，故論戰國諸侯對河套之關係，燕不當在其列也。

當秦昭王北拓地至河套之際，趙武靈王亦變法圖強，易胡服，習騎射，卒能破林胡，攘地西至雲中九原，套之北界，爲其所有。史記趙世家云：

二十年（趙武靈王），王略中山地，至寧葭，西略胡地，至榆中。

又云：

二十六年，復攻中山，攘地北至燕代，西至雲中九原。

又云：

二十七年，……武靈王自號爲主父，欲令子主治國，而身胡服，將士大夫西北略胡地，而欲從雲中九原直南襲秦。

又匈奴列傳云：

而趙武靈王亦變俗，胡服，習騎射，北破林胡樓煩，築長城，自陰山下至高闕爲塞，而置雲中雁門代郡。

按榆中當時有二地，一在今甘肅榆中縣境。史記秦始皇三十三年本紀稱：「西北斥逐匈奴，自榆中竝河以東，屬之陰山，以爲三十四縣，城河上爲塞」。集解引徐廣語，謂：「（榆中）在金城」。水經注河水注經文云：（河水）又東過榆中縣北」；注文云：「昔蒙恬爲秦北逐戎人，謂榆中之地」；漢書地理志金城郡有榆中縣；此榆中故城，在今甘肅榆中縣境。一在今綏遠黃河北岸之地。史記秦始皇三十六年本紀稱：「遷北河榆中三萬家」。正義云：「謂北河勝州也。榆中即榆林縣也」。唐榆林縣，元和郡縣志云：「本漢沙南縣地，屬雲中郡，……隋開皇七年，置榆林縣地，北近榆林，即漢之榆溪塞」。清一統志舊藩蒙古鄂爾多斯篇，稱其地在鄂爾多斯左翼後旗界內，即今套內東北黃河自東趨南之地。郡志與一統志所言，是否確即古榆中之地，未敢妄斷，然以大勢論之，其地當不出河套東北黃河以西之地。蓋套北天寒，僅生榆柳，榆中或即因多榆得名。甘之榆中，既非趙武勢力所及，則套東北之榆中，正其西略地所至，則史記所言西略胡地至榆中者，必指套東北之榆中言無疑。

趙武既西略榆中之地，復築長城至高闕為塞。高闕在今後套臨河縣北百餘里狼山中，五加河適流其下，因其兩峰高聳，凡至後套者，均可自遠處望見之。水經注河水注云：「（北河）東逕高闕南，史記趙武靈王既襲胡服，自代並陰山下至高闕為塞，山下有長城，長城之際，連山刺天，其山中斷，兩岸雙闕，善能雲舉（「善能雲舉」四字，王先謙校本，稱大事記注引此作峩然雲舉，……趙改「善能」為峩然，按「善能」二字不可解，改峩然為是。），故有高闕之名也。此即指臨河北狼山之高闕言。趙武城高闕，其目的當在拒胡，高闕之南，即今五原臨河兩縣之地，自為其勢力所及。其後趙武靈王以在河套北部之勢力既固，復立雲中郡以遙轄其地。趙之雲中郡故城，元和郡縣志稱在唐榆林縣治東北四十里，云：「雲中故城在縣東北四十里，趙雲中城，秦雲中郡也」。讀史方輿記要（卷四十四）山西省大同府雲中城條，云：「府西北四百餘里，古雲中城也。虞氏記（原見水經注河水注）：『趙武侯自五原河曲築長城東至陰山，又於河西造一大城，其一箱崩，不就，乃改卜陰山河曲而禱焉。晝見羣鵠遊於雲中，乃即其處築城，因名』」。據上所云，古雲中城當於今陰山南河東岸托克托縣境內求之；而其對岸，則為唐勝州所屬榆林河濱二縣，亦即漢之沙南縣也。

總上所述，河套之地，殷周之際，為戎人所居，其與中國所發生之關係，不可得詳。降至春秋，晉人勢力越河而西，已侵入套內，而秦入勢力，則漸迫至套之南界，河套形勢，成晉秦戎鼎峙之局。及至戰國中葉，魏人襲晉人之舊，而愈向套內發展，秦人勢力，亦漸北侵，戎人則仍盤踞套地之大部，鼎峙之勢，大抵若舊。戰國末葉，秦人據魏河西之地而有之，而趙武靈王則西略地至榆中，立雲中郡，並自陰山西至高闕，築城立塞，河南之地，亦在掌握由於是套內成秦趙對峙之勢，而戎人伏處其地，勢漸衰微，似不可與秦趙比擬矣。

三　秦統一後與河套之關係

當戰國之際，諸侯爭強，雖秦魏趙三國之勢力，先後侵及套內，然其大部仍爲異族所據，與華夏成對峙之勢。及至始皇統一天下，北驅胡虜，收河南地，築列城以爲防，遷內地居民數萬家，戍守其地，於是河套之地，始盡爲中國所有。史記秦始皇二十六年本紀云：

> 秦初并天下，……分天下爲三十六郡。

集解備列此三十六郡之數，而其在今河套及近河套之地者，有北地上郡九原雲中（全祖望漢書地理志稽疑稱九原郡非二十六年置）。時天下初定，關東諸侯新平，百政待理，未遑肆志於邊務，以是河套西北部之地，仍爲胡虜所據。其後始皇得讖書，謂「亡秦者胡」，遂使蒙恬將兵擊胡，略河南地。始皇三十二年本紀云：

> 三十二年，……始皇巡北邊，從上郡入，燕人盧生使入海還以鬼神事，因奏錄圖書曰，「亡秦者胡也」，始皇乃使將軍蒙恬發兵三十萬人，北擊胡，略取河南地。

又三十三年本紀云：

> 三十三年，……西北斥逐匈奴，自榆中並河以東，屬之陰山，以爲三十四縣，城河上爲塞。又使蒙恬渡河取高闕，陶山，北假中，築亭障，以逐戎人，徙謫實之，初縣。

又蒙恬傳云：

> 秦已并天下，乃使蒙恬將三十萬衆，北逐戎狄，收河南地，築長城，因地形用險制塞，起臨洮，至遼東，延袤萬餘里。於是渡河，據陽山，逶蛇而北，暴師於外十餘年，居上郡。

又匈奴列傳云：

> 後秦滅六國，而始皇帝使蒙恬將十萬之衆，北擊胡，悉收河南地，因河爲塞，築四十四縣，城臨河，徙適戎以充之。……因邊山險塹谿谷，可繕者治之，起臨洮，至遼東，萬餘里。又渡河，據陽山北假中。

按築邊防胡，爲當時秦人主要國策之一，而中國對於西北之開展，亦由此開始。茲先將與河套有關係之地名，略加解釋。

（一）陰山　史記蒙恬傳集解引徐廣語云：「五原西安陽縣北有陰山，陰山在河南，陽山在河北」。後漢書郡

7

國志五原郡條，稱西安陽北有陰山。水經注河水注稱：「河水又南逕馬陰山西，漢書音義曰『陽山在河北，陰山在河南』，謂是山也；而即實不在河南。史記音義曰『五原安陽縣北有馬陰山』，今山在縣北，言陰山在河南，又傳疑之非也。余按南河北河及安陽縣以南，悉沙阜耳，無佗異山，故廣志曰『朔方郡北，移沙七所，而無山以擬之』，是義志之僻也，陰山在河東南則可矣」。民國二十三年新刊歸遠縣志云：「後漢書郡國志注徐廣曰：『陰山在河南，陽山在河北』。山西通志謂河南即今河套，無此高大之山。綏乘謂大靑山分爲二歧：一歧向西北，是爲狼山，一名烏拉後山，以其在河北，故古人謂之陽山；一歧向西南，是爲烏拉山，土人對後山而言，因謂之烏拉前山。古黃河本由此山之北東注，行至石門障，由山之斷峽處南流於今南河，遂將烏拉前山包於河南，故古人謂陰山在河南。古所謂陰山陽山者，指山之分岐處言，非指大靑山之全部」。以上所引，均爲對於始皇三十三年本紀陰山之解釋。余意史記之文，其意不當似後人拘執之解釋。考史記所稱陰山，已大體指今陰山幹脈言，匈奴傳稱趙武靈王築長城，自代幷陰山下至高闕爲塞，此所言之陰山，必非指烏拉前山小支而言，而乃指陰山之幹脈而言，可無疑義。索隱引徐廣說以解之，其誤甚顯。本紀所舉「屬之陰山」一語，亦是概括言之，何必僅限烏拉前山一地？且綏志稱古黃河東出石門障與南河會，未知所據。據水經注所載，河水之會南河，在馬陰山之西，即今烏拉前山之西，而不在石門障南。晚今地學鉅子，測烏拉前後山相距之地，其高度較後套河流所經處，多二百餘米，高度即懸殊若是，即在古代，河水亦未能經石門障出口。如秦漢之際，河水仍在烏拉前山之西合南河，則山在河東，不在河南，徐廣之說，似出虛想。且北河與南河合後，沿烏拉前山之南而東注，烏拉前山似當稱爲陽山，不當從陰山稱也。推徐廣之意，以爲陽山在河北，而陰山必在河南，遂用以釋史記陰山之語，而後人亦率從其說不敢違，豈知史公之意，原非如此乎。

陶山　按始皇三十三年本紀之陶山，當爲陽山之誤，玆列史記與漢書所載同一事實以明之。

史記始皇三十三年本紀　又使蒙恬渡河，取高闕、陶山、北假中。

史記蒙恬傳　於是度河據陽山。

史記匈奴傳　又度河據陽山北假中。

漢書匈奴傳　又度河據陽山北假中。

總觀四文，蒙恬傳及史漢兩匈奴傳均作陽山，而無陶山之稱；而本紀則僅有陶山之稱，而陽山之名。按正義索隱集解對陶山均無釋文，而其名又不見於他處，亦足令人生疑。且如陶山陽山爲二山，則本紀蒙恬傳及兩匈奴傳，必有並舉之處；今四文既不以兩山之名並舉，則陶山及陽山爲一山可知。蓋「陽」「陶」二字，形殊相近，抄寫易於致誤，本紀之陶山，當即由於抄寫不愼而致誤耳。

陽山　徐廣曰山在河北。水經注河水注云：「河水自臨河縣東逕陽山南」。按陽山即今後套之狼山，亦即所謂烏拉後山也。高闕爲此山之一闕口，渡河取高闕，則陽山在掌握矣。

北假　漢書王莽傳中云：「遣尙書大夫趙並使勞北邊，還言五原北假，膏壤殖穀」。師古曰：「北假，地名也。史記匈奴傳索隱引應劭語云：「北假在北地陽山北」。又引韋昭語云：「北假地名」。集解：「駰案：北假，北方因官主以田假與貧人，故云北假」。正義引括地志云：「漢五原郡河目縣故城在北假中，北假在河北，今屬勝州銀城縣」。水經注河水注云：……（河水）南屈逕河目縣，在北假中，地名也。自高闕以東，夾山帶河，陽山以往，皆北假也。按北假當指今五加河北一帶之地言。

臨河　史記匈奴傳「城臨河」之文，或以「臨河」二字作縣解，元和郡縣志延州延水縣條，云：「本秦臨河縣之地，史記秦滅六國，使蒙恬北擊匈奴，悉收河內地，因河爲塞，築四十四縣，城臨河，徙謫吏戍之。漢因之，在今縣理北十五里臨河故城是也」。太平寰宇記關西道延州延水縣條亦從其說。余意臨河不當作縣解，從匈奴傳之文義言之，乃爲沿河立四十四縣，而每縣縣城均臨河上，徙謫吏戍守以爲塞，非言獨以臨河爲城也。且始皇三十三年本紀言「以爲三十四縣，城河上爲塞」，亦沿河立城之意。元和郡縣志因二字與縣名同，遂以縣名當之，實誤。

前文所舉地名，既如上所釋，則秦人在河套之勢力，亦約略可明。大抵當始皇三十三年之際，秦人已領有全套；且其勢力遠伸至陽山之北。蒙恬傳稱「度河據陽山，逶蛇而北，暴師於外十餘年」，則於陽山之北亦有經營可知。後套商人言狼山北百里有秦長城遺址，或即蒙恬所築歟。

自蒙恬遠驅匈奴於陽山之北後，河套之地，始全隸中國版圖。始皇因信「亡秦者胡」之讖，對於河套防禦之經營，較之他地尤爲重視。茲略舉其在河套之建置於後。

（一）郡縣建置　始皇自統一六國後，益肆力於邊疆之拓展，北驅匈奴，南平南越，海內之地，悉爲所有，於是分置郡縣，以統其土。始皇二十六年本紀稱「分天下爲三十六郡」，此爲秦統一後分建郡縣之始。秦置之縣，因漢志記載未詳，未能盡考，所置之郡，雖裴駰集解列舉其數，而漢志亦明舉其事，然終不能盡秦郡之實數。前人及近儒考秦郡者，每有補正，然立說多不一致。要之三十六郡之數，實不足爲準，而裴駰列舉之名，以年代論，亦未可盡憑也。河套之地，爲秦郡轄域所及者，約略有四：曰北地，上郡，雲中，九原。九原轄域，大抵盡在套中，而北地上郡雲中則僅轄套之一隅。至於四郡所轄套內諸縣，自多沿襲舊置，而新建諸縣，據史記始皇三十三年本紀，稱置「三十四縣」，匈奴列傳則稱「置四十四縣」，未有定說。總計秦時套內諸縣，舊置新增，其數必不爲少，惜其名不得徵詳，爲可憾耳。茲試言其郡之建置。

北地郡　按北地郡建於秦昭王時，爲滅義渠戎後所置。漢北地郡襲其舊，而以舊領之一部，分屬安定郡。郡治，顧祖禹言治義渠。其北境所及，據楊守敬嬴秦郡縣圖，及前漢地理圖，均跨入套內。秦諸郡之境界，雖不易定，然河套之西南隅，即今寧夏以東之地，當非九原上郡所及，以勢度之，必爲北地郡之轄域。

上郡　按上郡爲魏舊置，秦本紀稱秦惠文王十年，魏納上郡十五縣，自此以後，上郡之地始爲秦有。昭王三年，置郡，治膚施，見水經注河水注。漢仍其舊，而析郡之北部，隸西河郡，今河套之東南部，即秦上郡所轄。

雲中　按雲中郡爲趙武靈王所置，見史記匈奴列傳。後其地歸秦，始皇十三年置郡。漢時，雲中所轄有沙南縣，在套內，此當沿秦時之舊制。蓋趙立雲中郡以轄西北新闢之地，套之東北隅迫臨郡治，自當爲轄域所及。始皇立郡，雖別立九原郡以轄河南新得之土，然套之東北隅，當仍趙之舊制，隸歸雲中，漢之沙南，或即其遺跡也。

九原　按九原之名，發生甚早，史記趙世家稱趙武靈王二十六年，攘地西至雲中九原，則是戰國之際，已有九原之名。始皇二十六年，分天下爲三十六郡，集解列九原於其內，蓋以九原郡爲始皇二十六年或以前所已置。全祖望漢書地理志稽疑，稱趙有雁門代郡雲中三郡備胡，九原特雲中北界，未嘗置郡。始皇二十五年以前，邊郡多仍前舊，不聞增設。三十三年，蒙恬收河南地，沿河立縣，始以所立諸縣置九原郡。按全氏之說甚是。史記匈奴列傳稱趙武靈王置雲中雁門代郡，而九原不在其列，則知九原在此時尚不爲郡。通典稱趙置九原郡，實不近理。蒙恬收河南地，在始皇三十三年，則是始皇三十三年之前，河南之地，尚爲匈奴所據，秦人自不能置郡其地，故九原郡置於蒙恬收河南地後，其說自無可議。漢初因秦舊制，而河南之地，復陷匈奴。武帝元朔二年，復收河南故地，於是更名九原爲五原，而以新收之地置朔方郡。

秦九原郡所轄領域，大抵爲南河北河兩流域之地，而其郡治，則爲漢之九原縣故城。按九原縣故城，其遺址不易尋求，玆試據水經注之文以求之。水經注河水注云：

> 河水又東逕宜梁縣之故城南，闞駰曰「五原西南六十里」，今世謂之石崖城。河水又東逕稒陽城南，東部都尉治。又逕河陰縣故城北。又東逕九原縣故城南，秦始皇置九原郡治此，……西北接對一城，蓋五原縣之故城也。……其城南面長河，北背連山。……河水又東，枝津出焉。河水又東流，石門水南注之，水出石門山，地理志曰「北出石門障」，即此山也。

水經注此節所述，係指黃河南北兩枝會合後沿今烏拉前山東流之一段言。所稱長河即爲黃河，所稱連山即爲烏拉前山。九原縣故城，以南北論，介於黃河與烏拉前山之間；以東西論，介於稒陽城與石門水之間。石門水出石門障，石門障即今孔獨倫溝，則石門水亦即孔獨倫河。孔獨倫河之西爲九原縣故城，再西則爲稒陽城，而五原故城既與九原故城接對，相距自甚密邇。自孔獨倫河至九原，其道里不得詳，而自九原至稒陽，自宜梁五原相距六十里之語推之，至多不過四五十里。稒陽城爲古稒陽塞，漢稒陽縣即因此得稱，稒陽縣故城在孔獨倫溝之南（見前說），則稒陽城西去當不甚遠，以勢度之，或不出百數十里。九原故城既西去稒陽城至多不過四五十里，則東去稒陽縣故城，當亦不出八九十里。大抵九原故城於今孔獨倫河以西八九十里之地求之，相差當不甚遠。惟此段河道變遷無常，是否已淪沒於河，則未詳耳。清一統志舊藩蒙古烏喇忒篇，稱「九原故城在漢朔方之東北，雲中之西，今套北黃河東流處」，則所指未免失之過寬矣。

（二）邊防建置　秦於西北之邊防，最爲重視，計其時共有三邊：一在河套之南界，一沿黃河，一在狼山之北。茲先言其在套之南界者。

考秦時套之南界，有長城一道，史漢所載，稱爲故塞，即秦舊時之長城也。史記蒙恬傳太史公曰：

> 吾適北邊，自直道歸，行觀蒙恬所有爲秦築長城，亭障，塹山堙谷，通直道，固輕百姓力矣。

史公自北邊遵直道（直道見後文）南歸，途中見蒙恬所長城，亭障，則是所言長城亭障，必不在套北。又史記匈奴列傳云：

> ……十餘年而蒙恬死，諸侯畔秦，中國擾亂，諸秦所徙適戍邊者皆復去，於是匈奴得寬，復稍渡河，南與中國界於故塞。

又云：

> （冒頓）既歸，西擊走月氏，南并樓煩白羊河南王，侵燕代，悉收秦所使蒙恬所奪匈奴地者，與漢關故河南塞，至朝那膚施。

又漢書霍去病傳云：

> ……以千七百戶益封票騎將軍，減隴西北地上郡戍卒之半，以寬天下繇役，迺分處降者於邊五郡故塞外，而皆在河南，因其故俗爲屬國。

以上所言故塞，皆稱在黃河南，其爲秦人舊築之長城可知。前言秦昭王滅義渠，奄有隴西北地上郡，築長城以拒胡，並略推尋此城經行之地；又言蒙恬所築長城，其一部必爲繕修此故城之工；此即秦之內邊，亦即漢人所稱故之塞也。秦舊城之在甘陝境者，已略見上文，茲再略尋其在套內之跡。水經注河水注云：

> 河水又南，諸次之水入焉。水出上郡諸次山。……其水東逕榆林塞，世謂之榆林山，即漢書所謂榆溪舊塞者也。自溪西去，悉榆柳之藪矣，緣歷沙陵，屆龜茲縣西北，故謂廣長榆也。……其水東入長城，小榆水合焉。

讀此，知榆溪舊塞之東有長城。榆溪舊塞見漢書衛青傳，云：「今車騎將軍青度西河至高闕，……遂西定河南地，案榆谿舊塞，絕梓領，梁北河，討蒲泥，破符離」。師古曰：「上郡之北有諸次山，諸次水出焉，東經榆林塞爲榆谿，言軍尋此塞而行也。」此言榆谿在上郡北境。清一統志舊藩蒙古鄂爾多斯篇，稱榆谿舊塞在鄂爾多斯左右翼界，此與顏說尙無不合。從此說，則今伊克昭盟之東南境有長城遺址。又河水注云：

> 圁水出上郡白土縣圁谷，東逕其縣南。……東至長城，與神銜水合。水出縣南神銜山，出峽，東至長城，入于圁。

讀此，則又知白土縣之東偏南地，有長城遺址。白土縣故城，清一統志稱在鄂爾多斯左翼中旗南，左翼中旗即郡王旗，長城當在旗之東南境。又河水注云：

> 河水又左得湳水口。水出西河郡美稷縣東南流。……其水又東南流，羌人因水以氏之，漢沖帝時羌湳狐奴歸化，蓋其渠帥也。其水俗亦謂之遙波水。東流入長城東。鹹水出長城西鹹谷，東入湳水。

讀此，則又知西河郡美稷縣東亦有長城遺址。美稷縣故城，據清一統志舊藩蒙古鄂爾多斯篇，謂在鄂爾多斯左翼旗東南，則長城又在其東南矣。大抵此段長城，仍因魏人之舊，南出榆林縣境，而接綏德縣境內之長城，北出薩拉齊包頭之境，而入大青山。秦人舊城自西南來，與此城合爲一，通稱爲秦之故塞。秦人之注重內邊，蓋因視爲最後之防線，一旦河南不保，則可依此固守，此後匈奴跨河而南，漢人即亦此爲界，其重要可知矣。

其第二邊則以黃河爲險。始皇本紀稱「自榆中并河以東，屬之陰山，以爲三十四縣，城河上爲塞」，知其立城設縣之意，重在防守，非盡在理民。又史記匈奴列傳云：

> 其明年，衛青復出雲中，以西至隴西擊胡之樓煩白羊王於河南。……於是漢遂取河南地，築朔方，復繕故蒙恬所爲塞，因河爲固。

既稱「復繕故蒙恬所爲塞，因河爲固」，則知蒙恬在河上建築之防地，必有可觀者。又漢書韓安國傳載王恢語云：

> 恢曰：「……及後蒙恬爲秦侵胡，辟數千里，以河爲竟，累石爲城，樹榆爲塞，匈奴不敢飲馬於河。

則是又明言蒙恬置塞河上矣。大抵此道邊防，當即沿河分立縣城，置兵戍守，又或別置亭障，樹榆爲塞，不若內邊之築長城爲險也。惜沿河之地，易於浸沒，蒙恬所置舊塞遺跡，不能考詳，所有規模，不可復知矣。

其第三邊則即狠山北百里之長城也。余意史記始皇本紀及蒙恬傳均稱恬度河取高闕陽山北假，則秦人之勢力，遠達狼山之北，其事爲可據；而恬又復因山立城，以拒匈奴，亦有可能。今日狼山北百里之長城遺跡，傳言爲秦人所築，其說當不妄也。

（三）直道之設　秦人不僅築城立塞，亦且建築直道，以利交通，一旦有急，內地軍士可以直達邊境，其於邊防亦甚有助也。史記始皇三十五年本紀云：

> 三十五年，除道道九原，抵雲陽，塹山堙谷，直通之。

六國年表亦云：

> 爲直道道九原，通甘泉。

按此直道爲自咸陽通九原之大道，咸陽爲京衛重地，九原郡治，亦爲西北邊防之重鎮，此路成，則二地可互通聲氣，彼此應援矣。此路所經之地，爲雲陽甘泉，雲陽故地，在今陝西淳化縣境，甘泉故地，則在今甘泉縣境，即漢雕陰縣故地，此二縣城均爲直路所經之要地。再北必經漢膚施縣即上郡治地。由此而北，可直達九原矣。

直道既成，北方之交通大便，史公適北邊，即由直道南歸，已見上文；而秦始巡幸，亦或由此道南返。史記始皇三十七年本紀云：

> 七月丙寅，始皇崩於沙丘平臺。……遂從井陘抵九原。會暑，上轀車臭，乃詔從官令車載一石鮑魚，以亂其臭。從直道至咸陽，發喪。

由以上所舉兩例，則知秦時自咸陽至河套之交通，已大發展，今日自西安至包頭或五原臨河等地，反隔阻幾不能通，是今反不如古矣。

始皇建直道，固爲便交通，亦所以重邊防，史公稱「行觀蒙恬所爲秦築長城，壍山堙谷，通直道」，則是軍守要地，多與直道通，應援之使，可以想見。蓋秦人經營西北，已極盡其能事，是以蒙恬在日，匈奴不便飲馬黃河，及始皇崩，蒙恬亦繼亡，邊備廢弛，道路失修，戍者亦遁，匈奴遂越河南侵，不特邊地失，而腹地亦受其擾矣。

（四）移民戍邊　蒙恬既收取河南地，立城設縣，後又復廣移內地居民，以實其地。計此時所移套地之民，共有二類：一曰罪徒，史記始皇三十三年本紀云：

> 徙謫實之初縣。

索隱曰：

> 徙有罪而謫之以實初縣，即上自榆中屬陰山以爲三十四縣是也。

又三十四本紀云：

適治獄吏不直者，築長城。

又云

臣（李斯）請史官非秦紀皆燒之，非博士官所職，天下敢有藏詩書百家語者，悉詣守尉雜燒之。……令下三十日不燒，黥爲城旦。

集解云：

如淳曰：律說論決爲髡鉗，輸邊長城，晝日伺寇虜，夜暮築長城，城旦四歲也。

又三十五年本紀云：

益發謫徙邊。

是秦時用以戍邊及築長城者，多屬罪徒。蓋秦時法網甚嚴，人民易於觸犯，以致罪徒甚多；而此時又邊地需人，故謫徙之也。然此輩亡命之徒，率存僥倖之心，無固守之志，國家盛時，尚伏首不敢動，及至勢敗，則相率亡走，秦人得河南之地而不能保，此或其一因也。

其第二類則爲屯民，史記始皇三十六年本紀云：

……於是始皇卜之，卦得游徙吉，遷北河榆中三萬家，拜爵一級。

正義云：

謂北河勝州也，榆中即今勝州榆林縣也，言徙三萬家以應卜卦游吉也。

此三萬家雖因卜卦而徙，然至榆中必賴耕屯以食，榆中因之充實矣。又秦地有新秦之稱，其得名亦與移殖有關，見史記平準書，集解謂：

秦逐匈奴，以收河南地，徙民以實之，謂之新秦。

又漢書食貨志注引應劭之語云：

秦始皇遣蒙恬攘却匈奴，得其河南造陽之北千里地甚好，於是爲築城郭徙民充之，名曰新秦。四方雜錯，奢儉不同，今俗名新富貴者爲新秦，由是名也。

按新秦之稱，所指無定，大抵爲秦新闢地之概括名詞。應劭集解均稱新秦之得名，由於秦民之移徙，則是知秦人新得河南之地後，當爲普遍移民之舉也。

秦人移於河套之民，既有罪徒屯民二種，而所業亦分築城戍邊與墾田耕殖二類。戍守之役，固與秦祚而同歸敗壞，而墾田之業，亦不數年而崩潰。自來墾田殖邊，非有數十年之經營，不能立有基礎。秦享祚至短，不旋踵而群雄並起，海內鼎沸，而匈奴乘間度河，復回故地，由是秦人數年之經營，盡歸廢棄，是蓋有經營之志，而未得盡其力也。然秦人既開其端，而後人終收其效，漢武而後，朔方五原西河上郡北地等郡，居民至數十萬戶，置官墾田，修鑿渠道，河套成爲繁富之地，追溯其源，始皇實有開導之功也。

右述古代河套與中國之關係，至此爲止。總而論之，古人對於河套之經營，其功績不可謂不偉大，魏惠起塞固陽，趙武築城高闕，其勢力已遠達西北。及始皇統一天下，北斥匈奴，立塞狼山之北，河套之地，悉歸秦有，築長城，起亭障，置郡縣，設戍守，通直道，利交通，其功尤爲不可沒滅。惜後人不能承其餘業，以致其地屢陷胡虜，迄至於今，猶爲半荒廢之區，言念及此，能無深慨！

16

劃分西北自然區域之我見（附圖）

郭敬輝

1

近年來國內各界人士，多注意西北問題，不懼艱險而赴該區域旅行考察者，屢有所聞。本會最近工作，對于該區亦頗注意，如前次所刊行的西北研究專號（五卷八九合期），及本期之刊行河套水利專號，便是這個意義。但西北政治區域之劃分，很不合地理單位，因之對于吾等作該地實際的地理考察，或作室內的研究，有很多不方便處。爰將本人所作『劃分中國自然區域地理芻議』一文中之關于西北區域者，特先節錄出來，以就教於地學界的先進。

按西北的自然環境，概括的說起來，地形方面，是由高原上的多數盆地組成的，除北部有入北冰洋的河流外，其餘概屬內陸流域，氣候則純屬大陸性，雨量稀少，寒暑差大。土壤則多爲崩積土及風積土，而大河附近則亦有肥美的冲積沃野，倘灌溉適宜，便可發展農業。茲據該區的自然環境，分劃其自然區域如下。

一 塔里木盆地

塔里木盆地以塔里木河流域而得名，即通稱之爲天山南路是也。其範圍西倚葱嶺及帕米爾高原，南接崑崙山脉與章塘高原爲界，東南以阿爾金山與柴達木盆地爲界，北有天山博格多山與準噶爾盆地爲界，東以馬鬃山及嘉峪關一帶（亦卽郭河與疏勒河之分水）與西蒙草原及甘新長廊區爲界，其形恰如圖畫上之洗臉盆口，爲一標式的盆地地形。

本區之內，西南兩面多海拔五千公尺以上之高山，北方亦多海拔四千公尺以上之峻嶺，惟東部稍低；中央降爲一千公尺以下之低地（羅布泊僅七七五公尺），成爲內陸湖澤。近年司坦因氏更發現其東部之疏勒河，昔亦曾匯入羅布泊，盆地之北部，又有一特殊之地域，低于海平面百餘公尺，是爲吐魯番地溝，乃盆地中之盆地也。

盆地之四周概爲山嶺，多高出雪線以上，盆之中央則爲千公尺左右之大沙漠，名曰塔克拉馬干大沙漠，其東部則名白龍堆大沙漠。該區氣候，冷熱各趨極端，乾燥風烈，塵埃甚多，土地亦不適農耕，甚至寸草不生。

然以雨量之稀少，氣候之乾旱，故往往紀元前之物品，埋沒於沙漠中者，今日猶能完整。至其人民寄居之地，則多在山麓地帶；蓋此地多水，牧草稼穡易生，纏民賴以生存焉。故大多數之都市，亦都建造於山溪谷口及塔里木河兩岸。

二　準噶爾盆地

準噶爾盆地就是通稱的天山北路與阿爾泰地方，以昔爲準噶爾部之根據地得名。其西北有阿拉套山塔爾巴哈台山奎屯山等連續成爲中俄之國界，其東北有阿爾泰山，爲西蒙區域與準噶爾之天然分野，其南又隔以天山山脈，與塔里木盆地兩相對峙。其形恰如三角，西之騰格里山，北之奎屯山，及東之喀爾雷克塔格山，適當三角形之三頂點。

本區四周爲二三千公尺以上之山嶺所圍繞，中央陷爲五百公尺以下之低地（艾比湖四五〇），北部地殼概爲東西之斷層所組成，故有布爾根河等之橫流其間。喀啦額爾齊斯河更西出斷谷入於俄境。其西部有伊犂河，兩岸地土肥美，物產豐饒，爲全省菁華所粹之地。惟其中央爲侵蝕所餘之準平原，平原之上，尚多岡阜，崎嶇不

2

齊，又構成多數之內陸湖川。天山北麓一帶，氣候較為和暖，水利較便，農耕尚宜；其北部則以緯度較高，常受北冰洋冷氣流之南侵，故天氣較為寒冷，而雨雪又較缺乏，頗不適於農耕，僅可發展牧場而已。

三　柴達木盆地

青海（即庫庫諾爾）之西為柴達木盆地，西北以阿爾金山與塔里木盆地為界，其南自巴顏喀啦山脈至噶達蘇齊老峯，皆為與西康高原之自然界線，至其東部和東南部，則無清晰之界限來劃分。故為便利暫時研究計，在無再好之自然界限以前，最好先以青海（庫庫諾爾）黃河與柴達木盆地之內陸流域分水嶺為界。

是區地形，有如蛋圓形，四周多海拔四千公尺以上之高山，中央降為三千公尺以下（二七〇〇）之砂磧平地，類似塔里木盆地。內部地貌，大體平坦，有柔細之沙漠，源近流短的小溪，大部為低濕之區，頗似古湖澤涸底。盆地之東南西三面均係高山，惟西北鄰近塔里木盆地處，地勢稍低，故河流之水均由東南向西北流。氣候亦與塔里木盆地相近，乾燥異常，寒暑變差極大，不宜居人，僅有少數之蒙人遊牧其間，以產大尾羊著名。

有人說青海省南有唐古拉山脈，北有祁連山脈為其自然邊界，應將整個的青海省劃作一個自然區域來研究，其實極不合適。蓋柴達木盆地，形勢上雖與西藏高原（指巴顏喀拉山脈之南）一致，徒以巴顏喀啦山之大雪嶺橫亘其間，障碍交通，歷為羌番之天然分野；藏人習慣稱山脈以北為安木多，山脈之南與西康區域為喀木；加之其自然環境多半異於西南而同於西北，故該區實應另闢一區，入於西北區域。

四　黃河上流區

是區居全國之最中央，東以六盤山隴山番塚山與陝北盆地漢水上流區為界，東北以豫旺中衞一帶山陵與河套區域為界，北以北山（即龍首山）與套西蒙古草地接界，西以青海（庫庫諾爾）以西一帶高山與柴達木盆地為界，南以巴顏喀啦山摩天嶺與西康高原四川盆地相鄰，形式至不規則。蓋本區與河套區域同為數個小自然區域組成的，計包有黃河上游區，甘新長廊區，青海盆地和隴南區域（嘉陵江上流一帶）等地。地形配置，極為複雜，如各小自然區域各獨立分作一區，則又不免有零亂之弊，故暫將四者納入一區，而以黃河上流區名之。

海南山脉（即庫庫諾爾南之山脉）與北之南山山脉（即祁連山脉）相連，中包庫庫諾爾（即青海），海拔四千公尺，四周之水，皆歸入之。以其受水量與蒸發量相等，故能永久保持其原來情形。是區與上述之柴達木盆地和西康高原看起來似為一區，但有巴顏喀啦山脉障其南（詳見三節柴達木盆地），故事實上難以劃入西南高原區域。

黃河繞積石經西寧（指昔日之西寧道屬）逾皋蘭至中衛，凡主流支流所經之地是為黃河上游區，乃該區之主要部份。是區雨量稀少，氣候乾燥，冬秋苦旱，每年降雪多則為豐年之兆，降雪少則成旱魃之災；蓋居民利用雪水以溉田也。有水處即成花園，無水處則為荒野，因之河流之谷，獨稱沃美。

黃河上游區之南，以朱圉山岷峨山相隔者為隴南區域，亦即嘉陵江之上游；其範圍凡摩天嶺以北，番塚山以西之三角地皆屬之。按地形上本是四川盆地之一部，不過以摩天嶺橫亘其南，致該區之人文反應，反多同於黃河上游區，故亦納入本區。是區與天水等地，地形東南而多有斷谷易受東南季風之影響，故氣候溫和，水澤較多，森林密茂，遊牧農耕較宜。

其西北部為甘新長廊區，雖非黃河流域所及，但平番涼州間之烏鞘嶺高約三千餘公尺，為一重要之分水嶺，嶺南之水注入黃河，嶺北之水入於流沙。北山（龍首山）在其北，南山障其南，嘉峪關雄峙西境，酒泉張掖武威等地為其心臟。地勢西北東南向，斜長，形成甘新之通衢。河流亦多，各河之水，奪出南山，向北破北山斷谷而入於西套蒙古（即寧夏省）。雨量雖不多，但以其位於南山之麓，賴溶雪之水，為灌溉之利，故可免旱魃之災，有塞外江南之稱。其物產之豐，民生之裕，可想見也。

此數區者，雖各為單位，但以各區居民之經濟生活，常有密切的聯絡，故其生活方式，人情風俗亦大同小異，故合為一區。至嘉峪關外，安西一帶，平沙浩瀚，荒涼寂聊，當不能納於本區之內。

五　套西蒙古草原

是區在北山之北，西南有馬鬃山，喀爾雷克塔格山，與塔里木盆地為界，北以阿爾泰山與科布多盆地為界，其東北以連續不斷之古爾班察汗山，枯黑勒山，狠山，與東蒙草原為界，東則以狠山，賀蘭山，與河套區域爲界，恰成橢圓形。

套西蒙古亦中央低而四周高，以居延海爲最低點，海拔八百五十公尺，爲穆林河之歸宿。氣候爲極端大陸性，雨量絕少，時有大風發作。南部山麓，以高山之上雨雪較多，故多有溪流之發生。河流沿岸，有較美之水草田，其餘則多爲沙漠不毛之區，或爲貧瘠草地。河流多消逝於沙漠中，或匯於鹹湖之內。溪流以水供常有變化，易致乾涸，故河床上往往見枯樹覆掩；惟在適當地點，亦常有水草豐肥之區，以其地下水接近地表，地面潤濕故也。至弱水居延海附近，則楊柳成林，蒲草叢生，亦水之惠也。

六　河套區域

河套區域，按地形上實包有豐鎮高原，歸綏盆地，河套平原，寧夏平原，及鄂爾多斯沙地等五個小自然單位。其西以狼山，賀蘭山與套西蒙古草原爲界，北以狼山，大青山與戈壁區爲界，西南以寧夏省之豫旺縣一帶邱陵與黃河上流區爲界，南以長城與山西高原陝北盆地爲界，東以豐鎮高原與口北邱陵區相接，成一三角形地域。

5

黃河流經本區成爲弓形，長城適當其弦，中包鄂爾多斯沙地。不過這幾區內，寧夏平原，河套平原（指五原臨河等地而言），及歸綏盆地區域，情形近似爲豐肥的農區；豐鎮集寧一帶之高地，及鄂爾多斯沙地，則稍覺荒涼。這一帶地方，在華北稱之曰西北口，其實是數個小區域湊合成的。雖鄂爾多斯境內黃沙漫漫，有多數內陸小溪及鹹水湖，而豐鎮高原地勢崇高，亦擁有多數小盆地，但因他們在地理上之關係甚爲密切，爲便利研究計，故歸納爲一區。

本區在夏季爲一低氣壓區，冬季則爲一高氣壓區，在春秋變換季節，大風時作，幸北有陰山及西之賀蘭山，南有沿邊之邱陵高地阻隔，不似蒙古沙地之激烈。惟其雨量稀少，生長牧草雖有餘，利於農耕則不足，故平原之民，多開溝渠以便灌溉；如後套之八大渠，寧夏之五大渠，及新在綏遠平原所開之民生渠，均其著者也。故農業甚盛，有『天下黃河富寧夏』，『黃河百害，惟富一套』，『南京北京都不收，黃河兩岸報春秋』的諺語，非無因也。

鄂爾多斯沙地之中，多有較低之區域，及內流小河與湖泊，故大部爲碧油油的草地，惟地勢較高，難施灌溉，故農業不能如後套之發達。其地細沙多爲流動性的沙邱，氣候變化亦大，頗似中亞景象。豐鎮高原以地勢崇高，氣候常寒，是其在地理上之特點。

七　西蒙二盆地

是區在蒙古之西北部，北有薩揚嶺爲中俄的天然界山，西南二部以阿爾泰山山脈與準噶爾盆地套西蒙古爲界，惟其東部除杭愛山爲其一部分的與漠北蒙古區域爲界外，其餘則無較明顯之天然分界，故在未有較良地點爲界之先，我們只好暫以烏魯克木河與色楞格河之分水界爲與漠北蒙古區域之分界，以杭愛山與阿爾泰山相距較近處（約當東經一百零一度），爲其與東蒙草原之分野。但在本區內實際上是有兩個自然單位，在北者曰烏梁海盆地，在南者爲科布多盆地，中隔以唐努烏拉山脉。是二區雖在政治上屬於蒙古，但和蒙古其他地的自然環境，却差的很多，故拙將二者合爲一區，名曰西蒙二盆地。

是區在地質構造上，甚爲特別，阿爾泰山西北東南向，其北面爲數層階級陷落地，愈北愈低，喀啦湖慈母湖及烏布薩湖等內陸湖沼，即由此生成。喀啦湖高僅九七〇公尺，烏布薩湖高僅七二二公尺，其北隆起之山嶺，即爲唐努烏拉山脉。因陷落之地裂，故杭愛山中有大山形成。一九〇四年自烏布薩湖至立沁達賴湖間之發生大地震，蓋即在斷裂地帶之故。烏梁海部境內山陵叢雜，更與蒙古之平沙曠野景象不同。中有烏魯克木河流貫其間，西北破薩揚嶺而入俄境，爲葉尼塞河之一源，注於北冰洋。

科布多盆地四周有山圍繞，故夏秋時氣候較爲和暖，土地亦較肥沃。溪水縱橫，草木鬱生，稍有屯田，牧畜之業極盛，有蒙古樂園之稱。烏梁海區域，緯度較高，故氣候較爲寒冷，冬日大雪封山期間頗長，然以濕度較大，不似其他區域之乾旱異常。山川雄秀，物產豐盈，山林遍野，獸類滋生，故此一帶人民，多有以遊獵爲生者。遊牧之外，亦多兼營農耕。

八　漠北蒙古區域

所謂漠北蒙古，是指外蒙古的色楞格河流域而言，其西爲西蒙二盆地，其東南二面則以杭愛山，土拉山（即汗山），阿爾唐烏魯桂山，肯特山，與東蒙草原相連。其北之自然區劃界限，尚遠在西伯利亞境內，並包有極大之貝加爾湖，成爲一大盆地；不過我們所研究的範圍，以中國境內爲限。因其在大漠之北，故稱之曰漠北蒙古。

本區東南西三面環山，地勢向北傾斜。恰克圖高度爲七九〇公尺。境內有色楞格河北流入於俄境之貝加爾湖，爲葉尼塞河上游之一支。氣候與西蒙二盆地相差無幾，雨量亦較富足，水草豐美，土地肥沃。庫倫之北，已入西伯里亞森林帶，深松老檜與白楊銀樺相參差。因爲雨量較多，故水草豐肥，氈廬棋布，牛馬成羣，頗有村落景觀，非復瀚海氣象矣。

九　東蒙草原

是區在陰山與安嶺之外，向北至於中俄國境，西則連於西蒙二盆地，西南以連續排列的阿爾泰山餘脉古爾班察汗山及枯黑勒山與套西蒙古相鄰，惟東北部則無明晰的天然界限與黑龍江上流區相隔，只可自索岳爾齊山沿克魯倫河之南至於克魯倫之西，轉北遷於中俄界之瑪郍山，暫作二區的分界線；而在本區之外則爲黑水上流區。

本區地形也是四周略高中央窪下的區域（烏得海拔九七五公尺）。張庫路之西，滂江之北，叨林以南，爲戈壁部份，極爲荒涼。其餘則爲草地。南與河套區域之分界爲陰山山脉，山南之水皆歸於海，山北之水則北或流貯爲鹽池，或涸於流沙，少有源遠流長者。氣候之變化不僅於夏甚大，即每日朝夕之間變化亦烈，所謂『雁門關外野人家，朝穿皮襖午穿紗』，便是本區情形。其東南部雨量較多，故湖澤棋布，草木叢生，牧畜最宜。所產以馬著名。我國軍用馬匹，以蒙古馬（亦名口馬）爲最多，而其牧場，多在察境。戈壁地方，皆爲積沙。春夏之交，屢起暴風，沙礫飛揚，遮天蔽日，沙阜之位置一夕數遷，自古有流沙之稱。夏季晴日，往往有蜃樓出現，有似海上之空中樓閣，尤爲游客所注目。所謂『敕勒川，陰山下，天似穹廬，籠罩四野，天蒼蒼，野茫茫，風吹草底見牛羊』，更是本區自然風光的代表。

作者附言：拙作的『劃分中國自然區域地理的芻議』一文，因材料較多，非數萬言不能完，一期列出，有所不能，所以我便將它分作數段來分期發表。他的上節是『劃分自然區域的幾個先知條件』，是討論劃分自然區域的方法的。後面是西北、西南、東北、華中，和華南六大區域的自然區劃。本期因係河套水利調查專號，與西北的自然區劃有關，所以我便將他提在前面列出。不過作者深恐參考書籍不够，見解未熟，有冒昧的地方，以致有害讀者，成爲『以學術殺天下後世』（宋劉子明語）之憾事，那麼我對社會豈不是負罪了嗎！所以『漸進而愈明，論文而後定』，這才是拙最希望的呢！

一九三六，九，十五於北平月壇。

7

河北月刊

第四卷 第九期 （民國廿五年九月十五日出版）

二十四年度第二屆中學師範畢業會考專號

插圖

定價：零售每册三角郵費三分全年十二册三元六角郵費三角六分

發行者 河北省政府河北月刊社

河套農墾水利開發的沿革

蒙思明

1

目錄

1 緒言

河套這一名辭所包含的地域，本極廣泛；加以歷代地形的變易，河道的遷徙，而河套的領域亦因以古今而不同。大約的說：黃河自中衛而下，遂沿着賀蘭山麓向東北流，又爲大青山所阻，于是遂折而東流，既又折而南流，成爲山陝兩省的天然分界；凡黃河三曲包圍的地方，都叫做河套，至于南界，則極難確指，大約以甯夏楡林以南爲極限。

這三面臨河的一帶原野，地既平衍，土又肥沃，本是農耕的理想區域；但以地位過北，又居內陸，氣候的轉變既大，每年的雨量更缺，自長城以北以至于河，大部份都是沙磧。但是在濱河的兩岸，可以利用河水溉田，凡是河水能灌到的地畝，都可變成良田，所以河套之開發也是極可能的事。而歷代之所以移民河套戍兵屯田不遺餘力者，則以中國的外患常在西北，河套實西北的屏障，國防所繫；倘能大事開發，則可以當地的人力物力捍禦外侮。既可以保衛邊陲，又足以省國庫之支出，這是河套之開發歷來皆爲政府所重視的原因。

河套的開發雖爲歷代政府所重視，但是天然環境的限制究竟非前代人們的知識能力所能克服。所以河套的開墾，即是在極盛時代，也只限于整個河套中之一小部。西面則以甯夏一帶爲中心，是普通所謂的西套。其次就是大青山的南麓濱河南北一帶的土地，這是歷代開發河套的中心，因爲那正是西北邊陲的衝要地帶，又因爲黃河在那一帶分成南北二支，二支中間的原野，成爲最肥美最易開渠澆水的地帶，這是俗稱的後套。再其次就是歸薩和扎清等縣的地域，雖然大部份在黃河以外，可是與河套的關係極密切，常被認爲河套的一部，即是今人俗呼的前套。此外如沿長城北邊一帶地，古代雖間一見屯墾的記錄，而今則大部是沙磧，無農田水利可言了。

歷代的武功時盛時衰，西北的外患亦時消時漲，河套的土地所有權既時得時失，因之而河套之開發亦時斷時續。約略言之，河套的開發實開始于嬴秦，大盛于西漢，至東漢始日就凋零，這可謂河套開發的第一時期。經三國兩晉的荒廢，北魏又重新墾闢，隋唐踵北魏之后，到元和中復盛極一時，可與西漢並駕齊驅，而餘風且波及于五代，這是河套開發的第二期。五代而后，遂繼之以長期的荒蕪，宋遼金的時代，西夏佔有了河套，開發情形之可考者極有限；元與明初，雖有套地，而開發則缺如；直至清中葉而后，由民墾開始，再繼之以官墾，河套又有欣欣向榮之勢。然為時不久而前功漸棄，直至如今，這是河套開發的第三時期。以下則根據這三個時斷來分別敍述。

2　秦及兩漢的開發

河套水草豐盛，地復平坦，其在古代，原未入中國版圖。三代時的外患，常在西北，其地原為北方夷族玁狁葷鬻一系的故鄉，惜無詳確記載可供考證。春秋之世，狄人據有其地；戰國之際，胡人又常擾北邊。到了嬴秦，匈奴勢力遂大盛。這些民族都是以遊牧為生的，則當時想無農墾之可言。河套最早之開發，必需求之于該地既入中國版圖而為漢人所住居以后。而河套之初入版圖，則是秦始皇統一了中原以后的事，史記始皇本紀：

『【三十二年】使將軍蒙恬發兵三十萬人北擊胡，略取河南地。……三十三年，西北斥逐匈奴至榆中，並河以東屬之陰山，以為三十四縣，城河上為塞。又使蒙恬渡河取高闕陶山北假中，築亭障以逐戎人，徙謫實之，初縣。』

而史記匈奴傳也說：

『後秦滅六國，而始皇帝命蒙恬將十萬之衆北擊胡，悉收河南地，因河為塞，築四十四縣，城臨河，徙謫戍以充之。……又渡河據陽山北假中。』

這是漢族佔領河套的開始。始皇既以武力驅逐匈奴，佔有河套；又為長遠佔有計，『徙謫戍以充之』，築城設縣以防守治理之。其后又繼續大量遷徙人民于其地。史記始皇本紀說：

『三十六年，遷北河榆中三萬家。』

漢書食貨志注引應劭的話說：

『秦始皇遣蒙恬攘却匈奴，得其河南造陽之北千里地，甚好。於是爲築城郭，徙民居之，名曰新秦。四方雜錯，奢儉不同，今俗名新富貴爲新秦，由是名也。』

這些遷入河套的戶口，都是內地的人民。他們都是農業技術已達較高程度的人口。想來他們既入套地以后，定能利用地利水力，從事開墾：一方面贍養自身，一方面供給戍卒。這也是當時政府移民實邊的本意。可惜文献缺如，當日開墾情況，不可得而詳了。

自秦始皇到漢武帝，中間相隔七八十年，在此期中，套地開發事業，完全中斷。原因是爲了秦末政弛，楚漢相爭，匈奴乘此時機，又佔據了河套。史記匈奴傳說：

『頭曼不勝秦，北徙。十餘年而蒙恬死，諸侯畔秦，中國擾亂，諸秦所徙謫戍邊者皆復去。于是匈奴得寬復，稍渡河南與中國界于故塞。……〔其后冒頓〕南并樓煩白羊河南王，侵燕代，悉復收秦所使蒙恬所奪匈奴地者，與漢關故河南塞。……是時漢兵與項羽相距中國，罷于兵革，以故冒頓得自強，控弦之士，三十餘萬。』

到漢高帝統一中原以後，自謂可以與匈奴一決雌雄；孰料竟以三十萬衆被困平城，假使沒有閼氏從中說辭，恐怕徽欽二宗的慘劇早已出演于西漢。其后惠帝呂后文景諸朝，皆以國家元氣未復，前車當鑑，于是忍辱負重，息事寧人，套地終在匈奴之手。當地居民。既或自動遷徙或被屠戮與驅逐，當年的田園廬舍，又一變而爲荒原草野了。

到了漢武帝的時代，國內既經長期休養，『太倉之米，紅腐而不可食，都內之錢，貫朽而不可授』；而匈奴之侵暴日甚，尤不可不求一長治久安之計。於是集中全國精力以對付匈奴，逐漸將河套收歸故主，漢書武帝紀說：

『〔元朔二年〕遣將軍衛青李息，出雲中，至高闕，遂西至符離。……收河南地，置朔方五原郡。』

史記匈奴傳也說：

『于是漢遂取河南地，築朔方。復繕故秦時蒙恬所爲塞，因河而爲固。』

于是河套再入版圖，其築城置衛，亦曾竭力從事。食貨志說當時『與十餘萬人，築衛朔方，……費數十百鉅萬』，可見當時用力之勤了。防衛既已周備之后，于是隨時遷入新的移民。漢書武帝紀說：

『〔元朔二年〕夏，募民徙朔方十萬口。』

史記匈奴傳也說：

『〔元狩二年〕渾邪王殺休屠王，並將其衆降漢。……于是漢已得渾邪，則隴西，北地，河西益少胡寇。徙關東貧民處所奪匈奴河南地新秦中以實之。』

漢書食貨志又說：

『〔元狩三年〕山東被水災，民多飢乏。……迺徙貧民於關以西及充朔方以南新秦中七十餘萬口。』

而漢書武帝紀記元狩二年移民之數尤確：

『〔元狩〕四年冬，有司言關東貧民徙隴西，北地，西河，上郡，會稽，凡七十二萬五千口。』

這七十二萬五千的人口，除一部份是移入隴西會稽兩郡的而外，大部份都是移到河套的。這些人口移入以后，一定是在當地開墾，舊史記當時開渠屯田的事頗詳，漢書食貨志說：

『〔武帝時〕朔方亦穿溉渠，作者各數萬人，歷二三期而功未就，費亦各以鉅萬十數。』

又說：

『〔元鼎六年〕上郡朔方西河河西，開田官斥塞卒六十萬人，戍田之。』

史記匈奴傳也說：

『是後匈奴遠遁，幕南無王庭，漢渡河自朔方以西至令居，往往通渠，置田官吏卒五六萬人。』

漢書武帝紀說：

『〔元封四年〕匈奴寇邊，遣擊胡將軍郭昌屯朔方，』

史記河渠書說：

『〔元封之際〕朔方西河河西酒泉皆引河及川谷以溉田。而關中輔渠靈軹引堵水，汝南九江引淮，東海引鉅定，太山下引汶水。皆穿渠爲溉田，各萬餘頃。它小渠披山通道者不可勝言。』

而漢書武帝紀又說：

『〔太初三年〕遣光祿勳徐自爲築五原塞外列城，西北至盧朐，游擊將軍韓說將兵屯之。』

『〔天漢六年〕發謫戍屯五原。』

既然政府不斷的募平民發謫戍到河套從事農墾，開渠用費達『鉅萬十數』，田官塞卒達六十萬人，而開墾之地，又郡各萬餘頃，可以想見當時人力物力之盛。河套可耕之地，一定是田疇遍野，城連邑接的了。

漢武帝因爲要一洗前人對匈奴妥協求和的庸儒政策，特別注意邊功。既開拓疆土，又開渠置戍以謀久遠。所以河套之開發，在西漢初曾盛極一時。雖然武帝的政策矯枉過正，結果弄得國庫如洗，到他晚年，也不能不放棄他的計劃；可是他的后人對防守北邊的屯田政策仍繼續維持。如元帝時，匈奴單于自請保塞，請罷邊備吏卒，而朝議終以爲不可。北邊的吏士屯戍始終保存。但是元帝而后，匈奴既弱，北部安甯。政府因循苟且。河套的開發，終于無形中停止了。漢書王莽傳說：

『〔始建國三年〕遣尚書大夫趙並使勞北邊，還言五原北假，膏壤殖穀，異時常置田官。乃以並爲田禾將軍，發戍卒屯田北假，以助軍糧。』

既說『異時嘗置田官』，則王莽之前若干年中一定是未嘗置田官的了。這與武帝時『開田斥塞卒六十萬人戍田之』的時代，眞有天淵之別了。王莽稱帝不久，就遭逢內亂，中原鼎沸，想來趙並的屯田北假，决不會有多大成功的。

在西漢末羣雄割據的時候，匈奴扶助盧芳，使入居五原。前代的經營，一定是被破壞了。當光武統一中國之后，匈奴仍不時寇塞，適逢匈奴內亂，分爲南北兩單于，南單于因近塞下，首先內屬，于是召徙居西河美稷。又與南單于聯兵攻北單于，結果北匈奴遠遁，南匈奴事漢亦謹。匈奴這個障礙既已排除，河套的開發似乎是可以順利的進行了；不幸當時西北又勃興一個強武善戰的民族——西羌，屢寇邊塞。政府全力對付，亦無效

5

力，結果只以內徙爲對策。于是河套遂變成了羌胡雜居的區域，水利農田，摧毀無遺了。到了順帝永建四年，才依從虞詡的建議，恢復三郡舊治所，開渠溉田。後漢書西羌傳說：

『〔永建〕四年，尚書僕射虞詡上書曰：「……禹貢雍州之域，厥土爲上。且沃野千里，穀稼殷積。又有龜茲鹽池，以爲民利，水草豐美，土宜畜牧，牛馬銜尾，羣羊塞道；北阻河山，乘阨拒險，因渠以溉，水舂河漕，用功者少而軍糧饒足。故孝武皇帝及光武築朔方，開西河，置上郡，皆爲此也。而遭元元無妄之災，凡羌內潰，郡縣兵荒二十餘年。夫棄沃壤之饒，損自然之財，不可爲利。離河山之阻，守無險之處，難以爲固。……」書奏，帝乃復三郡。使謁者郭璜督促徙者各歸舊縣，繕城郭，置候驛。既而激河浚渠爲屯田，省內郡費歲一億計。』

這是東漢開發河套惟一的努力，雖不能追踪前漢，而遺業究可部份保存。然而西羌之勢，並未因此稍戢。到了晚年，羌勢轉盛，經過三國兩晉，河套竟全非漢土，尤其是在東晉南北朝時代，河套竟做了北方諸夷族競權奪地的戰場。戰事連年不息，民生日益凋弊，到了那種年代，還有甚麼農墾可說。

至于秦漢兩代開墾的遺跡，尤有一二可得而考的，甘肅新通志：靈州有『秦渠』，一曰秦家渠，相傳創始于

秦』，西夏書事注中，亦有同樣的話，這想必是秦時故渠的後身。又唐時李聽爲靈鹽節度使，『境內有光祿渠，廢塞歲久』，聽復開決以灌田。所謂光祿渠，想即漢武帝時光祿勳徐自爲所開。徐自爲所築之五原塞列城，漢書地理志即呼之爲光祿城。則徐自爲所開之渠即名爲光祿渠，也是很合理的。這是西漢遺跡殘留于唐代的。而甘肅新通志，甯朔縣境內有漢延渠，亦名漢渠。是渠係漢代何人所開鑿，不可得而知。而今渠所經地域是否全與漢代故渠相同，亦不可得而知。但是甯夏境內漢延〔或作源〕與唐來〔或作梁〕二渠並稱，是歷宋元明以來早已如此。明王珣且有該渠『東漢中唐並通』的話。則今日之漢延渠，定由沿襲漢代故渠而得名，總是可斷言的。西夏書事，靈州有漢伯渠，註謂相傳創始于漢，這也許是漢時渠道之又一遺跡吧！

3　北魏及隋唐的開發

當羌胡錯居河套的二三百年中，北方兵連禍結，原無農墾可言。但是居住套內的多數民族，乃是匈奴。南匈奴自東漢時徙居塞內以后，生活方式已逐漸漢化，是游牧與農耕兼顧的了。關于匈奴人耕墾套地的事，雖無明白的記載；但是可從他項史料中推知的，晉書赫連勃勃載記說：

『衛辰入居塞內，符堅以爲西單于，督攝河西諸虜，屯於代來城。』

魏書鐵弗劉虎傳說：

『衛辰潛通符堅，堅以爲左賢王，遣使請堅求田內地，春來秋去，堅許之。……堅后以衛辰爲西單于，督攝河西雜類，屯代來城。』

又魏書太祖紀說：

『〔登國六年〕衛辰遣子直力鞮出稒陽塞，侵及黑城。九月，帝襲五原屠之，收其積穀。』

既說『求田內地』，又說『屯代來城』，當然衛辰之衆是從事耕種的了。而屠戳五原之后，還有積穀可收。若非從事耕種，何處來的積穀？然這還是夏未建國以前的事。後來匈奴之族在赫連勃勃的領導下佔有全套，稱國建號。河套政權既趨統一，想來開墾的事一定是有增無減的。不過無文獻可供證明而已。

及到元魏滅夏而后，開發河套的事，又加緊的進行起來。魏書太祖紀說：

『〔登國九年〕，帝北巡，使東平公文儀，屯田于河北五原，至于稒陽塞外。』

魏書食貨志也說：

『使東平公儀墾闢河北，自五原至于稒陽塞外爲屯田。』

據山西通志，『稒陽縣在五原郡東』，當即今包頭一帶地。這是元魏對于河套北部的開墾。又魏書刁雍傳說：

『【太平眞君五年，雍】爲薄骨律鎮將，至鎮上表曰：「……富平西南三十里有艾山，南北二十六里，東西四十五里，鑿以通河，似禹舊跡。其兩岸作溉田大渠，廣十餘步，山南引水，入此渠中，計昔爲之，高於水不過一丈，河水激急，沙土漂流，今日此渠，高于河水二丈三尺。又河水浸射，往往崩頹，渠溉【既】高懸，水不得上，雖復諸處按舊引水，水亦難求。今艾山北河中有洲渚，水分爲二。西河山狹，水廣百四十步。臣今請入來年正月，于河西高渠之北八里，分河之下五里，平地鑿渠。廣十五步，深五尺。築其兩岸，令高一丈，北行四十里，還入古高渠。即循高渠而北復八十里，合百二十里。大有良田，計用四千人四十日功，渠得成訖。所欲鑿新渠口，河下五尺，水不得入，今求從小河東南岸斜斷到西北岸，計長二百七十步，廣十步，高二丈，絕斷小河，二十日功，計得成畢。合計用功六十日，小河之水，盡入新渠，水則充足，溉官私田四萬餘頃，一旬之間，則水一遍，水凡四溉，穀得成實。……」詔曰，卿憂國愛民，知欲更引河水，勸課大田，宜便興之，以克就爲功，何必限其日數也。』

魏之薄骨律鎮，在今之甯夏靈武縣。西夏書事謂靈州有艾山渠，傳爲后魏刁雍所開。而甘肅新通志；靈州有薄骨律渠，想即是刁雍故渠的遺跡。這是元魏對于西套的開發。其后薄骨律鎮年運屯糧赴沃野，雍又請築城建塞來保護積穀，西套在當時農業之盛，不難想見。

隋繼魏起，領有套地，對于魏之屯田政策，仍繼續進行。隋書食貨志說：

『【開皇三年】，突厥犯塞，土谷渾寇邊，軍旅數起，轉輸勞敝。帝乃令朔州總管趙仲卿於長城以北，大興屯田，以實塞下。又于河西勒百姓立堡，營田積穀。』

隋書郭衍傳又說：

『【開皇五年】，選授朔州總管。所部有恆安鎮，北接蕃境，常勞轉運。衍乃選沃饒地置屯田，歲剩粟萬餘石。』

這是隋代開發河套的僅有成績。隋末四方割據，梁師都遂據有套地。在這戰亂期內，河套農田水利的開發又復中斷。直到唐太宗之初年，才將河套統一。唐書梁師都傳說：

『【貞觀二年】太宗遣右衞大將軍柴紹，殿中少監薛萬均討之。又使劉旻劉蘭率勁卒直據朔方東城以逼之。頡利可汗遣兵來援師都，紹遂擊破之，進屯城下。師都兵勢日蹙。其從父弟洛仁斬師都詣紹降。……以其地爲夏州。』

河套既經收復以后，照理朝廷應當繼承北魏及隋代的餘緒，大量從事開發的了。但是在貞觀二年以后中宗景龍以前，唐代史書對于河套開渠灌溉的記載，僅新書中有一二條。新書地理志夏州朔方縣下小註中說：

『貞觀七年，開延化渠，引烏水入庫狄澤，溉田二百頃。』

又豐州九原縣下小註中說：

『永徽四年，置有陵陽渠，建中三年浚之以溉田置屯，尋廢之。』

當時在河套開渠，旣時廢時置，而溉地面積，亦不過一二百頃，不能大規模的從事開發，這是甚麼原故呢？因爲當時河套雖經收復，而北方新近興起的突厥民族勢焰正張，時時侵入河南，攻城掠邑，政府與居民，皆時受威脅與侵害。由唐書唐休璟傳可以概見。休璟傳說：

『永淳中，突厥圍豐州，都督崔智辯戰歿。朝議欲罷豐州，徙百姓于靈夏，休璟以爲不可，上書曰：「豐州控河遏賊，實爲襟帶，自秦漢以來，列爲郡縣，田疇良美，尤宜耕牧。隋季喪亂，不能堅守，乃遷徙百姓就寧慶二州，致使戎羯交侵，乃以靈夏爲邊界。貞觀之末，始募人以實之，西北一隅，方得甯謐。今若廢棄，則河旁之地，復爲賊有，靈夏等州，人不安業，非國家之利也」。朝廷從其言。』

既然突厥時擾邊疆，人民不安生業，致使朝廷有放棄豐州退保靈夏的動議。在這種禍亂相循的狀態下面，有計劃的開發，當然沒有可能。直至中宗的時代，才北逐突厥，築城戍邊，河套的安甯秩序，始漸恢復。唐書張仁愿傳說：

『【景龍二年】時突厥默啜盡衆西擊突騎施娑葛，仁愿請乘虛奪取漢【漢】南之地，于河北築三受降城，首尾相應，以絕其南寇之路。太子少師唐休璟以爲兩漢以來皆北守黃河，今于寇境築城，恐勞人費功，終爲賊虜所有，建議以爲不便。仁愿固請不已，中宗竟從之。……六旬而三城俱就。……北拓地三百餘里。……自是突厥不得渡山放牧，朔方無復寇掠。』

在張仁愿的建議被採納河北三受降城築成以后，河套的外患排除，治安恢復。于是一切開墾的事功，又正式開始。通鑑唐紀說：

『【開元二年】以鴻臚少卿朔方軍副大總管王晙兼安北大都護朔方道行軍大總管，令豐，安，定遠，三受降城及旁側諸軍，皆受晙節度。徙大都護府於中受降城，置兵屯田。』

又新唐書食貨志說：

『初，度支歲市糧于北都，以贍振武，天德，靈，武，鹽，夏之軍，費錢五六十萬緡。泝河，舟溺甚衆。建中初，宰相楊炎請置屯田於豐州，發關輔民鑿陵陽渠以增溉。京兆尹嚴郢，嘗從事朔方，知其利害，以爲不便。……時楊眞方用事，郢議不用，而陵陽渠亦不成。然振武，天德，良田廣袤千里。』

這是唐代復興河套農墾的起始。初則以兵屯，繼則楊眞欲大事開發。雖然楊眞因方法錯誤以致大計不成，而河套已成的開發事業則繼續存在。振武天德廣袤千里的良田，不是當時已成狀況的描畫嗎？陵陽渠原係永徽時所開，楊瑱的疏浚雖未成功，想舊有水利必未全廢。此外尚有若干局計開渠的事。如唐書李景略傳：

『景略爲豐州刺史、兼御史大夫天德軍西受降城都防禦史。迫塞苦寒，土地鹵瘠，俗貧難處。景略節用約已，與士同甘苦，將卒安之。鑿咸應，永清二渠，溉田數百頃，公私利焉。』

新書地理志豐州九原縣下小註中亦說：

『有咸應，永清二渠，貞元中刺史李景略開，溉田數百頃。』

想來當時河套之地類此的小渠一定不少。而最大規模的開發，則莫過于文和中的屯田。新書食貨志說：

『元和中【七年】，振武軍飢，宰相李絳請開營田，可省度支漕運及絕和糴欺隱，憲宗稱善，乃以韓重華爲振武京西營田和糴水運使。起代北，墾田三百頃。出贓罪吏九百餘人，給以耒耜耕牛，假糧種，使償所貸粟。二歲大熟。因募人爲十五屯，每屯百三十人，人耕百畝，就高爲堡，東起振武，西踰雲州，極于中受降城，凡六百餘里。列柵二十，墾田三千八百餘里【通考作頃】，歲收粟二十萬石，省度支錢二千餘萬緡。重華入朝，奏請益開田五千頃，法用人七千，可以盡給五城。會李絳已罷，后宰相持其議而止。』

通鑑亦有對此事的記載。而對于主持人物，開田面積，省費數量，則有出入。據通鑑說：

『【元和七年】李絳奏振武天德左右良田可萬頃，請擇能吏，開置營田，可以省費足食。上從之。絳命度支使盧坦經度用度，四年之間，開田四千八百頃，收穀四千餘萬斛，歲省度支錢二十餘萬緡，邊防賴之。』

通鑑與唐書所記，內容雖不全同，而河套在唐文和中曾有大規模的開發，都是一椿不能否認的事。至于文和以來開發河套的功，除上述由中央主持的振武營田而外，尚有數事。新書高霞寓傳說：

『【元和中】，拜振武節度使。會吐蕃攻鹽豐二州。霞寓以兵五千屯拂雲堆，虜引去。浚金何，溉鹵地數千頃。』

唐書李聽傳說：

『【元和】十五年六月，改靈州大都督府長史靈鹽節度使。境內有光祿渠，廢塞歲久。欲起屯田，以便轉輸。聽復開決舊渠，溉田千餘頃。至今賴之。』

又新書地理志靈州廻安縣下小註說：

『有特進渠，溉田六百頃，長慶四年詔開。』

唐中葉以來對于河套的開發，是可以追踪西漢而無愧的。至于他的遺臣餘烈，則一直維持到五代，五代史張希崇傳說：

『【后唐長興中】遷靈州兩使留后。先是靈州戍兵，歲運糧經五百里，有剽攘之患。希崇乃勸喻邊士，廣務屯田，歲餘，軍食

9

大濟。』

此后數百年間，除元與明初而外，河套已不是中國的領土。農田水利，雖不能謂其絕跡，而荒蕪凋弊的程度，則不難想見。此類狀態，一直延長到清的中葉。經邊疆漢人的自動努力，歷時將近百年的歲月，才逐斷的恢復起來。

至于唐時所開渠道之保存到后代的呢？西夏書事記夏州河渠，則唐梁與漢源並立，而謂唐梁爲唐李聽所復修。其記靈州五古渠，則長慶四年所開之特進渠亦在內。西夏距唐不遠，故道當能保存。甘肅新通志，甯朔縣有唐來渠，『亦名唐渠，長三百二十里，溉田四千八百餘頃』。則是唐代河渠之經過宋元明三代而保存到近日的了。

4　清中葉以來的開發

由唐末到清中葉，其間有七八百年的時日，在此期內，河套的農田水利，是否完全破壞了呢？其破壞的原因在那裏呢？其殘留的情形又怎樣呢？

唐末，拓跋思恭以討黃巢功，賜姓李，擁有銀，夏，綏，宥，靜五州的土地。後來獨立建號，自稱大夏。自五代至于遼金，河套皆屬夏國。國史對夏事的記載不詳，無從考其耕墾的詳情。至元代領有河套，亦未嘗注意墾闢。蓋蒙古原是遊牧之族，那能望其開發荒地。明初，收回河套，曾一度經營墾業，但中葉而后，棄河套而守長城，套地遂淪爲牧場。及至清的中葉，民墾已盛，才由政府設局墾荒，恢復漢唐舊業。這是河套荒蕪的政治原因。不過在此期內，大規模與長時期的開發雖然沒有，但是局部的時斷時續開墾仍未絕跡。這在現存的史料當中，就可找出不少的證明。宋史楊瓊傳說：

『未幾，改防禦使靈慶路副都，部署河外都巡檢使。賊衆寇靈，瓊固捍有功。導黃河溉民田數千頃【事在至道初年，時靈州尙未失】。』

又宋史种世衡傳說：

『世衡建言：延安東北二百里有故寬州，請因其廢壘而興之，以當寇衝。右可固延安之勢，左可致河東之粟，北可圖銀夏之舊。朝廷從之，命董其役。夏人屢出爭，世衡且戰且城之。……城成，賜名靑澗城。遷內殿崇班知城事。開營田二千頃。募商賈，貸以本錢，使通貨，贏其利，城遂富實。』

遼史興宗紀又說：

『【重熙十三年】，西南面招討都監羅漢奴詳穩幹魯母等奏：

山西郡曲節度使屈烈，以五部叛入西夏，乞南北府兵援送實威塞州戶。詔富者遣行，餘留屯田天德軍。』

這是在西夏佔領河套時宋遼方面的屯墾。然或在州郡未陷入夏國以前，或偏在河套的邊地。至于西夏統治下的河套本部的開發情形呢？宋史夏國傳說：

『興靈則有古渠，曰唐渠，曰漢源，皆支引黃河，故漑灌之利，歲無旱澇之虞。』

西夏書事說：

『〔咸平〕五年，夏州旱。秋七月，築河防。——黃河由懷遠縣入夏州，內有古渠二：曰漢源，長袤二百五十里，曰唐渠，長袤三百二十里。夏州自上年八月不雨，穀盡不登，至是旱益甚，保吉令民築堤防，引河水以灌田。役人有小過，則繫頭投之河，使人就下流按視，番人則出之，漢人則沉之。』

西夏紀事本末說：

『〔景祐〕四年，元昊既悉有夏，銀，綏，靜，宥，靈，鹽，會，勝，甘，涼，瓜，沙，肅，……阻河依賀蘭山爲固，地方萬里，有兵十五萬八千五百人。得中國無藝者，使耕于河。』

又西夏書事說：

『〔嘉祐六年〕六月，興夏二州大水。黃河環繞靈州，有古渠五：一秦家渠，一漢伯渠，一艾山渠，一七級渠，一特進渠，與夏州漢源，唐梁兩渠毗接。餘支渠數十，相與蓄泄河水。又有賀蘭，長安，鐸落諸山爲之隄障，向無水患。是時七級渠泛溢，靈

夏間廬舍居民，漂沒甚衆。』

根據上面幾條記事，既說『令民築隄防，引河水以灌田』，又說『得中國無藝者，使耕于河』，又說『支渠數十，相與蓄泄河水』，可見在西夏統治時期的河套，農墾水利，雖無進展，却未完全廢絕。而且夏人常到宋夏交界的地方來爭奪民田，麟，靜，府，宥諸州，不是常有侵奪耕地的爭執嗎？

至元代統一中夏，雖不曾大事屯墾，而對于河套的河渠水利，則並未棄而不顧。元史世祖紀說：

『〔至元元年〕五月，詔遣唆脫顏，郭守敬行視西夏河墾，俾具圖來上。』

元史郭守敬傳則說：

『至元元年，從張文謙行省西夏。先是古渠在中興者，一名唐來，其長四百里，一名漢延，長二百五十里。他州正渠十，皆長二百里；支渠大小六十八。灌田九萬餘頃。兵亂以來，廢壞淤淺，守敬更立牐堰，皆復其舊。』

元史董文用傳說：

『至元改元，召爲西夏中興等路行省郎中。……始開唐來，漢延，秦家等渠。墾中興，西涼，甘，肅，瓜，沙等州之土爲水田若干。於是民之歸者，戶四五萬，悉授田種，頒農具。』

又元史張文謙傳說：

『至元元年，詔文謙以中書左丞行省西夏中興等路。……浚唐來，漢延二渠，溉田十數萬頃，人蒙其利。』

上舉數條，似乎是一件事的重述，因爲參加的人數衆多，所以散見在數人傳中。而有元一代對河套之開發，則惟上述西套數渠而已。

到了明室代元而興。其初葉亦急急于開疆拓土。太祖時，西略豐州，驅逐擴廓帖木兒于套外。又城東勝以統套內之地，設衛所屯戍以保久遠。對于河套之開墾，亦極重視。明史食貨志說：

『【洪武】六年，太僕丞梁埜僊帖木爾言，甯夏境內，土膏沃，宜招集流亡屯田，從之。』

明史太祖本紀說：

『【洪武二十五年】八月，馮勝，傅友德率開國公常昇等分行山西，籍民爲軍，屯田于大同東勝，立十六衛。』

明史何福傳說：

『尋命佩征虜將軍印，充總兵官，鎭寧夏，節制山陝河南諸軍。福至鎭，……因請置驛，屯田積穀，定賞罰爲經久計。』

又明史河渠志說：

『巡撫都御史王珣言，寧夏古渠三道，東漢中唐並通。惟西一渠，傍山，長三百餘里，廣二十餘丈，兩岸危峻，漢唐舊跡俱堙。宜發卒濬鑿，引水下流，卽以土築東岸，建營堡，屯兵以遏寇衝。請帑銀三萬兩，并靈州六年鹽課，以給其費。又請于靈州金積山河口開渠灌田，給軍民佃種。並從之。』

這是明初對河套開發的努力。到了正德嘉靖而后，武力不振，放棄套內的良田沃野，退守長城，以甯夏榆林爲邊防重鎭。于是河套境內曾經前代開發的區域，除甯夏一隅外，悉入蒙古，遂無農墾可言了。

自明中葉至淸中葉這二百多年中，河套情形，可分兩部來說：甯夏一帶，是始終未嘗淪陷，故農田水利亦始終繼續。其餘旣淪于蒙古地方，則由田疇變爲荒野，又由荒野變爲田疇，中經一段轉折。然而這旣經淪沒的地帶，就在蒙人佔領期中，農墾也不是完全消滅。內地人民之自動或被迫而出塞開墾的，固大有人在，尤其是在康熙平定內蒙，土默特旗內屬，伊克昭盟烏蘭察布盟賓服以后，套內的民墾，遂有日盛一日之勢。五原四大股廟碑記說：

『花馬城設有總兵，河套實隸陝西。俺答議和，河套世爲百姓耕種。世宗命總兵移鎭榆林，邊外盡入蒙古矣。百姓春秋回，謂之雁行。』

這是一般平民爲生計所迫而冒險出塞從事農耕的。同時也有一部份是因爲政治關係而逃入套內從事開墾的。這些因政治關係而到河套開墾的人當中，有一部份就是逃遁的罪犯。明史韃靼傳說：

『叛人蕭芹，呂明鎮者，故以罪亡八畝。挾白蓮邪教，與其黨趙全，邱富，周原，喬源諸人，導俺答爲患。……時富等在畝，招集亡命，居豐州，築城自衞。搆宮殿，墾水田，號曰板升。板升，華言屋也。』

另一部份因政治關係而逃入河套開墾的，就是滿清入關后因反抗清室失敗的明季遺民了。綏遠通志稿墾務門說：

『明末鼎革之際，籍隸山陝之官紳，起兵抗拒淸軍。兵敗后無所爲計，則挈家至塞外避禍，荒山僻野，耕稼其中；或有招捕急而入蒙籍者，迄今綏人尤有能指其后裔者焉。』

然而這些開墾的人，或避難一時，或春來秋去，沒有遠謀，也沒有大計；且在蒙人治理之下，時受威逼；農事雖未全廢，終無若何起色。在淸康熙以后，一方面因爲黃河北道淤而南道暢，南北兩道的中間，一片平野，即是現在所謂的后套；土壤肥沃，通渠又易，遂成理想的開墾區域；實際也就是淸代河套墾務的中心。他方面因爲政府武功隆盛，蒙人受命，因爲安全保障之無問題，墾民更受莫大的鼓勵。因此后套的民墾，遂日益發達。

至于漢人開墾后套如何起始，則有幾種不同的傳說：一說由于淸公主之闢治菜園，綏遠通志稿據採訪錄云：

『阿拉善王納淸公主，公主欲治菜園，即時招用漢農闢地數十頃。時黃河行北山下，諸分流自北而南，河流狹窄，只能駕小筏行于其中，即南河亦然，不能行船也。有平遙楊姓者，就黃河故道之烏拉河租地開渠，漑田三百餘頃。淸初定制，禁止開墾蒙荒，因名之曰公主菜園地』。

一說謂開始於漁戶，綏遠通志稿水利門說：

『故老相傳，謂乾隆時漢族之捕魚者，足跡至此。得地於近河處，用桔槔取水，試行種殖，大獲其利』。

一說謂始於商人者，巫寶三先生所記王樂愚先生的談話（禹貢四卷七期）說：

『南流〔黃河〕北流〔五加河〕中間這一塊地方，在明朝前半季，尙有漢人居住，到明朝末年，這地方爲蒙古人所有，他們就驅逐漢人，把這地方封閉爲牧場。不過包頭到寧夏的河運並未斷絕，沿途仍有不少漢人經營蒙古貿易。漢人對於耕稼之事素所稔悉，在靠近河道的這些地方一經定住下來，就知道這些地方可以耕種，一來因爲寧夏早開有渠道，漢人來往于包寧間，知道利用渠水耕種的方法；一來因爲剛目河灶河等支流，在黃河水汛時，沿河近地皆有水灌入，土質非常肥沃。那時蒙古人恐怕漢人破壞他們的牧場，不許漢人耕種。不過漢人在此經商，對蒙古人皆有稅貢，同時蒙古人也需要食糧的供給，因此乃准許漢人在所居附近種地。後套的耕稼自此始』。

作者今夏到五原，得晤樂愚先生亦聞其同樣之敘述。這三種說法，都係得之傳聞，並非面壁虛造。究竟那種說法對呢？我想后套的開墾，決不始于一地，亦決不始于一人，也許幾種說法都是部份的正確吧？后套的農墾旣經開始，其地主與墾闢者之關係，皆由地商包辦。地商包租蒙地，年納租金，地商除留一部土地自種外，再分別租與佃戶耕種。其一切關於開渠澆水的事，皆由地商自辦。作地主的是蒙旗，年向地商收租銀。實地耕種的是佃戶，年納租粟給地商。地商則開渠放水，在蒙旗與佃戶之間取得大利。當日租價低賤，出產富饒，蒙利漢租，漢利蒙地，開墾的事，遂與日俱進。自乾隆至于光緒，其間曾有不少能幹的地商，對于農墾水利有重大供獻：如初開纏金渠〔今永濟渠〕的甄玉，開老郭渠〔今通濟渠〕的郭敏修，開沙河義和等渠的王同春，尤以王同春的功勞獨大，五原郊外四大股廟碑記云：

『康熙三十六年，初定蒙界；界內民人耕種，界外蒙古遊牧。是時海宇清平，刁斗不驚，孳生蕃庶，內地卽人稠地狹矣。民人越界開墾耕種，私放私墾，常起爭端。道光八年，奉特旨開放纏金，招商耕種；達賴杭蓋，亦將河套節次開墾。是地距河咫尺，開渠澆田，咸仰黃河之水，數十年來，商人不啻千百，屢開屢淤，工巨利微，幾成荒土。光緒初年，有直隸順郡王公諱傑者，借予同春公字濬川者來遊是地。見大河縈繞於前，福山鍾靈於后，草木蔚然，地皆膏腴，寥寥水田，漸成陸地，喟然嘆曰：「前之商人，不諳地勢水性，所以開之易，淤之亦易」。彼時地皆有主，無聽其言者。惟山西交城商人張公振達，獨具隻眼，邀請同春公至公中酌議重新開渠之事。公即應允，度其高下，卽爲興工，不數日工人鱗集，遵夏禹王導河之法，倣神李冰開渠之規，渠口廣狹合度，支渠深淺得宜，高不病旱，卑不病澇，耕者數百戶，咸獲其利。二十年來，不知歉歲，家給人足，老安少懷。雖籍二儀之造化，實賚一人之經濟』。

后套旣經這一批人的勢力經營，支渠四達，田疇被野，當年之荒野，幾同于內地。清史列傳剛毅傳，載有剛毅籌議套外纏金等處屯田事宜疏，其中言當日河套開發的情形，說：

『查康熙以前，河行北道，並無水利。自改行南道，蒙古始令素與交易之商租種分佃。即就黃河沖刷低窪處所，因利乘便，修成渠道。西則纏金，計共五渠，東則土人名爲后套，計共二渠。中間支渠曲折，蜿蜒不可枚數，而餘水仍可退至河之舊道，由東北折向西南，繞過烏拉前之西山嘴，歸入南河。土本膏腴，渠又順利，麥穀粱秫，種無不宜。以故山陝直隸無業之民，從前承佃到此，皆能自立生業。……咸豐年間，達旗歲收租銀，不下十萬』。

由這一封疏裡，可見當日后套開發的一般了。因爲民墾成績的可觀，于是政府乃議收爲官辦。光緒二十七年，因義和團事件，慈禧與光緒西奔。岑春煊護駕歸來，路經河套，見當地稆雲遍野，麥浪盈疇，乃上疏請由政府與辦墾務。二十八年，政府命貽穀爲督辦蒙旗墾務大臣，東起察哈爾，西迄甘寧邊界，都屬應墾區域。當時分爲東盟墾務西盟墾務兩部：東墾區域，在察哈爾一帶；西墾區域，則以后套爲中心。而當日着重之地，仍在西部。貽穀一面設墾務公司，招集商股，以充實財力；一面催促蒙旗報墾，仍給與一部份權利。貽穀當時的辦法，是在法律上承認土地的主權屬于蒙旗，由蒙旗報墾到墾務局；墾務局再視土地之肥瘠規定地價，然后丈放與墾種的人民。丈放時人民所納的地價叫做荒價，新地主每年尙須納租稅，叫做歲租，歲租與荒價，皆由官府與蒙旗共分；或五五成，或三七成，初無定例。就在這種條件之下，蒙旗被強迫着報墾。自光緒二十九年冬至三十二年秋，各旗絡續報墾。差不多五加河與黃河正流之間的可耕地面全部都報局，依次丈放與人民。貽穀一方面加力保護商民利益，所以資本源源投入；一方面由官府全盤計劃，開渠築壩，所以無潰決擁塞之弊。因此在貽氏任內，自光緒三十年至三十四年五年之間，年可收租銀二十一萬餘兩，灌地二千餘頃。河套的墾務，眞有一日千里之勢。到了光緒二十四年，貽穀與歸化城副都統文哲渾衝突，互相攻訐，政府派大員查辦，而當地蒙旗與地商，因官辦之后，蒙旗的歲租半歸官府，而墾種的人民又需額外納一次荒價，因不滿于收墾，遂遷怒到貽穀。又因查辦大員隨員中管文墨者，多是不慊于貽穀的人，故意在奏牘當中，張大其辭。結果在『革職拿問，解京交部治罪』的聖旨下，貽穀既含寃莫白，而墾務也就一蹶不復振了。繼任墾務大臣信勤到任以后，只將貽氏任內未完各事依次結束，沒有任何新計劃與新進展。宣統二年，乃縮小範圍，改墾務行轅爲墾務公所。民國四年，張謇長農商部，又設綏遠墾務總局與墾務公所並存。五年，取消墾務公所，另設墾務督辦辦事處而與總局對立。十八年，取銷督辦辦事處，而綏省建設廳又與總局事權共分。在這種一國三公，事權不一的情況下，分利潤則有餘，策進行則不足。而水利渠道的管理呢？在此期內，也是時而各渠歸公，時而商社包租，時而官督民辦，結果收水租的有人，分歲租的有人，渠道淤塞沒有人疏濬，崩壞沒有人整理，水大則淹沒地畝，水小則不能澆地，不獨荒地無人買，墾地不加多，連舊有的墾地，都逐漸變成荒野了。近幾年來，綏省的政治漸趨安定，事權亦漸趨統一；不過沒有大宗資本大量人力，亦難挽此頹局。近來開發西北的呼聲高入雲際，而實際工作的也大有人在：如七十師在包西的兵屯，和碩公中，河北新村，新農實驗塲在五原包頭薩拉齊等地的民墾；雖然埋頭苦幹的並不乏人，將來前途亦未可限量；但是對整個河套的開發來說，也只是一片荒漠中的幾處點綴而已。

至於西套寗夏一帶的情形呢？自明中葉而后，始終是邊防重鎮，未嘗放棄，所以寗夏的開發情形，就與后套兩樣。自明至近代沒有多大變化，惟時加疏濬，或另開新渠而已。明史食貨志說：

『【萬曆十九年】尙寶丞周弘禴言，寗夏河東有秦漢二壩，請依河西漢唐，築以石，於渠外疏大渠一道，北達鴛鴦諸湖，詔可』。

到了清代康熙雍正的時期，又新開渠數道，而疏濬舊渠的事，亦時有所聞，甘肅新通志寗夏縣大清渠下說：

『大清渠，長七十二里，溉田一千一百二十餘頃　國朝康熙四十八年同知王全臣創開』。

又說：

『惠農渠在寗夏葉昇堡東南。雍正四年，以査漢托護地方爲漢唐二渠餘波所未及，朝命侍郎通智單疇書相度地宜，【開渠】……長二百里，特頒帑金數十萬兩爲物料工匠之用，賜名曰惠農』。

『昌潤渠，雍正四年欽命侍郎通智單疇書經營査漢托護地方，開渠以資灌溉。……欽定名曰昌潤渠。渠之兩旁，良田萬頃』。

清通志又說：

『雍正六年，以寗夏東北察漢托輝地延袤百有餘里，其地平衍，可墾爲田。遣大臣會同督撫，濬治河渠，召民墾種。凡陝西無業民戶願往者，計程途遠近給與路費，每戶按百畝以爲世業』。

按漢察托輝應即査漢托護之異名。省志謂開渠在雍正四年，通志則謂在六年；或者四年開功，六年完成，一舉始年，一舉成年，遂發生差異耳。又清通考對于寗夏河渠之疏濬，亦有兩項記載：

『【雍正八年】諭寗夏地方，萬民衣食之源，在於大清漢唐三渠之水利。定例每年疏濬修理，使民田得暗灌溉。聞歷年專司之員，疏忽怠玩，以致閘道堤岸，逐漸損壞，時有衝決；渠身淤泥壅塞，日見淺窄；而三渠之中，惟唐渠爲尤甚。近來其口過低，其梢過高，永勢不能逆流而上，多誤小民耕種之期。雖每春定有歲修之例，然不能以一月之工程，整數十年之荒廢也。今見兵部侍郎通智開濬惠農昌潤二渠，于寧夏水利自然明悉。着會同太常寺卿史在甲卽行查議，今歲預備物料，明春動功修補，務令三渠堅固，俾邊郡黎元灌漑有資，永享盈寧之慶。」

曰「雍正十年」諭寧夏爲甘肅要地，渠工乃水利攸關。朕特遣大臣督率官員開濬惠農昌潤二渠，又命修理大清漢唐三渠，以溥民利。年來惠昌二渠及唐渠工程漸次告竣，于民田大有俾益。其大清渠漢渠雖未竣工，然加謹堵築，極力挑濬，亦足以資灌漑。不過湃岸閘座，有應行修補之處，可以從容經理。今寧夏有專司水利之同知，着將未竣之渠交與該員，于每歲春工內分年陸續修理，務期工程堅固，利濟有資，使民田永霑膏澤。」

此后修濬的事隨時都有，不必盡舉，總之，寧夏一方面因爲政治變動較少，河渠不易荒廢；他方面因爲地質較優，出產遠過于后套。所以直到現在，農墾水利的事，總是順利的進行着，沒有多大的困難與變易。

5 結語

綜上所述，我們可以明白的看出，一時代之盛衰與替，往往可以由該時代河套之開發與否而定決。一個興隆的朝代，未有不注意到河套之開發的。國家之興隆與河套之開發，常是互爲因果。蓋中國之外患常在西北，河套遂成漢族與異族鬥爭的衝要，假使政府沒有強大的兵力，決不能佔有河套，更不能常保河套之安寧以從事農墾；所以凡是河套開墾興盛的時代，照理也就是國力充實的時代。反過來說，國家之衰弊，由于內政者半，由于外患者亦半；外患之來既常在西北，則國力之強常占之于西北邊防之強弱。西北距內地既遠，交通又復不便，欲使西北邊兵常強，必需利用當地之人力物力；而當地人力物力之充裕與否，全視開墾之情形而定；故凡國力充實的時代，一定也就是河套開發隆盛的時代。由兩者間之密切的聯繫性，我們就不難斷定開發河套之重要了。

今日西北之邊防，其重要並不亞于往日；就整個國勢來說，其重要或更有甚于往日。然欲使西北邊防之鞏固，首在使該地能有大量的人口移入；而欲大量之人口移入，首在能使諸移民能得一謀生之途徑；則開渠漑田使人足食，實爲一切生業之基礎。則今日之政府，必需利用最新之科學方法，擬定一開發河套的全盤計劃，用絕大的人力與物力以求其貫澈。這決非零星四散的局部經營或因陋就簡的偸安辦法所能奏效的。

李蓴客先生手稿

越縵堂日記補

起咸豐四年甲寅三月十四日
訖同治二年癸亥三月三十日
以下正與孟學齋日記相銜接

全部十三冊
布套一函
四開本連史紙印
定價十二元
特價九元
國內郵費每一單純費四角
特價期十一月一日起至十二月底截止

印行緣起

當民國九年印行越縵堂日記時、待印之日記實有手寫本六十四冊、傳錄本二冊、而所印止五十一冊者、以蓴客先生在孟學齋日記甲集之端有云、『予著越縵日記、起甲寅迄今、（癸亥孟夏）編爲甲集至壬集、得十四冊、二十八卷、……平生頗喜騖聲氣、遂陷匪類、而不自知、至於累牘連章、魑魅屢見、每一展閱、羞憤入地、……二十八卷中……當取其考据議論詩文蹤跡稍可錄者、分類薈之、以待付梓、凡所餘者、或投之烈炬、或錮之深淵、或即藏之篋櫝、以爲子孫之戒』云云、謹本斯意、留待類編、不意遷延十餘年、竟未有付鈔之機會、錢君玄同曾檢閱一過、謂不妨循五十一冊例、仍付影印、同人咸贊成之、蓋先生所引爲深咎者、此十餘冊中、恆有與周氏昆弟相徵逐之記載、然屢被剪截、疊加塗抹、所餘亦復無幾、且凶終之故、其咎不在先生、正不必爲之諱也、越縵堂藏書已由北平圖書館購藏、館中同人如王君重民等、正鈔錄書端識語、次第印行、如漢書後漢書三國志等札記、是對於先生之遺著最爲注意、宜有當仁不讓之概、爰與袁副館長同禮商由本館仿九年間浙江公會之例、主持印務、而印刷發行則亦仍五十一冊之例、由商務印書館任之、所印者自甲寅春至癸亥三月三十日、凡十三冊、正與孟學齋日記甲集相銜接、而按之月日、雖似所缺尚多、然除丙辰九月十五日至丁巳四月十九日、已据傳錄本排印補充外、餘如乙卯秋冬、己未夏秋、先生自言以落解伊鬱、或入都宂廢之故而闕之、且不及補也、甲寅秋冬、丁巳夏、雖各有一冊、而均被燬於乙酉里宅被焚之時、然則自此次印行以後、除樊樊山君所藏八冊以外、已可謂應有盡有矣、（下略）

二十二年十月一日國立北平圖書館館長蔡元培

國立北平圖書館收藏
商務印書館影印發行

開發後套的商榷

段繩武 1

今年的八月一日，我從包頭到北平去，在車上遇見了禹貢學會到後套調查的張維華李榮芳兩先生，我們談起了後套的一切問題來，各人都發了不少的意見。快到晚上十一點鐘的時候，車上的朋友們都睡了，我們也都有些倦意了，各人告辭要休息去，而張先生收尾的一句話，是說回到北平去要編一期後套水利調查專號，請我寫一篇文章，說明我個人對於開發後套的意見。我看張先生同李先生那樣懇摯的態度，雖然無話可說，也只得答應他們。而後我從北平回到包頭去，張先生又接着來了一封信，向我催稿了，說是後套水利調查專號，快要出版了，專等着我這篇稿子，於是我拉雜的寫了這一篇。自然所寫的都是關於開發後套當有的原則，至於實施的一切詳細節目，那是一時來不及的，容以後再詳細討論。現在且把我的意見寫在下面，不對的地方，尚請讀者指正。

一　後套的過去現在與將來

後套是一段很肥美的地土，它的面積約有十五六萬頃，差不多都是可耕的地方。遠在秦漢的時候，就有狠多人移到那地方去，其中有的是犯罪充軍的，有的是戍邊的軍士，也有的專為墾發的農民，無論怎樣，後套是在狠早的時候，已經步上墾發的途徑了。可惜後來中國的政治的力量，有時保守不住這片肥美的地方，北方的遊牧民族，時常跑到這個地方來，已經耕墾過的田地，一到他們手裏，立刻就會變成荒蕪的廢田。自從秦漢而後，類似這樣的事情，是不斷的發生的，尤其是到了明朝的中葉，蒙古民族整個的佔據了河套，中國政府也不敢奈何他們，所以直到現在，住在河套的還有不少以遊牧為生的蒙古民衆。我們現在到河套看看，滿目荒涼，已耕之田不能居十之一，主要的原因，就是二千年來，我們以農立國的民族，沒有保守住這片地土。

然而河套是已經在開發了，漢人移去的一天比一天多，蒙古的舊土著，一天比一天少，河套終究是要變成農業的場所，尤其是在後套是如此。說到後套的墾發，有一個不能彀忘掉的人，就是王同春。王同春憑着個人之力，在後套開了數條渠道，墾闢了千萬頃的荒田，招引了數千的內地農民到那地方去，他算是後套開發的先進者。自從他經營了後套之後，政府也視其地為利藪，所以在清朝的末年，朝廷就遣派了貽穀去專辦西北的墾務。貽穀督辦墾務，雖然也有不少的成績，然而其中最大的錯誤，是在未能利用王同春的長處，而反到限制了他的天才的發展。王同春既然有了開發後套的經驗，諳悉後套的水利，就當該重用他，獎勵他，同他切實的合作，而共同謀求後套的發展。可是貽穀不出此途，他妬視王同春，終至於河道失修，水利反到退化了。

再就農民納稅的這一層說，在民國十年以前，農民擔負少得多，因為那時的政府向農民的剝削較輕，所以人民的生活還較好些。民國十年以後，政府剝削農民的方法加多了，人民壓迫在苛捐雜稅之下，終日的叫苦而無可如何，這是對於開發後套不利的現象，政府當該注意的。

關於水利的管理，在這二三十年之內，也發生過不少的變遷，在最初的時候是歸私人經營，王同春之修鑿河道，就是如此。此後改歸官辦，灌田民利社就是一種官辦的機關。再後因為官辦流弊甚多，改歸商辦，一直到民國初年沒有改變。民國十年以後，又歸官辦，依然發生不少的流弊，所以到了十九年以後，又改為官督民辦，意思是說一切渠道雖仍由農民自己管理，而官方却有監督的權柄，總之是官民合作的意思。民國二十四年之後，仍採官督民辦的方法，然而監督的機關，却分作五原臨河安北三處，每個縣裏，都設立了一個水利局，管理一縣的水利，而局長的職務，是由縣長兼任的。這種方法，雖然有他的好處，然而本身是有流弊的：一則縣長兼管，沒有充裕的時間專管水利，有時不免發生鞭長莫及的弊病；二則三縣分管水利，水利的行政，不能統一，不能收統籌全局之效。要想改良後套的水利，這二方面也是要注意的。

至於後套地方的治安，現在是好得多了，土匪差不多肅清的沒有了，刼路刼財的事，差不多是不見了，一般農民，似乎是狠安居的了。不過有一件須注意，就是後套的政治組織過於複雜，後套的社會組織，是剛在萌芽之期，只要有狠單簡的政治機關管理就彀了，因為多增加一種政治機關，就須多增加一種擔負，這是農民受

2

不了的。現在後套的政治組織，地方上有村長，區長，聽說每一個村公所，每年須開銷八百元，而這八百元均是分担在各村中很稀少的農民的肩頭上。關於縣政府的組織，也同內地的縣治一樣，各種局署都有。此外水利局的設置，關卡稅局的設置，都不勝其繁。你想一個人口不上幾萬的縣分，怎麼能担得起這層層的剝削？因為如此，所以每一個稅局或關卡所收的稅額，還抵不上他們開支的，弄得民貧而官亦不富。作官既無財可發，就不得不另想謀財之道，枉法舞弊，就由此產生了。所以後套的政治組織，就目下的情形說，是當趨重於單簡化，效率化，以減少地方上的担負為至要。

後套土地的分配，也是一個狠大的問題。現在後套的土地，大多數落在大地主手裏，因為大地主接近官府，領地的機會，總是先到他們手裏，因此，他們往往費不到狠多的錢，就可以得到狠多的地。大地主得到地了，只求衣食供給不發生問題就算彀了，不想怎樣的去求盡地利，因此後套不能充分的發展，而一般的農民，多半沒有自己的田地，所耕種的，都是租的大地主的，他們既然沒有自己的固定的財產，怎麼能好好的經理。

在這種情形之下，後套的開發，是不能盡其能事的，必得使一般農民得到固定的財業，纔能彀說到實際的開發。

總一句話說，後套開發的問題，是專在人事上，只要人事上盡到了，地利的開發是不會發生問題的。將來如果能用適當的方法組織社會，分配土地，整理渠道，後套一定能成一個理想的新社會。

二　關於開發後套當有的方案

(1)政治組織　關於後套的政治組織，是要以輔助勞力與資本以謀求發展為原則的。後套的農民社會，正在幼稚時期，無論在那一方面，是要實際的輔助纔能長成的，所以怎樣的能彀減輕民衆的担負，助長農民的發展，是後套政治設施上當有的一種理想。最好的是將後套劃成一個墾務特別區，以十年為期，以完成其墾發之責任。在這一個區域之中，一切的政治組織，不要仿效內地的縣治，而要以實際的需要與否以為定。在開發之初，定出優待勞力，優待移民的條例，一切行政方針，是要趨重在輔助農民，不要與農民爭利。

(2)經濟輔助　農民需要經濟輔助，這是毫無疑問的。不過農民所需要的經濟輔助有兩方面：一是貸款的時間長，二是貸款的利息低。現在在後套貸款的，多半屬於山西銀行，他們的注意點，是要自己發財，不曾注意到農民的利益上，所以利率高而貸期短，農民只感到痛苦，受不到利益。在所擬定的開發河套時期之內，當由政府組織一種銀行，這種銀行，是純粹站在輔助農民的立脚點上。所收的利息以及貸款期的長短，須依照農民生產的方便而定，比彷說在歉收之年，儘可以將利率減低些，將貸款的時期展長些：而到豐收之年，稍增利率，亦未嘗不可。如此農民得休養生息，生活的能力漸漸增高，而後政府再設法取之於民。

(3)水利的管理與技術　關於水利的管理，第一是要使水利行政統一化，第二是要訓練農民自己能夠管理水利，第三是用經濟的力量，幫助農民整理渠道。現在且就第三點來說。後套水利的整理，如鑿支渠，造閘，開渠口，造隄防，濬渠道等，只要有二百萬元的經費，就可整理就緒。等到將水利整理好了之後，每年可灌田十萬頃，而每頃可收稅十二元，一年則可收稅一百二十萬元。除修濬及管理渠道用三分之二，每年尚餘四十萬元，如此，數年之內，即可將二百萬元之經費彌補。如果政府肯先墊支二百萬元貸予人民修整渠道，而又加以適當的管理，必有卓越之成績可觀。現在的水利局，只管收稅，而不管修鑿整理渠道，這不是利民的政策。

關於水利的技術，科學的方法，固然不可忽視，而舊有的經驗，亦必當注意。在我們生產落後的國家，完全利用新式機器，是沒有這樣大的力量的；而完全不採用西洋新式的機器，則開發之力，終不能盡其極。所以關於水利的技術，一方面當該利用舊有經驗的節省，另一面當該利用西洋方法的敏捷，兩方各採其長，以造成一種新舊適用的水利技術。

(3)減輕稅率及統一稅收　現在後套的民衆所最感困難的，是稅收的機關過多，而納稅的手續過繁。譬如說拉着一車柴草到城裏去賣，還得經過幾次的納稅的手續，其餘的貨物的轉運，就不用說了。這種制度有幾種流弊：一則是稅局和稅收的人員太多，行政費用太大，稅額雖是增加了，而於國庫的收入，仍無補益；二則稅收太重，人民担負不了，有碍於地方生產的發展。所以關於稅收的整理，一則是減低稅額，二則是減少稅局，歸納成幾個重要的稅收中心。

（4）土地所有權的問題　在土地集中在幾個大地主的後套的情形，發生了兩種反應：一種是大地主雖擁有廣大的土地，然而因爲自己沒有開發能力，而佃農又不能全靠得住，所以有日趨落沒的景象。而另一種是佃民因爲沒有自己的土地，造成了一種遊民的狀態，今年在此地，明年又遷到另一個地方，永遠立不下穩固的基礎。這兩種現象，都是開發後套的大障碍。要想破除這種障碍，只有把土地分給一般的耕民，使他們按照自己的能力去耕作。可是怎樣的纔能使大地主的土地轉移到佃農手裏，而使佃農作爲自耕農，這也是不容易解決的問題。在我個人的見解是當如此：政府發行一種土地公債，用合理的代價，把大地主的土地收回來，再將所收回的土地用合理的價格，賣給佃農，令佃農分期向政府償還。如此大地主受到相當的代價，不至抱怨政府，而佃農得到土地，亦可自由使用，兩方各受其益。一般的農民，既然能彀自由的使用自己的田地，自然他們就想求盡地利，以期得到較高的收獲，後套在這種情形下，就容易開發了。

（5）以教育爲中心組成新社會　在內地要想作一件改良的事業是狠感困難的。因爲內地的居民，有他們千百年來傳統的思想習慣，而且他們也安於這種思想習慣，非用狠大的力量，是不能彀消除的。至於後套就不然了。後套的居地，大部份是從內地移去的，從各地方會集到一個地方，自己舊家鄉的風俗習慣，不能彀再拘執的守着了，在這種轉變的情勢之下，是狠容易受人的指導的。如果在這個時候，就用新式的教育方法領導他們，如何的自治，如何的自衛，如何的合作，如何的生產，如何的服從命令，他們是狠能彀接受的。近幾年來我個人所得到的經驗，覺得中國的農民過於馴良，過於容易指導。現在我在包頭所創辦的河北新村，正在忙於秋收的時候，學校放了假，使兒童幫助他的父母收獲莊田。可是在這個時候，我們仍然放棄不了指導的責任。在每天吃罷早餐之後，一村的兒童聚集於學校之前，由教員問明他們一日的工作，等到日暮歸村之後，又由教員召集他們在一起，檢查他們一日的工作，監督的責任，是由教員担負了，雖則作父母的願意放任他的子女，也不能成。我們河北新村的組織，都依照着公民的

5

教育思想，叫他們明白彼此間所負的責任，而以上所舉的，不過是一個單簡的例子。我們一般負責任的人，如果都用新的教育方法，去組織社會，訓練民衆，後套不久就有一個新的社會出現。

（6）交通的問題　後套是一個大糧庫，所產的糧，在外蒙未獨立之先，所銷售到那邊去的，每年有五十萬石。此外有一大部份運到包頭去，另有一小部份運到寧夏去。自從外蒙獨立之後，運到包頭寧夏去的占了一大部，而運到外蒙去的反居一小部；至於皮毛藥材，則全至包頭出口，後套的日用品，亦全由包頭輸入。後套的對外運輸有二條路：一條是陸路，是自包頭到五原臨河以及西去寧夏的大道，而所有的運輸工具是汽車，馬車，駱駝等。無論用那種方式來運輸，運費都是狠高，於後套農產品的出口，都是有極大障碍的。另一條是黃河的水路，河上的運輸，固然運費低省，然而黃河可以航行的時期狠短，差不多自陰曆的九月底至明年的三月，都不能彀航行，這於運輸也是大有防碍。所以要使後套繁榮，交通是不可不講求的，如想講求交通，包寧鐵路的建築是第一着。

（7）畜牧改良　畜牧是後套蒙民惟一的生活，也是後套的富源之一，然而因為蒙民的智識不進步，一則讓牲畜任便交配，二則飼養及防禦疾病上也不加注意，以致畜種日日退化，而且死亡的數目也過多。影響所及，不僅畜種退化，而且附帶的毛產與皮產也日退化，經濟上受極大的損失。現在政府當有的責任，就是如何的幇助蒙民，使他們改良畜種，防禦畜病及飼養的方法。現在蒙政會創設綏蒙防疫處，意思是在防禦蒙民牲畜的疾病，可是這個機關，仍然不外是一種羈縻的手段，而未能採取有效的方法，這仍是不彀的。政府當該對於牧畜的改良上，具有澈底的決心。

（8）造林問題　關於後套的造林，有兩種困難：一是樹苗缺乏，二是土地權分配不均。土地分配的問題，在前面已經說過了，現在只說到推廣樹苗的問題。後套有幾處農事試驗場，他們也試驗如何的植林，然而因為不與農民接近，所試驗的結果，不能彀推行。最好是把後套劃分若干的區域，每區域根據土壤的性質培植樹苗，切實的同農民接近，不尚理想，不尚空說，如此方能有效。

6

(9)農業改良　後套有一個嚴重的問題，就是穀賤傷農的事。一則是交通不發展，後套所有的農產品，不容易運到外邊去，二則是後套的農產品，不是外邊所樂用的。解決第一個問題是改良交通，解決第二個問題，是要改良農產品。現在後套急需要試驗幾種農作物，如宿麥豆類等是，因爲這幾種都可以銷行到外邊去。最好是依照造林的方法，設立若干試驗場，切實與農民合作：並需要政府經濟上的輔助。

(10)移民問題　開發後套是以農業與牧畜爲中心，而開發農業又以土地，勞力，資本與實際負責之引導人爲主要的條件。現在且說與勞力有關的移民問題。後套惟一的缺乏是人力，如何使內地勤勞的農民移到那邊去，這是狠要緊的。我想要解決這方面的問題，是狠單簡的，只要政府肯獎勵公私的移民團體就成功。現在已經有好多的移民團體成立了，希望政府多多的幫忙。再一個問題，是農民到後套後如何的管理的問題，在我想是以成立每個新村的形式來管理是最好的，這些新村管理的方法上儘可一致，而各新村之間，亦須同力合作，然而集體式的生產，是不須有的。新村的單位小，住戶少，較比容易管理，如果採取大規模的組織，非有狠大的力量，是不容易杜防流弊的。不過關於這方面的問題太多了，不是幾句話就可說完的，在此只好單簡的提出來。

(11)農具改良　改良農具的問題狠單簡，統歸一句話說，就是一方面仍利用中國舊有的畜力，而一方面利用西洋形式較大的農具，使這兩方面相融和，造成一種適合後套墾發的農具。這一方面的改良，與以上所說的水利技術的改良，意義是相同。

(12)領袖人才的問題　在目下缺乏智識的農民的社會裏，領袖人才是最要緊，而尤其在後套是如此。我們是想把後套造成一個新的社會，是要有嚴密組織的社會，這自然是需要領導的人才的。不過像這樣的人才不容易找，一則有高尚有志趣，二則有辦理開墾的熱誠，三則還有相當的學識。內地有學識的人，往往不肯到後套去，即便肯去，又有時因爲不能受苦，中途而回。將來新村的計劃實現，後套至少要有二千個新村，這二千個新村，就須二千個指導人，如何能彀得到這樣多的人呢？最好是在後套創辦一個專門訓練這樣人材的學校，選拔有志氣的青年，教他們實際的智識，實際幹的本領，畢業後專門作指導新村的人，如此或不至感受人材缺乏的痛苦。後套最成功的是天主教的建設事業，一些外國人到中國來，異言異服，諸多不便，尚能造成偌大的成績，而中國人就不能嗎？其事專在人作，望國人努力。

爲討論開發後套的問題，拉拉雜雜的寫了這麼一大篇，自然內中難免有謬誤之處，希望關心後套的人，多加指正。

河北新村訪問記

侯仁之 1

段繩五先生近影

本年七月十一日，禹貢學會河套水利調查團乘過包頭之便，往訪河北新村，適該村村長段繩武君因公去五原，副村長馮守樸君亦以事他往，當由段繩武夫人，及該村武訓小學教師李德祥君引導參觀，并為講述該村創辦經過及其經營現狀，事後攝影而歸，然終以未得晤段君為憾。十二日，全團由包頭起程赴和碩公中墾區，中途適遇段君自五原歸來，相與約于返包後再會，隨又匆匆作別。二十一日，張女士蒙君及筆者先期返包，翌日張蒙均以事留客寓中，筆者遂隻身前往，晤段君於田塍上，相偕參觀電機水車後，即返新村，談話約二小時，凡屬新村建設現狀及其未來理想，均一一論及，恍然如置身另一境界。及返，已下午一時矣。茲綜合兩次過訪所得，為記如下。

一 河北新村創設緣起及其移民經過

河北新村位在包頭城東南十五里，南去平綏路不過數百步，有地共六十餘頃。原係鹻灘荒地，僅可牧畜，未能耕墾，最近為新村創辦辦人及現任村長段繩武君所購置。段君本一軍人，籍隸河北定縣，民元入伍，隸北洋第二鎮王占元部下。民八升任排長，旋入湖北軍官教育團肄業。畢業後歷任連營團旅長，至民十六遂升任五省聯軍第九師師長，并一度代理軍長。十七年移部駐宣化，目覩北方民生凋弊，國勢殆危，慨然有開發西北之志。後即遣人至後套調查，知後套土盡膏壤，而多廢置未闢，因欲率領所部，解甲歸農，從事墾殖。卒以人言喋喋，未能果行。十八年，所部編隸中央第四十七師，乃得乘機引退，將欲以其餘年，以完成其墾發之志，自是始脫離軍人生活。先於編遣之初，段氏曾於北平西直門車站，目覩一退伍軍士，資斧罄絕，無家可歸，欲圖自盡，因而感念以前所爲，無異造孽生靈，于是移民實邊之志，愈不可折。二十年夏，隻身赴包，經營包頭電燈麵粉公司，以爲提倡西北實業之始。是年冬，復由平迎眷來包，謀長久定居之計。旋更深入後套，實地勘察。以爲欲開發後套，水利而外，尤須發展交通，遂自臨河買舟東返，順黃流而下，沿途視察。視察既竟，以爲寧包之間，可通汽船，即草成報告，呈交閻百川氏，作爲發展河套航運之根據。二十二年在包頭黃草窪試種稻米。甚有成效。同年夏，黃河下流冀魯豫之間，先後潰決，波濤所及，盡成澤國，尤以長垣濮陽東明三縣受災最重。段氏激於鄉土之情，不忍坐視，遂聯合本省耆老谷九峯張清廉齊曉山劉潤琴等數十人，發起組織「河北移民協會」，並擬定會章十八條，其次如下：

第一條　本會爲河北省人民提倡移民之團體，故定名爲河北移民協會，會址設在保定，並在北平包頭設辦事處。

第二條　本會根據敎養衞兼施之精神，耕地農有之原則，以墾發邊荒，救濟貧民，建設新村爲宗旨。

第三條　本會設董事幹事兩會及總務、研究、工程、會計四股，其系統如左：

董事會——幹事會——總務股、工程股、會計股、研究股

第四條　本會設董事二十五人至三十七人，公推董事長一人，副董事長三人，組織董事會，爲本會最高機關，監督指導本會一切進行事宜。其辦事細則另定之。

第五條　本會由董事會公推幹事長一人，副幹事長三人，幹事九人至十七人，組織幹事會，在董事會指導之下，處理本會一切事務。辦事細則另定之。

第六條　本會幹事會，由幹事長負執行全責，其各股事務，由各幹事分任之，但因事實需要，得由幹事長酌量聘任專門人才担任之。

第七條　總務股，專司器物保管，及會內一切日常事務。辦事細則另定之。

第八條　會計股，專司經費、保管、移民貸款之支出償還，及墾區整個經濟之運籌等事宜。辦事細則另定之。

第九條　研究股，專司調查研究西北社會之眞實狀況，建設農村計劃，改良農牧工作之推進事項。辦事細則另定之。

第十條　工程股，專司墾區土地，村基、水利、測量及建設工程之設計執行等事項。辦事細則另定之。

第十一條　本會爲愼重選擇移民，得由本會及當地政府與熱心慈善之公正士紳，共同組織選擇移民委員會，依据選擇移民之規定，嚴爲挑選移民事宜。組織法及辦事細則另定之。

第十二條　本會爲謀移民運輸之方便起見，得臨時組織運輸委員會，專司由災區到邊墾區鐵路及陸路運輸事項。組織法及辦事細則另定之。

第十三條　本會爲謀各種物品之合理購買起見，得組織牲畜、農具、食糧、草料、土地、籽種等各項購買委員會，專司審議物價品質，購買方法等事宜。組織法及辦事細則另定之。

第十四條　本會爲純粹提倡民墾團體，其應需經費，由董事會設法籌集之。

第十五條　本會除聘任職員酌給生活費外，各董事幹事均爲義務職。

第十六條　如有志願自備資本經營農墾者，本會一律協助之。

第十七條　本會日常事務，得由幹事長招集幹事會辦理之。但重大事務須由幹事長呈請董事會處理之。

第十八條　本協會章程，如有未盡事宜，得由董事會議決修改之。

附則　本會經費，係臨時籌貸，會計股得由貸款人參與主持，以謀核實而昭公信。

移民協會既經組織就序，乃更積極進行實際移民救災事宜，遂一方派人前往董理其事，一方函請冀省政府請求援助。時于孝侯氏主冀政，慨允其請，並明令各地方當局協同辦理。然事以官方入手，轉多流弊。省府明令由縣而鄉，由鄉而村，于是各鄉村負責之人，咸以爲有利可圖，密而不宜，結果只由定縣移來內定人民三十戶，而類皆抱作官發財之目的而來，故其成績未能甚滿人意。同年冬，又正式由長垣濮陽東明等縣移來第一批災民一百戶，共計三百一十二人，暫時安頓於包頭城東南十數里之南海子村。此項移民，因有上次失敗之經驗，故段君曾親往災區，與各地災民相處，縝察其性格家世，嚴加選擇，久而後定。二十四年四月中旬，根据移民協會章程第二條於南海子村西南數里擇定村址建築新村。六月一日，工程告竣，災民全體，移住新村，計每戶貸欵四百元，授田一百畝，爲河北新村之基本住民。然此時，一切方在建設伊始，地方治安又無保障，故村民生活，極感困難，爲新村發展過程中最堅苦之一階段。幸所移民戶，類能吃苦耐勞，故其事業終得繼續維持。今日新村建設之良好成績，此批難民，實居首功。

二十四年，復由黃河災區移來第二批難民一百戶，共四百五十七人，其中三分之二移住於薩縣新農試驗場，餘則仍歸本村。先是進行移民之時，災區謠言頻起，或以爲騙招兵士，或以爲另有他圖，良民百姓，因多裹足不前。然待第一批災民移來之後，情形大白，且有於第一年年底向家匯欵者，於是人民心理爲之一變。故此次介紹薩縣移民，不復再感困難。及至本年五月，之第四次移民，自始至終，更加順利。本次移民亦一百

3

戶，共三百三十一人，悉于六月五日遷抵五原，于城西南四十里之新公中地方從事建築第二新村。計劃中分建「九峯」（由谷九峯氏得名）等五村，合爲一鄉，命名「明軒鄉」蓋以紀念協助最力之宋明軒氏也。

總計自民國二十三年以來，移民協會先後移民凡四次，用款約九萬餘元，除河北省黃災救濟會撥款五萬餘元外，餘皆由該會墊支。至其事務之經營擘劃，則惟段君是賴。

二 新村之一般組織及其建設計劃

移民協會於計劃移民之初，即預定安民方法，故於協會章程第二條內即明定以「墾發邊荒，救濟貧民，建設新村爲宗旨」。移民能安於所居，然後始可集中勞力，推行開發事業，故新村之經營與建設，勢不容緩。据河北移民實施辦法及應注意事項書第三條移民初到墾區安置辦法之第(8)(9)二款，有關于新村建設辦法之規定如下：

8.於選定之村基內，劃分街道，分配宅基，開始打坯蓋房，先求安居。（倘到墾區時間較晚時，應先積極耕種，下種後，再急行蓋房）。

9.新村建築，應按新村建設標準圖，分三年施行完成之。

新村建築標準圖，根据原書，轉錄如下：

建築新村標準圖

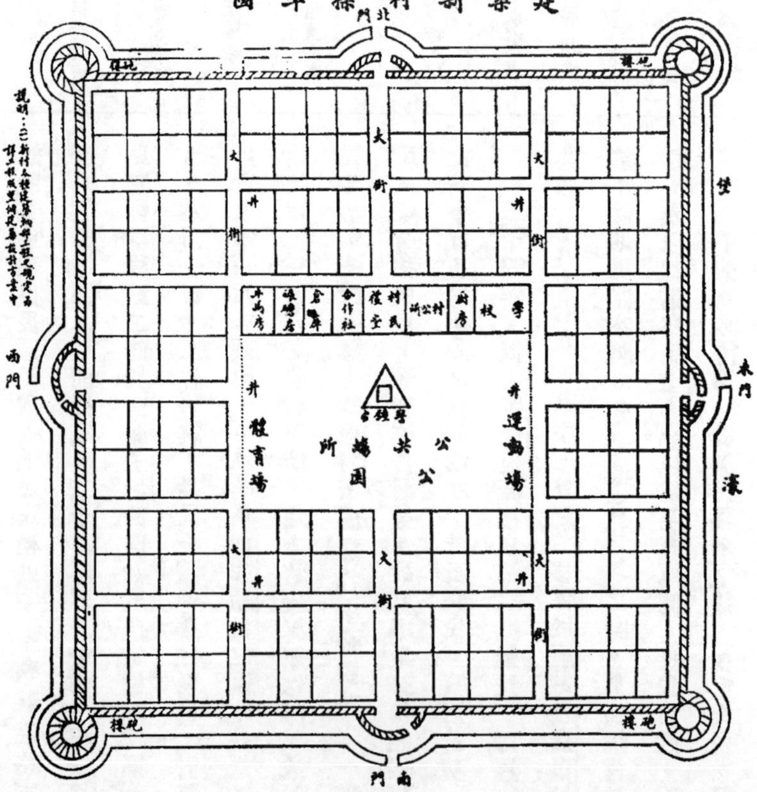

此外並規定以百戶爲標準單位新村，其經費總計如下表：

類別	數目	每戶墊款	備考
購地	九六〇〇．〇〇	九六．〇〇	內有村公田學田村基等價款一六〇〇元
牲畜	五〇〇〇．〇〇	五〇．〇〇	
牲畜飼料	三一四七．〇〇	三一．四七	
籽種	五一九．〇〇	五．一九	
建築	一九七八．九四	一九．七九	內有村公所學校村民禮堂合作社等房屋之建築費五七一．元九四
農具	三七六七．〇〇	三七．六七	
水利	五七五〇．〇〇	五七．五〇	內有村公田學田水利費共七五〇元
路費	一二三八．〇〇	一二．三八	
衣服醬菜	一四一〇．〇〇	一四．一〇	
食糧	五八八〇．〇〇	五八．八〇	
自衛	四二〇．〇〇	一〇．〇〇	
預備費	一〇〇〇．〇〇	一〇．〇〇	
總計	三九七九〇．九九四	三九七．九〇九九四	

說明

一、內有公共墊款二七六六．元七六

二、村公田、學田、村基地、村公所、學校、村民禮堂、合作社、房屋及公共水利等之設置費，統屬于公共墊款，由村民平均分担之。

三、每村按一百戶組織者，乃爲便于預算計，如實行時可酌爲增加到二百戶，或一百五十戶以上，最爲合宜，墊款數可依此增加之。

四、村內服務人員之生活費用，由村公田收入項下開支，第一年因無收入，得由預備費項下酌爲補助之，但不得超出預備費之半數，詳細辦法另定之。

五、俟村民能自己担負村中一切責任時，即取消給薪之服務人員。

5

移民初到，由協會按戶貸款授田，第一年自由合組開荒，自第二年起，則任其自行獨立經營，至貸款還清之後，即完全變爲自耕農。至於貸款之籌集、保管、分配、償還各有詳細規定，略述如次：

1. 貸款之籌集可由志願貸資于災民以作生產救濟者一人，獨力組織一村，或合若干人共組一村。其救濟災民時，可由協會請求本省省府或其他團體之扶助。

2.貸款之保管，則由協會會計股與債權人合組保管委員會，共負保管支付及監督用途之責。

3.貸款之分配，以移民一戶墾地一頃為標準，其分配數目，詳見上頁經費總計表內。

4.貸款之償還，分有息與無息兩種。無息償欵辦法：以移民初到，人地兩生，一切設備，都不完全，故第一年之收穫量自少，僅望其能自足自給，由第二年起開始償還，四年償清。第一年償還一成，以次遞增。有息償欵期限延長辦法：其額在四釐以下者，得將還欵期延長一年，即分五年償清。六釐以下者得延長二年，即分六年還清。惟息金得隨本金于每年秋收後同時交付之。假如移民中有特別勤儉而能在所定償還期限內提前清償者，則除其土地所有權應即提前付與外，並另行獎勵之。反之，則予以懲處。

至於新村內部之組織，另有河北移民新村組織規章，大致規定以村民大會為全村最高機關，有選任罷免保甲長及創制複決村公約之權。並由大會選舉監察委員及調解委員，分別組織監察委員會及調解委員會。前者所以糾察全村村政事項，後者則職在平息村民爭訟，藉以培養輯睦仁讓之風化。村以村公所為村政執行機關，公舉保長一人，負執行全責。保長以下，由村人公舉甲長十人，直受保長之指導，辦理各甲事務。但新村開創之初，諸多不備，甲長等職移民實際能擔任者外，在移民貸款未償清前，概由協會派人代理之，並力謀指導村民對于各項組織之實地練習，以期于短期內，漸次由村民自負之。

關於村民日常生活方面，則注重養成農民之高尚人格與良好習慣，並運用合作方式，發展全村經濟。一方遵照政府法令，一方應合事實需要，籌劃成立下列各種組織：

1.合作社，分信用合作社、供給合作社、運銷合作社與利用合作社。信用合作社所以辦理本村農民零星儲蓄，正當放欵，移民貸欵之收支以及保管本村公共財產款項。供給合作社所以聯合社員共同購買，以免受商販從中剝削。運銷合作社意在收集社員之生產物，按其需

7

要，或加以整理，再共同運出銷售。利用合作社，則使社員本互助之精神，共同出資，置辦發展農業，改善生活，提高文化之種種設備。

2.自衛團，負責本村治安以及禾苗森林與公共建築之保護，並任指導全村自衛訓練等事項。

3.教育委員會，專管本村兒童教育，成年教育，以及禮俗風化之改善等等。

4.自治會，管理人民自治事項如戒煙戒賭及其他一切不良習慣之改善，敦品進德之提倡以及辦理義倉積穀與一切慈善事項。

5.良心省察會，重在予全村民衆以共同會聚之時間，省察已往，瞻矚未來，藉以闡發正確之理智，培養良心的權威，為對于村民之「革心」工作。

如此則教養衛可兼顧而並施，為新村社會之最終理想。

三　河北新村建設概況

新村之一般組織及其建設計劃，既已如上所述，河北新村即為根據此等計劃而產生之第一新村。其創設之緣起已見本文第一節，玆再就其週年以來建設概況，略為介紹如下：

照上節所述之新村組織系統，應設保甲各長處理全村事務，但目前該村為與綏省各鄉村之組織名稱互相符合起見，故仍沿用村長閭長等舊名。以往村長由協會指派，最近該村于六月末旬，曾召開村民大會，選舉各閭閭長，並成立村民自治會，選舉會長及各職員，待將來到達相當時期，村長之職亦將由村民自選，以期完成村民自治之目的。

至於物質方面之設備，自新村建築時起，既已按照新村建設標準圖，築成正方圍堡，堡內面積一百頃，於南段中間關為大門。堡之四角，各築炮樓一座，以為防禦事工之準備。村其正中為公共場所、花園、運動場等，惟目前正在忙於安民工作，一切設施尚未十分完備。場中立木架，懸大鐘一，為集合村民之信號。其北與村門遙遙相對者有北房一列，約二十餘間，正中為村禮堂兼作武訓小學教室，左右分列為倉庫、工廠、碾磨房、合作社、村公所以及牛馬車房等。村內四處，按照相當距離，分築村民房舍，計已成者約二百餘間，每家約合二三間，建築雖甚平常，而分佈排列井然有序，與營房無異。每家住舍外，附有空地，由村民自耘菜蔬。（參看册首圖十）村內有小渠一道，橫貫村之全部，所以供村民澆園與浣衣之用，十分便利。至於飲食烹調，則用井水。出村南門，直向平綏鐵路，有大馬路一道，兩旁分植樹木，尚未十分成長，數年之後再遊此地，當必綠樹成蔭，倍加一番風光矣。馬路之左，闢園十餘畝，亦盡植蔬菜，引渠灌溉。

過平綏路，矚目遠望，隴畝井然，皆爲新村田地。接此一帶土地，本含鹻性，不宜耕種，然在當初購地之時，以地方治安關係，求其與包頭城相距尚近，交通便利，易於守護。購成之後，經過段氏研究結果，以爲此種土質與後套無異，經由黃河伏水灌注兩三年，則可將鹻性滌除，化爲沃壤。但此帶地勢較黃河河水爲高，不易灌溉，又與後套情形迥異。於是經過幾度籌劃，卒于去年春在村南三里許，擇定地基，設置巨型拉水機，機係仿天津海河高莊子李英孫氏所發明之機器，由十二架並列之水車加配發動機裝置而成，不過天津海河機器所用原動力係蒸汽機，而此處則直接引用包頭電燈麵粉公司電力，故益加便捷。（參看册首圖七及圖八）裝設之初，並曾特請李氏來包，親加指導，先後用欵達一萬四千元。機前鑿貯水池，自貯水池向西南開引水渠一道，長約二十餘里，直達黃河。自該機裝置以來，應用十分便利，每日可灌地三百畝至四百畝，足供一萬畝田地之用。此種機器如能在黃河沿岸，繼續推行，則地利收穫之大當必數倍於今日也。

該村除農墾外更力謀村民副業之發展，組織有家庭工業合作社，分爲紡毛、棉織、縫級、刺繡等部，各部聘請技師，選拔村中婦女到社學習。其已往各種出品，如絨毯棉布以及縫工刺繡等，均極精緻，優美可觀。惟地氈之類，純係手工，成本甚大，不足與機器出品抗衡，最近決定暫行停辦，其他各部仍在繼續。所出棉布，甚多銷售於麵粉公司，以爲製作麵袋之用。此外運輸合作社，牛乳合作社，消費合作社，信用合作社，亦已次第成立。運輸合作社係就農暇之時，使村民攬運麵粉公司以及各貨棧上下車船之貨物，藉以略有所得，以補助家庭日常費用；牛乳合作社則爲將村民喂養之牛，取製牛乳，經營出售，所得亦可補助家用。消費及信用合作社，無異他處，不必備述。

但新村建設之最終目的，决不以僅僅滿足村民之物質生活爲止，而實有提高人民文化及教育水準之期望。先是段氏曾於包頭城內創辦武訓小學一所，新村建設成立後，即將該校遷來村中。現校內學生，皆爲村民子女，約四十餘名，其現行制度與普通學校迥然不同。蓋段氏本自有其教育理想，以爲眞正受用之活教育，應由實際生活入手，以實際環境爲學校，以日常工作爲教材，以體力勞作代替運動，積極試驗施行一種合理之教育制度。故凡村中受業兒童，須集中於學校教師指導之下，於學校課業之暇，尤必參加家庭及田野工作。故學校全部作業，室內授課，僅佔三分之一，其餘三分之二，則爲家事及農事之訓練。如此則一家之父母旣便欲放縱其子女，亦不可能。兒童自幼經此訓練，一方接受知識思想，一方勤習勞動操作，將普通所謂之狹義教育與日常實際生活打成一片，實爲最適合目前中國農村教育之一例。不過在此等新村組織下，學校執有監視及考核兒童家庭與田野工作之權，固不爲過分，而在一般農村中，則勢難實行。至於學生在校所用課本，亦力求改革。目前雖仍沿用坊間普通教本，但其最終目的尤在編製一種最合實用之教本，然此非旦夕間所能成功，而賴於教育專家之助力者爲尤多。

至於普通村民之一般教育，亦在計劃實施中。學校中附有成年夜班，使已失學之村民得有讀書識字之機會。在廣義的社會教育方面，村自治會之組織所以訓練公民能力，已於本年六月正式成立。村民良心省察會亦已照新村建設預定之計劃如實舉行。每日清晨村長即在大禮堂鳴鐘招集村民聚會，首先勗以自省向善之要義，繼則分配全村工作，並報告計劃應行事宜。禮堂四壁，懸貼孔孟關岳等像，所以使村民瞻仰起敬，於潛染默感中以啟發其「見賢思齊」之思想，並激勵其忠勇愛國之志氣。除此而外，段氏更擬由音樂及繪畫入手，以培養村民思想並提高村民趣味。音樂方面由改編秧歌作起，繪畫方面則由改良年畫開始。最近段氏又曾聘請專家採取富有教育意味之體材，繪爲連環圖畫，以求深入民間。現已起手繪製者有義丐武訓之生平事蹟。以上種種，皆在發軔伊始，且含有極大之試驗性質，深願爲之公佈於關心鄉運者，俾有所贊助焉。

總之，河北新村之建立，原本起于私人組織，而其事業發展之最終目的，則在于開發西北地利之後，更繼之以新村社會之建設。故其事工，含有甚大之社會改革意味，不容以平常開墾事業視之。今者，明軒鄉之九峯村又將步武河北新村，繼續發展。將來其組織範圍之擴大，當在吾人意料中。年來「開發西北」之呼聲，甚囂塵上；而吾人則雅不欲以提倡開發西北而置已經喪失之東北於不聞不顧。不過，目前之西北命運，亦再難容於已往之半荒廢狀態，有志鄉村建設之青年，如果俱有吃苦耐勞犧牲奮鬥之精神，正宜從事於此等拓荒與創新之事業；同時未來新村之發展，必亦甚渴望此輩青年之參加也。

後套兵屯概況

張瑋瑛

本文取材係自綏區屯墾督辦事處編印之綏區屯墾第一二三年工作報告書三册，爲民國二十二年春、二十三年春、二十四年冬次第出版者。第四年工作報告書，本年冬將出版，最近情況，惜不能納於本文中，尚待補叙。

一、兵墾緣起及其組織

後套南臨黃河，北負狼山，地勢平坦，土地肥沃，蘊藏富美。清光緒二十九年貽穀始辦墾務，丈放蒙旗地畝。民元設墾務公司，四年改設墾務總局，十七年設六處分局，分轄土地丈放。據廿二年綏遠概況統計：綏省面積一百四十九萬方里，三十年來丈放土地二十萬頃，蒙荒未報者二百五十萬頃，除沙磧鹽鹹外，可耕地尚有一百七十萬頃。

民廿年閻主任百川倡屯墾西北造產救國，與傅主席宜生、七十師師長王治安、墾務總辦石華嚴、七十二師師長李舒民等，成立綏省墾務委員會，編綏區屯墾計劃綱要。廿一年春商定由七十、七十二、七十三三師各撥兵一連，組成三隊，直轄於綏遠墾殖聯合辦事處，設於包頭，由辦理屯墾之各團體組成之。其組織設處長一，石華嚴任之，副處長一，下設總務、機要、經濟、墾殖、水利五組，其經費由該處暫墊，以後由新村收入贏餘償還之。屯墾隊設隊長一，分隊長四，墾目八，墾丁九十六，各帶原薪餉暨應携之槍械服裝。三月至四月間，隊長受軍訓農村教育一月。五月十二日，三師隊開往臨河馮家圪坦同元成祥泰魁三地。該辦事處於八月五日綏區屯墾督辦辦事處成立後，即行歸併於內。次年處址改設於新村百川堡內，以事務繁多，增設有正副處長、會計、庶務、文牘各一人。

繼起者爲軍官屯墾三隊，該隊專爲救濟嘗隨軍旅有年而以特殊及正當原因，如縮編編餘者、被俘及請假離職者，因而失業之軍官。其優待辦法爲由公家各授地百畝，所需款項概由公家貸給：第一年百元，第二年六十元，第三年四十元，其後五年各將貸款償清。其應繳糧賦得豁免二年，第三年與普通民戶同。所屬機關曰晉綏兵墾試辦處，設於包頭，由綏靖公署綏遠省政府綏遠墾務局各派員組成之。其組織有處長一，石華嚴任之，副處長一、處員二、書記二。報到軍官有三百餘，編爲三十組；每組十二人，成三大隊。由該隊向墾務五六分局選墾地二處：一在五原董國隆，爲第三隊墾地；一在臨河永安堡，爲一二隊墾地。該處於八月間亦歸併於督辦辦事處。次年以軍官份子複雜，不易統馭，再添派二員分理三隊事宜。

八月五日成立綏區屯墾督辦辦事處，其組織有督辦一，閻百川氏任之，會辦三，傅宜生王治安張桐軒任之，坐辦一，石華嚴任之。督辦辦公室下設文書、技術二科，總務處下設庶務、經理二科，墾務處下設工程、農作二科。籌備事宜有荒熟田地之開闢整理，河渠道路之開啟修築，村堡林園之設計建築，農具肥料農事副產之計劃改進，各有專才，分頭籌劃。九月五日於五原設駐五辦公處，有正副處長各一人，下設工程、農作、水利、測繪、經理、庶務、文書七股。次年於臨河設駐臨河辦公處，由五原派員組成之。

屯墾辦事處直轄除三師軍官屯墾隊外，有四團，即四〇九、四一九、四一〇、四〇七四團，二十一年原有部隊，爲七十師四〇七團第二營編成四隊，四一〇團編成十二隊，七十三師四一九團第三營缺第十二連編成三隊，四〇九團編成十二隊，各團機砲連及步兵組織一混合連担任警衛補助工作，不在編制內。第二三年編制均有改縮，第二年新村大部分建成，各營部暨諸連分墾於四區內各鄉，第三年將每營縮編之一連改編爲七個隊，尚有四一九團第三營，及四一九、四一〇團之一二三營，共爲二十七連隊。茲將各區新鄉屯墾部隊，二十二三年之編制，暨原地各列表如下：

區	新村	二十二年 團營連	二十三年 團營連	二十三年 屯墾隊	原地名
第一區	敬生鄉	四一九 三 營部 十 十一	四一九 三 營部 八	屯墾第七隊	南牛犋
第一區	占元鄉	四一九 三 九	四一九 三 七		通興堂
第二區	貢暄鄉	四〇九 一 一三四	四〇九 一 營部 一三	屯墾第一隊	新公中
第二區	折桂鄉	四〇九 二 五六七	四〇九 二 營部 四五六		增盛茂
第二區	道五鄉	四〇九 二 八		屯墾第二隊	白頭圪堵

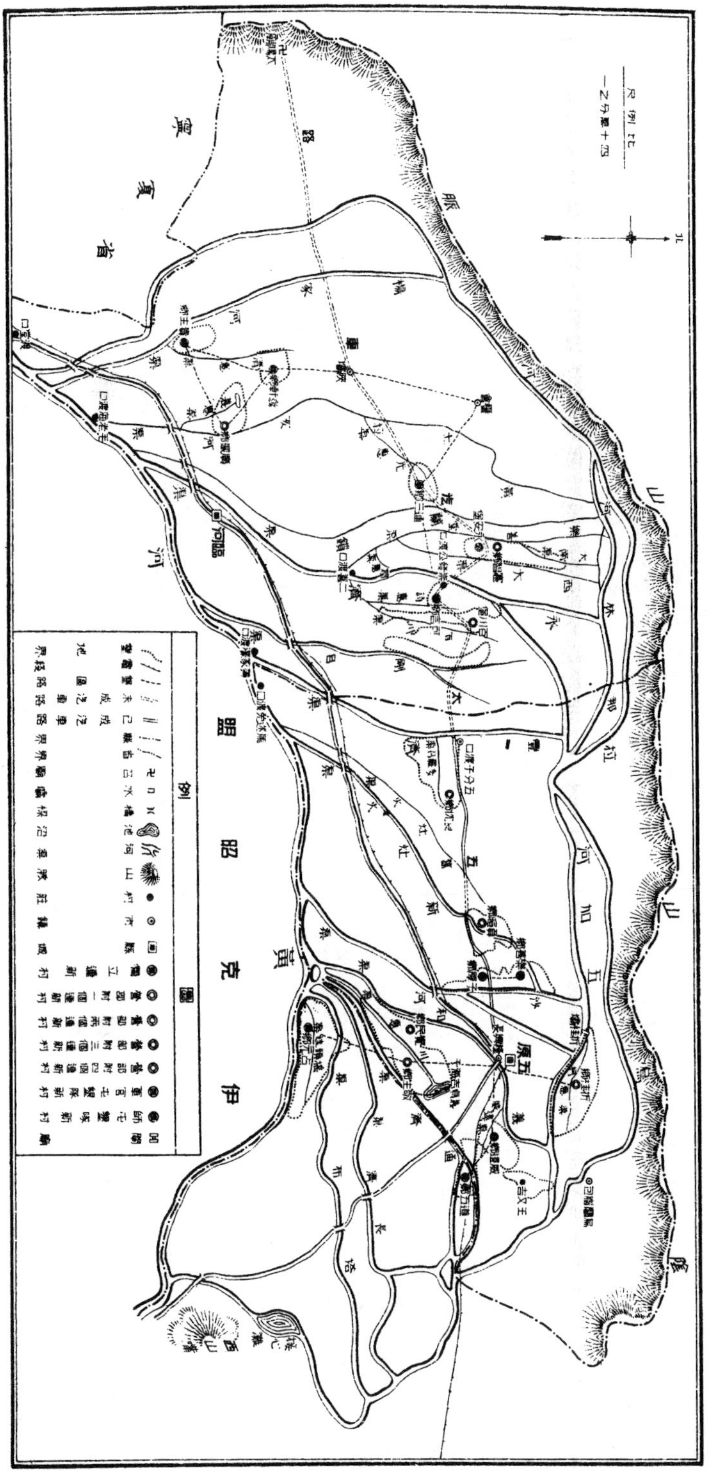

綏西墾區略圖

區	覺民鄉	四〇九二 十一 十二	四〇九二 營部二八 屯墾第三隊	任保子圪旦
	子厚鄉	四〇九三十	四〇九三七	三拒圪堵
	樂善鄉	四〇九三九	四〇九三九	劉福全
第三區	良忱鄉	四一〇 營部一三四	四一〇一 營部一二三 屯墾第四隊	五分子
	憲智鄉		四一〇三 營部八	祥太裕
	廣盛鄉	四一〇三 營部五七	四一〇二 營部五 屯墾第五隊	八代灘
	壽軒鄉	四一〇三八	四一〇三六	蘇台廟
	貴生鄉	四一〇三六	四一〇四	那直亥
	通三鄉	四一〇三九	屯墾第六隊	公產地
	可言鄉	四一〇三十二	四一〇九	崇發公
第四區		四〇七二		同興東

二、墾地之選定

土地之授與各屯墾隊，其辦法為：凡土地已報墾者，由墾務局丈量，確定頃數；其未報墾者，如包租地等由屯墾辦事處會同該蒙旗丈量，並由墾務局隨同辦理，應交租金，仍交蒙旗。故各鄉土地除永租地外，皆係向墾務局依章領得者，向蒙人包租得者，或由公家撥給者。

3

調查墾地情況為各機關屯墾計劃之重要步驟。調查一、土地荒熟地畝灌溉區域　二、水利河流及灌域情況　三、土壤適否種植　四、農作、產量、氣候、牲畜等情況　五、地方情況　六、選新村址，須高燥，近渠道泉井，適易防守，交通便利。調查畢，即分配各部隊於各墾地。墾地面積小大不等，故以一連建成一新村之計劃，變而為獨立連新村或營部附二至四連之新村。

督辦辦事處為丈撥機關，墾務第五分局駐五原，第六分局駐臨河，為發照機關。其由五分局丈撥土地者為威遠鄉，六分子，老趙圪坦，東門外大營盤，覺民鄉，白頭鄉，王又吉，折桂鄉，子厚鄉，樂善鄉，通三鄉，良忱鄉。由六分局丈撥土地為靖遠鄉，勤遠鄉，可言鄉，廣盛鄉，壽軒鄉，貴生鄉。由該處向蒙人包租者為占元鄉，敬生鄉，負暄鄉諸地。折桂鄉原為西公旗後套地，其餘均為伊盟之達拉特旗及杭錦旗地。各團授地暫以一千二百頃為度。

甲、七十、七二、七三、師墾地

臨河祥泰魁本爲民十四年王鴻一氏主辦之山東移民之墾地，其計劃建魯仁村等八新村，其後以管理不善，無一成功者，而欠貸甚巨，遂由公家收回，另放與屯墾隊，以剛目渠爲界，渠西歸隊，渠東歸移民，有地五百六十頃。該隊抵墾地後，即利用舊有墻圍，再加修葺，可以居住，唯年冬即建成新村百川堡。墾地界於永濟剛目二渠間，舊有支渠子渠均淤積失修。年冬開成百川渠，水勢順利，灌田五百頃。

乙、軍官屯墾三隊墾地

臨河永安堡，本舊移民地，今撥第一二隊屯墾，共丈土地五百四十頃，內有民地一二百頃。歷年土匪蹂躪，民多遷徙，隊即就空房修整以居住。墾地在永濟渠西，東有西大渠，西有樂善堂渠，又有大南渠流經墾地，但渠口多淤廢，其年修濬大部，澆地可百頃。

五原董國隆爲第三隊墾地，丈地一百七十五頃。除董國隆圪坦邊界有少數民買地外，全爲官荒，土質良好。北有義和支渠，南有通濟渠。是冬挖成威遠渠，自義和渠引水，灌田九十頃。威遠鄉亦於冬間建成，爲安五交通孔道。

丙、四〇九、四一〇、四一九、四〇七團墾地

1.第一區

(1)敬生鄉　原名南牛壩，爲沙灌廟膳台地，面積五百頃。二十二年歸該處租種。西鄰覺民鄉，東界通濟渠，北盡沙梁，南至通濟渠，地勢平坦。二十二修川惠渠縱橫其間。同年建鄉，交通便利，爲五原城南各村會集之中心。

(2)占元鄉　原名通興堂，係杭錦旗馬墕地，有地約千頃。南臨黃河，扼渡口，北界塔布渠，中有搖頭娃渠灌溉，渠爲二十年修者，自黃河引水，灌地四百頃。

2.第二區

(1)負暄鄉　原名新公中，在五原縣城西四十里，爲達拉特旗地，二十二年由該處包租。東鄰沙河渠糧地，西連達旗舊灶火地，南界曹櫃地，面積二百頃。新灶火渠由黃河引水，土質肥沃，爲後套冠。營部初利用新公中舊址爲村公所，二十三年建新村。

(2)折桂鄉　該叚包括劉碩圪堵，增盛茂，張朋林，郝拴寶等村，面積五百頃，二十一年由該處承領，位於五原東北，南臨五加河，北負沙梁，地勢平坦，土

有鹻性。幹渠爲柯惠渠，由五加河折桂壩西引水。二十三年新村落成。

(3)道五鄉　原名白頭圪堵，在五原東北二十里，東臨通濟渠，爲安五間要道。二十三年建新村，並引威遠南渠水灌田。

(4)覺民鄉　在南牛壩任保子圪坦附近，五原南三十里，東鄰敬生鄉，南界通濟渠，西界義和渠，面積五百頃，二十一年承領，土地肥沃。二十二年開川惠渠，渠除澆灌敬生覺氏二鄉墾地外，其梢灌六分子，即義和渠糧地，有五十頃。白頭王义吉附近地，原爲達旗地，二十二年領得，擬交道五折桂二鄉屯墾，並延長川惠渠，藉以灌溉。

(5)子厚鄉(6)樂善鄉　原名紅柳圪坦，二十二年領得，距五原十里，西鄰新公中，東界沙和渠，有地三百頃，分南北二段，即成二鄉。鄉於同年建成。子厚鄉，幹渠爲沙和渠，自黃河引水，歸五加河。樂善鄉渠由鴨子兔渠引水。

3.第三區

(1)良忱鄉　原名五分子，二十二年由該處承領，東鄰達旗舊灶火地，西界豐濟渠，南至察罕腦包，北至拉僧廟寶格代廟，地勢極平坦，土質肥沃，有地五百頃。有改蘭淖多羅台等渠可資灌溉，幹渠爲豐濟渠，水勢暢順。該鄉南有楊福來，二十二年租得，歸四〇一團第二連屯墾，亦引豐濟渠灌田。

(2)憲智鄉　原名祥太裕，東距百川堡十二里，交通甚便。二十二年修挖樂成渠，濬駱鴻儒渠等。二十三年建新村。

(3)廣盛鄉　原名八代灘，爲黃土拉亥河西岸最高之地，歷年未曾開闢，面積三百頃。二十二年領得，開義惠幹支渠，同年建房百餘間。交通便利，爲西部會集之中心。

(4)壽軒鄉　原名蘇台(一作太)廟，一名蘇龍貴廟，二十二年由本處領得，西濱老謝渠，東至準噶爾堂，北至蘇台廟，面積百頃。同年建新村。開壽軒渠，引楊家河水。

(5)貴生鄉　舊名那直亥，西濱楊家河，南距準噶爾堂五里，控綏甯交通孔道。面積百頃，地勢稍高，幹渠爲邊渠，沿楊家河開，引河水，二十二年建新村。

(6)通三鄉　舊名公產地，距臨河北五十里，東臨藍鎖渠，西通黃土拉亥河，交通便利，二十二年領得，面積百頃，有光惠渠灌地。同年建新村。

(7)可言鄉　舊名崇發公，二十二年領得，東界百川堡，西界永濟渠，南至沙梁，北至雙盛隆蘆草地，面積九十餘頃，地勢高亢，多有沙邱，舊有楊櫃渠已廢，擬引百川渠水洗挖。二十二年建新村。

四、第四區

東大社即同興東，二十二年撥與四〇七團第二營墾種，面積七百頃，在包頭南，東界烏梁素七分子，西界烏拉濠，南至沙河梁，北至西大社。該營駐防河西，兼事屯墾。以舊渠多淤廢，二十三年始從事修渠，尙未建新村，亦未正式編入屯墾隊內。

屯墾區土地保管設有土地經營監督委員會，由該區團營長組織之，統籌道路渠道村莊牧場森林之地形設施。各連自到墾地後，除擇自種地外，餘均由該會招人租之，各花戶均須依法承種。

三　水利

黃河覽十大幹渠：永濟，剛濟，豐濟，沙和，義和，通濟，長濟，塔布，黃土拉亥，楊家等河，灌域萬頃。套中墾殖，以雨水稀少，非賴河渠溉灌，不能種植，故『黃河百害，惟富一套』。整理水利，爲開發後套之先務。惟關於河流之流量水位斷面含泥量，往昔皆無記錄可資參考，而黃河含沙至巨，渠口往往因淤澄而渠廢，水漲則近岸有冲刷之虞。退水渠惟五加一河，而烏梁素海水位有時低於黃河，有倒灌之勢，退水益失而效用。凡此地形渠道之支配疏暢，皆宜有統籌之計劃，全部之測量工作尤爲必要。按照計劃以劃分各渠所灌地域，以調整出入水量，以制定渠槽背口形式，以規定水位高低水流急緩。若自行開挖河渠，紊亂渠線，不知操縱，孰非久遠之計。

各墾區水利工程，不外開挖新渠疏濬舊渠，修築橋樑閘壩等。年需款十餘萬元，施工之後，短期使用，亦頗暢適。新開渠有長數里至數十里者不等，同望其堪作大計劃中之支子渠也。初期墾荒，需水甚殷，蓋前所未闢，土地堅硬。有謂年年得水灌地，將土深耕翻動數次，二十年後，可無需水雨，自能生殖。各區地土多有鹼性，須藉伏秋水冲刷，俾鹼質融於水中，由退水渠排出，始能耕種，故各區視退水渠極重要。新渠未開前，皆由水利專員視察後，派工開鑿或由各隊自行施工。至水利保管，除各鄉自理外，水利局者皆負專責。

各鄉開濬渠道情形如下：

甲　七十七二七三師

百川堡二十一年開百川渠，引永濟渠水，長六十餘里，寬二十四尺，深五尺，用欵萬五千元，可灌地千頃，爲永濟渠支渠之次大者。支渠共七道：東支渠由幹渠引水，梢通剛目渠，長四十里，二十一年挖。一至六號支渠，長數里至十數里不等，二十一、二年挖。渠水頗暢，惟渠背較低。有利用天生壕處，灣曲較多，特須修理。

乙　軍官屯墾三隊

（1）永安堡　幹渠爲樂善堂渠，渠爲永濟渠最大幹渠，灌地最廣，在二喜渡口自永濟渠開口向西北流，東歸頭道壕，全長六十餘里。然其渠路多利用迴曲之天生壕，故其勢不暢。民國十八年二喜渡口閘廂損壞，該渠廢置，渠口淤墊尤甚。樂渠有大小支渠百餘道，大支渠即大南渠及西大渠。西大渠自蘇大圪旦開口向北流，長五十餘里，灌地八百餘頃，亦湮廢。大南渠在王虎子開口東北流，長三十里，亦隨樂渠而湮廢。二喜渡口閘廂原專爲樂渠建築，自十八年損壞後，迄未重修。

二十一年工作爲築閘及洗挖二項，將樂渠渠口提南與百川渠口相對，將閘廂築于兩渠口北，兩渠均可利用。閘廂碼頭各寬三丈，中寬二丈，提高水位三至五尺，用欵二千元。樂渠口淤塞甚厚，洗挖困難，故另闢一段長里許，又洗挖舊渠七里，惟渠灣處多宜裁直。西大渠渠口至吳四圪坦一段長二十七里，淤澱幾與地平，計挖一萬二千餘土方，用欵一千七百元。

二十二年勘察全渠情況，測量渠底、坡變、斷面、水位、旱台以及渠背等。以樂渠新渠綫由亂坟灣起，向北直歸頭道壕，裁灣取直，縮短八里。西大渠出稍至五加河。大南渠出稍至頭道壕。九月屯墾會議決定西大渠歸四一〇團十一連，樂渠大南渠歸軍官第一二隊管理。年冬竣工，實洗西大渠二十里，挖樂渠五里。

二十三年在樂渠歸五加河處築閘廂一。西大渠繼續去年工作洗至頭道壕，長十二里，用欵二千元。大南渠去年被河水淹沒，今年動工，長十三里，用欵千餘元。

三渠完成，水勢暢利。

閘廂舊日做法，以埽棒哈木爾黏土等，惟埽棒易被水冲毀，遂改用哈木爾黏土，加壓大樁，以期堅固。該堡此後修理計劃尚有四點：一，修築閘廂，退水碼頭，及引河——將舊碼頭重建與閘相廂若，以便修閘時，永濟渠可由碼頭通過。原有引河距永濟渠太近，有冲刷碼頭之虞，擬再挖一里許。二，修挖百川渠退水渠及築碼頭。三，洗挖樂善堂渠退水渠及築碼頭，四，閘上下游築攔水壩兩座。全部工程完竣後，退水碼頭功用與閘廂同，皆可任意啟閉，調節水量。

(2)盛遠鄉　威遠渠自義和渠引水，寬十八尺，深三尺，長五里，二十一年開挖。支渠有北，中，南三條，各長七里，五里，十三里。子渠共八道，同年修。該鄉在義和渠畔，引水較易，灌溉情形良好。

丙　屯墾四團

1. 第一區

(1)敬生鄉　川惠渠原爲咸豐年間萬德元所開，光緒中葉王同春再事挖展，名義和渠。其後失修，因而廢弛。二十二年四月，屯墾處王技士文景率測員勘查後，由黃河直接引水，即川惠幹渠，福泰長南，東西支渠分出，在墾地南滙入幹渠，東支梢達義貞吉海子，另有一梢達六分子，西梢達三釐子渠。幹支子渠共長八十餘里，開工費時五旬，工作人數，日達千人，子渠續修一月，共用款一萬四千元。渠成已澆生熟地二百頃。尚擬通梢至五加河，以便吐納。

(2)占元鄉　幹渠爲搖頭娃渠，二十一年修，自黃河引水，北梢達魯光濠，渠長六十里，寬二十二尺，深四尺。築用閘壩提高水位五六寸，灌地四百頃。二十二年挖支渠三道，分佈於墾地之內。渠水位既低，宜將渠口移西，渠身加寬，並挖退水渠。二十三年開第四道支渠，乃馬帶支渠一道，洗第一，二，三三道支渠，並修理河壩。

2. 第二區

(1)負暄鄉　幹渠爲新灶火渠，由黃河塔兒灣引水，梢達和碩公中，全渠長九十里，渠身較直，水勢甚暢。惟梢至五加河處，排洩不易，致淹田禾。墾地內有支渠五道：西渠長五里，已淤，二十二年洗挖；三合公渠，長十三里，淺淤；鴨子兔渠長十二里，洗挖全渠；

巴汗和少渠，長八里，淺淤；天生濠渠，長十二里，洗挖全渠。子渠五道；陳五渠，趙東望渠，賈三仁渠，王蟬生渠，平官渠；除五渠外，餘本年均洗挖。二十三年通新灶火渠西梢，洗東梢，巴汗和少渠，賈三仁渠，三合公渠，油房圪堵支渠，天生濠支渠，並築支渠口閘門九座。

(2)折桂鄉　幹渠爲柯惠渠長八里，由五加河折桂壩西引水。近增盛茂，分南北幹渠，北幹渠達折桂鄉，南梢達墾地，均長十二里。總幹渠有南北支渠退水渠各一道。南幹渠分支渠十道，北幹渠分四道。另有南北渠一道，係構通南北兩幹渠之支渠。南十號支渠又分子渠二道。自五加河引水，河水位低於墾地，不能上水，須築攔水壩以提高水位。舊有壩長一千二百尺，已壞，今招工修復。柯惠渠僅寬二十尺，可引水量甚小，多餘之水，均應由退水渠退去。五加河水本係各大渠排洩之水，帶有鹼性，不宜滌地。二十三年築有防水壩一道，引河一道，即退水渠，閘門一座，草壩二座。

(3)子厚鄉　幹渠爲沙和渠，自黃河引河，正梢東梢皆歸五加河，長九十里，橫貫墾地南北，長十五里。支渠共十道，南有七號，北有三號。水源有兩處，即沙和渠及鴨子兔渠，惟沙和渠渠口不穩。二十三年洗支渠三段，開子渠四段。

(4)樂善鄉　幹渠爲樂善堂渠，由鴨子兔渠引水，梢通沙和渠，長三里，水勢尚佳，惟嫌不足。因鄉地面稍高，不能從沙和渠引水，支渠四道，佈置未見整齊，渠水流向不定，易淤渠道。二十三年修洗支渠三道，修橋一座。

(5)道五鄉　引用威遠南渠入菅三濠爲幹渠。

(6)覺民鄉　由二連牛壩東川惠渠開口，至達字渠支渠一，北長渠西開支渠二，地堰共五道。

3. 第三區

(1)良忱鄉　幹渠爲豐濟渠，由黃河引水，梢歸五加河，全渠長一百三十里，在墾地內十五里，爲後套十大幹渠之一。下游較低，不免溢漫之患。支渠有三：福盛隆渠，多羅台渠，彭官渠；子渠有六道。二十三年加修渠背一段。楊福來幹渠爲豐濟渠，築有閘箱以提高水位。支渠有二，子渠四道。

(2)憲智鄉　二十三年洗挖樂成渠及駱鴻儒渠，並各築碼頭。樂成渠長十三里，兩渠澆地二十餘頃。

(3)廣盛鄉　鄉居黃土拉亥河西，地勢高亢，南北界於沙梁，引水不易。舊有微細溝洫，不足遍溉。二十二年水利人員，規定由黃土拉亥河引水，是爲義惠渠，長六里，渠至墾地分三支，共長四十餘里，開成子渠十八道。又建埽廂二，橋梁三座。擬再挖退水總支渠各一渠，繞沙梁而北，仍洩歸黃渠。

(4)壽軒鄉　幹渠爲壽軒渠，二十二年由該鄉與當地居民合開，自楊家河引水，長十餘里。支渠有三：壽軒支渠，長五里，亦新開者；喬櫃及班大二支渠，係舊渠，本年洗挖。該渠以經過沙溝一段，河水小時，灌滿沙溝，需時半月；河水大時，渠小易決口，宜修老謝渠。按老謝渠原爲楊家河舊梢，水勢頗順，澆準格爾堂蘇台廟一帶，約六百頃。自楊家河通梢至五加河後，老謝渠及邊渠皆淤塞，故洗挖老謝渠及築閘廂，爲壽軒貴生二鄉要務。

(5)貴生鄉　幹渠爲邊渠，自楊家河引水，梢達哈拉溝，長十里。因地勢高亢，在楊家河內築臨時草壩始能上水。渠口二十二年洗挖，支渠三道皆舊有之渠。

清惠渠，民二十三年，爲壽軒貴生兩鄉所合開，由楊家河引水，總幹渠退水渠長凡三十餘里，貴生幹支各渠及壽軒各支渠亦長三十餘里。楊家河築大閘廂，總渠口築護口閘廂，幹渠交點，築叉口埽廂兩座，共用洋九千二百元。渠口取老謝渠口南富茂圪旦附近，由楊家河灣處開口。其熱水期，水位最低，含沙最少，最宜澆溉青苗。

(6)通三鄉　幹渠爲光惠渠，自黃土拉亥河巒會壩南開口，中一段爲三大股渠，經過墾地，稍達東界，全渠長二十三里。支渠有四，分溉全地。有退水渠。

(7)可言鄉　幹渠爲詩惠詩，二十三年開，自百川渠引水，開新工二里，入楊櫃渠，沿該渠蔓延北行，經公中廟，直達鄉南沙梁，即分支渠兩條，可澆墾地四十頃。動工凡二月，用款二千五百元。腦包濠墾地，原係共和堂地，舊由魏家渠澆灌，二十二年以樂善堂渠渠退水渠一道，將該渠水源打斷。二十三年該地由四一〇團第九連即本鄉屯墾，遂再籌開潤惠渠，由樂善堂渠引水，東引入魏家渠，至寡婦圪坦東北，分爲東西兩支渠，幹渠長二里許，東西支渠皆可退水入永濟渠。

4. 第四區

同興東　安惠渠位於包頭東南，引沙梁南山水灌梁北沙鹻地。二十二年山洪暴發；東大社城堡全被冲毀。二十三年擬修幹渠二道，預估灌溉面積五百頃，渠身共長三十七里，開支渠五道，分佈於東西兩大社，長三十五里。工程伊始時，建築臨時透水壩以分殺水怒，並建築土式天然貯水庫以延長河水流期，計其全盤工費約四萬元。

丁　預定工作

至二十三年冬爲止，墾區所開新渠，計有百川渠、威遠渠、川惠渠、義惠渠、壽軒渠、清惠渠、詩惠渠、潤惠渠等，連年修濬舊渠，開挖支渠子渠若干道。二十四年預定工作，擬修安惠渠，川惠渠通梢，洗三合公渠，改柯惠渠渠口，開川惠支渠，豐濟支渠等，因時制宜之工作，則有加高渠背，築橋壩等。

四　交通

綏區爲西北重地，甯甘之門戶，交通之建設，於政治經濟文化各方面，皆佔重要地位。三年來墾區在交通方面進行之工作爲計劃與測量，碍於墾區修渠之繁忙，未能正式從事修理。

後套交通建設有四項：一鐵路、二公路、三航運、四電政。

鐵路建設計劃爲延長平綏線，自包頭經後套以至甯夏，於民十四年業已勘測，命名曰包甯鐵路，然以經費無着，迄今未能動工。

公路原有二道：一曰包烏汽車路，由包頭起經西山嘴五原臨河過五加河而入甯夏，全長六百里，民十四年兵民合工築成。惜年來路政失修，其間多硬土沙，高低不平，橋樑頗少，又破壞不堪。另一繞烏拉山後，爲由包至安北之大道，惟不便於汽車，伏汛期間，更難行駛。

二十二年屯墾辦事處擬定兩項工作：一整理包烏汽車路，一計劃五原至太陽廟之汽車路。包烏全路爲風雨侵蝕低窪不平之路凡三百里，結氷地有七處，西山嘴附近多大石，五臨一段地勢窪下，所經渠道凡百一十道，僅有木橋二十二，其餘木橋質料脆弱，皆急待整修。工程分土工與橋樑二項。由包頭至張油房樑及自五原至扒子補隆，預定以兩營兵力五十日完成之。凡沙路則兩旁

11

種樹爲難，以屏風沙；碎石路則搗石舖平之；下濕之路則提高路基，排出浮土，墊以新土；坡路均改爲八分之一之傾度；曲半徑最低限爲四十米；其餘均仍舊路。橋樑重新建築，凡一米達以上者均修木橋，水流甚速之渠道，橋樑木工亦加倍堅固。河之兩岸排打直柱以代橋礎。水位較緩者，擬兩岸以雉雞草短椿枕木爲之，橋上設施均同。

五太汽車路　自五原起經過新公中五分子百川堡永安堡永嘉村陝壩補畚沿狼山南至太陽廟，長三百六十四里，其間有開山工程十五里，其餘均爲土工。擬提高路面平均二尺，均寬二十五尺，計工費十七萬九千元。開山工路面寬二丈，均高三尺，十五里需數三萬餘元。每大渠建十二尺木橋六孔，椿板架樑，十一座需費一萬九千元。中渠建一丈木橋兩孔，木板電桿，五十三座需費一萬八千元。小渠上修磚碳橋洞，一六九座需費三萬餘元。建過水平橋五座，用四千元。

航運由寧夏至包頭，民船木筏，轉輸利便。各大幹渠於汛期中亦堪吐納。水運期間，最多八個月。冬季氷凍封河，嘗試以氷筏行駛，每筏一人載重五六百斤，日行百二十里，較之車駝，迅易數倍。氷層厚約尺餘，峻嶒不平處，經修理可無碍。行駛成績良好。

電政，五臨安包均有專局，有無線電台電報電話，各墾區村堡之電政，尚在計劃中。

五　建築

各墾區分建新村，意在使農村都市化，以軍隊爲主體，實行集團生活制，漸次擴張至就近居民與其他村落。新村之建築係根据一定計劃，包括村公所，官兵房舍，農場，菜圃，醫院，學校，合作社，運動塲，大路等，均能計劃周詳，無畸形發展之弊。

民國二十一年以後三年中建有新村共十七處，以先後建築計劃不同，形式亦略異，尚有未建新村者，大約分配較遲，渠工較忙，尚未動工。按照屯墾計劃綱要本擬以一團建成十三村，即每連各建一村；其後改變爲一營建一新村，即三連一村制，面積爲三百七十畝，中心四十畝預留公用。惟至第三年結算，墾地面積本大小不同，參加部隊未能平均集中，故新村大小不一，所建房舍亦多寡不同。計獨立連新村爲古元道五樂善子厚壽軒貴生通三可言八鄉，一個營部附一連新村有遠智鄉。營部附兩連新村有敬生廣盛二鄉，營部附三連新村有負暄折桂覺民三鄉，營部附四連新村爲良忱鄉。各村建築皆由內向外發展，一連建一新村者，將連部建於村公所內；營連合建一村者，將營部建於村公所內，而以連部房屋建於民戶地內，以後再引擴展。

建築形式皆以村公所建於環中，四周房屋分排，排各若干間，分別爲房室倉庫棚欄等。各排前後相距數丈爲道路。適中隙地鑿井。外周或築土挖濠，置砲台。第三年新村計劃改進，關於建築形式之改進說明四點：

1.新村全面積南北長二百八十六丈，東西寬二百十八丈，計地十頃三十九畝有奇。每戶授地一畝六分三厘，可容住戶三百九十二，除道路約佔三頃九十一畝六分，及村公所用地五十四畝四分外，住戶共佔六頃三十九畝。

2.東西南北四大馬路均寬六丈，南北四縱路及公用地，南北頂頭之東西二橫路均寬五丈，各戶東西相隔各三丈，爲便於汽車行走，及爲兩旁栽樹。

3.村公所建房四十五間，學校醫院各建房四十七間，碾磨二房各建二十間，共計一百七十九間。

4.以村公所爲中心，各戶建築皆切近中心，平均向外發展。

墾區同時建房數千間，招工不易。故隊內泥工瓦匠皆參加工作。大批磚瓦皆爲部隊燒窰自造，製成千塊材料費八元。土坯係就地打做，一萬塊需費七元。從安北西山嘴燒窰燒石灰，每元得七八十斤。惟木料當地缺乏，由寧夏順水路運下，木料原價甚廉，而運費則所費不貲。

百川堡除建村公所學校等與上述諸鄉大致相同外，又建有墾殖聯合辦事處辦公所，並百川公園。百川公園位於堡中心，面積十七畝，全園道路排成「百」「川」二字，附設圖書館等。堡外擬開商場，將成爲繁華中心。

除新村建築外，尙有二處當言及者，一爲包頭之綏區屯墾督辦事處，一爲五原之農事試驗場。前者佔地十四畝，共建房八十一間，分東西北中四部，中部爲辦事處，東部爲醫院，西部爲住室，北部爲衛隊及儲藏等用。二十四年業已工竣，形式極爲宏壯，陸軍第七十師師部亦在焉。農事試驗場，在五原東門外，佔地五頃，以「亞」字形建房六十間，西隅建工房牛馬棚圈，南門內建士兵厨房。由寧夏購木料，由北平購玻璃油漆。由張化若氏任塲長，張氏係法國勤儉工學生，極富經驗，刻苦耐勞，工作成績，極有可觀，當于下文再一併叙及之。

六　農事

綏遠土質肥沃，以河水多年冲積而成，無須肥料，無須耕耙，自能成長，農產品大率為糜米、莜麥、小麥、穀，亦產大宗紅柳、藥材。屯墾處關于農事之整理，不外求其質與量的增進，對於素來不施肥料不事耕鋤之農事習慣力求改進；糜米產量最高，而價格不及小麥，則設法調整之；大宗工藝產品亦儘量提倡利用。農事除耕墾外尚包括牧畜森林，牧畜佔西北經濟生活極重要之一部份，尤以對蒙民為然。但牧畜毫無定法，任其自然繁殖而不事改進，足以減低牧畜之生存率與強壯性。森林之種植在防沙壓與荒旱，亦係極要工作之一。墾區頗能注意於農事之改進，並提出若干農作物，培植試驗，以為將來改進之準備。

墾區以二十二三年為第一期，擬定工作凡八項，其略如下：

1.擴大耕地，引用農機；大批產糧，得向外輸售。

2.試種牧草，改良畜養。

3.試種工藝作物如菸草、甜菜、亞麻、黃豆等，以期農產商品化。

4.設農產貿易合作社，以期農村經濟流動。

5.育成十萬楊榆柳樹，以實現初成造林計劃。

6.設農事訓練所，增進屯兵農業知識及技能。

7.設立農事試驗塲及測候所。

8.修築疏濬墾區水陸幹綫，以利交通。

請逐次檢討如下：第一項擴大耕地，按全部墾區共墾荒地達二千頃，二十三年播種畝數共為一三五八頃，內自種六五〇頃，花戶半種七〇八頃。一切播種收穫盡用人力與畜力，限於經濟，未能引用農業機器。農始期在三四月間，小麥扁豆三月下旬播種，莞豆大麥燕麥，四月中旬播種，葫蔴馬鈴薯於四月下旬起，播種後耕犁一二次。七八月收割夏田，高粱穀豆糜黍逐漸成熟，九月中旬所有小紅蕎麥都已成熟。十一二月各隊忙於碾揚篩晒屯積等工作。播種頃數以糜子佔最高位，次為葫蔴莞豆小麥等。該地兩年以來水旱為災，二十二年七月水災奇重，損失殆半。二十三年四月連遭陰雨，五六月酷旱，七八月河水漲溢，淹沒田地，就中四一〇團第七連，田畝全數淹沒，損失至鉅，諸鄉平均損失佔百分之二三。二十三年統計收穫數量，以糜子佔第一位，次為莞豆小麥蓢蔴等。各項變價總計爲八萬六千七百元，以特種作物煙草售價最高，糜米莞豆小麥次之。

二十三年全墾區作物實存種植面積產量價格比較表

作物	播種畝數（略計）	百分比	收獲數量（石）	百分比	折價（元）	百分比
小麥	一三〇四四	一六・八四	一四〇八	一三・二七	一一四五七	一三・二一
燕麥	一五九三	二・〇五	一五〇	一・四一	六九七	・八〇
莞豆	一二〇七二	一五・五七	一八九七	一七・八七	一一五一九	一三・二九
蠶豆	一九八四	二・五六	二九二	二・七五	一三九六	一・六一
扁豆	二七八四	三・五九	三二三	三・〇五	一三八〇	一・六〇
黑豆	三一五七	四・〇七	三一九	三・〇一	一六一四	一・八六
糜米	一九九二八	二五・八九	四四六六	四二・〇七	一八七六〇	二一・六四
穀子	三四一二	四・四〇	四三六	四・一一	二〇八五	二・四〇
黍子	一〇二九	一・三三	二六一	二・四六	一一一〇	一・二八
蓢蔴	一一七四〇	一五・一四	八四九	八・〇三	四〇九四	四・七二
特種作物	四二〇八	五・四三			二八五四八	三二・九三
租金					二六三六	三・四〇
其他	二五八六	三・三三	二〇七	一・九七	一四〇三	一・六二
總計	七七五四三	一〇〇・〇〇	一〇六一二	一〇〇・〇〇	八六七〇六	一〇〇・〇〇

屯墾第五隊穫糧最多，達一千四百三十石，第三隊最少，僅及一百四十石。初期開荒，經驗缺乏，水旱災害，更足影響產量，故所穫僅足自給，不能向外輸運。第二項牧草，由試驗場試種紫花苜蓿，生長成績頗佳，可為改良飼料之用。其牧養家畜除引用各國良善配種，改良牲種外，並注意牲畜日常生活條件，如潔淨廐房，防備疾病，放牧有時等。第三項工藝作物概見試驗場之工作，詳於下文。第四項消費合作社已於二十二年在包頭成立，至五原各新村均相繼設立分社，並信用合作社，採買貨品，舉辦低利貸款等。第五項植樹，各村堡內外已植樹若干株，並籌闢苗圃地址，每年每連播種幼苗兩畝。第六及第七兩項，見試驗場工作內。第八項開渠修路見前水利與交通諸項工作。

五原農事試驗場之組織，設場長主任各一人，助手工頭若干人。下分作物畜牧森林訓練四部。

1.作物部

(a)試驗區——改良後套農作方法，並試栽價值較高之各種作物。

(b)經濟區——分別栽植各種作物，使其產量增加，質量優良，用費低省。

2.畜牧部

(a)整理土種——就原有家畜施以科學管理與飼養。

(b)改良土種——鑑定優劣，慎審取捨，引用各種優良畜種，純化西北畜牧。

3.森林部

(a)苗圃區——培養楊柳榆樹，並試種松柏。

(b)植樹——利用沙梁鹹地及渠畔道路，實行植樹造林，以救木荒，以防水患。

4.訓練部——統屬訓練隊士兵六十人，由屯軍每連選二人，定期為二年，施以農業科學智識，及實地操作之訓練。

作物部二十三年試驗結果：冬麥有種植可能，產量在春麥之上。後山小麥完全成熟。藍麥有三種特徵，耐旱性強，土壤要求甚少，與抵抗黑穗病力強。四種優良莞豆為青莞豆兩種，大玉莞豆一種，狠豆一種，發育良好，品質優於套莞豆。高梁有紅白，可代替莞豆充作飼料或造酒精。五種禾本料蓿根牧草，可供家畜。玉米及日本黑大豆產量均可觀。試驗排水去鹼，春水洗刷功效在伏水之上。其前二十二年試以春水地種夏田，以爲可行。鹼地可種合鹼性物。洋犂由該場監製，效用在土犂之上。其他，試種玉蜀黍，苜蓿，燕麥與莞豆合種，亦有相當成功。

畜牧部二十三年用美利奴羊寧夏灘羊與後套羊配種，飼養方法須擇高粱之地，冬天不宜剪尾，成績良好，將來在後套之發展，必有可觀。

森林部原定苗圃面積五十畝，二十二年以採種困難，僅用十八畝六分，先試種榆苗佔地五分，側柏五分，椿樹一畝二分，洋槐一分五厘，中槐五厘，合歡木一厘，結果，以榆樹成活最多。沿河楊柳栽培最易，二十三年由包頭購楊柳種數百本，椿樹春夏所生，秋冬則不致凍枯，訓練其耐寒力，五六年後越冬可無困難。其他樹木皆在試驗期中。

七　新農村組織計劃

屯墾目的不止於開荒闢地，尤在建樹新農村，以改善人民之社會生活。新農村組織原分政治經濟教育公益衛生公安六項。 17

（1）政治組織計劃，新村編制以每五戶爲鄰，鄰有長；五鄰爲閭，閭有長；四閭爲村，村有長；在新村未完成前，依照軍隊組織編制之。新村內機關有五：一，村民會議，選舉村長村副及各委員會委員，決議村中興革事宜法令公約等。二，村公所爲執行村務之機關，執行者爲村長村副。三，調解委員會調解兩造爭議。四，監察委員會淸查村財產，監察辦事各機關。五，經濟建設委員會，與辦各種公營經濟事業。

（2）經濟組織計劃，原則約有三點；一，平均發展，實行均產制。二，生產消費分配合理化。三，倡興合作事業。組織之實施有四。一，信用合作社，主持全村金融。二，公營貿易所購置供應品及消費品，銷售村中生產品。三，農業經營合作社，主持農事農具之分配，種植之計劃，生產品之保管貯藏，及工作記錄等。四，協立集團信託農事試驗場，聯合鄰村合組試驗場，以改進農事爲原則。

（3）教育計劃作重的特點爲全民教育，終身教育，互相教育，及國防教育。

（4）公益計劃：建築村內外道路橋樑，開闢渠道水井，設置公園，培植森林，舉辦社倉，撫養孤寡老幼，料理天災人禍善後事宜。

（5）衛生計劃：個人注重清潔，公共清除街道，檢查病疫，設公共醫院。

（6）公安計劃：非自衛不能安居，凡在村中二十至四十歲之壯丁，一律受軍事訓練，任清查戶口守望巡邏剿匪防禦水火等職。至其詳細情形，要皆失之瑣細，不便縷述。

總之，後套兵屯，爲期不過四年，而事業規模，蔚爲大觀。曩昔閻百川氏力倡土地村有之制，雖其理論及實施不無可議之處，然仍不失爲改革土地私有制之有力方案，正宜假綏西墾區，實地試驗。復次，經營後套移民屯墾者，不止綏西兵屯之一種組織，然以人材設備資力規模而論，則無可與之相頡頏。深望當其事者，一本已往數年中努力創業之精神，領導後套開發事業，如大規模水利之整頓與交通之興建等，並應注意土地之分配，新社會之建設，則其前途之發展，吾人於有厚望焉。

18

安北和碩公中墾區調查記

李榮芳

墾區任作田處長

一　墾區成立的經過

在家鄉觀念最重的中國人中，要想離開自己的鄉土，而到邊遠的地方，創立一種新的事業，在一般人看來，總是很悲苦的一件事；尤其在國亡家破的時候，自己的父母妻子，被異族追迫的無地可歸，不得已而流徙到荒涼僻遠的地方，這種沉痛的滋味，更是難於想像。和碩公中移墾區就是在這種情形之下成立的。自從九一八事變之後，東北四省先後淪陷，在一般不甘心作亡國奴的人，不能彀不撇棄了自己親愛的家鄉，而退到還沒有失陷的平津一帶地方來。可是離開了自己的家鄉又怎樣辦呢？自己的家財沒有了，一條孤獨的身子，靠甚麼來維持生活？正在這無法可想的時候，就有十餘位東北的先進，組織了一個西北移墾委員會，要爲這一般東北流亡的人們尋找一條出路；其中朱霽青先生是一個最熱心而且也是最有力量的一個人。這個委員會共有十八個人，是在民國二十三年春天正式成立的，他們擬定章程，規劃辦法，前後經過十數次的討論，纔確定了進行的方針。他們進行的方法，是推定朱霽青先生爲委員長，請他到南京交涉一切，而在北平則設徵集處，徵集墾民。徵集處是三月十九日成立的，推定任作田先生爲主任，汪春亭先生爲副主任，借用東北醫院門房實行登記。

當時印發了幾本小書，即西北移墾委員會移墾說明書，西北移墾委員會墾民須知，與西北移墾委員會墾區辦事處組織大綱。從這幾本小書裏，我們可以看出他們開墾的精神來。他們要墾民知道的幾個問題是這樣：爲什麼要去開墾？爲什麼要到西北去開墾？到西北的那個地方去？怎樣屯墾法？開墾於各家有什麼好處？開墾於各家有什麼難處？怎樣的去法？裏面告訴立志要去的人，塡好志願書，找着介紹人，到墾民徵集處登記；並且肯定的說：『如果我們是強健，吃苦，有志的人家，徵集處便會把我們給登記上去』（見移墾說明書）

這三本小書，前面的封面上，都有他們的信條，我們更可以從這裏看出他們墾發的精神來。他們的信條是：

一、我們到西北去，要人人自食其力！

一、我們到西北去，要人人做一個生產者！

一、我們到西北去，要堅決我們的志願，努力創造我們的新天地！

一、我們到西北去，要同心協力，精誠互助，開闢我們的樂園！

一、我們到西北去，要先公而後私！

一、我們到西北去，要準備實力，誓復國仇！

一、我們到西北去，要將汗洒在西北，血流在東北！

背後封面上也有八句格言，這八句格言是這樣寫着：

『吃苦耐勞，耕食織衣。精誠親愛，先公後私。開發西北，今正其時。恢復東北，報國有期』。

他們沉痛悲壯的情感，完全可以表顯在這幾句話裏。畢竟登記的結果很是不錯，在北平有五百餘人，山東惠民也有五百餘人，願赴墾區。

眼看移墾的事業，就要成功，不想又遇見難處，這難處是朱先生同劉大夫，柳教授，孫先生等人，會同內實兩部委員赴臨河一帶調查墾區，因為種種的緣故，沒有得到相當的地點，因而登記的事，也於五月十號截止了。

後來西北移墾委員會兩次開會，議決由朱先生親赴南京會同財，實，內，鐵各部，向行政院請求令綏省府設法撥給地基，並向財部催促發款。

在這個時候，任作田先生格外着急，因為他與墾民接近，前來訊問的也日見增多，不得已他便約會同志王彤軒先生等六人，數次給朱先生去信，催他辦理一切；其實朱先生在這個時候，並未閒着，也是不斷的向政府請願。經過多次關係機關公文的往返，到民國二十四年一月六日，朱先生才將墾務的事情辦妥。他回到北平來報告於委員會，說政府允發五萬元作為墾費，並囑任作田先生力負墾區工作的全責，如接收地畝，調察情况，規畫辦法，籌備預算等事。任先生這才召集十餘同志，經過兩次的討論，規定先去墾區六人，辦理一切事務。二月九日早八時，六人由北平出發，十號，謁綏遠傅主席，傅主席允爲竭力幫忙；並派墾務總局委員到五原墾務分局，加派繩丈員到地丈撥地畝，二十一日丈淸，計全面積七萬餘畝，可種地有五萬餘畝。丈量後，六人便在包頭五原扒子補隆三處調查出產，比量物價，最後決定在三處購買物品，火速進行。二十七號，任作田先生返平，留二人作代表購買耕牛馬匹農具。一到北平，便知道車輛的價錢，北平比綏遠更公道，便買了大車八輛，水車一輛，汽車二輛。同時任先生作西北移墾委員會初期移墾步驟暨墾區工作綱要，函報朱先生轉呈行政院，後經行政院修正批准，便隨公函給墾民寄去，叫他們三月二十日以前答覆，四月一日，出發赴綏。

按普通的看法，等了一年多的墾民，一見這信，必是歡天喜地的湧躍前來，誰想到北平登記的五百墾民，只有二十二人報到，其餘的墾民全就了旁的事情。努力的結果，北平願赴墾地的，有一百二十五人，山東有三百五十人。北平組四月一日從平綏路要了車輛，載運墾民和他們的物件，及所買的各種車輛；此外又有氣油二百五十箱。五號，到達和碩公中，臨時在扒子補隆教堂裏面及西九號村居住。七號，開始工作，先在扒子補隆西高處地跌老半斤擇設村基，蓋妥土房九間，挖有村基圍壕百八十餘丈。誰想到這個地方是地勢合宜而水不合宜，鑿了四眼水井，全是苦水。不得已東移另尋村址，又鑿了一眼井，也不適用。然後才又向東南移里許，鑿了四眼井，全是甜水；而此地的地勢，也不低窪，便在這裏修築村舍，將前在舊村所打的土坯四十萬塊運來使用，築成房舍十一排，每排十二間，共一百三十二間，汽車房馬棚共二十間，外有大門洞並兩耳房五間，又在兩旁培牆十二丈。村基南北有一百二十丈長，東西有七十二丈寬，圍壕已挖成三分之一。又於村南三里餘南牛垻，築成土房五間。可惜原定村基附近等處所栽的楊柳柏樹等類五百餘株，因爲管理不便，雨水不調，全都枯死。

山東的墾民三百五十人，是四月十五號由濟南到北平來的，可是他們到北平就逃去了一百人，下剩的還有二百五十人。這些人於五月一號，來在墾區，從事於挖渠的工作。濟南來的墾民，雖然於報名的時候，見過墾民登記表上寫的『吃苦耐勞，耕食織衣，精誠親愛，先公後私』等格言，也在墾民志願書上簽過字，說『願在貴會領導之下，前往墾區實行墾殖，決心努力生產，服從紀律』，到底他們沒有明白開墾的難處；不然一到北平，怎麼就逃走了一百餘人呢？在墾區工作的時候，他們也是不安分，常起擾動，到六月一號，這二百五十人中，又逃去了一百。十月間於任處長公出後，其水利組岳仲三以藉返對汪處長爲辭，竟擴大罷工運動，參加的有九十餘人，一連罷了五十餘日，直等將岳仲三等爲首五人開除驅逐後，始全復工，努力工作。創辦一種新的事業，是怎樣的不容易，如非具有開創精神的人，是不容易成功的。可是這一年雖然經過了許多難處，然而墾務的成績，也很見效，到民國二十四年底，已挖成的大渠，長五十五里，寬三丈至一丈四尺，深四五尺；支渠寬一丈四尺至一丈或八尺不等，深四五尺，長四十餘里；共可灌田二百頃之多。新村的安置也就緒了，三百多個人，都有了歸宿的地方，如果將來繼續發展，後套地利當必由此而漸近開發，總算在西北開發的歷史上，有這樣悲慘的一幕。

二　墾區的基址

墾區所在的地方叫做和碩公中，原屬蒙古達拉特旗，今屬安北第三區。它的位置，就大處說，東北去安北設治局約百里，東南去包頭約三百九十里，西北去五原約九十里，南去黃河約三十里。就小處說，扒子補隆在其北，距墾區的基址約五里許。扒子補隆是安北西南部很有名的一個鎮市，也是教會經營的一個重要地方。村內有教會一處，有一個美國籍的牧師同他的婦人在那裏傳教；村南有幾家小商店，附近一帶的居民，多半到此做買賣，因此也就成了一個小市塲。扒子補隆更有一種特色，就是村外栽的樹株很多，自遠處就可一望而知。墾區通常所用的菜蔬米糧，以及其他零碎的用品，有時也到這地方去買。墾區的東邊緊靠烏梁素海，距村址約有三里許。烏梁素海是烏加河下游滙聚的地方，四周圍總有幾十里，產魚最多，水鳥同野獸也異常的多，是漁獵的一個好地方。烏梁素海的東南邊就是烏拉山，自此而西，迤邐曲折，直到西山嘴子後止。區的南邊是賀鏡，西邊是陶賴圖，也是些小小的村子。

就墾區的交通說，也是便利得很。從包頭到五原有早已修成的汽車路，這條汽車路過了西山嘴子之後，不久就到墾區的境界，再從墾區的中部穿過，北經扒子補隆之西，而西北去五原。從汽車路到墾區的村址，多不過一里路，所以從此去包頭或去五原都是很便利的。現在墾區自有載重汽車兩輛，往返包頭五原臨河間，不但運輸自己的貨物，而且也替士商運輸不少的貨品。水上的交通也很便宜。烏梁素海水的深度，是可行船的，從烏梁素海上行，沿烏加河可達五原之北，狼山之下；從烏梁素海下行，順烏加河下游的退水渠，可以直達黃河；東向順河而行，可以至包頭，西向逆河而行，可以至寧夏。烏梁素海之東，烏拉山之北，有很多的木材，可以供燃料，亦可以供築建，從烏梁素海上運輸，也很便利。現在墾區備有帆船二隻，一隻較大，一隻較小，準備以收穫所得，運往包頭去。除了烏梁素海以外，還有一條水上的道路，就是墾區新鑿的渠道。渠道自村址西南到黃河，僅三四十里，等到黃河水漲發的時候，渠道成了一條大河流，由此也可以運輸貨物到黃河去。

墾區的面積，共七萬一千八百零一畝六分，除去沙陀二千九百二十九畝三分，計有荒地六萬八千八百七十二畝三分；再除去汽車路，公路，滯渠，壩，細沙地，城片地三成，實再可耕墾的，共有四萬八千二百一十畝，墾區土地的性質，是粘土的性質，內中含着細沙，也含着很重的鹼性，不過經過河水澆灌，無論甚麼地方，都可以成為肥美的土地，種田禾，種菜蔬，都是很相宜的，所以講求水利，也是墾區惟一的要務。墾區界內，原有和碩渠長五十五里，寬丈餘，對於澆灌區內的土地，是很適用的；可惜年久淤廢，久已不能用了。現在墾區自己鑿了一條渠道，自西至東橫穿墾區之中，可以澆灌不少的田地，將來再鑿修支渠，區內的田地，是都可以灌漑的。墾區的西北角，接聯着民復渠，如果同水利局協力進行，也可以澆灌區內的田地。

總括起來，墾區的基址，無論從交通方面說，無論從水利方面說，都是很便於墾發的，如果墾區辦理順利，幾年之後，即可榆柳成林，桑麻遍野，把一個荒涼的地方，變成繁富的區域。墾區地址，參考所插和碩公中未放地圖及和碩公中墾區詳圖二圖。

三　墾區組織

說完了墾區的基址，下面接着再說一說墾區的組織。墾區組織的特殊性質，就是集團生產，由於大家共同生產，由於大家共同消費，有了贏餘，也由大家分批。在這一點是與其他辦理墾務不同的，其他辦理墾務的，除了王靖國師長所創辦的軍墾以外，大都是私人經營的性質；雖然有公同的領袖指導，在警防，教育，衞生等方面，採取一致的行動，然而財產所有權，以及每年所生產的仍歸個人所有。凡是在西北辦墾務的，除了負有開發的使命以外，還負有創立新社會的志向，這是西北前途最光明的一條線；而墾區辦理的趨向，更是要達到造成完全公民的目的，使每一個人要明白他在社會裏所負的責任，以及與其他人彼此間當有的關係。他們集團生產的性質，是以五年爲限，五年以後，視所有的情形，或改爲私有制度，或仍依照集團生產的方法進行。既然採取了集團生產的方式，當然有兩方面是不可忽視的。（一）組織須要嚴密；（二）生活須要紀律化，個人的動作，須受團體的支配，是不能散自由的。

墾區之各部職員

關於辦理移墾的主要機關，是墾區辦事處，它是根據實施移墾辦法大綱（此大綱原爲西北移墾委員會草訂，後經行政院修正批准）原則第一條及辦法第一條成立的。原則的第一條是這樣說：

查墾殖事宜，千頭萬緒，必須設立一確定之領導機關，主辦關於移墾一切事項，以專責成。

辦法的第一條是這樣說：

根據原則一之規定，設立移墾辦事處，直轄於行政院，掌理墾民之選送及墾區之經營。

根據以上二條的說明，墾區辦事處就成立了，現在再來看看辦事處自身的組織。根據原訂的墾區辦事處組織大

後套安北設治局和碩公中未放地草圖

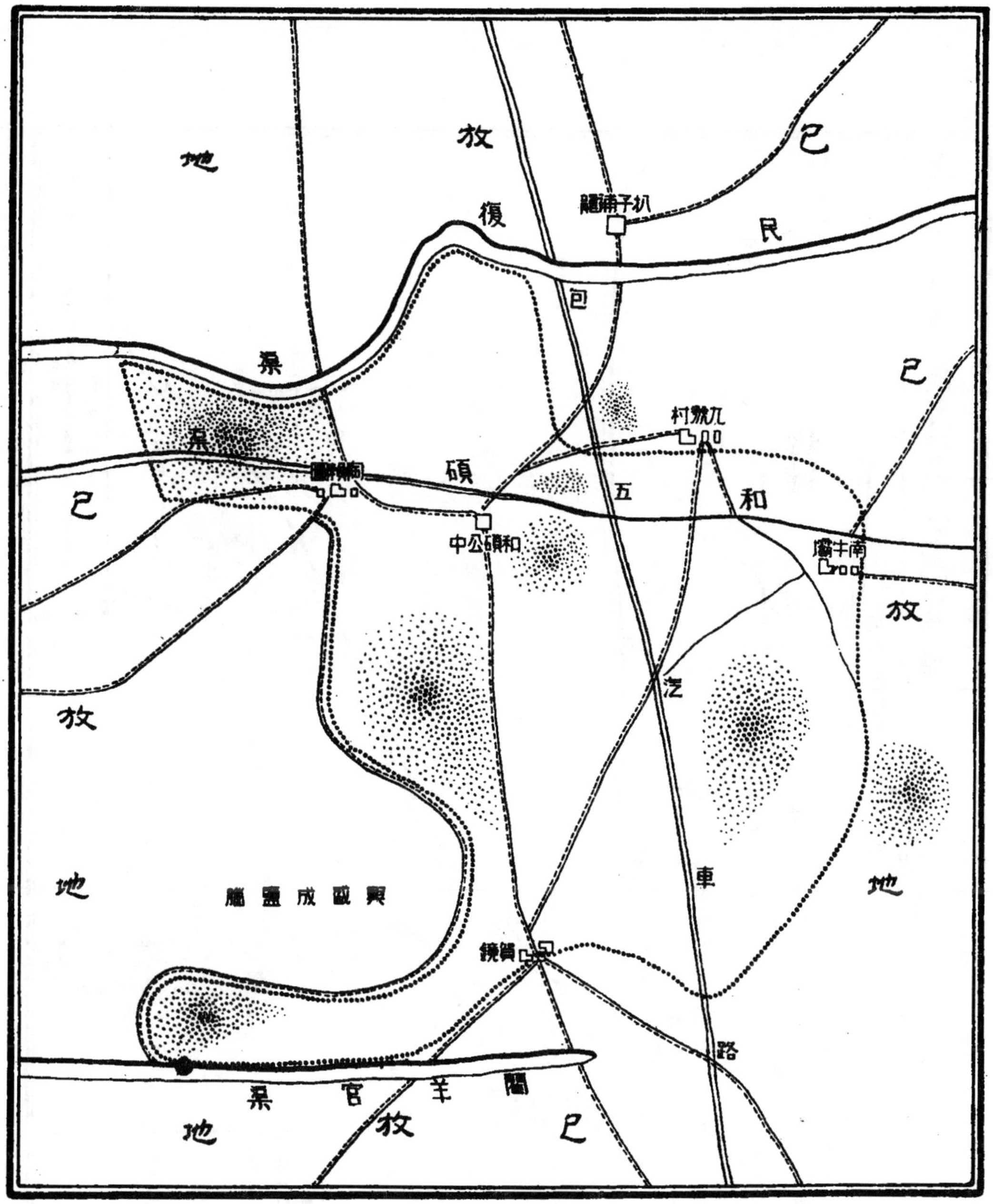

（一）地名　和碩公中地

（二）位置　在安北設治局西南約一百三四十里

（三）交通　包五汽車必経之路

（四）水利　灌用民復等渠水

（五）治安　現在安謐

（六）土質　膠泥性

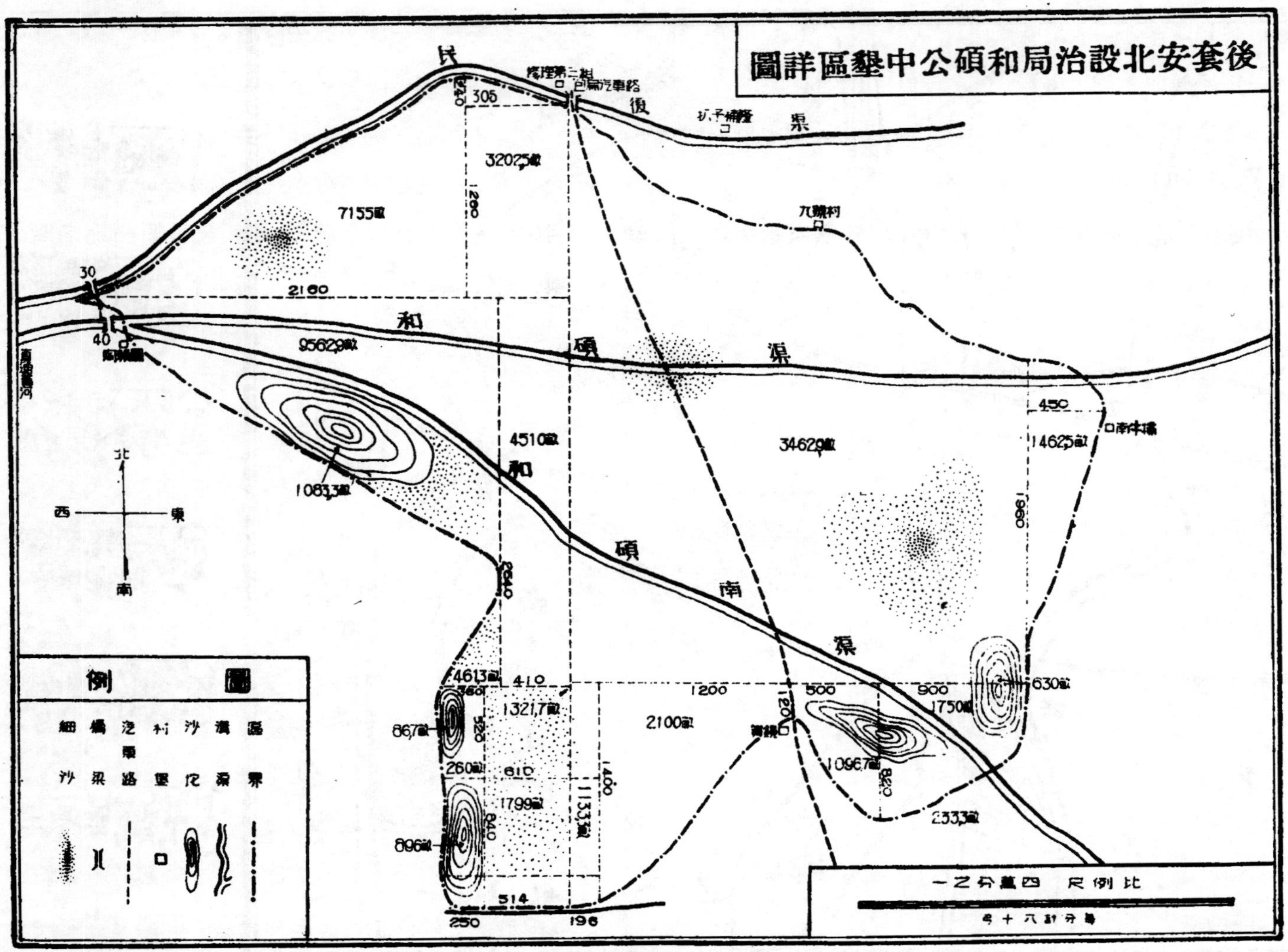
後套安北設治局和碩公中墾區詳圖
圖例
區界
濠渠
沙陀
村堡
汽車路
橋梁
細沙
比例尺 四萬分之一
北
南
東
西
和
碩
渠
和
碩
南
渠
民
復
渠
九號村
口南仲橋
7155畝
3202.5畝
9562.9畝
4510畝
3462.9畝
1462.5畝
1083.3畝
2100畝
1321.7畝
461.3畝
867畝
260畝
1799畝
1133.3畝
896畝
1096.7畝
1750畝
630畝
233.3畝
2160
1280
305
240
30
40
450
1960
2640
410
1200
500
900
120
820
610
1400
840
360
320
514
250
196

綱第二章的說明，它的組織是這樣：

1正副處長　總理本處一切事務

2總務組　掌理文書，庶務，及不屬於其他各組之事宜。

3財務組　掌理墾區辦事處之金錢出納及保管事宜。

4保管組　掌理一切共用品之保管事宜。

5被服組　掌理被服之備製事宜。

6考核組　掌理墾民工作分配及成績之考核事宜。

7政宣組　掌理政治訓練及宣傳事宜。

8教育組　掌理幼稚院，小學校，及其各他種教育事宜。

9衞生組　掌理醫院防疫防災事宜。

10統計組　掌理調查統計事宜。

11交通組　掌理一切交通事宜。

12警衛組　掌理治安自衛事宜。

13交易組　掌理一切物品之購買及銷售事宜。

14農作組　掌理耕地，施肥，及改良種籽事宜。

15造林組　掌理林木之培植事宜。

16牧畜組　掌理牲畜之牧養事宜。

17水利組　掌理溝渠之修鑿，引水，及灌溉事宜。

18工業組　掌理工廠製造貨品事宜。

19園藝組　掌理菜蔬及菓樹之種植事宜。

從以上的說明，看出墾區的組織是根據二種主要的原則：一是共同生產的公有制度，二是嚴密的分工制度。這一種組織，從表面上看來，似乎是很完備的，可是實施起來也很困難。一則是條文上所說的過於空洞，怎樣能彀具體化？一則是各組獨立進行，容易流於渙散，怎樣能彀效率化？因爲實施上有這兩樣的困難，對於原有的組織，不能不加以更易與補充。因此在墾區辦事處二十五年度工作計畫書上，對於原有的組織計畫，另外有一番說明。計畫書是這樣說：

（一）處務編制　查本處於二十四年開辦，原設水利，農作等十餘組，於編制上略嫌渙散。本年改編，先集全體墾民令其自動參加某項工作，十人一班，自舉班長，舉不洽當者，則選派之。以文書，考核，事務，統計分四系，統屬總務組。以農作，造林，水利，園藝，建築，牧畜，庶務分七系，統屬工作組；工業事簡，暫附是組。交易組暫從緩設。保管組，交通組，被服組，衛生組，會計組各組幹事，均負專責，依事務之繁簡，規定每組祇設幹事一人，或增設助理等數人。警衛組幹事由處長自兼，計分二隊，以全部墾民抽編四十八，輪担治安之責。教育執行委員會，由全部請選委員九人，內負責者二人，計設民衆教育三班，小學一班，負全區義務教育，補習教育，及一切文化事業之責。

(二)工作支配　查工作組爲本處重要工作，所屬農作系分七班，每班十人；造林系一班，計七人；水利系二班，計二十九人；園藝系一班，計七人；庶務系司厨，御車，拉水，打更，喂馬，飼猪計二十三人；牧畜系春季暫僅二人；工業暫分木，鐵，鞋工三人，俱不設班。其他各組事簡，亦不設班。各班分負專責，如遇其他某組某系工作或有繁簡緩急之變更，得隨時調派增補人工，由某幹事助理領導之。

……………

(六)工作統系　按照第一項之編制，本處工作於系統上漸臻完備：處長負總理全區之責，總務組負對人事問題，工作組專對工作實施；該兩組各分數系，由幹事總領一切。保管組專對物的問題，掌管收發物品，由幹事總領助理三人負責。墾區遇有較重之事，三組幹事協商執行。其他衛生，被服，交通，會計，教育各組，遇有商討問題時，可向總務組及有關係各組協商執行。至助理，按其學術品行之所近，安插於各組或各系中，又如不屬於其他各組事項，統由總務組辦理，以免散漫無紀。……

從他們的計畫書的說明，就知道墾區的組織是愈趨於紀律化，效率化。當我們去調查的時候，他們的組織已經是狠就緒了，現在將他們二十五年上半季實施的組織寫在下面：

(一)處長　總理本處一切事宜。

(二)總務　幹事一人，掌管所屬四系工作及不屬其他各組事項。

(甲)文書系　掌理往來公文書函事宜。
(乙)考核系　掌理各組成績考核事宜。
(丙)事務系　掌理人事交際事宜。
(丁)統計系　掌理調查統計事宜。
(三)工作組　幹事一人，掌理工作分配及所屬該組一切事務。
(甲)農作系　掌理耕地施肥及改良籽種事宜。
(乙)園藝系　掌理菜蔬及果樹之種植事宜。
(丙)造林系　掌理林木之培植事宜。
(丁)水利系　掌理溝渠之修鑿引水及灌溉事宜。
(戊)畜牧系　掌理牲畜之牧養事宜。
(己)建築系　掌理修築房舍及圍堡各事宜。
(庚)庶務系　掌理一切雜務事宜。
(辛)工業系　掌理工廠製造。
(四)保管組幹事一人，掌理一切公共用品之保管事宜。
(五)交通組　幹事一人，掌理交通事宜。
(六)被服組　幹事一人，掌理被服之備製事宜。
(七)衛生組　幹事一人，掌理醫院防疫防災事宜。
(八)會計組　幹事一人，掌理本處之經費出納及保管事宜。
(九)警衛組　幹事一人，掌理治安自衛事宜。
(十)交易組　幹事一人，掌理一切物品之購買，及銷售事宜。
(十一)教育執行委員會
(甲)義務教育執行委員會　掌理調查學齡及小學校設備教管事宜。
(乙)補習教育執行委員會　掌理民衆教育及一切文化事業。
(1)教員
(2)書報部
(3)遊藝部
(4)體育部
(5)音樂部
(6)編輯部
墾區組織的演變，大體如上所述，現在再畫一個系統表。

9

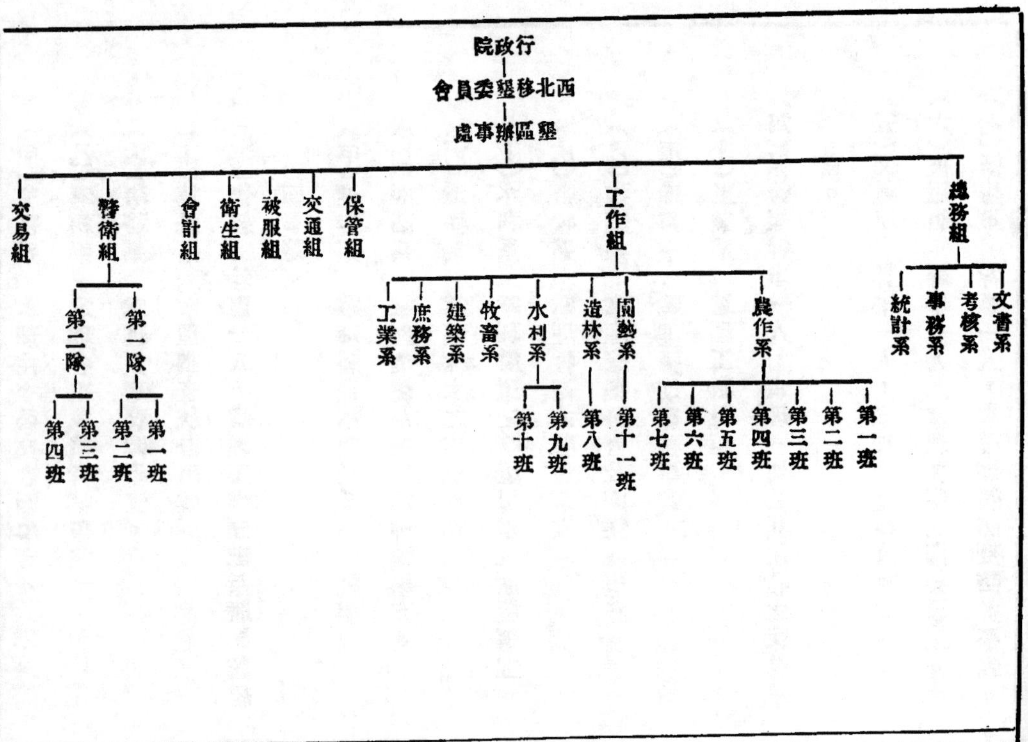

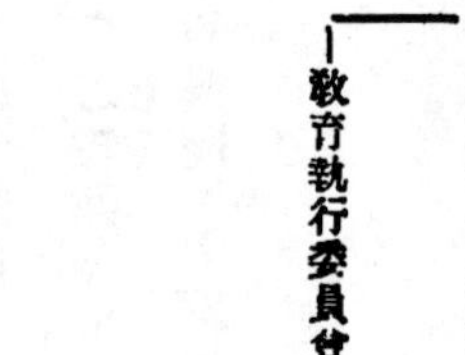

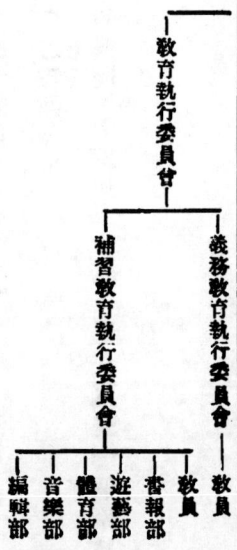

四　墾區之管理與監察

以上所說的是墾區的組織，然而有了系統的組織，必須再有適當的管理與監察的方法，纔能杜免流弊。普通說來，大凡是一種共同生活的團體，必須注重二件事：一是公德心，一是責任心。公德是不自私，重視團體的福利如同自己的福利；責任心是不偷懶，對於團體的工作，不存玩忽的心理。這二件事，說着是容易，而做起來則很難，尤其是在私有制度薰陶久了的中國農民。爲着要使大家愛惜公共用品，注重公德，墾區辦事處二十五年一月訂下了公物保管規則，規則的約文是如此：

(一)各種日用物品，必須好好使用，不得隨便拋棄或摔毀。凡不到換發日期，不得換領。

(二)各種工作器物，各組及各班領用時，須具條開明器物名稱，數量，領用人姓名，並蓋章到辦事處，經處長批准，即赴保管組領取。但開單時須將應領數目，詳細算好，如不能算，即由保管組代辦，免得多費時間。如某物品業已廢毀，新物品倘未購到時，不准強索爭執，以全體面。

（三）各種食品，依照第二條辦理。

（四）無論日用品或工作器具，在保管組者，即由該組完全負責保管，如有破壞務須交回保管組修理；如能自行修理者，即立刻修理之。若某種物品已破壞至不能再修理時，須將原物送回辦事處，備案報銷。倘被人遺失或損壞，即時報名備查。倘被某人強行拿走或拐逃，即由該幹事等一面將拿物人姓名及所拿去物品數量，速報辦事處核辦，一面報告就近軍警保衛團等追捕送官究辦。否則即由該幹事負賠償之責。

（五）各墾民努力工作，固然多費器物，但不加小心任便損壞者，亦所難免。若有此種行為，即為輕視公物，應即由負責人按照事實，分別賠償，將來由其獎勵金項下，扣款補罰之，或分別記過。 11

對於公用品的愛惜既然有以上條文可以約束，而對於各人勤惰的懲戒與獎勵，亦嘗有條文說明，因此墾區辦事處於二十五年一月又訂下了工作動息時間及勤惰功過獎懲辦法暫行規則。暫行規則的約文是如此：

（一）每日早七時起床（做飯人早五時半起床，晚九時就寢），九時早飯，十時工作，晚三時半止工，晚四時晚餐，五時討論工作或娛樂，十時就寢。工作時休息二次，每次三十分鐘；並於工作時間，斟出一時三十分，輪授補習教育，各以搖鈴為號。十時以後，不可說笑，妨害公安；並息燈火，以妨危險。不遵時間動息，以怠工論。如遇有特別工作，不在此限。嗣後晝長夜短，春耕農忙，其起食寢息時間，得另變更公佈之。

（二）各班班友，患病請假，須經幹事或班長令其到辦事處診斷給證，方能休息。否則必須隨同班長工作；若自動休息，以怠工論。

（三）現在各人所住房屋，務須保持建設原狀，尤須清潔；且無事不得亂串，以免妨害他人安寧；違者減少德操分數。

(四)派在外邊工作，或在區內經管廚房做飯等人，所領米麵油菜，及各種器物，均甚艱難購來，經濟既屬有限，物品又感缺乏，務須各自省儉保管使用，以延長公共生活時間，接續我們建設生產的完成；違者減少德操分數。如有私自處分公物，或私拿公用物品及私人物品，即按偸竊論，輕者記過開除，重者送懲。

(五)各班友派赴各組工作時，須受該組幹事領導，若在本組及本班工作，須受幹事班長領導支配；違者分別輕重記過。

(六)各班長隨時將本班工作人數勤惰情形，報告各組幹事。常該組幹事下工後，將各班工作人數，彙交考核組，其考核組負責者，並須隨時實地考核，分別登記，以憑奬懲。

(七)全體墾民，均負有自立的，建設的，生產的責任，倘有違反此旨，破壞公共團體精神，生出消極罪惡，墮落，怠惰，渙散，沉緬，嗜好，散布流言，毆罵同志，任意行動，結黨尋毆，輕者記過，重者開除，最重者送官廳法辦。

以上所舉兩條文，是墾區對墾民管理的辦法。一般的民衆常常犯着一種毛病，就是自己既沒有自主自裁的能力，而又不肯聽從旁人指導，俗語所謂「愚而好自用」者即是。這種心理最足使任何的團體破裂，渙散，而無紀律。目下中國內部團結的問題，就苦於一般人不能去掉這種心理，這是應該訓練的。再一種問題就是自私，一般的西洋人都說中國人是最自私，最不講公德，恐怕這不是假話。無論在政治的舞臺上，或在各種機關各種團體當中，無處不表顯出中國人的自私性來。這樣的國家，怎會不落後，怎會不滅亡。要想改造社會，給社會立一種合作互助的基礎，正可以從小的團體入手。實行訓練。希望墾區能殼本着這種原則，努力的奮鬬作去，以求達到最完全的目的，而收宏大的效果。

下面再說明他們奬功罰過的辦法，作爲這一段的收尾。他們奬功罰過的標號和分數是如此：

(一)工作／工作一日爲一分，其工作成績較次者，得酌減之。

(二)怠工〇不按規定時間上下班，亦按怠工論，怠工一日扣一分。

(三)假×因私事及病請假均不記分

(四)功△每一次功加十分

(五)過▽每一次過減十分

(六)惰一作工時怠惰者酌減分數

(七)　全年品行分由一分至五十分

(八)　全年智識分由一分至五十分

(九)　全年技術分由一分至五十分

最末後的裁判是獎罰的實施，獎是年終利潤增多的鼓勵，罰是年終利潤減少或取消的懲處，總之仍是借着利誘的方法，鼓勵他們走上守公德盡責任的路子上去。

五　墾區實際的建設工作

(一)建築新村　關於村址的勘定與建築，在本篇第一段中，已經說過了，不必再重複。最近的增築不很多，其中重要的是挖掘新村的圍壕，第一次是挖了九十五丈，寬一丈，深六尺；第二次是挖了六十三丈，寬一丈，深三尺。圍壕的挖掘，為的是防禦匪患，將來還要建築圍墻。又在新村前面道路兩旁挖了一條樹溝，長三百丈，寬五尺，深二尺。因為地內含堿性甚重，栽上樹不容易活，挖了溝，溝內放上水，堿氣上浮，而後栽上的樹在下面生根，就不致於死了。

(二)渠道　關於鑿渠的工作，在第一段裏也略略說了幾句，最近的工作是在九號村前挖掘大支渠一段，計寬八尺，深二尺，長一百零二丈。又加增新村前和碩幹渠渠背，寬三尺，深二尺，長一百一十五丈。又清理和碩幹渠渠底障碍物四十里。又用草和土堆砌布袋口西渠背傾圮之處，寬五尺，高一丈，長十六丈。又鑿修汽車路東和碩幹渠，渠底寬八尺，深二尺，長一百四十五丈。又鑿修和碩幹渠黃河口，渠底寬二丈，深一尺，長二百零二丈。

(三)農作　關於農作的成績，在二十四年度合計自種與分種共三十餘頃，收糜子六百三十九石，雜粮十八石六斗，成績不算好。原因是初到這裏，一切都未安置妥當，又加以怠工的事屢次發生，所以沒有好的成績。本年度所工作的，是在跌拉半金地方耕種麥田，由和碩幹渠向南數，第一段東西寬二百弓，南北長一百二十弓，計一百畝。接連着又一小段，東西寬一百弓，南北長八十弓，計三十三畝三分。第二段東西寬一百五十弓，南北長三百二十弓，計二百畝。又在新村西南開荒，種麥田一段，東西寬七十五弓，南北長一百五十弓，計四十六畝八分。總計三大段共種麥田三百八十畝零一分。又開生荒地種黑豆，黃豆，糜子二百三十六畝四分。此外已澆的荒地，約有一百九十餘頃，分租予一百餘家佃戶耕種。如果將來收穫成功，墾區的自給，是不成問題的。

(四)園藝　本年度墾區在新村及和碩幹渠以南，開生荒地五十五畝五分，作為園田，內種各種菜蔬。又在新村西南開生荒地六畝，栽蒜三畝，種小白菜三畝。所種菜蔬，除蒜苗外，其他皆不甚發旺。這裏有一段經驗，可供後來參考，是種園的人，恐怕去年所澆的伏水，已經日子很久了，土乾不易發芽，所以又重澆水。不料澆水之後，引起了土中的堿性，被暴日蒸晒，裂成二寸餘厚及二三寸寬的斜土塊，堅硬如石，壓迫菜芽，不能自然出土，所以菜苗不甚發旺。此為種菜人於失敗中所得之經驗，日後種菜，切忌於下種後澆水，即使澆水，亦須在下種以前，和苗出土四五寸以後，方為合宜。

(五)造林　墾區在本年度。又於新村前挖栽樹小溝，寬一尺半，深一尺半，長六百丈。又於新村東南林園挖圍壕一段，四面寬深各三尺，長一百二十二丈。又於新村東南林園挖圍壕一段，四面寬深各三尺，長八十丈；並栽果木樹一百棵，楊柳樹二千二百二十棵，現有三分之二，已經發芽放葉，計佔地一千八百八十八方丈。所有樹秧均自三百里外馬池地方買來，因時間關係，樹內汁漿不足，所以未全發生。此外墾區又壓楊柳樹條不少，已活的有七百餘棵。該區更將新開荒地二十二畝，作為田園，種上樹秧，可惜因為播種後澆水太早，樹苗祇出一半。

(六)警務　由本年的四月六日至五月六日，該墾區辦事處開始軍事訓練班，由第四班起始，本班全班十人，以班長韓植陽担任術科，處長任作田自任公民常識，史地，德育等精神教育，屆期舉行考試，成績尚屬優良。該班於受訓期間，除維持本區秩序外，并輪流於夜間巡崗，警衛新村。

由五月七日起，至六月七日止，第七第八兩班共十三人，編入軍事訓練一期二級受訓，由教員徐賚鈺担任術科，警衛組幹事王德裕，担任公民，常識，史地，德育等課程。該兩班在訓練期間，所任勤務與第四班相同。

由六月八日起，至七月八日，有第十第十一兩班，共十二人編入軍事訓練一期三級受訓，一切課程，教員，與第二級相同，職務與第四班相等。如此繼續訓練，全部墾民都可得到自衛的能力。

(七)教育　墾區教育，由教員潘廷弼，楊鐵民，李清，徐賚鈺四人担任小學教育，及民衆教育，書報室，壁報，刊物等項工作。現有高初級學生三十九人，一切課程全遵照教育部的規章。該處因當地民風愚惰，對於兒童教育不甚關心，爲提倡普及教育起見，免費收生，并供給紙筆墨硯書籍宿舍等項。今將其小學教育進行之概況，抄錄於下：

1.校名　本校定名爲和碩公中墾區小學校，直隸于和碩公中墾區辦事處教育執行委員會。

2.宗旨　本校以普及農村教育，陶冶學生節操人格，授以國民基本知識及農村生活必需之技能爲宗旨。

3.經費　本校經費完全由辦事處支給。

4.校舍　本校設備教員預備室，及圖書室兩間，教室六間，學生宿舍四間，教員宿舍二間。

5.學生　本校爲普及農村教育起見，所招學生不限性別，並歡迎本地農人子弟。現有高一年級學生三人，初二年級學生六人，初一年級學生三十人，共計學生三十九名，內有本區同工子弟十七人。

6.教職員　本校教職員由全體墾民中商請，完全義務職，現有級任教員二人，科任教員二人。

7.課程　所有高初級課程，完全遵照最近教育部頒佈之課程標準施行，並特別注重課外勞作，以適應農村生活，而養成勤勞習慣。

8.級別及教法　本校分高初兩級，高級採自學輔導教學法，初級採啟發式教學法。

(八)木工　用汽油箱做得學校桌櫈十餘套，及其他區內用品。

木工組

(九)鐵工　該區自設鐵工部，有三人担任，做成各種日用物品五十餘件。

(十)鞋工　該區設有鞋工部，作成布鞋二百餘雙，帆布皂鞋一百五十雙。

(十一)被服　該區被服組有男工二名，女工六七人，於二十四年度做成單衣制服四百十一套，棉褲襖一百五十九套，又四十四件。本年度現已做成制服一百三十五套，褲卡一百二十件，短袖汗褂一百二十件，單褲七十條，男女生制服三十五套，棉褲襖兩套，及其他零星活計。

被服組

(十二)衛生　該區設有衛生部，有曹大文大夫及任作田處長担任醫生，用西藥及針灸治療，計去年度共診治病人一千七百二十七名，本年度現已診治四百二十七人。

衛生組

(十三)交通　該區現有帆船二隻，由數人駕駛，往來於雪海灘及新村之間，運輸紅柳枝柴樹根，三次計運二十餘車。又赴安北縣，運去糜米十餘石，胡油數百斤，並運回煤萬餘斤，以作燃料。

該區又備有頭號大汽車兩輛，往返於包頭及和碩公中之間，除運輸自用物品、及新參加之墾民並墾民之眷屬，與來往辦事人外，亦代運客貨。計去年共獲運費三千一百五十一元七角八分三厘，本年度已獲運費二千四百七十餘元。（詳細工作參考綏遠和碩公中墾區辦事處呈行政院本年一至六月的報告）原來的計畫，本來格外圓滿，（參考綏遠和碩公中墾區辦事處二十五年度全年工作計畫書），奈因行政院二十五年度接濟費一萬餘元，尚未領到，有許多計畫不能充分發展，等領到接濟費以後，諸種計畫都一一實施，將來的發展，必更有可觀，我們可以拭目以待。

六　墾區辦事處處長任作田

任作田先生是遼寧遼陽縣人氏，生於清光緒十二年正月十二日。先生幼時在私塾讀書，九歲，甲午中日戰爭發生，他的父親曾親與其役。十五歲，八國聯軍之戰發生。十九歲，日俄戰爭發生，先生的先父因憂傷過度，喪命。此後一年之久，先生在家中務農為生，因為沒有經驗，終至失敗。二十歲，至遼寧，考入警察公署，先作書記，後作戶籍員。自二十三至二十六歲，任文牘之職。到二十七歲，歸依基督，託病退出警務，進入遼寧神道學院，研究神學與針術。民國五年，加入達爾罕王丈地委員會，藉以得資供給子女讀書。民國六年，改充興京警務總務股股員。七年，至黑龍江拜泉縣稅局，充該局會計兼任文牘，旋復代理局長。任職五年，稅收較前增加十一倍。自民國六年至十一年，先生對於宣教生活，甚有興趣，先立第一拜泉基督教會，先生自任長老；又有王印三先生，任捐禮拜堂三間，稱中華基督教會。民國十年王印三先生逝世，先生與遲潤華先生同任長老之職，創立國內佈道會黑龍江支部，以尚魁英牧師為會長。先生於收稅時期，導引一百一十餘人入基督教。教友中有全秉權者，賴卜為生，後作教友，先生供其子讀書，去年始畢業東北大學。先生又於嫩江創辦基督教支會，以于百祿先生任傳教之職；後又創辦基督教新村。後先生因故去嫩江教會，至綏化縣縣政府，充當總務科長，會計主任，兼任司法員之職。民國十二年，先生到哈爾濱基督教青年會任德育幹事。民國十六年，改任同濟工廠職工青年會總幹事，同事有幹事七八，常年經費六千餘元，由武百祥趙善堂二位先生供給。該會出版物有同工週刊，流行頗發。此外並設備澡堂，游戲塲；又改良工人待遇，減少工作鐘點，由十四點改至十一點。因此工徒日漸增加，竟至八百餘人，信道的有一百餘人。民國十八年因哈爾濱城市基督教童總幹事辭職，先生被聘為城市基督教青年會總幹事，為青年會捐款籌薪，推行會務，十分盡心。本年長子任守訓畢業北平燕京大學。九一八事變後，先生慨國事日非，不忍目覩疆土陷失，遂退身來平。旋因東北難民，逃集者衆，無地可歸，遂與朱霽青先生及其他同志數人，創辦西北移墾，事成，先生被推為辦事處處長，總理墾區一切事務。先生具懸世之心，負改良之志，以其所志而施諸西北，墾區將來之成功，自有不可預料者。深望政府及社會人士，均予以助力焉。

薩縣新農試驗場及其新村（附薩縣水利述略）

侯仁之

一　新農試驗場創辦經過

新農試驗場，位在薩縣城東南十五里，南去民生幹渠亦只三里，爲民國十八年四月一日由閻百川氏捐資與辦。經費共六萬元，擬試行大農制，使用機器耕種，本極經濟之方法，經營西北墾牧，併調查研究，作爲將來創辦新村之試驗（按今之試驗場，俗即以「新村」呼之）。場務進行，完全依照農家經營農田辦法，不涉機關習氣，所有開辦、流動、購地、購具及員役薪工各項費用，概從原定經費六萬元內開支。迨場務確定基礎以後，即由該場自行發展，不再向公家領款。

計劃既定，遂聘南京金陵大學農林科教授李君映惠到場主持辦理，當年購地三百六十八頃五十五畝，共費洋二萬一千三百餘元。同時幷由上海愼昌洋行購定美國 Mecormick Deering 農具公司新式農具全套，計十五至三十馬力拖車帶三行犂一部，十至二十馬力拖車帶二行犂一部，雙行四排圓盤耙一部，條播耬一部，割捆機一部，打穀機一部，共用洋二萬餘元。此外又建築房屋三十六間，幷購置普通農具以及種粮、飼料、牲畜等項，共用洋七千二百餘元。場務至是略具規模。

十九年一月，李君不幸以病逝世，遂改聘金大農林科講師任君承統（建三）於二月初到場視事，即現任之主任也。任君繼續李君事業，更辛勤刻苦力謀發展，於全年中相繼建屋五十間，又添購機器附件及油料約計一千餘元，開渠十里，築路十五里，幷鑿洋井一眼，此外則致全力於機器農具之試驗，共計開種田地四十餘頃，計兩部拖車，每日可耕地一頃，小拖車帶圓盤耙，日可耙地一頃二十畝，條播耬日可種一頃六十畝，割捆機日可割田禾一頃，打穀機日可打一頃地之禾稭，，故只以其工作效率論，足可抵牲畜百頭，壯丁百名之工，節時省工，便利殊多。不過以其耗費論，全套機器，合計平均每日用油十七桶，即除機器價値利息與司機人之薪資不計外，只各項油料消耗，以與當地人工及所需牛馬價値相較，且在二三倍之上。此種情形，在現時人工低廉之西北社會，實不合乎經濟原則。故經本年度之試驗結果，遂決定闢後開荒，以人工牲畜爲主，以機器補人工之不足，原定純粹使用機器之計劃，至是暫緩實行。

同年八月張家口種畜場停辦，運來英國哈利佛牛二十三頭，澳洲美利奴羊與蒙古綿羊混交數代之雜種羊五百零九隻，并有農具若干，對本場發展，不無小補。然以是年冬捐資興辦人閻百川氏以事出洋，該場隸屬無主，經費無存，遂奉電移歸綏遠省政府管轄。同時因受政局影響，當地金融，紊亂不堪，故以當時經濟狀況論，即現狀亦且難於維持，遑論發展，是以該場同人遂決定勵行減縮開支，暫與普通農民一樣生活，一樣工作，以事業爲前提，自下年度起取消按月開支制度，仿當地商人之應支分紅辦法，以解決之，餐宿則由場方供給。其犧牲刻苦精神，至是得一確證！

自二十年起，該場既已移歸綏遠省政府管轄，遂于是年一月一日起，根據省府所定領導民衆，改良農牧，建設新村之目標，及繼續完成穩固基礎之原則，由該場自行擬定十年建設計劃，規定以前五年分期開荒，每年由省政府輔助特別建設費一萬元，後五年建設新村，則由該場自身收入辦理。自此而後，一切場務之進行，一概本此目標。二十三年該場有意組織董事會，希望將該場組織改變爲純粹社會文化事業，以免受政潮轉移之影響。旋奉綏省建設廳指令，謂用意不無可取，惟時期稍嫌過早，應即本前定十年計劃，以求完成第一步使命，其議遂寢。及至去年年底，五年開荒，業已期滿，自本年度起，已開始實行建設新村計劃。此間工作成績，另見下文，茲先叙其內部組織：

二　組織概況及工作原則

該場成立之初，只設主任一人，下分機器及事務二股，組織十分簡單，而主任薪金猶直接由第三方面軍總司令部支付。及至民國二十年，該場移歸綏府直轄，又擬定十年建設計劃，工作人員之薪資，至是全由該場收入項下開支。同時以工作日繁，工作性質亦略有更變，遂取消機器股，而另於主任之下，重分農墾、牧畜、建設、事務四股。至于專門負責人員，則未正式分配。二十一年度起，爲利場務發展起見，始本分工合作之原則，將在職人員，分任各股股長，而由主任總理之。同年秋，復因人事之需要，籌備農村教育，因而添設教育股。二十二年春，復分農墾股爲農務及墾殖二股：前者所以管佃農，爲永久組織；後者管長工及士兵，爲開荒期間之過度組織，現已于二十四年改稱農藝股。二十二年冬及二十三年春又分別添設畜產製造一股，掌管毛布絨毯以及皮革等工廠，及婦女毛織訓練一班，訓練婦女學習紡織。但延至同年秋，訓練班以負責人離任，又終歸停辦，同時畜產製造一股亦因毛織品推銷困難，縮小範圍，移歸建設股彙理。故至五年開荒結束時爲止，主任之下計共分農務、牧畜、建設、農藝、教育、事務六股，各股事務之分配，略誌如下：

農務股：招徠墾戶，分配農具，貸借牛犋，收糧借糧。

牧畜股：收養牲畜，設備牧場，改良種畜，預防及治療病疫。

建設股：興建房院、農莊、鑿井、開渠、築路。

農藝股：原稱墾殖股，管理長工及士兵開荒工作。二十四年起，改稱農藝股，從事於作物之改良，及農業經營方法之改進試驗。

教育股：負責兒童及成人教育，兼及村組織、村公約以及禮制之規定。

事務股：管理會計、文書、購置，以及該場營業等項。

該場事務及工作，大體分配如此。至其工作原則，亦有介紹之必要，茲照「西西農墾工作記」第五期所錄，節略如下，以供參考：

「（一）本場之自養問題，係在社會經濟圈內，本分工合作精神，而以自耕而食，自織而衣爲原則。自衛問題，係以軍人有農夫身手，從事生產；農夫有軍事本能，實行自衛；互相學習而達不養一兵，人人皆兵之原則。自治問題，擬從教育着手，逐漸組織村民，規定村公約禮制，並教以各種公民常識，而從事於互保信用，勸善規過，互助合作，以及各種公益事業爲原則。

（二）助民生利，而不與民爭利；均利而不專利；此本場工作之主體也。凡人民能自行興辦者，决由人民自辦，本場只扶助監督指導之。本場注意建設者，爲公共事業，以及人民或私人團體所不能興辦者。

（三）凡一切領導民衆改進生活之事業，本場皆本乎社會經濟原則，不求新奇，但求普遍，從常道中想辦法，以求本場試驗所得之經驗，確乎能普遍，爲社會一般人所仿效爲原則。

（四）對社會事業，以農、牧、林、工、商兼籌並顧，本經濟統制原理，而使之平衡發展爲原則，以免有供過於求，或求過於供，種種畸形發展之弊。

（五）對社會經濟之改進程序：第一，先在農、牧、林三項生產事業上努力進行，以增加人民之生產，次從事於各項家庭工業

之興辦，以期物盡其用外，同時婦孺亦皆有所業，待自給有餘時，則應興辦商業，以圖貨暢其流。」（下略）

由此可知薩縣新農試驗場在名義上雖不外一農業改良機關，而在其工作及計劃上，實無異於一種社會組織及社會經濟改進的嘗試。其工作理論雖不無可議之處，但其能擺脫內地所謂「鄉村建設」的臼窠以自闢途徑，直接從生產入手，則是值得吾人大可注意之一點。西北地曠人稀，社會組織尚未定形，正宜於此種由根本下手的社會改良事業。現在在西北有此覺悟者，不只薩縣一處，不過薩縣新農試驗場是我們屬望最深者之一，而最能代表其「社會運動」意味者，尤在於其十年建設計劃，請論如下：

三　十年建設計劃及其新村

民國二十年一月該場擬定十年建設計劃，以前五年分期開荒，後五年建設新村，已見上文。二十四年冬，開荒期滿，工作成績，甚有可觀，新村建設，業已立定基礎。本節擬將該場十年建設計劃內容，前期工作成績，以及後期工作準備分述如下：

關於十年建設計劃，「西北農墾工作記」第五期有簡略之介紹如下：

「……前五年以開荒為分年度原則，後五年以建設新村民房為分年度原則。其工作目標：第一期從事於興辦水利，建設農莊，孳生家畜，招還農民，分配農區，並興辦各項家庭工業，以促進開荒工作，並兼事農村教育之初步。第二期之新村佈置，係以農莊工作，新村集居為原則，當農忙之時，為便於工作及節省往返時間計，在各農區中心，建設農莊，以便就近分配農區，從事農墾工作。於冬暇之日，集居新村，除使農民得有冬暇安居之所外，並籌辦各種家庭工業，使農夫農婦得有冬暇工作。並發展農村教育，使農家子女得有求學所在。此外更從事於作物、牲畜、農具及工具之改良，與農民自衛團、農村教育、以及道路、醫院，及商舖等之發展與建設。至於土地分配原則，擬按總理所定節制資本，平均地權，耕者有其田之原則辦理。其進行步驟：先從事興辦水利而改進土地之生產力，待土地生產力穩定之後，按土地之生產量及農家生活之需要，而從事平均地權之分配，待農民經濟有餘之時，則可按該時土地市價之半，買為已有，而達耕者有其田之目的，但伊等只有耕種權而無買賣權，以達節制資本之條件。嗣後人口過增及絕戶後之重新分配權，則全歸於村公所辦理。惟在第一期中，生產事業尚未發達，而各項建設事業，純係消費，故由省政府議決，每年補助建設費一萬元，……待屆第二期時，則希於農民及場中盈餘項下，分年自行建設。論及經費預算之編定，係根據下述三項原則：（一）在此十年內不負担地方上一切攤派。（二）本場之常年經費，應由每年收入項下開支，即有盈餘，亦全作場務進行經費。（三）閻公百川所捐之六萬元，與綏省府所撥之四萬元，均作爲新村貸款，不加利息，於新村建設完成之後，分期償還綏省府，劃撥敎育基金六萬元，實業基金四萬元。」

由此所見之該場社會改良意味，尤爲濃厚。去年年底，預定開荒工作業已期滿，前後數年中所完成之事業，自開闢荒地維持治安起，以至造屋開渠興辦農田水利止，成績昭然，在人耳目，茲先擇其大端，分述如次：

（一）水利：開發綏西農業，必以水利爲先決條件。該場開荒期間，即首先着重於興辦水利。加之該場地勢，原係海子，土壤內所含鹽鹼成分甚重，吸水甚多，不經灌溉，固不足以言耕作；既或有充分水量，而灌溉不得其法，亦無補於事。蓋如積水過多或無排水設備，必將使全區潛水面，與地面下土壤所含之鹽鹼一併上升，而聚集於土壤表面，其結果亦必無所生長。自十九年起，該場已着手興辦水利，改良土壤，截至二十四年底爲止，計先後完成幹渠支渠長約四十餘里。水源計分兩處，一由美岱溝及水晶溝引用山水，一由民生渠引用黃河之水，各開幹渠一道，寬二丈，深二尺互相聯合，環繞該場之全部。其後又因地之宜，開一丈寬二尺深之支渠，共長五千八百餘丈，將全場土地設法遍漑。退水渠亦分兩處，洩水復入民生渠。惟自二十二、三兩年間雨水過盛，美岱溝山洪不但無水利可言，抑且爲沿流各地之害，淹沒田禾，冲塌房舍，不一而足，新村境內，自亦難免，故最近該場又有開鑿「新麥渠」計劃。按該渠之得名，係由新村之「新」字與附近麥達橋村之「麥」字，合併而成。渠水仍用美岱溝山水，不過只取其一股，由麥達橋西南流入新村界，可漑麥達橋東老藏營子北部，沙兵崖東南部，新村全部及王大發營子西部。此股水道係二十二年洪水自冲而成，平均坡度甚大，但至新村後坡度漸緩，可以無虞。此外過剩之美岱溝山水可由八孔橋及二十六孔橋兩股分洩，減輕中集下注之勢，而後可以去害而增利。

（二）牧畜：「莊戶無牛立地死」是當地一句俗話，却說明了農家必不可少的需要。該場既爲大規模之開荒事業，故必須兼及牧畜。加之在開荒時期，草地甚多，與其坐棄地利，不如兼事孳生。故該場自民國二十年以來，即逐漸注意於馬牛羊等之孳生繁殖。一則供給畜力，藉助農墾；一則改良種畜，以求西北畜產品之改進。截至去年年底爲止，除各農民之馬牛驢騾大小共達四百餘頭外，該場自養馬八十一匹，牛一百一十四頭，羊一千另七十隻，鷄猪等不計。不過開荒工作進行愈利，則草塲面積必漸縮小。現該場可墾地已達三百餘頃，但爲顧及牲畜牧草問題，已墾之地只二百餘頃。故爲未來發展計，勢必另謀他圖。此問題該場早已注意及之，先曾於民國二十年即已着手往塲北大青山中從事調查，擬有「西北實業試驗塲計劃書」（見「西北農墾工作記」第二期）次于二十二年夏，以露雨連綿，山洪暴發，乃又根據前項計劃呈請省府將薩縣固陽二境荒山官地，撥歸場有，闢設林牧兩塲，消極方面可藉以涵蓄水源，預防水災；積極方面則可大規模發展該場畜牧事業。嗣經省府准予先由小規模入手試辦，並令會同薩固兩縣先行調查荒山官地，具報呈核。不料在此次調查期中，固陽縣鄉民發生誤會，起而反對，事遂中阻。延至去年夏，該區鄉民始漸明瞭，誤會氷釋，乃轉而具呈省府及固陽縣府，情願將黑龍貴溝至石拐溝一帶官山荒地，劃歸該場試驗。區內民戶私產，亦願歸該場指導改進，於是兩方同意，遂于九月間在大青山中劃定固陽縣第四區五豐鄉，南北長約三十五里，東西寬約二十五里，作爲牧塲，由新農試驗場主持經營，從事牧畜業及種畜之改良與推廣。本年則積極計劃測量地形，建設塲址，研究並培植佳良牧草，設法改進牧養辦法等等。至其最終目的，除仍本「藉牧興農」原意繼續供給墾民畜力外，更擬建設模範新牧村，以完成其社會事業的初旨。

最近，該場又與全國經濟委員會合辦有苜蓿採種圃。先於去年十一月間，全國經經委員會農業處曾來函與該場接洽合辦改良畜牧事宜。按該會已先後在青海及甘肅設立西北畜牧改良場與分場，以爲改良西北畜牧業之嚆矢。但畜牧之改進與牧草關係最大，而牧草之中，尤以苜蓿用途最廣，不但可供牲畜之食料，抑且因其根植牢固，足以防止泥土冲刷，可爲治理黃河之一助。故該會曾向黃河水利委員會建議，擬將黃河流域劃爲潼汜、涇渭及薩韓三大區，各設苜蓿採種圃一處，就中薩韓一區（即由薩拉齊至韓城）即希望與新農試驗場携手進行。該場亦極表示贊同，遂經雙方同意，由經委會担任辦公與作業費用及技術人才，由試驗場担任闢劃圃田建設房屋，此該圃創立之經過也。現試驗場已在境內北

6

區平綏路兩旁撥定十頃，東南區撥定五頃，又復在大青山中牧場場址附近暫定五頃，共計二十頃，作為圃田。現經委會已派技士到場工作，前途發展尚在積極試驗中。

（三）家庭工商業：家庭工商業之𠜾辦，主旨不外為村民謀農暇工作。蓋綏遠地方因氣候關係，五穀生長之時期甚短，農民冬暇時期較長，又原料方面如羊毛、皮革、亦甚豐富，極便於小規模工業之發展，故該場在畜產製造方面業已有栽絨毯廠，皮革工廠之𠜾設。又為村民消費便利起見更創百貨商店、碾磨房、乾貨、舖磚瓦窰均包括在內。二十四年起，又着手在大青山中開採煤礦，且曾一度開設製鹽工廠，嗣因鹽務機關之干涉而中止。至於工藝作物如製麻及水煙葉等，均已試種，其他榨油、釀酒、製粉等工，亦在次第設置中。

以上種種物質設備，不外欲促成新村建設之實現，其工作與目的實已超出開荒闢地之上，更含有甚為濃厚之社會運動意味，此吾於上文中已再三言之。在開挖新橋渠合作簡章末（簡章見「西北農墾工作記」第六期）附有一條說明曰：「新村即新農試驗場之別名，亦即新農試驗場建設之目的」，其意固已甚為明瞭。

民國二十二年新村組織大綱業已正式宣佈，規定「五家為隣，五隣為閭，四閭為莊，五莊為村」。這個村便是新村。次年即開始動工，先將該場所有土地，因勢之宜，劃為中、東、北、東南及西南五區，各區復以渠道為界線，分作數塊而以單字代表之，如中區計分格、物、正、心、修、身、齊、家、治、國、平、天、下十三字，東區計分博、厚、高、明、悠、久六字，北區計分孝、弟、忠、信、勤、儉、愼、和八字，東南區計分仁、義、禮、智、公、勇、廉、節八字，西南區計分簡、專、恒、樸、忱、敬、愛、敏、樂九字。現各區均已建設農莊，其在北區者稱北莊，在東區者稱東莊，在東南區者稱東南莊，在西南區者稱西南莊，在中區者則稱南莊。全場區劃略圖見下。

截至去冬開荒期滿為止，各莊已成建築，可列表如下：

莊名	已成建築	備考
北莊	裏外院各一，房屋四十一間	
東莊	一院，房屋二十八間	
東南莊	一院，房屋二十間	
西南莊	房屋三十五間	該場有院落一所，外有農民五十八戶多係原住自建房院者。

7

南　莊　房屋十間　該塲有院落一所，外有農民五十戸，亦多係自建房屋。

以上各莊由該塲與建房屋共一百三十四間，現已由逐年招徠之墾民住滿。至其招安墾民簡章，可併錄于此：

一、宗旨　本塲注力於安民之道，以謀墾民之安居樂業，終于是鄉。

二、資格　本塲收容墾民，以無嗜好，帶家眷，勤苦耐勞之忠實農民爲合格。

三、待遇

1本塲備有簡單房屋，第一年不收租，第二年酌收普通房租之半數，自第三年起，則按普通房租全數徵收。在三年以內，墾民自建房屋感受困難時，本塲酌與補助。

2本塲對於耕地之分配，按勞力之多寡爲標準，普通以壯丁一名耕地五十畝爲原則。

3本塲對於初來墾民之食糧及籽種，暫由本塲支借，於秋後加三成歸還，如遇特別事故另議之。

4本塲對於牛犋及農具，如墾民不能自購時，本塲酌與補助，按本地最低利息計算。

5墾民所收糧食，按三七分股，墾民七成，本塲三成。

(以下三條及附則略)

墾民工作散佈於各農莊，而其共同社會生活，如集會、結社、工商、教育則集中於新村。今之新村，位在中區，即該塲現在辦公之地。村分內外兩重，內重成一正方形，村公所學校、商店、工廠、職員住所均在此，爲村之中心建築區域，外重則繞以圍堡，極爲堅固，爲安全防禦工程。中心建築與圍堡之間，已築成正方街道，街之內外兩圍，皆爲農民集居之住所。現新村堡內公共建築及農民住房合計已達四百餘間，新村戸口在民十九爲七十八戸，三百五十四人，現已增至二百戸，一千人。最近又在中心建築區域之南與圍堡間空地上？與建大禮堂一座可容一千人，既可爲全區兒童之集合教室，又可爲成人教育之訓練場所，其他如村民之遊藝會、慶祝會、同樂會、村民大會等，亦可在此舉行。記者到塲參觀之日，業已工成大半，極爲可觀。

但新村之建設，尤注重公民人格與精神之訓練，其村組織中，明定「隣以互保信用，閭以勸善改過，莊以互助合作，村以共守村公約爲原則」。使人人有集體生活之意識，並由人民自行選舉各級自治人員，共同以自養、自衞、自治爲目標，携手前進。是以「教育」一名詞，在新村人民視之，實已超出學校範圍之外，而以「社會」爲一大學校，以實際生活爲教材；故該塲教育股所負責任，亦不僅限於學校。現村中已經成立者有小學一所，以往只收男生，本年籌招女生，課內寫、算、

8

新農試驗場農區分劃圖

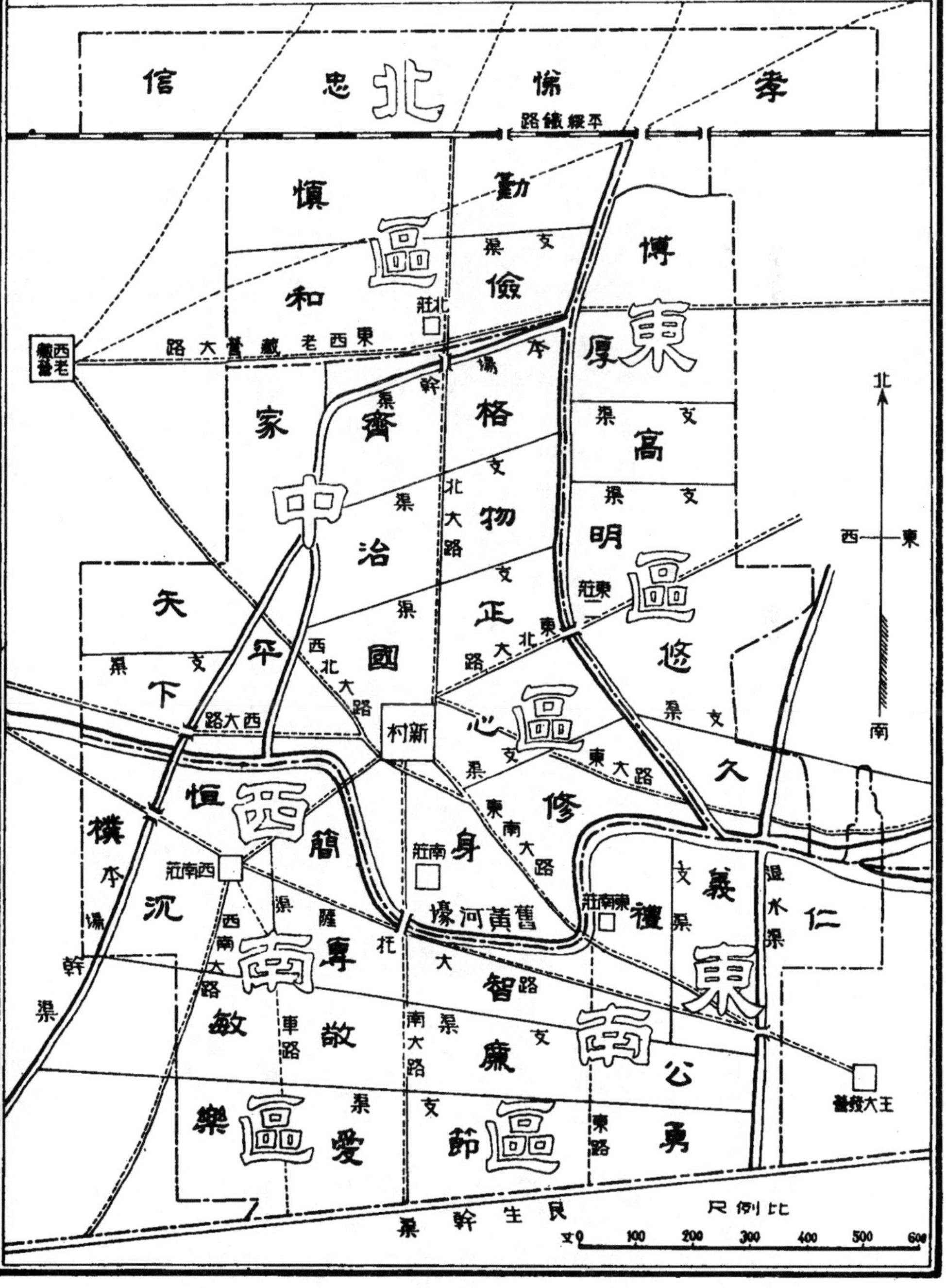

讀、解併重，課外男生則偏重於農牧實習，女生則偏重於紡織訓練。成人教育則力求普及，定規凡在十六歲以至四十五歲之能工作的男子，皆須入夜班輪流受教。各種自衛訓練，則在白日施行。最近爲訓練該村將來領導人材，使此事業永遠繼續起見，又擬創辦一實業學校，由本村選擇資質較高之兒童，在小學時代，即加意訓練；中學時代即參加實際工作。中學而後，再受專門教育，以三分之一時間直接參加生產工作，三分之一時間領導他人，更以三分之一時間，作個人學理上之研究。然此尚只是一種計劃，正待未來步步試驗進行。

最後，本年爲該場十年建設計劃中之後半期、新村建設的第一年。新村建設果能成功，非獨是其本身之成功，抑且是開發西北試驗之成功。循此作去，我們不但將見西北地利的開發，亦將見一種新社會組織的萌芽！內地不乏從事鄉村運動的專家，値此農村建設呼聲正高之際，希望他們能轉眼向此遼闊的邊地，將其研究心得供獻出來。新村之建設，以及其未來的經濟制度，我不必諱言，是尤待于專家理論之指導，而我相信，場方是會虛心接受的。至於我個人所能見到的只是這種「新村建設」，必將發展而成爲一般的社會制度問題，其不能成爲一個「世外桃源」，正如其不甘心淪落於「人間地獄」是一樣的。現任新農試驗場主任任建三先生頻頻向我們說：「我們要試驗完成一個自養自衛自治的新村，爲開發西北事業找一條平康大路」！這樣的自負正是他及其同志所應該有的。

附　薩縣水利述略

薩拉齊縣位在綏遠中部，東去省治二百四十里與歸綏縣接壤，南至東勝及陝西府谷縣界，北與武川毗連，其西之包頭縣，原爲境內之包頭鎭，民國十二年綏包鐵路告成後，以居綏西水陸交通之重心，遂成立設治局。十五年一月，又改爲縣，自包頭而西，有安北設治局及五原臨河二縣，原亦薩縣地（按淸光緒二十九年析薩拉齊廳西部地設五原廳，民國元年改廳爲縣。十四年五月析五原縣西界豐濟渠以西之地爲臨河設治局，通濟渠以北之地爲安北設治局。十八年十月一日臨河改縣），今則統稱後套，爲全省水利最著之區。

一　山泉

今之薩縣東西寬約一百九十里，南北長約三百一十里，面積共計三萬零六百四十五方里。陰山幹脈橫貫縣境北部，山前居民多引山水開渠灌地，境內已成山泉渠道，其較著者可略舉如下：

渠名	渠長	渠寬	渠深	渠口	水源	經過地點	溉田畝數	備考
麥達召溝渠	三十餘里	三四丈	二三尺	麥達召溝口	麥達召溝水及山水	麥達召村東北起東老藏營蘇波羅蓋等村	清水二十頃洪水五十頃	
水澗溝門渠	三十餘里	二三丈	二三尺	水澗溝門	水澗溝泉水及山水	自溝門村北經北直圖成俊等村	清水二十三頃洪水五十頃	按水澗溝舊稱蘇塞溝
五當溝渠	三十餘里	四五丈	三四尺	五當溝口	五當溝泉水及山水	沙爾沁東西園之間經士合氣把拉蓋等村	清水四十頃洪水六十頃	
富農渠	二十一里	開口寬一丈六尺稍寬六尺	口深六尺稍深二尺	水澗溝口	水澗溝洪水	溝門嘉樂村北直圖三里房西老藏營子新農試驗場	三百餘頃	按注渠由省賑務會用水利貸款及農戶貸款于民國十九年十月初開工二十一年六月完成。
興農渠	預計二十二里	一丈五尺	五尺	五當溝口	五當溝洪水	鄂爾圪遜小把拉蓋板甲氣苗六營子偏關營子小鄂爾圪遜	預計在三百頃以上	按注渠亦由省賑務會經理于十九年四月開工已成十四五里，嗣以款罄工止。

此外二十里以內之小渠，如蘇糖營渠、蘇波羅蓋渠、木氣溝渠、士合氣渠、東西河漕渠、大小把拉蓋渠，成俊村頭二三道渠等，或直引山水，或轉借他渠，溉田總數，亦不下四五百頃。

二　大黑河

山水而外，境內可資灌溉者，只一大黑河。河古名芒干水，發源于今武川縣境之大灘地方，蜿蜒東南，經歸綏縣二十家子後，即達灌溉區域，至西甲浪營小黑河來匯，更西行至什樂村，遂入薩縣境。承接水源，流量甚大，惟河身淺窄，不易容納大水。過此至大撓上，復折而東南至七星湖入托縣境，注于黃河。惟河口寬淺，蘆葦叢生，且受大河迴流影響，故宣洩極感困難。

大黑河水含泥質頗多，灌溉而外，且可供作肥料，改良土壤。沿河渠道雖多，然渠首多無閘門，渠尾又無退路，故不免氾濫之災。今沿河歸薩托三縣，僅有水田二千餘頃，其利未能溥也。在薩縣境內以黑河為水源之渠道，其著者有薩托渠及善岱渠。薩托渠長六十里，半在薩縣，半在托縣。善岱渠長只四里，兩渠灌地亦不過六七十頃。

三　黃河及民生渠

黃河橫貫境內，自西北而東南，約有一百五十里，向無大規模之渠道，以資灌溉之利，有之則自創修民生渠始。

先是河流入境，水勢湍激，沿河村落，時遭水患。民初曾興開渠引黃之議，十年地方紳董倡組薩縣水利有限公司，并聘王同春測量渠線，擬定全部渠工照舊法挖濬，需款二十萬元；嗣以財力不足，卒從緩辦。十七年綏省大旱，田未布種，主席李培基籌立賑務督辦處，倡議于災民最多之薩托兩縣境內，開鑿磴口至高家野場水渠一道，以工代賑。徐永昌繼任，又改設綏遠賑務會，賡續辦理。旋以賑款不敷，遂與中國華洋義賑會商洽，請為援助。十八年六月，義賑會總幹事章元善來綏，與省府訂立開鑿民生渠合作契約，貸借鉅款，並在薩組織工程處。自七月一日正式接辦開工，地方自辦工程，至是告一結束。其後歷時三載，用款七十餘萬元。渠長一百九十五里，計分五段：第一段由薩縣西磴口村黃河沿岸之死窖口開起，東至大士合氣村西止，長十里，渠口寬九丈，底寬六丈，深一丈。第二段接上段起，至把拉蓋村南止，長十六里，渠口寬八丈，底寬五丈，深七丈。第三段接二段起，至郞碾房止，長十三里，渠口寬七丈，底寬四丈四尺，深五尺。第四段接三段起，至高家野場村入大黑河舊漕止，長一百零六里，渠口寬六丈，底寬四丈，深五尺。第五段沿用大黑河河道，略加修築，長五十里，通至托克托縣城南，直入黃河，渠口寬六丈，底寬四丈，深二尺五。支渠原擬二十六道，南北各十道，東西各三道，後復改定南北支渠各十四道，幷先開南渠。二十年六月，幹渠全部工畢，支渠亦成七道，又幹渠渠口閘門，木橋壘石，渠口河壩，以及支渠閘口等，均已工竣，遂於同月二十二日，舉行開閘放水典禮，會址設在幹渠閘口附近，專家名流先後蒞止，水流亦暢，頗極一旹之盛。惟自二十一年而後，黃河連年高漲，綏西大水爲災，民生支渠，非但淹沒，即幹渠亦淤及其半。耗時數載費及百萬之民生渠，至是竟以「民死渠」而見譏焉！先是二十一年春，華洋義賑會及省府建設廳曾合組水利公社于薩縣，嗣以渠壞，社亦取消。二十三年，省府曾擬請由政府撥欵，繼續經辦，春間，中央經濟委員會派員來綏勘驗，結果以工艱費鉅不若另開他渠，其事遂寢。去年六月，華洋義賑會復以旣耗鉅欵，棄之可惜，遂更派工程師張季春前往測勘，擬有改進工程計劃，略謂第一期計劃自民國二十四年至二十五年完成，總灌區域以三十萬畝爲必成量，五十萬畝爲期成量，預計共需一十六萬七千元，業經該會核定，議決續修，只以欵項支絀，迄今未得興工。現各經理機關均已撤回，只由省府暫設保管員以事看管。

記者此行，曾親訪民生渠左近新農試驗場主任任建三先生，談及民生渠失敗原因，略謂該渠事先以時機短促，並未加精確之測量，以致現行渠綫，坡度只八千三百分之一，實嫌過小。且黃河泥沙甚多，坡度小則流緩，流緩則沙積，此爲民生渠淤墊之最大原因。以此推之，日後其結果必至「河低渠高，河水不能上渠；渠低地高，渠水不能上地」。其補救方法，遇河低渠高之時，可用春冬二水冲刷，遇渠低地高之時，可用抽水機器解決。但何時始能造成河低渠高或渠低地高之現象，如今尙難逆料。

其次民生渠灌溉區域，其地形大概西高而東低，西方旣高則支渠必須加深，支渠加深則往往土工過大，不能盡開支渠；不能盡開支渠，則不能廣事灌漑，此其工程本身失策之處。且河垻不堅，亦年有冲壞之事。

最後，「時運不濟」，亦實予初成之民生渠工程以甚大之打擊。按民國二十二三兩年，薩縣雨水空前暢盛，致釀巨災，民生渠幷遭其累。又如東南山洪暴發，淹地甚多，有人竟稱民生渠爲害，甚加詆毀。其實民生渠閘口並未曾開，而一般人民之信仰，却即此斷送。

今之民生渠，亦幷非就此一敗塗地，無可收拾。據任先生云，苟有忠實負責之人，善爲領導，首先獲得人民之信仰，其次利用農暇與本地人工，繼續修築，不難成功。且偶遇天旱，民生渠之效用，當可立見。客歲新農試驗場曾一度引用渠水澆灌田地，甚有成效，當地人民，莫不稱美，且有數鄉村民，親至該場請願，寧願攤款幫修，以期完成渠工。如其事工果能繼續，其効用或不必如當初期望之深，然亦不必如此虎頭蛇尾而終也。

王同春生平事蹟訪問記

張維華 1

王同春遺像

王同春先生為開發河套之先進，時人稱述其事，毀譽無定，要之其細行末節或有可議，而其修甃渠道開發地利之功，則終不可泯也。民國二十三年夏，頡剛師承平綏鐵路局局長沈立孫先生之邀，歷遊察哈爾綏遠境內各地，當其至大同時，從平綏路車務段長賀渭南先生，及晉軍騎兵司令趙印甫先生處，得聞王同春開發河套事，深驚其以匹夫之力，而有此偉大之成績。其後西去綏遠，建設廳秘書周頌堯先生，復為陳述其事，而較前加詳。蓋周先生與王同春為舊識，嘗與並轡出遊，勘查田野，故知之甚悉也。歸來後，欲以所聞各節，筆錄成文，公之於世，適大公報史地周刊向之徵文，遂以所作題名曰王同春開發河套記，刊於史地周刊第十五期。發表之後，國人於王同春開發河套之功，漸知注意，常以所獲新材料函告頡剛師，而頡剛師亦自獲新材料數則，略可補正舊文之不足。是年十二月，復更訂舊作，仍題名曰王同春開發河套記，刊於禹貢半月刊第二卷第十二期。二十四年十月，中央研究院社會科學研究所巫寶三嚴仁賡兩先生，從五原調查歸來，復以訪問所得相告，並出示王樂愚先生為其先君所作家傳一文；而曲直生先生亦自河北教育廳寄來王同春逐年大事記一文，頡剛師為之校訂，刊於禹貢半月刊第四卷第七期。王同春先生之事跡，經此數人之記述，始得大著。二十五年夏七月，禹貢學會組織河套水利調查團，參加者為李榮芳侯仁之蒙思明三先生，張瑋瑛女士，及余共五人。出發前，同人所擬調查事項，王同春之事蹟居其一。出發後，路經綏遠，包頭，及和碩公中，每以此詢之當地居民，而當地居民，亦均能道其事，然多闕漏不詳。及抵五原得晤樂愚先生，先生爲陳述其先君生平，自始至終細鉅並舉，娓娓兩晝夜始畢。同春先生之二女公子張夫人，寡居，亦同其子女居五原，侯仁之先生與張瑋瑛女士往訪，適張夫人去包頭，由其令女公子贈予同春先生遺照一幅。同春先生有祠堂在五原城東門外，爲歿後邑人所立以爲紀念者，余等曾一往觀，祠內有其瓷製遺像，係自景德鎮製作者，侯仁之先生曾爲之攝影。五原城南十五里有四大股廟，廟中有碑誌一，略記同春先生開發後套之事蹟，李榮芳先生曾抄錄其原文。後張瑋瑛女士與侯仁之蒙思明兩先生，先余與李榮芳先生返回包頭，復於其地得晤張夫人，夫人亦爲詳述其先君事蹟。竊意同春先生生平所爲，鄉土傳說，或有失詳，而文字記載，又復寥寥，當以其家人所述爲最詳盡，爰就訪問所得，錄之於下。

王同春先生，字濬川，因幼年眇一目，或稱之曰瞎進財。原籍河北省邢臺縣人。生於公元一八五二年，即清咸豐二年三月十日，卒於公元一九二五年，即民國十四年六月二十八日，享年七十四歲。原配楊氏，生子四

王同春祠堂內景

人：長曰鴻，原配高氏，繼配戴氏。次曰璟，字雲亭，原配爲郭大義子明修之二女，繼配爲曹氏。三曰英，字傑臣，原配薛氏，繼配賈氏，白氏，張氏。四曰鉦，字崑山，原配張氏。女三人：長適順德楊家，爲邑之望族；次適張家，即雲卿女士，別號二老財；三適包頭李家。繼配任氏，生子二：長曰喆，即樂愚先生，原配趙氏，繼配李氏。次曰琢，原配郭氏。先生子女多中年逝世，現存者惟王英及樂愚先生與雲卿女士三人耳。其先人世系，據王家家譜墓碑所載，可追詳至明萬曆間，再先則

2

不可考。祖居順德府邢臺城西十二里東石門村，為古邢國地。西去太行山十里。有西石門村位其西，南石門村位其南，俱相距未遠，想係古代舊城遺址，太行山下軍守之要地也。村有居民三百家，王姓居百二十戶。乾隆時，有移居河南者，道光時，又有移居北平者，別有一支移居陝北，其年代不可考。當先生之高曾祖時，村中文風甚盛，其以科舉顯者，前後相繼。先生曾祖入庠為諸生，以文名於鄉。家本富有，當其祖父時，太行山中立有山莊數處，家中豢養騾馬百數十頭，往來彰德漢口浦口周村北平等地，馱運貨物，及迎送大賈巨宦。先生仲叔，最善使用馱轎，涉水登山，均可無虞，宦商多樂就之，以是王家馱轎，一時名於江北。後洪楊亂起，王家騾馬之在浦口者，多為所刼；且南地多雨，馬蹄易腐，每多因此罹病而死；經此浩刼，家道遂為中衰。先生三叔，素能豪飲，既所遇多乖，益縱情於酒，無意生產，家事愈敗落不可收拾；及至先生年幼時，已貧困不堪矣。

先生父兄弟三人，居長。當先生初生時，即負異稟，體氣聰強，舉動不與常兒同。五歲時，患痘，眇一目。方在襁褓時，卜者見之，言此兒主貴，他日必有大就，惟惜天不永年，恐夭折耳；如得殘其肢體，則可保無虞。後卒以染病傷目。七歲，入塾讀書，僅六閱月而止。先是石門村王姓，有在順德以製鞍韉鞭轡為業者，經營頗好，以是王姓族人，每多精於此術。先生有族祖王成者，亦習製鞍韉鞭轡，後以家計困難，無以自給，遂至寧夏之磴口，及包頭西南之西山嘴子等處，製作車馬用具，以與蒙人相交易。當先生八九歲時，亦以貧困所迫，隨族叔往寧夏，投寄王成家。族祖無後，依親疏之關係論之，當由先生承嗣，後終以先生為嗣子。先生以八九歲之幼童，隨族叔遠行，風餐露宿，跋山涉水，艱苦備嘗。居磴口一年，因年幼不能操作，復還故里。十二歲時，體力漸強，寄居山莊姑母家；旋因山中多狼，時遇危險，復返里居住，農隙，則與村童習武術。時家中僅有餘田十餘畝，饔飧不給，知居家終非久策，漸有離鄉自立之意。是年，復同鄉人往河套，欲投依其族叔以為生。路經綏南托縣，將至河口鎮東十里，山路崎嶇難行，倦甚，適其地有古廟，已頹毀不堪，遂臥息其內。俄而夢有人推之行，：「言此非汝發皇地，當西北行」。

先生驚而醒，知爲夢，臥睡如故。未久，復夢有人推之行，如是者再三，終不得安眠，遂起坐地上，默想夢中所示。時心思繚亂，不知所出，因跪地禱神，曰：「使他日能在西北有所樹立，當必重新廟宇，鑿修山路，便客旅，以爲報」。言罷，起身而去。至後開發河套成功，卒捐金重建廟宇，修理道路。今其廟仍屹然未廢。

是年冬至磴口，投宿族叔家。族叔令其學製鞍韂等物，然以性非所近，終不能精其術。時附近居民，有鑿渠引水以溉田者，先生喜之，遂爲人修鑿渠溝，督察水利。時先生年十三，膂力甚強，工作與成人等，故人樂用之。族叔既以先生爲嗣子，欲先生承繼其業，迫令習製皮具，先生終不肯，仍從人鑿修渠道；蓋學習水利，乃其天性也。先生性剛暴，年十五歲時，毆傷一人，不能立足磴口，遂逃至西山嘴子。時後套之地未闢，所生者唯紅柳芨芃，荆榛遍野，人跡罕至。河流沿岸，多爲蒙人遊牧之區，而漢人來套不過千人，率皆從事於經營蒙古貿易，對於墾田種植，雖略通曉，然非所注意。先生至西山嘴子，仍業皮工，終日操作，恒鬱鬱非所志。後僑寓綏寧交界之纏金，覩工人修渠灌田，愰然如觸宿好，於是殫心渠工，孜孜講求，不遺餘力。時有經營蒙商商號名萬德園者，居後套久，漸知開渠墾田，先生投其家，爲之鑿渠築壩，以在寧夏所得經驗，施之於此。萬德園以其通曉水利，亦重賴之。萬德園所鑿渠道，係乃利用舊有河流短鞭子河，修築渠壩，則以川人郭大義爲總管，以先生爲渠頭，主疏濬。後短鞭子河口淤塞，灌溉失利，萬德園無力自行濬疏，遂別邀萬泰公商號及郭大義與先生合爲四股濬修之。（據綏遠調查概要，稱四大股爲郭敏修史老虎萬泰公李逕元四家；郭敏修郎郭大義）。先生主廢短鞭子河上流，另由黃河鑿修新渠，以通短鞭子河下流，後卒依議行之。渠成後，不特已墾之田可以耕種，即未墾之田，亦可依寧夏鑿修支渠法灌溉之。墾田既廣，內地耕民來者亦漸衆，萬德園萬泰公及郭大義等，均獲利甚厚。郭大義出身行武，行爲粗暴，常侵奪人田，大義死，其子繼之，益不能與人合作，萬德園萬泰公之田多爲所據，而先生亦徒受怨勞，無所獲益。光緒七年，有萬德園趙某者，勸先生脫離郭家，自租田鑿渠墾殖。時先生已通習蒙語，由趙某之介紹，租得三合廟喇嘛地若干頃，趙某爲借銀二十兩，以爲喇嘛聘禮。然地雖租此，仍須引舊渠水以灌田，因是復與郭家發生爭執。先生以修鑿舊渠有力，而不得引水以爲用，氣憤不能自已，適先生太夫人自故鄉來，勸令回里，事始得息。

先生居家共六月，翌年春，復與長兄驅牛車西來。行至包頭西數十里，已日暮昏黑，忽有老人追至，欲乘車共行，先生允之。行未久，恍惚似入一古城，沿街市肆雜列，老人曰：「此吾居也」，下車去。先生引車西轉，見一市肆前陳列鐵鍋數具，因購二具置車上，驅之行。行十里，宿店休息，黎明，先生起，默思前夜所遇，不能自信，因循來路往尋。及至引車轉折處，轍跡宛在，他物俱無，僅存一洞穴耳。先生思其地必有神人阿護，贈予鐵鍋，以預示爲創業立基之兆，遂跪謝神恩，允爲立廟設祭。後卒於其地建立廟宇，題曰大仙廟，派人看管；並於廟前購地數十畝，以爲守廟者衣食所資。今自包頭至五原者，於途中皆能見之，亦奇事也。

先生至套，復以引用舊渠水故，與郭家發生爭執。時有何某勸先生曰：「郭家之勢已成，徒爭無益，何不自鑿一渠，而以王渠名之」。先生然其說，遂於舊渠北鑿修一渠，引黃河水通本巴圖河，以灌其田。此渠初名王同春渠，旋因該渠既成，與郭家息爭，改稱義和渠；而舊四大股所鑿渠，因郭家勢大，名老郭渠，後易稱爲通濟渠。先生創修義和渠，心力俱悴，後復繼續北鑿，並在今隆興長地，起築房屋，以爲經理之中心。其他各地，則分設牛犋，以便耕墾。通渠義和既先後告成，水利之益漸爲人知，多有承繼其後鑿渠墾田者。鄭和侯毛縣議修長勝渠，先生爲標定渠道，詳加指示。光緒八年，復爲田橫何大等標定塔布河，改口改稍（稍指下流洩水之支渠言），水流暢旺，墾田日廣。是後套水利之創修，先生實具有領導之功也。

光緒九年，有達拉旗台吉奉四者，鑑於漢人來者日衆，草原漸闢，將有碍於蒙人牧畜，遂聯合達拉杭斤諸旗三四百人，共起驅逐漢人。始據老郭渠東諸牛犋，郭家有精武術者與之抗，然以多寡懸殊，終不能勝。蒙人乘勝西進，迫隆興長，意在使先生去，蓋先生去，則漢人之勢力，可頓消除。其後蒙人卒侵據公議社地。社爲先生之牛犋，在今隆興長南三十里。蒙人之勢既勝，漢人咸惴惴不安，相繼離去。西山嘴子爲漢人逃回故鄉必經之路，蒙人據守其地，過者輒殺，漢人死者無算。

陸路既阻，難民更謀從河上逃，時有船二艘，上載婦孺五六百人，順流東行，將至西山嘴子，復爲蒙人發覺，擊翻船隻，船上人無幸免者。先生睹此情狀，知非連合團結，不能自衛，遂與郭李曹常史賀諸家議，集壯士百二十人，共謀抵抗，而先生任指揮之責。時蒙人集者漸衆，至六七百人，黃河北岸之地，東西長二百里，南北寬二十里，悉爲所據。佘太西烏梁素海四周之地，亦爲所據，聲勢所播，草木皆兵。蒙人既據公議社，傳言將襲隆興長，人心惶惶，莫知所出。先生督率壯士，與蒙人力戰，公議社得而復失者凡數次。時值年節，蒙人仍集聚不退，先生知非以計殲之不可，乃於公益社厚積酒肉米麥，社外則以草薪作垣，高至數尺，蒙人至，佯作逃狀，虛廬以待。蒙人性貪，見貯聚酒肉甚多，爭取飲食，未幾各大醉。入夜，先生遣壯士圍襲，事覺，蒙人還射，先生妹丈中彈死。妹丈偉魁似先生，壯士昏夜莫辨，咸以爲先生死，各無鬥志。及先生從後至，衆疑始釋，奮戰如故。先生令壯士縱火，所積草薪俱焚，蒙人驚皇失措，遂大敗。是役也，郭家死者二，先生家死者四，曹家死者一。蒙人死者十一，被擒獲者三十八，先生取蒙人屍，俱投之河，滅其踪。初杭斤旗人與達拉旗共驅漢人，及見事敗，身被俘擄，遂詐稱彼非仇漢人者，偶行至此巧遇之耳，強爲善言以自解，先生心知其僞，然不深究，其被俘者咸釋之。台吉秦四，亦知勢不可爲，遣人求和，允不復仇視漢人，先生允其請，達旗之被俘者亦得釋。

台吉秦四雖已求成，而終不甘心，事罷後，遂聯合達杭兩旗人，上控於神木縣，稱先生故縱壯士殺其人。縣署遣人按驗，但見漢人屍一一俱在，而蒙屍不得一見，頗疑蒙人爲誣控。蒙人苦訴不已，訟事三年不解，後經人調停，予蒙人銀千兩，事遂得息；然先生因是而困於囹圄，艱苦備嘗矣。

秦四既不能使先生死於罪刑，乃萌潛殺之意，屢遣人偵察其行踪。一日，先生至剛日河視察，爲蒙人偵騎所覺，使人潛伏於途，俟其歸起而殺之。時與先生同行者僅四人，沿途而行，路傍遍生紅柳，無可通處。將回至皂火渠，忽有漢人來告，謂蒙人在前設伏，欲邀殺先生，先生倉促無備，求通不得，令卜四人爲二隊，命二人伏於路南，作潛匿狀，而實露其跡。先生則別與二人

6

匿於路北，賴紅柳芃芃以自蔽。蒙伏見先生察覺，俱操刀前來，見路南藏有人跡，疑爲先生，急追獲之。二人穿行紅柳荊榛中，蒙人追之不得，而先生得乘間遁去。抵家後，遣壯士十餘人往迎二人，時二人爲蒙人所困，往來奔走於紅柳叢中，不得出，壯士尋之不得。三日後，卒爲所遇，相與偕歸；二人雖免於死，然遍體紅柳傷痕，且爲飢渴所迫，亦數瀕於危矣。一日先生西行覘察，途中復爲蒙人所偵知，率衆來追。先生單騎不能與抗，遁亦不得，急縱馬入黃河，馬浮水上行，先生引繮以隨，瞬息渡至南岸，得免於難。秦四欲報私嫌，必欲害先生，以快其意，先生終以急智脫去，當時漢人經營後套之苦況，於此可見之矣。

秦四既抱必殺先生之意，先生恐終爲所圖，暫回原籍以避之。先生居邢臺一年，蒙人肆意騷擾，侵據牛垻，刼奪牛羊，漢人仍不得安居。後先生自邢臺回，攜二壯士同來，一性何，一姓趙，均精武術。及至包頭，遣人四出偵察秦四行動。時有漢人安姓者，寄居西子嘴子槐木村，安死，婦寡居，秦四常至其家。一日，偵知秦四在安家，先生與二壯士，一夜行三百里，至其地。秦四正張燈呑吸鴉片，其隨人亦分在兩廂休息。先生急闖入秦四室，出刀向之，秦四不敢動；而二壯士亦各杜守兩廂戶口，隨人亦不得動。先生謂秦四曰：「汝非欲尋殺余乎？余今日至，將奈何」？秦四唯唯不敢動，先生手擒之，與壯士共奪其隨人武器。時漢人來會者漸衆，勢益壯，秦四延安家人調解，但求不死，餘無不可。先生要秦四即離後套去外蒙，秦四允之，遂釋去。翌日，秦四果率衆走，數年之禍亂始息。

光緒十七年，後套水利已漸發展，先生謀鑿修沙河渠，以廣墾殖。時西北大旱，晉冀察綏及陝北等省區，連年歉收，饑民轉徙流離，無地可歸。後套以水利關係，歲收較豐，以是難民來者麕集。即就集聚於今隆興長南四八股廟一地論之，爲數已有四萬五千之衆，其他流徙各地者，尙不能盡數。時先生家正在鼎盛之際，厚積糧糈，遂發倉施賑。先生有客洪某，爲人強幹，即請綜理賑事。洪某令備氈作幕，每幕十人，男女異處，分爲兩列，作街市狀。四股廟爲施賑總地，備粥鍋百餘具，米薪俱自各牛垻送來。自是年八月至翌年春三月，冬期始過，難民俱溫飽無恙。三月後，天氣已暖，先生督令災民鑿修沙河渠，及義和渠東北稍，數月始成。先生復念及內地災民，老弱不能流徙，嗷嗷待哺，由河運至晉北陝北及其他災地者，共糧二萬數千石。饑民咸稽首稱慶。

先是先生未施賑時，有任甘肅道台某，卸任流寓綏遠。其屬吏某自甘肅往視，道經後套，寓先生家，竊羨先生富有。及至綏遠，遣從人趙某來套，令先生爲備馬匹，隱有所圖，先生窺其意，不爲籌辦，以是修嫌於趙。趙某至套時，適先生施賑難民，及返綏遠，稱先生結好民衆，有叛變意。道台以此意告於都統，都統信其言，欲隱謀之。都統假贈「急公好義」匾名，派兵往視，陽稱褒獎，實則監視。及兵至後套，戒備雖嚴，初不欲先生知，意在舉行受匾禮時，乘其不備而逮捕之。先生初不介意，及至道路傳聞，隱謀漸彰，先生亦漸知懼。然既被監視，欲去不得，亦無可如何。當受匾禮之前日，先生憂心如焚，不知所出，至夜，場圃中忽有火起，犀廬薪柴俱焚，火焰冲天，軍士與居民俱來救，一時秩序大亂，先生乘間遁走黃河南岸，匿杭斤旗王爺家。翌年七八月間，軍士始散去，難民亦各歸鄉里，此事遂無形消滅。

先生既以施賑遭官府嫉，匿居蒙旗經年，始得脫難；其後復因積嫌而涉訟爭。先年因地界之爭，與一高姓者發生口角。後高家一男，爲人暗殺，當時原因未明，而據後人揣想，當是因一守家武士張某者，因無故被革，生計無着，遂憤而夜殺其主。而高姓因與先生有積嫌，疑必先生所爲，遂赴薩縣縣署控告。控者稱夜半時於月光下親見先生操刀越墻入室，然是日爲朔日，夜半無月，判官以其言不確不直其訟。高姓不服，上訴太原，綏遠都統亦因與先生有前怨，從中慫恿，非置之死地不可。後提審太原，獄官嚴刑審訊，先生終不屈，而獄吏以無實據，不能定讞，復令提回薩縣再審。如是者往返數次，訟爭三年始息，而先生終以無罪得釋。先生困處囹圄久，備受酷刑，一股傷骨，每値陰雨，必隱然作痛，至臨終時猶然。

光緒二十三年，先生始濬剛目渠，先由黃河開口，鑿修十七里，通剛目河。二十四，二十五兩年由剛目河續向北開，至祥泰魁。二十六年，因河水大，由祥泰魁開至長罕腦。再東開，通五加河，渠成。

光緒二十五年，始濬中和渠，自黃河北岸之黃芥濠開口，至神圪旦止，計長生工五十餘里，需銀四萬餘兩。後此渠易稱豐濟渠。是年，又獨修灶王河渠。時值晉北陝北復大災，賑糧一萬二千石。

光緒二十六年，因拳匪亂起，蒙旗打死教士，教民，及刼掠教堂，外人要求賠贖，政府差官辦理，蒙人以貧無所出，不肯。時有天主教南神甫者，約先生出任調停，達旗允賠款三十六萬，不能出，先生給糧一萬石以助之。時烏審旗亦殺耶蘇教教士，當賠欵，然貧瘠無可籌募，因以大淖鹻池暫押教堂，而自設法出租，定分三期出欵贖池。如屆期籌欵無着，則教堂仍廢棄鹻池，限期要欵。後招商認租淖池，日久無人承領，因議將池售俄。先生認利權未可外溢，因出資承包淖池，租價定四年分繳。包租既定，乃開辦鹻場，前後費銀三四萬兩，規模宏大，所產鹻行銷華北，名曰「烏審鹻塊」。翌年，經營既定，耶蘇會教士稱先生最不安分，極力攔阻欲破成議。先是，先生於包頭南置有田莊，田多沙邱，先生每於冬季，使人犂起，賴風吹散，使田漸平坦。後復於田旁鑿渠，利用山泉以施灌溉，由是沙田多成沃壤，可耕者數百頃。渠下通耶蘇教會地，因爭水利，而涉鬥爭，以是積有宿嫌。至先生租定淖池，經營已就，欲破壞之以洩舊憤。時外人之氣焰正熾，官府畏如虎狼，不敢違教士議，然先生經營已有成規，未肯任便放棄，且其先與烏旗立有成約，中途變更，亦非所宜，因據理抗阻。時榆林鎮台田某與先生厚，知先生徒爭無益，勸歸官辦，而由官府予以相當賠償，先生見勢不可爲，卒依議行之。

時外蒙庫倫活佛，鑑於蒙人食糧皆來自後套，而後套亦原屬荒地，後經先生開發，始盡爲沃土，遂遣使臣梅令丹巴賚書徵聘，請至其地代爲開發。丹巴至，居先生隆興長家，相與計議凡八閱月。時先生家多高朋，有任薩縣令者，有任甘肅道台者，每筵輒十二席。丹巴至，或議先生往，而先生自思，爲發開西北計，爲國開拓邊疆計，更欲爲晉陝綏三省人民尋出路計，亦當前往，故慨然允諾。惟要求三條件：一，准帶晉綏人民五萬衆，以駝載耕具前往墾荒，並教蒙人耕種。二，准自庫倫以南向後套開發，惟必須以漢人五十萬戶移墾。三個人純盡義務，祇租地千頃以備自耕。丹巴歸，以先生所要三則告活佛，活佛均以爲可行；並約於二十九年開

9

始施行，屆期以駝馬來迎。不億二十九年春，貽穀受命督辦綏遠墾務，以先生之地歸公，先生無餘力兼顧，開發外蒙之計畫，因之閣置。

是年陝北及晉綏之地復遭大旱，草根樹皮，俱爲災民食盡，先生放糧二萬七千石，全活者不可勝數。

光緒二十九年，清廷命貽穀督辦綏遠墾務，貽委姚仁山爲西盟總辦。貽姚等見先生爲蒙漢人所信任，非使先生亦入墾務，蒙人將必不肯報田，遂請先生任後套各渠總工程師，并任勸導委員各職。先生第一次至杭斤旗勸墾，杭旗報地四千頃，實數則有二萬八千餘頃。先生對蒙人恩威並施，自秦四失敗後，蒙人對先生愈懷畏懼，不敢有敵視意。然先生慷慨好施，且重言諾，蒙旗王爺每有緩急，先生無不傾力爲助，以是王爺均感戴先生，多與結爲兄弟。先生入各旗境，蒙人率跪叩迎送，禮甚隆重。而墾務員以政府屬吏，以不習蒙語，不諳蒙情，往往爲蒙人所不禮。由此因羨生忌，轉羞成怒，移恨於先生，屢構諂言於姚前。三十年，杭旗墾地放畢，姚氏令先生亦以所經營之土地歸墾，先生勞瘁半生，所獲僅此，不欲輕輕讓予他人，頗有難意。先是有河南人陳四者，從平回亂，後與同伍數人，流落套內，寄居黃河北岸，往往行不法。陳四有族人居套久，賴墾田爲生，通濟義和沙河之渠口，均有其田，常以使用渠水，發生爭執。陳四庇護族人，恃勢欺凌，往往有所要求。先生與之鄰，不與較，每有所求，輒予之粟以爲和解。後陳四愈行不法，糾集五六十人，尋釁生事，以是屢與先生家生械鬥事。二十七年，陳四遇害死，無後，陳族疑先生主使家丁杜福元所爲，遂赴縣控告。實則陳四之死，乃爲其家人所殺。陳四有家丁四五十人，因歲收不豐，家給不足，令家丁各分散去，家丁不悅，蠻橫者竊殺之，與外人無關。陳四死在除夕之夜，時先生已返原籍，而杜福元則於元旦晨黎明時在包頭拜節。自陳四家至包頭，凡四百里，非數小時所能到達。縣署以陳族所控多不合，然亦不能遽然定案，以是延長至二三年之久。後杜氏卒以無罪得釋，而先生亦暫免嫌疑。至是姚氏欲迫令先生歸墾，遂慫恿陳族從河南召來一陳斤小者，託言爲陳四後，赴姚署控先生以主使殺人罪。時姚氏督辦墾務兼理司法，聲氣浩大，其意如先生甘心歸墾，則可不加深究，如堅不歸墾，則即置以死罪。先生處此境地，進退爲難，不知所從。天主教田神甫以辦教案與先生識，遂勸先生曰：「何不以所置產歸之教會，而歸信天主？教會必厚酬君，餘年可保無虞，而訟事亦必能爲解脫」。在田神甫之意，以爲先生深得蒙漢人之信仰，如先生歸教，蒙漢人必效尤之，教會可驟興盛也。先生沉思良久，乃毅然謂田神甫曰：「吾生爲中國人，而以渠地歸之國家，是乃國民之分也，何可妄行」。遂奮然舉數十年所鑿之渠道，所置之田產，一幷歸官。計此次所歸者，水田八千餘頃，熟田二萬七千餘頃，大渠五道，支渠二百七十餘道，房屋十八所，而官方所贖者僅萬五千兩銀耳。

先生歸墾後，姚氏又命爲開鑿永濟渠。永濟原名纏井。先是有鄭姓者，在剛目河下流，開渠一段。光緒初年，復由祥泰魁協成楊姓李姓等十二家，自剛目河上流向北開渠五十里，共費銀十萬兩。以在其地掘井得蟾，故名蟾井，後復訛爲纏金。光緒十六年，剛目河上口淤塞，渠無所用，幾盡荒廢。至是姚氏命先生重濬，先生自黃河開口，通至乾海子，復由乾海子引水至剛目河。並濬已淤廢之故渠，下流別開四支渠。按永濟爲後套第一大渠，共長一百六十里。其在黃河口處，寬三十丈， 1 1
深二丈，中部寬十二丈，深一丈；諸支渠平均寬十二丈，深一丈。灌田凡二萬頃，而其水量之實效，則能灌三萬頃，推本溯源，大抵皆先生計劃之功也。

先生歸墾後，仍本其開發之精神，在包頭縣南自闢荒地三百餘頃。達拉杭斤兩旗，亦以先生在後套之地畝房產一空，乃將西山嘴子地千餘頃，及房舍一所，租予先生，由是復得自給。貽姚二氏見先生之德威，爲蒙漢人所傾服，恐將不利於己，再將先生延入墾務。自杭旗之地放墾後，蒙民牧場減縮，無以爲生，遂集聚河西一帶，向杭旗王爺及官家提出反抗，二年之久，未能解決。同時西山嘴子附進有大鹽海，爲七旗所共有，至貽穀督辦墾務後，官家取鹽，擬收國有，準格爾達拉兩旗，頗有允意，而其他五旗則堅持不可。蒙民集聚鹽海，意圖反抗，官家不復敢取鹽。三十二年，姚氏延先生至鹽海勸解，準格爾達拉兩旗，亦以託先生，先生至，苦口勸說，一月，亂民始各散去。

先生勸平蒙變，貽穀命至綏交差，並稱將贈花翎加奬。及至，貽穀復下之獄。貽意先生在後套勢大，如不去，後套終不易安撫，遂稱先生之田產雖已歸墾，然終不能抵殺人罪，故重與舊獄以繫禁之。先生繫獄之五年，即民國元年，閻錫山以山西獨立，自太原出兵北下，滿人節節敗退。時堃將軍岫駐綏遠，堅守不去，閻錫山別出兵包頭夾擊之。綏遠人心皇皇，獄中犯亦蠢蠢思動，相與謀破監門而出。先生以為不可，百計勸說，其事始息。後為堃將軍所知，頗感其德。一日，將軍令盡提出獄中諸犯，獨留先生，或曰：「諸犯均得釋矣，獨先生以殺人罪重，不得出，先生之死必矣」。先生聞之，授命於天，安意聽之。及後提出者皆斬，獨先生得免，蓋以勸說有功也。閻軍自包頭攻綏遠急，綏遠危在旦夕，堃將軍以閻軍中多蒙人，與先生為舊識，遂令先生往勸息爭；又恐先生從革命軍，留其三子作質。先生至包頭，適値清前方駐守王將軍為閻軍擊死，雙方執爭益甚，先生居間勸說，戰爭始息，地方亦得暫保和平。後閻軍南調，受傷將士，盡留包頭，先生百方救治，多賴以不死。由是先生得出囹圄，而與陳姓積年訟爭，亦由是告終矣。

民國二年，五原設治，縣吏范某，令先生督建城垣，及狼山營房。並令組織民團，以保地方。時庫倫蒙匪叛變，節節南侵，固陽安北等地，相繼陷失。時山西軍謝營長駐守五原，欲糾集地方保衛團等進剿。先生以蒙人勢盛，未可輕犯，主守烏蘭腦包以觀釁。謝不聽，進至狼山，兵敗受傷，退至包頭。蒙人乘勝南下，烏蘭腦包不能守，五原亦亟亟不保。先生令婦孺老弱急東退歸故里，而自率家丁鎮押在後。此行人衆，車駕沿途長百餘里，哀呼遍野。其老弱不能回家者，則令寄居先生河西之宅第牛犋。先生至包頭，蒙人復來侵，官軍擬退薩縣，先生以蒙人尚未集合，當抵禦。時官軍譚某以騎兵來救，先生遂由保衛團及家丁中選拔五六十人。別由騎兵選拔六十人，合百餘人為敢死隊，進攻蒙軍前線之美利根召。台在山上，敢死隊沿山進攻，而軍士則隨之在後。先生家丁有劉某與杜某者。善擊射，亦選拔為敢死隊。將至召，蒙兵發覺，自山上下擊，諸敢死隊各分地防守，而劉杜匿山石下，實彈以待。蒙長豪服督師，從山下易識，劉杜各舉槍擊之，蒙長應聲倒地死。蒙兵見其長死，俱無鬥志，各棄槍去，敢死隊及軍士乘勢掩殺，一鼓而奪其召。蒙人最懼者為焚其召，官軍自烏拉

12

前山後進攻。凡遇蒙古召廟，皆縱火焚之。蒙旗諸王大驚，求先生出爲調停，勿再焚召，而自甘願驅除叛兵，勿使生亂，蒙變由是得息。先於歸墾後，西公旗以五加河北地千頃與先生，達拉旗亦贈以和碩公中地千頃，先生立牛埧墾殖已就，蒙變時，牛埧多爲所焚，死者二人，所受損失甚重。

民國三年春，泗陽張相文先生，擬爲西北之遊，農商部總長張季直以調查西北農田水利事相託。既至綏遠，聞先生名，頗欲一見。後西行至五原，終得晤先生。時先生任農會會長，與談五十年來開發河套情形，極爲心折。後張相文自西北回，與張季直籌劃開發河套，致書五原請先生來京，共商進行之策，並由部給以顧問之名義。先生得訊，即起程東行，至綏遠，不臆爲都統潘矩楹所拘。潘氏先受貽姚等人之暗示，意欲傾害先生，遂假借民衆名義，稱先生督修五原城時有弊，遂拘留之。先生既爲所拘，隨人至五原報告，地方紳董俱驚異失措，遂連電張相文及農商部請求保釋。張相文求張敬輿致函潘都統，無效。農商部再電求釋放，都統仍以前說拒之。農商部電五原紳董，詢其修城弊之故，紳董僉驚謂，再聯電潘都統及張季直，稱先生治套功績及救災諸事，絕無作弊等情。季直知爲嫌怨所致，進謁袁世凱總統，求釋先生，袁總統立電潘都統，令即釋放，且遣人護送至京，先生由是得免拘禁。計自是年七月初旬，共監禁十八晝夜，自爲必死，而幸得逃出。先生抵京後，曾謂相文季直兩先生曰：「在綏已定讞，如總統令遲到一日，即槍斃矣」。噫！亦云幸哉。

先生至京後，寓中國地學會，與季直相文談導淮及墾發西北事，多有碩畫。居無何，袁總統亦召見，令在西北爲牧馬十萬匹，先生以年老子幼辭之。及退私與人曰：「吾視袁氏行動，有僭竊意，異日必將易民治而行帝制，何能爲牧馬助叛逆耶」？後其言果驗。

民國四年，先生隨季直南返，視察淮河，三子王英五子樂愚亦隨往讀書南通。時政府已組織導淮委員會，請定比美工程師二人，與先生協同視察。導淮有二路：一入海，一入江；入海費鉅，入江費省。西工程師意依西式開鑿，工人就地招募，而先生意則依舊式修鑿，募魯豫工人爲之，且決主入海。視察既畢，返南通，復自南通返上海，與比美工程師及張季直章士釗等確定導淮之策，議欲借比款行之。後比工程師欲獨行諸議，而季直則欲由導淮委員會自行處理，意見不合，比欵協議終不得成，事遂中止。季直曾在海門組織墾務公司，圈近海地三百頃墾發之。其法沿海作大壩利用潮汐作渠，夏六七月間，引水至田，水經日曬；地堿上浮，迨潮汐落時，退之入海。如是爲之，一年可植草，二年可種荳，三年可種稻。其後爲海門墾出稻田百二三十頃，餘田亦可種荳。初起築隄壩時，爲季直弟督修，共費錢四十八萬。及先生至，季直弟問此壩當費幾何？先生答以三十八萬即可。季直弟曰然，蓋初作壩未成，爲海水漂沒，費十萬，其後踵成，共費四十八萬，而實際只費三十八萬也。以是人服其經驗之確。

自海門返後，計去西北辦理墾牧，而未果行。嘗先生初至京時，與季直商開發河套事宜，遂組織西通墾牧公司(西通名與南通對稱)，立案於農商部。先生撥烏蘭腦包地五百四十頃爲公司基址，季直與相文則各出銀二千元，以爲活動資本，定翌年春四月，至河套試辦。西通墾牧公司既成，張相文自泗陽募農人十名前往，並邀其族弟摯子同至督墾。相文先生曾親往布置，季直亦遣一農科畢業學生往助，後均因不慣邊地生活，相繼去，獨相文族弟其子及張霖溥等數人，留其地照理一切。民國六年，盧占魁倡亂，烏蘭腦包地受累獨深，公司之經營，愈感困難。其後復因水租攤派，拖欠甚鉅，所蓄牛羊，均行轉賣，張子行爲放蕩，不事生產，復以負債不能償，亦遁去。餘人不能支，遂將其地放墾，墾牧之業，由是盡廢。先生自南通歸，原擬至西北辦理牧墾。及至河北原籍，有晉人來邀，請爲指導整理渠道。時晉北水利稍興，晉人欲利用桑乾河上流之水，開渠灌田，故組織公司經營之。朔縣有廣裕公司，開鑿廣裕渠二道，先生爲之佈置，得成。應縣有應濟公司，利用渾河之水，開渠灌田。該公司自鑿二渠，以不習水利，不可用，且在渾河所築石壩，亦爲水冲毀，先生爲別築一壩，新修渠道數支，水利漸修，墾田亦漸增。山陰縣有富山公司，請先生勘定渠道，引桑乾河水以灌田，渠成，計其水可溉之田兩千頃。渠初成，先生主先引水入渠，驗下高下，而後始放水灌田。時先生有田在渠尾，而公司之田多近渠口，人疑先生懷私，欲引水上行，以溉其田，遂強自決口引水入田。山陰人不諳水利，放水後不

14

知看守，以致田水冲溢，逆流入渠，所攜泥沙，盡淤渠內，渠道遂廢不能用。公司以鑿渠費鉅，不能繼修，人多散去。後公司知悔，借山西省銀行銀五萬元，重修渠道，築新壩，由是渠復得用，可灌田七八百頃；然所費不貲矣。

民國四年冬，先生自山陰返五原，行至包頭，因匪徒猖獗行刦，繞道歸家。五年春，盧占魁所部恣亂，先生率家人避難達拉旗。盧占魁旋就撫，率衆居烏拉腦包舊營，其鄉人多來附，集衆至數千人，餉糈悉由民給，令縣署籌辦。時濟寧王文墀署五原，籌給無法，乃召先生與共議之。先生召五原父老，議各出糧若干石以應之，始得無事。翌年五月，農民苦於供給，共推代表至綏遠求調盧他去，盧不肯，綏府遣李和相率兵剿之，盧不能拒，離套去，後套得稍休息。

六年冬，有楊茂林者，欲在烏拉河西開鑿楊家河渠，先生至爲相度一切。

七年，開鑿新皂河渠，九年告成。

八年爲西公旗開鑿三公渠。渠在珊瑚河旁，珊瑚河，黃河之一大支也，欲引水入渠，須跨河作壩，以高水位。壩築五日，將合龍，水自龍口行，深二丈四尺，甚急。一日，死一人，二日，先生至，親自堵禦，龍口始合。初勘測渠道時，先生與衆意不同，人問何以不從某路，先生稱下有沙，衆問何以知之，答其地蟻穴口有積沙，蟻穴深不及數尺，則鑿地未深，必有沙矣。及掘地視之，果然。人以是稱先生精審。

八年歲臘，先生回包頭一牛壩渡新歲，時有李瑞符者，組織豳風社，欲利用昆敦侖溝，引山水以灌田，求先生指導。九年春，先生爲測度一切，渠成溉田甚夥。

薩縣人亦欲塹渠灌田，至先生爲豳風社測度既竟，復請爲勘定渠道。先生南北巡視，數次始定，各立木樁以誌之。後以經費困難，遷延未修，至民國十七年，華洋義賑會撥欵爲薩縣鑿渠，薩縣人主從先生所勘，義賑會則主新勘渠道，後新渠道成，反不便用。

是年，又應西盟墾務局之召，重修老郭渠，先生所測，與以科學方法測量者，無大出入。整理一年，始告成功，用銀十三萬兩。

民國九年，綏政府蔡成勳廳長視渠道爲利藪，組織灌田水利社，盡取後套八渠道而經營之。灌田社成，先生離後套至河西，經營舊墾，至民國十一年始返。

民國十一年，馬福祥署綏遠都統，以灌田社辦理不善，渠道失修，民多怨言，且不能依時納租，遂請先生至，議商後套水利。先生主廢灌田社，馬都統恐因此開罪於蔡，一時不能行。

民國十二年，政府將後套永濟剛目豐濟沙河義和五大渠，自灌田社收回，轉由邑紳組織惠原水利公司經營之。公司以下，設臨河五原二分會，五原分會，則由先生主持之。先生爲重整渠道，計義和豐濟各費一萬，沙河永濟各費二萬，剛目未詳。經營數年，始具規模。至於老郭長勝塔布等渠，則仍由灌田社包租之。

民國十三年，馮玉祥率國民軍至張家口，謀開發西北，邀先生商後套水利。馮意欲用軍士開鑿渠道，並欲委石友三爲包西水利局總辦，總理後套諸渠道。先生對馮利用軍士鑿渠之意，甚表贊同，惟諸渠道亦由馮委官管理，不以爲然。蓋軍人不諳水利，積久必至渠道失修，累及墾務；然馮先生卒未能從先生說。十四年，國民軍開至後套，石友三設總辦署於今五原城東農事試驗場，實行接收各渠道，並督率軍士濬渠墾田，修整道路。至是先生所重整之諸渠，亦歸官辦理。五月，奉命督察水利，返後略感不適，旋愈。六月，再至黃河督修水口，以中暑受疾，返家後，復染痢疾，遂一病不起，以二十八日歿，葬於五原城東門外。邑人以先生治套有功，集資共立祠堂於墓上，奉爲河神，每年六月二十八日，必演戲三日以紀念之。

王同春祠堂外景

按先生一生最大成績，厥在墾發河套，立漢人移殖邊地之基。當先生未至後套時，套地荊榛遍野，鳥獸成羣，實爲一荒萊未闢之地。縱有漢人以業蒙古貿易而雜居其地，然爲數寥寥，不足言開發也。及先生至，以數十年之經營，渠道縱橫，桑麻遍野，使荒廢之地，盡成沃壤。漢人負老幼携耒耜而來者以數萬計，此雖先生個人之成功，抑亦國家之幸也。套地荒旱無雨，專賴澆灌，是以講求水利爲第一要務。常聞諸套地父老曰，先生識天時，諳地理，可以預測黃河之漲落，可以相度地勢之高低，所塹渠道，無不水流暢旺，所墾田土，無不收穫恒豐，是以人多奇之，視爲神人。蓋先生勤勞過人，終年奔馳野外，察地勢，辨土壤，所遇無不精思以求其理。即在陰雨之後，亦必乘馬縱橫田野，觀水流之去向，察地勢之高低，由是套地形勢，全在掌握。或謂先生夜行，不辨途徑，輒取地下土，就燈火視之，即知已行何地，其對套內地理之熟習可知矣。及至塹修渠道，或不能辨高下，常至廢寢忘食，以求其故。一日，督工修渠，渠道既定，而引水不得達，輾轉苦思，而終莫得解。遂夜令村豎持香火遍插野外，縱身登高視之，驗其高下曲折，窮究既久，其理始悟，而渠道亦得鑿成。先生既熟習套內地勢，凡謀修鑿渠道，無不請其掌責，後套諸渠道，多賴其成。說者謂先生於水利爲天性，豈非勤勞精思所致耶？

先生塹渠墾田既有成功，內地貧民或無業者，咸來依附求食，而先生亦無不量才爲用，善爲安置。先生勤勞成性，惡視游惰，每日鷄鳴而起，乘馬巡視，遇天明未起，或游惰不知工作者，無論爲家人子女，或工僕奴婢，莫不嚴爲責罰，不稍寬假。以是先生家人，俱知遵守約束，起臥以時，各守職掌。先生雖監察甚嚴，然遇人緩急，輒慨然給助，視金錢如糞土，不稍吝惜。居常工僕婚嫁喪葬，給銀例有定額，佳節宴會，例有定賞，疾病勞問，無不如禮以行，人亦感其德厚。其有游惰成性，不知悛改者，則予銀五兩，馬一匹，使之還家。先生治家待人之通則，大抵若是；然鄉土傳說，則稱先生刑罰苛急，遇人過嚴，如以冬日投人冰下，俗稱「住頂棚房子」，或以袋裹人，投擲河中，俗稱「下餃子」，又或以牛筋作鞭，抽人至死，俗稱「吃麻花」等苛刑，爲非人道，因以厚譏先生。平心論之，先生操性過急，律世過嚴，時人傳說，未能信其必無，然就當時後套之情形論之，實亦有不得已之苦衷焉。後套初闢，鄉民來者，或屬流亡，或屬游惰，多爲不能安分之輩，此等人旣不能以君子視之，接之以禮，則當以莠民視之，律之以峻刑，使之守約束，勤操作，不然，任其荒廢，將何以言開發哉！又或以先生蓄武士，招流亡，與人械鬥，視爲兇狠殘暴，此亦有說焉。時套內未設縣治，統歸薩縣署領，以東西七八百里，南北三四百里之地，統歸一縣統治，自有鞭長莫及之勢。兼以套內蒙漢雜處，往往生變，尤爲不易管理。套內既爲官家勢力所不及，人民咸視國法若未覩，強橫者可以肆爲不法，狡黠者可以助人爲虐。處此環境，非畜武士以自衛，亦未可以圖生存。積漸而械鬥起，則至殺人流血，強者田土漸闢，日臻富豪，弱者奔走流徙，終至滅亡，此爲套內之通情，先生特其強者焉耳。

先生對蒙人亦恩威並施，當蒙人恃衆侵凌時，則率衆抵禦，雖死不屈。及至罷兵言和，則禮聘往來，修好如初。蒙王常感貧困，每向先生稱貸，先生量力以助，即不能贖，亦不加追討，以是蒙王重其威亦感其義，咸與接納，多有與結爲盟兄弟者。蒙族諸王有隙，或漢蒙有爭，多由先生調解，言無不從。庚子教案起，先生居間調解，其爲蒙人悅服者以此。說者謂先生有時以計謀侵據蒙古牧地，此或有之，未可盡爲先生諱也。

綜之先生一生，大節多可取，末行有可議，具英雄之才略，有開創之識能，如以循循儒雅，敦謹仁厚之典型君子視之，則先生非其人也。

附錄

張季直條陳開放蒙地破除舊例另布新規呈節錄（南通張季直先生傳記，第三編第二章第一九一至一九二頁。張孝若著，民國二十年五月中華書局再版）

……東北西北邊陲荒地，迤邐綿亘四五千里，格於前清苛禁，廢而不殖，爲左右強鄰涎視久矣。……我之兵力不足以禦，外交勢不能強，……是欲保內地，不可不先保蒙邊。……謇於蒙荒雖向者亦嘗稍有所推究，而自上年冬季，……又招五原縣紳董王同春到京，詳詢邊荒水利，旋以證諸在京蒙古王公之所述，乃知蒙人對我感情之變異，滋可懼也。查內蒙六盟：東四盟，西二盟，此外則西蒙外蒙。……西蒙之舊土爾扈特和碩特等旗，其地即河源之星宿海，隨處可以渠墾。……寧夏一帶，本有漢唐渠蹟。……宣統二年，理藩院會同東督趙爾巽奏弛舊禁，……有放出荒地而地價無著者，……有爲官府強迫展放，至勒收其已墾之熟地，不給地價，……蒙民痛苦已極。故民國成立後，蒙古王公請求優待條件，第一條即有勿以移民殖邊爲詞之說。又聞蒙古王公在長春會盟，屢次提議，皆以不開放荒地爲其重要條欵。夫其所以斤斤抱持不肯開放，而又一再要約，若惟恐其或失者，則以歷年放出荒地，無利可獲；且將土地拱手讓人，故相戒以不放爲保守之至計也。……凡留耕未去之漢民俱苦之，蒙民則聞漢官有言墾務者，洶懼如將奪之食；即蒙旗世爵，一聞中央政府有欲致力於邊荒者，亦惶恐若將破其家；以是而言，蒙地安有可以經營之一日。……賽因益究如何解蒙人之恐惑，回蒙人之感情？竊謂蒙人自認爲蒙地之主，本無疑義，因求生計而令人墾地，歲收其租，亦人道之公例；今乃惶懼若此，寧令荒棄而不肯開放，其意以爲我但擁地主之名即相安於無事，至墾利之厚薄，與墾務相關利害之實際，皆非所計焉。是蒙人以名爲主，以實爲賓，我政府正可以反比例法行之；聲明蒙地當爲蒙人世守，漢官不得侵奪，蒙地之願招人墾，與人民之願爲墾地者，均聽其便，盡除前清理藩院所施於蒙一切之苛例。予所欲而去所惡，藉以聯絡蒙情，使不誘於外物。……我政府助其經營，使蒙人知感，足以收共和統一之眞際。史遷論貨殖曰：「善者因之，其次利導，其次教誨，其次整齊，最下者與之爭，」賽之爲計，如此。

綏遠宗教調查記

李榮芳 1

一　喇嘛教

綏遠的宗教，有佛教，喇嘛教，道教，回回教，基督教與天主教。這裏面最盛行的，或許是喇嘛教，一到綏遠，我們就參觀了幾個大召（召爲喇嘛廟之稱），現在先從這幾個大召說起。

我們先到延壽寺，本寺在舊城（即歸化舊城）石頭巷北，一名舍力圖召，又名錫拉圖召。此召創建的年代，現在莫考，清康熙三十五年，聖祖皇帝西征駐此，賜名延壽寺，有御製碑文。門口有大扁一額，題『陰山古剎』，裏面有大殿一座，共八十一間，分上下兩層。後面有盤龍柱兩根，悅目可觀；又有佛五尊，古瓶數個。最後有殿一層，不准觀看，或許是喇嘛教的歡喜佛。東院有塔院一個，內有白塔一座，華麗可觀。塔內所藏何物，不得而知，據看廟人說，是長壽佛。此廟正在重修，十分華麗，其款出自蒙政會。

延壽寺

次至舊城西南隅大召街參觀大召，大召蒙語曰依克召，依克即「大」字之意。明崇禎中，清都統古祿格楚琥爾奉諭委左翼佐領補音圖，驍騎喇巴太，與德木齊溫布喇嘛協同將原寺展大，賜名無量寺。寺周圍約四里，康熙三十六年重修。中爲大雄寶殿，殿內有佛像與菩薩十二司畫像，活潑可觀。後殿樓上有佛像，據言爲釋迦之父像。寺內藏經卷甚多，均以藏文印成。昔勝時有喇嘛數千人，今僅存百餘人。前分左右兩殿，左有地藏菩薩，右有關帝，觀音，四大天王，及月光等神。寺門懸『九邊第一泉』額。泉在寺南百餘步，今名玉泉井，上有九孔，吸水者不絕。相傳清聖祖至此馬渴不得飲，以蹄抉地，泉忽湧出，故賜以此名云。該寺創建之年代，或言遠在唐朝，恐不可靠。

此後至崇福寺，寺在舊城小召街，蒙語曰把圪召，把圪即小意，所以又名小召。清康熙三十六年，喇嘛納依齊託音呼圖克圖新建，寺成請皇帝賜額，因賜名曰崇福寺。寺內建築宏麗，殿宇峰立，雕梁畫棟，碧磚綠瓦，壯麗可與大召比美。殿前有左右碑亭，碑高丈許，上刻聖祖御製碑文，為康熙四十二年所鐫。文云：

「朕惟歸化城為古豐州地，山環水繞，夙稱盛境。城南舊有佛剎，喇嘛拖音葺而新之，奏請寺額，因賜名崇福寺。丙子冬，朕以征厄魯特噶爾丹師次歸化城，於寺前駐驆，見其殿宇宏麗，相法莊嚴，令懸設寶旛，並以朕所御甲冑弓矢，留置寺中。夫朕之親事塞外，非無故也。往者，厄魯特喀爾喀交惡相攻，朕憫念生靈塗炭，遣使諭解，而噶爾丹追擊喀爾喀，竟掠入我烏珠穆秦；爰命和碩裕親王聲討，大敗賊於烏蘭布通，時噶爾丹盟誓佛前，永不入犯，乃班師而還。後噶爾丹蔑棄前盟，復掠納木查爾施音於克魯倫河之地。丙子，朕親總六師，由中路進勦，至克魯倫河，賊眾望見軍容奪遁。適朕所期會西路官兵，遇於昭木多，大敗之，俘斬無算，丹木巴哈什哈等率眾來歸，噶爾丹脫身走。是冬，朕復駐節鄂爾多斯，勦撫並用，厄魯特人眾絡繹來歸，而噶爾丹仍未懲順。丁丑，率師狠居胥山麓，官兵分道並進，噶爾丹計窮自斃，子女就俘，餘黨悉平。方今中外恬熙，邊境生民，咸得晏然安堵，喇嘛拖音請建碑示永久，因書此勒石，俾後之覽者，知朕不憚寒暑，來臨絕塞，為民除害之意。時康熙四十二年，歲次癸未。

按康熙三十五年十一月二十日，帝西征厄魯特噶爾丹，師次歸化城，駐蹕崇福寺行宮，回鑾時，遺全套甲冑，寶弓一，大小箭各五，留置寺內，凡來寺參觀者，均可得見之。

最後至慈燈寺。此寺在舊城美人橋東南，又名新召。召內有塔圍十丈，上歧為五，蒙古稱曰塔布斯普爾罕召，「塔布」之意為五，「斯普爾罕」意即塔也。漢人又名五塔召。清雍正五年捐建，十年賜名慈燈寺。

慈燈寺之五塔

2

乾隆間復重修。塔上雕造佛像，精緻可觀。

此四寺外，尚有崇壽寺，隆壽寺，弘慶寺，延禧寺，寧祺寺，隆福寺，廣福寺等，因時間短促，未能親往一一觀覽，然就此數寺，亦可知喇嘛教在城內盛行之狀況。

除了綏遠城之外，凡是蒙古人居住的地方，都有召廟可見。蒙古人住的地方是帳幕，惟獨喇嘛住的是宮殿形的召廟，而這些召廟可說就是蒙古文化的中心。在自綏遠到包頭，又自包頭到五原臨河的路上，常見到蒙古的召廟，牠們建築的樣式，大致相同，而喇嘛講經理佛的儀式，也是一致。現在只拿綏遠城的幾個召來代表，其餘的不再詳細說了。

至於鄉村的喇嘛教，可從陶賴圖之腦包窺其一斑。陰歷五月二十五日，即陽歷七月十三日，是蒙古人的聖會。是日男男女女數百人，俱自遠處騎馬來，聚集於該腦包的附近。有喇嘛在包內誦經，誦經之後舉行賽馬禮。賽馬員每人騎馬圍腦包繞行數次，然後出去到二十里外的地方，再騎着馬回來，回來時仍環繞腦包數次，其最先到者得馬一匹，或其他獎品。

其後又行跳神禮，此禮節最能表顯出蒙古人的宗教性來。在舉行此禮節時，有一位喇嘛裝做跳神官，身衣道袍，頭頂法盔，有若韋馱的形狀。神官唸唸有辭，如跳神的狀態。他忽而起，忽而坐，忽而轉動，忽而吼叫。神官手執長鎗寶劍，有時向腦包擲鎗，有時擲劍，多次射中，很顯手上的工夫。不曉得腦包所代表的是神是鬼，若是鬼自然可說，若是神如此擲射，不是得罪神明麼？不過蒙人想腦包內有神，是毫無疑問的。神官動作一次，便擲些糜米，飲些穀酒，末了喝的醺醺大醉，滿口胡言亂語，於是衆人以爲是神附在他身上了。到這時有許多蒙古男女到他面前敬拜，他便向他們呢喃發言，好似有甚麼訓誨；又將糜米撒在他們頭上。正在談話之間，神官時常起來，執劍追人，追上便用劍打。初看起來似乎很有趣味，然而醉後打人，終有幾份危險。看神官的那種情形，起初或許裝腔作勢，後來確是失了知覺，不知道他自己的動作是甚麼意義。且不論神官的心性是怎樣，敬拜的蒙古人，却是誠心誠意，以爲神眞是附在他身上。這是他們的宗教，是他們的信仰。這種宗教若非有更高尚的信仰，不易轉到倫理的宗教上去。我見此種景況，很像舊約時期那般敬拜巴力的人的樣子。蒙古人的腦包，就是迦南人的丘壇，蒙古人的禮文，就是迦南人的崇拜。這種腦包，河套甚多，毫無疑問的，這是鄉村蒙人的宗教。

蒙人敬拜之腦包

除了腦包之外，聽說蒙人還敬奉成吉思汗，和楊家的六郎，七郎。成吉思汗是他們的祖宗，自然是要敬拜的，至於敬拜楊家六郎和七郎，聽說是因為楊家將善殺韃子，祭拜他免得作祟害他們。

二　回教

綏遠省回教的勢力也是很大，不過沒有作普遍的調查，詳情如何，無由得知，現在且就綏遠城的回教說一說。據說清高宗平定準部凱旋時，有回人隨軍至綏，當時人數不多，多半居住在城東南之八拜村。乾隆五十四年，始散居舊城，人口見日蕃殖，現在已有三千餘戶，男女一萬八千餘口。有阿文學校四處，漢文學校一處，公葬地四處。現在新城東順城街二十七號，有回教的市支會，由劉永效管理一切。其教民多營商業，與普同市民無異。

三　大教

除喇嘛教與回教外，平民多半信大教，大教的意思，是包含着儒，釋，道等教的教義。看他們的寺廟，便知他們所信的宗教是怎樣，他們的廟宇有文昌祠，菩薩廟，財神廟，土地廟，山神廟，馬王廟，家廟，關廟帝，龍王廟，娘娘廟等。

五原縣南十餘里，有四大股廟，又名諸神廟，裏面所塑之神，正殿有伏魔大帝，火德真君，與水河神，東偏殿有藥王神，馬王神，牛王神，西偏殿有龍神，奶奶，與大仙，東院有玄帝，文昌等像。

關於民間的信仰，可以從民間傳說的王同春的故事來代表。據說王同春初來河套的時候，走到托縣離河口鎮十餘里路的地方，因爲山路崎嶇難行，感到十分的疲倦，不能前行，遂休息在一座破廟裏。同春正在睡熟，有人推他，說「你還得向前走，到西北去，這裏沒有你的飯喫」，這樣的說了兩三次。同春醒來，看是關帝廟，一時想起已往的困難和前途的黑暗來，心中十分難過，因而跪地禱祝說，『日後若有飯喫，願在此修廟修路』。後來果然開闢河套成功，便來重修廟宇，並築公路一百餘里。

另一個故事說，王同春乘車走路時，遇見一位白鬍子老頭，同春請他坐車，到了包頭西二十餘里的馬池附近，忽然看見一座大城，恍恍惚惚的驅車進了城。同春進了城，那位老者說要下車回府去，同春看見街旁的一座舖戶裏，擺列着很多的鐵鍋，隨便買了兩口，放在車上，趕着車出了城。及至出城以後醒悟過來，覺得此處那裏來的城？回頭去找，城果然是不見了，只見車輒的痕跡還存在，而車輒的旁邊，有個很大的洞穴。從此感悟到這位老者並非他人，乃是一位仙爺，便在此處立了一座大仙廟。大仙雖去，所買的鐵鍋尚在人間，用了許多年才不見了。這種大仙的信仰，在河套還很盛行着，各處均有大仙廟，甚而有人說『河套之人不信神佛信大仙』。

綏遠各地的漢人，因爲文化落後，所以具有高尚思想的人，除了幾個城市的中心，在鄉村裏是很少的。大多數人，在信仰着初期的宗教，拜山拜水，拜日拜月，拜樹木，拜野獸，幾乎是萬物皆神。這種初期的信仰，在中國的內地裏，依然盛行着，而在綏遠邊地的地方，自然也是受到內地的影響，因爲那裏的漢人，都是從內地移去的。至於蒙漢人的信仰，也有交雜的地方，不過不很多。

四　基督教

(1)協同會或名內地會

基督教到綏遠最早的是協同會，該會於西歷一千八百九十年(光緒十六年)到綏遠，在通順街設立教會，稱中國內地會。現有教友五十戶，共二百餘人，有瑞典傳教士三位，即愛餽慈，康富琛，與瑞蕙順女士。中國傳教士二名，爲賈義與李張氏。其教友士農工商均有。

縣署東三號，有內地會分會一處，有教友二百五十餘人。新城南街又有內地教會一處，有教友百餘人。

包頭城東街亦有內地教會一處，瑞典人稅牧師主理一切，教友共四五百人。安北縣耙子普隆亦有協同會，成立於庚子年前。庚子年有信徒二男三女爲拳匪所害，清廷依約賠款，其會瑞典牧師費安河用賠款開渠一道，名洋人渠，後改曰民復渠。當時教會甚盛，擁有教產甚多，耙子普隆附近之地，幾盡爲所有。教友有蒙人百餘人，漢人二百餘人。此後有瑞典人丹牧師來此管理，因不通蒙語，蒙人減少，漢人信教者，則仍甚踴躍。再後有葛牧師管理教會，精通蒙語，信徒漸增。再後到浦牧師的時候，民復渠收歸國有，教會勢力稍衰。自此之後，七年沒有洋人，教務由中國教友自已管理。近有美國李德洪牧師夫婦，來此傳道。李牧師夫婦雖通蒙語，但現在所有的教友已不甚多，也不過二三十人。先前耙子普隆有小學校一處，現在也取消了。教友有業農的，也有經商的。

協同會在五原隆興長也有個支會，名中國基督教會，有長老段世斌管理一切。此堂有二十多年的歷史，有教友一百餘人。教會禮節，也很簡單，有讀經，唱歌，同聲祈禱；類似耶穌教家庭作見證的，很是隨意，人有靈感，便可說話。

（2）救世軍

救世軍於民國九年在隆興長半道街成立會所，以李守三爲隊長，軍中有二十二戶，會友六七十人。

（3）中華耶穌教會

此會是李金彪牧師創立的。李金彪的歷史，也很有趣，他是李眞縣人，先在關外作響馬，民國元年，辦革命事業，民國二年，在大同張鎮守使手下作偵探隊隊長，民國三年信道，民國十年隨美人蘭富郎牧師來歸綏舊城設立中華耶穌教會。會所在陽溝沿十八號，有教友一百餘名。李牧師又於民國十七年在五區後巷十七號設立教堂，內有教友二百二三十名。

除歸綏城外，李金彪牧師又於民國十六年在包頭中市街創立教會，現有教友四百餘人。民國十七年，在豐鎮創立教會，現有信徒百餘人。民國二十一年，在陶林縣創立教會，現有教友十數人。民國二十一年，又於集寧縣創立教會，有教友十餘人。民國二十五年於黑馬板村創立教會，有信徒五十餘人。

除了李金彪牧師以外，還有一位成仰郇長老，也是創辦中華耶穌教會的人，他在民國二十四年，到五原創立教會，現有教友十餘位。五原南門內安樂街又有一位團副的家中，有家庭禮拜，平均到會者有二十餘人。此會的特性，是竭力謀求教會的自立自養，所有的傳道人，多有副業。五原的成仰郇長老，是以織襪爲生。其教會之形式，多類神召會。

綏遠新城西街三十八號，亦有基督教會，成立於民國十五年，有林生光先生主持一切，內有教友四十餘名。聽說本會受耶穌家庭的影響不少。

(4)耶穌家庭

包頭南門內有耶穌家庭，主事人是孟照翰兄弟。本會於民國二十三年成立，至今年九月一號整二年。現有教友八十餘名，記名的有二十餘名。創立人是山東呂冰芝女士，是由山東耶穌家庭中分出來的。此外任事的有鄭成德女士，與馬立亞女士，二人到各家串門講道。

此外有耶穌家庭診療所一處，在包頭的北邊，耶穌家庭診療所與耶穌家庭原屬一事，因爲診療所主張以傳福音爲目的，以治疾病爲手段，意見稍有不合，因而分開。這裏家長是楊婉貞大夫，執事有李如棠先生，與陳璧靈大夫。教友也有八九十位。

臨河縣城東門裏，有教會一所，教友多半是耶穌家庭派。其禱告的方法，聚會的秩序，教友的思想，與一般的教會，不甚相同。聽說大多數的教友，重新受了洗禮，重理性的教友，日漸稀少。教會之內，沒有思想人的地位，也是很危險的；因爲感情必加之以理性，方能養成健康的倫理宗教。現在有教友王子雲先生，想在臨河城裏，另創教會一所，把一般的教徒納入正軌，只是還沒有成立起來。

五　天主教

天主教是清咸豐六年來在歸化的，先在城隍廟街七號創立教會。現有外國神父四名，教友一百餘名，土地八十畝，房屋六十二間，有育嬰堂一所，男女嬰兒六十餘人，主教葛崇德管理一切。

在新城西門外大教場，有天主教所立醫院一所，名歸綏公立醫院，由院長費懷永主持。院落有一頃餘地，房屋三百餘間，產業共值五十餘萬元。內有看護學校，有職工三十餘人。該院創於民國十二年。

綏遠天主教最發達的地點，是在臨河縣西陝壩一帶的地方。此地最早的會堂，是光緒十三年立的，初在三盛公。光緒十六七年，在黃楊木頭（太武鄉）又成立教會一所。光緒十七八年，在玉隆永又成立教會一所。光緒二十六年，有蒙古人將大發公（太熙鄉）的教堂燒毀，教友死去三十二名，蒙人賠了一大宗的欵，無處可用，乃將此欵用作開渠的基金。他們開了黃土拉亥渠，順着渠道設立了許多處教會。光緒二十七年，在太和鎮創立教會。宣統二十三年，又在太招鄉和太安鎮（陝壩）創立教會。民國十二年，又在平化鄉創立教會。民國十三年，又在太豐鄉，太平鄉創立教會。民國十四年，開墾法得良地。現在天主教有立案的初級小學九處，高級小學兼初級小一處，學生二百八十餘人。初級小學自備飯食，高級小學則由學校管飯，而每年學校向每人討五元的費用。

現在天主教的教徒，在太安鎮有六百餘戶，太和鎮有六七百戶，太招鄉有一百五十戶，太武鄉有一百戶，太熙鄉有一百戶，平化鄉有一百戶。臨河三四兩區，共有教徒一萬餘人，佔了臨河全縣戶口的十分之一。臨河三四區有地數千頃，每年實際種上的可丈青（丈青的意思，是在田苗長起之後，由官府派人丈量，依有苗的田地的多寡納稅，而不依所有田地的畝數納稅）兩千餘頃，天主教徒在這二區的丈青田，佔了九百頃，幾乎二分之一。

天主教所以這樣發達的緣故，因為他的渠頭李阜治渠得法，他能使黃土拉亥渠澆的地多，淹的地少。可惜此人去年去世。更重要的緣因，是天主教組織的穩固，他能在每個禮拜堂，派一位神父，專辦理教民其事。勿論有甚麼變化，或刀兵，或匪患，他的工作是要繼續進行的。農民有了難處，可以向神父去說，他就幫助他們。有時他借給他們金錢，有時供給他們牛馬；有時還替他們見官，替他們拒匪。他們待教徒太好了，與當地的資本家和官吏的面目顯然有別。他們懼怕資本家，不喜歡見官吏，這些事情，神父都替他們辦了。他們歡喜見神父，因為神父總是和顏悅色的，給他們解決問題，替他們破除困難。神父自然有他的法律，有他的規程，人民必須遵守，可是百姓甘願守他們的法律。在這種情形之下，臨河的天主教徒，心目中只有他們的神父，他們的教會。他們信賴神父，不信賴政府，似乎他們另成了一種組織。這種現象是很不好的。不過這也不可厚責教徒，而責任是在政府自己的身上；因為政府管理總不得當。就普通的渠道說，有的是資本家用自己的錢開的，他想在三五年之內，就要獲得一大宗的利息，所以對待佃農十分苛刻。結果佃農轉徙流離，貧困不堪，衣食尚不能保，怎能想到繁榮自己的生活。至於官家管理的渠道，也很受資本家的操縱。資本家接近官府，無論在納稅上或是在使用水利上，都佔便宜。至於一般小戶貧民，一方面受資本家的壓迫，一方面又受政府的壓迫，結果也是不能維持自己的生活。政府不能保護貧民，而神父却視教徒如子女，不論貧富一體愛護。在這種情形之下，就勿怪一般教徒，甘願依賴教會，而不願依賴政府。所以要解決後套教民的問題，是得政府盡上他們的責任，注重貧民的利益，解除貧民的困難，使他們信任政府如同信任神父一樣；不然，他們依賴外人的心理，是不會去掉的。

9

四川月報　第九卷第三期

△民國二十五年九月出版▽

事載
柯羽操遊藏記　柯羽操遺作　黃莊毅遺輯

財政

【一般概況】四川二十五年度之財政概況　四川二十五年度歲出概算　省府七月份收不敷出　省黨部規定全川黨務費　二十四年度不敷數行營准省府以本年度公欵抵借　二十五年度區署經費由縣府籌發　財政視察處改爲稅務督察處　清償證問題近訊

【田賦】田賦徵解及清匪辦法（七則）　省府規定征糧坐扣辦法　公路局請緩償公路佔用地田賦　西充征解下季糧稅辦法　南充積欠糧欵統計　省府令減征八月份滯納罰金　減免糧稅雜訊（三則）　中央地政學院派員調查田賦　萬石奉巫稅收不旺原因

【捐稅】財部核定四川國稅收支預算　省府令稅收機關照解國地稅欵　渝海關免蒲包稅并禁絮出口　四川區稅務局近訊（三則）印花推行概況　所得稅雜訊（二則）所得稅暫行條例施行細則　地方稅局近訊（七則）　四川營業稅局近訊（六則）征局代收地方附加扣支手繳費辦法　各市縣其他捐稅近訊（三則）

金融

【一般概況】各市縣七月份金融概況（七市縣）　南充商會整頓金融　宜賓高利貸情形　遂縣禁止高利貸　重慶市八月份金融統計表（三張）

【銀錢業】渝金融界籌議轉賬問題　渝商會請撥建債成立工商銀行　渝市錢莊統計　渝蓉銀錢業注意倉庫業務　川中央銀行近訊（二則）川中國銀行近訊（二則）川中國農民銀行近訊（二則）四川省銀行近訊（四則）財部令聚興誠銀行改善業務　重慶銀行增加資本　東川郵局開辦定期儲金　川中央儲蓄會三台分會成立　遂開顯綿等縣成立縣金庫　省農合會辦理農貸近況

【貨幣】省府奉行營令規定雜色銀幣兌換法　財部咨省府嚴究萬縣鹽商折扣法幣　輔幣雜訊（五則）

【公債】川省兩年來公債發行統計　民國二十四年川善後公債基金收支數目　四川建設公債核准經過及條例

商業

【一般概況】重慶市商業近況　渝工商界組織四川工商業互助會　渝商會復興工商業建議書　各市縣七月份商情調查　重慶要商品價格及成交數統計表（二十八張）棉紗　桐油　山貨　藥材　米糧　國外豬鬃　國外桐油　倫敦豬鬃

【進口業】走私及防私情形

【出口業】川蠶絲業近訊（十二則）　桐油業近訊（三則）川鹽業近訊（七則）　糖業近訊（四則）

【進出口統計】渝市夏季石油進口統計　重慶七月份重要出口貨統計　萬縣七月份桐油出口統計　宜賓桐油出口統計　渝二十四年進口藥材統計

【其他各業】成都金業概述　渝市新設與改組及倒閉商號調查

產業

【農村調查】嘉陵江三峽鄉建實驗區畜牧調查　巴縣北碚西山坪開荒成功記　四川美豐銀行投資遂寧棉農放欵情形　各縣農村合作社近訊（四則）

【土產調查】川二三四年稻麥產量統計　川二十三年農作物及果品產地與產量統計　川康羊毛產銷統計　遂寧等縣棉花產銷調查　遂寧特產調查　樂山土產近況　瀘縣大麴酒調查　雲陽二十四年土產統計　涪陵煙土調查　開江煙土產量調查

【農業】川稻麥試驗場派員採水稻單穗　災荒及救濟雜訊（七則）　林業近訊（二問）　水利事業近訊（五則）　渝市附明令保護蝦蟆　灌縣耕牛調查　樂山籌募積穀

【礦業】廣元礦產近訊　省府籌議開發寧屬礦產

【製造業】鹽業改良雜訊（二則）自井籌設漂粉廠　茶油及松香中可提取汽油之成分

【水電業】重慶電力公司概況　渝華西公司擬在川省各縣設小電廠

【度政】重慶市推行新制度量衡情形

交通

【公路】川汽車暫定五千輛　商車定期開車　省府令川東北各專署籌劃整頓縣道公路　川瀘路近訊（二則）川黔路近訊（二則）川湘路近訊（五則）川鄂路近訊（三則）川陝路綿廣段橋樑被水冲毀情形　成渝路近訊（四則）　成嘉路被水冲壞　自貢建沿河馬路　成都市人力車及貨車統計　重慶市公路及車輛雜訊

【鐵路】成渝鐵路雜訊（三則）鐵部籌建川陝路

渝民生公司開闢瀘鄂航線　行營令組織灘委會　江北輪在宜賓者君遇險　川江水災雜訊（六則）

【航空】中航公司北平號失事

【郵電】本省電報收費辦法　川西郵政改良航信收發　封郵消息（二則）

社會一瞥

【市縣】重慶市近況（四則）　第十區政況　新聞雜誌業雜訊（七則）

【保甲】行營改行訂保甲編制方案　行營令省府舉辦保甲戶口概況牌　省府飭各縣限期完成保甲戶口編制　省府令各縣交界處設保甲聯合辦事處　三區專署令各縣發揮保甲效能

【人口統計】第五區文育統計　第九區保甲及人口統計　重慶市學齡兒童調查　巴縣公民登記　巴縣北碚戶口統計　巴縣七月份下旬外僑統計　東三省旅川人數

【教育】省府核准教經分配標準　教育廳整頓教育行政　川大開放教育學程　重慶大學概況　教廳牌告大學生就業訓導班簡章及招收學員辦法　二十五年度中學教育實行專任制　各中級學校近訊（三則）　省府規定小學學費　渝市召開小學教育行政會議　全川小學教員無試驗檢定人數　各縣小學教員暑訓班近訊（二則）　全川各區小學概況調查

【禁煙】禁種近訊（二則）　統制運銷近訊（四則）禁吸近訊（八則）　巴縣禁煙概況　市縣禁煙分會組織通訊

【保安】省府派員分十區視察保安情形　省保安司令部整飭軍紀　省府擬定保安隊清鄉辦法　川滇黔邊境設團務指揮部　省府將成立保安經費總分經理處　省府整理保安經費收支辦法

【匪】共區近訊（二則）邪教及教匪近訊（六則）　各縣土匪近訊（十九則）

川邊

【社會及政事】峨邊軍政當局與夷人打牛訂約　川黔邊大藏山漢苗械鬥情形　行營全省辦理邊區難民登記　撫綏崇邛災況

【經濟】松茂汶等縣金鑛調查　茂東特產山漆苗子調查　松潘毛兒蓋貝母調查　理番藥產情形　甘孜商業概況　成都中央軍分校辦屯墾訓練班

【交通】平武松潘江油間道路冲毀　松理懋茂道路修復　峨邊架設電線并修公路

候事

【時事日誌】八月一日至八月三十一日

【省政要聞】省府奉行營令規定縣長任免黜陟辦法　省府保障各縣承審員之地位　公審會審查第三批呈請存記人員　劉主席核定二期財訓及招考名額　省府徵求辦理公墓意見　一年來省府施政狀況

編輯與發行者　重慶中國銀行

每月一冊每冊三角全年十二冊定價三元

旅程日記

侯仁之

七月六日（星期一）微陰

後套水利考察團已定于今日啟程，日子是三號晚間在蔣家胡同禹貢學會聚會時始正式決定的，當晚在座的有顧頡剛師、顧起潛先生——後到的又有馮伯平師——以及本團團員張瑋瑛女士陸欽墀君蒙思明君。時張維華先生以事仍留北平，未能到席。當晚大家曾把綏遠分縣圖細讀一番，又請頡剛師把此行應該特別注意的問題寫下來。他一面筆記，一面解說，大家伏在圓桌周圍，傾耳細聽。屋子高而大，燈光就顯得分外微弱了。四外襯得一片寂靜，只聽得頡剛師絮絮的蘇白，像爐旁燈下一位老人在傳述着一些古老的舊話似的，使人神往。最後大家把工作分配了一下：由張維華先生任領隊，張女士任會計，陸蒙二君分担庶務，派給我管交際。事畢辭去時，已過十時，頡剛師照例送出大門，用誠摯熱烈的口吻頻頻說：「祝你們此行成功」！

四人裝着滿腔的興奮踏上歸途，月光從燕京塔上瀉進未名湖裏，映出一種意味飄渺的神仙境界。四人之中的一個忽然說：「不久之後，我們應該趁着月光到荒茫無際的黃河邊上去散步了」！這是夢麽？

前昨兩日，大家分頭去收拾行裝，團裏的事，大大小小都由馮世五先生代辦了，爲此他曾忙得中了暑。會計爲我們預備了一小箱十幾種藥品，周到之至。這期間又有城裏周沈二先生接洽同去，惜以時間不便，未果。同時陸君又忽以他故不能成行，大家方在惋惜，而燕大教授李榮芳先生却又毅然來參加了，李先生曾在西方考古家薈萃的巴勒斯登專門作過考古的工作，他除英、德文外還通曉拉丁、希臘、希伯來、敘利亞、亞利瑪(Armaic)數種文字，得他同行，實可慶幸。

昨日下午，張先生冒雨出城，并由馮伯平師介紹，在當晚七時半，大家又一同到了吳文藻先生家裏，他把旅行西北的經驗，向我們細說一番。吳夫人氷心女士則特別囑咐張女士代她多多採訪王同春次女雲卿女士（即俗呼「二老財」者）的事，因爲她正在爲王女士寫一篇傳。

啟程前的一切事都歸致妥當了，下午四時半大家齊到禹貢學會集合，五時半已趕到清華園車站。六時三分車開了，我們的旅程開始了，欲罷也不能了！到站送行的只陸君一人，他熱心帮助我們把行李弄上車，又以悵惘的眼光送我們踏上旅途。我們的「夢」開始了，想到只剩下他獨自一人再從車站回去的情景，眞正後悔沒有把他留在學會裏。

車到南口已經暮色蒼茫了，大家在車上用過晚飯，飯後又買了兩個臥舖，輪流着看書、談話、與休息。

穿過居庸關山洞，天像忽然黑下來似的，從此我們便和這初程的第一日訣別了！

七月七日（星期二）微陰

車過青龍橋，又穿過長城，遂入察哈爾境。懷來、宣化、張家口都在夢中度過。晨二時十分，抵柴溝堡，因爲天雨，山洪暴發，把下站西灣堡附近一段路軌冲毀，相候至三小時，始修理完畢，這種情形在平綏路上是常有的。

柴溝堡而下，車便完全改了方向，直向西南行駛。過西灣堡，復進長城，遂入山西境，直向大同邁進。除去停車三小時外，前後不過五個半鐘頭，我們已經橫度了察境。

晨五時，曙光微徹，兩旁景物，才漸漸可以分辨。時車行兩山夾谷中，路右山勢險峻，路左有南白洋河與路軌併行，水勢渙漫。隔岸童山濯濯，勢較平緩。只有河身兩旁，密柳連綿不斷。過陽高縣，兩壁山勢漸開，河亦隨左山迤邐而南。至王官人屯，山去益遠，村落漸繁。

八時三刻，車過大同，直轉北上，沿御河左岸而行。至堡子灣附近，遙望路右山河間，古城堡壘隱然，當即是古長城遺址了。行未久，古城徙轉而西，路軌遂穿城入綏遠境，至是出入長城者凡三次，現在算是眞正「塞上」了！沿路冀、察、晉、綏之間，都是以長城爲界的。

十時五分過豐鎮，漸登「豐鎮高原」。高原平均海拔約一千四百公尺，爲陰山以南之總分水嶺。又二小時，乃抵集寧（平地泉）。按集寧海拔一千四百一十五公尺，幾爲沿線最高之站，去北平已在一千三百七十餘公尺之上。過此而下，復直轉西行。二時半過卓資山，路左激流一道，緊傍路根，勢極湍激，沿路工人正在忙於修防。

下午四時四十分行抵綏遠，已入「黑水平原」，平原土壤甚厚，爲大黑河之冲積地帶，質亦肥美。其平均海拔較豐鎮高原降下約四百公尺。大家整裝下車，一日夜來之勞頓精神，至是爲之一振。下車後，以旅途方便計，即寓車站附近之平綏客棧。初進門來，即見橫房塌上，煙燈羅列，偃體橫陳，「黑暗的世界啊」！這是我們此行下車後的第一印象。

六時晚飯，飯後大家同意往遊綏遠城（即「新城」）。轉出車站附近的營業區，向南一條大馬路，平闊坦蕩，很有一番新氣象。夾路青楊，一望成行，更平添不少景色。行約十五分鐘，捨馬路繞公署院而東，又十五分鐘，乃抵新城西門。其實所謂「新城」，係與歸化舊城對待而言，位在歸化城東北五里，興建于雍正十三年，乾隆二年工竣，周不過九里有奇。城內市面蕭條，尙不及內地一大鎮市。適中處有鐘樓一座，上有玉皇彌羅閣。省府即在西街路北，去鐘樓甚近，爲清綏遠將軍舊署。

大家繞至城北門，已過八時，本欲沿北城根返寓，但城門業已關閉，商請就地一警察代爲開門，答謂：此門朝夕都由出入農夫帮同啟閉，現已上鎖，無法再開。北門一帶冷落情景由此可知。大家只好循舊路頹然而返，至寓已九時半，隨即就寢。

七月八日（星期三）微雨

晨八時早飯，飯後各包人力車一輛，出發謁訪各地方當局。九時半沿城外大馬路至民衆教育館，初欲訪樊庫先生，既至，始悉樊先生業已升任陶林縣長，館長陳志仁先生亦外出，當由教育組組長柴生華君招待參觀，幷允將該館所出各種印刷品遣人送往寓所。十時半至省府，呈送學會及燕京大學公函，幷約定下午二時至三時間來謁傅主席。由省府又轉赴教育廳，閻廳長于事前已得調查團來綏消息，躬自招待，十分周到。又談及蒙漢教育現狀及同化、土地等問題，及午始辭去。

十二時半趕至歸化舊城午餐。城係明朝諸達所建，蒙人名曰「庫庫河屯」，萬曆間，諸達歸順，改稱今名。民國八年將城廓鼓樓一併拆去，現在只餘北門，巍然獨立。新舊城與車站，鼎足而三。商業都在舊城，就怪不得新城市面的冷落了。

3

午飯後訪綏遠通志館，志稿業已蕆事，現由傅增湘先生携往北平校審。該館現藏有土默特等旗抄本方志數種，允予日後得暇借抄。

大家心裏都惦記着去拜會當年那位涿州抗戰的勝利者，遂於濛濛細雨中又趕回省政府。首由燕大一九三〇校友，現任省府畜牧專員郭文元君招待，他是剛從後套調查屯墾事業回來的。大家一見如故，敘了不少學校舊話。正在攀談間，主席來人召見，遂至後面大客廳。甫落坐，傅氏推門而入，偉壯的身軀，一幅不苟言笑的面孔，使我們立刻感覺到他的莊重明敏。一一握手畢，各分賓主入座。我們首先說明來意，話就無端牽連到華北政局上來。傅氏講起了他和燕京一點難忘的因緣說：

「那正是九一八那天上午，你們司徒校務長請我到臨湖軒去吃飯，我勉强去了，却無論如何不能下嚥，心裏感覺無限的壓迫。那時司徒先生也許已經從美國公使館得到了一點消息，我不知道，我把所知道的都告訴了他……哼，（他冷笑了）漢卿……」

他操着清朗的北方話，爽利而明切。最後談到本省的問題，他表示說綏遠境內無一時無有戰爭爆發的可能，這是在未來一個更大的戰略上敵人所必爭之地。前者省府曾設法賑濟綏蒙交界處慘被雪災的蒙民。日人亦乘機籠絡蒙民感情，前後出賑濟費達一百萬元，而我政府所出不過十萬，傅氏言下，不勝感慨的樣子。前後談約四十餘分鐘，隨即辭去。傅氏所給予我們的印象，與其說只是一個果敢勇毅的軍人，毋寧說還兼有充分政治家風采的領袖。我們每人都很興奮，好像覺得不久的未來，就在這塊百姓凋敝的境土裏，也一定會扮演出比涿州抗戰更爲有意義、更爲可歌可泣的史實來，西北的風雲不是日益緊急了嗎？

走出客廳來的時候，雨已停了，郭君領我們去參觀省府。地址不大，而處處整飭有序。西北角上一個佈置精緻的小花園，算是唯一點綴。花園南邊的一個小院裏，還支着一座頗爲講究的蒙古包，這是一位蒙古王公特意送給傅氏的。

看看五時了，郭君還須去上操，這是省府裏所有公務人員日日的必修課。我們也乘機告辭，臨行郭君又約我們在舊城綏遠飯店晚餐，我們沒加思慮便一口答應了。

走出省府，又調查了兩處教堂，隨即趕赴綏遠飯店。省府交際課已把飯定妥，落座不久，郭君便趕到了。席間談笑生風，不復有賓主之分。飯畢，由郭君出和碩公中甴墾區視察報告草稿，略述大概，并附照片，一一解說詳盡。當時我們便拉定郭君作了我們的臨時顧問，并請他代擬此行考察路線，他也「一口答應」了。臨別時他才告訴我們省府已備好汽車一輛，明天來帶我們去參觀舊城勝蹟。這樣的招待眞使我們感激都無從感激起。

返寓已九時半。

七月九日（星期四）晴

兩種心理在我們心中衝突着，既戀戀於歸綏風光，又恨不得立時登上後套考察的旅途。早飯間大家才決定以上午去遊覽歸化城，下午即趕二時車繼續西行。但早飯還沒有吃完，郭君已乘汽車趕來，第一件事便把主席晚間假省府邀宴的請帖拿給我們，自然沒有比這個更充分的理由使我們決定展延行期了。

歸化城在康熙初年以前，爲西北喇嘛教的中心，時稱「藍城」。其後漸移至多倫，今則遠至庫倫。此一方面可以代表蒙古宗教與政治中心之移轉，而另一方面適足以說明內地西北移民之進展。歸化城內幾個大召廟，是我們切心要看的。

八時向舊城出發，中途經過綏遠毛織廠，下車參觀，此爲境內唯一大規模之毛織廠，創于民國二十三年，係省府與天津海京工廠合股開辦，股本將近三十萬元，只以機器係海京舊物，故出品未見十分精良，除毛氈一類尙可推銷平津一帶外，餘均甚難與外貨抗爭。

由毛織廠至舊城的中途，又下車去參觀綏遠境內各盟旗地方自治政務委員會，（簡稱綏境蒙政會）。該會是從百靈廟內蒙地方自治政務委員會（簡稱蒙政會）裏分化出來的，因爲自去秋日方侵佔東蒙而後，更步步進迫，延至冬末，卒將主持蒙政會會務的德王包圍，至是本爲防範侵略而設立的蒙政會，反成了第三者行使其分崩離析陰謀的工具，不甘於這種惡劣環境的其他幾位會中要員，如保安處科長雲繼先、政治處科長蘇魯岱等相率脫離百靈廟，並于本年二月重組了這個綏境蒙政會，以表明綏遠境內的各蒙民，是並不甘受外人支配的。當時由伊克昭盟盟長沙克都爾札布任委員長，由國府特派閻錫山氏爲指導長官。沙王現以事他往，職務由該會防共訓練委員會主席康王代理。不過這位康王據我們所知道的，雖

5

然正當壯年有爲的時候，却已淪爲鴉片的囚徒，當前晚我們去步遊新城時，曾見他着了一身漂亮的西裝騎着摩托車在大街上兜風，只可憐黃瘦的面孔，已淹消盡了他所有的威風。這段可紀念的綏境蒙政會成立的歷史，不會給他一手斷送了麼？我們到會參觀時，他自然不在，因爲據說這才正是他「高枕安眠」的時候！

九時半至十二時半，我們依次參觀了下列幾個召廟：

1.延壽寺：在石頭巷北，一名錫拉圖召，又名舍力圖召，創建年月無可考。清康熙三十五年帝西征，駐蹕歸化城，賜名延壽寺。光緒十三年曾燬於火，旋經修繕如舊。建築宏大，半採西藏式，現方彩飾一新，金碧輝煌，極爲可觀。寺門有額，題「陰山古剎」。

2.無量寺：在大召街，蒙語曰依克召，依克大也，所以又叫大召。係清初崇德五年建，賜名無量寺，周約四里許，昔有喇嘛數千人，今只百餘。故禪房多租商販，附近爲綏市浮攤中心，有類北平天橋。寺門懸「九邊第一泉」扁額，泉在寺前百餘步，名玉井泉，俗稱馬踏泉，傳係康熙帝西征凱旋時，馬蹄踏地得水而名。

3.崇福寺：在小召街，蒙語曰把圪召。把圪小也，所以又叫小召。康熙西征，曾假寺爲行宮，賜名崇福寺，回鑾時遺有弓箭甲冑坐褥靠背等物，每年六月十二日爲展覽期。

4.慈燈寺：在美人橋東南，一曰新召，召內有塔圍十丈，上岐爲五，蒙人稱塔布斯普爾罕召，意即五塔，所以又叫五塔寺。雍正五年建，十年賜名慈燈寺。該寺建築最新，塔雕佛像，猶爲工緻。

慈燈寺之五塔

十二時半，至綏遠飯店，公宴郭君。飯畢，李張二、

6

先生往訪古玩舖，余等三人乘汽車返寓休息。

六時半，大家出發省府赴主席晚宴，同席有北平農學院教授于先生，北平譚先生，包頭法院于院長，以及新自定縣來省辦理綏省師範及鄉村教育之張含清先生。當晚步行返寓，已近十時，隨即就寢，準備明晨出發。

七月十日（星期五）雨

六時半趕赴車站，時正微雨，郭君又親自來站送行，謂省府電報業已發出，另外又攜來介紹信七封，分致前途各地方當局。自始至終，郭君對我等關心，無微不至，一切謝意，只好盡在不言中。

七時一刻車開西行，沿路陰山障其北，勢極雄偉，雲雨蒼茫，益覺奇瑰，過蹬口南望，即可遙見黃河。沿途牛馬牧羣漸次增多，大煙遍地皆是，其花或紅或白，十分美麗。十一時半，車抵包頭，已是平綏路終點。車站秩序，維持有法，即平津亦不如。下車後即赴城內，直奔文明巷三號王宅，無人，遂又轉往前街綏西賓館。住房極佳而價廉，館長又甚和氣，大家樂得有這麼一個好地方，似乎應該多休息幾日，但是沒有一個人能等得來，在火車上時，大家已經盤算着怎樣去後套了，所以吃過午飯以後，休息一下都沒有，李張二先生和我，立刻拿着郭君的介紹信去大公館巷和碩公中屯墾處駐包辦公處找趙普卿先生，接洽赴該區辦法。（按和碩公中去包頭約三百餘里，正在去五原的路上）不料趙先生已因公赴省，然而更不料的是在這兒李先生却遇到了他早年一位故知，而這位故知，却又恰好是該屯墾處的處長。事情似乎過於「離奇」，像小說，又像夢。任先生何以跑到這兒來？又何以作到屯墾處的處長？下面總還有再叙的機會，這兒只說我們一見到他，又發現了他與李先生的關係，捉摸不定的前途，像忽然打開了一條大路，處處都覺得有了辦法，這正如我們在省裏遇見郭君以後的情形是一樣的。任先生操着滿口東北話，態度鎮靜而和藹，只是他滿頭頭髮已經蒼白了。他年紀約在五十開外，樣子很辛苦，一嘴短而整齊的鬍鬚，挺爽可愛。

幾句話，我們把一切事情都安排好了，這極合我脾氣。因爲天雨，到五原的汽車路不見得好走，我們決定再等一天，也好藉機會到包頭城南十五里的河北新村去參觀，這本來也是我們預定要去的。任先生也沒去過，要備汽車和我們同去。如果後天還去不了，那我們正好再跑得遠一點去逛有名的五當召了（即廣覺寺，爲內蒙最大召廟，建中山中，規模極大，去包頭約九十里）。

辭別任先生，又跑到縣政府，縣長因公他往，由濮秘書招待，問了一些地方情形，又蒙他介紹去綏西屯墾督辦辦事處去見劉科長。所謂「綏西屯墾」就是指陸軍第七十師師長王靖國部下在後套屯田而言，師部和辦事處恰好在一處，去寓所亦甚近。我們趕到時劉科長已外出，王師長赴晉，尚未返包，諸事由田旅長代理，可恰田旅長也不在。我們只好把學校寫給王師長的公函留交一位副官，敗興而返。

雖然訪田劉二氏不遇，有點敗興，可是不期而遇到任處長的那一幕，却仍然激動着我們。跑回寓所，我便忙着向留守寓中的張蒙二位同學講起來，說一切都有了辦法，汽車要任處長借我們用誰都不許擔心了。這話也有原因，因爲在火車上大家翻開綏遠調查概要看時，說從包頭到五原的汽車費，每人要花到十多塊錢，爲團中經濟着想，我們實在花不起這許多錢，會計早已透露出焦急的神氣，難得她這樣負責，管這個旅行團正如管一個家。然而眞正使我們如此高興的還是那位任處長，他在我心中佔了一個很重要的地位。

綏遠上火車時下着雨，到包頭已經止了。六時出去吃晚飯，又濛濛的下起來。我們沿着大街走，市面熱鬧多了，就是歸化舊城也比不上，因爲這兒是水旱碼頭，後套以至寧夏甘肅的羊毛土產，都先運到這兒，然後裝火車。廣貨店裏充滿着舶來品，這就是「開化」的象徵！街上有三三兩兩的蒙古人，也有穿着紅袍黃袍的喇嘛。我們走馬看花，行了約莫半里路，忽然看到一座門面很講究的飯館，額曰「華北樓」，許是這「華北」二字作祟，我們不約而同的走進去，記着在綏遠時郭君囑咐我們到包頭時想着吃黃河鯉魚，便宜得很。我們沒問價，第一便叫了一條清蒸「黃河鯉魚」，結果算賬，這條魚可的確按着「華北」的市價，大大敲了我們一筆竹槓。會計發下命令，明天只許喝麵條吃饅頭，省出這筆額外的花銷。

走出華北樓，已經燈光燦爛了。雨不知何時停下，大家抱着期待的心，盼望明天有個好太陽，盼望明天去參觀河北新村。

七月十一日（星期六）晴

夢裏似乎記起了在初中時代的國語教課書裏曾經讀過周作人先生寫的一篇「日本新村」（題目大概是這樣，反正總有新村二字），已經忘記內容是什麼，只記得所描寫的有田野裏的幾隻蝴蝶，在光明的太陽下飛舞着，使我至今不忘。這幾隻蝴蝶今天早上，好像在我睡夢中又翩翩姍姍飛了過來似的……

一睜眼，好高的太陽，好幾天不見了，大家都立刻爬起來，漱洗整理，早飯也沒出去吃，即在館中買了燒餅油條，伴着一杯杯開水吃下去，隨即趕赴墾區辦事處。任先生業已把汽車備好，是一輛載重的大汽車，機器甚佳，車身亦格外龐大。該區還有同樣大汽車一輛，相對來回開駛於包區間。明天我們就要乘這輛大汽車走，比買賣汽車要放心多了。

一點都沒有耽擱，我們立刻跳上汽車，一直開出城南門，傍鐵路路基之南向東南而駛。草原裏一望晴空，太陽光在灑滿了水珠的草地上，閃着一片片瀲瀲麗麗的光。回頭看包頭城半壁枕在大青山上，浴着明麗的朝陽，處處有繚繞的炊煙，……美極了，我們第一次在太陽下看到了包頭。中途過一小橋，車前右輪曾陷泥中，終賴附近田中工作的農民幫忙，我們才能繼續前行。

到新村途中

一個鐘頭，車停下來，我們跳下車，爬上高高的鐵路路基，再往東一看，喫，妙極了，那正是一個絕好的鳥瞰的處所。離路基不到幾百步，那方方正正一個堡壘所團繞的就是河北新村了！四角都有炮樓，顯然是為維持治安而設的。西面一段牆的中間對着鐵道開一個過車大門，門前有新植的樹，有新闢的菜圃，有一道與路軌併行的支渠，架着一座橋，還有一泓舉足可過的清流明淨到底，一直穿入菜圃，以後才知道，這條小溪是引的山泉。

我們一路走進村去，村內有渠道，有菜圃，有直直

9

的路，還有一區區的住家。進門一條大路，一直引到一橫排十幾間的房前來，當中一間特大，是村禮堂，門旁壁上每邊貼着斗大的兩個字，是「皆大歡喜」。聽任處長說這兒也剛剛舉行過一次「集團結婚」，是該村與北平婦女救濟院作的親家，隨後又知道，這邊段村長和那邊安院長是舊相識，爲着十個待娶的村民，段太太還親到北平住了些日子。救濟院選擇了十個待嫁的女子，她

河北新村留影
（一）最右第一人爲段繩武夫人
（二）最左第一人爲李德祥君
（三）衆人手中所執爲該村手工產品有緘衣地氈白布等

便親自去與她們彼此來往，暗中考察她們的個性、能力、品貌，最終決定了。不多日子以前剛剛在村裏結過婚，現在她們工作極好，好些地方能爲村中婦孺的表率。段先生曾担心她們不能吃苦，可是現在她們連地裏的粗工都甘心去作。

不過這次我們並沒有看到段先生，他因建設第二新村跑到五原去，也因雨隔在那兒沒有回來。這次由段太太和該村武訓小學的教師李德祥君招待我們，給我們說明了該村組織的經過，現在進行的情形，我因爲想另外寫一篇「河北新村訪問記」，所以這兒不多敍了。

從村裏出來，李君又陪我們去參觀村西三里許的電機水車，這是該村自行創建的，把普通水車改造起來，併列十二架，用一架發動機牽引。電由包頭電燈麵粉公司供給，那也是段先生的工業。這種工程在後套是用不着的，因爲那兒渠道平行地中，可以隨時開口灌地，這兒引用黃河的水，水低地高，只有以水磨或抽水機器補救。該機每日可灌田三百畝至四百畝，在西北還是藉用電力拉水灌地的第一處。不過我們此來，因時間未到，尚未開工。

十二時，由水車處動身返城，午飯又假華北樓公宴任處長及隨車四人。二時半返寓休息，始知上午田旅長曾數來電話邀請，因即趨訪，又不遇，只由劉科長招待。劉係師大畢業生，相談甚暢，蒙贈屯墾報告書及地圖數份。又謂已接省方電報，並已轉往五原，此行當不致有何困難。

再返寓，邊聞通訊社記者來訪，談約一小時。四時三刻，縣府濮秘書來回訪，又談約三刻。

今日任處長已約定明日上午九時啟程，因此又去華北樓用「最後晚餐」。飯後，想到明天要開始入半沙漠地帶了，張女士特意去選購了一頂大草帽，別人無的可買，却異想天開跑到茶葉店裏去要了一塊「茶磚」，預備回去練習喝磚茶。走回寓所，已經十點，因為明天須早起整理行裝，隨即分別就寢。

今日寄頡剛師及顧起潛、馮伯平二先生信各一封，由張先生和我分別執筆，大意不外報告旅次光景。

十二日（星期日）晴

天氣和昨日一樣明朗，我們心裏充滿了快樂和希望！

剛剛九時，車已開到賓館門口來，任處長自己走進來接我們，我們也已經收拾妥當，因為汽車地方小，又留下三件行李交妥給館主，說從五原回來後，還要住他這兒。

車箱裏裝滿了貨，貨上也坐滿了人，我們硬擠上去，大家像對七巧板一樣的對在了一塊，動也不容你動一下。任處長最後一個也爬上車來和我們一塊兒擠，留下和司機併擺的一個好座位讓給了張女士。於是我們滿載出了包頭城，過城門時，大家一齊嚷着「低頭！低頭」！好像真個怕誰的腦袋被碰了去似的。

因為是禮拜天，天氣又格外好，我身子雖坐在奔馳于荒原中的汽車上，而心却早已飛回了兩千里外的故鄉。我好像又聽見了那兒繚繞哄亮的鐘聲，伴着禮拜堂裏的讚美歌，一齊灌進我的耳鼓，那首歌辭的起首是：

「今日天光，格外明耀，萬戶警醒，鐘聲徐起……」

誠然，我已經不能再相信有上帝，而這種崇拜的意境，却還深刻的留在我心裏，每逢一個陽光明澈的禮拜天，就會立刻想到那永遠沈在一片寂靜中的我的故鄉，那兒有一座古舊的禮拜堂，禮拜堂的鐘樓聳立于村中一切其他建築之上，好些崇高的白楊圍拱着牠，秋風一起，永遠奏着一種悲哀的調子，「華落……華落」直到每一片葉子都落在了地上。地上舖滿了落葉，最多的時候連地皮都看不見了，於是我們一幫放學回來的孩子，把脚底的落葉一片片穿起，拖成一個極長極長的條子，拉回家去，那才美哩！……不，我扯得太遠了，還得收回來寫今天的日記。

車出西門而後，一直向西行駛，爬上一帶極高的丘陵之後，眼界便忽然開闊出去。我們背向着太陽，迎面却吹來清涼而新鮮的風。朝陽洒遍了大地，天上一片雲也沒有。時而有一隊隊行旅的駱駝，在地邊出現，緩慢而穩重的步伐，使人興起一種前程浩浩無限之感。汽車路出乎意外的寬闊而平整，車行起來十分平穩，托托的聲音驚起了路旁一種類似老鼠的小動物，滿地亂跑，當地人不以爲奇怪，我們却覺得非常有趣。我一個一個的注意看着牠們，汽車一到，牠趕忙爬起來跑，然而不過跑個三五丈的距離，忽然又停在那兒，支起前脚，挺起脖子，歪過頭來看我們，眞是神氣十起。據說有的大個兒的，也可以比上一隻黃鼠狼。

路上不過一個村，偶而望見前面一輛比我們起程更早的買賣車（大半都很壞，往往出毛病，中途而壞在路上是常的事），於是我們的車又加緊了突擊的調子，卜卜卜……幾聲，便趕了過去，這種競賽，很能調節我們旅程的單調。我們一輛輛買賣車都「拋」了過去（超過去之意），最後迎面却開過一輛同樣的車來，雙方都立刻停下，原來兩車都是墾區的，而對面來的這輛車上却又正好坐了昨天我們過訪未遇的河北新村段先生，這眞是奇遇。他下了車，我也忙着跳下來，別人不方便，都沒有動。他身軀頗爲碩大，而舉止十分謙和有禮，只寒暄了幾句，幷約定回包時再會，便又各自匆匆揚手而去，道路、人生，正是一個縮影！

車出包頭約莫一百里，就行近了烏拉山的南麓，自是傍着烏拉山西進，直到快到墾區時才繞過去。南面和山併行的是黃河，因爲相距尙遠，眼睛望不見，這山河之間二三百里長的一段地帶，便是穿進後套的孔道。

烏拉山係陰山支脈，綿亘約三四百里，西半山麓產松柏，以及甘草麻黃等藥材，並出皮毛。山脈盡處更有煤礦，爲內蒙最富之山。然以地屬西貢旗，禁人開發。

西貢旗石王自去年因事受停職一年處分，政權暫時歸由大喇嘛代理，日人以有機可乘，對大喇嘛勢迫利誘，無不用其極，並假藉其名義，培養勢力，一則準備抵抗石王復任，一則伏植西侵潛勢。西北腹地，也已經開始腐爛了，我們國人還儘只盲目嚷着「開發西北」的高調麼？

還不到中午，晴空的太陽，便呈露了牠的威力，我們開始感到大陸氣候的壓迫，頭漸漸昏了，呆呆的低着，懶得動一動，胳臂的皮膚晒得發疼，於是把捲起的汗衫袖退下來，一直蓋到手背。全車沉入一種死的寂靜中，只有汽車馬達聲，依然突突的響着拖着我們向前邁進。

下午一時了，路右出現了幾間泥房在陽光下反映着刺目的光芒，路旁停着幾輛對面開來的買賣車，說這是打尖的地方了。我們勉強走下車，兩隻腿不消說都麻盡了。屋裏坐滿了人，大家只有躲到房蔭影裏去。這地方去包頭幾三百里，說是打尖之地，其實並無可吃，我們只喝了一點泥湯裏鎮出來的白開水，肚裏也不覺得餓，早上那樣精神煥發的我，這時一點慾望都沒有了，只想早到區中一步，便是一步。一個人所能担負的天時氣候影響的限度，真是太小太小了。 13

休息了不到一個鐘頭，大家又重新上車，太陽已經轉過牠的軌道迎面射過來，情形就更困難了。

我們整日沿着烏拉山的南麓走，現在已經快到牠的西端了，沿路兩種草漸漸多起來，一種叫做枳荊草，另一種繙譯蒙古名子叫做「大不幹」。行近山脈西端時，舉首南望，遍地紅柳。紅柳是當地一種特產，叢生于黃河兩岸，常是盜賊出沒之地。

烏拉山西端叫做西山嘴子，繞過西山嘴子就走進了後套平原。後套平原，東西長約五百里，南北寬約百餘里，近似一張弓面：陰山山脈環繞在背後（正北一帶叫做狼山）正如弓背，南面是黃河，如果不是彎了一個灣，那就很像一張弓了。渠道便是引用黃河的水，順着自然的地勢，一條條向東北開去，洩水入山脚下的烏加河，再流入黃河。現在境內大幹渠，有永濟、剛濟、豐濟、沙河、義和、通濟、長濟、塔布、黃士拉亥、楊家河等十道，最長的一百五六十里，最短的也要五六十里以上。其他大小支渠三百餘道。渠身幾與地面相平，開口便可引水溉地，這便是所謂後套水利。我們此來也就是要看看渠道情形和考察一下渠道開發的歷史，不知能否如願以償？

且說我們的車轉過西山嘴子，太陽也跟着西斜了，涼爽的晚風迎面吹來，我們的精神又都爲之一振。車是一順向着西北邁進，我們則巴不得一時趕到新村（這兒也叫「新村」）。快日暮了，任處長才舉手遙遙指着東北一帶說：「那兒就是我們和碩公中的新村了！」他半顫的聲調飽和了安慰愉快和希望。

車從西北繞到正南，才駛入了新村的大門，停在東面一片空場上。我們紛紛跳下車來，拍拍身上的土，疲乏之也好像跟着拍掉了，一種新鮮的空氣包圍了我們。

除了孩子們之外，我們沒有看到幾個人，很奇怪，過一會才知道成人們都下地去了。下車後只有一位職員曹君和一位工友來招待我們，把我們安置在處長辦公室裏，大家漱洗旣畢，也就到了晚飯的時候。本來從省府郭專員那兒我們已經知道這裏從最初就行的是集體生活，他們全村只有一個大飯廳，各家男女大小到時一塊來用飯。于是我們也要求參加他們的飯團，可是任處長怕我們吃不下去，同時又因爲我們已經餓了一天，因此特別給我們預備了飯食，并允許我們明天再去參加。

晚飯後，任處長因爲自下車就有點不大舒服，留在屋裏休息，我們自己走到村中去散步。

這兒一排排整齊而規則的建築，我們早已在郭君的像片上看到了，那很像學校裏的宿舍，東邊一組，前後共七排，每排十餘間，西邊一組也是這樣。中間一條寬寬的街道，一直向着正南全村的大門，門外直向正南又是一道計劃中的大馬路，兩旁的樹已經植下了，可是還沒長起來。村四周繞以約一丈寬、丈五深的濠溝，掘起的土堆在裏面像一個圍牆，登上圍牆，眞是四顧茫茫，除去西北三里外一個叫做扒子補隆的村子外，什麼都沒有了。我們立刻覺得這邊地荒涼中掘起的「新村」，這創建奮鬬的精神，這嶄新的社會制度的嘗試，眞是何等偉大的一件工作啊！我現在應該不必諱言了：這些新村的建設者大半都是九一八後東北抗日流亡的義勇軍，此中詳情不容我細寫，只說他們在東北不能立足之後，經過許多困苦的奮鬬，終由於朱子橋氏的援助先成了一個「西北移民協會」，那宣言還是由陶希聖先生起的稿，以後又千方百計向政府弄到這塊地方。他們是去年四月一日才移到這兒的，這一年中他們建立過三次村址，開了五十里的長渠，澆了二百多頃地，還築了將近二百間的房屋。他們之間各種人材都有，有鐵匠，有木工，有裁縫，有機器匠，有化學試驗師，有大學畢業或修業的學生，還有忠實的農夫。誠然，在初來時，有不少懶惰無賴的分子也跟了來，運動罷工、搗亂，可是不久都被淘汰了。他們現在的生活已經上了軌道，而且在向着一種新的方向猛進。這一切都需要專文來敍述，這兒不多贅了。

再說：我們在村中散步，村民多半已經回來，只有五十多人尚留在數十里外黃河邊的渠口上工作。他們在那兒搭了房屋，一時不能回來。我們好像在夢中走入了一個烏托邦，人人的面孔都覺得可愛，我們走上去和他們攀談，村裏的幾隻大黑狗也跑來繞着我們。最後我們遇到受過大學教育的楊遲二君，話題自然就從日常的工作和生活的狀況轉向到整個社會、整個國家以至整個人類的未來去。我們什麼都不顧忌，長長的天，遼闊的地，一望無際的荒原，誰會想到我們在這兒談這許多大問題！這實在有點近乎羅曼斯了。直到暮色完全籠罩了我們，冷冽的空氣從四周沒有一點燈火的曠野裏侵來時，我們才彼此告別，眞是一個何等可紀念的夜談！

直到躺在床上的時候心裏還想着：只不過一年多以前這兒不還是人跡罕至的荒野麽？

十三日（星期一）

到今天晚六時三分爲止，出發是整整一週了。

早晨一起，大家就嚷着去公共食堂用飯，但是還沒等洗完臉就已經傳來消息說人家的飯早在我們未起之前就用過了，現在必須下地的人都已經下地去，我們到這兒是連飯都趕不上吃的。

據昨晚所得消息，知道今天是陰曆五月二十五日，正是蒙古人一年一度的賽馬大會的日子，地點就在新村西南二十里沙丘中的陶賴圖。任處長答應套大騾車送我們去，可是行前因爲今天是星期一，村中要舉行紀念週，我們自然非常高興去參加。會場就是飯廳，我們到時已經坐滿了男女老少半屋子人。開會如儀後，先由任處長報告村務的進行現狀，次請調查團一人講話，當由李先生代表致辭。會後大家立刻起身向陶賴圖出發。他們都坐車順大路走，只我自己和幾位村民抄小路沿渠道步行而去。

我們出村門一直向西南，陽光普照，萬里無雲。渠岸上草深沒膝，蝴蝶翩舞。我們一邊走，一邊談，暢心時引起一片大聲的歡笑，向茫無崖際的原野裏擴散出去，漸漸又沉寂了，消逝了，偉大的原野又重新恢復了牠亙古以來的靜謐。

行不多遠，大車趕上了我們，任處長、李先生、張先生又都一齊跳下車來和我們一起步行。路上遇見好多騎馬赴會的男女蒙古人，他們那種飄逸敏爽怡然自得的馬上英姿，使我們簡直不能相信蒙古人是墮落的！

最終走入了沙丘地帶，大家精神反倒勃然而起，索性離開正道，翻崗越嶺的爬起來。遇到一個漢化了的蒙古人家，大家跑進去喝茶，其先我還不好意思，過後聽說，你愈不客氣，主人就愈高興。進門先上坑，主人立刻給你煮茶喝，話可以彼此不懂，那一番殷勤招招待的意思，可完全流露了出來。我盤腿坐在坑裏邊，眞是恍然如置身於世外桃源了！

喝完加鹽煮的茶水，再繼續爬，看看快十二點了，我們才來到會場。其實會場上一個住家都沒有，只有一個腦包（腦包係譯音，爲蒙古人聖地的標幟，用石塊纍成圓圓的一個平台，徑長不等，高約二三尺以至四五尺，上面蓬蓬的長滿了一種植物），建在一個較高的沙丘上。沙丘南面架起了幾個蒙古包，當中一個是喇嘛念經的地方。這時到會人已經很多，蒙古女人的裝束，尤給大會增加不少光彩，她們滿頭首飾，一件花背心，最爲奪目。有的胸前還托着兩條粗粗的大辮子，那就更美了。她們彼此的禮節很周到，見面時先不說一句話，只是兩人對面各屈雙膝，同時把胸前掛的鼻煙壺（都藏在一個小布袋中）對換一過，然後再站起來，話就開始了。長輩遇見晚輩，則只換鼻煙壺而不屈膝。男人彼此也如此，不過不像女人那麼「味道十足」就是了。

我還忘記說：我們才到的時候，先被讓到一座蒙古包中，大家坐下備受了一番招待，給我們喝了一些鹹茶，又吃了一回炒米，這就當作了我們的午餐。村裏人也早有還禮的準備，把一塊茶磚送上去，主人也高興了。走出蒙古包，我要給蒙古女人照像，她們妞妞捏捏的不肯站過來，還是讓張女士陪着又加上一些首領人的

腦包前的蒙古女人

說和，這才站好。可是第一張一照完，「風氣」立刻爲之一開，一打膠卷等時就完了。當我忘記了熱、忘記了塵土而忙得不可開交時，忽然一陣胡笳聲從耳底傳來，是正午十二點了，我停止了拍照，喇嘛念經的聲音跟着送來，最後到了最精采的賽馬的節目。手續先在腦包前鳴笳報名，然後從報名與賽的馬中選出六匹最強健的分配給已經準備好的六個善騎的少年。不備一鞍，不懸一蹬，六個少年一齊翻上馬背，並轡向正南二十里的黃河邊緩步而去，然後從河邊開始向回奔馳，以腦包所在地爲終點，得第一的馬主，則另賞駿馬一匹。這次比賽情形十分緊張，從六匹馬出發以後，全會場就佈滿了期待的空氣，人人都擠到丘陵的頂上去，眼巴巴的向南望着，直到第一匹馬跑回來爲止。最先所望得見的還不過是一個黑點，可是這黑點眼看着一圈圈膨大起了，既來到面前，便又一陣旋風似的掠地而過。以後第二第三以至于第六，我都沒有看見，因爲人都隨着第一匹馬蜂擁而來，混亂從新散佈在會場上，直到開始打鬼爲止。

張女士與一蒙古貴婦馬上留影

打鬼一幕，鬧得實在凶：由一個四十歲上下身軀偉壯的大喇嘛裝扮起來，伴着一曲曲的音樂繞着腦包跳，時而用力把手中一把刀向腦包上蓬蓬的樹叢投去，時後坐下來，幹些什麼我却看不清楚，因爲一層層的人圍得眞是水洩不通。但是等到人圍得太近了時，他又撒瘋一般跳起來，提起一把大刀，直向周圍的人身砍去，衆人潮水一般倒退下來。這樣重復演了好幾次，這一幕才算完結。聽說凡是被他的大刀踫上的，在未來一年中都可以避禍除災。

最後一幕應該是摔脚了，但是我們已經等不來看，又累又餓，大家都想回去，於是我們分程返村，到村已經六點了。晚飯仍然分食，飯後沒有作什麽，因爲人人都太困憊，遂各自就寢。

十四日(星期二)晴

我們定規下午三時仍由村中汽車送我們到五原去。晨起拍了幾張照，又看着牧者把一群群的猪牛羊和馬放去之後，才回來用早飯。飯後我們開始上課，由任處長口述新村創辦的沿起和建設的經過，五人匆匆筆記。講畢已經十點多了，任處長還要親自帶我們去參觀村東南三里許的烏梁素海，這個海子是頗値得敘述一下的。原來後套各渠從黃河引水漑地而後，又都洩進北面狼山脚下的烏加河。烏加河本是黃河故道，上游還和黃河相接，下游已經淤斷不通。牠河身承受各渠退水之後，沿山而下，來到現今烏梁素海這一帶窪地，遂積成一片淺海，就是這個烏梁素海，面積的廣袤視四季各渠洩水量而損益，夏季水大，四周的低地都被浸在海裏。去年聽說因爲水大淹了五百多頃地，所謂後套水患，就是因爲排水無路所致。前者建設廳曾由烏梁素海南向黃河開了一條四五十里長的退水渠，但是套內各幹渠進水的寬度合計二百餘丈，而退水渠寬不到十丈，洩水不暢，故仍不免渠水氾濫之患。所以今日欲復興後套水利，疏通渠道固屬必要，但是排水設計尤是先決條件。

且說這烏梁素海所以引起我們的興趣，還不只此。當我們在省城時就聽郭專員說這海是如何之富，產魚如何之多，昨夜村中人又向我們說，他們春夏之交乘着木船去淺海草叢中檢拾各種禽卵，一次可揀到二三百，載回來一缸缸淹起來當作飯食。冬天氷上去打魚，鑿開一個氷口，就如探囊取物般把一條條凍僵了的大鯉魚從水裏拉上來，如果下網去打，那就會不計其數了。我們聽着入了迷，像是置身在飄渺不可置信的童話中。

如今任處長要帶我們去看海，大家都喜得什麽似的，好像我們在去證實一件離奇的故事。走出處長辦公室，村中鴉雀無聲，村民多已散佈到田野去工作。我們出村一直向東南排成一個縱隊在田塍的草叢中前進。不多時就到了海邊，水已經退了，草長得很盛。我們再向裏走，從遙遙的北方蘆草中望見了一對雪白的大鷺鷥，拔着長長的腿，在那兒尋食，那種怡然自得的神氣使人羨慕又嫉妬，我們一齊扯高了喉嚨大聲嚷，牠們却不慌不忙駕起了那一雙翩翩姍姍的大翅膀更向東北飛去……這種情景，不知何以忽然使我連想起Storm寫的茵夢湖來：賴恩哈在到茵夢湖山莊去時，除去層樓叢樹之外，不也是這樣一幅景色麼？大家起始歸途了，我又獨自落在後面坐了一刻鐘，面對着這原野的靜謐，一切思慮都化歸烏有了。

返回新村，已經午飯時間，我們這最後一次飯，才被允許到公共食堂去參加。吃的是糜子飯，村裏幾位職員（其中一位于先生，是李先生的舊同學，現任化學師）特意請我們吃烏梁素海的魚，味道之好，遠在包頭吃的那條清蒸黃河鯉魚之上，然而那一條魚的價值，可以在這兒買到同樣大小的好幾十條。

午飯後乘行前的空暇才來正式參觀新村各部的情形，從學校起，經過被服組、木工組、鐵工組、村民住舍、職員住舍一直到醫藥室、公事房：規模雖不大，組織設備却很周到。最後我們回屋，一面收拾着行李，一面又請任處長把他個人奮鬥的歷史講給我們聽，由張李二先生筆記下來。一個作人的楷模，我這兒却無暇敍述了，這樣的人在歷史上是不能任其湮沒無聞的。

三時起身向五原出發，任處長陪我們坐車到村西北三里的扒子補隆，這兒有一所內地會教堂，歷史已經很久。該教會原亦經營當地渠道，甚有成績，其後收歸官辦，遂致湮廢，今雖再歸民間，而效用迄未恢復，良可慨也。至於扒子補隆與和碩公中新村，也還有一段可說的因緣在。原來去年移民初到之前，新村尚未興建，一切公務都假該會房間辦理，得到教會援助甚多。任處長本也是一位極忠實的基督徒，一生事業自謂都是以博愛犧牲革命的精神爲出發點，他說過一句很有趣的話是：「當我領洗入教的那一天，我就開始向教會革命了」。他在東北幾十年來，由教會而青年會，由青年會而跳進社會，凡他足跡所至，都撒佈了革新向上的種子。最後九一八事件爆發了，日人的武力壓迫到吉黑二省來，他率領同工，又組織了救護隊，終日奔波于槍林彈雨中，營救慰問不遺餘力。直到最後連救護工作都不能進行時，他便爽性率領了同志，直接衝上前線去，一我實在按捺不住，不過最聰明的還是暫且少寫，只說他率領同志遭遇到和其他義勇軍同樣流亡的命運之後，海內無立足之地，只有跑到這邊遠的荒原來，從頭幹起。說他是五十歲開外的人了，誰肯信呢？我們一塊去拜訪了教會裡的一位美國青年牧師李德洪（A. Godfrey Lindholm）和他的夫人之後，任處長又一直把我們領到村西南一個密密的叢林裏去。我們在北平也沒遇到過這麼密的樹林，那就莫論西北了。樹高而細，上面蓬蓬的樹頭都結在了一起，抬頭看不見天日，只有一絲絲陽光從樹隙中透下來。大家走到林中，都有些陰森之感，任處長忽然停下來，用一種低沈而鄭重的調子向我們說：「當初我在這兒辦公時，每遇到力不能勝的難處，便獨自一人跑到這個樹林中來，暗暗祈禱，有時幸得一瞬間的寧靜，以往困苦奮鬥的生活，却又會立刻湧到我的眼前！……」我感動極了，拉他到一處太陽光較多的地方，給他拍了一個半身照。

時間不容許我們再留戀，重新登上汽車時，已經四點多了，我們熱烈的向任處長揮手告別，去了！去了！但是這位奮鬥的長者却在我們腦子裏留下了一個無法磨滅的印象。

車上人少，路又難行，顛波得着實難受。我一向不服勞苦，這次却第一個頭昏起來。車箱後面並擺着兩隻大豆油簍，一股股油膩膩的味，直向我鼻孔裏衝，想嘔却嘔不出來。幸而李先生和我換了靠前面的一個位子，這才漸漸好轉起來。

快到五原城時，天忽然陰上來，跟着一陣冷風，像冷水一樣從身上漫潑而過，溫度等時降下，我們起始想到本地「早穿棉衣午穿紗，抱着火爐吃西瓜」的諺語，眞是一點都不錯。

把車駛進五原城的南門，已經是晚七時了，我先下車去訪問王樂愚先生的住處。正在打聽間，樂愚先生却從人群裏走過來，我不認得他，可是看他那修長的身段，高高的前額，行止溫文的態度，覺得不會是外人了，立刻迎上去，互道姓名，果然不錯。他極冷靜的領我到水利局前的一個公宅裏，隨後車也駛過來。房子早已備妥，而且昨天樂愚先生和王縣長（蘭友）還直直等了我們一天，因爲他們十一日就接到了包頭方面轉來的省府電報，預料我們昨天會到，沒想到我們會在和碩公中就擱下來。

住處非常方便，一個獨院，五間北上房，東西各一套間。張女士一人住西套間，李張二先生住東套間，我住中間大廳管看門。還有西房兩間，住着一位聽差，供我們指使，据說這就是從前的縣黨部。

本團團員與王樂愚先生合影

我們一面收拾行李，一面和樂愚先生談着學會裏的情形。這次學會能舉辦一個河套水利調查團，最初還是由於樂愚先生的慫慂。正攀談間，王縣長也來了，大家又互道一陣寒暄。王縣長中等身材，年在四十歲以上，是福建長樂人，和藹寬厚，的是一個親民之官的樣子。

已經是上燈時節了，樂愚先生早已在會元芳預備下飯，由王縣長和水利局一位王觀臣先生作陪，我們既投奔樂愚先生而來，自然也不客氣了。席間縣長問起了我們各人的履歷，一說都是燕京人，他高興極了，很得意的搖搖頭說「那，我們還有點關係呢」！樂愚先生立刻不慌不忙的接過去說：「王小姐就是燕大的學生，昨天剛剛趕到這裏，比你們只早了一天」。我們也高興起來，但是提起名字，却很生疏，因為她是醫預二年級，隔行太遠，學校人又多，也就算不得太奇怪了。

飯後，已不早，王縣長坐自備轎車回舊城去。原來五原也分新舊兩城，新城在舊城東南約三里，本為當年樂愚先生家裏所經營的隆興長所在地，後來日漸發達，賣買和人家都聚集了來，形成這個新五原城，其實歷史是比舊城早的。王同春先生獨力開闢第一條大渠——義河渠——就從新城裏斜穿而過。今日的水利局，就是當年的隆興長故址了。縣衙門還在舊城，可是王縣長還兼水利局局長，所以上午在舊城視事，下午到新城辦公，天天都是如此。和碩公中的大汽車就停在了局子裏。

五原到了，去北平兩千五百里路了，路途上經歷的困難，愈法陪襯出今晚心情的安恬和慰貼。幾隻新燃的

21

燭在大屋子的周圍，搖搖擺擺的照着，倒多少帶來一些異鄉的情調。朦朧中我們都漸漸入了睡，這是自北平出發以來第一個安定的夜。

十五日(星期三)晴

張女士病了，嗓子有點痛，大概是昨天路上那一陣變天，受了一點涼，不過還不太利害，大家也就放了心。張女士還算十分健壯，否則這樣艱苦的旅途，早就會畏縮不前了。李先生和張女士的父母本是至交，此來也算負着一半家長的責任，照顧也格外周到。

吃過早飯，已經九點鐘了，樂愚先生走來，先陪我們乘大汽車到東門外去參觀綏區屯墾督辦辦事處附設的農事試驗場，預備歸途再去拜訪辦事處郭(維藩)處長與吳(象山)副處長等位。大家都去了。

出東門向東南走了不到一里路，就來到了試驗場。場長張化若先生是法國勤工儉學生，我們沿途已經聽見了許多關于他在這方面改良農作物的成績，樂愚先生又連連稱讚他說「眞是一個人才，眞是一個人才」！我們急想見他，他却正上班，去人把他請來，談話就開始了。他人極刻苦耐勞的樣子，很和藹，逐項答覆我們的疑問，條條有理。該場現有學生五十餘人，二年期滿，即分發至各兵墾中心(以「鄉」爲名)爲指導員。談話還沒有終結，張女士病忽然轉劇，我立刻陪她向張場長告別乘汽車送她回來。她嗓子痛得很，我斷定是昨天路上着了涼，於是拿了一粒阿斯匹灵給她吃，讓她安安靜靜的躺下，我又跑到街上去買了一些白食鹽回來，拿白水沖開，權作漱嗓子的藥水，一直忙了半天，她才好好睡下。我一人坐在外面大廳裏，沈寂而涼爽的空氣，自四面侵來，想到這時在北平還正是溽暑，不覺長長吐了一口氣。於是我看書寫字，又恢復了日常書室裏的心情。

直到下午一時，他們才轉來，辦事處也沒去，一人累得一頭大汗，原來這兒外面的正午也是熱的。張女士睡得正好，我們沒有叫她，把門反帶上，匆匆跑去吃午飯。

飯後歸來，大家都累了，各自去睡午覺。約莫三點鐘光景，忽然有人來叫，說是縣衙門裏的王小姐來了。我睡在外間，第一個爬起來，匆匆整理了一下就跑出去。王女士(玉彬)恰好剛進門，我迎她走進上房，李張

22

二先生也都起來了。剛剛落坐，張女士聽見消息也勉強起身走出來。很奇怪，彼此都像沒有見過面似的，不過談起話來，可就熟了。第一王女士才到燕大時，正是趕上張女士的令姊璋琦女士任新生招待委員會的委員，人生地疎，很得她幫忙，因此成了好朋友。姐姐既是好朋友，妹妹當然不能算外人，於是就「一見如故」了！

談話一直到五點，病人的病好像輕了許多，於是大家相偕到水利局去謁王縣長。不久，樂愚先生亦到，遂又一同轉赴綏西屯墾督辦辦事處，首由吳副處長招待談話，未幾郭處長及李（子義）科長亦相繼而至。彼此談起到百川堡（在臨河，爲兵屯中心之一，因閻百川氏得名）的路途，因渠水盛漲，汽車不能通行，如乘騾車，則往返轉需時日，遂改於明晨赴城西四十里之負暄鄉一行，後套其他兵屯中心，大致與此相仿，可擇一以例其他。辭去時已近六時。

晚飯由王縣長作東道主，地點仍在會元芳，除去王女士外，到席的人和昨日一樣。

是晚張印堂先生率領清華地學系同學四位亦趕到，下榻同心客棧，他們因爲沿路躭擱已甚多，不能久留，約定明日同遊負暄鄉後，即先期返平。

十六日（星期四）晴

張女士的病，大概是因爲昨日下午累了一點，又似乎轉劇了，早晨一直沒有起床。李先生和我正在計議着分班留在家裏作看護的時候，王女士又匆匆跑過來，本來她也約定和我們今日一同去負暄鄉，但是看到朋友病的樣子，她決意不去了，爲的是好替出我們來去盡情的參觀，她倒留在寓中代我們作了看護。

早七時還是用和碩公中送我們來的大汽車，一直向負暄鄉出發了，辦事處吳副處長和李科長親自來作嚮導，水利局王親臣先生以及清華師生五人亦同行。

出五原城西門一直向西行，路尙平穩。約二十里至沙河渠，渠水正漲，幾與兩岸田地相平。又二十里至新皂河渠，過渠北行約一里，遂至負暄鄉鄉公所。屯墾該處者爲陸軍第三十四軍七十師二百零五旅四百零九團第一營一、三、四三連兵士，分築城堡於鄉公所周圍。鄉公所建築極整飭有序，很足以表示軍人精神。大門兩壁上分書「屯墾實邊，寓兵於農」八個大字，雖然是一句老話，卻也正是他們工作的目的。至於「負暄」二字也和百川堡一樣，是由於在此屯墾的第一任營長鄧負暄氏而得名。不過現時鄧已升任團長，繼任者爲王營長，最近王營長也趕到太原去受訓。鄉裏的事務統由現任第一隊隊長劉常榮、第一連連長趙鴻洲以及副官刁芸亭代理。因爲事前他們已經接到辦事處的來信，所以我們剛一下車他們就迎了過來。在所裏略略休息了一下，即刻出發參觀，前後所到計有下列各地：

1.合作社：在公所東南，分信用合作社及生產合作社兩部，前者經營販賣各種日用必需品，後者復分榨油、紡織、釀酒、製粉四大部分，設備都很周到。酒糟用以飼牛，名曰「糟牛」，粉渣則用以喂猪。

2.菜圃：菜圃更在合作社東南，沿着新皂河渠的西岸，灌溉非常便利。本來後套地質不宜菜蔬，近年來經過改良，才有這樣大規模的種植。園子裏種的有韮菜、白菜、黄瓜、茄子、萵苣、辣子、大葱、煙葉等等，這其中辣子最惹我注意，因爲記得在歸綏時，一盤辣子鷄被飯店裏要去了四毛多錢，因爲那兒的辣子都是北平運來的，每斤也要賣到四毛錢。後套居然能有辣子吃，不是出乎意料之外麽？

3.林園：由菜圃北端過橋沿渠東岸一直向北約一里路便是林園，在後套造林和闢荒同等重要，不但可以調節氣候，而且更可供給木材。現園中植有柳、榆、楊等甚叢茂，高自五六尺以至丈餘二丈不等。

從林園折回，又轉到公所之西參觀了兵士住所，公共澡堂、油房等處，規模雖都不甚大，而處處整飭有序。兵士現在多已開發到各牛犋去，要莊稼收割以後才能回來，所以各連兵士的住舍都是空空的，連屋子裏都沒得進去。

在以上參觀中偶而遇到很有意思的一件小事，我覺得不妨在這兒補述一下，就是當吳副處長及李科長陪我們去參觀菜圃時，剛剛走到中央，正在那兒赤臂跣足埋頭忙着的兩個園丁，忽然一齊站起來，爽爽捷捷向我們行了一個軍禮，當時使我很驚異，過後才想起他們本都是士兵改行，雖然改了農人面目，却依然保留着軍人的本色。這一點很可以代表今日負暄鄉所給予我的一般印

24

象。

參觀畢，即回公所午餐，飯菜一概由兵士預備，十分可口。飯後又喝了一回茶，才起身返城，臨行還送了我們兩瓶自釀的酒，我們高高興興帶回來，對方的招待，眞是無微不至了。

下午一點半趕回城中，本打算再赴城南覺民與敬生兩鄉一行，只以時間有限而汽車又急於歸程，遂罷。清華師生五人則乘機去遊烏加河了。

王女士因爲明天要轉回歸綏，所以正午就走了，張女士的病稍稍見好，但是有了昨天下午的經驗，今天不再讓她起來。晚六時又蒙郭處長邀宴，我們便只有把她獨自一人鎖在家裏，過後給她買了牛奶和鷄蛋羹，當作了晚飯。

今天下午是我們大家第一次得着好好的休息。

十七日（星期五）半陰

生活漸歸安定了，十日以來潛積的疲勞也漸漸感覺出來，我們的精神與力量都已經預支了不少。

早晨起得太晚，王女士和清華五位早在我們起床之前就走了。我們吃過早飯，把工作分配了一下：由李先生和蒙君留在家裏整理材料，張女士依然讓她休息，張先生和我則一直跑到義盛公去找樂愚先生，請他把後套開發的歷史據他所知道的講給我們聽，由我們筆記下來。

講話的房子很小，安靜得很，陽光透過雲層，洒在半邊紙糊的窗上，顯得柔輭而無力，很像故都秋暮的樣子。樂愚先生多少有點嗜好，斜躺在煙榻上，噴着一圈圈繚繞的雲霧，帶我們回到同治年間後套開發的歷史去。他極善詞令，聲調緩慢而幽揚，因此記來也格外容易。（所講內容將整理成專文，故闕）這樣一直講到下午一點，我們才告辭而去。

回家吃過午飯，又各自休息了一下，看看快四點了，四人又一塊回到義盛公，繼續上午講下去。張女士仍然留在家裏休息。

五時半，樂愚先生約我們一同去吃晚飯，路上遇見清華同學因爲半路汽車毀了，又折回來，弄得滿身是土，恐怕我們回去時也免不了弄成這個樣子。

飯畢，又繼續講後套開發史，一直到夜十時半把應該講的全部結束了才回來，預備明天另起一個新題目。

十八日（星期六）半晴

早起四人同意去舊城回拜王縣長，這是應當的理數。七時半我們就出發了，繞出城北門就望見了舊城，一條大路一直從新城北門向西北斜通到舊城南門，沿路一個人家也沒有，荒涼的情景是內地少見的。既走進舊城，那一城殘破凋零的樣子更出我們意料之外，好像剛剛遭過兵火，又好像頓時破落了的大家戶，淸冷的北風迎面吹來，更興起不少悲涼之感。新城因爲汽車路和義和渠的方便，雖然後起，竟取舊城繁華而代之。事實上雖只三五里之差，而影響所及却不可以道里計了！

拐了幾個灣，沒有遇見一個人，經了一個警察的指示，我們才找到縣政府。縣政府的建築，殘破凋零，一如其城，好些泥瓦匠正在那兒忙着，像是要動工興修的樣子。近來因爲水漲，排洩又不通暢，王縣長已經起早趕到沙河渠上去，在那兒督工防禦，以防漫淹，我們也就只好頹然而返。

他們三人沿舊路回去，我則一人出南門直向正南而去，跑到新城西門拍了一張義和渠破城而入的照片，又逛了一回大街才回來，他們却早已到家了。

我們回到寓所之前，張女士已經起來。十時半我們再去找樂愚先生，她也強病偕往。今日開始講一個新題目，可以暫定爲「王同春開發後套的經過」，日後也是需要整理成專文的。

下午一時返，午飯，休息。

傍晚時，四人復出城北門，正北行四里許至王同春氏祠堂，建有院落一所，北房西房各三楹，北房設香案，墓即在案後。案上供王氏神主，文曰：

淸賞戴花翎即補都司農商部水利顧問顯考瀚川府君之神主

孝男 喆英鴻賢玉璟 等敬祀

按王氏生于淸咸豐二年（一八五二）三月十日，卒于民國十四年六月二十八日。因爲他開闢後套有功，所以當地關於他生前的神話傳說很多。

香案上還設了一個神位牌，文曰：

供奉綏西河渠總河神王君同春之神位

也可見他死後聲名之大。一直到現在，每年六月二十八日還要在祠堂前面連着唱上幾天戲。去年是他十週年忌辰，鄉人送了好些聯屏之類，現在還好好掛在祠堂裏。香案上本來還供着王氏一幅燒瓷的半身像，最近藏在油房裏，我們臨去時，囑附守祠堂的人，叫他明天正午務必要把像送來，我們還要來照像。旣返已近八時。

晚飯後，復過訪樂愚先生，他以水利局有緊急會議，未得續講，我們也只好返寓就寢。

十九日（星期日）微陰

因爲行期有限，我們決定再繼續分頭工作。

晨起後，李先生和我因爲要到城南十五里之四大股廟去找一通碑，所以先去吃了早飯就出發了。

走出城南門，直向正南而去。太陽透過薄薄的雲，照在身上，倒有些暖煦煦的意思。輕微的南風迎面吹着，一片片胡麻開滿了一層淺藍色碎細的小花——我想，如果這要照在燦爛明麗的日光下，那就應該更美了。偶而遇見一兩個商販，却不見一個行旅。前後穿過兩道渠，就望得見四大股廟了。廟也和城北的王氏祠堂一樣，孤伶伶的立在荒野中，不過這兒有成蔭的樹，有很講究的建築，情形和內地也就相去無幾了。

所謂「四大股」是指着最初合股開渠的四家而言，王同春是其中之一。原來的廟址很小，後經王氏重修，才有了現在的規模。廟正殿前廊東壁下有光緒二十八年立「重修諸神廟幷開渠築堤碑」一，係商隱王建勳（醫峯）氏撰書，我們這次便是爲尋此碑而來，茲將碑文轉錄如下：

四大股廟內景
（正殿及東西二偏殿）

「粤考河套地形建置沿革，唐虞以上莬微，夏禹裔孫淳維者，因寒浞亂夏，避居雍冀之北，逐水草而生，卽今蒙古也。商周時九州外蠻夸荒之地，各君其國，各子其民，內外安謐，人情淳樸，無兵甲之爭，干戈之慘。秦時戎狄漸次强盛，始皇築長城以拒胡。是時河套屬蒙古無疑。漢與匈奴更强，曾傾單于與漢和親，河套乃關中粮原，屬漢可考。光武中興，玉門關外皆入版圖。河套密邇邊圉，豈拒外方，晉五胡雲擾之際，北邊一變，朝

27

燕暮棄，無籍稽考。隋文混一疆宇，九夸臣伏河套，仍屬中國。唐太宗時，頡利來朝，胡越一家，命張仁愿河北築受降城三。河套亦山西梱原。唐中葉朔方置節度使，沙陀居左臂，唐末爲李繼捧所據。宋興，又爲趙保吉所集，號西夏矣。元以蒙古入主幽夏，燕然山後，尙置郡縣。河套距邊匪遙，置郡縣無疑。明太祖定鼎金陵，天下大定。文皇出塞三次，邊外雖爲元裔遊牧。乜先木雅失里阿魯台，時叛時和，花馬城設有總兵，河套實隸陝西。俺答議和，河套世爲百姓耕種，世宗命總兵移鎭榆林，邊外盡入蒙古矣，百姓春種秋回，謂之『雁行』。大清龍興，中外一家，康熙三十六年，初定蒙界，界內人民耕種，界外蒙古遊牧。是時海宇清平，刁斗不驚，孳生蕃庶，內地即人稠地狹矣。民人越界開墾耕種，私放私種，常啓爭端。道光八年，奉特旨開放，繼金招商耕種，達賴杭蓋亦將河套節次開墾。是地距河咫尺，開渠澆田，咸仰黃河之水，數十年來，商人不嗇千百，屢開屢淤，工巨利微，幾成荒土。光緒初年，有直隸順郡王公諱傑者，偕子同春公子瀋川者來遊是地，見大河縈繞於前，福山鍾毓於後，草木蔚然，地皆膏腴，壅塞水由，漸成陸地，喟然嘆曰：『前之商人，不諳地勢水性，所以開之易，淤之亦易』。彼時地皆有主，無臨其盲者，山西交城商人張公振達，獨具雙眸，邀請同春公至公中納議重新開渠之事，公即應允，度其高下，即爲興工，不數日工人鱗集，遵夏禹王導河之法，倣神李冰開渠之規，渠口廣狹合度，支渠深淺得宜，高不病旱，卑不病澇，耕者數百戶，咸獲其利，二十年來，不知歉歲。家給人足，老安少懷，雖籍二佬之造化，實資一人之經濟。從前四大股創建諸神廟一所，是時草創，茅茨土階，規模迫隘，十餘年來，風雨剝落，漸就傾圮，春祈秋報，咸爲嗟嘆，於是議商人及地戶咸請于王公曰：『自公開渠築壩以來，地戶都已富矣、庶矣，非神冥冥默佑，其何能圻？神籍人力，人籍神庥，犧牲既誠，粢盛既潔，惟廟傾圮，無以妥神炙，無以慰民心，盍修乎？奈工程浩大，非獨力之事，盍募乎？又鮮將伯之助』。王公慨然曰：『是余責也』，乃卜日鳩工，將舊者折之，廓其形勢，修建正殿三楹，內塑伏魔大帝，左火德眞君，右興水河神。東偏殿三楹，內塑藥王神馬王神牛王神龍王神。西偏殿三楹，內塑龍神奶奶大仙。東西禪房各三間，山門一間，左右翼以鐘鼓二樓，樂樓一座。神僉金粧。興工于乙未，落成于戊戌，三年而工始竣。廓其舊制，宏其規模，雖非琢璧交暎，實金碧相輝矣。雖屬人力，實賴神佑。蒙地召多廟少數，百里有。開光之日，蒙漢氏牽羊献牲，絡繹於途，抑觀神人以和雨暘時若佑此一方，物阜民安，堯天舜日，其河套乎？是工也，其需錢五千緡有奇，并無由外募化分文，咸王公鼎力樂施，可見王公善人是富矣。天錫公石磬五，長宏字汪洋，次璟字浩瀚，三、四、五子尙幼未命名，天之報善人亦巧矣。余遊是地，觀其渠道之規模，即羨其人之經濟，諸地戶將公開渠修廟之緣由，詳悉於余，命余記顚末，壽諸右以垂不朽。余本無衣，見諸人之誠，不獲辭，爰肇而爲之記，是爲序。』

時至今日殿宇神像完好如初，但不知何時又增闢東偏院一所，建殿塑像，規模也很可觀。据守廟人說，當我們初到的那一天，這兒還正在搭台唱戲，我們不知道，否則一定來看戲了。

28

歸途上南風轉大，我們一路在灰塵中奔回五原城，到寓已十一時半，張女士一人留在寓中，病是漸漸好了。張蒙二位去樂愚先生處還沒有回來，這時我本想乘機再去城北祠堂一行，因天氣轉熱作罷。

迄下午一時，張蒙二位仍未返，我即趕往，看他們講得津津有味的樣子，反倒不願意打斷他們了，這一念慈悲，直等到下午四時半才吃了午飯，這樣他們終于把預定要講的都講完了。

晚飯隨隨便便吃了一點，飯後大家計議工作大致已畢，只有樂愚先生所藏舊時後套渠道圖一幅明日便可臨摹竣工，其他最近渠道圖數十幅，允為謄摹一份寄到北平，五原沒有再需停留的事情，遂決定以明日回拜各當局，後日啟程返包。

二十一日(星期一)晴

是最後一日了，心裏倒有了一點留念的意思。

張女士的病完全好了，這是一件可慶幸的事。九時全體一同到樂愚先生處，旋由入領導張女士和我去一塊去訪後套有名的雲卿女士，張女士因受冰心女士之託，所以始終沒有忘掉這回事。

她家住在南門裏，院落很大，我們一進門，他的長女素桃女士便迎出來，走進上房之後，才知道她昨天剛剛返回包頭去，我們早來兩日也就好了。如今我們只好就素桃女士詢問了一些事實，由張女士筆記下來。知道雲卿女士的丈夫張某(按即張振達之子)與王同春氏同年逝世，遺有三男二女。雲卿女士本人曾因受三弟王英的連累于民國二十二年被禁入獄，全部財產除去包頭十數頃地和五原這一所宅院外，一切都被充公了。去年秋司法部王部長來遊綏遠，三子素德，在包頭飯店前迎駕喊冤，這才了此一段公案。雖然這樣，還又多押了三個月才被釋出獄。素桃女士說到這一件件往事，眼淚已經奪眶而出了。關於雲卿女士個人所以聲名甚大的原因，沒有訪問出什麼，只問了她包頭的住址，并蒙贈王同春氏照像一幅，遂告辭而去。

返回寓所，他們還沒有回來，我又一人轉往屯墾督辦辦事處訪吳副處長，預備問一些問題，恰巧他又不在。於是我乘機一人跑到城北祠堂去照像，趕去趕來，也竟花了一個半鐘頭。

二時用過午飯，遂先後到辦事處及水利局向郭處長與副處長李科長及王縣長去辭行。四時半返回寓中，事情都完了，剩下一些富裕的時間大家去遊五原城。沿着義和渠走了一陣，又轉到大街上，順手購辦了明日路上應備的食糧。晚六時王親臣先生又假會元芳設宴餞別，到席的除了一些舊人外，又添了一位方自臨河轉回五原的前水利局秦局長、現任五臨安水利視察主任。他對後套水利也極熟習，只是相見恨晚，已來不及長談了。不過席間偶而談到北山長城的遺址和五原臨河二縣境內偶而在地下發現的陶器等等，這却大大惹起了李張二先生弔古搜奇的興趣，當晚他們便決定中止歸程，繼續西行。我們飯後回到寓中，又詳細計議了一審，以爲他們此去是有益的，除去了訪古之外，更可到臨河視察視察後套最大的幾個渠道。我因爲要趕七月二十八日的研究院入學考試，不能再留戀，張蒙二同學也決意伴我同行，于是我們從此便決定「分家」了。

議定之後，當晚又找到樂愚先生，徵求他的意見，他以爲後山交通不便，行路也有相當危險，可以不去，臨河一行倒是値得。這樣他們也只好放棄後山之行，只到臨河去了。幾局閒話，引出了這麼一段枝節，眞是意想不到的。李張二先生，能即時打定主意也算得「勇往直前」了。大家都高興，安排明日去各奔前程。

二十一日(星期二)晴

因爲要趕六點鐘的汽車，所以天剛放亮大家就爬起來，紛紛收拾行李，似乎一種欣喜之感隱隱在我心裏浮動着。

剛剛收拾完，王縣長就來了，護兵手裏提着大大一包東西，是給我們半路上打尖吃的，有鷄一隻，魚一條，以及猪肉、茶鷄子、燒餅饅首之類，這樣的關心，實非一般「應酬」可比，我們都老老實實的收下了。隨後護兵又一直把我們的行李送到汽車站，王縣長則親自陪我們一路走來，到站的時候，秦培仁王親臣二先生都已經在那兒了。

汽車都已載滿了羊毛，羊毛上面才許坐客人。我們爬上最後一輛車，只給張女士預定了司機旁邊的一個坐位。六時半了，車才出發，我們坐在高高的羊毛堆上，像是押貨的人，連連向送行的人和李張二位先生揮手告別，沒有想到我們竟是這樣分離了！

車開出五原城，一直向東南循舊路而返。馬達撲撲的聲音像患肺病的一樣，我們眞不相信牠居然會平平安安跑下這一天來。

坐在羊毛上倒是舒服得多，但是中午而後太陽的威炎逼下來的時候，情形可就不同了。加之今天西風，車轉過西山嘴子，一直向東行駛，捲起來的塵沙，都被西風擁到車上來，我們就像埋在沙土窩裏一樣，眼皮都不敢擠一擠，鼻孔裏也灌滿了土，一口大氣都不敢喘。幸而午飯吃得好，精神還能支持得過去。但是行到最後四分之一的路程時，我們已經渴得再也無法忍耐了。路旁一個人家，車便停下來，我們跳下去，想找水喝，剛剛煮開一點水，便給車上的客人一人一口的分完了，我只好端起一碗泥鍋的冷水灌下去，沒等他們攔住，我已經喝完了。他們說怕得病，我說不要緊，無論喝下什麼去也會給這焦燒的太陽蒸發乾的！

高度的熱，把一切美景一切心情都焚燒掉了，只是一分鐘一分鐘的挨過去，巴不得一下趕到包頭。

夕陽西斜的時候，我們的車也走下了最後一帶陵崗，向東望過去，便是包頭了。遠遠的號聲送進我們的耳鼓，使我猛然想起故都西苑的號聲，心也就隨着回了北平。

路旁一輛折了後軸的貨車，合盤托下地來，駛車的人却意外的優閒，跑到路旁牛犖裏去擠生牛奶喝了。我們汽車趕到時，他又匆匆忙忙跑過來，囑咐我們押車的人說叫行裏趕緊打發人來修理。話還沒說完，又去捧起罐子喝牛奶了。

車駛進包頭時已經六時了，我們仍回到綏西賓館。下車後每人都盡量壯飲了一回，飯都不想吃，蒙君便約了我去洗澡，這在我還是出發來的第一次。

洗澡回來，雲卿女士已經趕到，正在和張女士談着。原來在我們還未到之先，她已經接着五原來的電話，知道我們今天趕到，所以特地找了來。她一副端正

張王雲卿女士近影

的面孔，中等以上的身材，講話穩重而明朗，除去那一雙小小的脚外，簡直找不出一絲女人氣。她能騎馬，最熟習後套的地理，因爲自小受着嚴格的家教，精明而果斷，頗承襲了先父的氣質。她曾這樣親自告訴我們說：

「當初我父親在世，是不許住在城裏的。他說：『城裏人家懶，睡得晚起得晚；我們農人家，要早睡早起，才能幹出活計』。後來土匪鬧得凶，這才把家搬近城根去住，還是不許進城，就和法律一樣，現在不行了！（她嘆了一口氣）……

那時，一到開渠放水的時候，家裏人男女老少媳婦姑娘都得下地去，或騎馬，或坐車，或步行，偷懶是不行的。冬天查河也是這樣。回來以後．他老人家要一個一個的察問，哪處水高哪處水低，哪處水向哪處流，結冰何時，春水何時，他老人家瞭如指掌，你想騙他是無論如何騙不來的。……

吃穿要一律的儉省，家財到了幾萬貫，却不許花在吃喝上。要吃菜，自己種園子；要吃麵，自己磨米。好地讓給人去種，好市場讓給買賣人去佔有，自己事業都從頭作起。綢緞不許上身，他老人家一輩子兩件馬褂，還是人家送給的，——一件是南神父，還一件是張季直。……」

她的講話裏深深流露着陶醉于往昔的情調，有音節，有感情，我們雖然在疲乏之餘，也竟聽得入了神，直到她辭去。

昏黃而輭弱的燈光照在她慢慢移動着的背上，送她出了房門，向黑暗中走去。「唉，這一個創業者的苗裔！」我暗暗嘆息說。

剛剛送走雲卿女士，河北新村段先生的電話又來了，他也是早一天接到我們從五原發給他的一封信，知道我們是今天趕到。我把李張二先生留在後套繼續考察的話告訴了他，并約定明天親去拜訪，再作第二次的新村訪問。

這樣，安排就寢的時候，已經十一點了。

二十二日（星期三）風雨

還不到五時我就爬起來，收拾着步行到河北新村去。本來我約蒙君同去，看他却睡得正熟，輕輕拍了他一下，他醒了，說頭有點痛，想是昨天太辛苦了，只有留他在寓中一塊和張女士等待雲卿女士來訪，我便獨自出發了。

走出包頭城，太陽剛剛爬上後山頭，野外空氣，正如內地的秋晨，有幾分清朗，有幾分涼爽。誰也夢想不到今天是會變天的。

我一直沿着鐵路走，把一個個行旅都越過去，昂首前進，這是最快活的一件事，尤其是當你獨自一八在曠野裏奔馳的時候。

早晨的火車終于把我趕過了，牠突進的調子，在清晨的空氣裏傳過來，顯得也格外健壯似的。我被落在後面了，只有含笑向牠表示讓步。

七時半我已趕到新村，恰巧段先生已到水車上去，大概他是不會想到我會來得這樣早，于是我又越過鐵路，一直追他到水車上。

中途就望見了他，那魁偉的身材我是認得的，他的胸前懸一幅望遠鏡，手裏提一條手杖，正在引導一位客人參觀，他望見我，也擺了一下手。我緊走幾步趕上去，彼此握握手，又寒暄幾句，他就先把客人打發回去，以後帶我走向水車去。

水車今天開用，幾個工人正在那兒忙着，拉水的成績很好，地高水低的難困，都解决了。

從水車一直返回新村，坐到他的書房裏，這次我才注意到他書架上的書，現在還留在我記憶中的有蘇聯大觀義大利大觀新疆遊記新疆印象記到青海去西行日記西北的剖面等等，此外還有一些線裝書和工具書之類，整整擺滿了一丈寬的三層書架。

我們這次談話的範圍很廣，一隨興之所至，不必發問，隨想隨說，故記來也非常困難，不過一種一貫的精神，却活躍的呈現出來。

我們大概從段氏生平講起，中間談到第二新村的建設，最後歸結到廣泛的教育問題。前半我想另文寫出，後半我想附記在這兒。

段先生對於一般的教育問題也有他獨到的見解，他對現行教育下了最痛切的針砭，大學畢業而失業，他在認爲是說不過去的。他批評現行教育：一方面提高自己的享受，他方面鄙棄了勞苦的大衆。他舉了一個很簡單的例子說：中華書局常識教本上有一課這樣寫道：

「窮苦的老婆婆拾落葉作什麽？
拾落葉作燃料。」（錄其大意）

這一答一問，分明有兩層意思：第一，讀者自己不在窮苦線上，所以要發出這樣一個無聊的疑問。第二，學生讀過這課書，覺得只有又窮又苦的老婆婆才應當去拾落葉燒。在無形之中，學生生活享受的慾望，鄙棄勞工的心理就漸漸形成了，最終再費了加倍的力量，也不足以打破這樣積漸養成的習慣與觀念。教育脫離了現實生活的軌道，成了某一種人的點綴。普通大學裏混出來的學生只等于「後台拿名脚價錢，出台唱不出好戲」。以往學校中過分的享受，反造成了今日個人的苦惱，這已顯然成了一個社會問題。國家教育制度弄不好，青年也實在寃枉得很！

最近新村已在下手試驗一種「合理的教育」，以實際環境作學校，日常工作作教材，有定量的勞作代替運動。——說到這兒他用手指着院裏排好的石頭說，這便是我們學校裏的學生搬來的。

最後我們更談到一般失學民衆的教育問題，段先生主張從音樂與繪畫兩種藝術入手。一方面改編鼓歌，灌入新詞調，一方面改良年畫，發展新體裁。他更主張把一些諺語如「丈八燈台照遠不照近」「老鴉落在豬身上」等等，用漫畫體裁畫出來。最近他正從事繪製武訓生平的連環圖畫，拿出一張底子給我看，是一幅很精緻的作品。隨後我談到顧頡剛先生在北平方面主持的通俗讀物和連環圖畫，恐怕和他正是不謀而同，回平後決計給他寄回一批來。

後山捲來的風雨聲把我們從理想的教育中喚醒，我立即辭別，迎風登上歸途。時間正是十二點，我算着頂快也須有一小時的行程，一場狂風暴雨的肉搏，看是無法避免了！

我擺起兩臂，加大了步伐，低下頭，像衝鋒，也像越野賽最後一個 dash 一樣，自己也覺得怪好笑的迎風邁進。我想我是在給自己作戲了。

不，狂風飛沙不容你絲毫輕慢，剛過了半路，黃澄澄的風沙便迎面撲下來，如果不是有那條路軌，我恐怕路都要迷了。半壁躺在山上的包頭城，掩沒得無踪無影，這時我倒希望傾天一陣大雨，總比這樣落在五里霧中好受得多。

果然，在我將近車站時，銅子大的雨點，迎面打下來，空氣澄清一點了，我看見大馬路上一羣羣行人，像敗仗的逃兵，紛紛向城裏跑，我也立刻越地赶上去，混進他們的行列，一直跑進城。到寓時，雨却停了，像是故意給我開玩笑。想起厨川白村說過出去作一次旅行，總得遇上幾件意外的事，才覺得特別可紀念，這叫作「缺陷的美」。

走進院子，聽不見一個人聲，打開竹簾，蒙張兩位同學都一塊向着我打手勢，原來雲卿女士和她一個姪女，因爲談話談累了，正在套間裏休息。

大家都還沒吃午飯，就一直把飯叫進寓來。最終拗不過雲卿女士，終歸她付了錢。

飯後，三人繼續圍着聽她講，仍然是關于家事的多，關于她本人的少。張女士曾婉轉問她爲什麽叫「二老財」，她極輕淡而含笑的說：沒有什麽，因爲排行第二，又因爲家裏比較有錢，正如五弟樂愚，人家都叫他作「五財主」是一樣的。

四時半她去後，我們都累了，躺下去睡，一直到九時才醒來，眞是精疲力竭了。草草吃過晚飯，預備以明日上午再遊包頭城，下午即乘三時半車去薩縣新農試驗場。五當召是來不及參觀了。

外面又瀝瀝的降下雨來，正像秋雨。我趁着這凄清的夜寫了兩封信：一封給還在盼望我們回省城的郭文元君，一封給伍瓊。在臨來時伍瓊送了我一個裝滿了一些雪白紙頁的大活葉本，第一張上斜斜的寫着一行小字說是送我綏遠旅途上用的，告訴她我用了。

二十三日(星期四)微陰

淸晨携來不少涼意，天還是陰着。

吃過早飯，三人一同到街上去，把昨夜寫的兩封信帶去付郵，又買了一個膠卷，Selo 的牌子要到九毛錢，比北平貴到三分之一。最後三人同意去逛包頭公園，沒有什麽好玩，坐在茅亭上談了一回峨眉山，纔是去過的。從茅亭又走到民衆圖書館，參觀了一下書庫，除去一些通俗的讀物外，還有一部開明鑄版的二十五史，中華書局一些價廉的線裝書，和世界書局一部份新出的銅版翻印的古書，也還像個樣子。看看快十二點了，我們才起身回寓所。午飯後想休息一下，却無論如何睡不着，爬起來預備給頡剛師寫一封信。但是信還沒有寫完，雲卿女士又來了，我們只好陪她談話。她極希望我們明年暑假得工夫再來一次，她一定要帶我們騎駱駝到烏拉山裏去走一下，那邊的王子是熟人，處處都能照顧得到。我們聽了自然高興，只不知道這未來一年中我們民族奮鬥的出路如何了。烏拉山裏據我們所知道的已經在潛伏着日人的勢力，這包頭城中的包頭飯店便有日人常川駐在那兒，而且任性用無線電收放消息。現在我們的主權已經橫被摧殘到這個地步，明年此時又將如何呢？綏省當局抗戰的决心雖不容置疑，力量薄弱確是可顧慮的。談起明年此時此地，無端聯想起國家大事來，覺得無論什麽都罩上了一層灰黑的顏色。

兩點鐘了，我們起手打行李，叫車上站，雲卿女士一定要送我們到車上，強她不過，只好由她來了。直到火車開了，她才回去。

車過磴口，遙見五當召，橫在半山腰中，只是看不十分清楚。

四點四十分，抵薩拉齊站，剛一下車，恰巧一陣狂風急雨打過來，我們跑到候車廳去避雨。半點鐘之後雨停了，我們的騾車也僱好了，于是直奔新農試驗場——即新村——而去。

場址在車站東南十五里，是民國十八年閻百川氏捐資興辦的。騾車一直走了快兩個鐘頭才赶到。我們遠遠望見新村的城堡，堀起于一帶荒原中，很像和碩公中，却比那兒完整得多。我們很奇怪，望盡西北兩段圍牆，却找不到城門。車路一直向西南角走去，一直來到跟前，我們才發現城門是藏在城角裏的，連着拐了兩個灣子，車才駛進城門，原來這也是爲了易于防守而設計的。這一點很能代表我們此後在這兒所得的印象，他們處處都表示着一種「獨出心裁」的創新的精神。

主持這兒場務的任建三主任和建設股長孫致遠君段繩武先生曾向我用非常讚譽的口吻介紹過一番，而且替我們寫了一封介紹信。我們的車駛進城門，又向東一拐，順着一條大馬路向中心一帶建築區走過來，半路我便和崇君跳下了車，穿過一片大空場，那兒正在興建一座規模很不小的建築物，後來才知道那就是村民大禮堂。

剛剛走到一個磚砌的大門前，旁邊走過一位青年精壯的人物來，毫不動聲色的問了我們的來由，我便把信遞上去，直等過了一會我方知道這就是那位多能多藝的建設股長孫君。他始終鮮言寡笑，表示他的鎮靜與長於巧思。

孫君陪我們走進大門，又穿過一進院子，才來到主任辦公室的外面。門打開了，在薄暮中站在我們面前的是一位四十歲開外的中年人，修長的身材，風雨侵蝕的面孔，兩頰深陷，不留長髮，穿一套深灰色的制服，和一雙農人鞋子，使我們乍一望去，再也想不到他就是任主任，更不會相信他是作過首都金陵大學農科的講師的。我在段先生那兒聽說他的刻苦耐勞，聽說他每年只向公家支到二百幾十元的報酬，却沒想到他自奉節約到這個程度。過後聽他講起自已爲人創業的態度，我還清清楚楚記得他這幾句話：

「要想作事業，須『窮終生，傻到底』，無人爭窮，無人爭傻，而且爲了業事的成功，也只有窮才有辦法……」

薩縣新農試驗場辦公室前留影　(一)正中爲任建三主任　(二)左第一人爲梁達新君　(三)左第四人爲建設股長孫君

我不能忘掉他給我那初見面時的印象正如我不能忘掉他這幾句名言是一樣的！

我們把行李搬進來，又把大車留下，預備明天上午坐車去看民生渠，下午再送我們回站，在這兒住留的時間是極短促的。

東西剛剛安排好，已經是上燈時節了，這時外面又走進一位短小精敏的人物來，同我們很熱誠的握着手，他北方話還說不十分好，經任主任介紹，知道是中央大學農科畢業的梁達新君，現正在這兒試驗改良牧草。

臉都沒有洗，我們便開始工作了。忘記了是作客，也忘記了疲乏，立刻請任主任給我們講試驗場創辦的經過和現在發展的情形，我們三人分別筆記，一直到吃晚飯。飯後又繼續講，直到有人來催去睡覺，原來已經十一點半了。自出發以來，我們沒有這樣愉快而緊張的工作過。任主任並不善於詞令，但是他誠摯的態度，用力的言語，條理清晰的內容，使我們不能有半點的疎懈，也不容有半點分心。他辦公室內除去北牆上釘着一幅擴壁大小的透光紙畫的全區地圖外，我再沒有留心到什麼。他這一夜的談話，我要採作一篇專文的採料，這裏不便多寫了。

二十四日（星期五）晴

新村現在已經設立了郵寄代辦所，足見他們發達的程度。在信差出發之前趕完了寄給頡剛師的信，又加寫了寄給李張二先生的信。

早飯後，任主任先去帶我們參觀新村，學校、合作社、手工廠、城門、磨房、機器房、以至于羊圈馬棚雞室，處處都表示出他們創新的精神。至于正在興建中的村民大禮堂，設計更妙，因爲沒有大的木材，由孫君設計，由一個中心爲出發點，向東南正南及西南分建了三列長房，中心正如手掌，三列房則比如第二、三、四三個指頭。遇到開大會時把講座設在中心，聽衆分坐在三列不同的房裏却可共同聽一個演講看一齣戲。如果分開來時，則是三個獨立的建築，各有各的功用，比如說三班學生就可以同在三列課室裏上課，誰也干涉不到誰。設計之妙就在牠的經濟、便利、和實用。

新村參觀完了之後，隨即出發到民生渠去。任主任和張女士坐車，梁君則率領蒙和我騎馬。騎馬在我還是有生以來第一次，所以新鮮得很。選了一匹壯大的白馬爬上去，却覺得坐也不是立也不是，於是梁君教我把繩轡攏緊，馬頭立刻昂起來，就頗有點威武的意思了。又教我兩腿用力把脚蹬伸直，身向後仰，牢牢坐住，我這才覺得有點騎馬的意思，不像才上來時，伏在馬背上，手足無所措的狼狽樣子了。

走到半路，任主任趕上我們，手指着我坐下的白馬含笑說：

「你知道這匹白馬是著名的匪首楊剝皮的呢！」

這一下可使我非常興奮起來，楊剝皮這名子，是前天段先生才向我提到的。本來在一年之前，他還曾率領部下出沒於薩包境內，莫奈他何。去年投奔新村，解甲爲農，賴於場方以身作則，潛染默感，在過來一年中他變成了一個最守分的農人，種地成績非常之好，薩縣的縣長曾戲向任主任說「你簡直是在玩老虎呢！」——這一些都是我從段先生那兒聽來的，當時便很想見見這條「好漢」，如今騎在他的馬背上，也覺得很得意哩！

民生渠和後套的渠顯然是不同的，筆直的渠身和兩岸高高的堤防，在後套很自然的渠道上是看不見的。我們沿着渠走，來到一座橋梁上，建築比起後套蛤瑪草搭的橋自然科學多了，橋下便是木板閘，可以開水澆地。不過現在沒有水可開，甚且有的地方已經晒乾了底。整個幹渠渠道自薩縣磴口開起至托縣沿黑河河漕至托縣城南復入黃河爲止，共長一百九十餘里，完成於民國二十年夏，先後花到一百餘萬元，曾是轟一動時的大工程，而如今却落得一條廢渠，甚且當地居民竟以「民死渠」呼之。這其中的原因，據任主任講，在工程本身是測量不夠準確，渠身坡度太小，僅爲八千三百分之一，即八千三百尺中，始降低一尺，故水來極緩，積沙甚易；同時董其事者皆爲外人（係由華洋義賑會經理）諸事不免隔膜，工不易舉，弊病滋多。在民生渠開鑿的過程中，有好些人事是不必需的，如招僱外來的工人；也有坐失良時的如不能利用農閒，這都曾使全部工程的進行遭受過很大的打擊。復次二十一年之後，黃水盛漲，積沙過多，致將渠口渠道淤塞甚重，結果弄成今日這個有名無實的樣子。好在去年試驗場曾酌量開渠澆地，還獲了不少効

民生渠木橋上留影

果，一時臨渠的鄉民，印象又轉好起來。最近各方因這道渠曾費了一筆鉅款，還有繼續整頓的意思。但是在國防緊張的今日，這恐怕還是一時不能實現的企圖。

我們回村吃過午飯已經一點半了，因爲要趕下午四時火車東下，便急忙收拾行李；告辭而去。一路上我們的心裏都是喜悅的，我們滿足而且有希望，我們准相信明年再來時，這兒不知又換了一個什麼新模樣。不但薩縣新農試驗場爲然，就是河北新村和碩公中以至於綏西的兵屯，雖然其組織與性質各自不同，却無一不充滿了創造建設的新精神，「拓荒」的名字，他們實在當之無愧了！而且最重要的一點，他們的工作不但止於土地的拓荒，還實在各自從事于一種新社會組織的嘗試，並且一律有集體生活的傾向，尤其是任主任，他曾再三向我們提說他的最終目的，便是想假藉新村作試驗，要企試建立一個新的社會經濟制度。以現代的眼光來看，西北還的確是尙未成形的社會，後套方圓那麼大的地方，向來以富庶見稱，而居民還不到十萬，移民、屯墾、開渠、三者須併進，河套才有開發的希望，但是超出於這三者之上的是我們將以何種人與人間的關係來安定這兒

的移民，來建立這兒的新社會，還要任其一蹈我們內地自然演進的覆轍呢，或是更有具體的開發移民與計劃建設的方案？這個自然我們不能苛求於已有的這四個組織，牠們還都是先驅的試驗者，他們都要在新闢的荒土上建立嶄新的社會，我們希望全國的社會學者、經濟學者、鄉村建設者，都能注意到這個問題，然後向中央政府直接供獻他們意見，而由中央政府作一全盤實力的推動，這是一個太大的夢想麼？不能，否則西北的命運也是不能止於像已往那樣長期的荒廢的，牠的隣舍已經在沙漠裏建立起二十世紀科學設計的大工廠了！新的社會組織也隨其驚人的新生產力而俱來了！我們還在作夢麼？

我們仍舊回到薩拉齊車站，乘昨日原車繼續東歸，在和碩公中和新農試驗場我都答應明年暑假來給他們作「小工」，不知此願可償否？在開始登上歸途的那一剎那，我已經感覺到此行兩個多星期實在太匆匆了，研究不到什麼，只能算是找到日後一條再來的路，例如這次沿途都聽得到天主教在後套水利開發上的地位與勢力，就是這新農試驗場附近「二十四頃地」一地方，便是以一個天主教堂作中心開闢建設，簡直造成了一個世外桃源，說來也很像歐洲黑暗時代寺院制度一樣的意味。像二十四頃地這樣的地方還不知有多少，是一個一個都應該予以實地的調查，然而這却不是一個大旅行團可以作得來的。隻身徒步去，花上一兩個月的工夫，才有可能。我們對自己這次旅行考察最大的希望也只能說是踏開一條來路而已，我們的禹貢學會是一定要把這件事繼續下去才對。

車到歸綏時已經日暮了，想想十多天前從這兒才登上後套旅途時的情景，不是正如夢麼？

車在暗夜中向東邁進，預算明早五時到大同。我們都努力求休息，預備明天去雲岡謁石佛。

二十五日（星期六）晴

天邊剛剛翻起魚白色，車已來到大同了，看看錶正是五時。

急忙跳下車，天氣有些冷，我們向崗警問了一個連陞棧，便立刻由接站的人用騾車送到棧房去，地點正好在北門外。

大家是預備在這兒住一夜的，來到棧房，卸下行李舖開被褥，却無心去睡。這時天色已經大亮，于是又洗臉換衣服，臨時改定主意，馬上吃早飯，即刻去遊雲岡。

洋車是棧房代僱的，每人一輛，一輛一元二角，我們沒打價，立時跳上車，進北門出西門，穿過大同城，直向雲岡而去。——忘記說：北城那幾道重門，就眞有點昔日「關塞」的樣子了。

出西門，正西一條大馬路，平闊坦蕩，跑起來舒服得很。但是十幾里後一入武周山情形就全然不同了。大路緊傍着飛流湍急的武周河（俗稱十里河）是桑乾河的一支上游，和我在西山背後所見到的牠的下游差不多。因爲雨水的冲刷，路極顚波不平，却饒有興味。有時我們須下來步行，並不覺得幸苦。

山路向西南繞了一個大大的灣子，兩山漸漸開拓出去，我們的洋車涉水而過，從河右跑到河左，又沿河行了幾里路，就望得見雲岡了。山低得很，顏色也不好看。但是我們一想到漸漸臨近了這一千五百年來相傳的偉大藝術時，又不免興奮起來。

第二次過河又回到右岸，雲岡石窟已經畢呈於目前。我們昂首直望，眞是排山千孔，漸漸領會到一種不凡的感覺。雲岡石質爲砂岩，故極易剝蝕，原長連綿三十里的石窟，如今只有一里多長了，然而也足以使我們興起一種景仰的心情。

我們把行囊安頓在山寺門前的一家小飯館裏，時間正是十一點，隨即拾級而上，仰面彌漫着一種終古寂然的氣息。找到一個顚脚僧給我們帶路，他燃起一把香火儘管往黑窟裡鑽，我們帶來的電筒差不多已失去効力，但是凡光線所及之處，無不有斧彫刀鐫的跡象，我們是整個包圍在藝術的空氣中。我們都有一點同感，覺得大部彫像經過後世拙劣的修繕，必已損失了原來的形象，張女士只愛上了向門大殿裏那尊菩薩的臉，臨去時還特意去瞧了瞧牠。

我們向右一個一個石窟走過去，因爲石質太脆，山壁多已傾圮，結果大佛小佛一齊晒到陽光底下來，我們這兒才眞正欣賞到這偉大藝術的本色。大佛幾十丈，小者不過一尺，參差羅列，極盡神態。尤其是幾尊大像，神彩奕奕，面孔上自然托出一種愉快之感，使我們不能不連聲贊嘆爲藝術的巨製。蒙很欣賞洞口額上的雜彫，

41

說有古希臘之風，我還特意替牠攝了一張照。

山脚下陋屋鱗集，欣賞的距離一點也展不開。心情拘束得很，幸而遠處已經由公家興建了一排新建築，預備把村民移到那兒去住。果是這樣，則遊客可以站在相當距離之外，默然欣賞，那情景就多少有點霍桑幻想中 The great Stone Face 的意思了！

我們面向了這藝術的巨製，只悔恨自己缺乏藝術鑒賞的素養，說不出更多的話來。論者以爲雲岡石窟是六朝藝術的代表，而六朝藝術則直是開唐代洵爛的藝術之先河。不過我們瞻仰這北魏時代的彫刻，其作風之奇偉與樸質，實足表示一種新興的活力，恐怕不是模倣來的。又或以爲雲岡的彫刻，直接受印度的影響，間接承受希臘羅馬的作風，又東傳而影響於日本的藝術，則其在東洋美術史上的地位，又是莫可比擬了。

我們懷着滿意與欣慰走下山崗，在原來的小飯舖裏用過午飯，隨即循原路而歸。路上太陽迎面照耀，既熱而又困頓。我把身子直躺在洋車上，睡夢裏走過了這三十里的歸程，不到四時已經趕回寓所。

本來是預備在這兒住一夜的，看看時間尚早，人人又都歸心似箭，便立刻改定主意，稍稍休息了一下，便把早上剛剛舖開的行李又打起來，匆匆吃過晚飯，立時趕上車站。七時一刻車開了，我們的西北之行來到了最後一個階段！

二十六日（星期日）晴

經過了一個漫漫的長夜，在明麗快活的晨光中，我們又重新回到故地。一切都別來無恙，再走進校門，只見湖水深了，蘆葦長了，柳枝倒曳下地面，濃鬱盛茂，正是一番深夏氣象，是西北所決難見到的。

旅程日記二

張維華

七月二十一日（星期二）晴

晨五時起床，送侯仁之蒙思明二先生及張瑋瑛女士東返。返寓後，因水利局秦先生及王縣長之邀請，遂由王樂愚先生宅，移居水利局暫住。

九時，由王親臣先生領導，乘馬遊五加河。河在五原縣城北約二十里，昔爲黃河之故道，今則爲後套諸幹渠退水之地。後套渠道，縱橫交錯，馬行渠中，水沒腹上，不知畏縮，此爲套馬特殊之訓練。十時，抵東城子莊。據言此莊之東，爲古城遺趾，下馬後，遂同李先生到地尋查，意在尋獲古代陶片及磚瓦等遺物，以爲考驗。旣繞地匝行，但看野草與田禾交雜，平漠數里，無片瓦隻石可得，遂悵然而返。意其地即屬古城，亦因累年淤積，湮沒地下，非表面上之視查，所可尋獲者也。

十二時，留莊內一農家息休。農家劉姓，原籍山西河曲人，移套已三十年，置田數十頃，頗爲富有。套俗客人至家，即登坑休息，與婦孺雜居，不避嫌疑。家主烹茶敬客，進退如禮。劉姓有吸鴉片癖，其家中婦女子弟，亦多染此癖者，飯後張燈吸食，數時始休。此爲套內之通俗，不足爲劉姓病也。

下午四時，乘馬至烏加河，河寬二三十丈，水流湯湯，猶可想見古時黃河之景象。津口泊小舟一，候渡往來客旅，舟人見余等至，自北面盪來，余等亦即下馬登舟，同渡北岸。烏加河北去烏拉山二三十里，其間亦爲一大平原，荊棘叢生，未墾之田甚多，其情形大抵與河之南岸相等。余等在河北岸，盤桓片刻，復登舟渡至南岸，旋復乘馬沿河西行。津口西去半里，有王同春所建舊壩，長三四十丈，寬三四丈，南北跨河而立，蓋用障水以灌田者。壩西岸，有渠道一，北行數十里，引烏加河水，溉田千百頃，此亦爲王同春所鑿修者。壩南鑿退河水，長約里許，東西兩端，均與烏加河相連結，水漲時，河水由退水河東下，可免潰決之險。

六時半，自烏加河返五原，及抵水利局，已日暮矣。下馬兩股作痛，至不能行。李先生臀部膚破，作痛亦甚劇。然回想乘馬出發時，奔馳阡陌間，時見雉鳥野鼠，隱行草際，及抵烏加河岸，跨馬揚鞭，臨流嘆賞，亦不覺爲苦也。

十時就寢。

二十二日(星期三)微陰。

是日原擬至黃河口一行，因途中不易行走，未能成行。上午與李先生同遊五原街市，偶遇一古董小攤，購古錢數枚，然無佳者。下午，讀書數小時。五時，至王樂愚先生處閑談。時有車先生出古銅牛一具，牛身鐫「大漢文帝三年」六字，字體悉屬楷書，而文意亦不類，其爲僞作無疑。不臆後套荒漠之地，亦有僞商假造古董以誑人也。

43

晚十時入寢。

二十三日(星期四)晴

晨六時起床，七時，由水利局備晨餐。八時，雇乘騾車自五原向臨河出發。自五原至臨河，共一百八十里，有大道，爲國民軍退守西北時所修之汽車路，今則頹毀，無復汽車路形式矣。自王師長創辦屯墾以來，別修新汽車路，自五原經百川堡陝壩以通臨河。此爲北路，爲程稍遠，而民國軍所修之舊路，則爲南路，爲程較近。入夏後，渠水漲發，北路往往冲毀，汽車不能通達，是以自五原往臨河者，多駕騾車，沿南路行。後套渠道縱橫，居民渠上駕橋，即以樹枝草根爲之，草率從事，多不堅固；且不知修葺，任其傾圮。車行橋上，往往顛覆，易生危險。所幸車夫善御，余等未罹其禍。

十二時，抵滿葛蘇甜間。滿葛蘇在五原西南四十里，居戶僅十餘家。自五原至此，途間未遇村落，沿路土地，雖亦有墾種者，然爲數甚少，仍以荆榛野草爲多，後套荒涼情形，可見一般。滿葛蘇旅店，狹陋爲臆想所不及，且居民蠢愚，不知講求清潔，久居都市者，實不能慣此生活。然余與李先生均能處之安然，未嘗介意。店友有至狼山後者，與之談，謂山後有古長城遺址，土人稱之邊牆。共有三道，一道在狼山北百里，爲第一邊；二道尤在其北，距第一邊約三百餘里，爲第二邊；三道在外蒙，去狼山近千里，爲第三邊。又稱邊牆建築，磚石俱用，隙縫間有以石灰泐之者，其制如今。土人拾取石灰塊，其銳如刃，可以刺物。噫！此爲秦漢之遺規歟，抑後人之所增置耶，古人拓邊，遠出漠北，今人棄地，已及腹裏，前後何懸殊若是！初未離五原時，與前任水利局長劉先生談，謂山北有古長城遺址，相傳爲秦始皇所築，因與李先生共議，擬作山後之遊。然山道曲折，不識路徑，未易成行，遂就教於樂愚先生。先生稱山後地爲漢人所不及，山口俱有蒙人鎮守，戒備甚嚴。欲至其地，非不可能，然須雇駱駝數頭，馱載食糧用具，復得一善蒙語且諳悉山後地理者爲嚮導，或可得至其地。念此次西北調查，倉星出發，殊受時間經濟之限制，何能作遠地遊，遂作罷論。今聞店友言，可與劉先生語相印證，仍以不得親至其地實地勘查爲憾。深望禹貢學會，日後再組內蒙調查團，對邊外漢人建置遺跡略得推尋之也。

下午三時，自滿葛蘇出發，六時至郞家地宿店。該村爲五原臨河間之大村，居戶約三十家。沿街有商舖數家，雜陳居民及旅客用品，局勢雖屬狹陋，然在後套，已不可多見矣。

二十四日(星期五)晴

晨六時，自郞家地出發，西行過皂火豐濟兩渠，十二時，至天吉太橋村甜間。是日上午，共行五十里。天吉太橋村，東臨豐濟渠下，渠上駕巨橋，悉以紅柳與枳荆草根爲之，建築頗爲偉大。下午一時，自天吉太橋出發，天氣甚熱，日光炙人。西行三十里，至邢家台子村，稍息，復西行，約去臨河十數里地，有蒙古召名張家廟，遠望頗爲輝皇，遂下車往觀。召較在綏遠舊城所見者爲小，然建築亦殊整齊。時喇嘛僧正在內誦經，鼓聲冬冬，與誦經聲相混雜，初聞之，亦甚覺奇異也。套內荒涼，遍地荆榛，鮮文化遺跡，此則爲僅見之物也。再西行，過剛目渠，晚六時許，至臨河城東關，宿萬勝棧。

二十五日(星期六)晴

晨七時起床，與李先生同至臨河城西門外散步。臨河縣城垣，建於民國十六年，二十年重修，雖爲土築，雉堞尙完整可觀。現居民繞城修鑿濠溝，用以備盜匪，亦以防河患。溝旁初植楡柳，高僅及頂。

九時，赴縣政府謁陳會德縣長。稍事寒暄，並說明西來調查目的，卽行告辭。旣出至收發處，又晤王子雲先生。王先生爲齊魯大學校友，畢業後，曾任青島膠東中學校長。嗣後復來西北辦理實業，幾經奮鬥，成績頗爲可觀。現在縣政府任教育科主任，似已在臨河落戶矣。自縣政府出後，承王先生之邀，至其家閑談。王先生全家俱爲基督教徒，其令夫人奉教尤篤。語間談及來套經營經過，備陳其艱苦情形。後套居民蠢愚，渠道管理，悉操縱於地主或渠頭之手，外人移入，往往爲其所困，此種排外性質，殊爲後套墾發障碍，深望宰斯土者，注意及此。

午十二時，由王夫人備午餐招待。三時，由王先生引導，拜會商會會長王先生。王先生居套二十餘年，對於後套情形，頗爲熟悉，故特來訪問也。先生稱天主教在後套之勢力，極爲雄厚，就臨河縣論，陝壩鎭爲後套最繁榮之地，住戶千餘家，男婦七八千人，率爲天主教徒。若與其他各地之天主教徒合計，凡萬人上下，約佔全臨河縣人口十分之一有餘。此輩居民，對於天主教神甫之遵從信賴，過於政府。且其兒童受教之學校，亦悉由神甫創辦，近年雖經呈請政府立案，然所帶宗教色彩仍甚濃厚。黃土拉亥河之渠，即由天主教所鑿修，沿河可溉之田千餘頃，亦多歸天主教徒所耕種。後套渠道整理之善，水利利用之便，據言亦以該渠爲首。噫，外人之經營，可畏亦可欽也。天主教初於同治年間，創置教會於後套，嗣後日漸發展。迨至拳匪變起，蒙人傷天主教教士數人，天主教要求賠償，遂以黃土拉亥河之地作賞。天主教之經營此土，即始於此。後國民軍退守西北，蕭振瀛任臨河設治局局長，議將此地收回，其地復歸國有。然天主教之勢力，終未因此稍衰也。此事李先生記之甚詳，茲姑略述之。王先生又稱臨河縣城西北有村名高家油房，村西三里，有地古稱什蘭計，居民曾於其地發見古城，方約三里，中有古井。時商會有一老僕，自謂曾親見之；且言居民曾於其地發見類似紗帽翅者一物。先生又言，臨河縣城北一百三十里，有地名西塢者，居烏拉河西，其西亦有古城。城垣以磚爲之，磚上有布紋，居民取之以築室，現猶有存者。五原烏拉腦包北百五十里，山後亦有古城一所，約十數頃大。高三丈，寬二丈，形式宛然俱存。中有水溝，流貫其間。其地屬東公旗，土人俗稱合豐縣。後套之地，秦漢間建立郡縣，設官置守，其後歷代亦屢有建置，古人設置遺跡，當不爲少，安得好古者，一一發掘考驗之。

五時，再至王子雲先生家，其夫人復備晚餐款待，飯後與王先生同赴西門外灑金渠參觀。灑金渠爲舊名，今名永濟渠。渠寬六七丈，水勢浩大。上架長橋，構木爲之，頗堅固。橋西有汽車路，通陝壩寧夏。

七時半，參觀民衆教育館，因在初辦時期，設備尚稱簡單。九時回棧休息。

二十六日(星期日)晴

晨六時起床，晨餐後，再赴王子雲先生家閑談。因是日爲禮拜日，臨河教友，請李先生主領禮拜。十時，遂同赴禮堂禮拜。臨河教友，多屬基督教家庭派，祈禱誦詩，似極熱誠。

午後，仍去王子雲先生家休息。五時，同赴城南趙家寡婦村參觀牛場。趙婦原籍河北邢台人，幼年隨其夫來後套開發，後其夫死，趙婦獨自經營。現置田甚廣，家中畜養牛羊騾馬甚多。園場亦極整齊。一婦人而經營至此，實爲不易，當地人羣其名咸讚揚之。

晚九時始返，日暮行田畦間，涼風拂拂，甚快。十時許，始得回棧休息。

二十七日（星期一）晴

晨五時起床，六時自臨河出發，返五原。時有王子雲先生及傅先生兩人來送。原定回五原之路線，本欲沿繞陝壩百川堡之北路東返。車夫言該路多爲渠水所湮，須繞道而行，非四五日不得至五原。余與李先生東歸心切，不欲久曠時日，遂定由原路回。

十二時，抵天吉太橋，甜間。

下午六時，抵郭家地宿店。

二十八日（星期二）晴

晨六時起出發，車行三十里，至九時，抵滿葛蘇，甜間。十一時，復東行，二時，抵五原水利局。四時，與李先生同赴澡堂洗澡。七時，回水利局，王覲臣來局閑談，夜深始去。

二十九日（星期三）晴

晨六時起床，整理行裝，七時，赴汽車公司，時有王覲臣先生及焦先生來送行。汽車狹小，裝載貨物甚多，乘客二十人在其內，擁擠不堪，幾無可置膝處。車出五原，西風大作，塵土揚天而起，自車窗侵入，襲掠人面，眉目盡爲所掩，幾至各不相識。且道路修築不善，高低不等，車行顛動甚劇，乘客顱頂，往往與車棚相擊觸，時作劇痛，行人怨聲不絕於口。離五原時，屯墾處李科長贈一古罈，云係出土之物，恐爲所毀，手抱而行，益感不便。行九十里，過把子補隆及任先生所創辦之和碩公中墾區。再南行，至退水河。汽車由是繞西山嘴子東行，烏拉山臨其北，黃河臨其南，形勢頗爲險要，爲軍防重地。沿河遍生紅柳，一望無際，蒙人禁樵採，故得保留焉。

下午一時，至公廟村甜間。

二時，自公廟東行，路中車毀，修理妥當後，復東行，八時抵包頭，宿綏西飯店。是日特感困倦，出發以來，要以是日爲最苦也。

三十日（星期四）晴

晨六時起床，收拾行裝。七時至車站，登車，離包頭東行。車沿大青山行，兩傍村落，較後套爲多，土地墾殖，亦較後套爲廣，荒涼程度，漸減殺矣。十一時，抵綏遠，下午二時，抵平地泉，由此轉向南行，傍玉河左右，崗巒起伏，無復平原之象。既抵豐鎮，時見山上有土阜孤立，每五六里或十數里一見，意必古代斥堠之遺跡也。自豐鎮而南，過堡子灣車站，即入長城之內。城沿山西來，至玉河濱，折向北行，至堡子灣車站南四五里許地，跨河而西，復沿山西去。城垣均屬土築，今多圮毀，然基址仍可辨識。至於堡壘，則殘壞較少，明人舊制，依然可見。長城而南，直至大同，斥堠所在皆是，古人重視邊防，由此可見。晚六時，抵大同，宿連陞棧。大同西北兩面，有羣山環繞，東西方面，則有較大之平原。玉河自北而南，流經其東。其地西北通綏遠約四百里，北通集寗縣約二三百里，南距鴈門關亦三百里，東則遙與居庸倒馬等關相對峙，自古爲邊防重地，今城北門上書「塞北鎖鑰」四字，殊足見其在歷史上之重要也。

三十一日（星期五）上午晴，下午微陰，六時降雨

晨七時起床，雇乘人力車兩輛，遊雲岡。雲岡在大同城西三十里武周山中，爲北魏雕造佛像之勝地。車出西門，行五里，即入山中，溯武周河上行，山路崎嶇，且因山洪冲刷，舊路多毀，故行走甚難，車夫亦至以爲苦。山上亦多斥堠遺址，每四五里一見，土人言爲計里而設，似未必然。雲岡東十二里許，有古斥堠遺址，在河南岸。車經其下，即令稍停往視。斥堠高三四丈，方十餘丈，四周多已圮毀，其下積有磚石及各類陶片，余與李先生檢其較古者携回。斥堠四周，似有牆垣遺址，意古代必有軍士駐守其地。自此而西，約行一小時，即抵雲岡。雲岡係建於山之崖壁，東西分列數洞，每洞雕造佛像無數，高者數丈，小者則僅數寸，形式或立或臥，或喜或怒，千態百狀，不可盡識。先年國人不知注意，佛像多爲人竊走，今則置警巡視其地，漸知保存矣。洞旁居民數家，有以攝影爲業者，余與李先生各選購二十幅携回。

下午二時，由雲岡返回，及抵大同城，忽降大雨，然頃刻即止。六時，至棧，急整行裝，七時，至車站，登車東去。車出大同一站，即昏黑入夜，但見兩傍山勢蜿蜒，餘則不可辨識矣。車上遇段繩五先生，相與談論後套開發情形，及其個人辦理移民之經過。段先生爲人沉着，不苟言笑，對於移民一事，已有立宏模，繼續辦去，數年之後，定有偉大之成績也。至十一時，各散去就寢，自後即入睡鄉，翌晨七時，車抵清華園車站，下車，與李先生同往燕京。

綏遠旅行記

王日蔚 1

十月二日

十月十九日，包頭河北新村村長段繩武君由包來平，談及西北情形及移墾事甚詳，並力贊通俗讀物編刊社作法，希望由雙方切實合作編刊適應西北大衆之通俗讀物。於是本社乃有旅行西北之議。但以社中職員事務煩忙，未能立即成行。後除社中職員因事務不能分身者外，日蔚與鄭侃嬨及楊續女士乃決定西北一行。顧頡剛先生又爲介紹燕大同學三人共組織西北考察團，決於十月二日動身。

予等此次赴西北目的，約計有五：一、以代表顧先生在野學者地位之資格，拜見傅作義主席，鼓勵及慰勞其爲國努力，誓守綏遠。二、調查西北社會文化及通俗教育，以爲編刊適應西北大衆通俗讀物之準備。三、擴大通俗文化運動，宣傳本社宗旨，求與西北教育當局合作。四、與段繩武君接洽，商榷關於通俗讀物編刊上具體合作計劃。五、參觀段君所組織之河北新村明軒村，期對西北移墾有進一步之認識。至於對西北社會之詳確考察，則以時日及經濟所限，未敢有所期冀也。至燕大同學則着重在平綏沿線現在形勢之考查及向沿線學校報告北平學生運動概況。目的既定，乃擬在綏遠，包頭，平地泉，大同，張家口均行下車，非爲瀏覽風景，蓋如此始能略達上述目的於萬一也。

是日上午十二時，顧頡剛先生在半畝園爲予等餞行，計有燕大歷史系李宗瀛君，社會系朱燾譜君，新聞系朱祥麟君，本社有楊續女士鄭侃嬨女士及予。陪客有黎琴南君，李一非君，吳子臧君，張女士，朱南華君及顧先生長女公子。席畢，約一時半，予等六人乃共商赴西北日程及旅途中職務分配。議決共推日蔚爲本團團長，與李君宗瀛負對外接洽之責。朱燾譜君負庶務之責，楊鄭二女士負會計之責，後以楊鄭二君堅辭，會計由予兼任。議既定，約於五時前在觀音堂集合，同赴東車站。

至五時同人已陸續至齊，送行者有楊鄭二女士之朋友五人，連予等共十一人，乃僱車十一輛同赴東車站。至站約五時半，入站時顧先生已在站相候，並有燕大講師馮家昇君及本社編輯吳子臧君已爲予等在車上佔好坐位。顧先生事務煩忙，終日無暇時，旣爲予等餞行，又親自送上車站，其態度之誠懇與對人之熱情，幾使受者感情不能勝。

予等六人係購三等車票買六睡舖共佔一房間，車上極清潔，侍役亦和藹負責。予係第一次乘坐平綏車，据友人云平綏車極骯髒，開行時振盪極劇，有火車跳舞之稱。今所經驗殊與傳聞異，想係近年來之長足進步。六時十分車由前門開，七時至西直門，同人共用晚餐，三人一桌，四菜一湯，索價每人五毛，雖較市上飯館略貴，然殊清潔可口，飯車佈置亦甚優雅，同人均謂晚飯後，當至飯車上寫文章。

飯後，返車中閒談，李宗瀛君爲予等道豐台事變甚詳，蓋彼代表北平學聯會曾親赴豐台視察，繼談及東北義勇軍及西北形勢，均不禁感慨係之。至九時，同人等多赴飯車寫文章，予則愛月色皎潔，俯窗外窺沿途景色。時爲舊曆八月十七日，月色清輝勝於往日，月光照山谷發清白色，又似爲煙霧籠罩。時雖車聲隆隆，然幾疑置身世外，使人起神秘靜寂之感，蟬鳴聲更寂，差近此時情況。過南口凡數站，予均探頭外視，不忍捨此大好景色不睹也。過康莊同人均就寢，乃出紙筆寫日記，然腦中仍未能忘車外月色。過懷來同人均入睡，月色動人，使人忘眠，然爲明日早起計，乃強就枕，沿途景況恐須至明日記述矣。

十月三日

以昨夜精神太興奮，故徹夜未能安眠。六時車至豐鎮，已覺單被不勝寒矣。起視車中行客均已易棉衣，車外小河已結薄冰，路警着皮裝在車站上縮手縮足似不勝寒冷。塞北氣候較之平市相差竟若是之巨。八時至平地泉車站（集寧），此地爲平綏路最北之點，從此間西行成直角。平地泉爲綏東重地，在軍事上爲僞軍必爭之地，聞車上人言，此地防禦工程規模甚大，惜未能下車一睹，未知其具體情形若何也。

過平地泉車向西行，路南北大青山脈綿延不斷，山無樹木，山上叢草經霜後已發紅色，太陽斜照，似若此山均爲紅石構成者。沿路農民住屋均係土築，自下至頂不見隻瓦隻磚，內地寒僻鄉村亦無此苦況也。村莊甚稀且小，大無過十餘家者，沿鐵路線尚如此，其他可知。

塞北人口密度，於此可見一斑矣。時秋禾已收割，但均細置原田野中，地已有犁耕者，禾綑三五相架，禾穗朝上，可證明其割刈已當在兩旬以上，此種習慣不知何所由來，一時又無處問訊，殊不勝悶悶。然由此一點，足証此地民風尚誠樸，小偷不多。憶內地禾苗初熟，主人踐巡田野中，防小偷採取禾穗，割刈後則趕速拉入場中，決未敢有綑置地中二十餘日者。

車中與燕大三同學閒談，得知燕大事甚悉。燕大同學謂學生中有新傾向及新認識者頗不少，學生會組織最健全。學聯會之爲燕大所領導，蓋有由矣。

十二時至綏遠，住綏新旅舍，自清早至此時尚未用飯，同人均覺甚飢，未及洗臉即趕至飯館用飯。至清真館中吃羊肉涮鍋，六人竟用洋四元，較之北平貴幾一倍，蓋以我等言語既異，服裝又較奇特，奇貨可居，不妨大敲一竹槓也。

飯後同人分兩組分頭工作，楊鄭二女士及朱祥麟赴綏新日報社探聽消息，考詢社會情況，予與李宗瀛君朱霈譜君赴省府及教廳接洽。初至省府，由交際組李先生接見，謂傅主席外出巡視，回後當代轉達。省府號房及李先生均甚和氣，殊無衙門官僚以白眼視人似理不理之態，想係受傅主席之態度與精神所感也。

出省府後至綏境盟旗自治指導長官公署拜訪燕大同學姚君，姚君爲談此處事甚詳。彼謂平地泉防禦工程費三百餘萬，沿鐵道亦均有軍事防禦工作。綏遠有高射砲二十門，均爲甚新式者，有中央軍五百名炮手在此駐守，但領章均已易晉綏軍番號，沿綏遠城外有石築碉堡甚多，傅主席頗具抗敵決心。吾等深願傅先生能以守涿州之[illegible]心守國土也。姚君在長官公署負蒙古組責任，彼[illegible]公國家民族意識均較薄弱，惟利是圖；然以[illegible]人[illegible]去於此方工作無甚根基，且王公等多存畏懼敵人心理，加以省府應付有方，故現今一般王公大致傾向於我，若能善自處之，敵人未必能達其目的也。姚君又言，前包頭敵方築飛機庫，我軍力加干涉，現尚未解決。敵人在綏有特務機關，然以我方不甚重視，不與之交涉，故在綏尚無若何表現。關東軍司令部因此頗不滿其工作，擬撤換之。予等將松室報告書及本社所出民衆週報各一份贈之，乃與辭而出。出長官公署後，至教育廳，閻廳長以甚忙，派廳中科長趙君接見，趙君人極和藹，坦率無隱，予等告以來意，希冀合作，彼極表贊同。趙君言綏遠現有省立民教館一處，月經費約一千元，各省成立縣立民教館者凡十四縣。但以民衆衣食不足，多不能求學，即勉強入學，識得若干字後，於生活既無補助，且在日常生活上亦無重大需要。加以綏地人少，散居不成村落，成立學校殊感不易，故識字運動無大成績。趙君謂此等鼓詞唱本之類，頗能救學校所窮，故甚表歡迎。予又告以本社過去所編刊之叢書，或在形式上多直犯敵諱，易遭干涉，如認為不便時，嗣後當以形式較和緩者奉寄。趙君謂傅主席公開反敵，無此顧忌，始知此處較平津殊屬自由，非若報上所傳之甚也。談話時偶及教育經費來源，言及煙土公賣。趙君謂教育經費大部即由煙土來。綏遠種煙捐稅及煙土稽徵所得每年約數百萬，設厲行禁煙，則政軍教費無着。政府機關之經濟基礎乃建基於大衆吸毒身上，可笑亦復可憐。望綏方當局能開源節流有所改易也。談話既竟，乃請趙君為介紹參觀民衆教育館及各學校，趙君均慨然應允，盛意可感。朱李二君以天已晚，趕返舊城欲為敵特務機關照像，予獨自赴民教館接洽，適館長請客外出，未能晤面。乃徒步沿馬路散步而歸，適一羊羣由牧場初回，入沿馬路一民宅，一牧童守門數羊數目，畢共一百三十五，予入門內探視，童報以微笑。綏遠都會之地，大街之旁有如此大羊羣場圈，可見綏地遊牧業之勝也。

歸，姚君來寓回訪，繼談甚洽。姚君謂此地大衆生活殊苦，封建勢力極濃厚，大地主土地以千百頃計，縣官不與彼等結托，即不易存在，如此處某廳長即為包頭一大地主，傅主席有時亦莫如之何也。學生於政治無甚認識，偶有風潮，亦為日常生活瑣碎問題之爭執，毫無政治意義。時已至晚飯之時，乃共赴外晚餐，至某一清眞館吃燒羊肉，席間七人除予外均為燕大同學，彼等話及往事，予未能參加一言。楊續君笑謂，若予話及往事，彼輩六人亦均無言可參，不覺均大笑。

飯後由姚君領遊舊城馬路，參觀煙館數家，館內主人及顧客均飢黃面瘦無人色，視予等至，殊驚訝。姚君言，此處煙館多為下層苦力人吸食之所。長衫西服之輩忽然駕臨，自當受寵若驚。

綏遠市上賣西瓜者甚多，乃買二枚歸，頗欲一嘗此塞外團爐吃西瓜之特殊風味也。至旅舍，剖視已將腐，乃與茶房夥計食用。

十月四日

今日本擬拜訪傅主席及參觀各學校，後思及係星期日，恐學校負責人及學生不在校內，乃中止。傅主席仍未返綏，自無從拜見。姚君約予等遊昭君墓，予雖不愛名勝，然以家居無事乃決赴其地一視。早六時起床，七時同人等同赴新城訪姚君。綏遠至殺虎口新修一公路，昭君墓在其側。省府今日派汽車驗視公路，予等由姚君介紹坐車同行。復有省府林晶君及郭文元君同車。二君均燕大畢業，招待殊周，燕大此種風氣實爲他校所不及。墓在舊城南過河凡數道，始至其地。墓周圍爲一平原，忽中間突起高十數丈，其徑百餘步，據同行某君估計，其底面積約二十餘畝。墓前有碑四五，多近代所立，無特別可記述者。綏遠方志，謂包頭仍有一昭君墓，且漢時此地非匈奴屬，昭君嫁單于，死後焉能葬此。按昭君墓載於遼史地理志，此地雖非匈奴所有，然實係漢及匈奴邊境，昭君思漢，死後囑其子孫葬此，非不可能。獨念漢代君主以子女事敵人求對方歡心，則此墓應視作國恥墓。登臨憑弔，瞻念前途，不覺黯然久之。

歸時至一農家視察，適其家中無他人，一農婦出應，謂其家種地百畝，弟兄三人均已成家，共十四人。此在內地已屬富農，視其陳設及食用，不如內地貧農遠甚，西北生活程度實遠低於內地也。李宗瀛君問其爲那一國人，答係莊稼人。雖所答非所問，然在其意識上其受壓迫之職業地位觀念實遠勝於民族觀念，於此可見。歸途與郭文元君偶談及莊稼割後仍擱置地中之故。郭君爲予言，此地一般貧苦農家，房屋既少，車輛又缺，故一時不能將禾苗拉入場中。以故此地乞丐勢力甚大，蓋偶一不如其意，彼可放火將禾苗燒盡也。知昨日所推測實大錯誤，對事不甚了解，而妄下判斷鮮有不錯誤者，後當力戒此病。 5

午十二時車始返寓，午飯同人等與姚君及郭君同用。飯後省府秘書處科長王斌君來訪，謂主席仍未歸，若予等明日至包頭，彼可先電包頭縣長有所照拂。王君頗精幹老練，於綏地現在情勢，不欲有所申敘。

王君走後，小睡約半小時，郭姚二君又來約遊設利圖召及五塔寺，喇嘛生活始得略窺一二。晚飯，姚郭林三君約予等在綏遠飯店晚餐，肴饌豐盛，盛意殊可感也。

十月五日

晨七時起床，將行李略事摒擋後，即與歸綏省立師範劉校長打電話，說明擬往該校參觀。八時同人均已起床，乃議決分三組出發，鄭侃嬨及楊續二女士赴省立女師，李君朱祥麟君赴省立中學，予與朱靄譜君赴省立男師，由男師出後，予個人赴省立民教館。八時半，予與朱君由店動身，男師在平綏路北，離舊城甚遠，故到時已九時餘，第二小時已上課矣。劉校長爲予舊同學，相見甚歡，予告以此次赴西北意義，彼頗表示歡欣，乃領予等參觀全校。校址爲康熙時某公主舊府，地址寬大，房屋雖舊但均甚完整，即以康熙末年計，至此時已幾三百餘年，殊可異也。學生宿舍盥漱室寢室均甚整潔，衣着亦頗樸素，足見學風甚善。十時，劉校長召集全體學生至禮堂，以時間短促，予與朱君約各有十數分鐘演說，將昨日所印之調查表發與學生添寫，並將本社所出刊物散發。畢，已十一時，坐車返旅舍，已十一時半，朱李楊鄭四君相候已久，頗形焦急。即雇車至車站，至已十二時，離開車僅餘二十分鐘矣。

午前本擬至省師範後，再赴省立民教館，今一校尚未工作完畢，省立民教館只有俟再來時拜訪矣。

予等此次赴省師所坐之洋車，有一洋車夫自云曾在羽山公館（包頭日本特務機關）拉包車八閱月，問羽山等終日所作何事，則云拉攏蒙古人。彼又謂日人清晨早起叩頭念佛，問係何意義，則云恐係怕死。洋車夫所云雖未見正確，然足證高鄰浪人多無知識之流也。

十二時二十分上車，開行後，問及李朱楊鄭諸君赴一中女師情形若何，則均因時間短促，適値學生上課，未能獲得公開講演機會。

在路上翻閱省師學生所作之調查表，知彼等大多數平日多愛讀舊小說，愛讀張恨水著作者更多，雖間有一二讀新書者，但由其所添表中他項表現，似未有深刻認識。惟由表中可知彼等關於時事問題似甚注意，足證國家危急，人人均不能不放在心頭上也。

綏遠至包頭鐵路兩旁，土地平整，一望無際，但多使其荒蕪。綏包爲綏省重地，其附近荒地尚若是之多，他處可知。

四時至包頭，住綏西賓館，即與段繩武先生打電話，告以已來包消息。段君謂已在站上令人接我等三次，且在綏遠飯店已爲我等找妥房間，囑即搬入。段君事務煩忙，乃覺如此招待，盛情厚意却之不恭，因即由綏西遷入綏遠飯店。

略事安置後，有天津益世報記者西北旅行團團長閻樹吾君來訪。閻君八月一日出發，由綏東轉陰山背後至包頭，擬由包赴寧青甘新轉赴西藏，現正候入新疆護照，閻君係黃埔五期畢業生，云共產黨侵晉時，彼隨軍作記者，爲共軍所獲，因係與劉子丹相識得釋放。閻君人頗精幹，願其偉大計劃能實現也。

六時段先生由河北新村來，相見之下，歡忻異常。段先生謂，自兩廣問題解決後，中央與晉綏當局決以全力守綏，故兩月來，綏方軍民均頗興奮，不似前之恐敵心理也。晚飯後談及通俗讀物及年畫事，意見亦均一致，畫家孫之儁已來包河北新村工作，孫君爲予在大名師範舊同事，明日赴新村時當可一訴闊別之情。

晚八時閻君由外歸，爲予等道包頭飛機事件甚詳。初日人在包頭車站中航飛機場旁，佔地築屋二間，綏當局未加注意。後忽僱工人於其地建築飛機場，我方乃派便衣隊驅散之。後又派兵於其地作野外演習以妨其進行工作，彼亦未敢力爭。日方特務長羽山語綏當局，謂建築飛機場係防俄防共於中國利益甚大，中國不應干涉。我方以王英李守信等僞軍侵綏請其解釋。羽山語塞，現此事仍在擱置中，須俟中日整個交涉解決矣。

李君及朱君因事與新聞記者閻君外出至某妓館，李君歸謂，在妓館時幾盡見包頭政軍要人，若秘書，主任，局長，團長之類，娼寮本爲封建式政客會議之所，至跳舞場及交際花者出，娼妓地位乃漸降低，包頭爲西北重要都市，頗甚繁華，不見落後，但此道則「進步」似甚慢，彼等乃得見古香古色舊政客之會議場所，頗自恨未能同朱君等同去，一擴眼界也。

予等所住之院落，北屋即爲羽山所住，隔壁亦係浪人，高鄰豐采瞻仰殊便。據包頭飯店侍役語予等，浪人等在包多住彼處，多時至一二十人，彼等來後，娼寮大爲繁盛，抽鴉片打麻將牌，無所不爲，常令飯店爲其浮開收據，高鄰日常生活亦殊鄙汚。

十月六日

今日段先生約予等參觀河北新村，村距城十五里，段先生爲僱轎車二，復由村內牽二馬及一車來。益世報西北考察團團長閻樹吾君騎其馬同行。予等連段君及閻君共八人，三人騎馬，五人坐車，出南門先至中航飛機塲。塲佔地數十頃，均係荒地，塲旁置一日本飛機，有二警察爲其看守。云日本飛機落此後，駕駛員棄之他去，官廳恐其飛機有受損傷，乃不得不派人看護。中航塲之西北，有鐵架如房屋狀，旁置汽油二千餘箱，即日強築飛機塲處，以半途中止，故房屋未完成而僅建一空鐵架，汽油以無房屋儲藏故置曠塲中，有警士三人晝夜爲其看守。恐須至此問題解决後，此種自己承認之強迫性看守職務始能免除。

由飛機塲南赴黃河北岸碼頭，時一牛皮筏方解卸，約工人數十餘頗形忙碌。牛皮筏係數十牛皮囊所結合而成，以繩棍連繫之，上平正若甲板，船夫工作食宿於其上。牛皮囊係將牛頭割後，由頸往下剝退其皮而成，故除四腿及頸尾處有穴口外，餘均完整若全牛。裝毛類其中，將頭尾四肢之口，縫紮甚固，用桐油油之，置牛皮河內不浸水，囊中儲毛如船腹，上復可供船夫工作。至包頭將毛取出，牛皮囊或按牛皮價賣出，或摺叠携至寧夏青海仍作船隻之用。故牛皮筏在河套內實一重要交通工具。

由碼頭車行而東，至河北新村之新式機器抽水塲。塲內起水機與南方之水車相同，惟由電力發動，數十架水車可同時拉水，水旺時該機一日可灌地四十頃。河北新村之土地地面既高且鹼，非用機器大量拉水，不能改變其土壤性質。故段君不惜重資設此一電力拉水機，將來除供河北新村全村使用之外，復可灌溉鄰近地畝。此種設置，不僅綏遠一處可用，凡有河流之處均可安設，常見內地河道不修，上流患旱，下流患潦，設多安置此種拉水機，則將上流之水拉出河外，變旱地爲水田，上流流下之水既少，則下流無患潦之虞，一舉而兩得，農村生產力增加數倍。惜以政治不上軌道，侈談建設而民益困，殊可慨也。

河北新村之拉水機以時近冬季本擬於三日前拆卸，段先生爲予等參觀，特令晚拆數日。予等至時，電機一動，數十架拉水機同時轉動，河水洶湧而上，轉眼之間，溝渠爲滿，一日灌地數十頃實非難事。據段君語，一日電力及人力所費約四十元，若灌地四十頃，則每畝上水一次約合一分，一年上水十次始合十分，西北雨量較小，然一年上大水十次，莊禾當可足用。此一畝一角之水利費，禾稼多收所償之數，當可數十倍於此也。

由拉水機塲北行，踰鐵道至河北新村，村圍以土墻，高可丈餘。四角築有碉堡，僅南方正中留一大門，門外一小溪灌園數十畝，菜蔬青葱，畦行整齊，頗使人有世外桃園之思。進門後，甬路兩旁有小童二十餘人方掘坑植樹，着藍色土布短服，精神飽滿，體格壯健，視予等至，立正爲禮。從容自然，非新村中兒童不克若此也。繼進一門，院內房皆南向約二十餘間，爲村公所及村內公共機關所在，段先生即居於該處。時已下午三時，乃急用午餐。飯爲稻米飯及糜子餅兩種，稻係段先生試驗成功自種植者，西北之有稻米，實不能不推先生之功。此時本已飢餓，又以其含有此種新意義，故倍覺香甜。段先生曾謂種稻試驗成功，在綏全省農品展覽會得首獎時，其心中喜悅勝於在軍隊中時得上將銜時之樂。予食用時亦不禁爲段先生慶祝也。糜子餅，爲此地特產糜子麵粉所成，與內地黍稷之類相近，頗覺香甜可口。肴饌雖甚簡，但大部係特爲予等購自城內者。以鄉中除蔬菜鷄蛋外無他物也。住房均係土屋，段先生過去生活甚優，今乃能安之若素，爲理想而犧牲若段君者，實不多見也。

飯時，孫之儁君來，多年別離，相見之下精神殊覺愉快。飯後，參觀村內各處，村有合作社一，買賣村民所用及所有貨物，其所自織截絨毯子布匹及所打毛衣，均價廉物美特甚。有洋式織布機廿餘架，村中婦女方正織布，機聲軋軋，視彼等臉色均不勝喜悅之態。有武訓小學一處，內可容百餘人，爲村民聚會之所。段君最服膺武訓，謂此種人物最可激發後進，期聖期賢，則每爲天資及環境所限，不可以例後人。武訓身爲乞丐，目不識丁，天資亦屬中庸，其所爲事業，純由努力及犧牲精神而成，此則任人可爲，段君以武訓名其小學，蓋激勵後進之意也。

河北村建築，房皆南向，一排九間，每三間爲一屋，間隔以土牆，門通中間內，每一裏間住一戶，中間供二家共公之用。房屋之前尚甚寬廣，可作打禾塲。時方秋收後，村民正忙於打禾，視予等至，均立正爲禮。農民性最遲頓，不易接收新習慣與禮節，段君三年之內，能有若此成績，頗非易易。村民住屋，雖均相同，但清潔程度則相差甚巨，段君謂此種日常生活習慣改正甚難，初來時，曾以全力干涉之，近則略行放任，擬從其思想上求根本改革。四角碉堡內，各住有居民一戶，有事則易爲警戒。村正中，設警鐘一，爲村民聚會之號令，一旦有事亂擊警鐘，村民可於三五分鐘內集合整齊。時天已入暮，乃歸就晚餐，飯後與孫君話闊別之情，少間段先生來，乃共談通俗年畫作畫時應注意之點。

燕大同學朱李諸君，擬明日返綏遠，暮時別予等歸包頭。予與鄭楊二君住村內，擬明日參加村民朝會，畢與段先生共赴五原。

十月七日

四時聞鐘鳴甚急，視繩武先生方正起床乃急着衣起，外出如厠，已聞禮堂內點名聲，距鐘鳴時當不過五分鐘，新村地基約一頃大，村民散居其間，五分鐘之內竟能於黑夜站隊集合，敏捷迅速，正式軍隊當不過如此耳。記予在中等學校任訓育時，於敏捷方面一再注意，然絕無此種成績；農民習性遲緩，繩武先生能於二三年之內改移其習慣如此，實不能不令人心服。倘中國大衆均能有此種習慣，則一旦有事，其裨益於國家者，豈可以數字計量哉。

盥漱後，赴禮堂，村民已坐整齊，小學生坐村民之後，時天尚未明，室內點煤油燈數盞，村民着粗布短衣，樸素整齊，予等至後，鼓掌歡迎。在黑夜中，聚農民於一堂，整齊無譁，於予尚屬第一次經驗，故心中頗有無限感觸。社會人士多謂農民無組織力，不易教導，似若中國之擾亂不寧，均應由此種傻阿斗負責，睹此景象，不知彼等作何種感想也。段先生爲予等介紹後，予略作簡短演說，以六時須坐車赴城內也。

段先生爲備轎車一大車二，鄭楊二先生坐一轎車，予與段先生坐一大車。出大門時，村民復排隊相送，予等有何德能於國家社會於彼等忠誠農民，受此敬禮，頗自覺汗下也。

七時至汽車站，段君以臨時發生事故不克同行，予與鄭楊二君乃登車出發。段君復囑包頭飯店侍役爲送饅頭及香腸共數斤，蓋以路上不便買食物也。

包頭西至五原共四百里，汽車約一日程，包頭東多屬已墾地，西則牧草遍野多未墾殖。汽車道蜿蜒於荒草中，牛羊駱駝放牧於內，風吹草動，牛羊始見。諺語謂「風吹草底見牛羊」，此時始知其況味也。

車至公廟站，打尖少息，荒野中土房數間，四無居隣，即來往旅客棲息之所。屋內有長坑二，中餘隙地不及方丈，坑南北及屋之前後墻，東西長約數丈，西北土坑之偉大，今始拜領矣。車過公廟，見腦包二，蒙古女子持鞭立路側觀汽車飛駛，予笑謂鄭楊二君曰，上海選標準美人，設真以健康爲第一條件，當自彼等中挑選也。

予等來時，段先生爲介紹前五原商務會長李景芳君及義盛昌車理經，車至五原南門，問司機生李先生住處，則始知坐予等前面，中路上車之一乘客即李君也，殊不勝欣樂。

五原爲河套中心區域，爲綏遠至寧夏必經之道，包頭至五原每日開行汽車甚多，但該地尚無洋車，下汽車後雇人搬行里至李君處。李君及車君均河北人，因路談此地河北同鄉情形，据李君云，此地商人，河北者佔十分之六，山西者佔十分之四，農民來去無定，晉魯豫冀各省均有，但以晉冀爲最多，約佔十分之七八。河北省尤以冀南一帶爲最多，以開闢河套之王同春即係冀南人故也。冀南同鄉於舊曆二月二日由家動身，由山西過雁門，西北行直奔河套，約須時二十日，晚冬農事畢，復返原籍。定居此處者，仍不甚多。

予等此來五原，目的在往明軒村一行，適遇該村副村長張君嗣賢購買木料至此，因縱談及此處墾殖情形，頗覺津津有味也。

河套原無樹木，近年始有栽種者，木材多採自陰山山內，蒙古人迷信謂採集樹木於彼等不利，故不樂漢人採伐，以故此地木材殊貴。按河套氣候及土質，均適宜於樹木生長，惟無人培養，任此大好土地爲荒草所佔，殊可痛惜。記日間坐汽車至五原時，漫野中數十里始見一樹，問之同車中人云係瞎進財（即王同春）所栽，備其騎馬遊巡休息取涼之用，且云河套之有樹木實自彼始。

十月八日

入夜侍役來，謂就寢時宜將予等所住之小院及住屋門戶緊閉，蓋彼有惡狗，夜間放出守夜，殊凶猛也。

晨約六時半起床，聽外院狗吠汪汪，懼不敢開門。腹內雷鳴急欲如厠，所居院內又無棍棒之類可以防狗，焦急萬狀，非身受者恐難想像其萬一。不得已，乃坐床上強自振攝，七時，聞院內人語，知狗已鎖閉，始得外出將此一段火急公事了結。

五原較包頭近約百餘里，晨起反覺不如包頭寒冷，由平地泉西行，愈西氣候愈覺溫和。由北平過南口初出塞外氣候較寒，至平地泉卓資山天氣最冷。蓋以此等處地勢較高之故。愈西愈低，復有黃河橫流境內，於調節氣候上不無影響，故愈西反愈較溫和也。

約十時予三人共雇轎車赴明軒村，村在五原西約三十里，須四五小時行程。出五原城西行，荒草益高大，足証此地土壤之肥美。路上與車夫閒談，知愈西草愈高，有及丈餘者。車夫爲河北完縣人，云係孫殿英之四十一軍所拉來者。在此已數年，或種地，或領工挖渠，或趕車，人頗精神，於此地情形甚熟習。彼云：內地來此者多不名一文，舊歷年後，借親鄰高糧二斗，自推磨成粉，借大戶鍋代蒸爲窩窩頭，約四五十斤，用口袋盛之，負之而行，一路食用全仗此寶囊矣。內地來此者，遠者二千里，少者千餘里，多徒步行無乘火車者，故一路所需盤費不過二斗高糧，及住店喝水零用，共不過二三元也。此二三元者，尤係高利借自親鄰，俟初冬，回後償還。到河套時，雖或有同鄉引介，但此種窮措大絕無能直接租地墾種者，以無人敢信賴出賃農具牛馬於彼也。故初來此地之人，多爲人作雇農或開挖溝渠，一年勤勞所得或可剩二三十元，初冬返里償還前所借盤費及回時路上費用，所餘當不過二十元。故能在內地覓得工作絕無肯來此「吃苦」者。

在此地居留二三年有五六十元積蓄後，始有人令其租地耕種。此地一人可種一頃，地租約四十元至六十元不等，水利十餘元，賃牛賃農具約共須四十元，鄉村及縣政府攤派約須五十元，自己食用約須二十元，中年每頃收獲所値約可二百元，故一年所獲亦殊無多也。

此地耕作最爲簡單，秋後用河水灌地，地凍甚深，春期融化，鬆軟如酥，耕耙一次即可播種，成苗後鋤理一次即可俟其收獲，故一人能耕種一頃，若在內地，則非三人莫辦也。

河套雨量甚少，全俟黃河灌漑，河水分春水伏水秋水三種。伏水携帶淤土最多，約可半尺厚，性最肥美，故澆水一次即無異上大量肥料，然以其携帶淤土甚多，禾苗必爲其淤死。故上伏水之地，必係白地未種莊稼，俟次年始能下種，行隔年輪耕制。上過伏水之地，收獲量倍於普通土地，雖隔年輪耕，然平均計算所獲亦不少也。

車夫自云已趕車三年，西至寧夏，東至包頭，南北至河套邊界，故於河套地理甚熟；五原至寧夏輪車一輛約四五十元，須十日行。沿路居民甚少，故須自帶食用物品，途中宿店均有一定，頗類驛站，故起息須有定時，否則夜晚即無住宿處。途中雖有土匪，然多刼船不刼車，以車上所帶物品有限，不足動其心也。

河套地利最厚，牧養牛羊，年可倍息，凡百業務與此相同。惜苛政猛於虎，致使人裹足不前，佳土沃壤，聽其荒廢，良可慨嘆。

由五原至明軒村，十九均係荒地。時方灌秋水，溝渠中水混濁如泥糊，可証其携帶土量之多。荒草中以芨芨草爲最多，約居十分之九。芨芨草多年生宿根，高者可五六尺，地肥美處可至丈餘。草嫩時可供牛馬飼料，衰老後或供燃料或作編席之用，或綑結成細綑用以覆房頂可代陶磚。其根茸細，榨結之用作溝渠中閘旁護堤之用，最耐水冲，不異磚石。此地居民呼之爲閘箱，非其根莫能爲也。

約午後二時，始至明軒村，小學生男女兩隊約一百餘排隊迎接，手持鐮刀，頭戴草笠，似工作初完之狀。彼等皆茁壯肥胖，喜形於色，眞樂國天園子弟。進村圍墻內，婦女約百人老幼相間，復自動排隊相迎，鞠躬爲禮，雖行伍不整，然其天眞誠懇之態，殊足動人。

明軒村，大與河北村等，係今年所草創，方正修房屋。稍息後，副村長張君爲予等述此村經營經過甚詳，玆記述如次。

此村係河北移民協會主事人段繩武君所創，以移民經費出自河北省府，且宋主席贊助甚力，故名明軒村（明軒係宋哲元之號）以作紀念。初陳村長世五及張桐茂君在此籌備，段繩武君及張嗣賓君赴河北長垣，濮陽兩縣移民。此地土民，性最「欺生」（即慣欺侮初來孤立之人），如問路多不以實告。與一般農民性質殊異。初來工作爲作溝渠中之閘箱，以俟移民至後即可灌田播種。作閘箱時，雇車夫人工雖大價均不肯出應，閘箱工人謊謂一閘箱須千元之費，故亘一月工作無法進行。不得已，始由包頭河北村趕來三車及工人多名。工作開始後，一般人視此團體不無力量，乃肯出而幫忙，始有應工者。此種困難，殊出意料之外，故於原定計劃頗多妨礙。作完一開箱又二分之一時，由濮陽長垣所移之民（約一百戶三四百口）即至。婦女及十三歲以下之幼童留住五原，壯丁及十三歲以上之兒童則由包頭坐汽車趕至此處。「人多勢衆」，此時幫忙者亦多，壯丁開渠，幼童刨芨芨草，此種工作約一月，乃得完成欲灌漑地之溝渠數段。此時尚無房屋，移民均住草庵及帳棚中，住五原之婦女兒童亦已遷至此處，男子種地挖渠，婦人孺子則拾材刨芨芨草做飯。至六月中，播種工作已確定，乃決分一部分人修築房屋，於七月一號動工，先挖四井，築墻修屋，土房土頂，工作甚快，故於八月一號已將大部遷移此處。

現村民仍營共同生活，共用一鍋，主要食品爲蘑子飯，靑菜則係自己所種。婦女兒童異姓相處尙無大爭執，壯丁均頗努力工作，安於其業，終日勞苦，絕無怨言。蓋彼等在內地時均係窮無所歸者，此地有工作有飯吃，子女得受教育，三五年後，房屋土地農具均歸已有，每戶一頃，由乞丐忽變爲富農，宜乎彼等頗露感激之色。

於僻遠荒地，凡百日用所需均缺乏之處，乃能於數月內將內地百戶遷移至此，立村築房，開溝渠闢草萊，變荒原爲沃壤，使男婦老幼三四百人有食有住有衣有教育可受，段君及河北移民協會諸同人之魄力幹材實令人欽慕。

飯後，張君携予等參觀各地，一土窖內盛新收之秋糧。据張君云，挖掘土窖，儲糧其內，上覆以土，可數年不壞。套內多匪亂少房屋，故居民之糧食多藏其內，取其既便收藏又可避匪亂搶奪。明軒村有地七百餘頃，係以兩萬元購自王樂愚君者（王同春之子），出村四望，不見邊際。大好土地，以明軒村諸執事之幹力與精力，三五年內必可使此地別具一番景象。張君復領予等至新中公參觀王靖國之軍墾區，新中公係蒙古語，乃多人聚集之意，今改爲負暄鄉，負責者爲一王營長，營部即村公所。以天已晚未得詳看即歸。

晚始得晤陳村長，以陳君赴田野工作，直至晚始歸也。陳君和祥溫文，衣着若農民，他且無論，此種態度

14

與精神即足獲農民愛戴。夜與陳君詳談此地墾殖前途，殊覺興奮，頗使人有不欲歸之念。

此地生產力極高，每戶（以婦夫二人及小孩二人計）每年收獲所得可有二百餘元收入，除其生產費及消費必須開支外，尚可餘一百二十元，一戶一百二十元，千戶則一年所餘即十二萬元，以此十二萬元供作教育此千戶之用，則其子弟均可受得中等教育。主其事者，若能政教衛合一努力工作，則以有具中等教育程度之人聚而爲村，必能別俱景象，成一自足自給近似社主義制度之新村，其習慣風尚當亦可爲他村模範。惟苛政猛於虎，不知能允許有此一片乾淨土否？

今將套內普通一戶收支情形簡單統計如下，以供有心者之參考。茲以一犋牛一農夫有妻一子二，耕地一頃爲例。

收入項下：

一頃地年可平均收五十石糧，石以四元計，年共收入二百元。土地所產之柴草可供牲口飼料，折合銀洋不便統計，支出時可不將牲口列入在內。

支出項下：

一，牲畜捐，一犋牛每頭六毛共一元二毛。 15

二，食鹽捐一戶約二元。（此地係蒙古鹽，自由販買，政府直接向食戶抽收）

三，水利經費捐每頃四元

四，水利費每頃十二元

（水利經費及水利費係水利管理局所收，然溝渠開挖均係自辦，此實無異抽收雨水捐。）

五，縣政府攤派約二十元

六，村公所攤派約二十元

七，種子三石十五元

八，牲口飼糧六石約三十元

九，四口人食用十石五十元

共支出一百五十四元二角，收支相抵餘四十五元八角。

然套內之地，均爲大地主所有，農民多係租種，每頃租價約三十元至六十元，繳租後已一無剩餘矣。上列支出，縣攤派及村攤派之數目，殊足驚人。非親至其地者，幾難相信。緣套中各地無確定銀糧，每年播種成苗後，縣府派人戡查播種面積爲之「丈青」。縣府每年支出，即以此丈青之數目平均攤派，荒地及未播種者，則免除繳納。河套地僻人稀，天高皇帝遠，地方官吏權勢最大，縣府派出之丈青小吏，到鄉後便作威作福，有賄賂者地多丈少，十頃可丈告五頃，無賄賂者地少丈多，一頃可丈告兩頃，故丈青委員一下鄉，村民宰鷄鴨設宴相迎，彼等眼中視委員下鄉不啻皇帝出巡。土地丈青時，既有此種弊病，繳納攤派之村民目不識丁，視官府有無上權勢，常惟縣吏所求以應。河套之村莊，非若內地聚戶而聚，一村範圍極大，方圓可數十里，村民散居其內，三五戶一團，村公所有村長副各一，書記一名，工友一名，跑村者（類似縣府之衙吏）若干名，故口外一村儼若內地一小縣，村民視村長宛如內地之縣長。故村公所之攤派，其數甚鉅。

故河套墾殖，非自然條件問題乃政治問題，政治不改良，則農民必裹足不前，大好良田聽其荒蕪。政治良善，則農民自趨之若騖，東北四省之墾殖，並未加提倡，清室復有意禁止，屢加干涉，然關內農民移去者年以數十萬計，常必係該時政治尚清明或政府放任不管，大利所在，人必趨之，故有此種成績。飼牛食奶，不與以飼料而儘量榨取牛乳，牛亡將一滴乳而不能得。養鷄求蛋，殺鷄求蛋，蛋不可求而鷄亡，將鷄，蛋均無矣。望爲政者，於此三熟思焉。

然俟河之清，恐無確日，團體移民，着重訓教，使其有組織及自立能力，則十人團結可勝千人，千人團結可勝萬人。從根本大衆組織訓教着手，以河套之大，人口之寡，散佈之廣，主其事者，五年移民，五年教訓，必能使套地易色，另造一新社會。西歐小國不若河套大者甚多，然能於世界露頭角者頗不少，望有志於此者，認清此點，努力作去，利國利民，移風易俗，實爲社會別造出一道路也。

十月九日

晚鄭楊二女士睡張陳王諸君所睡之土坑，予睡一帆布床，陳張王諸君則睡在地下。喧賓奪主，心頗不安。

晨未明，張陳王諸君均已起床，予等亦起床就道，主人強留早飯，食畢乃行。至門外學生又排隊相送，四體不勤，五穀不分，受此優遇，頗覺汗下。十二時，車至五原，午飯後，訪王樂愚君。王君爲予等言，其先父王同春，初在寧夏工作，乃於水利發生興趣。至河套時，時套地尚未開闢，結合友朋，開渠墾地。今之幹渠縱橫數千里，皆其一人所經營。彼一生無暇時，終日騎馬戡察地形，套地數萬方里，彼之足跡幾無不至者，夜間迷路，取土塊及所生草細看便知所在，按地循路百無一失。彼嗣後復親至寧夏考查五次。世人皆知其有特殊聰明，不知彼之成功實由血汗得來。中國地勢西高東低，河套黃河西流，當亦同此。由黃河開渠西北向至五加河（黃河即地圖上之南河爲正河身，五加河卽地圖上之北河，今上流淤塞，不能通行。），則水流至順，以其大方向爲由西向東，故套內各幹渠支渠或東北向東南向，從無向西南西北或正西流者，今之各渠由黃河東北流入五加河，滙而東南流入原河。水有入口有出口，入口高，出口低，故流行至順。河套水利較他處特長者即在於此有退水渠之故。寧夏水利日見衰落，其原因即以無退水口之故。前薩拉齊縣開之民生渠係用最新科學方法挖掘然竟失敗。王同春生前曾有測量，惜彼未能利用。科學方法非不可貴，惜主其事者未必眞正了解，即了解矣，未必能眞正應用，即能應用矣，以養尊處優之故，未必肯親與其事，交之工友動手，差之毫釐謬之千里，以最新科學方法得此等結果者，恐即基因於是。王同春君，雖目不識丁，然參酌考驗，虛心用事，櫛風沐雨，曾無少怠，故能有此成績，望新科學家能注意及此。

王同春君一人無絲毫憑藉，能有此偉大成績，望從事開發西北志士以此自勉焉。

由王樂愚君處出後，復至王同春祠堂處一遊。祠堂在五原城東，孤處曠野，適守祠者外去，故未能進去一觀。念此君之當年偉蹟，及今日之滿目荒涼，悵鬱不能自勝。王君有知，不知其發生何種感想也。

由王同春祠堂，復至五原城中拜訪王縣長，適值其外出，乃投刺而歸。

五原尚無書舖，有一小書攤買鼓詞唱本數十種，視其出版處乃北平泰山堂所出。偉大作家之作品，商務中華出版之書籍，炫赫社會幾盡人皆知。然窮鄉僻壤深入下層之讀物，則仍爲未知名之作品，未知名之書店。實足令我等深省也。

吃晚飯後買雞蛋及梨若干，擬明日在途中食用。

十月十日

今日爲雙十節，坐汽車返包頭，昏黑始至城內，沿途除荒草牛羊土房小店外無長物，無一足表示今日之爲國慶日者。車中與一商人閒談，言及汽車路管理及屯墾區所出紙票，頗足示西北政治之一方面，茲記述如次。

汽車管理局本係政府一機關，司公路之修理及車輛之支配，其意至美至善。局中收支應實報實銷，奈包頭至五原之管理局，竟以每年五百元向政府呈包，宛如包商。包頭至五原棚子車票局中定價洋四元，敞車價洋三元六角，管理局按此抽捐，棚子車七毛，敞車六毛，貨物百斤二毛。實則車多客少，賤價競爭，難按定價出賣，故汽車上所出捐欵爲數頗不小。五原包頭汽車來往甚多，管理局一年收入約數萬元。政府建立機關，抽取稅欵，政府雖所得無幾，大衆則受害匪淺，均飽入貪官汚吏之囊中，槪皆類此。

王靖國所主辦之屯墾區，成立一合作社，經營者爲其女婿張璽興。按合作社乃係圖社員間生產及消費之經濟，免除中間商人之剝削，意本至善。惟張氏所主辦之合作社，則實係一官營商號，社中商品「上至綢緞下至葱蒜」無所不有。非獨非社員可以買用（實際上他們並沒社員）且大量批發與小商販出售。社中出合作社支付卷一種，強迫商民使用，名義上出三十萬，實際約一百二十萬之數，省府塞北關不使用，現市面不見他種貨幣，盡爲合作社支付卷所代替。合作社所賣買物品，不納捐稅，故物價較廉，商民營業大受影響。去年一年結果，政府貨捐收入竟減少二十萬元，合作社紅利尙不足十四萬元，較其輕重，政府所得反較減於前。

與民爭利，仍用之於民，本無不可。與民爭利，民疲而政府收入反減，乃盡飽貪官汚吏囊中，實足令吾人深省。該商人所述雖不無誇大處，然當有百分之七十眞實情；望負此責者深省也。

十月十一日

昨住包頭飯店知段繩武君已赴綏遠，囑我等至綏遠相晤。晨起赴轉龍臧，臧在包頭東門外，流水涓涓，清洌可飲，包頭城中多用之者。包頭街上買牛羊肉者多挑架子沿街叫賣，不似內地以車推或以筐子担也。九時赴車站買票返綏遠，站上遇同學谷君，相見頗歡，惜開車在即，未能多談。

十二時至綏遠，下車赴綏新旅舍，車過跑馬場，賽馬已畢，恨未能參觀。至旅社讀朱嘉譜諸君所留之信，知彼等已見傅主席，且允其赴陶林考查。其又一信係自平地泉所發，言因天雨，陶林之行，未能如願，已買票南返。想彼等此時已在燕京矣。

段繩武君及安錫嘏君由交通銀行來乃同赴省府掛號，約定見主席日期。由省府歸後，復至省立民教館，適負責人均未在，乃將本社所出小册子及刊物留贈一份而歸。至舊城訪社會日報及西北日報編輯楊令德未遇，留刺而歸。

晚與孫之儁君談年畫作法，段君由交通銀行遷至旅舍，晚共榻而眠，縱談墾殖前途，頗恨相見之晚。

十月十二日

十時予等見傅主席，傅君精神奕奕，謂抱抗日決心，想傅君必能言行如一，不失國家一寸土也。十二時，傅主席擬請吾等午餐，以欲急歸，堅辭。由省府出後至跑馬場，以今日為賽馬決賽日期。至看台上見教育廳閻廳長及昨日未晤之楊令德君，惜時間短促，人聲嘈雜，未能多談。十二時餘上車西返，段繩武君車開後始離站，此行蒙繩武君如此招待，愧無以報，惟期力自振發，稍盡在社會上應盡之責，報社會亦即所以報段君也。

19

附圖一

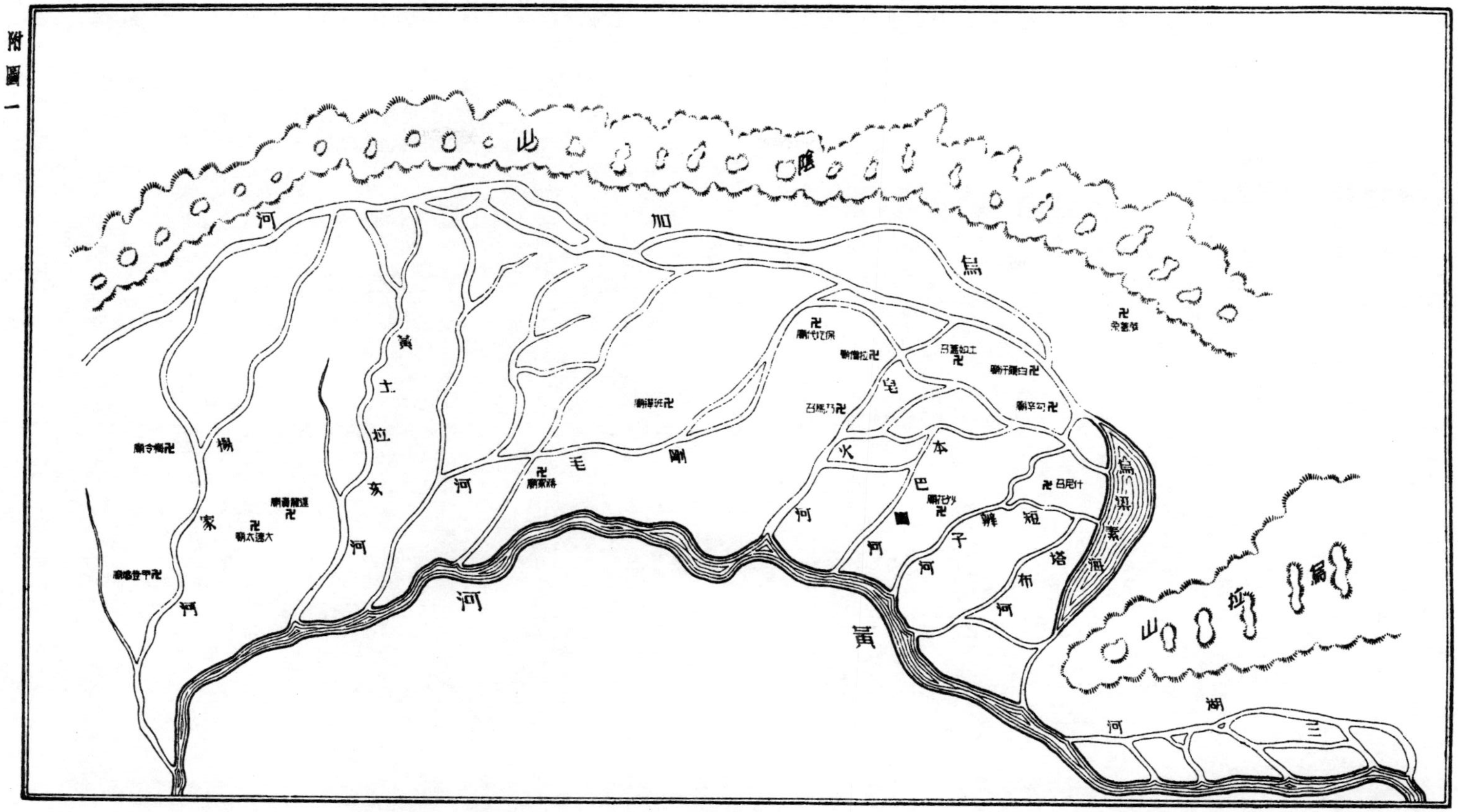

後套天然河略圖

原圖王樂愚先生贈
禹貢學會摹繪

附圖二

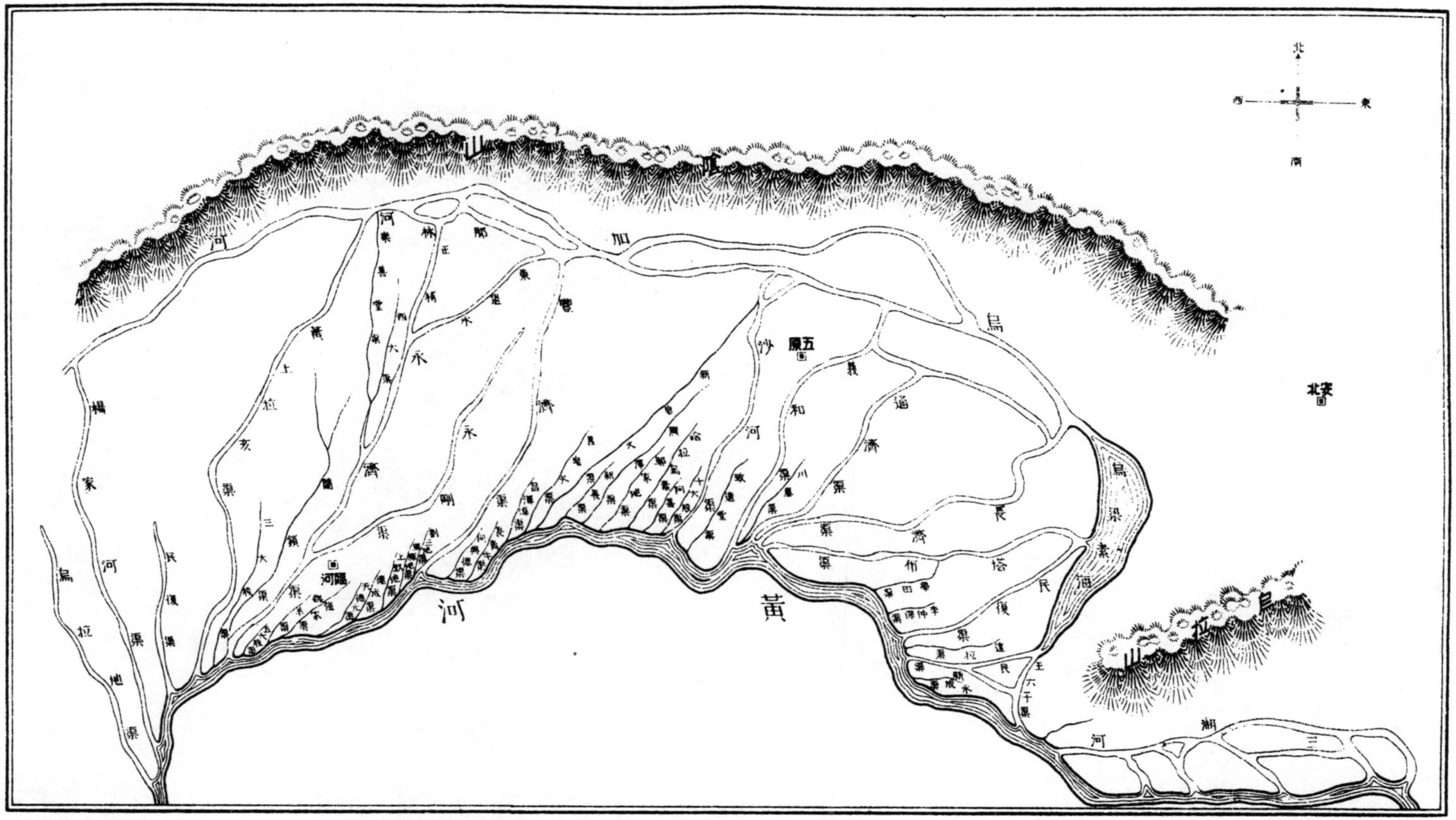

五臨安三縣渠道略圖

原圖王樂愚先生贈

禹貢學會摹繪

附圖三

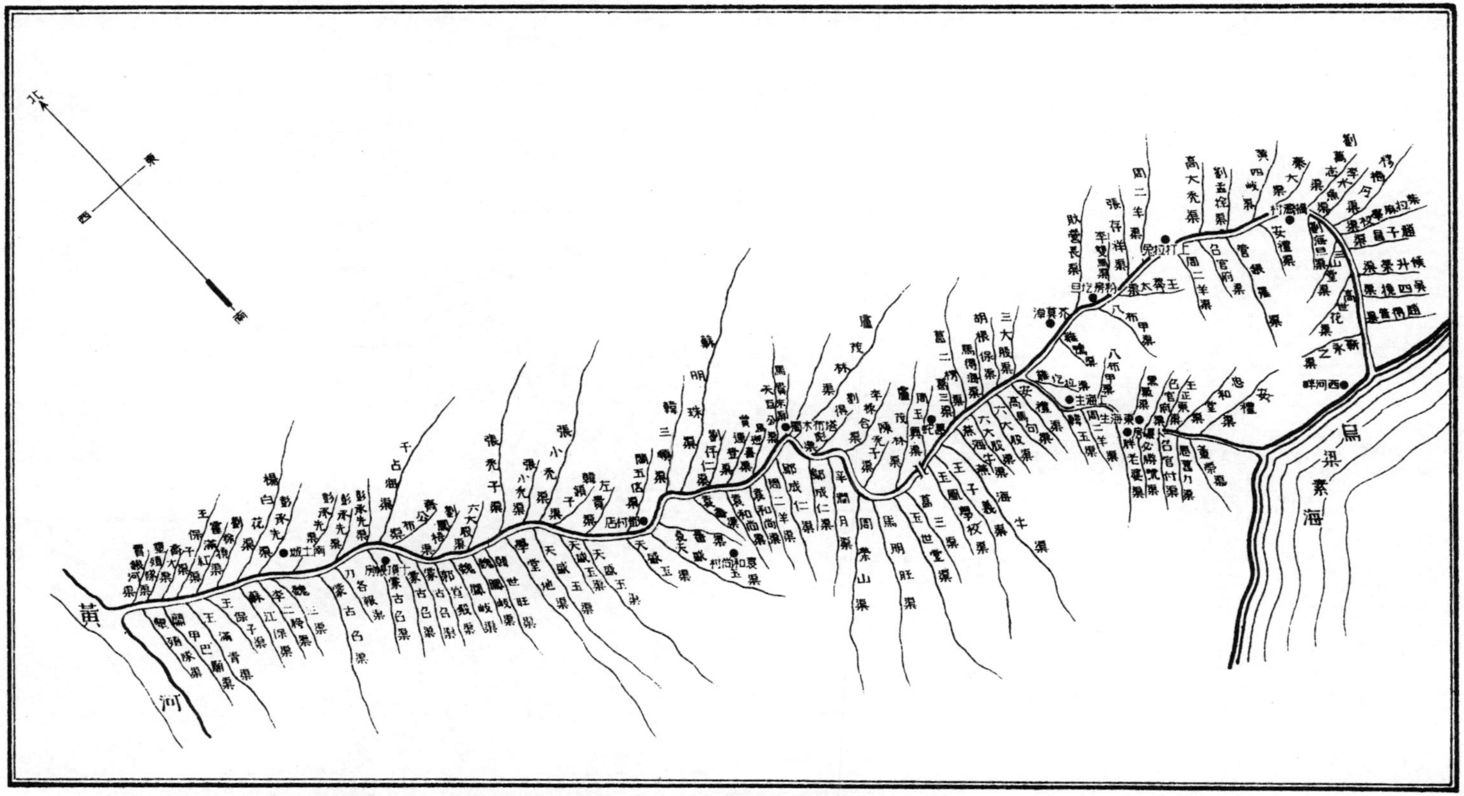

後套安北設治局境內塔布渠及其支渠草圖

原圖王樂愚先生贈

禹貢學會摹繪

附圖四

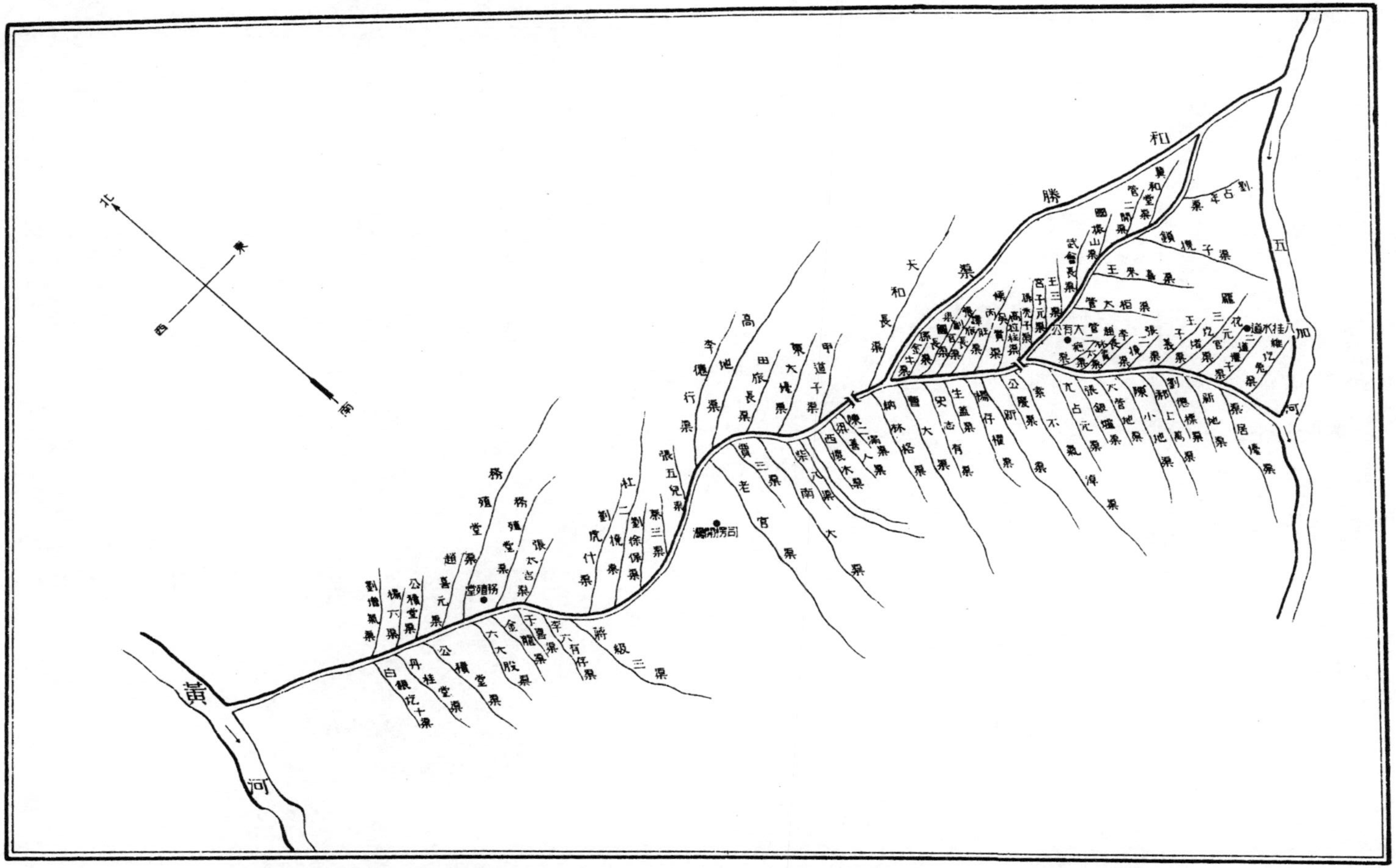

後套長勝渠口在五原縣境內稍在安北設治局境內及其支渠草圖

原圖王樂愚先生贈

禹貢學會摹繪

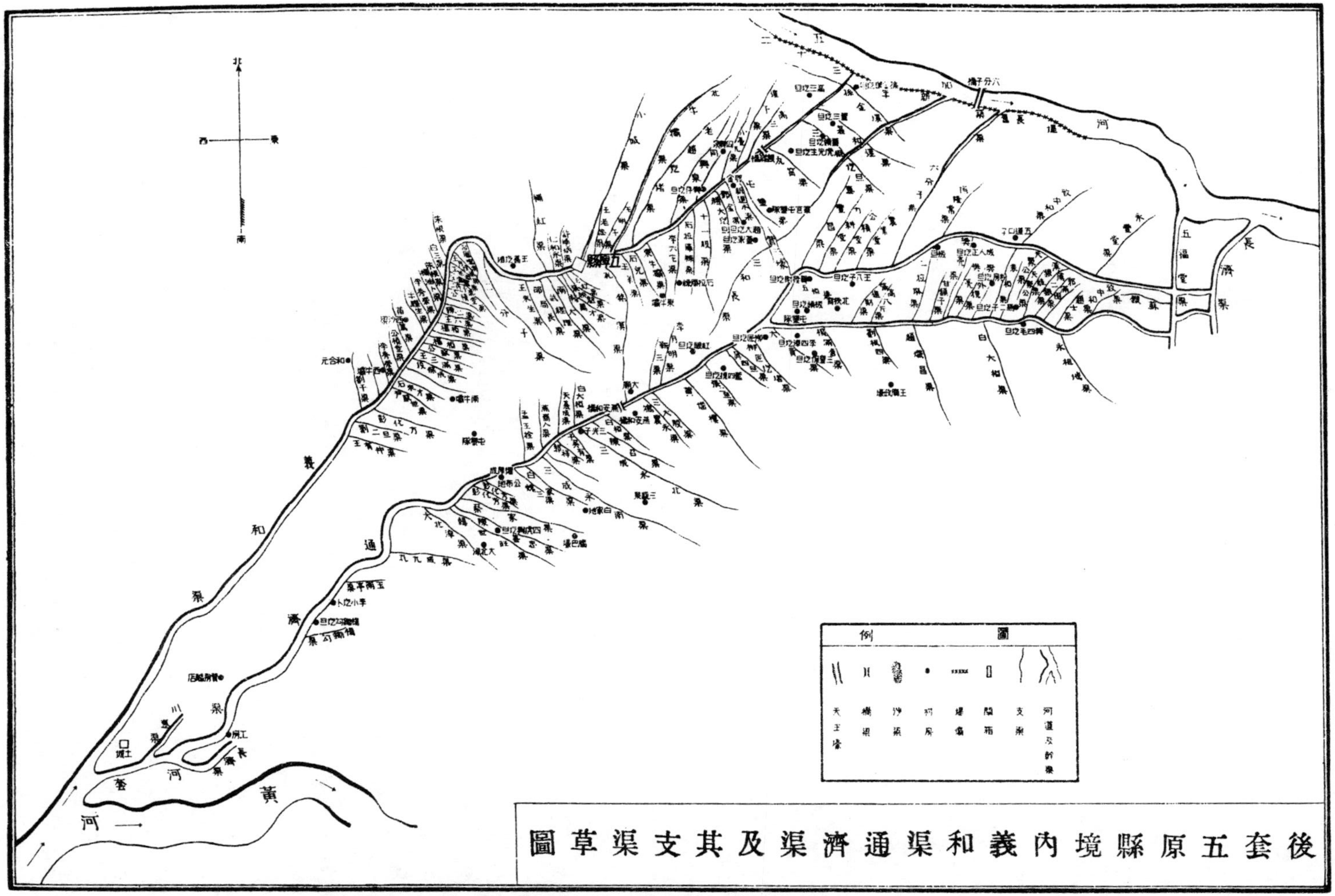

後套五原縣境內義和渠通濟渠及其支渠草圖

原圖王樂愚先生贈

禹貢學會摹繪

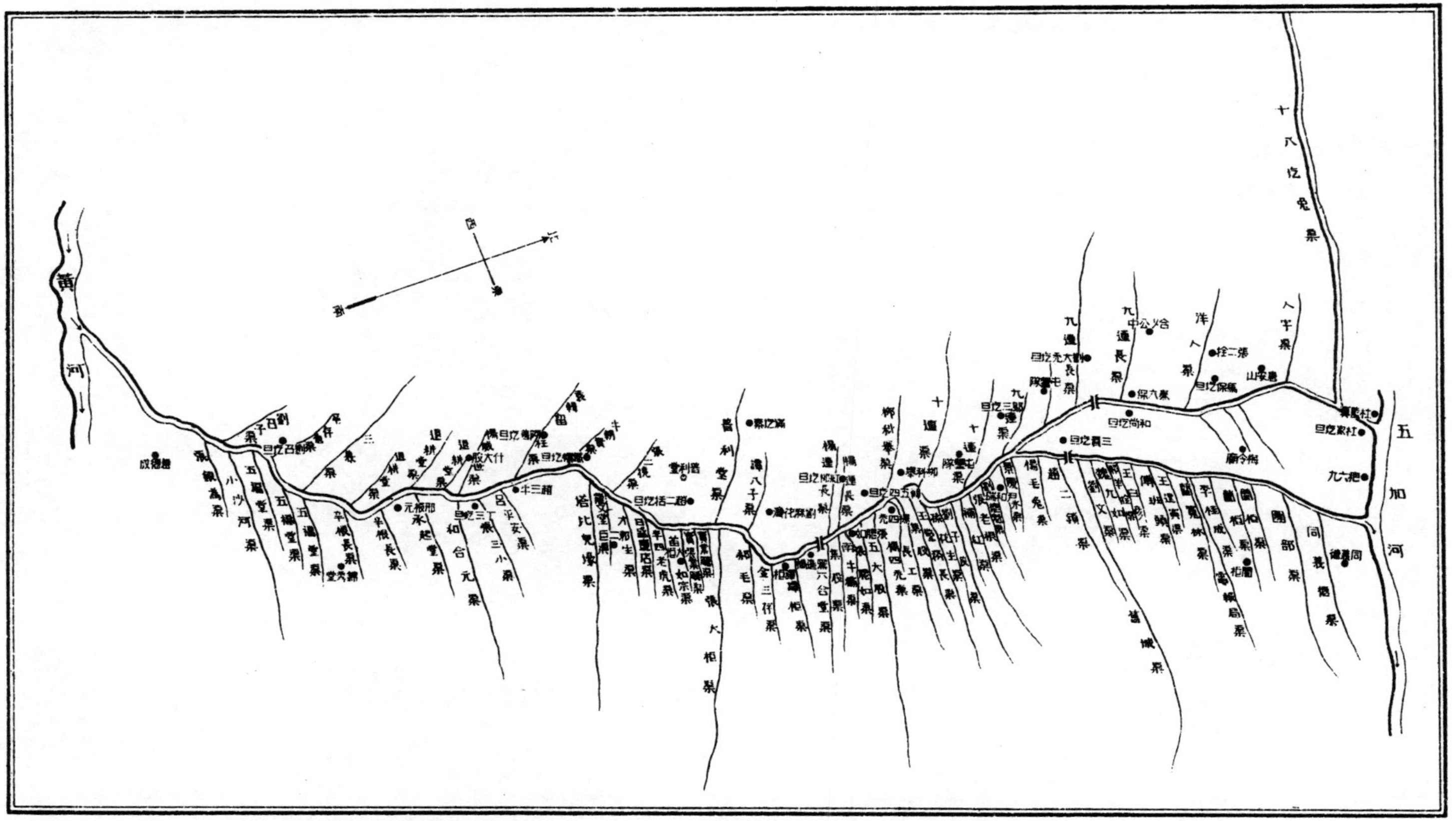

後套五原縣境內沙河渠及其支渠草圖

原圖王樂愚先生贈

禹貢學會摹繪

附圖七

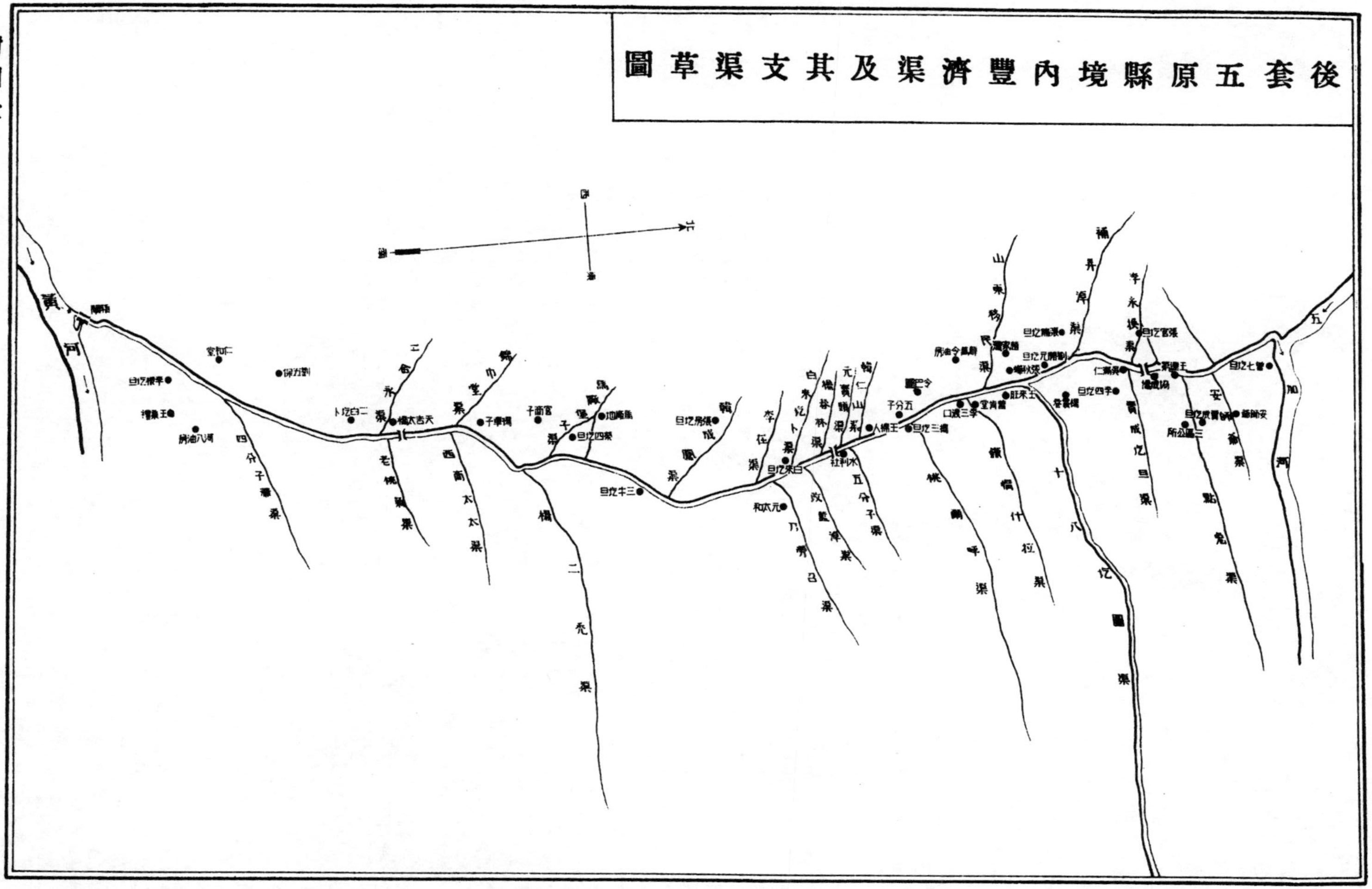

原圖王樂愚先生贈
禹貢學會摹繪

附圖八

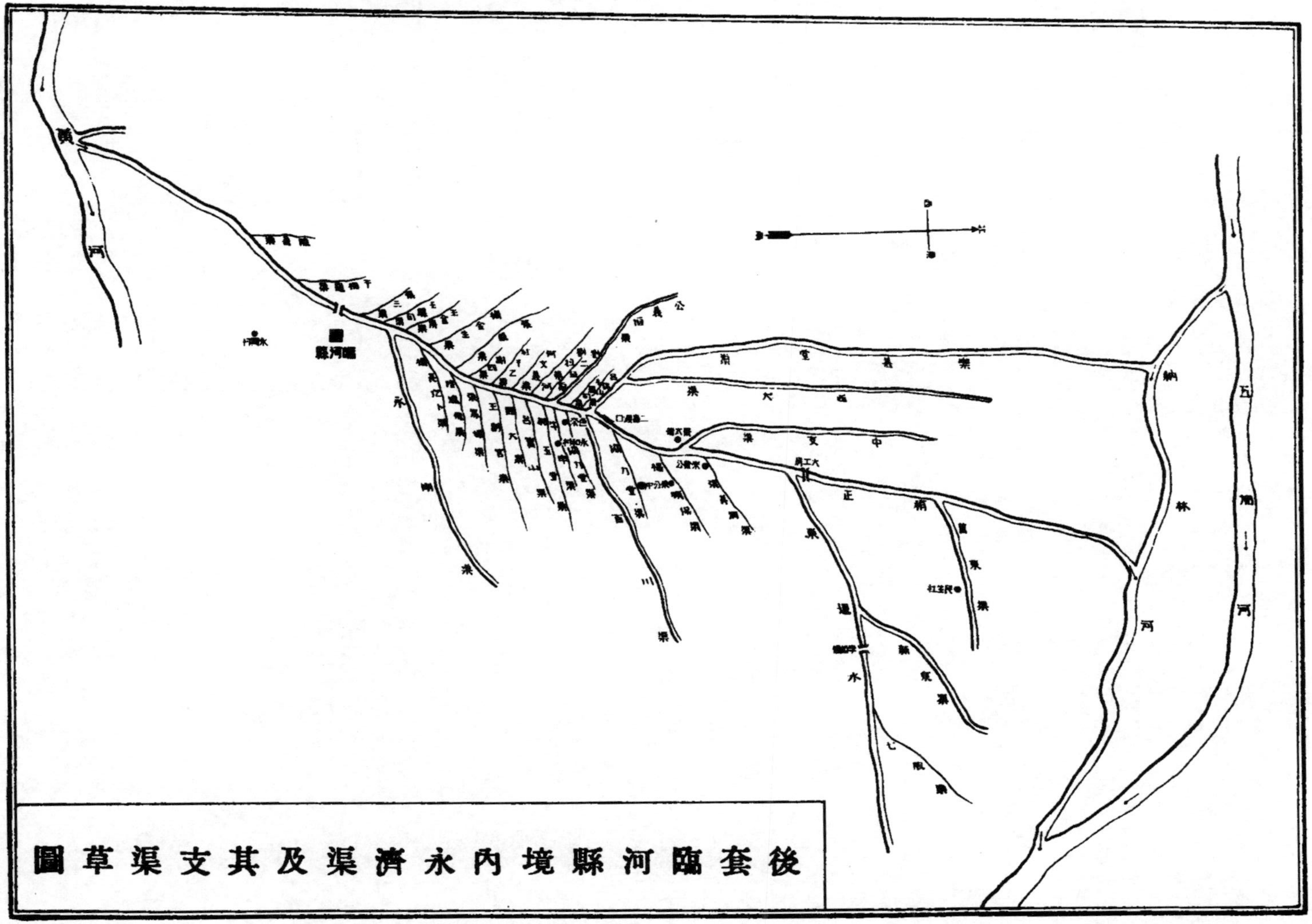

後套臨河縣境內永濟渠及其支渠草圖

原圖王樂愚先生贈
禹貢學會摹繪

附圖九

後套臨河縣境內黃土拉亥渠及其支渠草圖

原圖王樂愚先生贈

禹貢學會摹繪

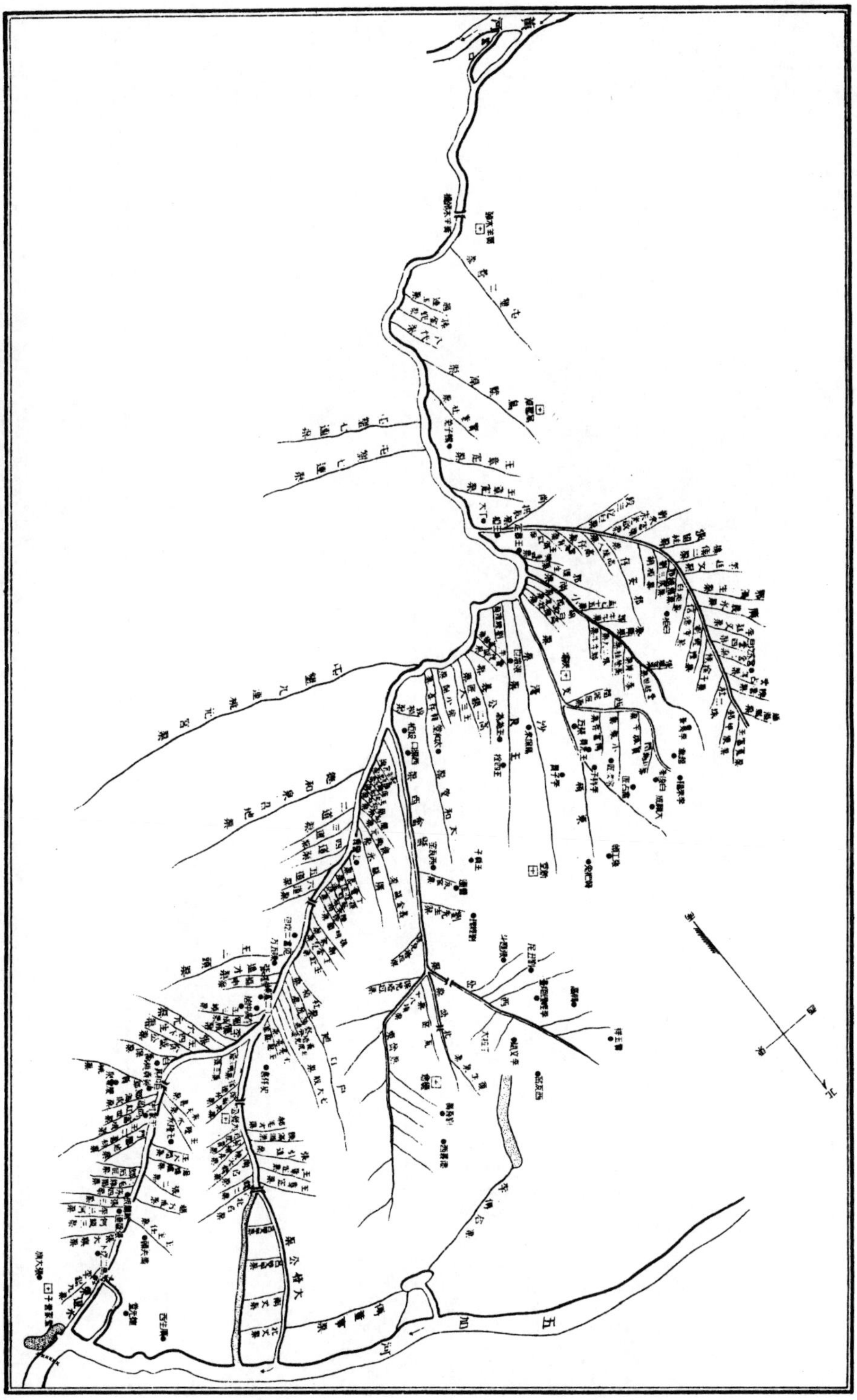

附圖十

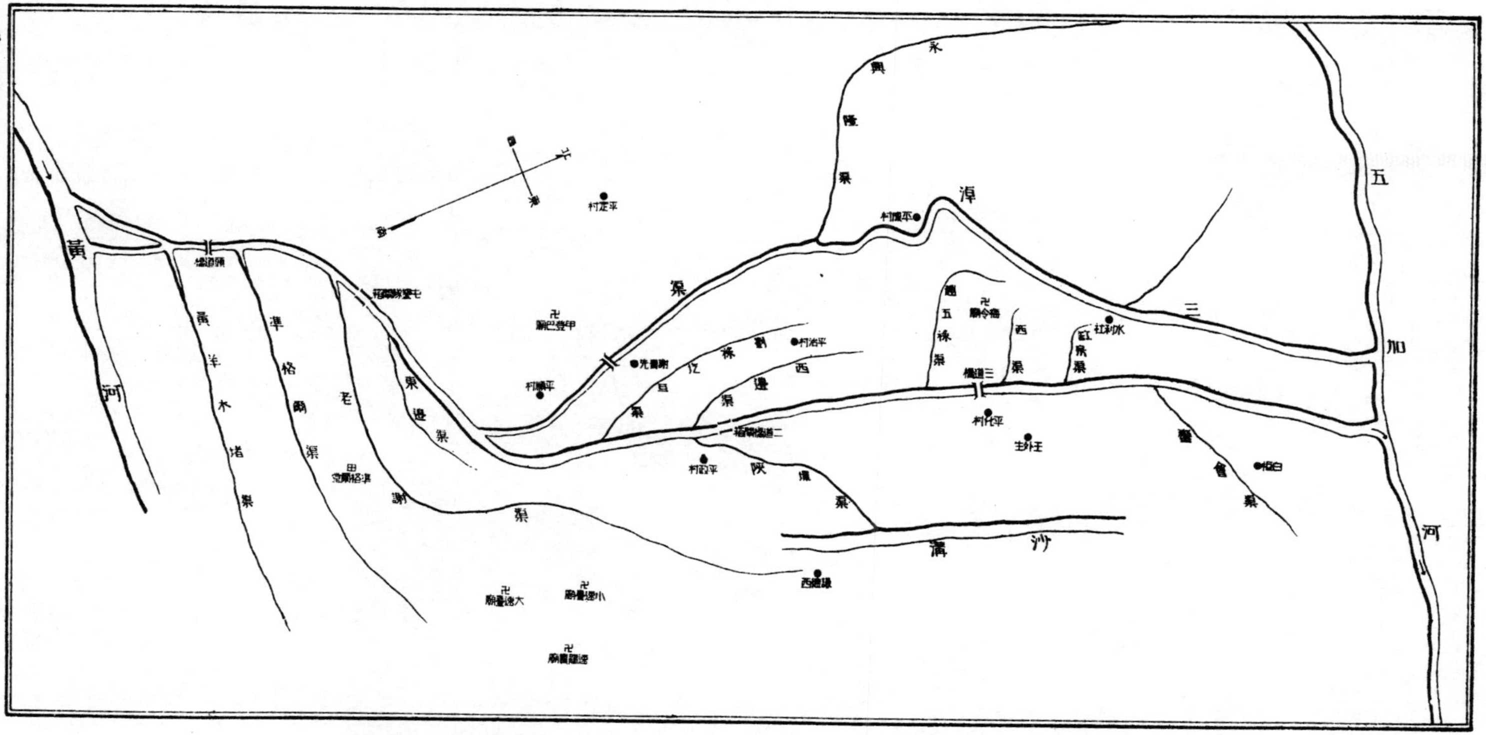

後套臨河縣境內楊家河及其支渠草圖

原圖王樂愚先生贈

禹貢學會摹繪

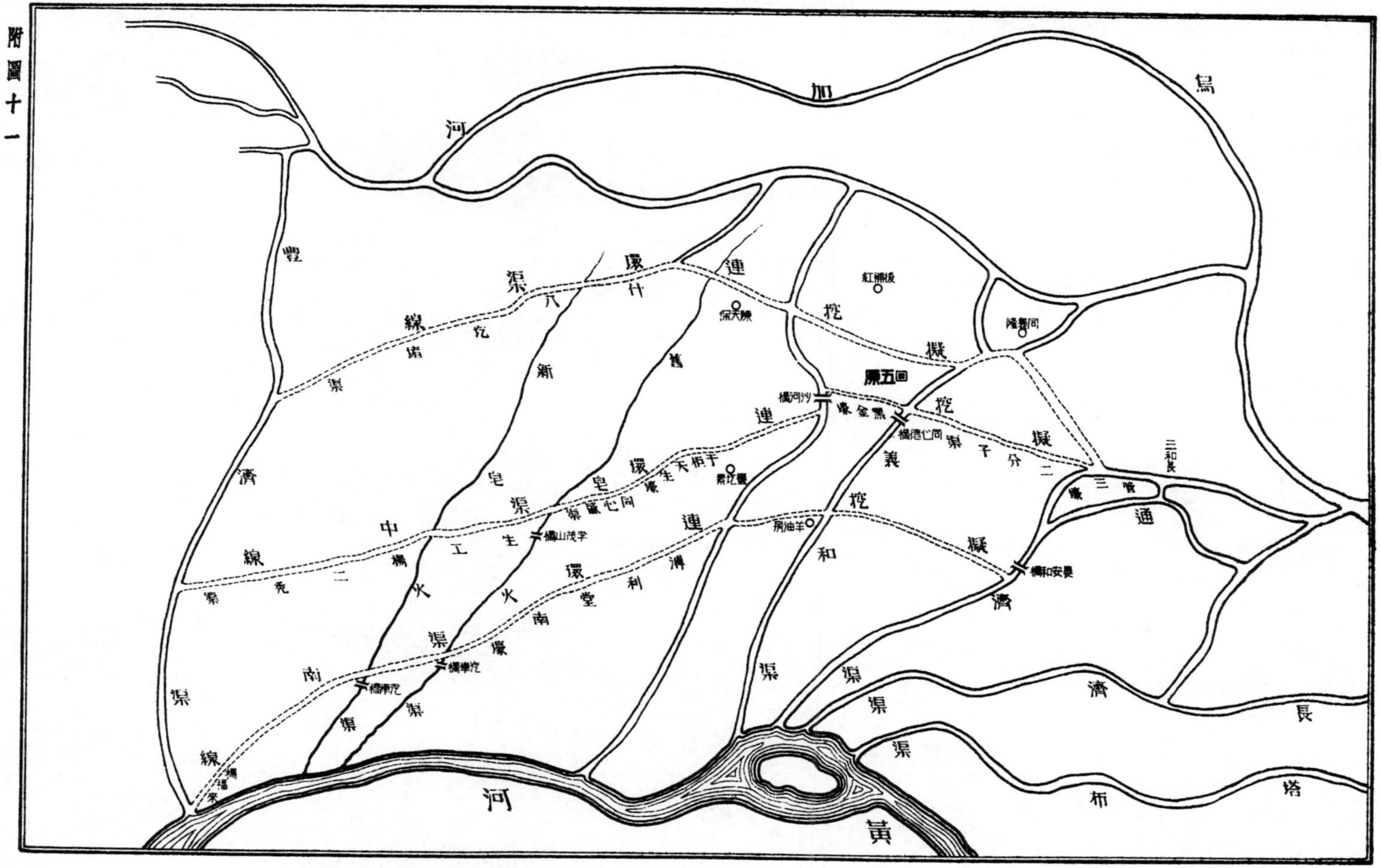

民國二十三年測量後套連環渠路綫圖

原圖王樂愚先生贈

禹貢學會摹繪

附圖十二

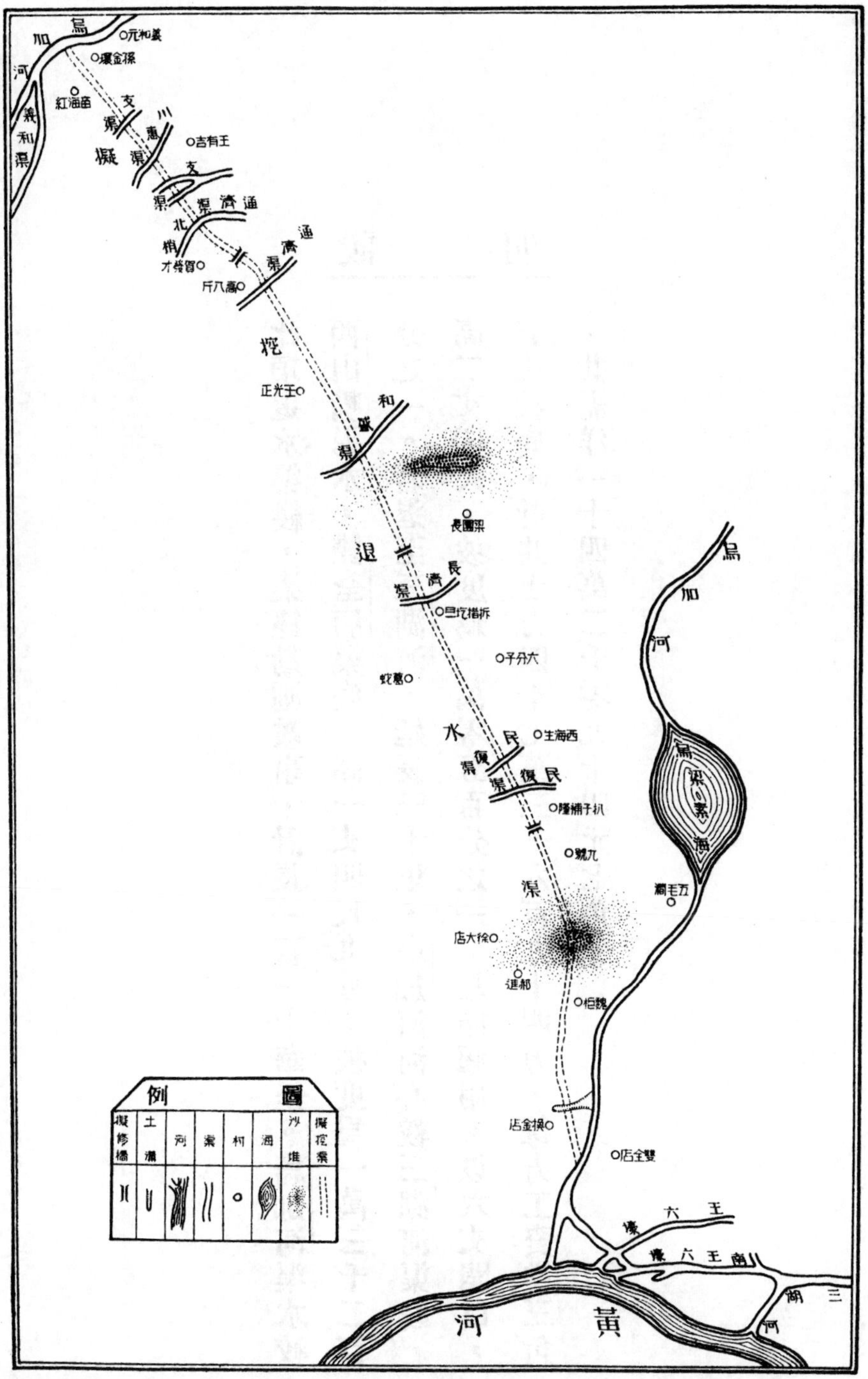

後套自義和渠稍入烏加河處至西山嘴測量退水渠路綫圖

原圖王樂愚先生贈

禹貢學會摹繪

說明

此項退水渠綫，業經勘測竣事，計長一百一十華里。烏加河渠水較西山嘴退水，雙全店渠底，高一丈四尺九寸；坡度爲一萬三千二百分之一。若退至三湖河，延長三十里，烏加河河心較三湖河渠底，高二丈四尺，坡度爲一萬零五百分之一，頗能適用。以六丈開口，五丈收底，計共土方四十七萬三千六百九十四方，每方工資洋三角，共需洋一十四萬二千零九十四元七角。

五臨安三縣各渠名稱長寬深度及澆灌地畝數目一覽表

渠道名稱	支渠目數	長度	平均寬度	平均深度	修理完善能澆地畝數	
黃土拉亥	49	147里	60尺	6尺	600000畝	
永濟	45	130	60尺	8尺	3400000	
豐濟渠	43	100	40尺	7尺	800000	
沙河渠	74	80	40尺	35寸	470000	
義和渠	69	115	40尺	5尺	480000	
通濟渠	142	110	34尺	5尺	500000	
長濟渠	181	105	40尺	5尺	400000	
塔布渠	204	100	35尺	4尺	350000	
永剛渠		80	30尺	4尺	5000	
烏拉渠		75	30尺	4尺	370000	
楊家河	65	115	60尺	8尺	700000	
民興渠		70	40尺	5尺	200000	
三大股	50	70	30尺	5尺	70000	
色爾榴亥	10	20	12尺	4尺	6000	
藍鎖渠	50	70	40尺	5尺	80000	
秀華堂	10	30	15尺	35寸	6000	
魏羊渠	20	40	20尺	5尺	8000	
天德元	10	40	15尺	4尺	7000	
強家渠	11	30	12尺	4尺	6000	
德成渠	10	31	15尺	4尺	6000	
土默地	20	50	20尺	5尺	15000	
吳祥渠	7	20	13尺	3尺	5000	
戶口地渠	7	31	12尺	3尺	7000	
劉三地渠	20	50	20尺	5尺	15000	
長青牛渠	1	15	12尺	45寸	5000	
同興德渠	2	26	12尺	35寸	5000	
昌漢淖渠		20	9尺	28寸	8000	

舊皂火渠	16	92	27尺	45寸	20000	
新皂火渠	11	92	32尺	35寸	28000	
新義渠		25	15尺	35寸	5000	
廣澤渠	9	64	28尺	41寸	19000	
鄔家地渠	5	35	24尺	4尺	7000	
哈拉烏素	2	60	18尺	4尺	7000	
阿善渠	7	60	19尺	45寸	18000	
十大股		30	13尺	5尺	8000	
中興渠	4	30	14尺	4尺	9000	
學田地渠	21	50	25尺	5尺	20000	
達拉渠	15	40	20尺	5尺	40000	
李仲保渠	11	20	20尺	5尺	8000	
永成地渠	12	20	20尺	5尺	5000	
民復渠	10	70	30尺	35寸	80000	
民新渠	8	40	20尺	3尺	20000	
宿亥灘渠	9	20	22尺	51寸	7000	
馬廠地渠		20	20尺	3尺	3000	
山水河頭地					200000	
致遠堂渠	3	24	10尺	4尺	10000	
川惠渠	9	40	30尺	4尺	50000	
附記					查後套各渠地畝面積約計一千六百餘萬畝其中除溝渠堰道沙梁城灘不堪耕種者外在渠道灌域內將來能上水澆灌之地約一千餘萬畝各渠現勢能輪流灌溉地約五百餘萬畝本年共澆灌地一百五十餘萬畝合併註明	除表列各渠外尚有無名廢渠十數道

本會會員濰縣丁稼民先生，採集地方文獻，已有數載，近中復刊行濰縣文獻叢刊第三輯及習齋叢刊第一輯，託由本會寄售。文獻叢刊共輯三種：曰白浪河上集，濰縣竹枝詞，安福寺碑考；習齋叢刊亦輯有三種：曰經之文鈔，繡山文鈔，北史論略；均屬未刊之稿本。凡欲購閱者，函索本會即可。

價目列下

濰縣文獻叢刊第一輯 一册 四角

習齋叢刊第一輯 一册 五角

本期後套水利調查專號外印套色後套區域總圖一幅定價國幣二角凡屬本會會員及長期定戶一律隨同專號奉贈其非長年定閱者不在此例特此通告

邊疆叢書刊印緣起

求民族之自立而不先固其邊防非上策也吾國幅員遼濶人口蕃庶邊地與中土之語言習俗往往絕殊徒以道里山川之爲遼梗塞而隔閡遂益增甚自道光壬寅以來內患叢起早已鬻邊不邊外人乃乘玆瑕隙肆厥陰謀國土斷裂實堪痛心自昔已然於今爲烈若長此含垢忍辱不思振拔則兒戲一發恐將無以自存自存之道維何曰在使居中土者洞悉邊情以謀實地考查溝通其文化融洽其輿情庶隱患漸除邊圉以固矣欲究邊情必考典籍淺識者或因先儒著述之不易蒐訪遂謂講求邊事舍外人之書幾無可讀不知彼亦取材吾國即或出自近今之實地採擷亦大都各有作用倘吾人取爲藍本即不免蒙蔽之虞吾國在昔留心邊事者曾不乏人若大吏之獲譴遠戍者又類爲明達之士其于因革興復之閒僉能悉厥利弊故筆之于書皆成鑿鑿史實顧以輶軒之採不力致使鴻編鉅製委棄于山崖屋壁而漫失其傳後此遂無從以窺其奧茲可慨已矣居今日而言邊事實地調查固其首要而致究歷史以明嬗變亦碻屬當務之急此邊疆叢書之所以必有也用是亟求先儒遺著彙而刊之俾講邊政者資借鏡焉

凡例

一本編擬以未經付梓之稿刊爲甲集已刊而傳本絕少者爲乙集已入他種叢書者爲丙集

一本編所收以前人所著關於邊事者爲合如專著志略筆記等類俱可不斷朝代不限方域但其人存者其書不錄

一本編付刊以收得先後爲次每十種爲一集

一本編倉卒校刊譌奪難免大雅宏達幸加指正

禹貢學會邊疆叢書刊行簡章

一本會爲促進禹貢學會編纂事業起見設禹貢學會邊疆叢書刊行會

二本會爲使國民關心邊事注意史蹟爰集材料彙爲一編以便研究名曰禹貢學會邊疆叢書

三本會會員每人須捐納刊印費一股每股國幣二十元多捐者聽

四本會會員于叢書每種出版時每股得享受贈送五部之權利

五本會選印事宜推會員兩人任之

六本會會員皆有供給材料及督促選印之義務

七叢書選印凡例另訂之

八叢書刊行卷册視募款多寡酌定之

九本會刊印費交由禹貢學會會計股另立帳册登記核算之

十本簡章有未盡善處得隨時修正之

禹貢學會邊疆叢書出版甲集之一

西域遺聞 清陳克繩著 借江安傅藏舊鈔本印 定價國幣六角